高麗時期 寺院經濟 研究

高麗時期 寺院經濟 研究

李 炳 熙

景仁文化社

서문

이 책은 필자가 고려시기 사원경제에 관해 작성한 글을 모은 것으로 지난해에 발간한 『高麗後期 寺院經濟 硏究』의 속편이다.

필자는 고려시기 사원경제에 관심을 가지고 공부해 왔다. 고려사회에서 사원경제는 불교의 사회적 성격을 이해하는 기초가 되며, 사회경제 운영의 구체적 실상을 잘 드러낸다고 생각하였기 때문이다. 또한 사원경제는 동아시아에서 고려사회가 갖는 보편성과 개별성을 이해하는 데도 의미가 큰 것으로 보았다.

불교는 동아시아 여러 나라가 공유하는 사상과 신앙이지만 나라마다 그 위상이 상이하였으며, 불교사원의 경제 또한 그러하였다. 사원경제는 불교사상이라는 동아시아의 보편문화와, 경제라고 하는 고려사회의 기반이 접점을 이루는 주제이다. 말하자면 外風이라는 요소와 土風이라는 요소가 어우러지는 것이 사원경제이다. 경제는 일차적으로 이 땅의 조건 속에서 운영되는 것이기에 토풍의 요소가 짙으며, 불교 사상은 인도에서 기원해 중국을 통해 전래된 사상으로서 외풍의 성격을 띤다.

필자는 사원경제에 관한 작업을 여러 측면으로 나누어 진행하였다. 토지를 중심으로 상업·식리활동 전반에 대한 이해체계를 수립하고자 하였으며, 개별 사원을 중심으로 심층적인 검토도 하였고, 토지제도를 중심으로 고려 이전과 고려 이후의 사원경제를 소묘해 보기도 하였다. 승려의 사회경제활동, 불교행사가 갖는 사회경제적 함의, 사찰의 입지가 갖는 사회적 의미 등 새로운 측면을 해명하는 작업도 수행하였다. 그 결과 사원경제에 관한 풍부한 사실을 확인할 수 있었다.

고려시기 승려들은 사회경제 활동을 활발하게 전개하였다. 승려들은 개경을 비롯해 전국을 두루 돌아다님으로써 당시 사회 전반에 대한 풍부한 정보를 소지하였다. 또한 그들은 다수의 다른 승려와 교유하고 여러 사원에 머물기 때문에 전국적인 네트워크를 형성할 수 있었다. 그리고 승려들은 개인이나 사원의 필요에 따라 각종 경제활동에 활발하게 참여하였으며, 세속사회를 위한 베풂의 실천에 적극적인 모습을 보였다.

불교행사에는 다수의 승려와 민인이 참여하였는데, 이 참여를 계기로 네트워크를 형성하였으며, 다양한 정보를 공유할 수 있었다. 경제적인 측면에서는 불교행사가 다량의 재물이 모여, 소비되고 분배되는 의미를 지녔다. 또한 불교행사는 교역이 이루어지고 빈민에 대한 구제가 행해지는 계기였다.

사원의 지리적 위치는 세속사회와의 관계 설정에서 매우 중요하였다. 승려의 세속사회에 대한 교화형식이나 속인의 신앙생활 방식, 그리고 사원의 사회적 기능은 사원의 지리적 위치와 깊은 관련이 있었다. 사원은 촌락이 분포하지 않는 지점에 자리한 경우가 많았으며, 이러한 사원은 세속인이 이동하는 데에 편리함과 안전성을 확보할 수 있게 하였다. 사람이 왕래하고 정보가 이동하며 상인과 연결되는 데에, 교통로에 자리한 사원이 중요한 구실을 하였다.

속인들이 승려의 緣化활동에 적극 호응하며, 승려들이 적극적인 보시활동을 전개하는 데에는 이를 뒷받침하는 이념이 있었다. 대각국사 의천이 鑄錢論을 제기한 것은 經濟思想에서 큰 의미를 갖는다.

필자는 지금까지 사원경제에 관해 그 외연을 확대시켜 이해하려고 노력하였다. 그 결과 사원이 사회경제 측면에서 다방면으로 영향을 끼쳤으며, 사회경제상의 위치가 상당하였음을 확인할 수 있었다. 고려사회에서 사원경제가 차지하는 비중은 중국의 唐·宋에 비해 훨씬 무거운 것이었음도 알 수 있었다. 그 동안 사원경제에 대해 작업한 내용의 일부를 지난해에 『高麗後期 寺院經濟 硏究』로 출간하였다. 前書에 미처 수록하지 못한 논문을 단행본으로 정리한 것이 본서이다.

기존의 논문은 발표의 시기에 차이가 있고, 문제의식의 방향도 일치하지 않지만, 논지상으로 큰 차이가 있는 것은 아니다. 단행본의 출간을 준비하면서, 각 논문의 논지를 대체로 유지하였지만, 일부 수정한 것도 있다. 논문 상호 간에 중복되는 점은 부분적으로 정돈하였고, 글의 형식에 차이가 있는 부분은 체제를 통일하였으며, 어색해 보이거나 자연스럽지 못한 표현은 조정하였다.

제1부는 고려전기 사원에 대한 토지분급제의 마련, 선종사원에서의 승려 노동 여부, 사원의 시지와 산림 지배, 사원의 유형과 경제규모, 사원의 수입과 지출의 항목 등을 주제로 다룬 글로 구성하였다. 제4장과 제5장은 시론적이고 총괄적인 성격을 갖는다.

제2부에서는 승려의 사회경제활동을 살펴보았다. 사원경제 운영의 한 주체인 승려들도 여러 방면에서 사회경제 활동을 수행하였는데, 그 일부를 정리하였다. 시주를 모으는 연화활동, 승려의 개인 재산, 사원경제 운영과 주지의 연관을 검토하였다. 불교계의 활발한 布施活動을 빈민구제, 여행자 편의 제공, 질병치료, 살생금지를 중심으로 살펴보았다. 사원경제 활동의 중요한 이념으로서 보시사상을 주목하였다.

제3부은 불교행사, 신앙과 경제의 문제를 검도한 부분이다. 각종 佛教行事가 사원경제에서 갖는 함의를 추적하였다. 불교행사가 물화의 이동과 교환에 중요한 계기가 됨을 지적하였다. 문헌 자료에 山神閣이나 七星閣이 보이지 않음을 확인한 것은 落穗이다.

제4부에서는 사원, 승려와 지리 문제를 다루었다. 고려시기 편의를 제공하는 시설로 院을 설치하여 여행자에게 먹거리와 잠자리를 제공하였으며, 牛馬에게 꼴을 공급한 것을 지적하였다. 고려시기 촌락이 隔絶性을 보이고 발전하는데 가용공간의 확대라는 측면에서 사원의 신설이 갖는 의미를 추적하였다. 고려시기 승려들이 활발하게 이동하기 때문에 말이 필요한 것, 사원의 시설로서 마구간이 존재한 사실을 밝혔다.

앞으로도 중세사회에서 사원이 사회경제적 측면에서 수행한 역할이나 차지한 위상에 대해서는 기존의 연구를 심화시킬 여지가 크고, 새로운 측면을 구명할 필요가 있다. 그리고 고려시기 사원경제를 제대로 이해하기 위해서는 삼국시기와 남북국시기 사원경제를 검토해야 하고, 조선시기의 그것에 대한 천착도 병행해야 한다. 그러한 작업이 성과를 거둘 때 중세 사원의 사회경제 위상과 의미를 제대로 체계화할 수 있을 것이다. 사원의 경제활동을 가능케 하는 이념의 문제, 불교가 세속사회에 미친 사회경제 관념상의 영향 또한 중요한 연구 과제라 할 것이다. 작업해야 할 과제는 산적한데 필자의 게으름으로 진행은 더디기만 하다. 공부를 본격적으로 시작할 무렵, 노년의 어느 역사학자가 저서 서문에서 白首之嘆을 금할 수 없다고 쓴 글을 보고 마음에 새긴 지도 벌써 20년이 넘었건만, 성취한 바는 초라하기 그지 없다. 뒷날 백수지탄에서 얼마나 자유로울 수 있을지 걱정이 된다.

이 책에 실린 글을 써 가는 데에도 前書에서 언급한 여러 선생님의 가르침이 바탕이 되었음은 물론이다. 여기저기 떨어져 있는 선배·동학들의 보이지 않는 지원과 격려도 큰 힘이 되었다. 한국교원대 역사교육과 선생님들의 활발한 연구와 지적 자극도 많은 도움이 되었다.

박사과정의 황현정 선생, 석사과정의 김윤경·김지순·서명원·이윤미 선생 및 학부과정의 여러 학생이 오자·탈자를 바로잡고 어색한 표현을 줄이는 데 큰 도움을 주었다. 번거로운 교정 일을 맡아 수고한 이들에게 고마움을 표한다.

지난 책에 이어 이번에도 景仁文化社에서 깔끔한 책으로 만들어 주었다. 한정희사장의 후의에 감사하며, 번거로운 출판작업에 수고를 아끼지 않은 편집부 여러분의 노고에 사의를 표한다.

2009년 7월 4일

著者

본문출처

제1부 제1장 『韓國史論』 18(서울대), 1988. 2. 揭載.
제2장 『韓國禪學』 4, 2002. 8. 揭載.
제3장 『靑藍史學』 15, 2007. 1. 揭載.
제4장 2009. 2. 新稿.
제5장 『大覺思想』 4, 2001. 11. 揭載.
제2부 제1장 『李樹健敎授停年紀念韓國中世史學論叢』, 2000. 8. 揭載.
제2장 『典農史論』 7, 2001. 3. 揭載.
제3장 『史學硏究』 90, 2008. 6. 揭載.
제4장 『禪文化硏究』 4, 2008. 6. 揭載.
제3부 제1장 『文化史學』 21, 2004. 6. 揭載.
제2장 『靑藍史學』 10, 2004. 8. 揭載.
제3장 『文化史學』 11·12·13합집, 1999. 12. 揭載.
제4부 제1장 『靑藍史學』 2, 1998. 12. 揭載.
제2장 『靑藍史學』 6, 2002. 8. 揭載.
제3장 『韓國史論』 41·42합집(서울대), 1999. 12. 揭載.

목 차

제1부

寺院의 土地經營과 財政運用

제1장 高麗前期 寺院田의 分給과 經營
제2장 高麗前期 禪宗寺院의 經濟와 그 運營
제3장 高麗時期 寺院의 柴地와 山林
제4장 高麗時期 寺院의 類型과 經濟規模
제5장 高麗時期 寺院의 財政 運用

제1장 高麗前期 寺院田의 分給과 經營

1. 序 言

고려시기에 寺院은 大土地를 지배하였다. 사원의 경제기반은 토지 이외에도 商業·手工業이나 高利貸가 있었지만, 당시 사회에서 農業이 가장 중요한 생산기반이었으므로 토지가 사원의 가장 중요한 物的 기반이 된 것은 당연한 일이었다. 사원의 대토지는 단순히 사원의 경제기반으로서만 중요한 것이 아니라, 토지 지배를 둘러싼 사회구성의 성격을 잘 드러낸다는 측면에서도 큰 의미를 갖는다.

이에 일찍부터 사원의 토지 즉 寺院田에 주목하여 많은 연구가 이루어졌다. 초기의 연구는 公田制에 입각하여 사원전이 分權化의 基軸이 된다는 시각에서 행해졌으며, 그 결과 寺院田이 고려사회에서 점하는 위치의 일부가 밝혀진 바 있다.[1) 그리고 그 이후의 연구는 사원의 다양한 경제행위를 분석하는 방향으로 진행되거나,[2) 또는 특정사원의 개별

---

1) 旗田巍, 1932,「高麗朝에 있어서의 寺院經濟」『史學雜誌』43-5 ; 白南雲, 1937,『朝鮮封建社會經濟史』上, 改造社, 809～859쪽.

2) 劉敎聖, 1959,「高麗寺院經濟의 性格」『白性郁博士頌壽記念佛教學論文集』; 吳德永, 1962,「寺院經濟의 問題」『韓國思想』5 ; 李載昌, 1976,『高麗寺院經濟의 硏究』, 東國大 韓國學硏究所(同, 1993,『韓國佛敎寺院經濟硏究』, 불교시대사 재수록) ; 崔森燮, 1977,「高麗時代 寺院財政의 硏究」『白山學報』23 ; 姜晋哲, 1980,『高麗土地制度史硏究』, 高麗大出版部, 141～161쪽 ; 李相瑄,

사례를 천착하는 방향으로 진행되었다.[3] 특히 후자의 연구에서는 通度寺와 雲門寺가 분석의 대상이 되었다. 그러한 연구 결과 다음과 같은 기초적인 사실들이 밝혀졌다. 寺院田은 국왕에 의한 賜給, 그리고 施納·寄進·投托·開墾·買入 등에 의해 형성되었으며, 그 경작에는 佃戶·奴婢·僧侶 등이 종사하고 있었고, 그 토지의 성격은 크게 所有地와 收租地로 나뉜다는 것이다.

이상의 소중한 연구로 사원전을 둘러싼 여러 측면의 모습들이 구체적으로 밝혀졌음에도 불구하고 고려사회의 성격과 관련지워 사원전이 체계적으로 파악되지 못한 상태라 할 수 있겠다. 여러 갈래의 토지형성 방식은 그대로 경작농민과 사원전의 성격을 규정하게 마련인데, 기축적인 갈래를 이해하지 못한 결과 계통 없는 단순한 현상적인 사실들의 제시에 그친 데 불과하고 사원전의 위치 파악도 소홀히 되고 말았다는 한계를 갖는다. 아직도 사원전에 대한 검토의 여지는 남아 있는 것이다.

필자는 사원전의 성격을 국가와의 관계에서 규정되는 측면과 사원 자체의 활동에서 유래되는 측면이라는 두 계통으로 나누어 파악할 수 있다고 생각하는 바, 우선 전자의 시각에 초점을 두고서 고려시기 사원전을 정리하려 한다. 국가와의 관계에 초점이 맞추어진 결과 자연적으로 후자의 측면을 소홀히 파악하게 되겠지만, 체계적 이해에 어느 정도 도달할 수 있다고 생각한다.

본고에서는 먼저 국가와 긴밀한 관계를 갖는 사원이 국가에 대해 수

1983, 「高麗寺院經濟에 대한 考察」『崇實史學』 1 ; 裵象鉉, 1998, 『高麗後期寺院田研究』, 國學資料院.

3) 崔吉成, 1961, 「1328년 通度寺의 농장경영형태」『력사과학』 ; 武田幸男, 1966, 「高麗時代에 있어서 通度寺의 寺領支配」『東洋史研究』 25-1 ; 安日煥, 1974, 「高麗時代 通度寺의 寺領支配에 대한 一考」『釜山大敎養課程部論文集』 4 ; 金潤坤, 1982, 「麗代의 寺院田과 그 耕作農民」『民族文化論叢』 2·3합집(同, 2001, 『한국 중세 영남불교의 이해』, 영남대출판부 재수록) ; 이인재, 1992, 「<통도사지> '사지사방산천비보편'의 분석」『역사와현실』 8.

행하는 기능과, 그 사원에 대한 토지분급 및 그 토지의 성격을 살펴보고, 이어서 사원전에 대한 국가의 통제책을 검토하려 한다. 그리고 마지막으로 그러한 사원전이 어떻게 경영되었으며 경작농민의 처지는 어떠했는가를 살펴보겠다. 이같은 본고의 구성상 사원과 국가의 관계에 초점이 맞추어지는 까닭에 사원의 사사로운 경제활동이나 사원과 貴族의 관계는 충분히 고려하지 못하였음을 밝혀둔다.

2. 寺院田의 分給과 性格

고려시대에 불교는 국가의 유지를 위해 다대한 기능을 수행하였다. 太祖 王建 이래 역대 국왕은 정도의 차가 있기는 했지만 불교에 대해 상당한 관심을 기울이고 여러 가지 정책적 배려를 했다. 그것은 불교가 단순히 개인적 차원의 구원을 제공해 주는 것에 그치지 않고 국가사회를 위해 도움되는 바가 많았기 때문이다.

태조는 불교에 대해 깊은 관심을 가지고 新羅 이래의 불교문제에 대해 새로이 정책적 차원에서 해결할 필요성을 절감하고 있었다. 각 지방의 豪族勢力을 재편하여 집권적 고려사회를 수립해 나가는 데 그치지 않고, 종교 문제에 대해서도 각별한 배려를 하지 않을 수 없었다. 당시의 불교계는 심각한 파행성을 노정하고 있었던 바 이의 革去도 생각할 수 있었겠지만, "人人以爲死生禍福 悉佛所爲"라는[4] 상황 하에서 갑자기 불교를 폐지시킨다는 것은 바람직한 일이 아니었다. 세상사의 死生과 禍福을 佛의 所致라고 여기고 있는 당시의 사회관념적 분위기에서 이의 革去를 통해 얻을 수 있는 得보다 그 때문에 야기될지도 모르는 民心의 동요라는 失이 훨씬 큰 것이었다. 겨우 통일된 상태에서는 더욱 그러하

4) 『高麗史節要』 권35, 恭讓王 3년 6월, 亞細亞文化社 影印本(이하 같음), 896쪽.

였을 것이다. 불교를 혁거하는 것보다는 불교를 존속시키면서 사회체제의 유지를 위해 적극 활용하는 방식을 생각해 낼 수 있었다. 불교에는 민을 교화하여 사회운영을 도울 수 있는 요소가 있었기 때문이다.

고려후기에 李齊賢은 「重修開國律寺記」에서, 태조가 불교의 그러한 면을 통찰하고 있었음을 지적하였다.

> 恭惟我太祖 既一三韓 有利邦家 事無不擧 謂釋氏可以贊理道化暴逆不氓其徒 俾闡其教[5)]

불교가 저러한 역할을 수행하고 있음은 당시에 많이 지적되고 있는 바였다. 고려 중기에 皇甫倬은 자신이 쓴 「龍巖寺記」에서 그것을 더욱 구체적으로 표현하고 있다.

> 釋氏之教 使夫蔽蒙倒置之俗 遷善而遠罪 還淳而返朴 則實有裨於理道也[6)]

잘못된 풍속을 바로잡아 사람들로 하여금 죄를 멀리하고 善을 가까이 하게 하며, 또한 순박한 것으로 돌아가게 함으로써 결과적으로 다스리는 道에 크게 도움이 된다는 것이다. 불교는 당시의 사회질서를 따르고 그것을 어기지 않도록 하는 역할을 하고 있었다. 즉 사회질서와 경제체제를 동요·파괴시키지 않고 온전히 유지해 가는 데 불교는 커다란 기여를 하고 있었던 것이다.

이에 태조는 불교의 발전을 위해 적극적인 방법으로 사원에 토지를 분급해 주었다. 그러나 모든 사원에 대해 토지를 분급한 것은 아니었다. 불교가 사회체제 유지를 위해 많은 기여를 한다고 모든 사원에 대해 토

---

5) 李齊賢, 「重修開國律寺記」 『益齋亂藁』 권6(『韓國文集叢刊』 2冊, 552쪽).
6) 『新增東國輿地勝覽』 권28, 慶尙道 尙州牧 佛宇.

지를 분급해 줄 수는 없는 일이었다. 사원의 토지가 확대되는 것은 불교의 발전을 위해서는 바람직한 일일 수 있겠지만, 한편으로 국가의 公田農民의 감소를 가져오는 것이었고, 또 사원에 편입된 경작농민의 불만을 야기할 수 있는 것이었으므로 무조건 보장할 수는 없었다. 태조가 사원 중에서 일부 사원, 즉 국가를 위해 직접적인 역할을 담당하는 사원에 한해서 토지를 분급했음은 이러한 사정에 기인하는 바였다.

태조가 사원에 토지를 분급하는 계기는 다기했다. 전쟁하는 과정에서 승려의 도움을 받았을 때 그 승려가 소속한 사원에 토지를 분급해 주는가 하면, 태조가 직접 사원을 창건하거나 폐허화된 사원을 복구하고서 토지를 분급하기도 했다. 표면상의 계기는 다양했지만 모두 고려왕조를 위해 큰 도움을 주는 사원이라는 공통점을 갖고 있었다.

신라말의 전쟁 과정에서 태조를 도운 승려는 많았고 태조가 회유한 승려도 적지 않았다. 태조는 자신을 도운 승려가 속한 사원에 대해 반대급부로서 토지를 지급했다. 廣學大德·大緣三重 형제 두 사람이 931년 태조를 따라 上京하여 '隨駕焚修'하자, 이에 태조는 그들이 속한 堗白寺에 田畓 若干結을 지급하였다.[7] 이들은 태조를 따르면서 焚修했다는 데서 알 수 있듯이, 전쟁에서 승리를 기원하고 전사자를 위한 추모제를 지내는 등 종교 기능을 수행하였다.

승려들이 태조를 도운 것은 이러한 종교 역할에만 그치고 있는 것이 아니었다. 寶壤의 경우는 태조에게 적을 격파시키는 전술을 가르쳐 주었다. 보양은 중국에서 돌아와 推火(密陽)의 奉聖寺에 머무르고 있었는데, 마침 태조가 東征하여 淸道에 이르러 山賊과 대결하였다. 그때 태조가 적을 제압하는 술책을 보양에게 묻고, 그 가르침에 따른 결과 마침내 승리를 거두었다. 태조는 즉시 近縣의 租를 매해 50碩씩 내렸으며 통일한 후에 보양이 옮겨 거주하고 있던 鵲岬寺를 雲門寺라 賜額하고 전

---

7) 『三國遺事』 권5, 神呪6 明朗神印.

500結을 지급하였다.[8)]

또한 태조가 公山洞 전투에서 甄萱과 겨룰 때 金樂·申崇謙이 전사하는 등 크게 불리한 상황에 처해 있었는데, 直指寺의 能如禪師가 적을 물리치는 방법을 가르쳐 주었다. 그 보답으로 태조는 直指寺를 大伽藍으로 고쳐짓고 1,000結의 토지를 賜給하였다.[9)] 海印寺의 希朗도 태조가 百濟王子 月光과 전투하고 있을 때 勇敵大軍을 보내어 도왔다. 이에 태조는 500結의 토지를 지급하였다.[10)]

---

8) 『三國遺事』 권4, 義解5 寶壤梨木.

9) 『直指寺誌』, 「直指寺事蹟(1776년)」, 亞細亞文化社 影印本, 271~273쪽. "景哀王四年 後唐天成二年 甄萱之陷城弑主也 高麗太祖聞之大怒 率精騎五千 邀萱於公山洞 大戰不利 大將申崇謙 力戰死之 麗太祖僅以身免 擧義兵 指仁同縣縣人負固不服 太祖有二聖曰 奏 此山有得道禪師能如 可以獻可替否 王乃召之能如一夜 捆履二千 侵晨賫去 獻于陣所 又多作大履 散置四方要害處 太祖異之 問克敵之謀 師對曰 此非老僧所知 雖然 今年 太歲在午 事可成矣 太祖感斯言 賜田一千結 改作大伽藍".

위의 「直指寺事蹟」은 조선후기 正祖년간에 작성된 것이기 때문에 그 자료가 제시하는 역사적 사실의 신빙성은 재고의 여지가 있다고 본다. 그런데 태조가 公山洞 싸움에서 견훤에게 대패하고 장군 申崇謙과 金樂이 戰死한 사실은 『高麗史』에서 확인되고 있고(『高麗史』 권92, 列傳5 洪儒, 亞細亞文化社 影印本(이하 같음), 下冊, 68쪽), 또 能如는 新羅末의 승려임이 분명하다(『新增東國輿地勝覽』 권29, 慶尙道 金山郡 佛宇). 따라서 능여와 태조가 관계를 맺었을 가능성은 크다고 볼 수 있겠다. 태조와 능여의 관계는 고려 명종 15년에 세워진 비에서도 缺字가 많기는 하지만 다시 확인할 수 있다(許興植編著, 1984, 『韓國金石全文(中世下)』, 「金泉直指寺大藏殿碑(1185년)」, 880쪽).

10) 『朝鮮寺刹史料』 上, 「海印寺古籍」, 495~496쪽. "新羅末 僧統希朗住持此寺 得華嚴神衆三昧 時我太祖 與百濟王子月光戰 月光保美崇山 食足兵强 其敵如神 太祖不能制 入於海印寺 師事朗公 師遣勇敵大軍助之 月光見金甲滿空 知其神兵 惧而乃降 太祖由是 敬重奉事 納田加五百結 重新其舊".

이 「海印寺古籍」은 天福 8년(943)에 작성된 것으로 상당한 정도로 신빙할 수 있다고 본다. 海印寺의 希朗과 太祖의 관계가 긴밀했음은 다른 자료에서도 확인된다(『均如傳』 第4, 立義定宗分者). 때문에 토지분급은 있을 수 있다고 보이지만 그 지급결수인 500이 정확한 것인지는 검토의 여지가 있다. 그리고 위 자료에 보이는 설화적 내용을 모두 그대로 역사적 사실로 볼 수는 없을 것이다.

태조는 도움을 준 승려가 속한 사원에 토지를 지급하는 것에 그치지 않고 새로이 사원을 창건하여 토지를 분급하였다. 종래 사원은 國都인 慶州를 중심으로 분포하고 있었는데, 신라 하대에 이르러 불교 특히 禪宗이 호족세력과 연결되자 경주를 벗어나 각 지방에 널리 사원이 세워졌다.[11] 왕건은 개경에 도읍을 정하고서 그 주위에 많은 사원을 세워 불교계의 재편을 기도하였다. 물론 개경 이외의 지역에도 사원을 건립하였다. 태조가 창건한 이러한 신설사원에는 토지가 분급되었다. 태조가 창건한 사원에 토지가 분급되고 있는 예는 많이 찾아지지 않으나, 龍巖寺는 토지분급을 전하는 구체적인 예이다. 龍巖寺는 태조가 尙州 萬嶽山의 東南에 勝地를 얻어 개창한 사원으로 華嚴學을 闡陽하도록 했으며, 6頃의 토지를 이 사원에 지급했다.[12]

고려 태조가 사원에 토지를 분급하고 있음은 이상에서 살펴본 바이다. 고려 말기 田制改革을 논의하는 과정에서 태조가 사원에 토지를 분급했음을 언급하고 있음은 이러한 사정에서 연유하는 것이었다. 고려 最末期에 前典醫副正 金琠은 그의 上書에서

> 太祖創業 觀山水之逆順 察地脈之續斷 創寺造佛 給民與田[13]

하였다고 표현하였다. 태조가 창립한 사원에 토지가 지급되었음을 언급한 것이었다. 태조가 창건한 사원은 국가를 위해 중요한 기능을 수행하였기 때문에 고려전기부터 국왕이나 위정자는 그 중요성을 늘 인식하고 있었다.[14]

---

11) 崔柄憲, 1975, 「道詵의 生涯와 羅末麗初의 風水地理說」『韓國史硏究』 11 ; 崔柄憲, 1984, 「新羅佛敎思想의 展開」『歷史都市 慶州』.

12) 『新增東國輿地勝覽』 권28, 慶尙道 尙州牧 佛宇.

13) 『高麗史節要』 권35, 恭讓王 3년 6월, 896쪽.

14) 『高麗史』 권7, 世家7 文宗 9년 10월, 上册, 158쪽 ; 『高麗史』 권18, 世家18 毅宗 22년 3월 戊子, 上册, 381쪽 ; 『高麗史』 권129, 列傳42 叛逆3 崔忠獻, 下册,

태조와 관련을 가진 사원은 각종 불교행사를 주관하고 있었다. 고려 전시기 동안 행해진 法會·道場은 『高麗史』를 중심으로 정리해 보면 83종에 이르며 총 1,038회에 달하였다.[15] 태조 때 건립된 사원은 '護國的'인 法會·道場을 베풀고 있었다. 예컨대 태조 때 창건된 法王寺에서는 八關會가, 王輪寺에서는 燃燈會·羅漢齋·消災道場·天兵華嚴神衆道場이, 普濟寺에서는 談禪大會·祈雨·祈却北寇의 행사가 행해졌으며, 新興寺에서는 無遮大會가 매년 베풀어졌다.[16]

그리고 후대에 시행되는 각종 불사도 이러한 사원을 중심으로 행해졌을 것이다. 예컨대, 문종 즉위년(1046)에,

> 每遇節日 國家設祥迎福道場於外帝釋院 文武百寮於興國寺 東西兩京四都護八牧各於所在佛寺 行之 以爲恒式[17]

이라 하여 국가가 행하는 祥迎福道場이 外帝釋院에서, 文武百寮가 행하는 그것은 興國寺에서 베풀어지도록 정해지고 있다. 외제석원이나 흥국사는 태조 때 건립된 사원이었다. 이때 東京·西京·4都護·8牧에서도 상영복도량이 각각 所在佛寺에서 행해지고 있는데, 이 소재불사는 지방관과 깊은 관련이 있는 사원으로 추측된다.

대규모적인 飯僧이 행해지는 사원,[18] 祈晴행사가 행해지는 사원,[19]

791쪽.

15) 徐潤吉, 1977, 「高麗의 護國法會와 道場」『佛教學報』 22 ; 홍윤식, 1994, 「불교행사의 성행」『한국사16－고려 전기의 종교와 사상－』, 국사편찬위원회.

16) 韓基汶, 1983, 「高麗太祖의 佛教政策」『大丘史學』 22.
고려 태조대의 불교정책에 관해서는 다음의 논문이 참조된다. 金杜珍, 1982, 「王建의 僧侶結合과 그 意圖」『韓國學論叢』 4 ; 徐珍教, 1996, 「高麗 太祖의 禪僧包攝과 住持派遣」『高麗 太祖의 國家經營』(洪承基編), 서울대출판부 ; 韓基汶, 1997, 「高麗太祖와 禪僧 結合의 性格」『연구논총』 4, 상주대.

17) 『高麗史』 권7, 世家7 文宗 즉위년 11월 丙午, 上册, 141～142쪽.

18) 『高麗史』 권7, 世家7 文宗 2년 9월 丙辰, 上册, 146쪽. "設百座仁王道場於會慶

鎭兵法席이 베풀어지는 사원도[20] 역시 태조와 관계 깊은 사원이 그 중심이 될 것이다. 그러한 행사가 모두 국가의 주도 하에 행해지고 있고, 또한 국가를 위해 베풀어지는 것이기 때문이다.

국가·국왕·왕실을 위한 각종 불교행사는 간접적이기는 하지만 국가와 국왕의 권위를 높여 주었으며 나아가 民과의 일체감을 조성하고 민과의 대립감정을 완화시키는 데 큰 도움을 주었다. 따라서 고려의 사회와 국가체제를 유지시키는 데 크게 기여했던 것이다.

국가·왕실이 필요로 하는 기능을 하기에는 태조와 관련 있는 사원만으로 충분한 것은 아니었다. 시기가 지남에 따라서 국가가 새로이 요구하는 구실을 하기 위해서는 사원이 더 필요해졌을 것이다. 특히 왕실의 규모가 팽창해 감에 따라 더욱 그러했다. 태조 이후의 역대 국왕들은 그러한 필요를 위해서 사원을 건립하는 일이 많았다. 사원의 건립이 그러한 사정에서 행해지고 있었기 때문에, 그 사원에는 원칙상 토지가 분급되었을 것이다. 특히 국왕의 眞影을 모신 眞殿이 설치된 사원에[21] 토지가 분급되고 있었다. 자료상에 확인되는 것은 玄化寺·興王寺·大雲寺뿐이지만, 다른 眞殿설치 사원에도 토지가 분급되었을 것은 쉽게 추측이 간다.

殿三日 飯僧一萬於毬庭 二萬於外山名寺".

『高麗史』 권14, 世家14 睿宗 17년 3월 乙酉, 上册, 296쪽. "飯僧一萬於諸寺".

19) 『高麗史』 권16, 世家16 仁宗 7년 8월 丙寅, 上册, 322쪽. "以久雨 祈時于山川佛寺".

20) 『高麗史節要』 권32, 辛禑 9년 9월, 799쪽. "大設鎭兵法席于中外佛寺 共一百五十一所 供佛不可勝計 而赴防軍士 自備粮焉".

21) 『高麗史』 권83, 志37 兵3 圍宿軍, 中册, 818쪽에 정리된 眞殿寺院은 12개인데, 許興植氏와 韓基汶氏에 의해 많이 보충되고 있다(許興植, 1986, 「佛教와 融合된 王室의 祖上崇拜」 『高麗佛教史研究』, 101~102쪽 ; 韓基汶, 1998, 『高麗寺院의 構造와 機能』, 民族社, 222~224쪽). 진전사원으로 선정되는 경우 특정 국왕을 위한 기능을 영속적으로 수행하였는지, 혹은 일정 기간동안만 기능을 하였는지 검토가 필요하다.

玄化寺는 顯宗때 考妣의 명복을 빌기 위해 창건한 것인데,

> 王以安西道屯田一千二百四十結 施納于玄化寺[22]
>
> 遂命三川寺主王師都僧統法鏡 住持領衆傳法 納田地二千頃 奴婢一百人牛馬供具等 以充常住[23]

라 하여 많은 토지가 施納되고 있다. 시납이라고 표현되고 있는 것은 국가의 소유지인 屯田이 지급대상이었기 때문일 것으로 보인다.

그런데 위의 기록에는 토지지급 結數에[24] 차이를 보이고 있는데 아마 玄化寺碑 田地 2千 頃 內에는 安西道 屯田 1,240結과 아울러 群臣兩班·宮院에 의한 施納田까지 포함되었을 것이다.[25] 屯田이 설치된 安西道는 安西大都護府가 있던 海州일대로 추정되며[26] 이 지역은 후기 신라시기에 浿江鎭의 개척과 군수조달을 위해 徙民과 둔전개발이 추진된 지역으로서 그 뒤에 왕건도 답습하여 둔전을 운영하고 있었던 곳이다. 즉 북방진출을 위한 교두보로서 고려건국의 군사·경제적 기반의 구실을 수행한 것으로 추측된다.[27] 그러나 점차 국경선이 확대되어 감에 따라 海州지방은 그 군사적 중요성이 약해졌으며, 그 결과 현종 9년(1018)의 지방제도 개편시에는 兩界에 편입되지 않고 西海道로 편성되었다. 때문에 국왕은 安西道屯田을 玄化寺에 分給할 수 있었던 것이다.

---

22) 『高麗史』 권4, 世家4 顯宗 11년 8월 丙戌, 上冊, 102쪽.

23) 『海東金石苑』 上, 「玄化寺碑(1021년)」, 1021쪽. 그런데 許興植編著, 1984, 『韓國金石全文(中世上)』, 「開城玄化寺碑(1021년)」, 445쪽에는 2천경이 '一百頃'으로 기록되어 있다. 한편 『朝鮮金石總覽』 上, 245쪽에는 '△△頃'으로 나온다.

24) 고려초까지는 結과 頃은 동일하게 같은 면적의 토지를 가리켰다(金容燮, 1975, 「高麗時期의 量田制」 『東方學志』 16 (同, 2000, 『韓國中世農業史研究』, 지식산업사 재수록)).

25) 許興植編著, 1984, 『韓國金石全文(中世上)』, 「玄化寺碑陰記(1021년)」, 450쪽.

26) 安秉佑, 1984, 「高麗의 屯田에 관한 一考察」 『韓國史論』 10, 서울대.

27) 安東佑, 1984, 위의 논문.

興王寺에는 門下省의 反對奏에도 불구하고 景昌院 소속의 田柴가 移給되었다.

> 門下省奏 今以景昌院所屬田柴 移屬興王寺 其魚梁·舟楫·奴婢 悉令還官 … 請田民·魚梁·舟楫 仍舊還賜 制曰 田柴已納三寶 難可追還 宜以公田依元數給之 餘從所奏[28)]

興王寺는 2,800間으로 12년간 공사한 후 완성되었으며, 戒行이 있는 자 1,000名을 常住시킨 사원이다.[29)] 興王寺는 華嚴宗의 사원으로서 창건된 것으로[30)] 불교 종파간에 균형을 유지시키려고 하는 국가의 입장이 크게 반영된 것이었다. 眞表律師가 극도의 내핍생활을 하며 精進하고 있을 때 하루에 米 5合을 식사량으로 했다고 하는데,[31)] 이는 매우 적은 것으로 하루에 승려가 소비하는 양은 이보다는 훨씬 많았을 것이다. 하루에 米 5合씩 1,000명이 1년간 소비하면 그 양은 1,216石 10斗에 달하는 엄청난 것이었다.[32)]

大雲寺가 토지를 분급받고 있던 사실은 간접적으로 확인된다.

> 制 大雲寺 先王始創 以福邦家 其所給公田 地瘠稅少 齋供不周 加賜良田一百頃[33)]

---

28) 『高麗史節要』 권8, 文宗 12년 7월, 上冊, 138쪽 ; 『高麗史』 권8, 世家8 文宗 12년 7월 乙酉, 上冊, 166쪽.

29) 『高麗史』 권8, 世家8 文宗 21년 정월 庚申, 上冊, 176쪽.

30) 崔柄憲, 1981, 「高麗中期 玄化寺의 創建과 法相宗의 隆盛」 『韓沽劤博士停年紀念史學論叢』 참조.

31) 許興植編著, 1984, 『韓國金石全文(中世下)』, 「高城鉢淵藪眞表律師藏骨塔碑(1199년)」, 926쪽 ; 『三國遺事』 권4, 義解5 關東楓岳鉢淵藪石記.

32) 白南雲氏는 1천 명의 승려가 1년간 소비하는 식량만 적어도 米 3千 石을 요한다고 지적했다(白南雲, 1937, 앞의 책, 30쪽).

33) 『高麗史』 권8, 世家8 文宗 18년 4월 庚午, 上冊, 172쪽.

즉 大雲寺는 先王이 창건하여 국가의 福을 빈 곳으로 이미 公田을 지급한 바 있으나 그 토지가 척박하여 稅가 적기 때문에 齋供이 고르지 못했다. 이에 良田 100頃을 加賜한 것이다.

진전이 설치된 현화사·홍왕사·대운사는 국가·왕실과 밀접한 관련을 갖고 있었기 때문에 이처럼 토지가 분급되었다. 眞殿寺院은 국왕 및 왕비의 초상화인 眞影을 모시고 忌日마다 佛敎式 齊를 올려 薦福하는 곳이었으므로[34] 토지가 분급된 것이다.

진전사원과는 달리 사원이 국가를 위한 특정 종교행사를 수행함으로써 국가로부터 토지를 분급받는 경우도 있었다. 安波寺가 그 예라 하겠다. 安波寺는 忠淸道 泰安郡에 있던 사원으로 조운선이 앞바다에서 자주 파손되어 이를 佛力으로 방지하고자 하는 의도로 고려시대에 만들어졌다.[35] 安波寺가 세워진 그 곳 앞바다는 해안선이 복잡하고 작은 섬이 다수 분포하였으며, 더구나 조석으로 간만의 차가 크고 파도 또한 매우 심한 곳이어서[36] 조운선이 자주 난파되었다. 이에 고려시대에 이곳의 운하굴착이 시도되기도 하였으나[37] 모두 실패하고 말았다. 이 安波寺가 토지를 점유하고 있음은 조선초의 자료에서 확인된다. 忠淸道 觀察使가 보고한 내용 중에서,

> 道內有安波寺 因倭而廢 今去本基六十里 結草菴 居僧不過二三耳 役奴婢收田租 無補於國[38]

하다고 지적함에서 알 수 있다. 즉 왜구에게 사원이 파손되기 이전부터

---

34) 許興植, 1986, 「佛敎와 融合된 王室의 祖上崇拜」『高麗佛敎史硏究』, 一潮閣.
35) 『新增東國輿地勝覽』 권19, 忠淸道 泰安郡 佛宇.
36) 崔完基, 1981, 「高麗朝의 稅穀運送」『韓國史硏究』 34.
37) 고려 仁宗 때와 恭讓王 때 2회 시도되었다(『高麗史』 권16, 世家16 仁宗 12년 7월, 上册, 335쪽 ; 『高麗史』 권116, 列傳29 王康, 下册, 557쪽).
38) 『太宗實錄』 권10, 太宗 5년 8월 壬辰, 1册, 334쪽.

안파사는 토지를 가지고 있었다. 안파사가 토지를 언제부터 가지고 있었는지를 분명하게 알 수 없지만, 조운이 시행될 무렵부터라고 보아도 잘못은 없을 것이다. 고려초에는 정식 지방관이 파견되지 못하고 수취를 위해 今有와 租藏이 임시적으로 파견되고 있었으며 수취물의 운반을 위해 轉運使가 또한 파견되었다.[39] 따라서 조운은 국초부터 시행되었을 가능성이 높으며 이에 따라 안파사의 토지도 국초부터 마련된 것으로 볼 수 있다.

국가에서 토지를 분급하는 사원은 이상에서 살펴본 바와 같이 국가와 긴밀한 관련을 가지며 국왕·국가를 위한 佛事를 행하는 사원에 한정되었다. 고려 전시기에 자료상에서 언급되고 있는 裨補寺院이 그 사원이 아닐까 사료된다. 태조가 訓要10條 중 제2조에서 "諸寺院 皆道詵推占山水順逆而開創"이라고[40] 표현하고 있는 사원이 바로 비보사원으로 보인다. 또 朝鮮初 『龍飛御天歌』에서,

高麗用道詵說 推占山川順逆 開創寺社 … 名之曰 裨補所[41]

라고 했는데, 이 裨補所가 역시 비보사원일 것이다. 비보사원은 道詵의 견해에 따라 태조 때 세워진 사원을 일컫고 있는 것이었다. 이 비보사원은 태조 이후에도 계속 언급되고 있었다.[42] 이 비보사원 여부가 토지분

---

39) 邊太燮, 1968, 「高麗前期의 外官制」『韓國史研究』(同, 1971, 『高麗政治制度史研究』, 一潮閣 재수록).

40) 『高麗史』 권2, 世家2 太祖 26년 4월, 上冊, 55쪽.

41) 『龍飛御天歌』 제107章 小註.

42) 『高麗史』 권7, 世家7 文宗 9년 10월, 上冊, 158쪽 ; 『高麗史』 권18, 世家18 毅宗 22년 3월 戊子, 上冊, 381쪽 ; 『高麗史』 권129, 列傳42 叛逆3 崔忠獻, 下冊, 791쪽 ; 『高麗史』 권107, 列傳20 韓康, 下冊, 353쪽 ; 『高麗史』 권84, 志38 刑法1 職制 忠烈王 24년 정월, 中冊, 843쪽 ; 『高麗史』 권38, 世家38 恭愍王 원년 2월 丙子, 上冊, 756쪽.

급의 하나의 기준이 아니었을까 한다.

사원에 대해 국가가 토지를 분급해 줄 때 柴地가 아울러 지급되기도 했다. 고려 태조가 龍巖寺에 토지와 아울러 柴地인 '樵蘇之地'를 지급하고 있는 것이 그 예라 하겠다.[43]

그리고 長生標가 설치된 사원의 경우는 당연히 시지를 포함하기 마련이었다. 長生標는 독자적인 영역표시로서 사원 주위에 세워졌는데, 국가가 그 설치를 허용했던 것이다. 장생표는 모든 사원에 세워진 것이 아니라 특별한 우대의 표시로 특정사원에 한해 세워졌다.

表德 以法力施於有政 是以乾元二年 特教植長生標柱 至今存焉[44]

元表大德이 불교로써 정치에 도움을 준 결과 景德王 18년(乾元 2, 759) 敎旨에 의해 長生標柱가 세워졌으며, 그것이 이 碑가 만들어진 憲康王 10년(884) 당시에도 있었다. 물론 이것은 고려이전 시기에 해당되는 사실이지만, 고려시기에 있어서도 장생표의 설치는 국가의 허락이 있어야 가능했다.[45] 국가의 허가를 얻지 못한다면 장생표가 설치될 수 없음은 물론이었다.

장생표는 사원 주위의 영역표시를 위해서 각 방향에 설치되고 있는데, 지형에 따라 4개에 그치지 않고 12개에 달하기도 했다.[46] 그 표 내

43) 『新增東國輿地勝覽』 권28, 慶尙道 尙州牧 佛宇. 고려시기 사원의 시지에 관해서는 拙稿, 2008, 「高麗時期 寺院의 柴地와 山林」 『靑藍史學』 15(본서 제1부 제3장 수록) 참조.

44) 李智冠譯註, 1993, 『歷代高僧碑文(新羅篇)』, 「長興寶林寺普照禪師彰聖塔碑(884년)」, 98쪽.

45) 許興植編著, 1984, 『韓國金石全文(中世上)』, 「梁山通度寺國長生石標(1085년)」, 526~527쪽. "通度寺孫仍川國長生一坐段寺 / 所報尙書戶部乙丑五月日牒前 / 判皃如改立令是於爲了等以立 / 大安元年乙丑十二月日記".

46) 『三國遺事』 권4, 義解5 寶壤梨木 ; 『通度寺誌』, 「通度寺事蹟略錄」, 亞細亞文化社 影印本, 29~30쪽.

에는 公私의 他土가 없었다.[47] 장생표가 설치된 영역안의 山林·田野·農民은 사원의 배타적인 지배를 받아야 했다.[48] 사원전이 여러 지역에 분산되어 있을 때와는 달리 이처럼 장생표가 세워진다면 그 영역은 사원의 폐쇄적이고 독립적인 田莊이 되어 경영되었을 것이며, 그 경우 사원은 독립한 존재로서 군림했을 것이다. 장생표가 일반 세속 귀족들의 토지침탈이 예견될 때 세워진다면, 그러한 침탈로부터 안전을 지킬 수 있는 길이 보장되는 것을 뜻하는 것이다. 장생표 내에는 산림도 있었겠지만, 역시 田土가 중요했음은 물론이겠다.

사원에 분급된 토지는 소유지가 아니라 수조지였다. 기본적으로 사적인 토지소유가 전제된 사회이기 때문에 국가가 사원에 분급해 줄 수 있는 것은 수조지일 수밖에 없었다. 이것은 전시과에 의해 분급된 토지가 수조지였음과 짝하는 현상이었다.[49]

앞에서 文宗 12년(1058) 7월에 宮院의 하나였던 景昌院에 소속하고 있던 토지가 興王寺에 移屬되고 있음을 보았는데, 그 22년 뒤인 文宗 34년 3월에,

> 刑部奏 戶部擅以興王寺田給萬齡殿 請罪之 制 削戶部官吏職 放還田里[50]

---

47) 『通度寺誌』, 「通度寺事蹟略錄」, 29~30쪽.

48) 『三國遺事』 권2, 紀異2 駕洛國記. "元君八代孫金銍王 克勤爲政 又切崇眞 爲世祖母許皇后奉資冥福 以元嘉二十九年壬辰 於元君與許皇后合婚之地創寺 額曰 王后寺 遣使審量近側平田十結 以爲供億三寶之費 自有是寺五百(歲)後 置長遊寺 所納田柴幷三百結 於是右寺三剛 以王后寺在寺柴地東南標內 罷寺爲莊 作秋收冬藏之場 秣馬養牛之廐".
長遊寺 柴地 東南標內에 王后寺가 있다는 이유로 王后寺를 莊으로 만들어 버리고 있다. 이 標가 長生標라고 확언할 수 없지만 그러한 의미가 큰 것으로 보인다.

49) 전시과에서 지급된 토지의 성격에 관해서는 李景植, 2007, 『高麗前期의 田柴科』, 서울대출판부가 참조된다.

50) 『高麗史』 권9, 世家9 文宗 34년 3월 壬申, 上册, 194쪽.

라는 데서 알 수 있듯이 興王寺의 토지를 戶部 마음대로 萬齡殿에 지급하고 있다. 호부가 홍왕사의 허가도 없이 마음대로 그 토지의 歸屬을 바꿀 수 있었던 것은 그것이 홍왕사의 소유지가 아니라 수조지였기 때문이었다. 홍왕사의 소유지였다면 호부가 자의적으로 처리할 수 없는 것이다. 분급된 사원전이 이처럼 수조지로서 존재했음은 후기의 기록들에 의해서도 뒷받침된다. 禑王 원년(1375) 9월에,

取諸寺田租 以充軍費[51)]

하고 있었다. 이 시기는 軍費 문제로 심각하게 고통을 당하고 있던 시기였는데, 이때 사원의 田租를 취해서 군비에 충당하고 있는 것이다. 수조지로서 분급되었기 때문에 국가는 특별한 경우에 收租權者인 사원의 수조권 행사를 일시 중단시키고 대신 전조를 취할 수 있던 것이다. 만약 사원이 순수하게 사적인 방법으로 획득한 토지, 즉 사원의 소유지였다고 하면 국가는 '取'대신에 '科斂'의 형태를 취할 수밖에 없었을 것이다. 다음해에도 사원전조의 1/2을 취해서 軍需에 충당하였다.[52)]

다음의 사료는 사원전이 수조지로서 존재하고 있음을 더욱 분명히 확인시켜 준다.

(辛)裔 受元命 主楡岾都監 時姜居正·尹衡爲有備倉官 以王命收寺院田 楡岾田亦見收 楡岾都監牒有備倉 令還田 居正等曰 寺田曾以王命屬本倉 不可擅還 都監訴于裔[53)]

辛裔가 元命을 받아 楡岾都監[54)]을 주관하고 있었는데 有備倉官이

---

51) 『高麗史』 권82, 志36 兵2 屯田, 中冊, 813쪽.
52) 『高麗史』 권78, 志32 食貨1 田制 租稅 辛禑 2년 9월, 中冊, 728쪽.
53) 『高麗史』 권125, 列傳38 姦臣1 辛裔, 中冊, 724쪽.
54) 忠穆王조에는 金剛山에 있는 楡岾寺의 비용조달을 위해 永福都監을 설치했다고

왕명으로 사원전의 租를 수취한 결과 楡岾寺의 전조도 역시 官에서 수취하였다. 楡岾寺의 토지가 국가의 권력을 매개로 하지 않는 순수한 사적인 소유지라면 도저히 불가능한 일이다. 국가가 그 토지에 대한 일정한 지배권, 다시 말하면 수조지로서 지급한 사실에서 그 토지에 대한 田租收取權을 왕명에 의해 還收할 수 있었다. 따라서 사원전이 기본적으로 수조지로 분급된 것임을 알 수 있다.

3. 寺院田에 대한 國家의 統制

분급된 사원전은 계속 보유하게 마련이었다. 사원이 계속 유지되면서 국가를 위한 구실을 한다면, 국가가 분급한 사원전은 몰수됨이 없이 계속 유지해 나갈 수 있었다. 사원전이 계속 보유된다는 것은 국가측으로서도 보장하고는 있었지만, 다른 한편으로 이에 관심을 기울일 수밖에 없는 사정이 있었다. 사원은 분급받은 사원전을 매개로 풍부한 경제력을 소유할 수 있었고, 게다가 영속적으로 경작농민을 지배해 가기 때문에 이들을 조직할 수 있었다. 사원은 이것을 기반으로 세력화할 수 있었는데, 이는 곧 중앙정부를 위기로 몰아갈 가능성이 있는 것이었다. 이러하기 때문에 국가는 사원에 토지를 분급하면서도, 사원이 지나치게 세력화하지 못하도록 제한조치를 강구하지 않으면 안 되었다.

또한 사원에 토지를 분급한다는 것은 국가가 지배하는 公田佃客의 감소를 의미하는 것이었다. 사원전이 확대되면 될수록 국가유지의 기반이 되는 公田佃客농민이 감소되는 것이었으며, 이는 나아가 국가의 수취기반의 약화를 초래하는 것이었다. 곧 국가의 재정수입의 격감을 가져오는

한다(『高麗史』 권77, 志31 百官2 永福都監, 中册, 693쪽). 따라서 楡岾都監과 永福都監은 동일한 기관의 선후 명칭일 것으로 보인다.

것으로, 국가로서는 이에 커다란 관심을 기울이지 않을 수 없었다. 국가는 지나치게 사원전이 팽창하지 못하도록 여러 가지 조처를 취하였다.

사원전의 분급은 佃客農民과의 관계에서도 문제가 있었다. 사원전을 분급한다는 것은 사원에 편입된 전객농민들의 불만, 나아가 항쟁을 야기할 수 있었다. 사원전에 편입된 전객농민들의 부담이 반드시 公田佃客보다 무겁다고 단정할 수는 없겠지만, 그러나 앞으로의 가능성이라는 측면에서는 커다란 차이가 있는 것이었다. 즉 사원전 경작농민이 생산력 증대를 통해 잉여를 축적할 수 있다 하더라도 공전전객보다는 이를 지켜 나가기가 어려울 것은 당연한 일이었다. 국가의 公的 體系와는 다른 사원의 恣意的인 수탈을 받을 소지가 많았으며, 따라서 생산력 증대를 통해 획득한 잉여물이 자신의 경제적 처지를 향상시키는 데 기여하기 어려웠다. 사원의 전객농민이 되면 불교의 구원에 좀 더 접근할 수 있다고 관념되었을지 모르지만, 그럼에도 그들의 사회경제적 처지가 저러하였음에서 전객의 불만은 높을 수밖에 없는 것이었다. 국가는 이 문제도 처리해 나가지 않으면 안 되었다.

국가는 이러한 이유로 해서 사원전에 대해 여러 가지 통제 조처를 취하였다. 우선 국가는 사원이 국가에 대해 기대하는 역할을 하지 못할 때 그 토지를 몰수하였다. 국가가 토지를 분급해 주는 것은 사원이 국가를 위한 역할을 수행하기 때문에, 또 수행한다는 것을 전제로 한 것이었다. 말하자면 雙務的인 것이었다. 그러므로 사원이 그러한 구실을 하지 못할 때 분급한 사원전을 몰수하게 됨은 당연한 일이었다. 사원 건물은 시간의 흐름에 따라 자연히 퇴락해 갔으며, 화재가 나거나 전쟁으로 인해서도 폐허화되는 수가 있었다. 국가는 때때로 폐허화된 사원을 개별적으로 복구해 가고는 있었지만, 사원의 복구는 엄청난 경제력을 요하는 것이기 때문에 사원 자체의 경제력으로 수월하게 그 일을 완수할 수 없었다.[55] 그리하여 亡寺가 자주 출현하였다. 특히 중앙의 정치력이 미치기 어려운 지방사원의 경우 더욱 亡寺가 많이 출현하였다. 폐허화된 사원의 토지는 국가가 몰수하였다. 사원은 폐허화되어 소속 승려가 없어졌다 하더라도 그 토지를 전객농민이 계속해서 경작해 가고 있었음은 물론이겠다. 고려 중기에 세워진 「龍門寺重修碑」에는[56] 亡寺田 30頃이 언급되고 있었고, 「龍壽寺開創記」에서도[57] 古寺田柴 10結과 嚮福寺田 40結이 언급되고 있는데, 이는 모두 사원이 폐허화되어 그 토지가 국가에 의해 몰수되고 있음을 나타내고 있는 것이다. 고려말이 되면 亡寺는 더욱 많이 출현하였던 것 같다. 그리하여 亡寺田의 公收가 중앙의 기록에까지 등장하였다. 恭愍王이 교를 내리는 과정에서

外方州縣所有亡寺院 官吏收其田租 爲公用 所在皆是[58]

라 하고 있음은 그러한 사정을 말해 주는 것이다.

사원이 폐허화되어 국가를 위한 기능을 하지 못할 때 국가는 토지를 이처럼 몰수하였던 것이다. 그만큼 국가는 사원전 관리에 충실하였다. 亡寺가 출현한 경우 그 토지를 다른 사원이 함부로 占有할 수는 없었다. 또한 세력가가 그 토지를 멋대로 자기의 것으로 할 수도 없는 것이었다. 현실적으로 그러한 일이 있을 수 있겠지만, 그것은 어디까지나 불법적인 행위였다. 사원전을 점유하고 있을 경우 반드시 사원은 국가를 위한 기능을 수행해야 했고, 그 기능을 하지 못할 때 국가는 그 토지를 몰수하였다. 이 원칙의 준용을 통해서 국가는 사원전이 함부로 변동하는 것을

55) 報法寺의 경우, 太祖妃 柳氏가 시납한 田民이 여전히 존속하고 있었음에도 중간에 퇴락한 지 오래였으며, 마침내 尹桓의 布·田地의 시납을 얻어 重修되었다(李穡, 「報法寺記」『牧隱藁文藁』 권6(『韓國文集叢刊』 5册, 46~47쪽)).

56) 許興植編著, 1984, 『韓國金石全文(中世下)』, 「醴泉龍門寺重修碑(1185년)」, 872~875쪽.

57) 許興植, 1986, 『高麗佛敎史硏究』, 654쪽.

58) 『高麗史』 권82, 志36 兵2 屯田 恭愍王 5년 6월, 中册, 813쪽.

억제하고 있었다.

또한 국가는 사원전의 전체적인 규모에 대해 각별한 고려를 했다. 사원전의 점유를 매개로 한 제관계가 저러한 것이었기 때문에 사원전의 규모를 증가시키지 않으려 했다. 사원전의 증대는 곧 사원세력의 강화를 초래하는 것이며, 아울러 경작농민의 불만을 야기하는 것이었다. 국가입장에서는 이뿐만이 아니라 직접적으로 재정수입의 감소를 초래하는 것이기도 했다. 이러하였기 때문에 국가는 사원전을 증액하거나 신규사원에 대해 무작정 토지를 분급해 줄 수는 없었다. 가급적 사원의 신설을 억제하려 했고 신규사원에 대해 새로운 토지분급을 피하고자 했다. 신설사원에 국가가 몰수했던 亡寺田을 再折給하는 것은 그러한 사정에서 취해지는 조치였다. 이미 고려초에 태조가 雲門寺에 토지 500結을 분급할 때 망사인 5岬寺의 토지 500結로써 분급하고 있음은[59] 바로 그러한 방침이 국초부터 마련되어 있음을 말해주는 것이다. 고려시기에 亡寺田이 다른 사원에 재절급되는 예는 龍門寺와 龍壽寺에서 찾을 수 있다. 龍門寺에는 고려중기에 近州縣 亡寺田 30頃이 지급되고 있었고,[60] 용수사에는 古寺田柴 10結과 이미 亡한 嚮福寺田 40結이 지급되고 있었음은[61] 바로 국가가 사원전의 전체적인 규모를 증대시키지 않으려는 의도에서 취해지는 것이었다. 이러한 방식으로 사원의 토지문제를 해결할 수 없는 경우에도 국가가 수조하는 민전을 새로이 사원의 수조지로 분급하는 일은 피했다. 玄化寺가 세워지고 홍왕사가 세워지자 屯田·宮院田으로써 지급하고 있음은 바로 그러한 사정을 말하는 것이었다.

한 사원에 대해 亡寺田을 재절급하거나 다른 기관의 토지를 이속시키는 것으로 불충분하여 더 지급하고자 할 때 취해지는 방법이 소유주가

---

59) 註 8)과 같음.
60) 註 56)과 같음.
61) 註 57)과 같음.

없는 토지, 따라서 경작되지 않는 토지를 지급하는 것이었다. 그 토지는 바로 閑田이었다. 閑田은 본디 '有主付籍之田'이 아니었다.[62] 無主地이지만 사람의 노동이 가해지면 큰 어려움없이 개간 경작이 가능한 전지이기도 했다.[63] 국가가 한전을 절급해 주고 있음은 개간 장려와도 관련되는 것이었다.[64] 한전을 사원이 개간하면 그 소유주는 사원이 되는 것이었고, 또 국가로부터 분급받은 것이었으므로 국가에 대해 免租의 특혜를 누릴 수 있었다.

용수사에 토지를 절급할 때 古寺田柴·嚮福寺田으로 불충분하자 부근의 한전 40結을 절급하고 있음은 그러한 구체적인 예였다.[65] 국가는 사원에 토지를 절급할 때 가급적 亡寺田으로 충당하되 그것으로 불충분한 경우 새로이 국가수조지인 민전을 절급하는 것이 아니라 바로 한전을 지급하는 것이었다. 이는 바로 국가가 사원전의 확대, 사원전의 전체적인 규모의 증대를 억제하려는 데서 나오는 운영원칙이었다.

사원에 분급된 토지가 한 지역에 집중되는 것은 곤란한 일이었다. 한 지역에 사원전이 집중되면 경제력을 기반으로 세력화하기 쉬웠다. 사원이 세력화화는 것은 사원이 중앙권력에 도전할 수 있는 배경이 되었다. 특히 중앙정치가 동요하고 있을 때는 심히 위협이 될 수도 있었다.[66] 이러하므로 국가가 사원전을 분급할 때 한 지역에 집중시켜 분급할 리가

---

62) 『高麗史』 권78, 志32 食貨1 經理 忠烈王 11년 3월, 中册, 706~707쪽.

63) 閑田이 개간되고 있음을 보여 주는 자료는 다음과 같다. 『高麗史』 권79, 志33 食貨2 農桑 高宗 43년 2월, 中册, 735쪽 ; 『高麗史』 권78, 志32 食貨1 經理 忠烈王 11년 3월, 中册, 706~707쪽.

64) 註 62)와 같음.

65) 註 57)과 같음.

66) 武人執權 시기 사원의 동향은 그러한 예를 보여주는 것이다. 이에 관해서는 다음의 논문이 참조된다. 金鍾國, 1961, 「高麗武臣執權과 僧徒의 對立抗爭에 關한 一考察」 『朝鮮學報』 21·22합집 ; 秋萬鎬, 1984, 「高麗僧軍考」 『藍史鄭在覺博士古稀紀念東洋史論叢』 ; 黃秉晟, 1993, 「高麗 武臣政權期 寺院勢力의 動向」 『韓國思想史學』 4·5합집 ; 金光植, 1995, 『高麗 武人政權과 佛教界』, 民族社.

만무하였다. 사원전이 집중될 경우보다 분산되어 있다면 사원이 세력화하기란 훨씬 어려운 것이다. 국가는 사원에 토지를 분급할 때 분산시켜 지급하는 원칙을 고수했다.

사원전이 한 지역에 집중되어 있지 않고 분산되어 있는 예는 쉽게 찾을 수 있다. 成宗代에 長安寺에는 1,050結의 토지가 분급되었는데, 그것은 全羅道 지방의 咸悅縣·仁義縣·扶寧, 楊廣道 지방의 幸州, 西海道 지방의 白州·平州에 분산되어 분포하였다.[67] 앞에서 언급한 바 있는 龍壽寺의 경우도[68] 토지의 유래가 古寺田柴·嚮福寺田·閑田으로 다양하기 때문에 한 지역에 집중되지 못했을 것임을 쉽게 추측할 수 있겠다.

사원에 토지가 분급될 때 분산시켜 지급함이 원칙이었기 때문에, 장생표가 설치된 사원은 보통의 사원일 수가 없었다. 4至를 표시한 장생표가 있는 사원은 그 지역 안에 있는 전토·임야·농민을 배타적·독점적으로 지배할 수가 있었다. 그러나 이 경우에도 사원이 장생표를 마음대로 설치할 수 있는 것이 아니라 국가의 허락을 받아야 했다.[69]

국가가 사원전을 분급함은 사원으로 하여금 그 토지를 매개로 경작농민의 지배를 허용하는 것이었다. 그러나 사원은 현실적인 세력을 기반으로 사원전과 그 경작농민의 지배는 물론 나아가 허용되지 않은 농민 지배까지 하는 수도 있었다. 또 사원은 사원전의 경작농민을 대상으로 取息행위나 商 행위를 하고 있음이 보통이었는데, 때때로 그 범위를 넘어서 일반 군현의 民人까지 지배하는 수도 있었다.

---

67) 『新增東國輿地勝覽』 권47, 江原道 淮陽都護府 佛宇 長安寺.

68) 註 57)과 같음.

69) 雲門寺의 경우 長生標의 위치가 기재되어 있는 자료는 「柱貼文公」·「長生標塔公文一道」이다. 公文이라는 데서 알 수 있듯이 장생표는 운문사가 마음대로 세우지 못하고, 국가에서 그 설치를 허락해 준 것이다(『三國遺事』 권4, 義解5 寶壤梨木). 또한 通度寺의 경우는 더욱 구체적으로 장생표의 건립에 戶部가 관여하고 있다(許興植編著, 1984, 『韓國金石全文(中世上)』, 「梁山通度寺國長生石標(1085년)」, 526~527쪽).

당시 사원이 허용된 범위를 벗어나서 농민을 지배하고 나아가 일반 군현민에 대한 取息행위까지 하고 있었음은 崔承老가 올린 時務策에서 알 수 있다. 그는 자신이 올린 時務策 가운데서,

> 凡佛寶錢穀 諸寺僧人 各於州郡 差人句當 逐年息利 勞擾百姓 請皆禁之 以其錢穀 移置寺院田莊[70]

하라고 함은 사원이 州郡의 民을 대상으로 取息행위를 하고 있었음에서 오는 개선안의 제시였고,

> 若其主典有田丁者 幷取之 以屬寺院莊所[71]

라 함은 사원이 관련있는 다른 토지를 매개로 농민을 지배하고 있는 것을 금지하고자 제시된 시무책이었다. 사원전과 떨어져 있는 主典의[72] 田丁을 매개로 농민을 지배하여 민폐를 야기하고 있던 바, 이의 시정을 건의하는 것이었는데, 이런 분위기라면 사원이 분급받은 토지를 벗어나 인접 농민에 대해 지배·침탈이 행해질 가능성은 충분히 예견되는 바라 하겠다.

분급된 사원전을 벗어난 토지·농민지배는 국가측으로서 제한하지 않을 수 없었다. 그것은 곧 국가의 수취기반의 약화를 의미한다는 차원에서만 문제가 되는 것이 아니라, 그러한 지배를 매개로 사원이 세력화할 수 있는 것이고, 또 그러한 침탈을 당하는 경작농민의 불만도 고려해야 했다. 당시 고려국가는 이에 대해 적극적인 조치로서 禁令을 내리고 있

---

70) 『高麗史』 권93, 列傳6 崔承老, 下冊, 84쪽.

71) 위와 같음.

72) 主典의 실체는 不明이다. 사원의 住持를 지칭하는 것인지, 사원의 소속승려 가운데 개인의 경제력을 소유한 자를 지칭하는지는 사원내 승려의 조직과 관련하여 검토를 요한다.

었다.[73)]

국가는 때때로 寺院田租를 公收함으로써 사원의 전객농민지배를 불안하게 만들기도 했다. 사원전조의 公收는 수조권의 몰수는 아니지만 사원의 수조권 행사를 일시 중단시키는 것으로서 사원의 수조권을 간접적으로나마 약화시키는 행위였다. 사원전조의 공수는 대체로 국가의 재정 곤궁과 연결되어 행해지고 있음이 보통인데, 중앙의 기록을 통해 보면 그 예가 주로 고려 말기에 보이고 있다.[74)] 그것은 바로 고려전기까지는 사원의 수조권 행사가 비교적 국가의 공수조치를 겪지 않고 비교적 안정적으로 행해졌음을 말해 주는 것이라 하겠다.

국가가 사원에 대해 토지를 분급하면서도 이상과 같은 제한조치를 취해가고 있었던 것이다. 이상은 주로 분급받은 사원전을 중심으로 행해지고 있는 국가의 통제조치였다.

국가는 사원의 사적 소유지에 대해서도 통제책을 취하였다. 국가가 토지를 분급해 준 것은 사원이 국가에 대해 일정한 기능을 수행하는 경우에 한했던 것으로, 모든 사원에 대해 토지분급이 이루어진 것은 물론 아니었다. 그것은 고려국가의 토지분급이 국가에 대한 일정한 職役의 대가로 행해졌기 때문에 당연한 일이었다. 그러나 국가가 토지를 분급해 주지 않는다고 해서 사원이 토지를 갖지 못한 것은 아니었다. 사원은 토지를 시납받을 수 있고 개간·매입할 수 있으며, 또한 민의 寄進·投托을 받을 수 있기 때문에 사원이 사사로이 지배하는 토지는 존재하였다. 사원이 스스로의 노력에 의해 이와 같은 방법으로 토지를 획득해 가는 것은 고려시기에만 한정된 현상은 아니었다.

---

73) 『高麗史』 권85, 志39 刑法2 禁令 明宗 18년 3월, 中册, 862쪽 ; 『高麗史』 권85, 志39 刑法2 禁令 忠烈王 12년 3월, 中册, 863~864쪽 ; 『高麗史』 권91, 列傳4 宗室2 丹陽府院大君�, 下册, 57쪽.
74) 『高麗史』 권82, 志36 兵2 屯田 辛禑 원년 9월, 中册, 813쪽 ; 『高麗史』 권78, 志32 食貨1 田制 租稅 辛禑 2년 9월, 中册, 728쪽.

우리나라에 불교가 수용된 이래 사원이 개인으로부터 토지를 시납받고 있는 일은 허다했다. 후기신라시기 牟梁里에 살고 있던 金大城은 福을 구하는 마음에서 傭田을 興輪寺에 시납하였으며,75) 金志全은 亡考·亡弟·亡妻·亡妹·妻의 복을 빌기 위해 甘山寺에 莊田을 시납하였다.76) 또한 智證大師는 자신의 토지 莊 12區, 田 500結을 鳳巖寺에 속하게 하였다.77) 이러한 예에서 볼 수 있듯이 사원은 많은 토지를 소유하였으며, 신라말에는 토지소유가 더욱 증대되어 갔으며 민의 소유지에 대한 침탈이 행해졌을 것도 예상되는 바였다. 경제적 부를 축적한 사원은 이 시기의 草賊들에 의해 침입을 받는 일이 발생하였다.78) 사원의 토지확대와 그를 통한 부의 축적, 이것이 당시 草賊이라는 농민군이 사원을 공격하는 이유일 것이다.

사원에 의한 토지침탈은 고려초에 일단 정비될 필요가 있었다. 사원의 약탈에 의한 농민의 소유토지 상실은 원상태로 회복되지 않으면 안 되었다. 국가기반의 안정을 위해서도, 또 사원경제에 대한 제한을 위해서도 그것은 필요했다. 그것은 量田을 통해서 가능한 일이었다. 전국적으로 일시에 量田事業이 시행될 수는 없었을 것이다. 토지 분쟁이 심각한 곳에 우선적으로 量田使가 파견되어 토지소유관계를 조정하였을 것이다.79) 그러한 과정에서 토지를 상실한 사원이 출현하였을지도 모를

75) 『三國遺事』 권5, 孝善9 大城孝二世父母 神文王代.

76) 許興植編著, 1984, 『韓國金石全文(古代)』, 「慶州甘山寺阿彌陀如來造像記(720년)」, 127~128쪽.

77) 李智冠譯註, 1993, 『歷代高僧碑文(新羅篇)』, 「鳳巖寺智證大師寂照塔碑(924년)」, 287쪽.

78) 李弘稙, 1968, 「羅末의 戰亂과 緇軍」 『史叢』 12·13합집 ; 崔柄憲, 1972, 「新羅下代 禪宗九山派의 成立」 『韓國史研究』 7 ; 하일식, 1997, 「해인사전권과 묘길상탑기」 『역사와현실』 24.

79) 고려초에 量田使가 파견되어 토지소유관계를 조정한 예는 다음에서 확인된다. “淳化二年 金海府量田使中大夫趙文善申省狀稱 首露陵王廟屬田結數 多也 宜以十五結仍舊貫 其餘分折於府之役丁 … 節使(量田使稱也) 受朝旨 乃以半屬

일이다.[80]

고려시기에 국가는 사원에 토지를 시납·기진하는 것을 억제하였다.[81] 사원의 소유토지가 증대하는 것은 그만큼 토지소유에서 배제되는 층을 증대시키는 것이었으며, 사원이 비보사원으로 지정되는 경우 免租의 특권까지 향유하게 되므로[82] 국가의 재정수입에도 커다란 손실을 초래하는 것이었다. 고려중기에 이미 비옥한 토지가 사원의 소유로 되어 갔다는 지적이 나오고 있었다.[83] 이러한 토지는 주로 사원의 소유지였을 테지만, 사원의 소유지 증대는 그만큼 국가의 수취기반인 良人農民의 토지상실을 의미하거나 그들의 佃戶로의 전락을 의미하는 것이었기에 국가로서는 억제하지 않으면 안 되었다.

때문에 국가는 사원에 토지가 들어가는 것에 대해 억제책을 취하였

於陵園 半以支給於府之徭役戶丁也"(『三國遺事』 권2, 紀異2 駕洛國記).

80) 다음의 사료는 그러한 사정을 말하는 것으로 추정된다. "統和十年三月 主寺釋性泰 跪於菩薩前 自言 弟子久住玆寺 精勤香火 晝夜匪懈 然以寺無田出 香祀無繼 將移他所 故來辭爾"(『三國遺事』 권3, 塔像4 三所觀音 衆生寺).
즉, 統和 10년(992) 衆生寺 住持인 性泰가 토지로부터 수입이 없어 香祀를 계속할 수 없게 되어 다른 곳으로 옮겨가고자 보살 앞에서 사직인사 드린다는 내용이다. 왜 이 시기에 와서 갑자기 田出이 없다는 것일까. 그 동안은 田出이 있어 香祀를 계속할 수 있었는데, 이 시기에 와서 갑자기 田出이 없다고 하는 것은 바로 成宗代에 상당한 정도로 사원전이 정리된 결과가 아닐지 모르겠다.

81) 고려시대 전시기에 걸쳐 사원에 대한 土地施納을 禁하는 令은 찾아지지 않는다. 신라시대에는 文武王 4년 8월에 田地를 佛寺에 함부로 시납하는 것을 금하였으며(『三國史記』 권6, 新羅本紀6 文武王 上), 고려말 科田法에서도 사원에 土地를 施納함을 금하고 있다(『高麗史』 권78, 志32 食貨1 田制 祿科田, 中册, 723쪽).

82) 사원이 서로 다투어 '裨補之籍'에 등재되려고 하는 것은(『太宗實錄』 권3, 太宗 2년 4월 甲戌, 1册, 232쪽) 이러한 이해관계와 연결되는 것으로 보아야 할 것이다. 이렇게 중요한 裨補寺社의 創立文籍은 史庫에 보관되었다(『世宗實錄』 권28, 世宗 7년 6월 庚子, 2册, 672쪽).

83) 金龍善編著, 2001, 『高麗墓誌銘集成』, 「林光墓誌銘(1152년)」, 翰林大出版部, 132쪽. "時又有敬天崇福兩寺之役 朝野騷然 公極論其弊 以爲丁男壯士太半屬浮圖 而膏田厦屋 盡爲所有 兵農日減 服事夷狄 甚爲朝廷 痛惜之".

다. 李承休는 藏經을 열람하기 위해 容安堂을 짓고서 거처하고 있다가 그것을 看藏寺로 改名하고서,

> 捨田施納 名看藏 … 越甲年春月 乃於是 出洞口廣川下二水間 聞有若干空閑地棄 因受決於安集使 又納之 前後合爲俗言七八結 以爲常住齋粥之費用[84]

전후 여러 차례에 걸쳐 7·8結의 토지를 시납하여 常住齋粥의 비용으로 삼게 하였다. 여기서 주목되는 것은 버려진 약간의 空閑地를 시납하는 데에 安集使의 결재를 받는 점이다.[85] 주인 없는 버려진 땅은 본시 개간하는 자에게 소유권이 귀속되는 것이 원칙이었다. 이와 아울러 국가는 개간장려책의 일환으로 일정기간 면세조치를 취해 주었다.[86] 사원이 버려진 空閑地를 개간하면 자연히 사원의 소유지가 될 수 있었으며, 또한 공한지를 사원에 시납하는 것은 중요하지 않은 일인데, 安集使의 결재를 얻어야 하는 것이었다. 공한지의 경우에도 그러할진대 일반 경작지의 시납의 경우는 말할 필요도 없는 것이리라. 이 기록은 비록 忠烈王代의 사실이지만 그 이전 시기에도 해당되었을 것이다. 사원에 대한 토지시납은 원칙적으로는 금하지 않으면서 실제에서는 일정한 절차상의 조치를 마련하여 함부로 할 수 없게 하는 것이었다.

국가는 이와 같이 사원에 분급한 토지에 한해 통제를 가한 것이 아니라 사원이 국가권력을 매개로 하지 않고 자신의 노력에 의해 확보한 소

---

84) 李承休, 「看藏寺記」 『動安居士集』 雜著(『韓國文集叢刊』 2册, 385쪽).

85) 元의 雙城摠管府·東寧府 설치로 元宗 11년 이후 兩界制가 붕괴되자 전국은 5道와 東界(溟洲방면)로 구분되고 5道에 按察使, 東界에 安集使가 파견되었으며 이후 安集使는 忠烈王 24년에 혁파되었다(邊太燮, 1971, 「高麗兩界의 支配組織」 『高麗政治制度史研究』, 一潮閣).

86) 光宗 24년 12월 判에서 公田은 3년에 한해 免稅했고, 4년째가 되어서 비로소 依法收租하고 있다(『高麗史』 권78, 志32 食貨1 租稅, 中册, 726쪽).

유토지에 대해서도 일정한 통제를 했다. 더 나아가 국가는 사원 자체의 건립을 통제하였다. 토지에 대한 사적 소유가 전제가 되어 있는 사회에서 개인의 토지처분에 대하여 비록 국가라 할지라도 마음대로 간여할 수 없었다. 그러기 때문에 사원의 토지소유보다는 사원의 건립을 적극적으로 통제하였다.

태조는 訓要10條에서 후대의 國王·公侯·后妃·朝臣들이 願堂이라 칭하면서 함부로 사원을 건립할까 크게 경계하였다.[87] 그 이후의 역대 왕들은 더 나아가 사원건립에 대한 제한령을 내렸다. '禁捨家爲寺'라는 금령이 成宗 4년(985), 顯宗 8년(1017), 肅宗 6년(1101)에 걸쳐 여러 차례 반복해서 내려져 사원의 건립을 제한하고 있었다.[88] 文宗 10년(1056) 9월에는 制를 내려 기존의 사원을 도태시켰다.[89]

그러나 국가의 이러한 노력은 충분한 성과를 거두지 못했다. 할거적인 사회세력이 강력하게 존속하고 불교가 영향력을 증대해 감에 따라 사원의 건립은 현실적으로 널리 행해졌다. 이미 成宗代에 崔承老는,

> 世俗 以種善爲名 各隨所願 營造佛寺 其數甚多[90]

라 지적하였다. 태조의 경계에도 불구하고 사원은 건립되었으며 그 수도 심히 많았다는 것이다. 고려 중기가 되면서 몇몇 문벌귀족 가문이 정치의 중요실권을 장악하자 고위층에 있는 자는 모두 사원의 건립을 능사로

87) 『高麗史』 권2, 世家2 太祖 26년 4월, 上冊, 55쪽. "諸寺院 皆道詵推占山水順逆而開創 道詵云 吾所占定外 妄加創造 則損薄地德 祚業不永 朕念 後世 國王公侯后妃朝臣 各稱願堂 或增創造 則大可憂也 新羅之末 競造浮屠 衰損地德 以底於亡 可不戒哉".

88) 『高麗史』 권3, 世家3 成宗 4년 10월, 上冊, 70쪽 ; 『高麗史』 권85, 志39 刑法2 禁令 顯宗 8년 정월, 中冊, 861쪽.

89) 『高麗史』 권7, 世家7 文宗 10년 9월 丙申, 上冊, 160쪽.

90) 『高麗史』 권93, 列傳6 崔承老, 下冊, 86쪽.

삼고 있었다.[91]

현실적으로 준수되지 못했지만, 국가가 사원의 건립을 억제했던 것은 사원이 건립되면 그의 유지를 위해 토지가 시납의 형태로 사원에 집중되게 마련이었으며, 비록 면조의 특혜를 받지 않는다 하더라도 궁극적으로 토지침탈은 끊임없이 나타날 수 있는 것이기 때문이었다. 또 사원이 정치세력과 연결되어 분권화되어 가는 것을 막고, 중앙집권적인 사회편제를 유지해가기 위해서도 국가의 이러한 조치는 필요했다.

결국 고려시기에 국가는 사원에 토지를 분급하면서도 이상과 같은 운영원칙을 마련하여 사원세력의 확대를 저지하고 있었다. 국가의 그러한 통제조치가 무너져 갈 때, 다시 말해 사원이 국가가 제한하는 범위를 벗어나서 경제적으로 팽창하고 세력화할 때 사원의 입장에서는 이것이 바라는 바일지 모르지만, 궁극적으로 국가와 사원 양자의 상호 보험 관계는 파괴될 수밖에 없는 것이고 그것이 현실로서 나타날 때 사원세력은 역설적으로 약화되어 갈 수밖에 없었다.

4. 寺院田의 經營과 耕作農民의 處地

국가로부터 분급받은 사원의 토지는 공간적인 분포 면에서 다양한 모습을 보였다. 여러 지역에 분산되어 있는 경우도 있었고, 일정한 지역 특히 사원 주위에 집중되어 있을 수도 있었다. 金剛山에 위치하고 있던 長安寺의 경우, 국왕으로부터 분급받고 있음에도 불구하고 사원전은 전국에 분포되어 있었다.[92] 고려 중기 龍壽寺의 토지는 古寺田柴 10결, 부근의 閑田 40결 그리고 사원과 꽤 거리가 먼 新寧郡[93]의 嚮福寺田

91)『高麗史節要』 권7, 睿宗 원년 12월, 189~190쪽.

92) 李穀, 「金剛山長安寺重興碑」『稼亭集』 권6(『韓國文集叢刊』 3册, 137~138쪽) ; 『新增東國輿地勝覽』 권47, 江原道 淮陽都護府 佛宇 長安寺.

40결로 이루어져 있는 바,[94] 그 토지가 형성과정이나 토지성격과 관련하여 한 지역에 집중되어 있지 않았을 것은 분명한 사실이겠다. 또한 大雲寺에 새로이 良田 100결이 加給되었을 경우도[95] 그 토지는 기존 대운사의 사원전과 공간적으로 떨어져 존재했을 것으로 여겨진다. 이에 반해 장생표가 세워진 사원의 토지는 사원을 중심으로 그 주위에 집중되어 있었다.[96]

사원이 사적인 계기에 의해 토지를 획득하게 된 경우는 그 형성과정이 한 번에 그치지 않고 여러 차례에 걸쳤을 것이므로 당연히 분산되어 존재했을 것이다. 예컨대 시기가 좀 뒤이기는 하지만, 高宗 年間에 작성된 松廣寺文書에[97] 의할 것 같으면 修禪社에 당시 유력자인 崔怡를 비롯하여 盧仁綏·金仲龜·徐敦敬 등이 토지를 시납하고 있는데, 그 토지는 지금의 全南 지방에 존재하고 있었지만 각 토지는 거리를 두고 떨어져 있었다.[98] 그리고 후기의 報法寺의 경우는 侍中漆原府院君 尹桓 부부가 토지를 시납하였는데, 그 토지는 富平府·金浦縣·守安縣·童城縣에 분포하였다.[99] 이러한 사원의 소유지가 다시 국가로부터 수조지로서 분급되었을 경우, 그 소유지 위에 수조지가 겹쳤을 것으로 그 분포도 역시

93) 용수사는 禮安지방에 있었으므로, 永川郡의 新寧面과는 상당한 거리가 있다.

94) 許興植, 1986, 앞의 책, 653~655쪽.

95) 『高麗史』 권8, 世家8 文宗 18년 4월 庚午, 上册, 172쪽.

96) 이러한 사실은 雲門寺(『三國遺事』 권4, 義解5 寶壤梨木), 通度寺(『通度寺誌』, 「通度寺事蹟略錄」, 23~30쪽)를 통해서 알 수 있다.

97) 『曹溪山松廣寺史庫』, 亞細亞文化社 影印本, 401~404쪽 ; 李基白編著, 1987, 『韓國上代古文書資料集成』, 一志社, 64~66쪽 ; 노명호외, 2000, 『韓國古代中世古文書研究』 上, 서울대출판부, 389~391쪽.

98) 拙稿, 1995, 「高麗 武人執權期 修禪社의 農莊經營」 『典農史論』 1(拙著, 2008, 『高麗後期 寺院經濟 研究』, 景仁文化社 재수록).

99) 李穡, 「報法寺記」 『牧隱藁文藁』 권6(『韓國文集叢刊』 5册, 46쪽).
분포지역이 원거리가 아니라 서로 인접하고는 있지만, 한 지역에 공간적으로 집중되어 있지는 않다.

분산적일 수밖에 없었다.

사원전은 분산되어 있다 하더라도 단위규모가 매우 컸으므로[100] 일반 양반의 수조지와는 달리 田莊으로 경영되었다. 사원의 토지가 자주 '田莊'으로[101] 지칭되고 있음은 그 때문이었다. 사원의 전장을 관리하는 자로서 知莊이 존재하였다. 지장은 사원과 멀리 떨어진 사원의 토지에 파견되었다. 고려이전에 이미 知莊이 파견되는 예가 보인다.

> 有世逵寺(今興教寺也)之莊舍 在溟州捺李郡(細註略) 本寺遣僧調信爲知莊[102]

世逵寺는 世達寺로서 강원도 영월군 흥월리 태화산에 있던 사원인데[103] 멀리 溟州지방에 토지를 가지고 있었다. 世達寺의 田土에는 莊舍가 있었고 장사관리를 위해 지장이 파견되고 있는 것이었다. 이 지장은 사원전의 관리에 대한 모든 책임을 지고 있었을 것은 물론이겠다. 전조의 수취, 그것을 매개로 한 경작농민지배, 이 모든 것이 지장의 책임하에 있었을 것이다.

고려시기에도 사원전의 관리를 위해 지장이 파견되었을 것이다. 長安寺와 같이 사원의 토지가 멀리 떨어져 있는 경우에는[104] 반드시 지장이 파견되어 농민지배와 수취를 실현해 나갔을 것이다.

---

100) 長安寺의 경우 咸悅縣·仁義縣에 각각 200결이 있었고, 扶寧·幸州·白州에는 각각 150결이, 平州·安山에는 각각 100결이 있었다(『新增東國輿地勝覽』 권47, 江原道 淮陽都護府 佛宇 ; 李穀, 「金剛山長安寺重興碑」 『稼亭集』 권6(『韓國文集叢刊』 3册, 137~138쪽)).

101) 『高麗史』 권93, 列傳6 崔承老, 下册, 84쪽 ; 崔洪胤, 「勸誡諸寺院三剛司存敎書」 『東文選』 권23(民族文化推進會 影印本 1册, 398~399쪽).

102) 『三國遺事』 권3, 塔像4 洛山二大聖 觀音 正趣 調信.

103) 姜仁求外譯註, 2003, 『譯註三國遺事』, 以會文化社, 252쪽. 이 책에 따르면 신라말 弓裔가 왕실에서 쫓겨 피하다 승려가 되어 은거한 절이라고 한다.

104) 註 100)과 같음.

사원전이 이처럼 멀리 떨어져 있는 경우에는 그러했겠지만 사원전이 사원의 주위에 있을 때에는 지장을 따로 파견할 필요가 없었다. 이 경우에는 사원의 경제적 살림을 맡은 승려가 그 수취에 대한 모든 책임을 지고 있었다.[105] 直歲僧이 바로 그런 역할을 맡았다. 直歲僧에 관한 자료를 일부 소개하면 아래와 같다.[106]

> 當時三綱典名位列 院主希朗長老 典主昕曉上座 史道證禪師 直歲朗然禪師[107]

> 同藪三綱典主人寶壤和尙 院主玄會長老 典座玄兩上座 直歲信元禪師[108]

三綱職制가 신라말 고려초에 6知事制로 분화되고 있는데, 3강직제의 직명 중 維那는 典座·直歲·史僧·維那로 직무가 분화되고 있다. 이 가운데 직세승은 수취의 책임을 맡고 있었다.[109] 고려 중기 崔洪胤이 쓴 교서에 보이는 三剛司存도 사원의 경제운영을 맡고 있는데,[110] 直歲僧에 연결되는 것이라 할 수 있겠다.

지장이나 直歲僧은 사원전 경작농민이 경작행위에 태만할 경우에는

---

105) 『三國遺事』 권2, 紀異2 駕洛國記. "自有是寺(王后寺 : 필자) 五百(歲)後 置長遊寺 所納田柴并三百結 於是右寺三剛 以王后寺在寺柴地東南標內 罷寺爲莊 作秋收冬藏之場 秣馬養牛之廐".
여기에 보이는 三剛(三綱)은 그러한 책임을 지고 있는 승려로 보인다.

106) 蔡尙植, 1982, 「淨土寺址 法鏡大師碑陰記의 分析」 『韓國史硏究』 36, 62~63쪽에 直歲僧에 관한 자료가 자세히 정리되어 있다.

107) 李智冠譯註, 1994, 『歷代高僧碑文(高麗篇 1)』, 「興寧寺澄曉大師碑陰記(944년)」, 285쪽.

108) 『三國遺事』 권4, 義解5 寶壤梨木.

109) 蔡尙植, 1982, 앞의 논문 ; 金在應, 1994, 「新羅末 高麗初 禪宗寺院의 三綱典」 『震檀學報』 77.

110) 崔洪胤, 「勸誡諸寺院三剛司存敎書」 『東文選』 권23(民族文化推進會 影印本 1冊, 398~399쪽).

이들을 다스릴 권한이 있었을 것이다.[111] 때때로 경작하기가 용이하지 않은 토지에서도 강제로 농업생산을 하도록 했을 것이다.[112] 그들은 사원전을 직접 踏驗하여 풍흉의 정도를 판정하였고 직접 경작농민들로부터 田租收取를 하였을 것으로 보인다. 이런 과정에서 경작농민들은 국가의 公田佃客農民이 입는 災免의 혜택을[113] 받지 못하는 일도 적지 않았을 것이다. 그것은 고려후기 금강산에 있었던 사원의 예에서 미루어 짐작할 수 있다.

江陵淮陽二道年租 直入于官 盡勒輸山 雖値凶荒 未見蠲減[114]

江陵·淮陽 2道의 年租를 관에서 거두어 금강산의 사원에 운반하는데 凶荒을 당하여도 감면의 혜택을 받지 못한다는 것이었다. 관에서 거두고 있는 田租는 災免의 혜택을 입는 것이 원칙이었지만, 그것이 사원에 들어가는 것이었기에 그러한 혜택을 입지 못한 것이었다. 이러한 경우에도 재면의 혜택을 받고 있지 못한 것인데, 하물며 사원전의 경작농민이 재면의 혜택을 정상적으로 받고 있었다고는 보기 어렵다.

또한 사원은 농업자재를 소유하고 있으면서 경작농민에게 그것을 대여하기도 했다. 사원이 이미 신라시대부터 소를 보유했음이 보이며[115]

---

111) 田主인 사원이 佃客農民을 지배하고 있는 구체적인 모습은 보이지 않지만, 田主가 佃客농민의 경작태만에 대해 취할 수 있는 조처는 科田法에도 나타나고 있어(『高麗史』 권78, 志32 食貨1 田制 祿科田, 中册, 725쪽) 사원도 그러한 권한을 행사했을 것으로 볼 수 있다.

112) 최고·최대의 田主인 國家의 경작강제는 주로 勸農策의 모습을 띠고 행해졌다(『高麗史』 권79, 志33 食貨2 農桑 文宗 3년 12월, 中册, 735쪽). 사원도 역시 이러한 경작 강제를 했을 것으로 보아도 무방하겠다. 고려시기 권농정책에 대해서는 이정호, 2009, 『고려시대의 농업생산과 권농정책』, 景仁文化社가 참조된다.

113) 成宗代에 마련된 災免之制는 아래와 같다. "水旱蟲霜爲災 田損四分以上免租 六分免租布 七分租布役俱免"(『高麗史』 권80, 志34 食貨3 賑恤, 中册, 765쪽).

114) 崔瀣, 「送僧禪智遊金剛山序」 『拙藁千百』 권1(『韓國文集叢刊』 3册, 14쪽).

고려시기에도 역시 찾아진다.[116] 사원의 소나 말은 사원전의 경작을 위해 사역되었다고 볼 수 있을 것이다. 농업자재의 대여를 통해서도 사원은 경작농민을 철저히 지배할 수 있었다.

당시 국가가 田租를 수취하는 경우 수확량의 1/10을 농민으로부터 징수했다.[117] 사원전의 경작농민은 수확량 중 1/10을 田租로 사원에 납부해야 했다. 토지에 대한 사적 소유권이 확립되어 있는 사회경제구성에서 전주인 사원의 토지를 매개로 한 전객농민지배는 1/10의 전조를 수취함으로써 실현되었다.

그러나 국가의 토지분급이 이와 같은 내용을 갖는 것이라 할지라도 사원의 계통에 따라 사원전을 경영해 가는 데는 일정한 차이가 있게 마련이었다. 신라시대 이래 사원이 토지를 소유하고 있으면서 고려초 그 토지 위에 수조권이 설정되는 경우, 民으로부터의 수취는 수확량의 1/10이 아니라 1/2이었다. 1/2의 수취는 사원의 토지 소유의 실현형태로서 지대였다. 사원의 소유지라 하더라도 국가에 대해 수확량 1/10의 전조를 부담해야 했었지만, 수조권이 소유토지 위에 설정되면 국가에 대한 전조의 부담은 전혀 없었던 것이다. 이는 수조권만으로 운영되던 사원의 토지지배보다 철저한 농민지배 형태였다.

그리고 고려시대 이후에도 사원은 자신의 노력 여하에 따라 여러 가지 방식으로 토지를 확대해 갈 수 있었다. 信者의 시납을 받는 경우가 많았고[118] 사원 스스로 토지를 개간하거나 매입하는 것도 가능했다. 또

---

115) 『三國遺事』 권5, 感通7 郁面婢念佛西昇.

116) 許興植編著, 1984, 『韓國金石全文(中世上)』, 「開城玄化寺碑(1021년)」, 445쪽.

117) 고려시대의 田租收取率에 대한 중요한 논문을 들면 아래와 같다.
姜晋哲, 1965, 「高麗前期의 公田·私田과 그의 差率收租에 대하여」 『歷史學報』 29 ; 李成茂, 1978, 「高麗·朝鮮初期의 土地所有權에 대한 諸說의 檢討」 『省谷論叢』 9 ; 金容燮, 1981, 「高麗前期의 田品制」 『韓沽劤博士停年紀念史學論叢』(同, 2000, 『韓國中世農業史硏究』, 지식산업사 재수록) ; 金載名, 1985, 「高麗時代 什一租에 관한 一考察」 『淸溪史學』 2.

민의 기진·투탁도 적지 않았을 것이다. 이러한 경우 토지는 사원의 소유지로 전환되었기 때문에 사원이 이 토지에 대해서 지대를 징수했던 것은 당연한 일이었다. 이 토지에서는 소작제가 실시되고 있었던 바, 고려후기의 경우이기는 하지만 崔瀣가 晩年에 獅子岬寺의 田을 借耕하고 있는 것은 그 좋은 예였다.[119] 借耕에 대한 대가로 전호농민이 지주에게 바치는 地代量은 수확량의 1/2이 원칙이었다.[120] 獅子岬寺가 그 토지에 대한 收租權을 분급받았다면 국가에 대한 전조 부담이 없기 때문에 토지를 매개로 해서 佃戶인 경작농민을 더욱 철저하게 지배할 수 있었을 것이다.

이와 같이 토지분급은 수조권을 기본으로 하여 수확량의 1/10에 달하는 田租收取를 내용으로 하였지만, 사원 자체의 경제기반의 성격 차이

---

118) 고려 前期에 한정해 볼 때 信者의 토지시납은 별로 찾아지지 않는다. 玄化寺에 兩班들이 토지를 시납하는 경우는 대표적인 예라 하겠다(許興植編著, 1984, 『韓國金石全文(中世上)』, 「開城玄化寺碑(1021년)」, 450쪽). 그러나 고려후기가 되면 토지시납의 사례는 아래에서 볼 수 있듯이 많이 찾아진다.

『新增東國輿地勝覽』 권17, 忠淸道 林川郡 佛宇 普光寺 ; 李承休, 「看藏寺記」 『動安居士集』 雜著(『韓國文集叢刊』 2冊, 383~385쪽) ; 李奎報, 「水嵒寺華嚴結社文」 『東國李相國集後集』 권12(『韓國文集叢刊』 2冊, 252쪽) ; 李齊賢, 「重修乾洞禪寺記」 『益齋亂藁』 권6(『韓國文集叢刊』 2冊, 553~554쪽) ; 李穀, 「大元高麗國廣州神福禪寺重興碑」 『稼亭集』 권3 『韓國文集叢刊』 3冊, 120~121쪽) ; 李穡, 「五臺上院寺僧堂記」 『牧隱藁文藁』 권6(『韓國文集叢刊』 5冊, 45~46쪽) ; 李穡, 「報法寺記」 『牧隱藁文藁』 권6(『韓國文集叢刊』 5冊, 46~47쪽).

물론 고려전기보다 고려후기에 사원에 대한 토지시납이 더 성행했을지 모르지만, 고려전기에도 드물지는 않았을 것이다.

119) 『高麗史』 권109, 列傳22 崔瀣, 下冊, 396쪽. "晩從獅子岬寺僧 借田而耕 開園曰取足 自號猊山農隱 其銘座右曰 爾田爾園 三寶重恩 取足奚自 愼勿可諼 隱者 素不樂浮屠 而卒爲其佃戶".

120) 이에 관해서는 光宗 24년(973) 12월, "判 陳田墾耕人 私田則初年所收全給 二年始與田主分半 公田限三年全給 四年始依法收租"(『高麗史』 권78, 志32 食貨1 田制 租稅, 中冊, 726쪽)의 記事가 참조된다.

에 따라 수확량의 1/10·1/2 등 차이나는 수취를 실현하고 있었다. 국가에서는 상이한 경제기반을 인정한 위에서 토지분급을 행하고 있었던 것이다. 비록 사원 스스로가 자신의 노력에 의해 토지를 확대해 갔다 하더라도, 국가권력을 매개로 해야 不輸租權을 행사하는 완벽한 토지소유를 실현해 갈 수 있었다. 국가에 의해 수조권을 분급받지 못할 때에는 일반 토지소유자처럼 사원도 국가에 대해 전조를 부담해야 했던 것은 물론이었다.

사원전의 경작농민은 규정된 田租만을 사원에 대해 부담하고 있는 것은 아니었다. 사원이 田主이며 지배자로서 군림하고 있는 사회경제적 관계에서, 경작농민은 사원의 고리대에 의해서도 심한 침탈을 받았다. 高利貸의 母穀은 사원전에서의 수입이나 신자의 施納物로써 마련되는 것이 흔한 일이었지만, 때때로 국가가 그것을 제공해 주기도 했다. 이미 定宗代에,

以穀七萬石 納諸大寺院 各置佛名經寶及廣學寶 以勸學法者[121]

하고 있었다. 곡식 7만석을 大寺院에 施納해서 寶를 설치해 불교를 공부하는 자를 권면하도록 하는 조치를 국왕이 취했다. 이때 長安寺는 특별한 우대를 받아 2千石을 받았다.[122] 이 곡식을 가지고 사원은 取息행위를 해서 사원경비의 일부를 충당할 수 있었다. 사원이 취식행위를 할 때 그 대상이 되고 있는 농민들은 어려운 처지에 빠져들 수밖에 없었다.[123] 더구나 사원과 농민이 대등한 관계에서 취식행위가 행해지는 것이 아니기 때문에 더욱 그러했을 것이다. 취식행위의 주대상이 되는 농

121) 『高麗史』 권2, 世家2 定宗 원년, 上册, 60쪽.
122) 『榆岾寺本末寺誌』, 「長安寺事蹟(1884년)」, 亞細亞文化社 影印本, 328쪽.
123) 許興植編著, 1984, 『韓國金石全文(中世下)』, 「醴泉龍門寺重修碑(1185년)」, 873쪽 ; 『高麗史節要』 권13, 明宗 26년 5월, 360쪽.

민은 물론 사원전을 경작하는 농민이었다. 그러나 때때로 사원소속의 경작농민을 벗어나서 사원에 속하지 않는 일반 良人농민에게까지도 취식을 하고 있었다. 최승로가 時務28條 가운데서,

> 凡佛寶錢穀 諸寺僧人 各於州郡 差人句當 逐年息利 勞優百姓[124]

이라고 함은 그러한 사정을 가리키는 것이었다.

사원이 국가의 公田佃客을 침탈함은 고리대를 통해서뿐만이 아니었다. 사원은 지배층의 지위를 국가로부터 인정받고 또한 종교적 권위의 구현물이었음에서, 일반농민을 침탈해 가는 일이 빈번하게 나타나고 있었다. 국가에 대한 여러 부담을 지고 있는 貢戶良人을 사원이 사역시키고 있음이나[125] 또는 양인을 노비로 전락시키고 世役하고 있음은[126] 그러한 사정을 나타내는 것이었다.

사원전의 경작농민은 이처럼 사원에 경제적으로 예속되어 있는 私的隷屬民이었다. 같은 사적 예속민임에도 모두 동일한 처지에 있는 것은 물론 아니었다. 경작농민은 크게 佃客農民·佃戶農民·奴婢·下級僧侶 등으로 구성되어 있었다.

사원의 토지가 국가로부터 분급받은 收租地로 이루어진 경우, 경작농민은 국가의 公田佃客에서 사원의 전객으로 轉化된 존재였다. 이들 전객농민은 수확량의 1/10을 전조로서 국가에 대신하여 사원에 납부하였다.

그러나 양인농민이 몰락하여 토지를 상실하고서 사원의 소유지를 차경할 경우도 많았으며, 이 경우 경작농민은 수확량의 1/2을 지대로서 사원에 납부해야 했기 때문에 그 지위가 전객농민에 비해 열악했던 것은 말할 것도 없었다. 국가는 이 전호농민에 대한 인신적 지배를 할양하려

---

124) 『高麗史』 권93, 列傳6 崔承老, 下册, 84쪽.
125) 『高麗史』 권85, 志39 刑法2 禁令 明宗 18년 3월, 中册, 862쪽.
126) 『高麗史』 권91, 列傳4 宗室2 丹陽府院大君�, 下册, 57쪽.

고 하지는 않았을 것이다. 사원의 전호로서 존재하기는 했지만 국가에 대한 용·조부담은 면할 수 없었을 것이다. 용·조까지도 국가에 부담하지 않는 완전한 사원의 사적 예속민이 되기 위해서는 승려로 가장하거나 노비로 변신하지 않으면 안 되었다.

노비가 사원전을 경작했을 것은 쉽게 추측이 가는 바이다.[127] 그러나 사원전이 분급된 토지만으로 구성된 경우에는 노비가 경작농민의 주류가 될 수 없는 것은 이치상 당연한 일이었다. 토지를 경작하고 있는 민의 대부분을 노비로 볼 수 없기 때문이다. 실제로 토지가 분급되는 경우 토지를 경작하고 있는 민이 그대로 사원의 사적 예속민으로 전화되기 때문에 분급된 사원전의 경작에 노비가 중심이 될 수 없는 것은 당연하다.[128] 그럼에도 사원전이 분급되는 경우 노비도 함께 지급되는 예가 적지 않다.[129] 이들 노비는 사원에 예속되어 사원이 필요로 하는 雜役을 부담하거나 특수 役種에 종사했을 것으로 보인다.[130]

---

127) 寺院奴婢로 조선초 太宗 당시 屬公된 것만도 8만여 口에 달하고 있다(『太宗實錄』 권30, 太宗 15년 8월 癸巳, 2册, 84쪽). 물론 이 수효 내에는 고려말 '壓良爲賤'하여 노비가 된 자가 포함되어 있을 것으로 보이는데, 고려前期에는 그 수가 이보다 적었을지 모르지만 그래도 그 비중이 적지 않았을 것이다.

128) 사원전의 分給時에 田과 奴婢가 분리됨은 다음의 기사에서 확인할 수 있다. "中書門下省奏 伏准制旨 以景昌院所屬田柴移屬興王寺 其魚梁舟楫奴婢 悉令還官 … 請田民魚梁舟楫仍舊還賜 制曰 田柴已納三寶 難可追還 宜以公田依元數給之 餘從所奏"(『高麗史』 권8, 世家8 文宗 12년 7월, 中册, 166쪽).

129) 몇가지 예를 들면 다음과 같다.

玄化寺 : 田 2,000頃, 奴婢 100(『海東金石苑』上, 「玄化寺碑(1021년)」, 1021쪽).

普願寺 : 田 1,000頃, 奴婢 50(李智冠譯註, 1995, 『歷代高僧碑文(高麗篇 2)』, 「普願寺法印國師寶僧塔碑(978년)」, 81쪽).

光岩寺 : 田 2,240結, 奴婢 46(『高麗史節要』 권29, 恭愍王 19년 5월, 732쪽).

130) 『高麗史』 권124, 列傳37 嬖幸2 全英甫, 下册, 692쪽. "全英甫 本帝釋院奴 冶金薄爲生".

이 경우 帝釋院은 태조 때 건립된 사원으로 국가와 긴밀한 관련을 맺고 있으며 아마 토지도 분급되었을 것이다. 다음의 경우는 사원의 성격은 파악하기 힘들지 그러나 사원의 사사로운 노력에 의해 마련된 토지의 경우에는 노비가 경작에 있어서 중요한 지위를 점했을 것이다. 고려후기이기는 하지만 金永仁·金永純 형제가 普光寺에 노비로 보이는 家童 100人과 田 100頃을 시납하는 데서 충분히 예측할 수 있다.[131] 또한 토지가 사적으로 시납되는 경우 노비가 함께 지급되는 것은 상례로 보이며[132] 이러한 때에는 노비가 그 토지의 경작을 주로 담당했을 것이다. 노비가 경작을 담당하는 경우, 이들이 토지의 소유자가 아니고 사원이 토지소유자이므로 수확량의 1/2에 상당하는 것을 지대로서 사원에 납부해야 했다. 이들 노비는 경제적·신분적으로 사원의 완전한 예속민이었므로 전객농민보다 가혹한 지배를 받았을 가능성이 크다고 볼 수 있겠다.

사원전은 또한 승려에 의해 경작되기도 했다. 승려가 사원전을 경작하고 있는 모습은 文宗 10년(1056) 7월 왕의 制에서,

> 今有避役之徒 托號沙門 殖貨營生 耕畜爲業[133]

이라 한 데서 알 수 있다.[134] 避役을 꾀하여 沙門이 된 자가 耕畜을 업으로 하고 있는 것이다. 본디 인도의 원시불교에서는 승려의 경작행위가

만 사원의 婢가 織造에 능했음을 알려 준다(“有一尼 獻白苧布 細如蟬翼 雜以花紋 公主以示市商 皆云 前所未覩也 問尼何從得此 對曰 吾有一婢 能織之 公主曰 以婢遺我何如 尼愕然 不得已納焉”(『高麗史』 권89, 列傳2 后妃2 忠烈王齊國大長公主, 下册, 21쪽)).

131) 許興植編著, 1984, 『韓國金石全文(中世下)』, 「林川普光寺重刱碑(1358년)」, 1189쪽.

132) 예를 들면 다음과 같다. “相國(朴文備 : 필자) 迺以空曠陂澤可以爲田者 納于寺 申納寺藏獲十數”(李奎報, 「水嵒寺華嚴結社文」 『東國李相國集後集』 권12(『韓國文集叢刊』 2册, 252쪽)).

133) 『高麗史』 권7, 世家7 文宗 10년 9월, 上册, 160쪽.

134) 승려의 경작활동을 언급한 시가 있다. “沙村計活付魚灘 / 任却膏田化葦萑 / 唯有巖僧嫌地曠 / 一肩高耒勉耕山”(李奎報, 「江村路中」 『東國李相國集全集』 권17(『韓國文集叢刊』 1册, 466쪽)).

금지되어 있었으나 중국에 들어오면서 그러한 계율도 변화하여 승려의 경작행위가 성행하였다. 승려가 '不耕而食'하는 문제는 중국에서 불교가 수용된 이래 계속해서 비난을 받아 왔지만, '不耕而食'에서 '耕而食'에로 명확한 전환을 보게 된 것은 唐 중기에 선종의 百丈懷海에서 시작되었다.[135] 우리나라는 중국을 통해 불교를 수용했기 때문에 중국의 영향을 짙게 받아 승려의 경작행위가 널리 존재했다.

고려초 이래 避役을 도모하여 승려가 되는 자는 적지 않게 출현하였다. 승려가 되면 역 부담을 면제받았기 때문에 역을 부담하는 제계층은[136] 무거운 부담을 피하려고 승려가 되고자 하는 일이 많았다. 때로는 죄를 범하고 도망하기 위해 승려가 되는 일도 있었다.[137] 높은 신분의 사람들이 出家하는 경우에는 불교에 대한 깊은 이해, 精進을 위해서였을 경우가 많았겠지만, 일반 양인농민이 출가할 때는 그러한 신앙심에 촉발될 수도 있었겠지만 그보다는 세속사회에서의 어려움 때문에 출가하는 경우가 많았을 것이다. 緣起의 法則, 無常의 세계관, 無我의 인간관을 양인 농민 출신의 사람들이 이해하고 받아들이기란 용이하지 않았을 것이다. 때문에 그들이 출가한다 하더라도 그들이 사원 내에서 행하는 역할은 정규 승려의 그것과는 거리가 먼 것일 수밖에 없었다.

본래 고려에서는 출가가 법적으로 보장되어 있었기 때문에[138] 그들의

---

135) 木村淸孝, 1973, 「中國佛敎에 있어서 '不耕而食'의 問題」 『佛敎經濟硏究』 5.

136) 고려 前期 徭役부담자는 일반농민이 주가 되고 그 외에 6品이하의 兩班 및 職役담당자의 가족, 鄕·部曲民, 外居奴婢이다. 고려시기 요역 전반에 관해서는 다음의 저서가 참조된다. 박종진, 2000, 『고려시기 재정운영과 조세제도』, 서울대출판부 ; 오일순, 2000, 『高麗時代 役制와 身分制 變動』, 혜안 ; 이정희, 2000, 『고려시대 세제의 연구』, 國學資料院.

137) 『高麗史』 권93, 列傳6 崔承老, 下册, 84쪽. "當是時(光宗代 : 필자) 子背父母 奴婢背主 諸犯罪者 變形爲僧 及遊行丐乞之徒 來與諸僧相雜赴齋者 亦多".

138) 고려 前期 出家에 대한 規定은 다음과 같다.
"制 凡有四子者 許一出家"(『高麗史』 권6, 世家6 靖宗 2년 5월, 上册, 125쪽).
"制 兩京及東南州府郡縣 一家有三子者 許一子年十五 剃髮爲僧"(『高麗史』

출가는 세속사회에서의 어려움이 증가됨에 따라 더욱 늘 수밖에 없었다. 流民의 증가에 따라 그들의 사원승려로의 변신은 적지 않았을 것이다.[139] 출가를 詐稱한 것이 이미 光宗代에도 지적되고 있으며[140] 12세기 民人의 토지로부터의 流移가 심해짐에 따라[141] 그 수는 증대되어 갔을 것이다. 仁宗 8년(1130) 國子諸生은 詣闕上書에서 역을 피해 승려가 되어 飽食逸居하는 자가 몇 천, 몇 만에 이르는지 모르겠다고 하였으며[142] 이 시기 墓地銘에서도 장정들이 모두 승려가 되고 있음을 지적하고 있었다.[143]

이러한 평민 출신의 하급승려들은 '隨院僧徒',[144] '在家和尙'으로[145] 불리고 있었다. 수원승도·재가화상은 사원의 예속민으로 존재하고 전쟁

권8, 世家8 文宗 13년 8월 丁亥, 上册, 168쪽).
"禁 鄕·部曲·津·驛·兩界州鎭編戶人爲僧"(『高麗史』 권85, 志39 刑法2 禁令, 中册, 859쪽).

139) 朝鮮初 승려의 수가 10만 명 이상에 달했다고 한다(鄭道傳, 「朝鮮經國典(上)」 『三峰集』 권7(『韓國文集叢刊』 5册, 424쪽)). 이 수효 내에는 이러한 부류의 승려가 적지 않게 포함되었을 것이다.

140) 『高麗史』 권2, 世家2 光宗 19년, 上册, 62쪽. "王 … 廣設齋會 無賴僧 詐爲出家 以求飽飫 乞者坌集".

141) 『高麗史節要』 권7, 睿宗 즉위년 12월, 185쪽 ; 『高麗史』 권79, 志33 食貨2 農桑 仁宗 6년 3월, 中册, 735쪽 ; 金龍善編著, 2001, 『高麗墓誌銘集成』, 「李文著墓誌銘(1180년)」, 234~235쪽 ; 같은 책, 「吳元卿墓誌銘(1181년)」, 236~238쪽.

142) 『高麗史』 권74, 志28 選擧2 學校 仁宗 8년 7월, 中册, 627쪽. "佛氏寺觀 周遍中外 齊民逃役 飽食逸居者 不知其幾千萬焉".

143) 金龍善編著, 2001, 『高麗墓誌銘集成』, 「林光墓誌銘(1152년)」, 132쪽.

144) 『高麗史』 권81, 志35 兵1 五軍 肅宗 9년 12월, 中册, 780~781쪽. "尹瓘奏 始置別武班 … 又選僧徒爲降魔軍 國初 內外寺院 皆有隨院僧徒 常執勞役 如郡縣之居民 有恒產者 多至千百 每國家興師 亦發內外諸寺隨院僧徒 分屬諸軍".

145) 『高麗圖經』 권18, 釋氏 在家和尙. "在家和尙 不服袈裟 不持戒律 白紵窄衣 束腰早帛 徒跣以行 間有穿履者 自爲居室 娶婦鞠子 其於公上 負載器用 掃除道路 開治溝洫 修築城室 悉以從事 邊郵有警 則團結而出 雖不閑於馳逐 然頗壯勇 其趨軍旅之事 則人自裹粮 故國用不費而能戰也 聞中間契丹爲麗人所敗 正賴此輩 其實刑餘之役人 夷人以髡削鬚髮而名和尙耳".

시 동원되는 모습에서 같은 부류임을 알 수 있고 게다가 그들의 칭호에서도 분명히 같은 계통임을 알 수 있다. 수원승도가 승려임은 『高麗史』 兵志의 序文에서 '緇流'로'146) 지칭되는 데서 더욱 분명하다.

이들은 사원에 대해 '常執勞役'하였으며 恒產을 소유하고 있었다.147) 처자를 거느리고 있었고 袈裟를 입지 않았으며 계율을 지키지 않았다.148) 따라서 군현의 居民과 다를 바 없었던 것이다.149)

이들이 농사를 짓고 상업에 종사하고 있었음은 앞에서 언급한 것과 같이 분명한 사실이라 하겠다.150) 이들은 대체로 몰락한 농민출신일 것으로 보이며, 이들이 경작하는 토지는 사원의 소유지였을 것이다. 그 토지는 사원이 사적인 방식으로 확대한 토지였을 것이다. 그들이 사원에 집중되어 있는 결과, 講唄하던 곳을 田으로 만드는 일도 있었다.151) 이들은 가족을 구성하고 사원의 소유토지를 차경했을 것이기 때문에 사원에 대해 수확물의 1/2에 상당하는 것을 지대로 납부해야 했다.

국가가 避役之民의 증대로 인한 양인농민의 감소에 대해 취할 수 있는 방법에는 두 가지가 있었다. 먼저, 출가를 허용하면서도 그 법을 엄격하게 적용함으로써 부당한 출가를 저지하는 방법이 있었다. 4子나 혹은 3子에 못 미치는 경우의 출가를 금하는 것이었다. 그리고 다른 하나의 방법은 출가한 자에 대해 출가자로서의 행위를 요구하면서, 그렇지 못한

---

146) 『高麗史』 권81, 志35 兵1 序文, 中册, 775쪽.

147) 註 144)와 같음.

148) 註 145)와 같음.

149) 註 144)와 같음.

150) 신라시기에도 妻子를 거느리고서 신을 만들거나 경작을 하면서 살아가는 沙門을 찾을 수 있다.
"文武王代 有沙門名廣德嚴莊 二人友善 日夕約曰 先歸安養者 須告之 德隱居芬皇西里(細註略) 蒲鞋爲業 挾妻子而居 莊庵栖南岳 火種刀作"(『三國遺事』 권5, 感通7 廣德嚴莊).

151) 『高麗史』 권7, 世家7 文宗 10년 9월 丙申, 上册, 160쪽. "制曰 … 今有避役之徒 托號沙門 殖貨營生 耕畜爲業 … 講唄之場 割爲葱蒜之疇 通商賣買".

경우에 還俗시키는 방법이 있었다. 출가자는 계율을 지키고 修道해야 하건만 그렇지 않고 처자를 거느리면서 농경에 종사하는 경우 환속시킬 수 있었던 것이다.152) 때로는 국가가 이들 하급승려들을 役事에 동원하기도 했는데,153) 在家和尙이 官에 대해 "負載器用 掃除道路 開治溝洫 修築城室"하고154) 있었음은 그러한 사실을 표현하고 있는 것이다. 이러한 승려는 고려후기에 승려를 상·중·하 3부류로 나누어 지적할 때 "髡而家居 逃賦而營產"이라고155) 설명되는 하급승려와 연결될 것이다.

분급 사원전 내에는 이상과 같은 경작농민 중 전객농민이 주가 되었을 것임은 당연한 일이다. 사적인 노력에 의해 토지를 획득한 사원의 경우에는 양인전호, 노비 내지 하급승려가 경작자의 중심이 되었을 것이다. 동일한 사원이라 하더라도 한 부류의 경작농민만이 존재했던 것은 아니었을 것이다. 사원이 순수하게 수조권만으로 된 토지지배를 실현시켜 간다 하더라도 이 사원에 토지 시납이 따르게 될 경우 그 새로운 토지의 경영은 전객에 의한 것이 아니라 전호에 의한 경영이 될 수밖에 없었기 때문이었다. 따라서 하나의 사원에도 생산량의 1/10을 납부하는 전객, 1/2을 납부하는 양인전호·노비·하급승려 등이 함께 존재했을 것이다.

152) 『高麗史』 권7, 世家7 文宗 10년 9월 丙申, 上册, 160쪽. "制曰 … 朕庶使區分善惡 肅擧紀綱 宜令沙汰中外寺院 其精修戒行者 悉令安住 犯者以法論".

153) 그러한 예는 종종 찾아지는데 일례를 들면 다음과 같다. "徵有妻僧 充重光寺役徒"(『高麗史』 권5, 世家5 顯宗 20년 6월 丙辰, 上册, 111쪽).

154) 註 145)와 같음.

155) 李穀은 僧侶를 다음과 같이 3부류로 구분하고 있다.

上 : 飢餐渴飮 絶學無爲者

次 : 勤勤講說 孜孜化誘者

下 : 髡而家居 逃賦而營產者

(李穀, 「刱置金剛都山寺記」 『稼亭集』 권3(『韓國文集叢刊』 3册, 116쪽)).

5. 結 語

지금까지 국가에 의한 사원전의 분급과 그 토지의 성격, 사원전에 대한 국가의 통제, 그리고 사원전의 경영과 경작농민의 처지를 살펴보았다. 국가와 사원의 관계에 초점이 맞추어져 검토가 행해진 결과, 일면적으로 언급되는 데 그치고 말았다.

고려전기 국가는 사원에 토지를 분급해 주었다. 불교는 국가사회의 유지를 위해 다대한 기능을 수행하고 있었기 때문에 국가가 토지를 분급해 준 것이었으나 모든 사원이 토지분급의 대상이 된 것은 아니었다. 국가·국왕을 위해 각종 佛事를 수행하는 특정사원이 토지분급의 대상이 되었다. 국가와 사원의 관계는 말하자면 雙務的인 것이었다. 사원에 토지가 분급되고 있는 구체적인 예는 다양했지만, 裨補寺院 여부가 토지분급의 기준이었던 것으로 생각된다. 사원전의 분급시에는 때때로 田地와 아울러 柴地가 분급되기도 했으며, 특별한 우대조치로서 長生標가 세워지는 일도 있었다. 당시는 사적인 소유가 전제된 사회였기 때문에 사원전은 수조권의 분급을 내용으로 하였다.

사원전은 사원이 국가를 위한 구실을 계속할 때 지속적으로 보유하게 마련이었다. 사원은 분급받은 토지를 매개로 풍부한 경제력을 소유할 수 있었고 그 경작농민을 조직할 수 있어 세력화가 가능했다. 또한 사원전의 분급은 국가가 지배하는 公田佃客의 감소를 가져오는 것으로서 국가재정의 약화를 가져오는 것이기도 했다. 그 때문에 국가는 사원전을 분급해 주면서도 일정한 통제책을 수립하지 않으면 안 되었다. 통제책은 사원전의 佃客農民으로 편입된 농민의 불만을 완화하기 위해서도 필요했다. 통제조치는 여러 방면에서 취해지고 있었다. 사원이 국가를 위한 기능을 수행하지 못할 때 국가는 분급해 준 사원전을 몰수하기도 했다.

태조 이후의 신설 사원에 대해 새로운 토지분급을 가급적 피하고 몰수된 사원전을 재분급하여 사원전의 전체적인 규모가 팽창하는 것을 막기도 했다. 국가는 사원전을 분급하면서 분산시켜 지급하여 사원의 세력화를 막았고, 때때로 사원 田租를 公收하여 사원전의 수조권행사를 불안하게 만들기도 하였다. 분급된 토지와 경작농민을 벗어나서 수취하거나 수탈하는 것에 대해서는 엄히 금령을 내려 저지하였다. 사원전에 대해 국가가 통제를 가한 것은 이러한 分給收租地에 대해서만이 아니었다. 사원의 소유지에 대해서도 일정한 제한 조치를 취하고 있었다. 사원에 대한 토지 시납은 원칙상 금하지 않으면서도 일정한 절차를 마련하여 사원에 토지가 함부로 시납되는 것을 제한했던 것이 그것이었다. 더 나아가 국가는 사원의 건립 자체에 대해 통제를 가해 사원이 집권적인 사회틀 속에 머무르기를 기도했다. 그러나 그것은 제대로 성취되지 못하였다. 사원이 국가가 통제·제한하는 범위를 벗어나 팽창하는 것은 국가와 사원의 상호 보험관계를 동요시키는 의미를 갖는 것이었다.

분급된 사원전의 관리를 맡은 知莊이나 直歲僧은 사원전의 경작농민으로부터 田租를 수취하였다. 뿐만 아니라 직접 踏驗하여 풍흉의 정도를 판정하였고 경작강제도 행했을 것이다. 국가가 분급해 준 내용은 수확량의 1/10에 상당하는 田租의 수취였으나, 사원 경제기반의 성격 차이에 따라 실제에 있어서는 여러 가지 모습을 띠고 있었다. 수조지만으로 된 경우는 1/10의 전조 수취에 그치고 있었지만, 사원의 소유지 위에 수조권이 설정된다면 경작농민에게서 地代로서 수확량의 1/2을 수취하고 또한 국가에 대해 免租의 혜택까지 입는 것이었다. 경작농민은 전조만이 아니라 庸·調에 상응하는 것도 사원에 대해 납부해야 했다. 사원이 田主·지배자로서 군림하고 있는 사회경제적 관계에서 경작농민은 사원의 고리대에 의해서도 심한 침탈을 받고 있었다. 또한 사원은 농민에게 농업자재를 임대하면서도 농민의 생산에 간여할 수 있었다. 사원전을 경작하는 농민은 佃客농민, 佃戶농민, 노비, 하급승려로 나눌 수 있지만 한 사원의 토지가 한 계통의 토지만으로 한정된 것이 아니었기 때문에 사원전을 경작하는 농민도 물론 한 부류만이 있는 것은 아니었다. 그러나 순수하게 분급된 수조지만으로 된 경우 전객농민이 사원전 경작의 주 담당자였을 것은 분명하다 하겠다. 사원전의 경작농민은 사원의 이상과 같은 철저한 지배를 받는 사적 예속민이었다.

고려시기 사원은 위에서 살펴본 바와 같이 국가로부터 토지를 분급받아 경제기반을 마련하여 갔다. 물론 사원이 사사로운 노력에 의해 경제기반을 마련하고 확대해 갈 수 있었지만, 이 경우에도 경작농민에 대해 철저한 지배를 하기 위해서는 국가권력을 매개로 하지 않으면 안 되었다. 사원의 경제기반의 성격이 이러한 것이었음으로 불교의 성격 또한 국가와 긴밀한 관련을 가질 수밖에 없었을 것이다.

제2장 高麗前期 禪宗寺院의 經濟와 그 運營

1. 序 言

고려전기 사원은 상당한 경제기반을 확보해 운영하였다. 禪宗寺院도 華嚴宗이나 法相宗 소속의 敎宗寺院과 마찬가지로 경제력을 보유하고 있었다. 그러면서도 교종사원에서 볼 수 없는 특징을 나타내기도 하였다.

주지하듯이 선종은 신라하대에 수용되어 확산되기 시작하였다. 선종은 경주를 벗어난 외방에 禪門을 개창하고, 경제기반을 마련해 나갔다. 이때 수용된 선종은 唐代의 그것인데, 당의 선종에서는 사원의 自給自足을 지향하고 있었으며, 승려의 생산 활동을 강조하였다.[1] 신라하대에 본격적으로 확산된 선종의 경우, 그 소속 사원의 경제기반 마련이나 관리운영에서 종래의 교종 사원과 동일한 점도 있으나, 차이를 보이는 부분도 없지 않았다.

고려전기 선종사원의 경제는 신라하대 이래의 것을 전제로 하고 있었다. 신라하대에 마련된 경제기반의 큰 틀은 온존하였다고 여겨진다. 그렇지만 제도적인 차원에서 일정한 재편과 조정이 있었던 것도 간과해서는 안 된다. 고려초 이래 僧科制를 실시하고 僧階制를 운영하며 住持를

---

1) 鄭性本, 1999, 「禪佛敎의 勞動 問題」『大覺思想』 2.

파견하는 僧政운영의 제도적인 틀 속에서 선종사원도 하나의 종파로서, 국가의 제도 속에 자리하지 않을 수 없었다. 그리고 선종의 세력이 불교계에서 차지하는 비중이 변해 가듯이, 선종사원의 경제력도 증감이나 신축이 따르는 것은 당연한 일이었다.

이 글에서는 선종사원의 경제문제를 신라하대부터 언급하고자 한다. 신라하대 경제기반의 마련과 고려초 새로운 확보와 재편, 그리고 사원전 경작인의 유형과 경제운영을 차례로 검토해 가고자 한다. 경제기반의 마련 방법이나 구성, 그리고 운영에서 종파마다 일정한 특성을 보이겠는데, 그 점을 찾는 것에도 관심을 갖고자 한다. 시기는 1170년의 무신난까지를 대상으로 하나, 그 이후의 사실도 필요한 경우 원용하고자 한다.

2. 新羅下代 禪宗寺院의 擴散과 經濟

선종은 신라하대에 본격적으로 수용되기 시작하였다. 그 이전에도 선종이 알려지기는 했지만, 하나의 山門을 형성하면서 발전하는 것은 9세기에 들어와서이다. 九山門으로 대표되는 선종사원은 지리적 위치에서도 이전의 사원과 큰 차이를 보였다. 우선 경주를 크게 벗어난 외방에 세워지고 있는 점이 주목된다. 그리고 民家가 집중된 邑治가 아니라 修道處로서의 山間을 사원의 입지로 택하고 있다. 이것은 공간적인 면에서 이전의 사원과 큰 차이를 보이는 것인데, 승려와 民人의 관계, 승려의 수행 자세 등의 상이함과도 관련되는 것이라 할 수 있다.

선승들이 산문을 개창하는 데에는 지방호족들의 지원이 컸지만, 초기에는 왕실의 후원도 크게 작용하였다.[2] 선승들은 초기에 왕실의 부름에

---

2) 신라하대 선종산문과 호족·신라왕실의 관계에 대해서는 많은 연구성과가 있는데 대표적인 것을 들면 다음과 같다. 崔柄憲, 1972,「新羅下代 禪宗九山派의 成立」『韓國史研究』7 ; 崔柄憲, 1975,「羅末麗初 禪宗의 社會經濟的 性格」『史學研

따라 경주에 가는 일이 빈번하였다. 왕실의 부름으로 경주에 갔던 이로는 朗慧 無染, 智證 道憲, 澄曉 折中이 있다.[3] 국왕도 선종 승려가 있는 사원을 후원해서 경제 기반을 마련해 주기도 하였다. 그리고 禪僧들을 國師에 책봉하기도 하였다. 憲安王(857~861) 및 景文王(861~ 875) 때의 秀徹, 孝恭王(897~912) 때의 行寂, 景明王(917~924) 때의 開淸 등이 확인된다.[4] 선승들을 국사에 책봉한 것은 신라 왕실에서 우대한다는 뜻이고, 다른 한편 신라국가의 유지에 그들의 협조가 절실하였기 때문이기도 하였다. 그리고 선승이 입적하였을 때 謚號와 塔號가 내려지고, 塔碑를 세워주는 수가 많았다.[5]

선승들과 신라왕실의 관계는 진성여왕대를 전후해 큰 변화가 있었다. 그 이전까지 비교적 긴밀하던 관계가 변하여, 선승들은 왕실과 거리를 두면서 지방호족들과 밀착되어 가는 모습을 보였다.

선종이 도입되고 소속 산문이 개창되는 과정에서 승려들의 학문에도 변화가 있었다. 승려로서 출발할 당시에 敎學을 공부하다가 뒤에 선종으로 옮겨 간 이가 많았다. 無染과 慧徹, 그리고 道憲 등은 浮石寺에서 화엄학을 공부하다가 선사로 전향하였으며, 道允은 鬼神寺에서, 道詵은 華嚴寺에서, 利觀은 海印寺에서 각각 화엄을 공부하다가 선사가 되었다.[6] 그리고 화엄종 사원에서 구족계를 받았다가, 뒤에 선사로 활약한

究』 25 ; 추만호, 1992, 『나말려초 선종사상사 연구』, 이론과실천 ; 鄭性本, 1995, 『新羅禪宗의 硏究』, 民族社 ; 高翊晋, 1997, 「新羅下代의 禪傳來」 『韓國禪思想』, 동국대 불교문화연구원 ; 蔡守煥, 1998, 「羅末麗初 禪宗과 豪族의 結合」 『東西史學』 4 ; 曺凡煥, 2001, 『新羅禪宗硏究』, 一潮閣 ; 김두진, 2007, 『신라하대 선종사상사 연구』, 일조각.

3) 金杜珍, 1998 「신라하대 선사들의 중앙왕실 및 지방호족과의 관계」 『韓國學論叢』 20(同, 2007, 『신라하대 선종사상사 연구』, 일조각 재수록).
4) 金相鉉, 1991, 『新羅華嚴思想史硏究』, 民族社, 223쪽.
5) 高翊晋, 1997, 앞의 논문.
6) 金相鉉, 1991, 앞의 책, 232~233쪽 ; 金相鉉, 1994, 「신라 하대의 사회변동과 불교계」 『韓國佛敎史의 再照明』, 불교신문사.

이도 있다. 가지산문의 體澄(804~880)은 普願寺에서, 慶甫(868~948)는 화엄사에서, 玄暉(879~941)은 해인사에서 각각 구족계를 받았지만, 뒤에 선사가 되었다.[7] 화엄학 등 교학불교에서 출발해 시종일관한 승려도 적지 않겠지만, 이렇게 선종으로 전향한 승려가 많았던 것이다. 선종 승려의 출현·증가가 배경이 되어 선종사원이 개창·확산될 수 있었던 것이다.

그리고 사원 자체가 소속이 바뀐 경우도 있었다. 대부분의 선종사원은 선승들에 의해 창건되었지만, 종래의 교종사원이 선종사원으로 변경된 경우도 없지 않았다. 월악산의 月光寺는 원래 법상종의 道證이 창건한 것이었으나, 뒤에 禪僧 大通이 이 절에 머물게 됨에 미쳐 경문왕은 이 절을 대통선사의 永住處로 정해 주었다. 결국 월광사는 법상종의 사원에서 선종으로 귀속된 예라 할 수 있다. 화엄종 승려가 창건한 寶林寺도 뒤에 선종으로 그 소속이 변경되었다. 동리산문의 기반이 된 大安寺·玉龍寺·元香寺도 선승에 의해 창건된 것이 아니기에, 교종 계통에서 선종으로 바뀌었다고 볼 수 있다.[8] 교종 계통의 사원이 선종으로 변경된 것은 그만큼 교종의 위축을 가져오는 것이었다. 다른 한편 경제적인 측면에서, 종래의 교종사원의 경제 기반 및 그 운영방식을 선종사원이 승계한 측면이 많음을 뜻한다고도 볼 수 있다. 선종사원이 교종과는 다른 경제운영의 측면을 보이리라 여겨지지만, 이렇게 답습·승계되는 측면이 크다고 하는 점도 간과해서는 안 될 것이다.

신라하대에 선종사원이 개창되면서, 또 기존 교종사원이 소속을 바꾸면서 사원의 경제기반이 새로이 설정되거나 변화가 있기도 하였다. 선종산문의 개창에 왕실이나 귀족, 지방토호들의 큰 후원이 있었듯이, 경제력의 확보에도 그들의 지원이 중요하였다. 선종산문이 자급자족을 지향

---

7) 金相鉉, 1991, 앞의 책, 234~235쪽.
8) 金相鉉, 1991, 앞의 책, 235~236쪽.

해 세속사회의 도움 없이 유지해 가는 태도를 취하지는 않았다. 새로이 농지를 개간하고, 승려 스스로 경작활동에 참여함으로써 의식주 문제를 해결해 가지 않았다. 세속사회와 깊은 연관 속에서 경제문제를 해결해 가는 방향을 택하였다.

선종산문이 경제기반을 마련해가는 구체적인 예는 聖住寺·寶林寺·鳳巖寺·大安寺 등에서 찾을 수 있다.[9] 낭혜선사가 성주사에 주석하면서 산문을 개창하는 데에는 金陽이 크게 기여하였다.[10] 소백산에 은거하고 있던 金昕이 낭혜화상 무염에게 주석하기를 요청한 바 있었으나, 실제로 주석하게 된 것은 김양의 요청에 의한 것으로 보인다. 김양은 伊湌으로서 국왕인 文聖王(839~857)의 장인이었으며, 侍中兼 兵部令의 직에 있던 실력자였다. 김양은 처음에는 租稻를 시납하다가 뒤에 그 조도를 생산해 내던 토지 자체를 시납한 것으로 보인다.[11] 그리고 헌강왕(875~886) 때에 이르러

遣輶軒標放生場界 則鳥獸悅 紐銀鉤札聖住寺題 則龍蛇活[12]

에서 확인할 수 있듯이 방생의 경계표시를 하였고, 성주사를 사액하였다. 새와 짐승이 기뻐하였다는 데서, 방생의 경계 내에서는 사냥이나 수렵하는 것이 금지되었음을 알 수 있다. 속인의 접근을 막고서 사원이 독점적으로 이용할 수 있게 한 것이다. 그 경계 내에서 사원이 배타적·독

---

9) 신라하대 선종사원의 경제에 관한 최근의 연구로는 다음의 글이 참고된다. 崔仁杓, 1994, 「新羅末 禪宗政策에 대한 一考察」『韓國傳統文化硏究』 9 ; 金杜珍, 1999, 「新羅下代 禪宗山門의 社會經濟的 背景」『韓國學論叢』 21(同, 2007, 『신라하대 선종사상사 연구』, 일조각 재수록) ; 曺凡煥, 2001, 앞의 책.

10) 李熙寬, 2001, 「聖住寺와 金陽」『성주사와 낭혜』, 서경문화사 ; 曺凡煥, 2001, 앞의 책, 49~54쪽.

11) 李熙寬, 2001, 앞의 논문.

12) 李智冠譯註, 1993, 『歷代高僧碑文(新羅篇)』, 「藍浦聖住寺朗慧和尙白月葆光塔碑(890년)」, 伽山文庫, 163쪽.

점적 권한을 행사할 수 있었다. 柴炭을 확보하거나 버섯이나 산나물 등을 채취할 수 있고, 또 개간하는 것도 가능하였을 것이다. 그리고 사액이 이루어진 경우에는 국가에서 免租의 혜택이라는 특권을 내리는 것으로 보인다. 성주사가 보유 지배하던 농지에 대해서 田租 부담을 면제시키는 것이다. 역으로 보면, 사액받지 못한 사원은 국가에 대해 전조를 부담한 것으로 이해된다.

이처럼 성주사가 경제기반을 마련하는 데에 진골 귀족과 국왕의 지원이 중요한 구실을 하였다. 성주사가 소재한 지역의 토호나 民人들도 토지를 시납하는 일이 없지 않았다고 사료된다.

寶林寺의 경우도 중앙 지배층이 경제기반을 확보하는 데 큰 도움을 주었다.[13] 普照禪師 體澄은 憲安王의 요청에 따라 보림사로 거처를 옮겼는데, 헌안왕 3년(860)에 副守 金彥卿이 淸俸을 덜고 개인의 재산을 내어 鐵 2,500근을 사서 盧舍那佛像 1軀를 주조해 보림사를 장엄하였다. 또한 왕이 望水宅·里南宅 등에게 金 160分, 租 2,000斛을 내어 절을 장식하는 공덕의 비용에 충당토록 하였다. 그리고 사원을 宣教省에 예속시켰다. 경문왕 1년(861)에는 十方에서 시주한 재물로써 禪院을 확장하였다.[14] 가지산문이 개창되는 데에는 憲安王과 그의 近親王族인 長沙宅主 金彥卿, 그리고 望水宅과 里南宅의 진골 귀족이 큰 도움을 주었다. 그리고 寺勢를 확장하는 데에는 많은 단월들의 도움이 있었음을 알 수 있다. 선교성은 국왕의 教書를 선포하는 국왕직속의 관청인데,[15] 거기에 보림사를 예속시키는 것이다. 선교성에 예속키는 것은 보림사를 통제하고 규제하려는 의미보다는 지원하기 위함으로 이해된다. 국가의 특정기관과 선종산문의 깊은 유대를 읽을 수 있는 것이다.

---

13) 李啓杓, 1993, 「新羅 下代의 迦智山門」『全南史學』 7 ; 金杜珍, 1999, 앞의 논문.
14) 李智冠譯註, 1993, 『歷代高僧碑文(新羅篇)』, 「長興寶林寺普照禪師彰聖塔碑文(884년)」, 98쪽.
15) 李基東, 1984, 『新羅骨品制社會와 花郞徒』, 一潮閣, 233~246쪽.

보림사의 경제기반에 대해 특별히 언급되지 않은 것은 이미 體澄에 앞서 元表大德이 이곳에 거처했으며, 그때 원표가 法力으로써 정치에 도움을 주어 경덕왕 18년(759) 왕이 특별히 명해 長生標柱를 세워 준 바가 있기 때문이다. 그 장생표주는 체징 당시까지 남아 있다고 한다.16) 남아 있다는 말은 그 표주 자체가 사라지지 않았다는 것을 뜻함과 동시에, 장생표주가 갖는 효력이 지속되고 있음을 의미한다고 보인다. 장생표주가 세워져 일정한 권역을 보림사가 배타적·독점적으로 지배함으로써 사원이 필요로 하는 재정수입을 확보할 수 있었다. 또 그 때문에 별도의 경제기반을 갖지 않아도 문제가 안 되는 것이었다. 이렇게 본다면 보림사의 경제기반은 원표 이래의 교종적 경제기반을 그대로 승계한 것이 된다. 새로운 유형의 경제기반을 확보하지 않고 교종사원의 그것을 이어가는 것이라 여겨진다. 보림사의 경우도 산문의 개창에는 진골귀족과 국왕이 적극적인 후원을 하는 것이다. 또 경제기반은 이미 1세기 전 경덕왕에 의해 확보되어 있는 것이다.

鳳巖寺의 경우에도 경제기반의 마련에 왕실의 도움이 컸다.17) 경문왕 7년(867)에 이르러 端儀長 翁主가 茹金 등으로 하여금 좋은 田地(南畝)와 노비의 문서를 봉암사에 주도록 하였다. 이것은 왕실에서 비옥한 농지와 노비를 봉암사에 기진함을 의미한다. 또한 지증대사 자신도 전지를 희사하였다. 지증대사는 친척과 가족이 모두 죽고 없었는데, 자신의 재산이 길가는 사람의 손에 들어가도록 두기보다는 차라리 승려들의 굶주림을 채워 주리라 하고 헌강왕 5년(879)에 莊 12區, 田畓 500결을 희사하여 사원에 예속시켰다.

雖曰我田 且居王土 始資疑於王孫韓粲繼宗 執事侍郎金八元 金咸熙

---

16) 李智冠譯註, 1993, 『歷代高僧碑文(新羅篇)』, 「長興寶林寺普照禪師彰聖塔碑文(884년)」, 98쪽.

17) 金杜珍, 1999, 앞의 논문.

△及正法大通 釋玄亮 聲九臯 應千里 贈太傅獻康大王 恕而允之 … 中和辛丑年 教遣前安輪寺僧統後恭 肅正史裵聿文 標定疆域 芀賜牓爲鳳巖焉[18)]

지증대사가 토지를 시납할 때 국왕의 허락을 득하고 있다. 지증대사가 자신의 개인 재산을 자신의 의사대로 시납할 수 있는 것이었는데, 국왕의 허락을 얻고 있는 점이 주목되는 것이다. 국왕의 허락을 얻는다는 것은 곧 국왕의 특혜가 뒤따르는 것이다. 곧 그 토지에 대한 免租의 혜택을 내리는 것으로 볼 수 있다. 자신이 마음대로 시주해도 문제가 되지 않는 것임에도 불구하고 굳이 국왕의 허락을 받는 것은 이를 위함이었다. 강역의 표시는 봉암사 인근에 하였을 것이다. 봉암사는 이처럼 왕실인물의 시납, 승려 개인재산의 시납으로 경제기반을 확보하였으며, 국왕의 허락에서 알 수 있듯이 면조의 특권을 향유하였다. 또한 강역을 표시해 주고 있다.

곡성에 소재한 桐裏山門의 大安寺도 국왕의 지원을 받았으며, 상당한 규모의 재력을 보유하고 있었다. 寂忍禪師 慧徹이 대안사에서 선법을 펼쳐 나가자 문성왕(839~857)이 대안사의 사방에 禁殺之幢을 세우도록 하였다.[19)] 禁殺之幢은 살생을 금지하는 깃발로서 대안사의 영향력이 독점적·배타적으로 미칠 수 있는 권역을 표시해 주는 것이다. 이에 따라 대안사는 일정한 圈域에 대한 독점적·배타적 특권을 보장받고 있는 것이다. 장생표의 설치와 동일한 의미를 갖는 것임은 물론이겠다. 그리고 대안사는 상당한 규모의 토지를 보유하고 있는 것이 확인된다. 경문왕 때 494결의 토지를 소유하고 있으며, 廣慈大師 允多(864~945) 당

18) 李智冠譯註, 1993, 『歷代高僧碑文(新羅篇)』, 「聞慶鳳巖寺智證大師寂照塔碑文(924년)」, 287~288쪽.

19) 李智冠譯註, 1993, 『歷代高僧碑文(新羅篇)』, 「谷城大安寺寂忍禪師照輪淸淨塔碑文(872년)」, 76~77쪽.

시에도 약 500결에 이르는 토지를 보유하고 있었다.[20] 그것을 표로 작성하면 아래와 같다.

〈표 1〉 大安寺 토지의 소재지역과 규모

소재지역	전답의 규모	소재지역	전답의 규모
晋州任內 永先縣	94결 13부 7속	寶城任內 五(玉?)果縣	61결 55부
동 宜寧	110결 29부 3속	昇州任內 富有縣	22결 98부 8속
靈光任內 森溪縣	18결 70부 2속	陜州任內 加祚縣	60결 30부 2속
동 牟(车?)平縣	29결 85부	계	495결 2속
羅州任內 餘棍縣	97결 18부		

선종사원은 이상에서 볼 수 있듯이 상당한 규모의 농지를 확보하고 있었는데, 그 규모는 500결 내외였던 것으로 여겨진다. 봉암사와 대안사에서 그렇게 추측할 수 있다. 봉암사나 대안사의 경우, 사원과 멀리 떨어진 지점에 토지를 소유하고 있었다. 그러한 토지는 대개 賜額의 형식을 통해 免租의 특혜를 누리고 있었다고 생각된다. 전란의 와중에 들게 되면, 사원 인근에 있는 토지는 그렇지 않겠지만, 멀리 떨어진 토지에 대해서는 그 관리·지배권이 크게 위협을 받았을 것으로 보인다. 이러한 면에

20) 「谷城大安寺寂忍禪師照輪清淨塔碑文(872년)」(李智冠譯註, 1993, 『歷代高僧碑文(新羅篇)』, 78쪽)의 끝부분에 대안사의 田畓이 494결 39부, 坐地 3결, 下院代 4결 72부, 柴 143결, 鹽盆 43결로 나오고 있고, 奴婢는 노 10, 비 13으로 모두 23명으로 기록되어 있다. 그런데 『泰安寺誌』(亞細亞文化社 影印本, 142~144쪽)에는 광자대사 당시의 것으로 위의 기록이 나오며, 이어서 그 토지의 분포지역이 본문에서 제시한 표처럼 상세히 실려 있다. 따라서 490여 결의 토지를 소유하고 있던 시점이 872년 경인지, 아니면 다소 뒤인 광자대사 당시인지 분명하지 않다. 여기서는 『태안사지』에 두 기록이 연결되어 있어 일단 광자대사 당시의 것으로 보고자 한다. 이 자료의 시기와 성격에 관해서는 다음의 논저가 참조된다. 李仁在, 1995, 『新羅 統一期 土地制度 研究』, 연세대박사학위논문, 64~65쪽 ; 金杜珍, 1999, 앞의 논문 ; 노명호외, 2000, 『韓國古代中世古文書研究』 上, 「大安寺形止案(1230년 경)」, 419~428쪽 ; 이경복, 2003, 「新羅末·高麗初 大安寺의 田莊과 그 經營」 『梨花史學研究』 30.

서 선종사원은 안정과 평화를 절실히 요망하였을 것이다.

또한 사원 주위에 장생표, 방생장, 금살지당 등이 세워져 일정한 寺域을 확보하고 있었다. 국가가 사원에 대해 일정한 권역에 대한 배타적·독점적 지배를 허여하는 것이다. 그 내에서 시탄의 확보, 버섯이나 산나물 등의 채취가 가능하였고, 농지의 개간도 이루어질 수 있었다고 여겨진다. 그리고 선종사원이 때로는 국가의 특정기관과 결연하고 있기도 하였다. 이 경우는 국가기관이 안정적이고 지속적으로 경제적 후원을 이어갔을 것으로 여겨진다.

다른 산문의 사원들도 대개 경제적인 측면에서 이러한 양상을 띠고 있었다고 여겨진다. 선종산문의 경우 이러한 경제력이 뒷받침되고 있었기에 수백에서 수천에 이르는 다수의 문도를 모으고 부양할 수 있었다. 또한 몰락유망민이 이곳으로 몰려들 수 있기도 하였다.

선종사원의 경제는 선종사원 자체가 부침함에 따라 더불어 변동하지 않을 수 없었다. 혼란기·전란기에 경제기반을 유지 운영해 가는 것은 용이한 일이 아니었다. 사원 건물의 유지 자체도 용이하지 않은 것이었는데, 게다가 사원은 경제력이 집중된 장소였기 때문에 농민군의 공격대상이 되는 일이 있었다. 開淸과 行寂이 굴산사에서 머무르는 동안 농민군의 침탈을 여러 번 받았고,[21] 澄曉大師가 진성여왕대에 南行하다가 進禮郡 경계에 이르렀을 때 賊盜를 만난 일이 있으며,[22] 광자대사가 머물고 있는 사원도 山賊이 쳐들어 온 일이 있다.[23] 이 밖에도 사원이 농민군의 침입을 받는 경우가 적지 않았다. 그 때문에 불에 타서 廢寺가 되는 일도 출현하였다. 성주사의 전신인 熊川州 소재의 사원이 無染 당시

---

21) 추만호, 1992, 앞의 책, 166쪽.

22) 李智冠, 1994, 『歷代高僧碑文(高麗篇 1)』, 「寧越興寧寺澄曉大師寶印塔碑(944년)」, 280쪽.

23) 李智冠, 1994, 『歷代高僧碑文(高麗篇 1)』, 「谷城大安寺廣慈大師碑(950년)」, 338쪽.

에 거의 반이 재로 된 상태였다.[24]

운문사가 소재한 淸道지역에는 5개의 사원이 있었으나, 고려 태조때 무렵에는 모두 폐허화된 실정이었다.[25] 그리고 그러한 와중에서 사원을 둘러싼 분규도 적지 않았던 것으로 보인다. 사원 상호 간의 분쟁으로서는 王后寺와 長遊寺의 예를 볼 수 있다. 452년에 세워진 왕후사를 500년 후에 장유사가 그것을 혁파하고서 莊으로 삼는 일이 발생하였다. 장유사가 300결의 토지를 지급받았는데 왕후사가 장유사 柴地 동남표 내에 있다고 해서 장유사의 三剛이 왕후사를 없애고 장으로 만들어 버린 것이다.[26] 왕후사가 창건되고 500년이 지난 후는 고려 성종대이지만 실은 신라말 고려초의 시점일 가능성이 크다.[27] 기타 사원이 상호 분쟁하는 일이 빈번하였기에, 훈요10조에서 관련 내용이 나올 수 있는 것이다.

> 故創禪敎寺院 差遣住持焚修 使各治其業 後世姦臣執政 徇僧請謁 各業寺社爭相換奪 切宜禁之[28]

선종과 교종의 사원을 창건하여 주지를 파견해 焚修하게 하고 각각 그 業을 닦도록 하였는데, 후대에 간신이 정권을 잡아 승려의 요청을 따르게 되면 각 업의 寺社가 서로 다투어 바꾸고 빼앗을 것이니 꼭 이를 금하도록 하라는 것이다. 즉 사원을 서로 빼앗는 일이 없도록 경계하고 있는 것이다.

---

24) 李智冠, 1993,『歷代高僧碑文(新羅篇)』,「藍浦聖住寺朗慧和尙白月葆光塔碑文(890년)」, 159~160쪽.

25)『三國遺事』권4, 義解5 寶壤梨木.

26)『三國遺事』권2, 紀異2 駕洛國記.

27) 시점을 명확히 하기는 어려워 보인다. 신라말 고려초의 가능성도 있고, 실제로 990년 무렵 성종대의 가능성도 있다. 그렇지만 신라말 고려초 여러 사원에서 토지를 둘러싼 분규가 빈번했을 것은 분명해 보인다.

28)『高麗史』권2, 世家2 太祖 26년 4월, 亞細亞文化社 影印本(이하 같음), 上册, 55쪽.

3. 高麗前期 經濟基盤의 形成

고려전기 선종사원의 경제기반은 신라이래의 것을 이어가는 것도 있고, 새로이 마련하는 경우도 있었다. 신라이래의 사원은 그 이전의 경제기반을 유지해 가겠지만, 고려에서 새로이 건립한 선종사원은 경제기반을 별도로 갖추지 않으면 안 되었다. 신라하대 이래의 선종사원도 그 경제기반이 아무런 변동 없이 고려시기에 이어지는 것이 아니었다. 신라말의 전란기를 경유해야 했으며, 또 고려초 새로이 편제하는 제도적 틀에 의해 조정되지 않을 수 없었다. 그럼에도 역시 큰 틀은 신라하대의 것이 이어져 가고 있다고 볼 수 있다.

태조 왕건은 혼란·불안의 와중에 있던 선승이나 그가 주지하고 있는 선종사원에 깊은 배려를 하였다. 왕건은 지방세력과 결합된 유력한 선승들과 관계를 맺었다.29) 전쟁 진행과정에서도 많은 선승들을 포섭하였다. 신라말의 전쟁 진행과정에서 태조를 도운 승려는 많았고, 태조가 회유한 승려도 적지 않았다. 寶壤의 경우는 태조에게 적을 격파시키는 전술을 가르쳐 주었다. 보양은 중국에서 돌아와 推火(密陽)의 奉聖寺에 머무르고 있었는데, 마침 태조가 東征하여 淸道에 이르러 山賊과 대결하였다. 그때 태조가 적을 제압하는 술책을 보양에게 묻고 그 가르침에 따른 결과 마침내 승리를 거두었다. 태조는 즉시 近縣의 租를 매해 50석씩 내렸으며 통일한 후에 보양이 옮겨 거주하고 있던 鵲岬寺를 雲門禪寺라 賜額하고 전 500결을 지급하였다.30)

---

29) 金杜珍, 1982, 「王建의 僧侶結合과 그 意圖」『韓國學論叢』 4 ; 韓基汶, 1983, 「高麗太祖의 佛敎政策」『大丘史學』 22 ; 徐珍敎, 1996, 「高麗 太祖의 禪僧包攝과 住持派遣」『高麗 太祖의 國家經營』(洪承基編), 서울대출판부 ; 韓基汶, 1997, 「高麗太祖와 禪僧 結合의 性格」『연구논총』 4, 상주대.

30) 『三國遺事』 권4, 義解5 寶壤梨木.

개경에 定都한 후 여러 사찰을 창건하였는데, 그 가운데 普濟寺·舍那寺·廣明寺·日月寺·外帝釋院·龜山寺·安和禪院 등은 선종사원으로 보인다.[31] 선승들을 초빙해 개경 주위의 산문에 거처하게 하였고, 또 선승들의 사후에 그들의 塔碑를 세워줌으로써 그 門徒들을 회유하였다. 이러한 개별적인 차원에서의 노력에 그치지 않고 제도적으로 선종승려 및 사원에 대해서 조치를 취하였다고 생각된다. 개경 소재 선종사원을 중심으로 하면서 기간이 되는 선종사원을 裨補寺院으로 설정한 것이 그것이라 할 것이다.[32] 이 비보사원에는 국가가 경제 지원을 하였다. 국초에 국가에서 주도해 설립한 개경주위나 외방의 선종사원은 당연히 비보사원으로 지정되었을 것이다. 종래의 선종사원 가운데 일부도 비보사원으로 설정되었을 것이다.[33]

선종사원의 고려적인 편제로 인해 종전의 선종사원은 많은 변화를 겪게 되었다. 비보사원으로 지정되지 않을 경우, 국가의 제도적 지원에 의한 혜택을 기대하기 힘들었다. 비보사원으로 지정된다고 하더라도 免租의 혜택은 있겠지만 변화가 없는 것은 아니었다. 신라왕실이나 신라정부로부터 받았던 특혜나 지원은 상실하는 것으로 보인다. 선종사원이 누렸던 장생표의 설정, 그리고 특정 국가기관과의 결연 등은 모두 해소되는 것이다. 특히 배타적 권역을 설정해 주는 것은 많이 축소되어 갔다고 보

31) 韓基汶, 1998, 앞의 책, 43~48쪽.

32) 비보사원에 대해서는 다음의 글이 참조된다. 拙稿, 1988, 「高麗前期 寺院田의 分給과 經營」『韓國史論』 18, 서울대(본서 제1부 제1장 수록) ; 韓基汶, 1998, 앞의 책, 110~117쪽 ; 黃仁奎, 1998, 「高麗 裨補寺社의 設定과 寺莊經營」『東國歷史敎育』 6 ; 金炯秀, 2001 「고려전기 裨補寺院과 地方支配」『慶尙史學』 17 ; 김윤곤, 2001, 『한국 중세 영남불교의 이해』, 영남대출판부, 44~75쪽 ; 韓基汶, 2006, 「高麗時代 裨補寺社의 成立과 運營」『한국중세사연구』 21.

33) 直指寺의 경우, 후대의 자료이지만 936년 경에 裨補所로 설정된 사실을 전하고 있다(『直指寺誌』, 亞細亞文化社 影印本, 205~207쪽). 雲門寺도 賜額된 시점이 937년이다(『三國遺事』 권4, 義解5 寶壤梨木). 이렇게 본다면 비보사원의 설정 시점은 통일 직후가 아닐까 사료된다.

인다. 운문사의 경우 장생표탑이 설치되는 것은,[34] 신라 이래의 것을 이어가는 면이 있는 것이었고, 장유사의 (장생)표도[35] 그러한 맥을 잇는 것이었다. 그러나 고려시기에는 전체적으로 그러한 특권을 설정하지 않는 방향을 택하였다. 특정한 권역에 대해 배타적·독점적 지배를 갖는다는 것은, 국가 경제력의 잠식을 가져오는 것이고, 또 그것을 기반으로 세력화해 체제에 위협이 될 수도 있기 때문이다. 그리하여 극히 일부의 특정 사원에서나 장생표가 있을 수 있었다. 宣教省 등 중앙기관과의 연계도 정리되었을 것이다.

다수의 모여든 몰락민들도 귀환하는 조치가 있었을 것으로 여겨진다. 고려 국초에 내외의 선종사원에 다수 소속되어 있던 隨院僧徒도[36] 이러한 과정을 거쳐, 상당히 축소되어 갔을 것으로 보인다. 고려국가에서는 이러한 부류의 예속민을 국가의 良人으로 편입시키는 한편, 승려로서 수행을 강조했을 것이다. 점차적으로 이러한 부류의 민인은 축소되어 가는 과정을 밟았을 것으로 사료된다.

고려의 통일로 안정이 오자, 선종사원의 경제기반도 확고해질 수 있었다. 특히 사원과 멀리 떨어진 곳에 위치했던 사원의 토지에 대한 지배

---

34) 『三國遺事』 권4, 義解5 寶壤梨木.

35) 『三國遺事』 권2, 紀異2 駕洛國記.

36) 『高麗史』 권81, 志35 兵1 五軍 肅宗 9년 12월, 中册, 780~781쪽. "尹瓘奏 始置別武班 … 又選僧徒爲降魔軍 國初 內外寺院 皆有隨院僧徒 常執勞役 如郡縣之居民 有恒産者 多至千百 每國家興師 亦發內外諸寺隨院僧徒 分屬諸軍". 隨院僧徒에 관해서는 다음의 글이 참조된다. 李相瑄, 1984, 「高麗時代의 隨院僧徒에 대한 考察」 『崇實史學』 2 ; 林英正, 1990, 「高麗時代 隨院僧徒에 관한 金石文 資料의 檢討」 『鷹陵史學』 16, 日本佛教大學歷史研究所 ; 金炯秀, 1995, 「高麗前期 寺院田經營과 隨院僧徒」 『한국중세사연구』 2 ; 裵象鉉, 1995, 「高麗時代 僧徒와 그 類型」 『昌原史學』 2(同, 1998, 『高麗後期寺院田研究』, 國學資料院 재수록) ; 林英正, 2002, 「高麗隨院僧徒再考」 『東國史學』 37 ; 구산우, 2002, 「고려시기의 촌락과 사원－재가화상·수원승도의 실체와 관련하여－」 『한국중세사연구』 13(同, 2003, 『高麗前期 鄉村支配體制研究』, 혜안 재수록).

권을 확고하게 행사할 수 있었을 것이다. 전란의 와중에 그 토지에 대한 관리·지배권의 유지가 불안했었는데, 이점이 크게 해소되었다. 이렇게 됨으로써 선종사원이 안정적으로 경제력을 확보하는 것이 가능했다고 여겨진다.

고려전기 선종사원의 경제기반은 토지가 그 기본이 되었다. 당시에 토지가 가장 안정적인 재정 수입원으로 기능하고 있었고, 그 토지를 매개로 해서 사원의 사회·경제적 지배를 실현해 나갈 수 있었다. 때문에 사원은 모두 토지의 확보에 깊은 관심을 갖는 것이다. 사원의 토지에는 收租地와 所有地의 2계통이 있었는데, 이들 토지로부터 소출의 1/10 혹은 1/2를 징수함으로써 수입을 확보하였다. 고려시기에 신설된 비보사원은 수조지를 기본으로 하였으며, 신라이래의 사원은 소유지를 기본으로 하였고 일부의 경우는 免租의 혜택을 누렸다고 판단된다.

사원의 토지는 개간이나 買得에 의해서도 확장될 수 있었다. 사원이 田土를 사들이는 예는 신라말 海印寺에서 확인할 수 있다.[37] 선종사원에서도 그러한 일이 있을 수는 있겠지만, 확인이 되지 않는다. 개간을 통한 농지의 확대도 있을 수 있다. 선종사원의 경우 장생표가 설치된 권역을 확보하는 수가 많고, 또 다수의 인력이 집중되어 있기 때문에 개간활동을 함으로써 농지를 확대해 갈 수 있을 것이다. 늘상 있는 신자의 시납을 계기로 한 경제기반의 확대도 가능하다.

신라말에 크게 확산·팽창하던 선종의 경우, 고려초 광종대까지는 그 교세가 컸었지만, 그 이후가 되면 화엄종·법상종의 교종이 크게 부각되면서 상대적으로 위축되는 모습을 보였다. 그리고 천태종이 개창됨으로써 선종계가 다시 축소되었다. 이러한 선종교단의 변동은 선종사원의 경제력에도 큰 영향을 주어, 그것이 팽창하기는 어려웠을 것이다. 다만 개별 선종사원의 경우 부분적으로 경제력을 확대하는 수가 있었다.

37) 하일식, 1997, 「海印寺 田券과 妙吉祥塔記」『역사와현실』 24.

예컨대 고려초 광자대사가 동리산 대안사로 돌아갈 때 본도수상에게 명해 전결과 노비를 할급해서 香積에 이바지하도록 한 바 있었다.[38] 또 운문사의 경우는 圓應國師 學一이 주석하면서 경제력이 확대되었다.[39] 무인집권기 이후 선종의 교세가 확대되면서 선종사원의 경제도 역시 팽창하였을 것이다.

4. 寺院田 耕作人과 經濟運營

사원이 유지되고 기능을 수행하기 위해서는 여러 항목의 지출이 불가피하다. 사원의 건축물을 유지하고 필요한 시설을 갖추려면 당연히 상당한 재원의 지출이 필요하였다. 사원내에 거주하는 승려들을 부양하기 위한 지출도 필수적이었다. 종교적 기능을 수행하는 데에도 상당한 지출이 소요되었다. 또한 사원이 당시 사회에서 차지하고 있는 비중으로 인해, 또 불교 敎說에서 강조함으로 인해, 각종 사회사업을 활발하게 전개하였는데, 그 지출도 사원의 재정에서 중요한 몫을 차지하였다.

선종사원은 토지경영이나 상업활동, 息利활동, 수공업활동을 수행하였다. 다양한 경제요소를 운영함으로써 필요로 하는 재정수입을 확보할 수 있었다. 그리고 그러한 경제운영을 통해 농민지배를 실현해 갈 수 있었다. 선종사원은 다른 사원과 유사한 경제운영의 모습을 보이면서도, 그들과 구분되는 독특한 면모를 보이기도 하였다. 특히 승려의 노동문제와 경제운영을 위한 승려의 조직에서 그러하였다.

사원의 토지는 일정한 곳에 집중되어 있는 수도 있었지만, 사원과 떨어진 곳에 여러 地片으로 분산되어 있는 수가 많았다. 전자의 경우에는

---

38) 李智冠譯註, 1994, 『歷代高僧碑文(高麗篇 1)』, 「谷城大安寺廣慈大師碑文(950년)」, 340쪽.

39) 裵象鉉, 1998, 앞의 책, 85~121쪽 ; 김윤곤, 2001, 앞의 책, 215~274쪽.

장생표가 설치된 곳에서 확인할 수 있을 것이고, 후자의 예는 대부분의 사원에서 확인할 수 있다.

고려시기에 신설된 사원의 경우 국가로부터 분급받은 토지는 여러 지역에 분산되어 있는 경우가 일반적이었다. 金剛山에 위치하고 있던 長安寺의 경우, 사원전을 국왕으로부터 분급받고 있음에도 불구하고 전국에 분포되어 있었다.[40]

사원이 사적인 계기에 의해 토지를 획득하게 된 경우는 형성과정이 한 차례에 그치지 않고 여러 차례에 걸쳤을 것이기 때문에 그 토지는 당연히 분산되어 존재했을 것이다. 신라하대 대안사와 봉암사의 토지는 사원과 공간적으로 떨어진 곳에 분산되어 분포하고 있었다. 시기가 좀 뒤이기는 하지만, 고려 무인집권기 수선사의 토지도 그러하였다. 수선사의 토지는 지금의 전남 지방에 분포하고 있었지만 각 토지는 상호 거리를 두고 떨어져 있었다.[41]

사원의 토지는 크게 보아 수조지와 소유지의 2종류로 구성되어 있었다. 국가에서 사원에 분급한 토지는 소유지가 아니라 수조지였다. 기본적으로 사적인 토지소유가 전제된 사회이기 때문에 국가가 사원에 분급해 줄 수 있는 것은 수조지일 수밖에 없었다.

그런데 구래의 토지를 소유한 위에 免租의 혜택을 받는 경우도 있었는데, 이 경우는 소유지와 수조지가 중첩되어 있다고 할 수 있다. 신라이래의 사원 가운데 고려초에 비보사원으로 선정된 사원의 토지는 이러한 경우였다. 이러한 유형의 토지를 지배하고 있는 사원도 적지 않았다고 사료된다.

토지의 계통이 여럿이듯이, 그 토지를 경작하는 民人도 여러 부류였

---

40) 李穀, 「金剛山長安寺重興碑」『稼亭集』 권6(『韓國文集叢刊』 3冊, 137~138쪽).
41) 拙稿, 1995, 「高麗 武人執權期 修禪社의 農莊經營」『典農史論』 1(拙著, 2008, 『高麗後期 寺院經濟 硏究』, 景仁文化社 재수록).

다. 사원전의 경작농민은 사원에 경제적으로 예속되어 있는 私的 隷屬民이었다. 같은 사적 예속민임에도 모두 동일한 처지에 있는 것은 물론 아니었다. 경작농민은 크게 佃客農民·佃戶農民·奴婢·下級僧侶 등으로 구성되어 있었다.

사원의 토지가 국가로부터 분급받은 收租地로 이루어진 경우, 사원전의 경작농민은 국가의 公田佃客에서 사원의 전객으로 전화된 존재였다. 이들 전객농민은 수확량의 1/10을 전조로서 국가를 대신하여 사원에 납부하였다.

그에 비해 사원의 소유지는 대개 地主佃戶制로 경영되고 있었다고 보인다. 그 경작민은 전호농민·노비·승려로 나누어 볼 수 있다. 사원의 소유지를 차경하는 경작농민은 수확량의 1/2을 지대로서 사원에 납부해야 했기 때문에 그 지위가 전객농민에 비해 열악했던 것은 말할 것도 없었다. 사원의 전호로서 존재하기는 했지만 국가에 대한 庸·調부담은 면할 수 없었을 것이다. 용·조까지도 국가에 부담하지 않는 완전한 사원의 사적 예속민이 되기 위해서는 승려로 가장하거나 노비로 변신하지 않으면 안 되었다.

사원 소유지의 경작자로서 사원 소속의 奴婢를 들 수 있다.42) 그러나 사원전이 순수하게 분급된 토지만으로 구성된 경우에는 노비가 경작농민의 주류가 될 수 없는 것은 당연한 일이었다. 그러나 사원의 사사로운 노력에 의해 마련된 소유지의 경우에는 노비가 경작에 있어서 중요한 지위를 점했을 것이다. 고려후기이기는 하지만 金永仁·金永純 형제가 普光寺에 노비로 보이는 家童 100人을 田 100頃과 함께 시납하는 데서 충분히 예측할 수 있다.43) 이들 노비는 경제적으로·신분적으로 사원의

42) 寺院奴婢로 조선초 太宗 당시 屬公된 것만도 8만여 口에 달하고 있다(『太宗實錄』 권30, 太宗 15년 8월 癸巳, 2冊, 84쪽). 물론 이 수효 내에는 고려말 '壓良爲賤'하여 노비가 된 자가 포함되어 있을 것으로 보이며, 高麗前期에는 그 수가 이보다 적었을지 모르지만 그래도 그 비중이 작지 않았을 것이다.

완전한 예속민이었기 때문에 전객농민보다 가혹한 지배를 받았을 가능성이 크다고 볼 수 있겠다.

사원의 소유지는 또한 승려에 의해 경작되기도 했다. 이들은 대체로 몰락한 농민출신일 것으로 보인다. 그들은 사원에 대해 수확물의 1/2에 상당하는 것을 지대로 납부해야 했다.

사원전을 지주전호제로 경영하는 것은 양질의 토지에서나 가능한 것이었다. 척박한 농지에서는 경작의 노력이 크지만 수확이 적어, 지주와 전호가 소출을 분배할 수 없는 것이다. 일정한 소출이 보장되는 비옥한 농지에서나 지주전호제 경영이 가능하였다. 사원의 토지가 南畝·平田 등으로 표현되는 양질의 토지를 소유한 사례가 적지 않아[44] 지주전호제로 경영할 수 있는 경우가 많았을 것이다. 사원과 공간적으로 떨어진 비옥한 토지에서는 지주전호제로 경영하는 것이 보통이었을 것이다.

그리고 사원의 인근에 있는 소유지에서는 사원 스스로에 의해 直營하는 수도 없지 않았을 것이다. 사원에 딸린 奴婢들을 사역시켜 그 소출을 모두 사원의 것으로 하는 직영제 경영의 사례도 없지 않았을 것이다. 장생표 설치 사원의 토지경영은 직영제로 하는 수가 있었을 것이다. 사원의 직영지와 농민의 보유지로 구분해 勞動地代 형태로 수취하는 방식을 택하는 예도 있었을 것이다. 그러나 고려시기 장생표의 설치는 드문 일이었기 때문에 사원 인근에 많은 토지와 인력을 확보하고 있지 못했을 것이다. 따라서 직영제 경영의 비중은 크지 않았을 것으로 생각된다.

사원으로부터 멀리 떨어진 토지에는 그 토지를 관리하는 莊舍가 설치되었고, 관리하는 이로서 知莊이 파견되었다.[45]

---

43) 許興植編著, 1984, 『韓國金石全文(中世下)』, 「林川普光寺重刱碑(1358년)」, 1189쪽.
44) 拙稿, 1992, 「三國 및 統一新羅期 寺院의 田土와 그 經營」『國史館論叢』 35.
45) 金昌錫, 1991, 「통일신라기 田莊에 관한 연구」『韓國史論』 25, 서울대 ; 金琪燮, 1992, 「新羅 統一期 田莊의 經營과 農業技術」『新羅文化祭學術發表會論文集』 13 ; 李仁在, 1997, 「新羅統一期 田莊의 形成과 經營」『韓國 古代·中世의 支

有世逵寺(今興敎寺也 在溟州捺李郡(細註略) 本寺 遣僧調信爲知莊[46])

통일신라시기 세규사의 장사가 명주 날리군에 있었으며, 본사에서 승려 調信을 지장으로 파견하였다는 것이다. 莊舍란 장원을 관리하는 莊主가 거주하는 堂舍라는 의미였다.[47] 지장은 田租를 수취하고, 그것을 매개로 한 농민지배를 수행하였을 것이다. 신라시기의 사례이지만, 고려시기에도 사원의 전토가 멀리 떨어져 있는 경우 지장이 파견되는 수가 없지 않았을 것이다. 농지가 사원에 근접해 있을 경우에는 굳이 지장을 파견할 필요 없이 사원 소속 승려가 직접 관리하였을 것이다.

신라말 고려초 시기에 선사들의 비문에 보이는 直歲僧도 사원전의 경영과 관련해 주목해야 할 존재이다. 선종사원에서는 사원의 실질적인 일을 맡아 처리하는 三綱典을 두고 있었다. 이 삼강전은 신라말 고려초의 약 80년 동안에 선승들의 비문 음기에 나타나고 있다. 삼강전은 院主·維那·典座·直歲로 구성되어 있는데, 원주는 선종사원의 대내외적인 업무를 총괄하였고, 유나는 사원내의 규율을 단속하고, 대중을 통솔하는 임무, 사원의 창건과 중수를 감독하는 임무를 맡았다. 전좌는 사중의 살림살이를 전담하였다. 직세는 장원을 관리하거나 전조를 거두어들이는 사원의 경제적인 책임을 맡았다.[48] 따라서 선종사원이 삼강전의 직제를 두어 운영하고 있을 때, 토지의 관리 및 경영은 직세승이 전담하였다고 볼 수 있다. 삼강전의 용례는 목종 8년(1005) 이후의 사료에 보이지 않는

配體制와 農民』, 지식산업사 ; 金杜珍, 1999, 앞의 논문.

46)『三國遺事』권3, 塔像4 洛山二大聖 觀音 正趣 調信.

47) 慈覺宗頤禪師(崔法雲譯註), 2001,『高麗板 禪苑淸規 譯註』, 伽山佛敎文化研究院, 40~41쪽.

48) 蔡尙植, 1992,「淨土寺址 法鏡大師碑 陰記의 분석」『韓國史研究』36 ; 金在應, 1994,「新羅末·高麗初 禪宗寺院의 三綱典」『震檀學報』77 ; 蔡尙植, 1996,「羅末麗初 忠州 지역의 豪族과 禪宗－淨土寺址 法鏡大師碑 陰記의 分析－」『藥城文化』16·17합집, 忠州 藥城文化研究會.

다. 대신에 僧階를 갖는 승려들의 인명이 기록되고 있다.49) 그것은 국가 기관이 부여한 승계가 사원 스스로 설정한 직제상의 위치보다 우위에 서 있음을 뜻한다. 기록에 승계만이 보이고 있지만, 사원내의 직임은 삼강전의 형식으로 구분되었고, 실제의 일도 그러한 구분에 따라 담당 승려가 맡고 있었다고 여겨진다.

선종사원의 경제운영과 관련해 생각해 보아야 하는 것이 승려의 勞動問題이다. 唐代의 선종사원에서는 승려의 생산노동이 중시되고 있었다. 불교의 전통적인 교단에서는 출가수행승들이 육체노동과 생산노동을 하는 것을 금지하였다. 경작활동을 하게 되면 불가피하게 벌레나 많은 생명을 죽이기 때문이다. 그리하여 원시불교 이래로 출가수행자들은 전답을 개간하거나 초목을 자르는 등 생산노동을 하는 것을 계율로 금지하였다. 중국에 불교가 들어온 이후에도 이 계율은 계속 지켜지고 있었다.

그러나 중국의 위정자나 儒敎·道敎人들이 승려의 不耕不織에 대해 끊임없이 비난해 왔다. 이에 적극적으로 대응한 이가 唐代의 禪僧 百丈懷海(749~814)였다. 회해는 전통적인 律院 중심의 도량에서 선 수행 중심의 교단을 독립시키면서 독자적인 禪院淸規를 제정하였다. 선원청규는 선원의 구조는 물론, 수행생활의 규범과 법칙을 새롭게 제시하고 있다. 그 내용 중에 普請法이 있다.

보청법은 方丈인 住持부터 行者에 이르기까지 사원에 거주하고 있는 전 대중이 한 사람도 빠짐없이 평등하게 참여해야 하는 의무노동의 법규였다. 물 나르고 장작을 운반하는 등의 비생산적인 일상잡무가 아니라 자급자족을 위한 생산적인 공동근로활동을 규정하고 있는 것이다.50) 결국 보청법은 수행승들의 집단적인 생산노동에 의해 자급자족의 경제생

---

49) 金在應, 1994, 앞의 논문.
50) 鄭性本, 1991, 『中國禪宗의 成立史硏究』, 民族社, 793~799쪽 ; 鄭性本, 1999, 앞의 논문.

활을 영위하고자 하는 것이었다.

이러한 보청법을 見聞하고 돌아온 선승들은 이전의 승려와 달리 노동에 참여하고 있는 것이 확인된다. 無染에 대한 아래의 기록이 그것을 전하고 있다.

> 始壯及衰 自貶爲基 食不異糧 衣必均服 凡所營葺 役先衆人 每言祖師嘗踏涯 吾豈暫安栖 至撻水負薪 或躬親[51)]

노역을 대중보다 앞서 힘써 하였으며, 식수를 나르고 섶나무를 지는 일도 몸소 하곤 하였다. 무염이 노동 작무를 중시하고 있음을 볼 수 있다. 무염과 같은 고위에 있는 승려가 그러하였으니, 그 이하 수백에 이르는 문도들이 勞役에 종사하는 것은 물론이었을 것이다. 그러나 그 노동이 식수, 섶나무 운반의 일에 그치고 있지 전답경작활동을 포함하고 있는 것은 아니었다. 나아가 자급자족을 추구하지도 않은 것으로 보인다. 6두품이라는 신분 출신으로서 직접 생산노동에 몰두하고 자급자족을 지향해 간다는 것은 용이한 일이 아니었을 것이다.

선승들이 부분적으로 노동을 중시하고 노동에 참여한 것은 중국선종의 영향을 받은 바로서, 이전의 승려들과 다른 모습을 보이는 것이었다. 그러나 그러한 노동이 생산활동을 지향하고, 나아가 자급자족을 추구하는 것과는 차이가 있었다. 고승들의 경우 노동에 참여하는 사례가 다소 전하고 있다. 예컨대 무인집권기의 승려인 普照國師도 노동을 중시하고 있음이 보인다.[52)] 그러나 고위승려가 아닌 하급승려로서 생계를 해결하

---

51) 李智冠譯註, 1993, 『歷代高僧碑文(新羅篇)』, 「藍浦聖住寺朗慧和尙白月葆光塔碑(890년)」, 164쪽.

52) 李智冠, 1997, 『歷代高僧碑文(高麗篇 4)』, 「順天松廣寺佛日普照國師碑銘(1211년)」, 60쪽. "師又善攝威儀 牛行虎視 燕居謹飭 無惰容止 至於執勞任力 恒在衆先".

기 위해 생산에 참여한 일이 있었다. 이 경우는 수행을 소홀히 하고 생존을 위한 경작활동에 몰두하는 것이다. 그리고 그것이 집단이 아닌 개인 차원으로 이루어지고 있다. 따라서 고려전기에 선종사원 소속승려들이 자급자족을 지향하고서 집단을 이루어 경작활동에 종사한 것으로 볼 수는 없을 것이다.

또한 사원은 농업자재를 소유하고 있으면서 경작농민에게 그것을 대여하기도 했다. 사원에는 이미 신라시대부터 소가 존재했던 것이 보이며[53] 고려시기에도 역시 찾아진다.[54] 또한 사원은 말을 보유하고 있었다.[55] 사원의 殿閣 가운데 마구간이 보임은,[56] 사원이 牛馬를 소유하고 있음을 나타내는 것이다. 사원의 소나 말은 사원전의 경작을 위해 사역되었다고 볼 수 있을 것이다. 사원전을 경작하는 민들에게 이러한 농업자재를 대여하였을 것이다.

사원의 경제에서 국가의 田租사여도 의미가 있었다. 국가가 전조를 사여하는 사원은 많지는 않았지만, 그 혜택을 받는 사원으로서는 중요한 기반이 되었다. 이때는 통상 전조의 규모가 정해져 있어 수조지를 분급하는 것과 상이하였다. 奉聖寺에 머물고 있던 寶壤이라는 승려가 태조에게 적을 격파시키는 전술을 가르쳐 주자, 태조 왕건이 그것을 따른 결과 승리를 거두었다. 이에 태조는 즉시 近縣의 조를 매해 50석씩 내렸다.[57] 醴泉 龍門寺의 경우, 고려초 태조의 지원을 받아 30칸의 건물을

53) 『三國遺事』 권5, 感通7 郁面婢念佛西昇.
54) 許興植編著, 1984, 『韓國金石全文(中世上)』, 「開城玄化寺碑(1021년)」, 445쪽 ; 『高麗史』 권55, 志9 五行3 高宗 18년 11월 己丑, 中册, 250쪽 ; 『高麗史』 권55, 志9 五行3 辛禑 10년 4월, 中册, 250쪽.
55) 拙稿, 1999, 「高麗時期 僧侶와 말[馬]」 『韓國史論』 41·42합집, 서울대(본서 제4부 제3장 수록).
56) 拙稿, 1999, 「高麗時期 伽藍構成과 佛敎信仰」 『文化史學』 11·12·13합집(본서 제3부 제3장 수록).
57) 『三國遺事』 권4, 義解5 寶壤梨木.

마련하였는데, 아울러 "給州縣租稅 每歲一百五十石 爲供養資"하였다.[58] 금강산에 소재한 여러 사원에 "江陵淮陽二道年租 直入于官 盡勒輸山 雖値凶荒 未見蠲減"하였다.[59] 일정한 전조를 사여받아 사원재정을 보충하였던 것이다. 국가로부터 전조를 사여받은 선종사원은 많았다고 볼 수 없고, 특수한 일부의 사원에 그쳤을 것으로 보인다.

고려전기 선종사원은 토지만을 지배·운영하고 있는 것이 아니었다. 여러 가지 계통에서 필요한 재원을 확보하였다. 농지를 경영하는 이외에도 息利穀을 운영하였으며, 또한 상업활동에 참여함으로써 이익을 확보하기도 하였다. 그리고 신자의 布施를 통해서도 상당한 수입을 확보하고 있었는데, 지배층이나 국왕의 보시는 사원의 재정을 지탱하는 데 중요하였다. 緣化를 매개로 해서, 또 승려가 개인재산을 기증함으로써 재원을 마련하기도 하였다.

사원의 재정기초로서 息利穀의 운영도 중요하였다. 그러나 신라시기에는 사원이 식리활동을 하는 사례가 거의 찾아지지 않는다. 또한 신라말 전란·혼란의 와중에서 식리활동을 통해 사원이 재정을 확보하는 것은 효율적이지 못하였을 것이다. 그러나 고려시기에는 선종사원의 경제에서 식리활동은 중요하였다. 定宗代에 7만 석의 곡식을 각 사원에 분여한 것이[60] 중요한 계기가 되었다고 여겨진다. 주로 개경 주위의 사원에 집중적으로 사여되었다고 생각된다. 崔承老가 시무책에서 사원의 식리활동을 문제로 한 것은[61] 이때의 것이 주대상이었을 것이다. 아무튼 이것이 고려시기 선종사원에서 식리활동을 활발하게 하는 계기가 되었

58) 許興植編著, 1984, 『韓國金石全文(中世下)』「醴泉龍門寺重修碑(1185년)」, 872~875쪽.

59) 崔瀣, 「送僧禪智遊金剛山序」『東文選』 권84(民族文化推進會 影印本 3冊, 14~15쪽).

60) 『高麗史』 권2, 世家2 定宗 원년, 上冊, 60쪽. "以穀七萬石納諸大寺院 各置佛名經寶及廣學寶 以勸學法者".

61) 『高麗史』 권93, 列傳6 崔承老, 下冊, 84쪽.

을 것이다.

식리활동은 고려시기 사원이 재정을 단기간에 다량 확보할 수 있는 계기였다. 당시의 이자율은 1/3인데 합법적이라 하더라도 고율이었다. 식리의 재원을 경제적 논리로만 운영한다면 반발이 있는 것이기에 종교적 외피를 쓰고 운영되었다. 통상 寶라고 지칭되었다. 寶란 "寶者 方言以錢穀施納 存本取息 利於久遠 故謂之寶"[62]라 하는 데서 알 수 있듯이 전곡으로 존본취식하여 그 이식을 여러 용도에 지출하는 것이다. 대여받은 자는 고율의 이자를 납부하면서도 佛事와 관계된 것이기에 功德을 쌓는 일이라고 생각하였을 것이다. 식리하는 전곡은 시납을 받거나, 농지로부터의 수입, 기타 잉여물로 마련되었다.

수선사에서도 대규모 식리곡을 운영하였다.[63] 慧諶은 崔瑀의 지원을 받아 '常住寶'를 설치하였는데, 그 곡식은 10,100석에 달하였다. 10,100석의 모곡을 자본으로 수선사는 식리활동을 하고 있었는데, 1년에 거두어들이는 이자는 최대 3,366⅔석(10,100석×1/3)에 달하였다.

선종사원의 경제기반으로서 또한 상업활동을 들 수 있을 것이다. 사원에는 다수의 민인들이 모여들기 때문에 교역이 이루어지는 장소이기도 하였다. 또한 선승들이 중국에 왕래할 때 상인의 도움을 받고 있기에, 상인층과 선종승려의 유착이 있었을 것이다. 따라서 선종사원이 상인과 연결되어 상업활동에 참여하는 일도 있었을 것이다.

5. 結 語

고려시기 사원경제가 발달하는 가운데 선종사원도 일정한 경제기반을 마련하여 운영하고 있었다. 선종사원이 자급자족을 지향하지 않았기

62) 『高麗史節要』 권1, 太祖 13년 12월, 亞細亞文化社 影印本, 21쪽.
63) 拙稿, 1995, 앞의 논문.

때문에 필요로 하는 재원을 마련하기 위한 별도의 안정적인 경제기반을 확보하지 않으면 안 되었다.

신라하대 선종이 수용되면서 선종사원이 개창되고 확산되었다. 선종사원은 대개 새로이 창건되었으나, 기존의 교종사원이 선종사원으로 편입되는 일도 있었다. 그렇게 형성된 선종사원은 경제기반을 마련하여 갔다. 선종사원이 경제기반을 마련하고 확대하는 데에는 왕실과 귀족, 그리고 지방의 토호가 크게 기여하였다. 선종사원은 대략 500결 정도의 토지를 소유하고 있었다. 선종사원에는 賜額이 이루어져 소유하고 있는 토지의 田租가 면제되었다. 長生標가 설치되어 사원이 배타적·독점적으로 지배할 수 있는 圈域을 인정받았다. 그리고 특정 국가기관과 결연을 맺는 수도 있었다. 신라말의 전란기에 농민군의 공격으로 廢寺가 되는 일도 있었으며, 분규에 휩싸이는 수도 있었다.

고려전기 개경 주위에 여러 선종사원이 창건됨으로써 그 수가 크게 확대되었다. 고려에 들어와 새로이 신설된 선종사원에는 토지가 분급되었다. 그리고 신라이래의 선종사원의 토지소유관계는 온존되면서도 일부의 사원에는 면조의 혜택이 부여되었고, 신라정부나 왕실과 맺었던 특수한 관계는 해소되어 갔다. 예컨대 장생표가 그러하였고, 특정기관과의 결연도 그러하였을 것이다. 몰려든 일부 민인집단도 부분적으로 국가에서 직접 파악 지배하는 대상으로 편입되었다. 반면 소유하고 있던 토지에 대한 지배는 안정될 수 있었다. 선종사원이 지배하고 있는 토지는 수조지와 소유지로 나눌 수 있다. 고려시기에 새로이 창건되어 토지를 분급받은 사원은 대개 수조지를 지배하고 있었고, 그에 반해 신라이래의 사원은 소유지를 그대로 유지할 수 있었다. 사원은 소유지를 매득이나 개간에 의해서도 확대할 수 있었다.

선종사원이 지배하고 있는 토지는 대개 분산되어 있었다. 수조지로부터는 소출의 1/10에 달하는 것을 전조로 수취하였는데, 그 경작민은 대개 佃客農民이라 부를 수 있다. 소유지로부터는 대개 소출의 1/2에 이르는 것을 地代로 징수하였다. 소유지를 경작하는 민에는 양인전호, 노비, 그리고 승려가 있었다. 사원이 소유한 토지는 비옥한 수가 많았기 때문에 이러한 지주전호제로 경영하는 것이 가능하였다. 그리고 드물지만 사원 인근에 집중되어 있는 토지는 사원이 보유한 노동력으로 直營하는 수도 있었을 것이다. 사원은 멀리 떨어진 토지에 대해서 전조나 지대의 징수를 위해 知莊을 파견하였으며, 直歲僧도 전조 수취의 일을 담당하였다. 선종승려는 육체노동을 중시하여 직접 노역에 종사하는 수가 있었는데, 이것은 기존의 교종승려와는 상당히 다른 면모라고 할 수 있다. 그러나 대개의 경우 자급자족을 지향한 생산노동이 아니었고, 또 집단적인 노동도 아닌 것으로 보인다. 육체노동을 중시한다는 점에서는 새로운 것이라 하겠으나, 자급자족을 지향한 생산노동으로 볼 수는 없을 것이다. 선종사원에서는 교종사원과 마찬가지로 식리활동이나 상업활동에 참여하기도 하였다.

선종사원의 경우 경제기반의 형성과 운영에서 교종사원과 크게 다를 바 없었으나, 승려의 노동문제, 관리조직의 문제 등 특징적인 점도 부분적으로 찾을 수 있다. 불교의 종파마다 갖는 경제운영의 차이를 파악하는 작업은 앞으로의 과제라 하겠다.

제3장 高麗時期 寺院의 柴地와 山林

1. 序 言

고려시기 사원은 山林으로부터 중요한 산물을 획득하였다. 또한 사원은 국가로부터 柴地를 지급받아 땔나무를 확보할 수 있었다. 사원은 산림이나 시지를 활용함으로써 사원의 기능을 수행하는 데 필요한 제반물품을 마련할 수 있었다. 사원의 경제기반으로서 토지경영·고리대운영과 더불어 산림의 활용은 매우 중요하였다.

고려시기 사원은 배후에 산을 둔 지점에 세워지는 일이 많았다. 이러한 입지로 인해 사원과 산림은 밀접한 관련을 맺지 않을 수 없었다. 고려시기 산림은 民人이 공동으로 사용하는 것이 원칙이었지만, 가까이에 위치한 사원이 산림의 활용에 있어 더욱 유리할 수밖에 없었다.

고려시기 사원의 산림과 시지 문제는 사원경제의 일부임에도 크게 주목을 끌지 못하였다. 이 글에서는 사원이 지배하고 있는 시지, 사원이 적극 활용하고 있던 산림의 문제를 집중적으로 살펴보고자 한다. 그렇게 함으로써 고려시기 사원경제의 한 부분을 이해할 수 있을 것이다.

2. 山林 産物에 대한 寺院의 需要

고려시기 사원은 기능을 수행하기 위해서 많은 물품을 필요로 하였다. 승려들의 생활비, 건물의 수선비, 불교행사의 비용에 많은 재화가 필요하였으며, 빈민구제 등 각종 활동을 수행하기 위해서도 여러 재화가 소요되었다. 사원은 이러한 것을 토지로부터의 수입에 의해 조달하였으며, 고리대를 통해서도 마련할 수 있었다. 또한 사원은 산림으로부터도 중요한 여러 생산물을 확보할 수 있었다. 산림의 산물도 사원이 기능을 수행하기 위한 중요한 자원의 하나였다.

고려시기 사원은 산곡간에 세워지는 수가 많았다. 산곡간에 많은 사원이 세워졌기에, 『新增東國輿地勝覽』에서 사원의 소재지를 표시할 때 '在○○山'이라고 하는 경우가 대부분인 것이다. 사원이 설립되는 지점과 장소는 일차적으로 출가자인 승려들의 수행과 생활이 고려되어야 했다. 수행과 생활에 편리하고 유익한 지점은 흔히 山水勝處라고 표현되었으며, 소나무가 우거지고 겨울철에 따뜻하고 여름철에 서늘한 곳이어야 했다.[1)]

산림에서 생산되는 것은 다양하였다. 연료, 재목, 과실류, 버섯, 산나물이 그것이었다. 고려시기 사원이 산림에서 확보하는 가장 중요한 것은 땔나무[薪]였다. 식사를 준비하고 난방을 하기 위해서는 엄청난 양의 땔나무를 필요로 하였다. 승려들이 모여 수행하고 생활하며, 속인들이 와서 숙식하는 곳이기에, 많은 땔나무가 소요되었다. 특히 겨울철의 난방을 위해서 다량의 땔나무를 확보하지 않으면 안 되었다. 그렇기 때문에 사원은 '薪水贍足'한[2)] 곳에 조영되었다. 사원과 땔나무는 밀접한 관

---

1) 拙稿, 2002, 「高麗時期 寺院의 新設과 可用空間의 擴大」 『靑藍史學』 6(본서 제4부 제2장 수록).

2) 李奎報, 「故華藏寺住持王師定印大禪師追封靜覺國師碑銘」 『東國李相國集全

련을 맺고 있기에, 노동을 중시한 승려를 언급할 때 '搥水負薪',[3] '汲水肩薪'이라고[4] 하거나 '入山採薪'이라고[5] 하는 것이다.

당시인의 삶에 있어서 '採樵于山'은[6] 일상적인 일이었다. 사원만이 아니라 세속인에게도 땔나무의 마련은 매우 중요한 일이었다. 땔나무를 할 때에는 집단을 이루어 하는 수가 많았다. 무인집권기 家僮들이 함께 樵蘇를 한다고 함이 그것이다.[7] 사원의 경우도 산림에서 조직적·집단적으로 땔나무를 확보하였을 것으로 보인다.

사원은 땔나무에서 더 진전된 숯[炭]을 제작할 수 있었다. 나무를 가공하여 숯을 만들면 보존하고 사용하기가 편리하였다. 이 숯은 고급의 연료로서 기능을 하였다. 숯이 갖는 효용성 때문에 일찍이 광종대에 餠餌米豆와 함께 柴炭을 京外의 도로에서 施與한 일이 있었다.[8] 숯은 뇌물로서 사용되기도 하였다. 金順이란 인물이 內勅을 받들어 西海道 令彌莊을 감독하였는데, 莊人이 숯 몇 수레를 가져다 뇌물로 바치려 한 일이 있었던 데서[9] 분명히 알 수 있다. 그리고 시탄은 공물로서도 납부되었다.[10] 충렬왕 17년(1291) 9월에 忠淸·交州·西海 3道가 軍旅失業

集』 권35(『韓國文集叢刊』 2册, 63쪽).

3) 李智冠譯註, 1993, 『歷代高僧碑文(新羅篇)』, 「藍浦聖住寺朗慧和尙白月葆光塔碑文(890년)」, 164쪽.

4) 李奎報, 「文長老見和多至九首」 『東國李相國集全集』 권11(『韓國文集叢刊』 1册, 405쪽).

5) 成俔, 『慵齋叢話』 권7.

6) 金龍善編著, 2001, 『高麗墓誌銘集成』, 「朴仁碩墓誌銘(1212년)」, 309쪽.

7) 『高麗史節要』 권14, 神宗 6년 4월, 亞細亞文化社 影印本(이하 같음), 372쪽.

8) 『高麗史』 권2, 世家6 光宗 19년, 亞細亞文化社 影印本(이하 같음), 上册, 62쪽 ; 『高麗史』 권93, 列傳6 崔承老, 下册, 84쪽.

9) 金龍善編著, 2001, 『高麗墓誌銘集成』, 「金須妻高氏墓誌銘(1327년)」, 463쪽.

10) 고려전기에는 국가에서 필요한 시탄은 주로 炭所에서 공급되었던 것으로 생각된다. 중기 이후 소의 감소와 소멸에 따라 시탄의 공급이 원활하지 못하자 그것을 각 驛에 부과하였다. 고려후기의 시탄공은 일반 백성들에게 보편적으로 적용된 세목은 아니었다(박종진, 2000, 『고려시기 재정운영과 조세제도』, 서울대출판부,

하므로 柴炭貢을 줄여 준 일이 있는 데서[11] 분명하다. 이러한 땔나무와 숯은 산림에 인접한 사원이 확보하기에 유리하였고, 나아가 사원은 그 잉여물을 유통시킬 수도 있었을 것으로 여겨진다. 명종대 王珙이란 인물은 성품이 貪鄙하여 "凡市物 遣家奴占奪 不與直 雖至樵蘇菜果 亦如之"하였다고[12] 한다. 거래되는 물건을 가노를 보내 점탈하고 값을 주지 않았는데, 그 품목에 樵蘇도 포함되어 있었다. 개경과 같은 도회지에서 땔나무가 중요한 거래물이었음을 알 수 있다.

사원은 산림에서 건축물의 조영에 절대적으로 필요한 材木을 공급받았다. 사원을 창건하거나 보수할 때 다량의 재목이 필요하였는데, 그러한 나무를 산림에서 확보할 수 있었다. 長安寺를 중수할 때 '取材於山'이라고[13] 한 것은 이를 표현한 것이다. 乾洞禪寺를 조영할 때에는 '伐材于林'으로 표현하였다.[14] 德方院 조성시에 '伐材埴瓦 以興營作'하였는데[15] 인근에서 재목을 마련한 것으로 보인다. 산림을 소유하고 있는 海安寺에 짧은 처마를 보완하기 위해 松枝를 乞請한 것이 보인다.[16] 사원이 산림을 확보하고 있어 소나무 가지를 요청받는 것이다. 대들보나 기둥으로 사용할 나무는 인근의 산림에서 확보하지 못하고 먼 곳에서 구해오는 수도 있었지만,[17] 서까래 종류는 인근 산림에서 쉽게 확보할 수 있었다.

사원이 건축물을 조영하는 데 필요한 재목을 인근의 산림이 아닌 먼

221~222쪽).

11) 『高麗史』 권80, 志34 食貨3 賑恤 恩免之制 忠烈王 17년 9월, 中册, 767쪽.
12) 『高麗史節要』 권12, 明宗 12년 12월, 336쪽.
13) 李穀, 「金剛山長安寺重興碑」 『稼亭集』 권5(『韓國文集叢刊』 3册, 137~138쪽).
14) 李齊賢, 「重修乾洞禪寺記」 『益齋亂藁』 권6(『韓國文集叢刊』 2册, 553쪽).
15) 權近, 「德方院記」 『陽村集』 권13(『韓國文集叢刊』 7册, 144쪽).
16) 陳澕, 「從海安寺乞松枝」 『東文選』 권14(民族文化推進會 影印本 1册, 276쪽).
17) 예컨대 궁실을 조영하는 데 사용하는 양질의 나무는 전라도 邊山에서 벌목하였다(李奎報, 「南行月日記」 『東國李相國集全集』 권23(『韓國文集叢刊』 1册, 530쪽)).

곳으로부터 조달하는 예는 여럿 찾아진다. 예종대에 開國寺에 大藏堂을 조성할 적에 軍將에게 재목을 수송하도록 청하였다.[18] 고종때에 慈惠院을 조영하려는 승려는 江陰縣에서 伐材하여 監務 朴奉時와 충돌하였다.[19] 演福寺 塔殿을 조영하는 데는 5천 개의 기둥을 운반하고 있는데, 이 일에는 京畿·楊廣民을 사역시켰다.[20] 공양왕 3년(1391)에는 "大起浮屠 煩興土木之役"하면서 交州 一道에서 '斫木輸材'하도록 하여 人畜이 모두 초췌해졌다고 하였다.[21] 사원 조영에는 상당한 목재가 필요하며, 그것이 인근에서 확보되지 않는다면, 이처럼 먼 곳에서 마련하지 않으면 안 되었다. 국가적 차원으로 진행되는 사원 조영 시에는 민인의 사역을 통해 확보할 수 있었다.

건물을 조영할 때에 필요한 목재를 값을 주고 사는 수도 있었다. 重房의 公廨를 새로이 조영할 때 '材易以直'하였다고[22] 하는데 곧 대가를 치르고 마련한 것을 뜻한다. 興王寺 興教院을 중수함에 '市材庀工'하였다고[23] 하는데 이는 곧 재목을 사서 건축자재로 제공하고 있음을 의미한다.[24]

사원의 조영은 '鳩材庇工,'[25] '具材營葺,'[26] '鳩工庀材'함으로써[27] 가능한 것이었다. 사용되는 材는 다양한 방식으로 마련하였다. 인근의

18) 『高麗史節要』 권8, 睿宗 16년 2월, 219쪽.
19) 『高麗史節要』 권15, 高宗 15년 8월, 410쪽.
20) 『高麗史』 권119, 列傳32 鄭道傳, 下冊, 608쪽.
21) 『高麗史節要』 권35, 恭讓王 3년 5월, 887쪽.
22) 李穡, 「重房新作公廨記」 『牧隱藁文藁』 권6(『韓國文集叢刊』 5冊, 49쪽).
23) 李穀, 「興王寺興教院落成會記」 『稼亭集』 권2(『韓國文集叢刊』 3冊, 112~113쪽).
24) 국가에서 재목이 필요할 때 관인에게 바치도록 한 일도 있다(『高麗史』 권79, 志33 食貨2 科斂 忠惠王 4년 10월, 中冊, 746쪽). 이것은 재목을 공급할 수 있는 시장이 있었기에 가능한 것이 아닐까 한다.
25) 李奎報, 「懸鐘院重刱記」 『東國李相國集全集』 권24(『韓國文集叢刊』 1冊, 542쪽).
26) 李奎報, 「次韻聆首座寄林工部幷序」 『東國李相國集全集』 권8(『韓國文集叢刊』 1冊, 381쪽).
27) 李齊賢, 「大都南城興福寺碣」 『益齋亂藁』 권7(『韓國文集叢刊』 2冊, 560쪽).

산림에서 확보하는가 하면, 멀리 떨어진 곳에서 운반하는 수도 있었고, 값을 주고 사들이는 수도 있었다.

이밖에도 산림에서는 나무와 관련해 松子[솔방울]를 확보할 수 있었고, 香을 마련할 수 있었다. 송자와 관련해서는 충혜왕 후4년(1343) 11월에 江陵道에서 山稅로 松子 3천 석을 바친 일이 보인다.[28] 충렬왕대 齊國大長公主는 송자를 중국의 강남에 수출하여 많은 이익을 얻은 일도 있다.[29] 이러한 송자는 사원에서 연료로 많이 사용되었을 것이다. 후기신라 시기에 玄風信士 20餘人이 結社를 맺어 香木을 수습해 사원에 납하기 위해 매양 入山採香하였다고 한다.[30] 산림에서 사원에서 중요한 香木을 확보할 수 있는 것이다.

그밖에도 산림은 먹는 것과 관련된 여러 가지를 제공하였다. 각종 나물과 과실이 그것이었고, 버섯도 그중 하나였다. 玉龍寺의 洞眞大師는 고사리를 식량으로 하였다고 한다. "衣必均服 食無異粮 止宜以採薇爲裹粮"하였다고[31] 함이 그것이다. 金克己의 詩에 "稚子尋筍蕨 提筐向暄谷"하다고[32] 함에서도 고사리를 캐러 어린 아이가 광주리를 들고 골짜기에 감을 알 수 있다. 산림에서 봄철에 채취하는 고사리는 맛난 식료가 되었던 것이다. 고사리는 특히 승려의 중요한 먹거리로 자리하였을 것이다.

또한 칡의 확보도 가능하였다. 冲止의 시에 "凌晨採葛去 踏月刈茅還"이라는[33] 구절이 있는데, 곧 새벽에 칡을 캐러 감을 알리는 것이다. 칡은 식용으로 아주 요긴한 것이었다. 사원은 인근의 산림으로부터 칡을

28) 『高麗史』 권78, 志32 食貨1 田制 貢賦 忠惠王 후4년 11월, 中冊, 730쪽.
29) 『高麗史節要』 권21, 忠烈王 21년 7월, 559쪽.
30) 『三國遺事』 권5, 避隱8 包山二聖.
31) 李智冠譯註, 1994, 『歷代高僧碑文(高麗篇 1)』, 「光陽玉龍寺洞眞大師寶雲塔碑文(958년)」, 410쪽.
32) 金克己, 「田家四時」 『東文選』 권4(民族文化推進會 影印本 1冊, 155쪽).
33) 冲止, 「嶺南艱苦狀二十四韻」 『圓鑑錄』(『韓國佛教全書』 6冊, 379쪽).

확보하여 식용으로 쓸 수 있었다.

橡栗[도톨밤]도 산에서 확보할 수 있는 중요한 것이었다. '味苦於茶色如炭'하다는 상율을 채취하기 위해 산에 오르고 있음이 노래로 전한다.[34] 이것은 주식을 대체할 수 있는 중요한 열매라고 할 수 있겠다. 李奎報는 밤[栗]이 대체 식량으로 중시되었음을 전하고 있다. 변산 지역의 산에 밤이 많아 그곳 사람들이 식량으로 사용하고 있었다. 곧 "山中尤多栗 一方之人 歲相資 以爲食焉"이라[35] 함이 그것이다. 또한 도토리도 매우 중요하였다. 도토리의 열매[橡實]를 주워 흉년을 방비한다고 하는 데서[36] 알 수 있다. 도토리를 채취해 모아 두면 흉년이 들 때 이를 식용으로 이용할 수 있었던 것이다.

사원은 빈민구제활동을 활발하게 전개하고 있기 때문에 다량의 식량을 비축하고 있어야 했다. 이 경우 도토리와 밤도 구황의 식량으로 비축하였을 가능성이 크다고 보인다.

각종 과일도 산에서 확보할 수 있었다. 조선초 旌善의 배, 永春의 대추, 密陽의 밤, 順興의 海松子[잣], 咸陽·晉陽의 감 등이 유명하였는데,[37] 모두 산림에서 확보할 수 있었던 것으로 보인다. 종류가 다르고 맛의 수준에서 차이가 컸겠지만 산림에서는 각종 과일을 제공하였다. 고려말 私田主가 겸병을 일삼고 佃客농민에 대한 수탈을 가중시키면서 抑買抑賣행위를 할 때 그 대상물에 榛·栗·棗 등이 보인다.[38] 이를 통해 산림에서 농민이 확보한 과실을 사전주가 강제로 사들여 가는 것을 알 수 있다. 각종 나물이나 약재도 산림에서 확보할 수 있는 중요한 자원이었다. 식용의 동물도 잡을 수 있었겠지만 사원에서 그러한 일을 적극적

34) 尹汝衡, 「橡栗歌」『東文選』 권7(民族文化推進會 影印本 1冊, 192쪽).
35) 李奎報, 「南行月日記」『東國李相國集全集』 권23(『韓國文集叢刊』 1冊, 530쪽).
36) 『太祖實錄』 권8, 太祖 4년 7월 辛酉, 1冊, 82쪽.
37) 成俔, 『慵齋叢話』 권7.
38) 『高麗史』 권78, 志32 食貨1 田制 祿科田, 中冊, 716쪽.

으로 하지는 않았을 것이다.

사원은 많은 경우 산림을 배후에 확보하고 있기에 이처럼 다양한 산물을 확보할 수 있었다. 이것은 승려의 생활이나 사원의 운영에 매우 중요한 물품이었으며, 교역을 통해 판매함으로써 부를 축적할 수 있는 수단이 되기도 하였다.

3. 寺院의 柴地 支配와 活用

사원은 산곡간에 위치하는 수가 많아서 산림을 가까이에 두고 있었다. 사원은 국가로부터 수조지를 분급받고 있었지만, 별도로 시지를 지급받는 예도 있었다. 그런데 사원이 시지를 국가로부터 지급받는 예는 많이 보이지 않는다. 그것은 산림을 근처에 확보하고 있었기 때문에 별도로 시지를 분급받지 않아도 땔나무를 확보하는 것에 어려움이 없었기 때문이었다. 양반이 섶·숯·풀·꼴을 확보하기 위해 시지를 필요로 한 것과[39] 상이한 일이었다. 그렇기 때문에 전시과의 규정에 보이는 시지가 사원전의 지급에서는 크게 주목되지 않는다. 일부의 사원에 한해 시지 지급의 사실이 확인되는 것이다.

시지는 통상 樵採地로 지칭되었다.[40] 그것은 전시과를 설명하는 데서 잘 표현되고 있다. 이른바 땔나무를 채취하는 장소였다. 국가에서 사원에 산림을 지급할 때 시지의 명목으로 분급하였다. 산림의 용도가 다양하지만 땔나무를 채취하도록 준다는 것이다. 시지는 그만큼 땔나무로

---

39) 고려시기 田柴科의 柴地에 관해서는 다음의 논문이 참조된다. 洪淳權, 1987, 「高麗時代의 柴地에 관한 考察」『震檀學報』64 ; 李景植, 1988, 「高麗時期 兩班口分田과 柴地」『歷史教育』44.

40) 『高麗史』권78, 志32 食貨1 田制 序文, 中册, 705쪽. “高麗田制 大抵倣唐制 括墾田數分膏塉 自文武百官 至府兵閑人 莫不科受 又隨科給樵採地 謂之田柴科”.

서의 의미가 크다고 할 수 있다.

사원이 시지를 보유하고 있는 구체적인 예를 들면 다음과 같다. 신라말의 大安寺는 143결의 시지를 가지고 있음이 확인되고,[41] 신라시기 眞如院은 15결의 시지를 확보하고 있었다.[42] 그리고 고려초 長遊寺는 전지와 시지의 합이 300결이 되었다. 尙州 龍巖寺에 태조 왕건이 田 6頃과 함께 樵蘇地를 속하게 하였다.[43] 문종 12년(1058)에 景昌院 소속의 전시가 興王寺에 移屬한 것이 확인된다.[44] 이러한 조치로 인해 홍왕사는 시지를 보유할 수 있었던 것이다. 修禪社도 시지를 가지고 있었는데 山谷이라 하고 結負數를 모르며, 실측을 못하였다고 하였다.[45] 고려말 白羊寺가 가지고 있던 山枝 5결도[46] 시지로 보인다. 사원이 전지를 가지고 있는 예가 허다한 것에 비해 매우 적은 사례이다. 이것은 시지를 국가로부터 분급받지 않아도 시지에서 얻을 수 있는 것을 주변의 산림에서 확보할 수 있었기 때문이었다.

고려시기 산림을 지급할 경우 시지의 명목으로 결수를 단위로 해서 지급되는 것이 일반적이었을 것이다. 결이란 기본적으로 농경지를 파악하는 단위였는데, 그것이 시지에도 적용되는 것이다. 결수로 파악한 시지를 지급한다는 것은 시지를 농지로 개간할 가능성을 염두에 둔 것으로 이해된다.

국가로부터 사원이 시지를 지급받는 경우, 사원은 시지를 배타적으로 활용하는 것을 보장받는 것으로 보인다. 시지 내에 있는 것에 대해서는 배타적·독점적 권한을 행사할 수 있었다. 고려초의 사실을 전하는 것으

---

41) 李智冠譯註, 1993, 『歷代高僧碑文(新羅篇)』, 「谷城大安寺寂忍禪師照輪淸淨塔碑文(872년)」, 78쪽.

42) 『三國遺事』 권3, 塔像4 臺山五萬眞身.

43) 『新增東國輿地勝覽』 권28, 尙州牧 佛宇 龍巖寺.

44) 『高麗史』 권8, 世家8 文宗 12년 7월, 上册, 166쪽.

45) 노명호외, 2000, 『韓國古代中世古文書硏究』上, 390쪽.

46) 노명호외, 2000, 『韓國古代中世古文書硏究』上, 366쪽.

로 보이는 長遊寺의 예에서 확인할 수 있다. 長遊寺는 柴地 東南標內에 王后寺가 있었지만 그것을 혁파하고 莊으로 만들어 버렸다.

> 自有是寺(=王后寺)五百後 置長遊寺 所納田柴幷三百結 於是 右寺三剛 以王后寺在寺柴地東南標內 罷寺爲莊 作秋收冬藏之場 秣馬養牛之廐47)

곧 왕후사를 秋收冬藏之場, 秣馬養牛之廐로 만들어 버렸다고 한다. 왕후사는 5세기 중엽에 세운 절이었지만 그 후 500년이 경과한 고려초 무렵에 장유사의 시지 동남표 내에 있다는 연유로 해서 혁파되고 마는 것이다. 시지로 인정받게 된다면 그곳에 대해서 배타적으로 지배하는 것이 허용되었기에 있을 수 있는 일이었다.

그것은 武珍州 上守의 燒木田으로 설정된 곳에서도 확인된다.

> 以星浮山下爲武珍州上守燒木田 禁人樵採 人不敢近 內外欽羨之48)

소목전은 초채지로 보이는데, 그 안에서 타인의 땔나무 채취를 금하였으며, 때문에 타인들이 감히 가까이할 수 없었다고 한다. 국가가 이렇게 시지로 설정한 곳인 경우 그 시지를 받은 주체는 그곳에 대해 배타적인 지배를 하는 것이 허용되었다고 생각한다. 원래 山林은 누구나 이용할 수 있는 곳으로 공유지라고 할 수 있었지만, 시지로 분급받으면 받은 주체의 권한이 절대적인 것으로 되었던 것이다.

사원의 경우 인근에 활용 가능한 산림이 널려 있었지만, 국가로부터 시지로 지급받게 된다면, 그 지급받은 시지에 관해서는 독점적·배타적인 지배를 할 수 있었던 것으로 보인다. 이 경우 장생표가 설정된 것과

---

47) 『三國遺事』 권2, 紀異2 駕洛國記.
48) 『三國遺事』 권2, 紀異2 文虎王法敏.

동일한 권한을 갖는다고 할 수 있다. 다만 시지는 結數로 지급받고 있음에 비해 장생표는 경계표시로 이루어지고 있음에 차이가 있다.

장생표는 후기신라시기에 많이 확인된다. 장흥 보림사의 경우 원표대덕이 거처하는 곳이기에 장생표를 세워주었다. 곧

表德 以法力施于有政 是以乾元二年 特教植長生標柱 至今存焉[49)]

이라고 하였다. 원표대덕이 정치에 도움을 주어 건원 2년(759)에 특별히 교에 의해 장생표주를 세워 주었으며, 그것이 普照禪師 體澄 당시에 있었다는 것이다. 장생표는 사원이 지배할 수 있는 권역을 표시하기 위해 국가가 세워 준 것이었다.

곡성 대안사의 경우 文聖大王(재위 839~857)이 세워 주고 있음이 보인다.

頻賜書慰問 兼所住寺四外 許立禁殺之幢[50)]

자주 글을 내려 위문하고 아울러 거주하고 있는 사원의 사방에 禁殺之幢을 세우는 것을 허락하였다는 것이다. 금살지당은 곧 살생의 금지를 표시하는 것이었지만, 그 권역 내에 대해서는 사원이 배타적으로 지배할 수 있었을 것이다.

保寧 聖住寺의 경우는 "遣輶軒標放生場界 則鳥獸悅"하였다고 한다.[51)] 방생장계로 표현되는 공간에 대해 성주사는 배타적인 지배를 인

49) 李智冠譯註, 1993, 『歷代高僧碑文(新羅篇)』, 「長興寶林寺普照禪師彰聖塔碑文(884년)」, 98쪽.

50) 李智冠譯註, 1993, 『歷代高僧碑文(新羅篇)』, 「谷城大安寺寂忍禪師照輪清淨塔碑文(872년)」, 77쪽.

51) 李智冠譯註, 1993, 『歷代高僧碑文(新羅篇)』, 「藍浦聖住寺朗慧和尚白月葆光塔碑文(890년)」, 163쪽.

정받았다고 보인다. 그리고 聞慶 鳳巖寺의 경우 憲康王 7년(881)에

教遣前安輪寺僧統俊恭 肅正史裴聿文 標定疆域 仍賜牓爲鳳巖焉[52)]

하였다고 한다. 국왕의 교에 의해 전 안륜사 승통과 숙정사 배율문을 보내 강역을 표정하였다는 것이다. 강역의 표시를 분명히 함을 알려 주는 것이다. 강역 내에 대해서는 봉암사의 배타적인 지배를 인정한 것으로 보인다.

사원의 주위에 장생표·당을 세워 사원의 독점적 지배를 보장하는 예는 후기신라 이래 자주 보이는 것이었다. 고려시기에도 사례는 적지만 雲門寺와 通度寺에서 확인된다. 모두 국가가 세우는 것을 허용한 경우이다. 사원이 스스로 장생표를 세울 수 있는 것이 아니었다. 운문사의 장생표에 관해서는 두 가지의 내용이 전한다.

謹按淸道郡司籍 載天福八年癸卯(943)正月日 淸道郡界理審使順安大乃末水文等 柱貼公文 雲門山禪院長生 南阿尼岾 東嘉西峴(云云)[53)]

開運三年丙辰(946) 雲門山禪院長生標塔公文一道 長生十一 阿尼岾 嘉西峴 畝峴 西北買峴 北猪足門等[54)]

두 가지 모두 동일 사실을 반영하는 것으로 보인다. 장생표는 11개이고, 그것은 사원이 자체적으로 세운 것이 아니라 국가권력이 설치를 인정한 것으로 보인다. 통도사의 장생표도 호부의 허락 하에 세우고 있음이 확인된다.[55)]

---

52) 李智冠譯註, 1993, 『歷代高僧碑文(新羅篇)』, 「聞慶鳳巖寺智證大師寂照塔碑文(924년)」, 288쪽.
53) 『三國遺事』 권4, 義解5 寶壤梨木.
54) 위와 같음.
55) 許興植編著, 1984, 『韓國金石全文(中世上)』, 「通度寺國長生石標(1085년)」, 526~

장생표 내에 대해서는 사원이 독점적인 지배를 할 수 있었다. 그 안에는 농지도 있을 수 있고, 산림도 있을 수 있었다. 대개 사방의 경계표지를 내용으로 하여 세워졌다. 후기신라에서 자주 볼 수 있는 장생표이지만, 고려시기에는 그 예가 줄어들어 사원의 배타적·독점적 지배가 크게 축소되었음을 알 수 있다. 다만 결수로 표시된 시지 내에서의 지배는 인정하였다.

사원의 농지는 대개 사원과 일정하게 떨어진 곳에 위치하는 수가 많았다. 국가로부터 분급받은 경우 특히 그러하였다. 예컨대 무인집권기 修禪社의 농지는 전남 여러 곳에 산재해 있었고,[56] 고려후기 금강산 長安寺의 농지는 멀리 떨어진 곳에 위치하였다.[57] 그에 비해 시지는 사원의 인근에 위치하였다고 보인다. 長遊寺가 보유하였던 시지의 경우 장유사 인근에 있었다고 판단되며, 상주 龍巖寺에 속하게 한 樵蘇地도 용암사 근처에 있었던 것으로 보인다. 수선사가 가지고 있던 시지도 수선사 인근에 위치하였다고 생각한다. 신라시기 진여원의 시지 15결도 인근에 자리하고 있음이 확인된다. 아마 대안사에 속한 시지 143결도 인근에 자리하였을 것으로 보인다. 이는 시지에서 확보된 물산의 운반을 편리하게 하기 위한 것이다.

사원은 국가로부터 지급받는 시지의 산물을 독점할 수 있었다. 땔나무를 비롯한 목재나 열매와 과일, 나물 등을 사원이 배타적으로 확보할 수 있었다. 공유지로서의 산림이 사원에 의해 私占되었던 것이다. 시지에서의 산물 확보는 주로 노비가 담당하였을 것으로 보인다.[58]

527쪽.

56) 拙稿, 1995, 「高麗 武人執權期 修禪社의 農莊經營」『典農史論』1(拙著, 2008, 『高麗後期 寺院經濟 硏究』, 景仁文化社 재수록).

57) 李穀, 「金剛山長安寺重興碑」『稼亭集』권5(『韓國文集叢刊』3册, 138쪽).

58) 민인의 이용을 허용하는 대신 일정한 세를 받는 방식으로 운영되는 수도 있었을 것이다.

시지는 개간이 가능한 곳을 포함하고 있었다. 그것은 시지가 결수로 표시되는 데서 알 수 있겠다. 燒木田 30결로 표시되는 것이 그러하고,[59] 眞如院의 시지가 15결로 표현되는 데서[60] 분명하다. 그리고 고려시기 전시과에 의해 분급되는 시지도 결수로 명기되어 있다.

시지가 농지로 개간되는 것은 李承休의 경우에서 분명하게 확인된다. 龍溪의 양 가에 田 2頃이 있는데, 이것은 이승휴의 외가에서 전해오던 시지라고 한다.

> 沿溪(=龍溪)兩邊 有田二頃 是動安居士外家所傳柴地也 地雖脊薄 可以資數口之家[61]

이 시지는 이승휴 외가에서 독점권을 확보해 지배하고 있던 것으로 보아야 할 것이다. 이승휴 외가에서 시지로 전해오던 것을 개간해 전 2경이 되었다고 생각된다. 그 토지는 척박하였지만 몇 명의 가족은 부양할 수 있었다는 것이다. 시지의 경우 개간하더라도 척박하였음을 알 수 있다. 결국 시지는 개간 가능한 곳을 포함하고 있었지만, 개간이 이루어졌다 할지라도 비옥한 토지가 못되었다는 것이다.

진여원의 경우 시지 15결, 栗枝 6결, 坐位 2결이 있는 곳에 莊舍를 설치하였다고 한다.[62] 이것은 장사를 두어 운영하였다는 것을 의미한다. 아마 장사를 설치한 것은 개간하여 농지로 만들려고 하는 의도가 전제되었을 것으로 보인다.

사실 산림을 대상으로 하는 시지의 경우 개간이 가능한 지점이 많았다고 생각된다. 고려후기 산곡이 개간되는 일도 자주 보이기 때문에 시지

---

59)『三國遺事』권2, 紀異2 文虎王法敏.
60)『三國遺事』권3, 塔像4 臺山五萬眞身.
61) 李承休,「葆光亭記」『動安居士集』雜著(『韓國文集叢刊』2册, 383쪽).
62)『三國遺事』권3, 塔像4 臺山五萬眞身.

의 개간 가능성도 꽤 커 보인다. 조선초의 기록이지만, 박연수라는 효자가 "隨其父歸山谷 伐木爲田"하다는[63] 것은 산곡을 벌목함으로써 농지를 만들고 있음을 전하는 것이다. 산곡간에서 개간이 활발하게 전개되는 수가 많았는데, "刊薈蔚 以火耘",[64] '焚薈蔚'로[65] 표현되는 것이 그것을 전한다. 산중에서 개간이 성행하고 있어 '山中有地多開墾'이라는[66] 시구가 나올 수 있는 것이다.

산림은 流民을 수용할 수 있는 배후의 기반이 되기도 하였다. 조선초의 기록이지만 世宗 10년(1428)에 강원도 유민이 전라도에 옮겨 살게 되면서 인구가 늘고 산림과 초목이 우거진 늪이 모두 개간되었다는 것이 전한다.[67] 이것은 산림이 인구의 유입을 이끌고, 이들이 와서 개간을 함으로써 생계를 꾸려 갈 수 있었던 것이다. 사원의 경우 주변에 산림이 많기 때문에 인구가 늘어가게 되면, 또 경제사정이 열악해진다면, 이곳을 농지로 개간할 수 있었던 것이다. 사원은 이러한 배후 기반을 가지고 있었기 때문에 어려운 사정에 놓일 경우에도 대처해 나갈 수 있는 능력을 소지하였다고 할 수 있다.

고려시기 사원의 시지와 산림 이용은 주로 노비를 활용하였을 것이다. 노비의 주된 활동을 지적할 때 薪饌이 항상 언급되는 것에서 알 수 있다.[68] 땔나무를 마련하는 일은 사원노비의 매우 중요한 임무였다.

63)『新增東國輿地勝覽』 권27, 靈山縣 人物.
64) 李齊賢, 「策問」『益齋亂藁』 권9下(『韓國文集叢刊』 2册, 600쪽).
65) 金龍善編著, 2001, 『高麗墓地銘集成』, 「崔甫淳墓誌銘(1229년)」, 352쪽.
66) 權近, 「泰州山村」『陽村集』 권5(『韓國文集叢刊』 7册, 51쪽).
67)『世宗實錄』 권40, 世宗 10년 윤4월 壬辰, 3册, 128쪽. "礪山君宋居信曰 全羅道地多陳荒 自江原流民 徙居之後 戶口甚繁 山林藪澤 悉皆耕墾".
68) 拙著, 2008, 『高麗後期 寺院經濟 研究』, 景仁文化社, 63~71쪽.

4. 山林 私占의 성행과 寺院 柴地의 처리 문제

산림은 기본적으로 특정인이 독점할 수 있는 것이 아니었다. 民人이 함께 활용하는 共有地라고 할 수 있었다. 그렇기에 仁宗 5년(1127)에 維新의 교를 내리는 중에

> 山澤之利 與民共之 毋得侵牟[69]

하라는 내용이 보인다. 산림은 누구나 활용하여 이익을 얻을 수 있는 곳이었다.

그러나 고려말 토지의 겸병이 성행하면서 산림에 대한 私占도 빈번하였다. 토지의 겸병은 수조지에서도 사유지에서도 모두 전개되었다. 특히 사패전을 매개로 한 겸병이 성행하였다.[70] "跨州包郡 山川爲標"하는[71] 사정 하에서 많은 시지가 권세가에 의해 점거되었다. 李仁任은 '籠山川爲田'하였다고 한다.[72] 산천을 울타리치고 그것을 전토로 만들었다는 것이다. 산천을 차지한다는 것은 곧 산림을 차지하였다는 것을 뜻한다.

山林은 川澤과 더불어 백성들이 공동으로 사용하는 것이고 특정인이 독점적으로 사용할 수 없는 것이었다. 그러나 고려후기 이곳에 대한 사점이 성행하고 있었다. 그것에 대해 忠肅王 12년(1325)에

> 山林川澤與民共利 近來權勢家 自占爲私 擅禁樵牧 以爲民害 仰憲司禁約 違者治罪[73]

---

69)『高麗史節要』권9, 仁宗 5년 3월, 239쪽.
70) 李景植, 1986,『朝鮮前期 土地制度 硏究』, 一潮閣, 16~29쪽.
71)『高麗史』권78, 志32 食貨1 祿科田 辛昌 즉위년 7월, 中册, 716쪽.
72)『高麗史』권111, 列傳24 慶復興, 下册, 432쪽.
73)『高麗史』권85, 志39 刑法2 禁令 忠肅王 12년 2월, 中册, 865쪽.

하도록 하는 조치가 취해졌다. 산림을 권세가가 차지하고서 다른 이들이 땔나무를 채취하고 목축을 하는 것을 금지함으로써 해가 된다는 것이다. 이러한 일이 있으면 죄를 다스리라고 하였다.

공민왕 5년(1356)에도 다음과 같은 조치가 취해졌다.

> 賊臣之黨 擅占山澤 重收其稅 國用日乏 民生益凋 自今山林屬繕工 澤梁屬司宰 弛禁輕稅[74]

즉 賊臣의 당이 산택을 마음대로 점유하고 있으면서 세를 무겁게 거두기 때문에 국용이 날로 부족해지고 민생이 더욱 어려워졌다는 것이다. 이에 산림을 繕工에 속하게 하고, 澤梁을 司宰에 속하도록 한 것이다.

산림을 사점하는 일이 성행한 것에 대해 鄭道傳은

> 山場水梁 皆爲豪强所占奪 公家不得其利焉[75]

이라고 표현하였다. 산장 곧 시지의 대부분이 호강에 의해 점거되었다는 것이다. 호강층은 그곳에서 나오는 산물을 차지하였을 것이다. 특히 땔나무와 재목을 독점하였을 것이며, 나아가 개간해서 농지로 만들기도 하였을 것이다.

고려후기 산천을 표지로 삼는 탈점이 성행하면서 사원이 자유로이 이용하던 산림도 탈취당하는 처지에 놓이게 되었다. 사원이 민인과 더불어 공유지로 이용하던 산림이 권세가에 의해 탈점당하게 되면서 사원이 이용하는 것이 어려워졌다. 이것은 사원의 유지에 큰 문제를 야기하는 것이었다. 사원이 공유지로서 자유롭게 그 산물을 획득하였던 산림이 권세가의 수중에 들어가면서 사원이 활용하는 것이 어려워져 가는 것이다.

---

74) 『高麗史』 권78, 志32 食貨1 田制 貢賦, 中册, 731쪽.
75) 鄭道傳, 「朝鮮經國典(上)」 『三峯集』 권7(『韓國文集叢刊』 5册, 422~423쪽).

이 과정에서 원래부터 사원이 시지로서 독점적으로 지배하였던 산림도 탈취당하는 수도 없지 않았을 것이다. 때로는 사원이 탈점의 주체로 나서서 종전부터 활용하던 산림을 독점적으로 사용하는 것으로 전환시키는 수도 있었다. 산림의 사점과 관련해서도 상당한 충돌이 발생하고 있었음을 예상할 수 있다. 이 와중에서 사원도 산림을 독점적으로 사용하고자 노력하였을 것임은 분명하다.

당시의 관념에서 사원의 재물을 훔치는 것은 큰 벌을 받는 것으로 받아들여지고 있었다. 寺物을 훔치는 것은 속인의 것을 훔치는 죄보다 무거워 지옥의 고통이 따른다는 관념이 지배하였다. 신라시기 부모가 金剛寺 水田 1畝를 몰래 차지한 죄로 인해 그 딸이 冥府에 追檢되어 오랫동안 重苦를 겪었다고 전한다.[76] 이러한 관념 하에서 사원의 시지를 점거하는 것은 속인의 그것을 차지하는 것보다 부담스러운 일이었을 테지만 그러한 일이 없지는 않았을 것이다.

고려후기 권세가에 의해 토지 겸병이 성행하면서 산림에 대한 독점적 지배도 확대되어 갔다. 산천을 경계로 할 경우 그 내에 있는 산림에 대해서는 민인이 활용할 수 있는 권한을 박탈당하는 것이었다. 민인이 함께 활용해야 하는 것이었지만, 권세가가 독점하여 이용하는 것이기에 문제가 되었다.

위화도 회군 이후 사원경제에 대한 혁파론이 강력하게 제기되면서 사원의 시지에 대해서도 언급하였다. 사원전에 대해 土田之租와 奴婢之傭을 소재관에서 거두어 僧徒數에 따라 지급하자는 것은 매우 온건한 주장이었고,[77] 사원의 모든 토지를 몰수하고 불교의 존재를 없애자는 주장도 거침없이 제출되고 있었다.[78]

---

76) 『三國遺事』 권5, 感通7 善律還生.
77) 『高麗史節要』 권33, 辛昌 즉위년 12월, 842쪽.
78) 『高麗史』 권120, 列傳33 金子粹. 下册, 638쪽 ; 『高麗史節要』 권35, 恭讓王 3년 5월, 888~889쪽.

그러한 가운데 趙浚이 주장한 내용은 개경에 소재한 중요 사원에 한해 사원전을 지급하고 외방의 중요 사원에 한해서는 시지만을 지급하자는 것이었다.

> 寺社田 祖聖以來 五大寺十大寺等國家裨補所 其在京城者廪給 其在外方者 給柴地 道詵密記外 其新羅百濟高句麗所創寺社 及新造寺社 不給[79)]

사원전은 5대사·10대사 등 국가 裨補寺院으로서 개경에 소재한 것에 한해 지급하고, 외방에 소재한 비보사원에는 시지를 지급하자는 것이다. 그리고 도선밀기에 없는, 따라서 비보사원이 아닌 삼국시대의 사원이나 고려시기에 새로이 세운 사원에게는 전지와 시지를 모두 지급하지 말도록 하자는 것이다. 조준이 지급하자는 시지는 사원이 현재 활용하고 있던 인근의 시지를 가리킬 것이다.

결국 조준의 안은 외방사원에는 토지를 지급하지 말도록 하며, 현실적으로 지배하고 있는 산림 일부를 시지로서 인정하자는 것이었다. 이렇게 될 경우 사원의 전토 지배는 크게 약화되어 그 경제적 지위가 하락할 것은 분명하다. 물론 전지를 몰수한다고 하더라도 이렇게 확보한 시지 곧 산림을 전제로 한 경제력의 유지가 어느 정도 가능하기는 하였을 것이다. 시지의 산물을 적극적으로 활용하고 나아가 그 시지를 농지로 개간하면 사원경제의 유지에 큰 도움이 되었을 것이다.

그러나 과전법에서는 사원전에 관해서 '因舊損益'한다는 방침을 취하였다. 크게 조정하지 않았다는 것이다. 그리고 경기의 公田 및 私田의 4표 안에 있는 荒閑地는 백성들이 땔나무를 하거나 가축을 먹이거나 물고기를 잡거나 사냥을 하는 것을 허용하도록 하였다.[80)] 경지 이외의 땅

---

79) 『高麗史』 권78, 志32 食貨1 田制 祿科田 辛昌 즉위년 7월, 中册, 717~718쪽.
80) 『高麗史』 권78, 志32 食貨1 田制 祿科田 恭讓王 3년 5월, 中册, 723~725쪽.

에서는 모든 이들이 함께 활용할 수 있도록 하였다. 이것은 종전부터의 관행을 재확인한 것으로 보인다. 이 황한지에는 약간의 산림이 있을 수도 있었다.

조선 太祖代에 達官之家, 권세가가 畿內와 지방군현에서 山林川澤을 私占하고 민인의 이용을 가로막는 행위를 저지르는 데 대해 이들을 憲司에 고발하도록 하는 조치가 거듭 내려졌다.[81] 산림의 사점을 금지하고자 하는 것으로서, 산림은 공유지로서 만인이 공동으로 이용하는 것을 지향한 것이었다. 定宗代에도 산림의 사점을 금지하는 조치가 취해지고 있었다.[82] 『經濟六典』에는 山場柴草는 사점치 못한다고 규정하였으며,[83] 『經國大典』 刑典에도 산림의 사점을 금하는 내용이 명기되어 있다.[84] 그러면서도 땔감의 소비가 많은 관서에 직접 柴場을 할급해 주기도 하였다. 『經國大典』 工典 조에 "用柴諸司 於水邊 給柴場"의 규정이 확인된다.[85]

조선국가는 '山林川澤與民共之'를 표방하며 산림의 공유를 기본으로 하면서, 국가의 필요에 따라 민인의 이용을 제한하는 산림을 설정하여 극히 제한된 범위의 산림 사점을 인정하고 있었다.[86] 조선국가는 고려말에 확대되었던 지배층의 산림천택의 사점을 강력하게 금지하였다. 그러나 현실적으로 산림의 사점은 여전히 존재하였다. 되풀이되는 사점금지 조치가 그것을 방증하는 것이다.

---

81) 『太祖實錄』 권8, 太祖 4년 11월 丁卯, 1冊, 86쪽 ; 『太祖實錄』 권11, 太祖 6년 4월 丁未, 1冊, 105쪽.

82) 『太祖實錄』 권15, 定宗 즉위년 9월 甲申, 1冊, 137쪽.

83) 연세대 국학연구원, 1993, 『經濟六典輯錄』, 274쪽. "山場柴草 勿令私占 載在續典".

84) 『經國大典』, 刑典. "私占柴草場者 並杖八十".

85) 『經國大典』, 工典. "奉常寺·尙衣院·司僕寺·軍器寺·禮賓寺·內需司 並周圍二十里 內資寺·內贍寺·司宰監·繕工監·昭格署·典牲署·司畜署 並十五里 司圃署 五里".

86) 김선경, 1994, 「朝鮮前期의 山林制度」 『國史館論叢』 56.

이러한 전반적인 추이 속에서 사원의 시지문제도 처리되어 갔다. 사원의 토지에 관해서는 태종대부터 전면적인 개혁조치가 취해졌다. 조선 太宗 6년(1406)에 사원전을 정리할 때 242개 사원에 한해 토지가 분급되었다. 이것은 종전의 1/5~1/10에 해당하는 것이었다. 나머지의 4/5~9/10의 사원은 수조지의 분급에서 탈락하였다. 수조지의 지급에서 탈락한 사원은 경제적으로 몰락하지 않을 수 없었다. 자구노력에 의해 경제문제를 해결하지 않으면 안 되었다. 많은 사원이 경제적으로 위기에 몰리게 된 것이다. 이때 수조지의 지급 대상에서 탈락한 사원에 대해 柴地 1, 2결이 분급되었다.[87] 이것은 그야말로 최소한의 대우라고 할 수 있을 것이다. 아마 사원이 소재한 인근에 시지가 분급되어 사원이 사사로이 활용하는 것이 가능하였을 것이다. 말하자면 산림의 일부를 시지로서 사점하는 것을 허용한 것으로 이해된다. 사원이 종전부터 활용하던 산림을 규모를 제한하여 사점을 허용한 것으로 보인다. 사원은 이를 활용하여 산림의 산물을 채취할 수 있었고, 이것을 농지로 개간하는 것이 가능하였다. 충격에 빠진 많은 사원에 대한 배려의 차원에서 시지 1, 2결이 분급되고 있는 것이다. 이것으로 사원을 유지해 가는 것이 용이하지 않았을 것은 물론이겠다. 그리고 토지지급에서 탈락한 모든 사원이 대상이 되는 것도 아니었다. 일부의 사원에 한해 지급되었던 것이다.

그러나 이 시지도 국가의 산림 사점 억제 정책이 진행됨에 따라 사라질 운명에 놓이게 되었다. 그것은 곧 世宗 9년(1427) 2월에 나타났다. 각도 사원의 시지와 亡寺의 基地 합계 253결을 군자감에 소속시키는 조치를 취하였다.[88] 시지의 규모는 정확하게 알 수 없지만, 100~200개 사원에 지급하였던 시지는 이때 몰수당하였을 것이다. 아마 종전에 지급받았

---

87) 『太宗實錄』 권11, 太宗 6년 3월 丁巳, 1册, 352쪽. "定數外寺社 亦量給柴地 一二結".

88) 『世宗實錄』 권35, 世宗 9년 2월 甲申, 3册, 64쪽. "戶曹啓 今考各道寺社柴地及亡寺基地 總田二百五十三結 請打量屬軍資 從之".

던 사원의 모든 시지가 몰수당하는 처지에 놓이게 되었을 것으로 보인다. 그리하여 사원은 시지를 독점적으로 지배하는 것이 불가능해졌다. 주변의 산림을 공유지로서 민인과 함께 이용하는 것은 가능하였을 것이다. 그러나 민인의 이용을 막고 사원이 배타적으로 지배할 수는 없게 되었다.

5. 結 語

고려시기 산림과 시지는 사원의 경제기반으로서 매우 중요하였다. 그것은 사원을 유지해 가는 데 필요한 중요 산물을 공급하는 기반이 되었다. 사원이 어려움에 처해 있을 때 그것을 극복하는 기반으로 산림을 활용할 수 있었다.

사원은 산림으로부터 필요한 중요 산물을 제공받았다. 식사의 준비나 난방에 필요한 땔나무를 확보하였으며, 숯을 만들 수 있었다. 또한 사원의 조영에 필수적인 목재를 확보할 수 있었다. 도토리·밤·상률 등의 구황식품도 산림에서 마련해 비축할 수 있었다. 그밖에 각종 과일이나 산나물·버섯도 산림으로부터 얻는 귀중한 것이었다. 산림으로부터 확보한 물품 가운데 잉여물은 판매를 통해 처리함으로써 사원의 부를 증진시킬 수 있었다.

사원은 산림의 일부를 시지로 지급받았다. 사원이 분급받은 농지는 대개 사원과 멀리 떨어져 있는 수가 많았지만, 시지는 사원의 인근에 자리하는 것이 일반적이었다. 지급받은 시지에 대해 사원은 배타적·독점적 지배를 할 수 있었다. 이른바 私占을 허용하는 것이었다. 산림은 '與民共之'하는 것으로 공유지였지만, 지급받은 시지는 사원이 독점적으로 지배할 수 있었다. 시지는 기본적으로 땔나무를 확보할 수 있도록 지급한 것이었지만, 산림에서 확보할 수 있는 각종 물품도 이 시지에서 획득할 수 있었다. 시지는 통상 지급단위가 결수이기 때문에 개간을 통해 농지로 전환하는 것이 용이하였다. 사원의 시지는 대개 사원의 奴婢를 통해 관리하고 경영해 나갔던 것으로 보인다.

산림은 공유지이므로 특정인이 사점할 수 있는 것이 아니었다. 고려 후기 탈점이 성행하면서 산천을 경계로 하는 농장이 발달함에 따라 산림을 사점하는 일이 빈번하였다. 사원이 이용하고 있는 산림이나 시지도 타인에게 겸병당하기도 하였고 반대로 사원이 주위의 산림을 사점하는 사태도 발생하였을 것으로 보인다. 고려최말기 전제개혁이 논의되면서 사원에 시지를 지급하자는 주장도 제기되었으나 사원전을 부분적으로 조정하는 선에서 일단락되었다. 조선은 건국초부터 산림의 사점을 금지하는 정책을 일관되게 추진하였다. 태종대 사원전을 크게 축소시키면서 수조지 지급에서 탈락한 일부 사원에 한해 시지 1, 2결을 지급하는 조치가 있었다. 이것은 사원을 위무하는 차원의 조치로서, 현실적으로 이용하고 있는 산림의 일부에 대해 독점적 권리를 인정한 것이었다. 그나마도 세종 9년에 가서는 사원의 시지를 모두 공수하는 조치가 취해짐으로써 사원의 시지 지배는 중지되었다. 사원은 산림에 대한 독점적 지배를 할 수 없었고, 민인과 함께 공동으로 이용할 수밖에 없게 되었다. 이것은 지금까지 사원이 산림의 일부를 시지로서 사점하여 독점적·배타적으로 지배해 오던 것이 중단됨을 뜻하는 것이다.

이제 사원은 산림을 민인과 더불어 공동 이용할 수 있을 뿐 독점적이고 배타적인 지배를 하는 것이 불가능해졌다. 사원경제의 전체적인 축소와 짝해 사원의 시지도 운명을 같이하게 된 것이다.

제4장 高麗時期 寺院의 類型과 經濟規模

1. 序 言

고려시기 사원은 여러 유형으로 구분할 수 있다. 조성된 시기를 볼 때 삼국시기, 후기신라시기에 세운 것이 존속하기도 하였고, 고려 국초에 불교계 전반의 재편의 의미를 띠고 새로이 창건된 것도 있고, 그 이후에 만들어진 것도 있다. 국가나 왕실이 적극 나서서 건립하는가 하면, 중앙의 권세가가 지원하여 세우는 수도 있었고, 지방사회에서 鄕吏와 民人이 합세하여 조성하기도 하였으며, 때로는 승려가 중심이 되어 건립하기도 하였다. 또한 규모면에서 수백 칸을 넘는 대사원이 있는가 하면, 10칸도 안 되는 소규모의 사원이 있었고, 거처하는 승려가 수백 명 나아가 1천 명에 달하는 사원이 있는가 하면, 10명 이내의 소수의 승려만이 생활하는 사원도 있었다. 僧科에 합격하여 승계를 제수받은 승려가 거처하는가 하면, 그렇지 못하고 수행이나 학식이 결여된 심지어 처자까지 거느린 승려가 거처하는 사원도 있었다. 또한 국가에서 住持를 파견하는 종파가 있는 사원이 있는가 하면, 국가에서 주지를 파견하지 않는 사원, 혹은 파견할 필요가 없는 이른바 종파 없는 사원도 상당하였다. 그리고 사원의 이름도 寺라 불리는 것이 중심이었지만, '-社'로 불리는 것이 있는가 하면, '-庵'이나 '-院'으로 불리는 사원도 있었다.

사원은 이렇게 여러 측면에서 구분할 수 있듯이, 여러 유형으로 나눌 수 있었다. 그리고 그 유형에 따라 경제활동에서도 상당한 차이가 있었다. 국가로부터 수조지를 분급받은 토지를 경영하는 사원도 있었고, 스스로의 노력에 의해 확보한 소유지를 중심으로 토지 경영을 하는 사원도 있었다. 다량의 米와 布를 자본으로 해서 고리대 활동을 적극적으로 하는 사원도 있었고, 상업활동이나 緣化활동에 활발하게 참여하는 사원도 있었다. 반면에 그러한 경제활동에 소극적인 사원도 있었다. 경제활동의 내용은 사원의 유형에 따라서 상당한 차이를 보이고 있었다.

이 글에서는 경제기반의 규모와 경제활동의 내용을 사원의 유형에 따라 구분해 보고자 하였다. 사원은 여러 유형으로 나눌 수 있지만 기본적으로 국가와 깊이 관련된 사원과, 관계가 소원한 사원으로 구분할 수 있으며, 전자의 유형은 규모가 크고 고급의 승려가 거처하며, 반면에 후자의 유형은 규모가 작고 하급의 승려가 거처한다고 할 수 있겠다. 유형을 재정리한 후 각 유형 사원의 경제운영의 이념형을 제시해보도록 하겠다. 이어서 고려후기 사원의 구분이 모호해지며 사원의 토지가 확대되는 현상을 밝히도록 하겠다.

2. 寺院의 類型

1) 자료에 보이는 사원의 유형

고려시기 당대인들은 사원을 여러 유형으로 구분하고 있었다. 그것은 여러 자료에 단편적으로 나타나고 있다. 국가가 경제 지원을 하는 사원, 국가가 어려울 때 부담을 지우는 사원, 국가를 위해 일정한 불교행사를 거행하는 사원 등은 국가와 긴밀한 사원이라고 할 수 있다.

고려 국초에 국가에서 대규모의 곡식을 사여하여 고리대 운영을 하도록 한 사원이 보인다.

以穀七萬石 納諸大寺院 各置佛名經寶及廣學寶 以勸學法者[1)]

定宗이 7만 석의 곡식을 대사원에 시납하고 佛名經寶와 廣學寶를 두어 법을 배우는 자 곧 승려를 권면하였다는 것이다. 이때 곡식을 시납받은 대사원은 정종대에 국가에서 가장 중시한 사원으로 볼 수 있을 것이다. 이 사원에 경제적 지원을 함으로써 사원의 재정을 돕고 반면에 불교계의 후원을 얻고자 한 것이다. 7만 석의 곡식을 받은 대사원은 定宗代에 대표적이고 규모가 큰 사원으로 볼 수 있다. 1개의 사원에 1천 석씩 지급하였다면 70개의 사원이 지급받은 것이 된다.

국가를 위한 중요한 행사를 하는 사원도 매우 중시되는 사원이었다. 문종 즉위년(1046)에 국왕의 생일에 祈祥迎福道場(祈福道場)을 설행하도록 항례화하였다.

每遇節日 國家設祈祥迎福道場於外帝釋院七日 文武百寮於興國寺 東西兩京四都護八牧 各於所在佛寺 行之 以爲恒式[2)]

국가에서는 국왕의 생일에 外帝釋院에서 7일간 기복도량을 베풀었고, 百官은 興國寺에서 기복도량을 설하고, 東京·西京과 4都護·8牧은 所在佛寺에서 기복도량을 설하게 되었다. 개경의 사원 가운데는 외제석원과 홍국사가 대상이 되며, 외방의 경우 14개 사원이 대상이 된다. 외

---

1) 『高麗史』 권2, 世家2 定宗 원년, 亞細亞文化社 影印本(이하 같음), 上册, 60쪽.
2) 『高麗史』 권7, 世家7 문종 즉위년 12월, 上册, 142쪽.
『高麗史節要』에는 다소 달리 표현하고 있다. "僧錄司奏 自今每遇節日 國家設祈福道場於外帝釋院七日 百官於興國寺 東西兩京四都護八牧於所在佛寺 行之 以爲恒式 從之"(『高麗史節要』 권4, 靖宗 12년 12월, 亞細亞文化社 影印本(이하 같음), 120쪽).

방 14개 사원은 해당 고을의 대표적인 사원일 것이다.

祝聖법회가 베풀어지는 사원도 국가적으로 중요한 사원이었다. 의종 11년(1157)에 內侍 榮儀가 국왕의 수명 연장을 위해 天帝釋과 觀音菩薩을 섬겨야 한다고 하자,

> 王多畵其像 分送中外寺院 廣設梵采 號曰祝聖法會[3)]

라고 해서 축성법회를 내외사원에서 설행하였다. 이 법회가 설행된 중외사원은 국가적으로 중요한 사원이었겠다. 국가가 나름대로 파악하는 범주가 있었음을 엿볼 수 있게 한다.

鎭兵法席이 설행되는 사원, 그리고 飯僧이 베풀어지는 사원도 이러한 유형의 사원에 속할 것이다. 우왕 9년(1383) 진병법석이

> 大設鎭兵法席于中外佛宇 共一百五十一所 供費不可勝計[4)]

라 해서 151개 사원에서 설행되었다. 이 151개 사원은 국가로서 매우 중시하는 사원으로 여겨진다. 충선왕 2년(1310)에 資贍司의 은 100근을 나누어 시납해 飯僧하도록 한 사원도[5)] 범주가 넓지는 않겠지만, 국가의 중요한 사원이었을 것이다.

국가에 대한 각종 부담을 지는 사원도 구체적인 사명이 기록되지 않았지만, 일정한 범주가 있었을 것이다. 大府寺의 油蜜이 부족하자 徵斂하게 되는 사원의 범주가 있다.

---

3) 『高麗史節要』 권11, 毅宗 11년 정월, 288쪽.

4) 『高麗史』 권135, 列傳48 辛禑3 辛禑 9년 9월, 下册, 913쪽 ; 『高麗史節要』 권32, 辛禑 9년 9월, 799쪽.

5) 『高麗史』 권33, 世家33 忠宣王 2년 11월, 上册, 689쪽.

以大府寺油蜜告匱 徵斂諸寺院 以充齋醮之費[6)]

부족한 齋醮의 비용을 제공한 사원은 국가적으로 중시하고 재력이 있는 사원이었을 것이다. 과렴의 대상이 되는 사원도 일정한 범주가 있었을 것이다.

令群臣加出米有差 諸王宰樞承旨班主十三石 … 諸寺社二百石[7)]

충렬왕 15년(1289)에 과렴으로 諸王·宰樞·承旨·班主가 13석을 부담할 때 200석을 부담한 諸寺社도 역시 국가적으로 중시하고 재력이 있는 사원이었을텐데, 아마 주로 개경의 사원일 것이다. 10석씩 부담한다면 20개 사원이, 5석씩 부담한다면 40개 사원이 부담한 것이 된다. 말을 징수할 때 대상이 되는 사원도[8)] 모든 사원이 아니고 특별한 사원이었을 것이다. 그리고 軍費 충당을 위해 田租를 징수당하는 사원도 중요한 사원이었다.

又取諸寺田租 以充軍費[9)]

사원의 田租를 취해 軍費에 충당하는 사원은 收租地를 지급받은 사원에 한정될 것이다. 국가의 재정을 돕는 사원, 기복이나 축성 혹은 진병법석을 베푸는 사원, 반승을 행하는 사원은 국가가 중시하는 유형의 사

---

6) 『高麗史節要』 권11, 毅宗 11년 10월, 290쪽.

7) 『高麗史』 권79, 志33 食貨2 科斂 忠烈王 15년 3월, 中册, 744~745쪽.

8) 『高麗史節要』 권27, 恭愍王 8년 12월, 690쪽 ; 『高麗史節要』 권27, 恭愍王 10년 10월, 694쪽 ; 『高麗史節要』 권30, 辛禑 원년 9월, 753쪽 ; 『高麗史』 권82, 志36 兵2 馬政, 中册, 807쪽.

9) 『高麗史節要』 권30, 辛禑 원년 9월, 753쪽 ; 『高麗史』 권133, 列傳46 辛禑1 辛禑 원년 9월, 下册, 868쪽.

원이라고 할 수 있다. 그러한 범위 밖의 사원도 다수 있었으나 국가에서 상대적으로 중시하지 않는 사원이었다.

의종이 觀風殿에서 下敎하는 가운데 사원의 유형을 3개로 구분해 제시하고 있음이 주목된다.

> 凡祖宗時開創裨補寺社 及古來定行法席寺院 與別祈恩寺社 如有殘弊 主掌官隨卽修葺[10]

즉 祖宗時開創 裨補寺社, 古來 定行法席寺院, 別祈恩寺社가 그것이다. 祖宗時開創 裨補寺社는 태조 때에 창건한 사원을 뜻하는 것으로 보인다. 고래 정행법석사원은 정례적으로 각종 법석이 베풀어지는 사원을 뜻한다고 생각한다. 앞에서 언급한 기복도량이 설행되는 사원이 정행법석사원이겠다. 그리고 鎭兵法席이나 반승이 설해지는 사원도 이 유형에 속한다고 여겨진다.

별기은사사는 별도로 특별히 국왕의 祝壽를 기원하는 사원으로 추측된다. 祝釐를 표방하는 사원도 국왕의 축수를 기원하는 사원으로 보이며, 觀瀾寺·小林寺·水嵓寺가 여기에 속한다. 관란사는 김부식이 국왕의 축리를 명분으로 조영한 사원이었다.[11] 소림사는 金令義가 공성현에 퇴거하였다가 무너진 것을 보고서 중수하였다. 공사를 종료한 뒤 김영의가 국왕의 祝壽를 꾀하겠다고 알렸다.[12] 水嵓寺는 樞密相國 朴文備가 일찍이 固城에 出守 時 지은 절이었는데, 이 절을 승려 大孤가 요청하여 강학하려는 곳으로 삼고자 하자, 박문비는 국왕에게 奏聞하여 制可를 받았으며 祝聖壽하겠다고 하였다.[13] 그밖에도 축수·축성을 표방한

10) 『高麗史』 권18, 世家18 毅宗 22년 3월, 上冊, 381쪽.
11) 『高麗史』 권98, 列傳11 金富軾附 敦中, 下冊, 180쪽.
12) 林椿, 「小林寺重修記」 『西河集』 권5(『韓國文集叢刊』 1冊, 253~254쪽).
13) 李奎報, 「水嵓寺華嚴結社文」 『東國李相國集後集』 권12(『韓國文集叢刊』 2冊,

사원으로 天龍寺,[14] 尙州 龍巖寺,[15] 醴泉 龍門寺,[16] 靈鳳山 龍巖寺,[17] 全州 普光寺,[18] 金剛山 都山寺,[19] 眞宗寺가[20] 찾아진다. 이러한 사원이 별기은사원에 든다고 생각한다.

의종이 표방한 3유형의 사원은 불교행사를 설행하는 것을 기준으로 구분한 것인데, 여기에 언급한 사원은 국가적으로 중요한 사원일 뿐 사원 전체를 아우르는 것은 아니었다. 이 3유형에 속하지 않는 사원도 상당수 있었다.

여러 자료에서 고려의 사원을 태조대에 세운 사원과 그 이후에 세운 사원으로 구분하고 있음을 확인할 수 있다. 충렬왕대 韓康은

> 先王相其地鉗而置塔廟 後人多以私意廢舊創新[21]

하였다고 주장했는데, 이때 사원을 두 유형으로 구분하고 있다. 先王은 태조를 지칭하므로 태조가 地鉗을 살펴 세운 사원과, 그 이후 사람들이 사사로운 뜻으로써 창건한 사원으로 구분하는 것이다. 전자의 사원은 의종이 언급한 祖宗時開創 裨補寺社와 통한다.

고려말 趙浚이 전제개혁을 주장한 글에서도 사원의 유형을 읽을 수 있다.

252쪽).

14) 『三國遺事』 권3, 塔像4 天龍寺.

15) 『新增東國輿地勝覽』 권28, 尙州牧 佛宇 龍巖寺.

16) 許興植編著, 1984, 『韓國金石全文(中世下)』, 「醴泉龍門寺重修碑(1185년)」, 872~875쪽.

17) 朴全之, 「靈鳳山龍岩寺重創記」 『東文選』 권68(民族文化推進會 影印本 2冊, 443~445쪽).

18) 李穀, 「重興大華嚴普光寺記」 『稼亭集』 3(『韓國文集叢刊』 3冊, 116~117쪽).

19) 李穀, 「刱置金剛都山寺記」 『稼亭集』 권3(『韓國文集叢刊』 3栅, 115~116쪽).

20) 李穡, 「眞宗寺記」 『牧隱藁文藁』 권1(『韓國文集叢刊』 5冊, 6~7쪽).

21) 『高麗史節要』 권21, 忠烈王 22년 2월, 561쪽.

> 寺社田 祖聖以來 五大寺十大寺等 國家裨補所 其在京城者 廩給 其在外方者 給柴地 道詵密記外 其新羅百濟高句麗所創寺社 及新造寺社不給[22]

이에 따르면 사원은 모두 6가지로 구분할 수 있다. 우선 道詵密記에 기재된 사원과 그렇지 않은 사원으로 대별할 수 있으며, 기재된 사원은 경성에 있는 것과 외방에 있는 것으로 나눌 수 있고, 도선밀기에 기재되지 않은 사원은 크게 4가지로 나누어, 신라 때 창건한 것, 백제 때 창건한 것, 고구려 때 창건한 것, 고려시기에 새로이 조성한 것으로 구분하고 있다. 道詵密記에 기록된 사원은 태조대에 조영한 사원을 뜻하는 것이다.

조준과 비슷하게 도선밀기에 기재된 여부를 기준으로 사원을 구분하는 예도 보인다. 즉 密記付 사원과 그렇지 않은 사원으로 구분하는 경우가 그것이다. 조선초 태종 2년(1402) 4월 書雲觀이 상언한 내용 중에 禪宗을 통합해 曹溪로 하고, 五敎를 통합해 華嚴으로 하되,

> 以密記付京外七十寺 分屬兩宗 擇其德行足爲師表者 爲住持 … 伏願殿下 將密記付七十寺外 其餘裨補所載京外各寺土田之租 永屬軍資 以備三年之蓄[23]

하라는 것이 보인다. 여기에서 密記付 70寺와 그 이외의 사원으로 나누고 있다. 밀기부 70사 이외의 사원은 다시 裨補所載 京外各寺와 裨補所載가 아닌 사원으로 구분할 수 있다. 밀기부 70사 이외에도 비보에 실린 사원을 비보사원에 포함된 것으로 보고 있음을 알 수 있다.

이와 유사한 사원의 구분은 조선초 각 고을의 격에 따라 사원을 남기라는 주장에서도 볼 수 있다.

---

22) 『高麗史』 권78, 志32 食貨1 田制 祿科田, 中册, 717~718쪽.
23) 『太宗實錄』 권4, 太宗 2년 8월 乙卯, 1册, 243~244쪽.

以前朝密記付裨補寺社 及外方各官踏山記付寺社 新舊京五教兩宗各一寺 外方各道府官上 禪教各一寺 監務官已上禪教中一寺[24]

여기서는 密記付裨補寺社와 外方各官踏山記付寺社의 구분이 보인다. 외방각관답산기부사사는 앞의 裨補所載의 외방사원과 통한다고 생각한다. 따라서 답산기부사사도 비보사원으로 분류하고 있음을 볼 수 있다.

고려시기 사원은 여러 가지로 유형이 구분되고 있음을 알 수 있다. 자료는 국가와 관련한 범주의 사원을 언급하고 있는데, 그러한 범주에 들지 않는 사원도 한 유형으로 구분할 수 있다. 여러 유형으로 구분되는 사원 가운데 범주가 분명하고 제도적으로 중시되는 사원은 도선밀기에 기재된 70사였으며, 이 사원은 비보사원으로 일컬어지고 있었다.[25]

2) 裨補寺院

비보사원은 도선밀기의 70사로서 고려 태조대에 창건한 사원을 지칭하였다. 그리고 구래의 사원 가운데 지정한 사원도 일부 포함하였을 것이다.[26] 비보사원은 지맥을 고려하여 세운 것으로서 국가에 이익을 가

24) 『太宗實錄』 권10, 太宗 5년 11월 癸丑, 1册, 343쪽.

25) 고려시기 비보사원에 관해서는 많은 언급이 있었는데, 최근 발표된 논저를 제시하면 다음과 같다. 黃仁奎, 1998, 「高麗 裨補寺社의 設定과 寺莊經營」 『東國歷史教育』 6 ; 金炯秀, 2001, 「고려전기 裨補寺院과 地方支配」 『慶尙史學』 17 ; 김윤곤, 2001, 『한국 중세 영남불교의 이해』, 42~75쪽 ; 韓基汶, 2006, 「高麗時代 裨補寺社의 成立과 運用」 『한국중세사연구』 21.

26) 太祖代 禪宗 寺院에 관해 '闢五百禪宇'(李奎報, 「大安寺同前牓(談禪牓)」 『東國李相國集全集』 권25(『韓國文集叢刊』 1册, 550~551쪽)), '開半千禪刹'(門人維昌, 「高麗國國師大曹溪嗣祖傳佛心印行解妙嚴悲智圓融贊理王化扶宗樹教大願普濟一國大宗師摩訶悉多羅利雄尊者謚圓證行狀」 『太古和尙語錄』 권下(『韓國佛教全書』 6册, 698쪽))이라는 표현이 보이는데, 이 500선찰은 기존 선종 사원을 망라한 표현으로 이해된다.

져다 준다고 관념되었다. 태조는 훈요십조에서 비보사원은 道詵이 山水의 順逆을 推占한 곳에 개창하였다고 하였다.[27] 문종은 태조대에 사원을 창건한 것은 福慶을 기대하고자 한 것이었다고 하며, 신료들은 태조가 사원을 창건한 것은 통합의 志願에 보답하고 산천의 違背를 누르기 위함이라고 지적하였다.[28] 그러한 내용은 흥왕사의 창건을 둘러싸고 논쟁이 전개되는 가운데, 崔惟善이 諫言한 내용 중에도 보인다.[29]

최충헌도 태조대에 세운 사원은 산천의 순역을 살폈다고 언급하였다.[30] 충렬왕대 韓康도 선왕 곧 태조는 地鉗을 살펴 塔廟를 세웠다는 것이다.[31] 충렬왕 24년 충선왕이 즉위해 하교한 내용 중에 태조대 사원은 地鉗相應함에 따라 세웠음을 강조하고 있다.[32] 공민왕도 그러한 사실을 지적하고 있다. 공민왕 원년(1352)에 境內에 宣宥하는 내용 가운데

> 祖王代 創置禪敎寺院 所以裨補地德 以利國家[33]

라고 해서 태조대 禪敎寺院을 創置함은 地德을 비보하여 국가를 이롭게 하는 것이었다고 하였다. 비보사원은 태조대에 설립한 사원이 중심이었다.[34]

---

27) 『高麗史』 권2, 世家2 太祖 26년 4월, 上册, 54~55쪽.
28) 『高麗史』 권7, 世家7 文宗 9년 10월, 上册, 158쪽 ; 『高麗史節要』 권4, 文宗 9년 10월, 131~132쪽.
29) 『高麗史』 권95, 列傳8 崔惟善, 下册, 119~120쪽 ; 『高麗史節要』 권4, 文宗 10년 2월, 132쪽.
30) 『高麗史』 권129, 列傳42 叛逆3 崔忠獻, 下册, 791쪽 ; 『高麗史節要』 권13, 明宗 26년 5월, 360쪽.
31) 『高麗史節要』 권21, 忠烈王 22년 2월, 561쪽.
32) 『高麗史』 권84, 志38 刑法1 職制 忠烈王 24년, 中册, 843쪽.
33) 『高麗史』 권38, 世家38 恭愍王 원년 2월, 上册, 756쪽.
34) 韓基汶씨는 태조가 창건한 사원을 다음과 같이 26개로 정리하고 있다(韓基汶, 1998, 『高麗寺院의 構造와 機能』, 民族社, 47~48쪽).

태조대에 지덕을 고려하여 사원을 세웠음은 開國寺에서 구체적으로 확인할 수 있다. 태조대에 사원은 山川陰陽順逆의 형세를 살펴 損益壓勝한 연후에 세운 구체적 예가 開國寺였다는 것이다.[35] 演福寺도 역시 태조대에 지맥을 고려하여 세운 사원이었다.[36]

비보사원의 예로서는 그밖에 여러 사원을 들 수 있다. 廣濟寺,[37] 安養寺,[38] 五冠山 聖燈庵,[39] 靈鳳山 龍巖寺를[40] 들 수 있다. 태조대에

순번	寺名	創建年代	位置	佛敎行事	宗派
1	法王寺	919(태조 2)	개경내	八關會行香所	華嚴宗
2	王輪寺	919	개경내	燃燈會行香所	海東宗
3	內帝釋院	919	개경내	帝釋神仰	
4	普濟寺	919	개경내	談禪大會	禪宗
5	地藏寺	919	개경내		
6	文殊寺	919	개경내		
7	新興寺	919	개경내		
8	舍那寺	919	개경내		禪宗
9	慈雲寺	919	개경내		瑜伽宗
10	靈通寺	919	개경내		華嚴宗
11	大興寺	921(태조 4)	五冠山		
12	廣明寺	922	松岳山		禪宗
13	日月寺	922	宮城西北		禪宗
14	外帝釋院	924		帝釋神仰	禪宗
15	九曜堂	924		醮星	
16	神衆院	924		神衆信仰	
17	興國寺	924	京城	授戒儀式	華嚴宗
18	妙智寺	927(태조 10)	闕東		
19	龜山寺	929	松岳山		禪宗
20	安和禪院	930(태조 13)	松岳山	王信願堂	禪宗
21	開國寺	935(태조 18)	개경내		律宗
22	廣興寺	936			
23	內天王寺	936(태조 19)			
24	現聖寺	936	炭峴門內	文豆婁道場	神印宗
25	彌勒寺	936		彌勒信仰, 功臣願堂	瑜伽宗
26	開泰寺	936	連山	華嚴法會	華嚴宗

35) 李齊賢, 「重修開國律寺記」『益齋亂藁』 권6(『韓國文集叢刊』 2冊, 552~553쪽).
36) 權近, 「演福寺塔重創記」『陽村集』 권12(『韓國文集叢刊』 7冊, 133~134쪽).
37) 李奎報, 「廣濟寺安宅法席疏」『東國李相國集全集』 권41(『韓國文集叢刊』 2冊, 128쪽).

세운 사원임이 명확하지 않지만 비보사원이라고 일컬어지는 사원으로 萬義寺,[41] 五臺山 獅子庵,[42] 安邊의 釋王寺,[43] 天磨山의 觀音屈[44] 등을 찾을 수 있다.

신라이래의 사원으로서 비보사원으로 지정된 것은 雲門寺, 直指寺였다. 운문사의 경우 裨補記에 태조대에 500결의 토지를 지급받고 동시에 사액이 이루어졌음이 전한다.

> 正豊六年辛巳(1161)九月 郡中古籍裨補記准 … 知是前代伽藍墟也 畢創寺而住焉 因名鵲岬寺 未幾太祖統一三國 聞師至此創院而居 乃合五岬田束五百結納寺 以淸泰四年丁酉(937) 賜額曰雲門禪寺 以奉袈裟之靈蔭[45]

토지를 지급하고 사액이 이루어졌음이 裨補記에 전하는 것이다. 이 비보기는 비보사원으로 지정되었음을 입증하는 문건으로 보인다. 直指寺는 태조대에 能如선사가 중창하였는데 道詵國師가 裨補所로 占定하였다는 내용이 전한다.[46] 능여가 태조를 돕자 태조가 1천 결의 토지를 사여하였고 定宗代에 곡식을 지급한 데서[47] 국가에서 중시하는 비보사

---

38) 李崇仁, 「衿州安養寺塔重新記」『陶隱集』 권4(『韓國文集叢刊』 6册, 590쪽).
39) 權近, 「五冠山聖燈庵重創記」『陽村集』 권13(『韓國文集叢刊』 7册, 145쪽).
40) 朴全之, 「靈鳳山龍岩寺重創記」『東文選』 권68(民族文化推進會 影印本 2册, 443~445쪽).
41) 權近, 「水原萬義寺祝上華嚴法華會衆目記」『陽村集』 권12(『韓國文集叢刊』 7册, 132쪽).
42) 權近, 「五臺山獅子庵重創記」『陽村集』 권13(『韓國文集叢刊』 7册, 147쪽).
43) 權近, 「釋王寺堂主毗盧遮那左右補處文殊普賢腹藏發願文」『陽村集』 권33(『韓國文集叢刊』 7册, 290쪽).
44) 權近, 「觀音屈落成慶讚華嚴經疏」『陽村集』 권27(『韓國文集叢刊』 7册, 257~258쪽).
45) 『三國遺事』 권4, 義解5 寶壤梨木.
46) 『直指寺誌』, 「直指寺沿革(1928년)」 亞細亞文化社 影印本, 205~207쪽.
47) 『直指寺誌』, 「直指寺事蹟(1776년)」, 271~273쪽.

원이었다고 판단된다.

비보사원은 도선밀기에 기재된 70사를 기본으로 하면서 다양한 이름으로 불리는 문적에 등재된 사원을 포함하고 있다. 비보사원은 원칙상 태조대에 세운 70사가 기본이었지만, 그 이후 세운 사원도 비보사원으로 지정되어 문건에 기록되었다. 그것은 여러 가지로 불리었다.

> 後之君臣 益信而創大伽藍 各稱願堂 施納田民 代代增加 由是五百年間 京外寺社 不可勝記 於是禪教各宗 爭執有土民之寺 請載裨補之籍 僧人之徒 收其田租 斂其奴貢[48]

선교 각종에서 토지와 노비가 있는 사원을 차지하고서 '裨補之籍'에 등재하기를 청하였다는 것이다. 비보지적에 등재된 사원은 비보사원임이 분명하다. 비보지적은 곧 비보사원을 기록한 문건이고 태조대 이후 추가로 선정된 사찰을 기록하였음을 알려 준다.

밀기부외의 사원을 기록한 비보지적에는 踏山記도 있었다. '外方各官踏山記付寺社'로[49] 표현된 외방각관답산기가 그것이다. 外方各官踏山記付 寺社도 중시되는 비보사원이었을 것이다.[50] 이 답산기가 앞에서 언급한 裨補之籍이 아닐까 한다.

> 春秋館啓 州府郡縣裨補寺社 創立文籍 本在忠州史庫 去壬午(1402?)年 刷出佛書時 并移置觀集寺 前項文籍內 幷錄州府郡縣山川形勢[51]

州府郡縣 裨補寺社의 創立文籍은 史庫에 보관할 만큼 중시하였다.

---

48) 『太宗實錄』 권3, 太宗 2년 4월 甲戌, 1冊, 231~231쪽.

49) 『太宗實錄』 권10, 太宗 5년 11월 癸丑, 1冊, 343쪽.

50) 外方各官마다 踏山記가 있음은 '原州踏山記'의 존재에서(『成宗實錄』 권131, 成宗 12년 7월 癸巳, 10冊, 243쪽) 추측할 수 있다. 아마 각 고을마다 답산기가 있고, 거기에는 그 고을의 비보사원이 기재되어 있던 것 같다.

51) 『世宗實錄』 권28, 世宗 7년 6월 庚子, 2冊, 672쪽.

사원마다 작성한 내용을 철한 문적으로 보인다. 비보사원임을 설명하는 내용을 담은 문적을 작성하였음을 엿볼 수 있겠다. 그 문적은 주부군현의 山川 形勢를 기록하고 있었음을 전한다. 비보사원이 새로이 지정될 때마다 해당 사원의 내용을 담아 기존의 문적에 합철하였을 것으로 추측된다. 물론 한부는 해당사원이 보관하였을 가능성이 있고, 다른 한부는 지방관에서 보관하였을 가능성이 있다. 이것은 외방각관답산기와 동일하거나 혹은 유사한 자료가 아닐까 한다.

아래의 자료에 보이는 산천비보지기도 비보지적과 유사한 혹은 동일한 자료로 보인다.

> 謹按 本寺舊隷始興宗 屢改其額 曰光巖 曰雲巖 載於山川裨補之記[52)]

여기의 山川裨補之記는 도선밀기 이후의 기록으로 보인다. 光巖寺나 雲巖寺로 사명이 바뀌는 것은 태조대의 일이 아니라 후대의 일이기 때문에 이 후대의 내용을 기록으로 남긴 산천비보지기는 역시 후대의 기록으로 이해된다. 도선밀기 이외에 후대에 추가로 비보사원으로 지정된 사원은 이처럼 비보지적, 외방각관답산기, 주부군현비보사사창립문적, 산천비보지기로 불리었음을 알 수 있다.[53)]

태조대 이후 비보사원으로 추가 지정된 사원에는 여러 부류가 있었다. 우선 개경 사원 가운데 태조대 이후에 국왕이나 국가가 나서서 세운 것은[54)] 모두 비보사원으로 지정되었을 것이다. 광종대의 歸法寺, 현종

52) 李穡, 「廣通普濟禪寺碑銘」『牧隱藁文藁』 권14(『韓國文集叢刊』 5冊, 114~115쪽).
53) 김윤곤씨도 비보사원이 증가해 갔음을 지적하였다(김윤곤, 2001, 『한국 중세 영남불교의 이해』, 영남대출판부, 62쪽).
54) 許興植씨가 만든 표를 기초로 해서 태조대 이후 창건한 것이 확실한 사원을 정리하면 다음과 같다(許興植, 1986, 『高麗佛敎史硏究』, 一潮閣, 294쪽). 이 23개 사원은 비보사원으로 추가 인정받았을 것이다.

대의 玄化寺, 문종대의 興王寺, 숙종대의 國淸寺는 대표적인 예라 할 수 있다.

고려시기 眞殿寺院이나 賜額寺院도 비보사원으로 인정받았을 것이다. 고려시기 국왕과 왕비의 영정을 모신 건물, 즉 진전을 설치한 사원이 있었는데, 이를 진전사원이라 칭할 수 있다.[55] 역대의 왕과 왕비의 眞殿을 설치하기 위하여 주로 개경과 그 부근에 중요 사원을 창건하고, 국왕은 부모의 명복을 빌기 위하여 忌日마다 진전사원에 행차하여 行香하였다. 진전사원이 갖는 중요성에 비추어 비보사원이었음은 분명하다.

고려시기에는 국왕이나 국가에서 특수한 몇몇 사원에 사액을 내리기도 하였다. 사액을 받은 사원은 국가로부터 매우 우대받는 사원이 되었다. 경제적 대우는 물론이고 사원의 격도 크게 높여 주었을 것이다. 고려 이전에도 사원이 사액을 받는 일은 보였다.[56] 그 경우 토지의 지급 등

乾聖寺	景福寺	敬天寺	國淸寺	歸法寺	大雲寺	福寧寺	奉恩寺	佛恩寺
崇教寺	靈通寺	龍興寺	長慶寺	重光寺	眞觀寺	彰信寺	天壽寺	海安寺
玄化寺	洪圓寺	弘護寺	興王寺	興天寺				

55) 韓基汶씨의 연구를 기초로 眞殿寺院을 가나다 순서로 재정리하면 다음과 같다(韓基汶, 1998,『高麗寺院의 構造와 機能』, 民族社, 222~224쪽).

開國寺	開泰寺	乾元寺	敬天寺	廣明寺	光巖寺	廣濟寺	龜山寺	國淸寺
大安寺	大雲寺	妙蓮寺	旻天寺	寶國寺	普濟寺	奉業寺	奉恩寺	佛日寺
佛頂寺	佛住寺	宣孝寺	順天寺	崇教寺	崇善寺	神孝寺	安和寺	陽陵寺
陽山寺	靈通寺	王輪寺	龍興寺	長慶寺	重光寺	眞觀寺	天水寺	天和寺
靑雲寺	海安寺	賢聖寺	玄化寺	洪圓寺	弘護寺	孝信寺	興王寺	興天寺
(45개)								
* 밑줄 친 사원은 태조대에 창건한 사원								

이 45개 사원 가운데 태조대 창건한 9개 사원을 제외한 나머지 사원은 후대에 세워져서 비보사원으로 추가 지정되었을 것이다.

56) 가야의 王后寺(『三國遺事』 권2, 紀異2 駕洛國記), 聖住寺(李智冠譯註, 1993,『歷代高僧碑文(新羅篇)』,「藍浦聖住寺朗慧和尙白月葆光塔碑文(890년)」, 160쪽), 鳳巖寺(李智冠譯註, 1993,『歷代高僧碑文(新羅篇)』,「聞慶鳳巖寺智證大師寂照塔碑文(924년)」, 288쪽), 崇福寺(李智冠譯註, 1993『歷代高僧碑文(新羅篇)』,「慶州崇福寺碑文(眞聖王代)」, 237~238쪽) 등을 들 수 있다.

경제적 혜택이 수반되고 있었다. 이러한 것은 고려에서도 이어졌다.

현종대 창건한 奉先弘慶寺는 사액을 받은 사원이었다. 봉선홍경사는 여행자의 편의를 제공하기 위해 현종대에 국력을 기울여 280여 間으로 조영하였다. '賜額爲奉先弘慶寺'라 하는 데서 알 수 있듯이 명백히 사액한 사원이었다.[57] 토지의 지급에 대한 언급이 없지만, 당연히 봉선홍경사를 유지하기 위한 상당한 규모의 토지가 지급되었을 것으로 보인다. 그리고 이 사원은 당연히 비보사원으로 인정되었을 것이겠다. 고려중기에 교통로의 안전을 확보하기 위해 국가적 차원에서 세운 惠陰寺도 사액사원이었다.[58] 국가에서 공력을 기울인 사원이기에 사액이라는 조치가 있었던 것이다.

무인집권기 새로운 신앙결사로서 주목을 받은 修禪社에 대한 사액이 있었다.[59] 이것은 국가에서 공력을 기울여 조성한 사원이 아니고 승려 스스로 조영한 사원이었지만 그 승려가 거처한 사원에 사액을 한 것이다. 이러한 사액은 드문 사례였다. 수선사의 경우는 승려 스스로 개창한 사원에 사액한 것으로서 국가에서 상당히 대우함을 뜻하는 것이다. 사액이 이루어짐으로써 사격이 크게 높아졌고 상당한 토지의 지급이 수반되었을 것으로 판단된다.

仁興社 역시 一然이 重新한 사원인데 사액이 행해졌다. 일연이 퇴락한 仁弘社를 重新하고서 조정에 아뢰어 仁興社로 改號하였으며, 아울

---

57) 崔冲, 「奉先弘慶寺記」『東文選』 권64(民族文化推進會 影印本 2冊, 398쪽). 봉선홍경사에 관해서는 다음의 글이 참조된다. 朴洪培, 1984, 「弘慶寺創建의 思想的 意義」『慶州史學』 3 ; 李仁在, 2005, 「高麗前期 弘慶寺의 創建과 三敎共存論」『韓國史學報』 23 ; 강현자, 2006, 「高麗 顯宗代 奉先弘慶寺의 機能 - <奉先弘慶寺碣記>를 中心으로 - 」『史學研究』 84.

58) 金富軾, 「惠陰寺新創記」『東文選』 권64(民族文化推進會 影印本 2冊, 399쪽).

59) 『曹溪山松廣寺史庫』, 「大乘禪宗曹溪山修禪社重創記」, 186~187쪽 ; 李智冠譯註, 1997, 『歷代高僧碑文(高麗篇 4)』, 「順天松廣寺佛日普照國師碑銘(1211년)」, 60쪽.

러 題額을 써서 사여하였다.[60] 일연이 중신한 후 조정에 요청하여 사액을 받은 것이다. 이 인흥사도 격이 상승되었으며, 또 상당한 경제력의 제공도 있었을 것이다.

사액은 특정 사원에 한정해 이루어지는 것이었다. 국가에서 공력을 기울여 조성한 사원이나, 국가에 크게 기여한 승려가 거처하는 사원, 혹은 새로이 주목을 끄는 사원에 한정되었다. 사액을 받음으로써 사원의 격은 한층 높아졌으며, 상당한 경제력을 확보할 수 있었다. 이렇게 명백히 사액으로 표시되지 않았어도 사액으로 볼 수 있는 사원의 예는 더 찾을 수 있다.

五冠山 崇福寺는 태조가 집을 희사해서 지은 절이었으며 이름을 崇福으로 하였다고 한다.[61] 태조가 만든 절이기에 사액이 있었을 것은 당연해 보인다. 처음 이름은 崇福院이었던 것으로 보이며 이후 仁宗代에 興聖寺로 賜號하였다. 국왕이 사호하였다는 것은 곧 사액을 하였다는 것을 뜻하는 것으로 이해된다.

天台佛恩寺는 옛 이름은 留岩寺라 하였는데 現身한 藥師佛이 유암사의 우물 안으로 숨어 버리자 光宗이 그 사원을 확대하고 改額하여 佛恩寺로 하였다고 한다.[62] 개액은 곧 현판을 고쳐 내렸다는 의미로 보여 사액으로 보아도 무방할 것이다.

慈濟寺도 역시 사액으로 이해할 수 있다. 국왕이 명하여 浮梁을 만들

---

60) 李智冠譯註, 1997, 『歷代高僧碑文(高麗篇 4)』, 「軍威麟角寺普覺國尊靜照塔碑文(1295년)」, 192쪽.

61) 李穡, 「五冠山興聖寺轉藏法會記」『牧隱藁文藁』 권2(『韓國文集叢刊』 5冊, 17쪽). "京城艮隅 天磨山之巽地 鼓岩之兌方 有峯五焉 聚而圍之 望之若一 故號五冠 取其形也 … 貞和公主之考曰寶育 實居之 我太祖之曾祖作帝建之外大父也 太祖化家爲國 捨家爲寺 名曰崇福 觀其額可知已 …".
『高麗史』 권15, 世家15 仁宗 3년 3월, 上冊, 303쪽. "幸崇福院 賜號興聖寺 設齋張樂以落之".

62) 李穀, 「高麗國天台佛恩寺重興記」『稼亭集』 권3(『韓國文集叢刊』 3冊, 115쪽).

고 그 지점에 있던 臨津課橋院의 격을 높여 자제사로 賜號한 것인데,[63] 사호는 곧 사액으로 볼 수 있을 것이다. 智異山 水精社에는 仁宗이 親書한 社碑를 내렸다.[64] 興王寺 弘眞院의 경우도 改額이 이루어졌는데 일종의 사액으로 보인다.[65] 의종의 진영을 海安寺에서 吳彌院에 옮기고서 宣孝寺라고 賜號한 경우도[66] 역시 사액이라 할 수 있다.

드문 사례로서 송의 황제가 사액한 사원도 보인다. 靖國安和寺가 그러한 예였다. 고려에서 송의 사신을 통해 扁額을 써 줄 것을 구하자 송의 황제가 친필로서 佛殿의 편액을 能仁之殿으로 써 주었다. 그리고 太師 蔡京에게 門額을 靖國安和之寺로 써서 사여하였다.[67] 송제가 사액한 사원인 것이다. 고려에서는 이 안화사를 상당히 격이 높은 사원으로 대우하였고 아울러 경제력도 크게 확장시켜 주었을 것이다.

사액을 내리는 사원은 그 사례가 많지 않지만, 국가에서 공력을 기울인 사원은 대부분 사액하고 있다. 국가에서 공을 기울여 지은 귀법사·현화사·홍왕사·국청사 등도 당연히 사액을 하였을 것으로 판단된다. 그렇게 볼 때 국초에 세운 70개의 비보사원도 모두 사액사원으로 볼 수 있지 않을까 한다. 사액을 받은 사원은 특별한 지위를 누리고 경제적으로 안정된 기반을 확보할 수 있었다고 생각한다.

---

63) 『高麗史』 권6, 世家6 靖宗 11년 2월, 上册, 138쪽.

64) 權適, 「智異山水精社記」 『東文選』 권64(民族文化推進會 影印本 2册, 403~404쪽).

65) 『高麗史』 권18, 世家18 毅宗 10년 4월, 上册, 366쪽.

66) 『高麗史』 권20, 世家20 明宗 11년 12월, 上册, 406쪽.

67) 『高麗圖經』 권17, 靖國安和寺. "… 自是之後 列三門 東曰 神輪 其後有殿 曰 能仁 殿二額 寔今上皇帝所賜御書也".
『高麗史』 권14, 世家14 睿宗 13년 4월, 上册, 289~290쪽. "重修安和寺成 設齋五日以落之 … 又因使价如宋 求妙筆書扁額 帝聞之 御筆書佛殿扁曰 能仁之殿 命太師蔡京書門額曰 靖國安和之寺 以賜之 且賜十六羅漢塑像".

3. 殿閣의 크기와 經濟規模

고려시기 裨補寺院의 경제규모나 경제활동의 내용을 자세히 알려주는 자료는 전하지 않는다. 비보사원의 건물 규모나 거처하는 승려의 수도 정확하게 알기 어렵다. 文宗代 國力을 기울여 세운 흥왕사의 경우 2,800間의 건물에 1천 명의 승려가 상주하였다.[68] 이 흥왕사의 예를 일반화하여 모든 비보사원의 규모가 이 정도였다고 할 수는 없을 것이다. 흥왕사의 경우에서 본다면 1명의 승려 당 2.8間의 공간을 필요로 했다는 계산이 나온다.

다른 비보사원 가운데 승려 수를 확인할 수 있는 몇 가지 예가 있다. 國淸寺의 경우 110명의 승려가 거처하였으며,[69] 歸法寺의 경우 反武臣亂 時 100여 명이 참여한 것이 확인되고,[70] 강화도 禪源寺의 경우 수백 이상의 승려가 상주하였으며,[71] 수선사의 경우 일부의 자료에는 200여 승려가 상주한 것으로 보인다.[72] 靈通寺의 경우 500여 명의 승려가 확인되고,[73] 玄化寺의 경우 이자겸이 난을 일으켰을 때 義莊이 300여 승을 인솔하고 참여하였으므로, 그 정도의 승려가 거처하고 있던 것으로 보인다.[74] 비보사원의 경우 최소 1백 명 이상의 승려가 상주한 것으로 보인다. 1인당 2.8間의 비율을 적용한다면 1백 명 상주 사원의 경우 건물의 규모가 280間이 된다.

---

68) 『高麗史』 권8, 世家8 文宗 21년 정월, 上册, 176쪽.
69) 『高麗圖經』 권17, 國淸寺.
70) 『高麗史』 권128, 列傳41 叛逆2 李義方, 下册, 781쪽 ; 『高麗史節要』 권12, 明宗 4년 정월, 314쪽.
71) 釋息影菴, 「復禪源寺疏」 『東文選』 권111(民族文化推進會 影印本 3册, 381쪽).
72) 釋宓菴, 「又(祝壽疏)」 『東文選』 권112(民族文化推進會 影印本 3册, 390~391쪽).
73) 李智冠譯註, 1996, 『歷代高僧碑文(高麗篇 3)』, 「開城靈通寺大覺國師碑文(1125년)」, 129~130쪽.
74) 『高麗史節要』 권9, 仁宗 4년 2월, 228~229쪽.

건물의 규모를 보이는 비보사원의 예는 매우 드물다. 禪源寺의 경우 半千餘間이라 해서[75] 약 500間 정도 됨을 알 수 있고, 현종대 창건한 奉先弘慶寺의 경우 280여 間이었다.[76] 규모에서 계산한다면 선원사는 170여 명, 홍경사는 100명 승려가 상주한 것이 된다. 결국 비보사원은 100명 이상의 승려가 300間 이상 되는 건물에서 상주하였다고 볼 수 있다.

비보사원은 건물의 전체 규모가 크고 거처하는 승려가 많고 경제 기반 역시 안정적이었다고 생각한다. 토지를 기본으로 하면서 상당한 고리 대자산을 운영하였을 것이다. 그런데 70사 가운데 토지의 규모를 보이는 사원의 예는 거의 찾아지지 않는다. 雲門寺의 경우 주변의 亡寺田 500결을 지급받았으며,[77] 直指寺의 경우 1,000결의 토지를 받은 것이 확인될 뿐이다.[78] 이 두 사원은 신라이래의 사원으로서 비보사원으로 추인된 것이다. 고려 태조대에 새로이 세운 사원으로서 토지의 규모를 알려주는 예는 찾을 수 없다. 다만 이후 비보사원의 반열에 들었다고 생각되는 몇몇 사원에 관해서 토지의 규모를 엿볼 수 있다.

비보사원으로 지정되었을 것으로 보이는 普願寺는 1천 頃의 토지를 지급받았다. 坦文이 下山한 보원사의 경우 특별한 대우를 받아 1천 결을 지급받고 있는 것이다.[79] 長安寺의 경우 성종대 1,050결의 토지를 지급받았으며,[80] 현종대에 창건한 玄化寺의 경우 1,240결의 屯田을 지급받았으며,[81] 廣通普濟禪寺의 경우 노국공주의 원찰이 되면서 특별대

---

75) 釋息影菴, 「復禪源寺疏」『東文選』 권111(民族文化推進會 影印本 3冊, 381쪽).
76) 崔冲, 「奉先弘慶寺記」『東文選』 권64(民族文化推進會 影印本 2冊, 398쪽).
77) 『三國遺事』 권4, 義解5 寶壤梨木.
78) 『直指寺誌』, 「直指寺事蹟(1776년)」, 271~273쪽.
79) 李智冠譯註, 1995, 『歷代高僧碑文(高麗篇 2)』, 「海美普願寺法印國師寶乘塔碑文(978년)」, 81쪽.
80) 李穀, 「金剛山長安寺重興碑」『稼亭集』 권6(『韓國文集叢刊』 3冊, 137~138쪽).
81) 『高麗史』 권4, 世家4 顯宗 11년 8월, 上冊, 102쪽 ; 『高麗史節要』 권3, 顯宗

우를 받아 2,240결의 토지를 지급받았다.[82] 보제선사의 경우는 극히 파격적인 대우라고 생각한다.

비보사원이 국가로부터 분급받은 토지의 규모는 500결을 하한으로 해서 1,000결을 보통으로 하고 있었던 것으로 보인다.[83] 사액을 받은 수선사의 경우에 240여 결만이 확인되지만,[84] 실제로는 더 많은 토지를 지배하였을 가능성이 있다.

비보사원은 기본적으로 500결 이상의 토지를 경영하였다고 볼 수 있다. 그리고 그 토지는 기본적으로 收租地였다고 생각한다. 고려시대의 비보사원으로 창건되어 토지를 분급받은 경우 수조지를 지급받는 것이 원칙이었다. 다만 신라 이래 존속한 사원의 경우 소유지를 가지고 있고, 비보사원으로 추인되면 그 토지에 대한 收租權을 확보하여 결국 면세의 특혜를 누릴 수 있었다고 생각한다. 고려시기에도 사적으로 확보한 토지의 경우에도 賜額을 받으면 면세의 혜택을 누렸을 가능성이 크다. 국력을 기울여 새로이 창건한 사원이 아닌, 기왕의 사원이 비보사원으로 지정되는 경우 토지규모가 상대적으로 작았을 것이다.

500결의 토지를 받은 비보사원의 수가 70개라면 35,000결의 토지가 사원전이 되는 것이며, 10만 결이 사원전이라면 200개 정도의 사원이 비보사원이었다는 결론이 나온다. 후기로 갈수록 규모가 작은 비보사원이 늘어갔을 것으로 보이고, 또한 지배하는 토지 규모가 작아졌을 것으

11년 8월, 89쪽.

82) 『高麗史節要』 권29, 恭愍王 19년 5월, 732쪽 ; 『高麗史』 권89, 列傳2 后妃2 魯國大長公主, 下册, 32~34쪽.

83) 조선초 寺社田을 정리할 때 최대 토지 200결, 노비 100구, 常住僧 100명으로 하고, 최소 토지 20결, 노비 10구, 상주승 10명으로 하였다(『太宗實錄』 권11, 太宗 6년 3월 丁巳, 1册, 352쪽). 토지와 승려의 비율은 2 : 1인데, 고려시기에도 비슷한 비율을 보이지 않았을까 추측해 본다.

84) 拙稿, 1995, 「高麗 武人執權期 修禪社의 農莊經營」 『典農史論』 1(拙著, 2008, 『高麗後期 寺院經濟 硏究』, 景仁文化社 재수록).

로 보여 실제로 비보사원에 편입된 사원은 200개를 상회하였을 것이다.

500결의 토지에서 결당 2석씩 징수한다면 통상 1,000석의 곡식을 租로 확보할 수 있을 것이다.[85] 토지로부터 비보사원은 1천 석을 상회하는 곡식을 징수하였다고 할 수 있다.

비보사원이 보유한 奴婢의 수에 대해서도 확인할 수 있는 예가 드물다. 普願寺의 경우 50口가 확인되고,[86] 玄化寺의 경우 100口가 보이며,[87] 雲巖寺(보제선사)의 경우 46口가[88] 확인된다. 노비는 사원전의 경작에 종사하는 것이 주된 임무가 아니고 사원의 각종 잡일을 담당하는 것이 중심 임무였다. 薪饌을 마련하고, 청소를 담당하였으며, 각종 使令의 임무도 맡았다. 비보사원의 경우 대개 50구 정도 이상의 노비를 보유하였을 것으로 추정할 수 있다.

고려시기 사원은 상당한 규모의 식리자산을 고리대로 운영하였다. 국초 定宗代에 7만 석을 大寺院에 나누어 주고 寶로 삼아 승려를 권면하고자 하였다.[89] 이 시기의 비보사원은 70개였으므로 1개 사원 당 1천 석씩 지급한 것이 된다. 1개 사원 당 1천 석의 비율로 해서 7만 석의 규모가 나온 것으로 보인다. 이때에 息利穀을 받은 사원의 구체적인 예로 長安寺와 直指寺가 보인다. 특히 장안사는 특별히 우대되어 2천 석을 받았다고 하므로[90] 여타의 사원은 대개 1천 석을 받는 것이 보통이

---

85) 소유지를 지배하였을 경우에는 이보다 많은 수입이 보장되었을 것이다. 1결당 20석을 생산한다고 가정하면 1결당 10석을 지대로 징수하므로 500결의 경우 5,000석을 수입으로 확보할 수 있었을 것이다.

86) 李智冠譯註, 1995, 『歷代高僧碑文(高麗篇 2)』, 「海美普願寺法印國師寶乘塔碑文(978년)」, 81쪽.

87) 許興植編著, 1984, 『韓國金石全文(中世上)』, 「開城玄化寺碑(1021년)」, 445쪽.

88) 『高麗史節要』 권29, 恭愍王 19년 5월, 732쪽 ; 『高麗史』 권89, 列傳2 后妃2 魯國大長公主, 下册, 32~34쪽.

89) 『高麗史』 권2, 世家2 定宗 원년, 上册, 60쪽.

90) 『楡岾寺本末寺誌』, 「江原道淮陽府金剛山長安寺事蹟(1884년)」, 亞細亞文化社影印本, 328쪽.

었을 것이다. 이 1천 석의 곡식을 사원에서 직접 고리대로 운영한 것이 아니라 地方郡縣에서 그 운영을 주관하였다.[91] 군현에서 고리대 운영을 하고서 그 이자를 사원에 보내는 방식이었던 것이다. 이러한 운영방식은 공민왕대 광암사에서도 확인된다.[92] 역시 사원이 직접 하지 않고 지방 관아에서 운영을 주관한 것이다. 국초부터 비보사원이 고리대 운영에 참여함이 확실한 것이다. 그러나 그 운영을 사원에서 전담한 것인지 아니면 지방 관아에서 대행한 것인지 속단하기 어렵다. 아마 두 가지 방식 모두 채택되었을 가능성이 크고 시기에 따라 차이가 있었을 것이다.

토지로부터의 수입은 안정적이지만 규모가 큰 것이 아니었다. 반면에 고리대 운영에서 확보하는 수익은 엄청난 것이었지만, 안정성과 지속성에서 문제가 있었다. 당시의 이자율이 1/3이어서 100석으로 확보할 수 있는 이자는 33⅓석에 달하였다. 500결의 수조지에서 1천 석을 징수할 수 있었는데, 1천 석을 고리대를 통해 확보하려면 3천 석을 고리대 모곡으로 하여야 했다.

현화사는 2천여 석을 고리대의 자산으로 보유하였다.[93] 수선사는 10.100석을 자본으로 하였고,[94] 禪源寺의 경우 秔米 150苫을 보유한 것이 보이고,[95] 장안사는 楮幣 1千 錠 이상을 자본으로 하여 고리대를 운영하였다.[96] 그리고 報法寺의 경우 고려 말에 布 1千 疋을 자본으로 확보하여 存本取息하였고[97] 雲巖寺(광암사)는 15,293匹의 포를 기본으

直指寺는 받았다는 내용만 전할 뿐 정확한 규모는 알 수 없다(『直指寺誌』, 「黃岳山直指寺事蹟(宣祖以後)」, 160~163쪽).

91) 『高麗史節要』 권2, 成宗 원년 6월, 46쪽.

92) 『高麗史』 권89, 列傳2 后妃2 魯國大長公主, 下冊, 32~34쪽.

93) 許興植編著, 1984, 『韓國金石全文(中世上)』, 「開城玄化寺碑(1021년)」, 450쪽.

94) 拙稿, 1995, 「高麗 武人執權期 修禪社의 農莊經營」 『典農史論』 1.

95) 崔瀣, 「禪源寺齋僧記」 『拙藁千百』 권1(『韓國文集叢刊』 3冊, 12~13쪽).

96) 李穀, 「金剛山長安寺重興碑」 『稼亭集』 권6(『韓國文集叢刊』 3冊, 137~138쪽).

97) 李穡, 「報法寺記」 『牧隱藁文藁』 권6(『韓國文集叢刊』 5冊, 46~47쪽).

로 하였다.[98] 神孝寺의 경우 재정이 곤궁해지자 새로이 포 450여 필, 쌀 몇십 석을 마련하였다.[99]

식리자산의 경우 비보사원마다 상당한 규모의 차이를 보이고 있다. 토지보다 고리대의 규모에서 비보사원마다 차이가 더 컸던 것이다. 비보사원의 경제력은 아마도 고리대 운영 정도와 깊은 관련을 가졌을 것이다. 그렇다고 하더라도 비보사원은 아마 1천 석 정도는 통상 운영하지 않았을까 한다. 사원의 경우 대개 고리대에 참여하였기에 비보사원 대부분 고리대운영에 참여하였을 것이다. 고리대운영은 다른 한편으로 사회구제의 의미를 띠고 있어 적극적으로 거기에 종사하였을 것이다. 1천 석의 곡식을 통해 이자로 확보할 수 있는 것은 333⅓석에 달하였다. 이것은 토지 170결 정도에서 확보할 수 있는 것과 비슷한 규모였다.

500결의 토지, 1천 석의 고리대로부터 확보할 수 있는 수입은 1,333⅓석(1000석+333⅓석)에 달하였다. 1천 석 이상을 수입으로 확보하는 것이 비보사원이었다. 고려시기 비보사원은 그 역할도 중요하고 규모도 커서 이만한 수입을 확보해야 운영해 나갈 수 있었다. 그러나 비보사원에 들지 못하는 대부분의 사원은 이보다 경제규모가 빈약하였고, 사원의 규모나 승려의 수에서도 열세였다.

비보사원의 경우, 寺格도 높고 규모도 크고 화려하기 때문에 소요되는 물품을 외국과의 교역을 통해 확보하기도 하였다. 禪源寺의 경우 宋(元)에서 단청의 원료를 구입하고 있음이 확인되며,[100] 報法寺는 江浙에서 대장경을 구입하고 있다.[101] 비보사원은 단청원료나 대장경의 구

98) 『高麗史節要』 권29, 恭愍王 19년 5월, 732쪽 ; 『高麗史』 권89, 列傳2 后妃2 魯國大長公主, 下冊, 32~34쪽.
99) 李穀, 「神孝寺新置常住記」 『稼亭集』 권5(『韓國文集叢刊』 3冊, 128~129쪽).
100) 釋息影庵, 「禪源寺毗盧殿丹靑記」 『東文選』 권65(民族文化推進會 影印本 2冊, 415~416쪽).
101) 李穡, 「報法寺記」 『牧隱藁文藁』 권6(『韓國文集叢刊』 5冊, 46~47쪽).

입을 위해 국제교역에 참여하는 것이다.

특이하게도 금강산 소재의 長安寺는 개경에 점포를 가지고 있어 임대해 준 것이 30間에 이르며, 또 開城府에 京邸를 두고 있었다.[102] 개경에 있는 점포를 통해 잉여물품을 처분하고 필요한 물품을 구입하였을 것으로 보이며, 또한 경저를 개성에 둠으로써 장안사와 개경의 연결고리로 삼을 수 있었다고 생각된다. 장안사처럼 개경에 점포를 가지고 있거나 경저를 가지고 있는 외방 사원은 더 있었을 것으로 여겨지나 자세한 내용은 알 수 없다.

비보사원이 아닌 경우, 사원의 규모도 작고 상주하는 승려의 수도 적었다. 남원의 勝蓮寺는 111間이었고,[103] 眞宗寺는 60여 間이었다.[104] 院이나 庵으로 불리는 사원은 규모가 더 작아서 犬灘院은 幾間에 불과했으며,[105] 오대산 獅子庵은 3楹 2間이었고,[106] 香山의 潤筆菴은 3楹,[107] 竹杖菴은 3間에 불과하였다.[108] 상주하는 승려의 수는 알 수 없어, 1명당 2.8間의 비율을 적용한다면 승련사는 38명 남짓, 진종사는 22명 남짓, 윤필암·죽장암은 1명 정도가 상주한 것이 된다. 아마 대개 100간 이내가 대부분이었고, 상주하는 승려도 35명 내에 머물렀을 것이다. 규모는 천차만별이어서 10간 이내의 규모, 상주승 3~4명 내외의 경우도 적지 않았을 것이다.

이들 사원은 대개 특정개인과 연결되는 수가 많았고, 경제기반도 국

---

102) 李穀, 「金剛山長安寺重興碑」『稼亭集』 권6(『韓國文集叢刊』 3冊, 137~138쪽).

103) 李穡, 「勝蓮寺記」『牧隱藁文藁』 권1(『韓國文集叢刊』 5冊, 7쪽).

104) 李穡, 「眞宗寺記」『牧隱藁文藁』 권1(『韓國文集叢刊』 5冊, 6~7쪽).

105) 權近, 「犬灘院樓記」『陽村集』 권12(『韓國文集叢刊』 7冊, 140쪽).

106) 權近, 「五臺山獅子庵重創記」『陽村集』 권13(『韓國文集叢刊』 7冊, 147쪽).

107) 李穡, 「香山潤筆菴記」『牧隱藁文藁』 권2(『韓國文集叢刊』 5冊, 13쪽).

108) 李穡, 「砥平縣彌智山竹杖菴重營記」『牧隱藁文藁』 권2(『韓國文集叢刊』 5冊, 17~18쪽).

가와 관련되지 않고 사적으로 확보하는 수가 대부분이었다. 看藏庵의 경우 7, 8결의 토지를 소유하였으며,109) 廣州 神福禪寺는 15결의 良田을 시납받았고,110) 艶陽禪寺는 朴澄이란 인물이 소유한 田土를 모두 희사하였다고 하는데,111) 그 규모가 엄청나지는 않았을 것이다. 非비보사원은 이처럼 특정인이 시납한 토지를 경제기반으로 하였으며, 그 규모는 100결을 상회하는 경우는 극히 드물고 통상 수십 결 남짓 소유한 경우가 대부분이지 않았을까 한다. 그 토지의 성격은 당연히 所有地였다고 생각하며, 국가로부터 비보사원으로 지정되지 않았기에 田租를 국가에 납부하지 않으면 안 되었을 것이다. 비보사원이 아닌 경우 사원의 토지는 免租의 혜택을 누리지 못하였기에, 속인이 재산을 은닉한다는 의미는 성립하기 어려웠다. 비보사원에 재산을 은닉할 수는 있었겠지만, 비보사원은 특정인이 영향력을 행사하는 데 한계가 있기에 굳이 그 사원에 편입시킬 이유가 없었을 것이다.

非비보사원의 경우도 奴婢를 보유하고 있었던 것으로 보인다. 乾洞禪寺의 경우 河元瑞가 '捨臧獲以足使令'하였다고 하며,112) 오대 상원사의 경우 崔伯淸의 처 金氏가 노비를 희사한 것이 보이며,113) 水嵓寺에는 私奴婢 10구가 시납되었고,114) 승련사에도 拙菴이라는 승려가 私奴婢 약간을 시납하였음이 확인된다.115) 노비는 使令·薪饌마련·掃除 등이 주임무였을 것이며, 사원의 소유토지 경작에는 부분적으로 참여하

109) 李承休, 「看藏寺記」『動安居士集』 雜著(『韓國文集叢刊』 1册, 383~385쪽).
110) 李穀, 「大元高麗國廣州神福禪寺重興記」『稼亭集』 권3(『韓國文集叢刊』 3册, 120~121쪽).
111) 李穀, 「高麗國江陵府艶陽禪寺重興記」『稼亭集』 권2(『韓國文集叢刊』 3册, 114쪽).
112) 李齊賢, 「重修乾洞禪寺記」『益齋亂藁』 권6(『韓國文集叢刊』 2册, 553~554쪽).
113) 李穡, 「五臺上院寺僧堂記」『牧隱藁文藁』 권6(『韓國文集叢刊』 5册, 45~46쪽).
114) 李奎報, 「水嵓寺華嚴結社文」『東國李相國集後集』 권12(『韓國文集叢刊』 2册, 252쪽).
115) 李穡, 「勝蓮寺記」『牧隱藁文藁』 권1(『韓國文集叢刊』 5册, 7쪽).

였을 것이다. 노비는 보통 10구를 넘지 않는 범위에서 보유하지 않았을까 추정해 본다.

고리대 운영에도 대부분 참여하였을 것으로 보인다. 광주 신복선사의 경우 박쇄노올대의 부인 金氏가 實楮 500貫을 시납하여 고리대로 운영하도록 하였음이 보인다.116) 다른 사원의 경우에도 고리대의 운영에 참여하였을 것으로 보이나, 그 정확한 규모는 알기 어렵다.

非비보사원의 경우 조성이나 운영에 특정가가 깊이 관여하고 있었기에 그 경제기반의 마련과 운영도 마찬가지였다. 그 규모는 특정 개인의 재력 여하에 따라 상이하겠지만, 비보사원보다 우월한 경우는 극히 드문 일이었을 것으로 보인다.

이러한 非비보사원에 거처하는 승려는 그 자질도 비보사원보다 현저히 떨어졌을 것으로 보인다. 승과에 합격한 고급 승려들이 이러한 사원에 거처하는 것은 극히 이례적이고 드문 일이었을 것이다. 고려의 사원은 이처럼 크게 두 유형으로 나눌 수 있고, 전각의 규모, 승려의 수와 경제운영에서도 역시 이렇게 두 유형으로 대별할 수 있을 것이다.

4. 寺院 類型의 混淆와 寺院의 土地擴大

고려후기 국가의 불교계 운영이 동요하면서 사원의 유형에도 많은 변화가 있었고, 경제기반도 적지 않은 문제를 야기하고 있었다. 국가는 일정하게 비보사원을 유지하는 데 관심을 기울였지만, 퇴락의 양상을 보이는 수도 적지 않았다.

국가는 비보사원의 유지를 위해 지속적으로 노력하였다. 특히 밀기에

---

116) 李穀, 「大元高麗國廣州神福禪寺重興記」 『稼亭集』 권3(『韓國文集叢刊』 3册, 120~121쪽).

기재된 70개의 태조대 조영한 사원에 관해서는 일관되게 관심을 기울여 유지하려고 하였다. 의종 22년(1168)에 하교한 내용에 비보사원으로서 殘弊함이 있다면 주장관이 즉시 보수하라는 것이 보인다.117) 국가적으로 중시되는 비보사원은 퇴락함이 있다면 즉시 보수하라는 것이다. 국가에서는 이처럼 비보사원의 유지에 깊은 관심을 기울이고 있었다. 이러한 것은 관료의 경우에서도 확인할 수 있다. 충렬왕대에 韓康이 말한 내용에 비보사원으로 퇴락한 것이 많은데 마땅히 유사에게 명해 중수하라는 것이다.118) 그렇게 해야 국조가 연장될 수 있다는 것이다.

공민왕대에도 비보사원을 유지해야 함을 강조하고 있다.

> 祖王代 創置禪敎寺院 所以裨補地德以利國家 今多頹圮 只有遺基 其有土田者 收其租 有臧獲者 收其庸 以備重修119)

비보사원 가운데 퇴락하여 유기만이 있는 수가 있는데, 토전의 조와 노비의 용을 거두어 중수하라는 것이다. 국가가 직접 중수하지는 못하지만 사원이 나서서 중수하도록 강조하는 것이다. 비보사원의 유지에 관심을 기울이고 있음을 볼 수 있는 것이다. 비보사원을 중시하고 있음은 승려인 普愚에게서도 확인된다.

> 爲君之道 在修明敎化 不必信佛 若不能理國家 雖致勤於佛 有何功德 無已則 但修太祖所置寺社 愼勿新創120)

보우는 새로이 사원을 창건할 필요는 없고 다만 태조대에 세운 사원

---

117) 『高麗史』 권18, 世家18 毅宗 22년 3월, 上册, 381쪽.
118) 『高麗史節要』 권21, 忠烈王 22년 2월, 561쪽.
119) 『高麗史』 권38, 世家38 恭愍王 원년 2월, 上册, 756쪽.
120) 『高麗史節要』 권26, 恭愍王 원년 5월, 671쪽 ; 『高麗史』 권38, 世家38 恭愍王 원년 5월, 上册, 758쪽.

을 중수하라는 것이다. 이처럼 비보사원은 국가가 나서서 유지하려고 노력하였으며, 속인관료도 비보사원의 중수에 관심을 가지고 있었다. 그리고 승려도 역시 이 비보사원을 중시하고 있음이 확인된다.

이러한 노력에도 불구하고 국가가 중시하는 裨補寺院이 퇴락의 양상을 보이고 있었다. 국가가 반복해서 중수를 강조하는 것은 그 만큼 퇴락이 심각했음을 방증하는 것이다. 공민왕대에는 비보사원 대부분이 頹圮하여 다만 遺基만이 있다고 하였다.[121] 開國律寺는 구체적인 퇴락의 양상을 전하고 있으며,[122] 비보사원인 萬義寺도 "壞廢旣久 鞠爲榛莽"이라고 하여 퇴락의 모습을 보이고 있다.[123] 國裨補인 오대산 사자암은 "創久而廢 遺基尙存"하였으며,[124] 관음굴은 '結構卑陋而傾撓'하였고,[125] 흥왕사는 "寺火遷都之際 屢修屢毁 不能完復"하였다.[126] 안파사는 고려말 왜구의 공격으로 인하여 망폐의 지경에 놓였다.[127] 비보사원의 경우 규모가 크고 사원으로서의 격이 높기 때문에 외침이 있을 때 주된 약탈의 대상이 되었다.

神孝寺는 고려후기 비보사원이 퇴락하여 감을 잘 표현하고 있다. 이 사원은 충렬왕이 중흥하였는데 그때는 田租의 歲入이 적지 않고 檀家의 시주가 끊이지 않아서, 저축이 넘치고 부엌이 풍족하였다. 남은 것으로 궁한 사람을 많이 구제하였다. 충렬왕이 하세한 뒤로 10년 동안은 별 변동이 없었으나, 그 후 10여 년 "田入歲削 檀施日減 居僧始病 其不足

121) 『高麗史』 권38, 世家38 恭愍王 원년 2월, 上册, 756쪽.
122) 李齊賢, 「重修開國律寺記」 『益齋亂藁』 권6(『韓國文集叢刊』 2册, 552~553쪽).
123) 權近, 「水原萬義寺祝上華嚴法華會衆目記」 『陽村集』 권12(『韓國文集叢刊』 7册, 132쪽).
124) 權近, 「五臺山獅子庵重創記」 『陽村集』 권13(『韓國文集叢刊』 7册, 147쪽).
125) 權近, 「觀音屈落成慶讚華嚴經疏」 『陽村集』 권27(『韓國文集叢刊』 7册, 257~258쪽).
126) 李穀, 「興王寺重修興教院落成會記」 『稼亭集』 권2(『韓國文集叢刊』 3册, 112쪽).
127) 『太宗實錄』 권10, 太宗 5년 8월 壬辰, 1册, 334쪽.

矣"하였고, 그 후 수십 년인 지금에 이르기까지 쌀이 떨어지고 부엌이 곤궁해져서, 절에 있는 중이 돌아다니며 걸식하였고, 10에 4, 5가 흩어져 다른 곳으로 가기도 하였다는 것이다.[128] 결국 신효사는 재정적인 문제로 동요해 가고 있었다. 토지경영을 합리적으로 행하고 고리대를 통해 안정적인 수입을 확보하는 것이 용이한 일이 아니었기에 신효사처럼 퇴락의 길을 밟은 비보사원이 적지 않았던 것이다.

비보사원은 퇴락과 함께 규모도 축소되었고, 거처하는 승려의 수도 감소하여 갔다. 홍경사는 개창할 때 280여 間에 달하는 큰 사원이었으며,[129] 거처하는 승려도 대략 100명 내외였을 것으로 추정되는데, 명종 년간에 겨우 10여 명의 승려만이 거처하였음을 전한다.[130] 100여년이 경과하는 동안에 홍경사는 상당히 사세를 잃어 갔던 것으로 보인다. 건물이 퇴락하고 경제살림이 여의치 않아 많은 승려들이 상주할 수 없게 된 것으로 이해된다.

靈鳳山 龍巖寺 역시 고려초보다 사세가 크게 열악해진 것으로 보인다. 고려초 道詵의 견해에 따라 세운 용암사는 14세기 초에 겨우 100여 間의 규모를 보이고 있다. 창건한 지가 오래되어 건물이 퇴락하고 像設이 剝落하였다고 하는 데서 알 수 있듯이[131] 전반적으로 퇴락의 양상을 보이고 있었다. 많은 전각이 회복되지 못하고 겨우 100여 間만을 새로이 할 수 있었던 것으로 이해된다. 金剛山 長安寺도 겨우 120여 간을 새로이 할 수 있었다.[132] 비보사원의 경우 퇴락한 것을 중수하더라도 예전의 규모를 회복하지 못하고 상당히 축소된 모습으로 재건되는 것을 알 수

128) 李穀, 「神孝寺新置常住記」『稼亭集』 권5(『韓國文集叢刊』 3册, 128~129쪽).
129) 崔沖, 「奉先弘慶寺記」『東文選』 권64(民族文化推進會 影印本 2册, 398쪽).
130) 『高麗史』 권19, 世家19 明宗 7년 3월 辛亥, 上册, 398쪽.
131) 朴全之, 「靈鳳山龍巖寺重創記」『東文選』 권68(民族文化推進會 影印本 2册, 443~445쪽).
132) 李穀, 「金剛山長安寺重興碑」『稼亭集』 권6(『韓國文集叢刊』 3册, 137~138쪽).

있다.

이처럼 고려후기에 가면서 퇴락하는 비보사원이 늘어갔다. 亡寺가 다수 출현함은 그 표현이었다. 이는 곧 고려적인 사원운영의 파행성을 상징적으로 보이는 현상이었다. 충혜왕 후4년(1343)에

> 令五教兩宗亡寺土田及先代功臣田 盡屬內庫[133)]

하라는 것은 비보사원의 퇴락을 잘 보여주는 것이라 하겠다. 오교양종은 곧 주지를 국가에서 파견하는 사원을 가리키며, 이는 곧 비보사원을 뜻하기 때문이다. 오교양종에 속한 사원 가운데 망사가 많이 출현함을 알리는 것이다.

비보사원의 경우 토지의 규모가 항상 일정한 것은 아니었다. 후기에 새로이 토지를 시납받는 수도 있었다. 報法寺에서 그것을 확인할 수 있다. 비보사원인 보법사에 漆原府院君 尹桓과 그의 부인이 함께 토지를 시납하였다. 보법사는 태조비 유씨가 捨家하여 만든 절로서, "所施田民至今存焉"하였는데,[134)] 국초이래의 토지를 소유하고 있는 위에 새로이 토지를 시납받고 있는 것이다. 비보사원의 경우 보법사처럼 새로이 토지를 시납받음으로써 경제력을 확대해가는 사원도 없지 않았다.

光巖寺(廣通普濟禪寺, 雲巖寺)도 원래 비보사원인데, 노국공주의 원찰이 되면서 경제력을 크게 확대할 수 있었다.

> 又納田二千二百四十結 奴婢四十六口 布一萬五千二百九十三匹于陵傍光岩寺 以資冥福[135)]

---

133) 『高麗史』 권78, 志32 食貨1 田制 公廨田柴, 中册, 713쪽.
134) 李穡, 「報法寺記」 『牧隱藁文藁』 권6(『韓國文集叢刊』 5册, 46~47쪽).
135) 『高麗史節要』 권29, 恭愍王 19년 5월, 732쪽.

국초부터의 비보사원인 보제선사에 2,240결의 상당한 토지가 지급되고 있는 것이다. 비보사원의 경우 이처럼 경제기반을 확대해 가는 사원도 적지 않았다. 비보사원이 한편으로 퇴락하고 한편으로 경제력을 확대해가는 현상을 보이고 있는 것이 이 시기의 모습이었다.

비보사원에 대한 국가의 지원과 관심이 큰 것에 비해, 사사로운 사원의 창건에 대해서는 일관되게 비판적이었다. 태조대 이후 원당·원찰을 표방하면서 많은 사원이 조영되자 이를 비판하는 논자들이 다수 보였다. 이미 태조는 그러한 원찰이 후대에 많이 조성될 것을 알고 訓要十條에서 이를 경계하는 말을 남기고 있다. 신라말에 다투어 사원을 조성해 지덕을 衰損시켜 멸망함에 이른 것을 거울삼아 후세의 國王·公侯·后妃·朝臣이 원당이라 칭하면서 사원을 창건하지 말라고 하였다. 이미 창건한 사원을 벗어나 새로이 지으면 地德을 損薄하게 해 祖業이 길지 못할 것이라고 하였다.136) 그러나 이러한 훈계는 지켜지지 않고 이후 많은 사원이 조성되었다.

문종대에 국왕이 흥왕사를 창건하려 하자 최유선이 반대하였다. 이미 태조가 훈요에서 국내 산천의 순역을 살펴 사원 세울 곳에는 모두 세웠고, 또 후세에 국왕이하 朝臣이 사원을 세우지 말 것을 경계하였다고 하면서 새로운 사원인 흥왕사를 짓지 말라고 하였다. 절을 짓는 것은 罄民財·竭民力하여 결국 나라의 근본을 위태롭게 한다는 것이다.137) 새로운 사원의 창건에 대해 반대하는 주장인 것이다.

崔忠獻이 권력을 잡은 뒤 올린 封事에서도 원당의 문제를 제기하였다. 태조대 이후에 將相·群臣·無賴僧尼 등이 山川의 吉凶을 묻지 않고 사원을 세워 願刹이라고 하는데, 이는 地脈을 손상시켜 災變이 자주

136) 『高麗史』 권2, 世家2 太祖 26년 4월, 上册, 54~55쪽.
137) 『高麗史』 권95, 列傳8 崔惟善, 下册, 119~120쪽 ; 『高麗史節要』 권4, 文宗 10년 2월, 132쪽.

일어나게 하는 것이라고 하였다. 이러한 사원을 削去할 것을 요청하였다.[138]

충렬왕 24년(1298) 충선왕이 즉위하여 하교하는 내용 중에도 원당 설립을 문제로 삼는 내용이 있다.

> 今兩班私立願堂 虧損地德[139]

지금 양반이 사적으로 원당을 세워 地德을 훼손하고 있다고 한 것이 그것이다. 원당을 세우면 지덕을 손상시킨다는 지적이다.

태조가 원찰의 창건을 경계하고 역대 신료들이 원당의 창건을 비판하였지만, 현실에서 원당으로 표현되는 사원은 증대되어 갔다. 고려말에 불교를 비판하던 朴礎는 태조가 경계하였음에도 불구하고 역대 군신이 태조의 남긴 뜻을 본받지 않고 사원과 탑을 조영하면서 지금에 이르렀다고 지적하였다.

> 歷代君臣 不能體聖祖之遺意 因循苟且 營菴立塔 無代無之 式至于今 其弊滋甚[140]

국가에서 사원의 새로운 조영을 억제하고자 하였지만, 사원의 창건은 계속되었다. 그러한 지적은 조선초의 기록에서 여럿 확인할 수 있다.[141] 원당이란 명목으로 사원을 조영하여 고려 일대에 사원의 수가 크게 늘어갔음을 지적하는 것이다.

---

138) 『高麗史』 권129, 列傳42 叛逆3 崔忠獻, 下册, 791쪽 ; 『高麗史節要』 권13, 明宗 26년 5월, 360쪽.
139) 『高麗史』 권84, 志38 刑法1 職制 忠烈王 24년, 中册, 843쪽.
140) 朴礎, 「闢佛疏」 『東文選』 권53(民族文化推進會 影印本 2册, 246쪽).
141) 『太宗實錄』 권3, 太宗 2년 4월 甲戌, 1册, 231~232쪽 ; 『成宗實錄』 권11, 成宗 2년 9월 癸未, 8册, 597~598쪽.

비보사원과 원당은 원리상 대립하는 것으로 보이지만, 실제에 있어서는 그렇지 않은 수도 있었다. 비보사원은 태조대 지맥을 고려하여 세운 사원으로서 국가의 공적인 기능을 수행하였기 때문에 사적인 성격의 원당과 구별되는 것이다. 반면에 원당은 특정인을 위한 복을 비는 것이 주된 기능이었기 때문에 사사로운 성격을 짙게 띠고 있었다.[142] 그러나 비보사원을 원당으로 하는 수도 있었고, 원당이 비보사원으로 지정되는 수도 있었다. 그것은 원당이라 하더라고 특정인만을 위하지 않고 사원 일반의 기능을 수행하고 있기 때문에 가능한 일이었다.

실제로 비보사원이면서 원당의 성격을 띤 사원의 예로 觀音屈과 釋王寺를 들 수 있다. 관음굴은 천마산에 소재하며 逆水의 근원을 壓勝하기 때문에 가장 裨補가 되었는데, 조선의 定宗이 潛邸 時에 가서 보고 원찰로 삼으려고 중영하였다.[143] 이것은 비보사원이 원당의 성격을 띠게 됨을 뜻한다. 비보이면서 원당의 성격을 아울러 갖게 되는 것이다.

安邊의 釋王寺도 유사하였다. 석왕사는 원래 옛 鎮兵裨補였는데, 태조 이성계가 잠저시에 원찰로 삼아 重新하였다는 것이다.[144] 비보사원에 원당의 기능을 추가시킨 것이다. 보제선사는 공민왕비인 노국공주의 원찰이었지만,[145] 원래는 국초에 비보사원으로 창건한 것이기에 역시 비슷한 유형이라 하겠다. 이에 반해 安和寺는 王信의 원당으로 세운다고 표방하였지만,[146] 국가의 비보사원이었다. 이렇듯이 비보사원과 원당은 원리상 구분되었지만 실제로는 동일사원이 두 기능을 동시에 맡는 수

142) 고려시기 願堂에 관한 자세한 설명은 韓基汶, 1998, 『高麗寺院의 構造와 機能』, 民族社, 217~351쪽이 참조된다.

143) 權近, 「觀音屈落成慶讚華嚴經疏」 『陽村集』 권27(『韓國文集叢刊』 7冊, 257~258쪽).

144) 權近, 「釋王寺堂主毗盧遮那左右補處文殊普賢腹藏發願文」 『陽村集』 권33(『韓國文集叢刊』 7冊, 290쪽).

145) 『高麗史』 권114, 列傳27 李成瑞, 下冊, 500쪽.

146) 『高麗史』 권1, 世家1 太祖 13년 8월, 上冊, 47쪽.

가 있었다. 그러나 원당은 비보사원이 아닌 경우가 대부분이었고, 그리하여 원당은 사적인 사원이라고 하여 비난의 대상이 되는 것이다.

개인이 사사로이 창건한 사원은 경제력도 마련하여 갔다. 대개 토지의 보유를 전제로 하였다. 고려후기에 신설 사원이 급증하였기 때문에 전체적으로 사원의 토지가 크게 증가하는 양상을 띠고 있었다.

사사로이 조영한 원찰의 경우 대개 조영한 이가 경제력도 함께 마련하였다. 그리하여 사원의 토지가 증가 일로를 걷고 있었다는 지적이 나오고 있다.

> 後之君臣 益信而創大伽藍 各稱願堂 施納田民 代代增加 由是五百年間 京外寺社 不可勝記147)

후대의 君臣이 원당이라 칭하는 대사원을 세우면서 施納田民하여 그것이 대대로 증가하여 가서 오백년간 경외의 사원은 모두 기록할 수 없을 정도라는 것이다. 다음의 자료도 비슷한 내용을 지적하였다.

> 自後君臣 爭相傚慕 建大伽藍 號稱願堂 施納田民 是以五百年來 中外寺刹多於官府148)

고려 태조대 이후 원당이라 칭하는 사원을 건립하면서 전민을 시납하여 오백년간 사원의 수가 크게 늘어갔다는 것이다. 사원이 늘어감은 곧 사원의 토지가 늘어가는 것이었다.

개인이 조영한 원찰에 경제기반을 제공하는 예는 흔히 찾을 수 있다. 許邕이 조영한 夢禪寺와 加恩蘭若·雲龍寺의 경제기반은 허옹 자신이 마련해 주었던 것으로 보인다. 운룡사에 더욱 施捨를 많이 하였다는 것

147) 『太宗實錄』 권3, 太宗 2년 4월 甲戌, 1冊, 231~232쪽.
148) 『成宗實錄』 권11, 成宗 2년 9월 癸未 8冊, 597~598쪽.

에서[149] 다른 사원의 경우도 규모는 작지만 시사를 한 것으로 보이기 때문이다.

임천의 普光寺에는 圓明國師 冲鑑의 伯氏와 仲氏가 함께 전 100경을 시납하였다. 원명국사를 머물게 하기 위해 楊廣道按廉 崔玄佑가 官屬을 거느리고 增葺을 꾀하자, 원명의 伯氏 判典客寺事 致仕 金永仁, 仲氏 重大匡平陽君 金永純이 感激發願하여 家童 100口와 田 100頃을 시납하였다.[150] 水嵓寺에는 중수를 담당한 추밀상국 朴文備가 토지를 개간하여 시납하였다. 樞密相國 朴文備가 일찍이 固城에 出守 時 지은 절 水嵓寺를 大孤가 요청하자 空曠陂澤하여 田으로 만들 수 있는 것을 절에 시납하였다.[151] 두타산 간장암에는 이승휴가 토지를 시납하여 경제기반으로 삼게 하였다. 이승휴는 만년에 더욱 불교를 섬겨서 墅를 별도로 두고 容安堂이라 하고 거처하였다. 三和寺에 가서 經典을 빌려 읽기를 10년 만에 마쳤는데, 후에 墅를 승려에게 주고 편액을 看藏庵이라 하였다.[152] 이에 "聞有若干空閑地棄 因受决於安集使 又納之 前後合爲俗言七八結也 以爲常住齋粥之資用"하였다.[153] 乾洞禪寺에는 중창을 담당한 河元瑞가 역시 농지를 개간하여 시납하였다. 즉 "墾斥鹵良田收 供養之需給"하였다.[154] 강릉의 염양선사에는 前成均司藝 朴澄이 古廢寺를 중창하여 조상의 명복을 비는 한편 후손이 없는 그로서는 자신의 모든 노비와 토지를 시납하여 경제기반으로 삼게 하였다.[155] 廣州

149) 金龍善編著, 2001, 『高麗墓誌銘集成』, 「許邕妻李氏墓誌銘(1381년)」, 646쪽.
150) 『新增東國輿地勝覽』 권17, 林川郡 佛宇 普光寺.
151) 李奎報, 「水嵓寺華嚴結社文」 『東國李相國集後集』 권12(『韓國文集叢刊』 2冊, 252쪽).
152) 崔瀣, 「頭陀山看藏庵重營記」 『拙藁千百』 권1(『韓國文集叢刊』 3冊, 5~6쪽).
153) 李承休, 「看藏寺記」 『動安居士集』 雜著(『韓國文集叢刊』 1冊, 383~385쪽).
154) 李齊賢, 「重修乾洞禪寺記」 『益齋亂藁』 권6(『韓國文集叢刊』 2冊, 553~554쪽).
155) 李穀, 「高麗國江陵府艷陽禪寺重興記」 『稼亭集』 권2(『韓國文集叢刊』 3冊, 114쪽).

神福禪寺 또한 元에서 宦官으로 있던 박쇄노올대가 良田 15결을 시납하였다.[156] 五臺 上院寺에도, 四佛山 彌勒庵에도 토지가 시납되고 있음이 확인된다. 오대 상원사에는 崔伯淸의 처 김씨가 노비와 전토를 희사하여 常住資로 삼도록 하였으며,[157] 사불산 미륵암에는 前判事 白瑨이 買田 1區하여 제공하였다.[158]

이렇게 사적으로 조영한 사원의 경우 조영한 이가 경제기반을 마련해 주는 것이 관례였다. 원당이 증가해 감에 따라 사원에 편입되는 토지는 증가할 수밖에 없었다. 그리하여 李齊賢은 사원에 시납되는 토지가 賜牌田이나 權豪의 겸병과 마찬가지로 백성에게 독이 되고 나라에 해가 되는 地目으로 지적하였다.[159] 사원의 토지가 증대해 가는 것도 문제이고 나아가 그 토지가 면세의 혜택까지 받게 되면 더욱 문제가 심각하였다. 사실 사원으로서는 토지를 확보한 뒤 다시 그 토지에 대한 면세의 혜택을 누리고자 하였다. 그것은 비보사원으로 지정될 때 가능하였다.

사원으로서는 비보지적에 등재되면, 곧 비보사원이 되면 면세의 혜택을 누릴 수 있었다. 선교각종에서 토지와 민이 있는 사원을 차지하고서 비보지적에 등재시켜 비보사원으로 만들면[160] 그 사원이 소유한 토지에서 조세를 납부하지 않는 권한 즉 면세의 혜택을 누릴 수 있었던 것이다.

비보사원은 기본적으로 道詵密記에 기록된 70寺를 기본으로 하여 증가하여 갔다고 할 수 있다. 태조대에 창건하거나 추인받은 사원을 기본으로 하면서 이후에도 증가되어 갔다고 생각한다. 그렇게 늘어난 비보사원은 수가 많았던 것으로 보인다. 그리하여

156) 李穀, 「大元高麗國廣州神福禪寺重興記」 『稼亭集』 권3(『韓國文集叢刊』 3冊, 120~121쪽).
157) 李穡, 「五臺上院寺僧堂記」 『牧隱藁文藁』 권6(『韓國文集叢刊』 5冊, 45~46쪽).
158) 權近, 「四佛山彌勒庵重創記」 『陽村集』 권11(『韓國文集叢刊』 7冊, 125쪽).
159) 李齊賢, 「策問」 『益齋亂藁』 권9下(『韓國文集叢刊』 2冊, 599~600쪽).
160) 『太宗實錄』 권3, 太宗 2년 4월 甲戌, 1冊, 231~232쪽.

初資福裨補寺頗多 而太宗沙汰幾盡 其奴婢及法孫奴婢 一皆革罷[161]

자복비보사가 파다하다는 말이 나올 수 있는 것이다. 각 고을마다 자복을 위한 비보사원이 많다는 것이다. 밀기부에 기재된 70개의 사원에서 그 수가 크게 늘어났음을 알려주는 것이다.

고려후기 비보사원이 퇴락하는 한편으로 새로운 원당이 급증하여 갔다. 기존의 사원은 경제력을 확대하고자 노력하였으며, 그것이 여의치 않을 경우 그 사원은 유지해 가는 것이 곤란해졌다. 새로이 등장한 사원도 스스로를 유지해 갈 수 있는 경제기반을 확보하려고 노력하였다. 경제기반이 없는 사원은 유지될 수 없는 일이었다. 사원이 자급자족을 영위하지 않기 때문에 안정적인 경제기반은 더욱 절실하였다. 이 과정에서 사원의 토지를 둘러싼 갈등은 더욱 증대되어 갔다.

5. 結 語

고려시기 사원의 유형에 따라 건물의 규모, 거처하는 승려의 수, 경제규모에 커다란 차이가 있었다. 사원경제라 통칭하지만 현실에서는 사원마다 매우 커다란 편차를 보이고 있었다. 당시의 자료에서 언급한 사원의 여러 범주를 통해 사원의 유형을 정리하고 경제규모의 차이를 검토하였다.

당시의 사료는 사원을 여러 범주로 표현하였다. 국가에서 고리대 곡식을 나누어주는 사원, 국왕을 위한 祈福과 祝壽를 기원하는 사원, 鎭兵法席이나 飯僧이 행해지는 사원, 국가의 재정 부족 시 이를 돕는 사원 등이 제시되었다. 그리고 태조시의 비보사원, 고래 정행법석사원, 별기

---

161)『端宗實錄』권9, 端宗 원년 12월 乙未, 6册, 652쪽.

은사사도 국가와 긴밀한 사원을 유형화하여 일컬은 것이다. 많은 사료에서 태조대 세운 사원과 그 이후 새로이 조영한 사원을 구분하고 있는데, 전자는 道詵密記에 기재된 70개의 사원으로 볼 수 있다. 이 도선밀기에 기재된 70사는 국가에서 일관되게 매우 중시하는 비보사원이었다.

비보사원은 태조대 地脈을 고려하여 세운 사원이었으며, 開國寺·演福寺·安養寺·廣濟寺 등이 보이고 신라이래의 사원도 일부 비보사원으로 지정되었는데 雲門寺와 直指寺를 예로 들 수 있다. 비보사원은 70사가 기본이지만 이후 일부 사원이 裨補之籍에 등재됨으로써 그 수가 증가하였다. 그 비보지적은 外方各官踏山記·山川裨補之記·裨補寺社創立文籍 등으로 불리었다. 새로이 비보사원으로 편입된 구체적인 사원으로는 태조이후 역대 국왕이 창건한 사원, 국왕이나 왕비의 眞影을 모신 진전이 설치된 사원, 국왕이 賜額을 내린 사원 등이었다. 사액사원으로서는 봉선홍경사, 혜음사, 수선사 등이 찾아지며 그밖에도 여럿을 확인할 수 있다. 흔히 일컬어지는 개인의 원당이 때로 비보사원에 등재되는 일도 있을 수 있었다.

비보사원은 건물의 규모가 300間, 상주하는 승려가 100명 정도 되는 것으로 보이며, 후대에 새로이 세워져 추인되는 경우 이보다 규모가 작은 수가 많았을 것이다. 토지의 규모는 500결 이상, 고리대 자산은 1,000석 정도였을 것으로 보여, 대략 1년 수입은 1,300석을 상회하였을 것으로 보인다. 노비는 50口 이상을 소유하였을 것으로 추정된다. 비보사원은 국제교역에도 참여하였으며, 개경에 점포를 둔 경우도 있었다. 비보사원이 아닌 사원은 100間 이하가 대부분이었으며 상주하는 승려는 35명 이내로 추정하였다. 10間 이내의 건물에 3~4명 정도의 승려가 거처하는 수도 있었다. 토지의 규모는 100결을 상회하는 것은 드물며, 그 토지는 소유지로서 면세의 혜택을 누릴 수 없었다. 노비는 10구 이하를 거느리고 있었으며, 고리대 운영에도 참여하였으나 그 규모에서는 사원에 따라 편차가 컸을 것으로 보인다.

고려후기에 국가는 70개의 비보사원의 유지에 많은 노력을 하였다. 그럼에도 비보사원이 퇴락함이 자주 언급되었고, 규모도 현저히 축소되었으며, 亡寺에 이르는 수도 있었다. 일부의 비보사원은 토지를 확대해 가기도 하였다. 국가는 사사로운 사원의 창건을 비판하고 억제하려는 일관된 입장을 보였다. 그러나 현실에서는 願堂으로 칭하면서 사사로이 사원을 건립하는 일이 성행하였다. 비보사원과 원당은 대립하는 것이었지만 일부에서는 원당이면서 비보사원이고, 비보사원이면서 원당인 경우도 없지 않았다. 사사로이 조영된 사원은 토지를 시납받음으로써 경제기반을 마련하였다. 李齊賢은 賜牌田·土地兼倂과 함께 寺院施納田을 백성에 毒이 되고 국가에 害가 되는 地目으로 지적하였다. 사원은 이러한 시납토지를 비보사원으로 편입시킴으로써 면세지화 하려고 시도하였다. 다투어 裨補之籍에 등재되려고 하는 것이 이를 말한다.

고려시기 비보사원으로 유형화되는 사원이 있었다. 고려후기 비보사원은 분화하였으며 계통이 다른 원당이 증가하였다. 그리고 시납토지가 늘어가는 한편 그 토지의 면세를 위한 노력도 치열하였다. 이렇게 함으로써 사원의 운영, 나아가 사원경제의 경영은 새로운 양상을 보이면서 여러 문제를 야기하게 되었다.

제5장 高麗時期 寺院의 財政運用

1. 序 言

고려시기 사원은 상당한 재정수입을 확보하였으며, 그것을 다양한 용도로 지출하였다. 많은 물화가 사원에 집중되어 직접 소비되거나 다른 곳으로 이동하였다. 당시 전체 사회에서 볼 때 사원은 중요한 위치에 있는 재정 운용의 주체라고 할 수 있다.

사원은 가급적 풍부한 재원을 확보해서, 필요로 하는 곳에 적극적으로 사용하고자 했다. 수입과 지출의 합리적이고 조화로운 운영, 그것은 사원의 유지를 위해서 불가결하였다. 양자의 균형이 어긋나면, 예컨대 수입이 감소하고 지출이 늘면 사원은 재정상 곤궁해지고, 반대의 경우에는 사원의 재정은 여유가 있겠으나 다른 경제 주체들과 갈등할 소지가 커진다.

사원의 재정수입은, 사원 스스로 해결하는 방법을 택하지 않고 세속사회의 도움에 의거하였다. 세속인으로부터 지원을 받거나 국가·국왕으로부터 사여를 받아 수입을 확보하고 있었기에, 사원의 재정 운용은 사원 자체에 한정된 것이 아니었다. 당시의 여러 경제 주체와 협조·긴장을 유지하면서 사원의 재정이 운용되었다.

사원의 재정은 종교기관의 그것이기에 국가재정이나 왕실재정과는 운용의 방법이 상이하였다.[1] 재원의 확보에서 국가·왕실의 재정은 공권력을 전제로 하고 있었지만, 사원의 경우는 자발성을 전제한 수가 많았다. 그리고 지출의 측면에서 국가는 祿俸이나 軍需 그밖에 잡다한 용도의 國用에 지출하였는데 반해[2] 사원은 종교적인 활동에 집중적으로 지출하였다. 그리고 수입과 지출의 관계를 조절하는 방법에서도 상당한 차이가 있었다. 사원에만 보이는 고유한 재정 운용의 방법이 있었던 것이다.

이 글에서는 사원의 수입과 지출의 항목을 살펴서, 사원 재정의 기본 내용을 이해하고 사원이 재정을 운용하는 독특한 방법을 제시할 것이다. 그리고 고려후기 사원의 재정 운용이 여의치 않은데 이에 대처하는 사원의 모습, 그리고 정부의 조치 등을 살펴보기로 하겠다.

2. 收入源의 系統과 構成

고려시기에 사원은 여러 가지 계통에서 필요한 재원을 확보하였다. 보유하고 있는 農地로부터 租와 地代를 징수하기도 하였고, 息利穀을 운영하였으며, 또한 상업활동에 참여함으로써 이익을 확보하기도 하였다. 그리고 布施를 통해서도 상당한 수입을 확보하고 있었는데, 지배층이나 국왕의 보시는 사원의 재정을 지탱하는 데 중요하였다. 緣化를 매개로 해서, 또 승려의 개인재산을 기증받음으로써 재원을 마련하기도 하였다.

무엇보다 토지는 가장 보편적이고 안정적인 수입원이었다. 토지에는 收租地와 所有地의 2계통이 있었는데, 이들 토지로부터 소출의 1/10 혹은 1/2를 징수함으로써 수입을 확보하였다. 풍년·흉년에 따라, 경작농민

---

1) 고려시기 사원의 財政을 專論한 연구로는 崔森燮, 1977, 「高麗時代 寺院財政의 研究」『白山學報』 23이 있다.

2) 金玉根, 1996, 『高麗財政史研究』, 一潮閣 ; 安秉佑, 2002, 『高麗前期의 財政構造』, 서울대출판부.

의 동향에 따라 수입의 규모가 변하는 것이겠으나, 당시에는 토지가 가장 안정적인 수입원이었다.

사원의 농지는 다양한 계기에 의해 형성되었다. 우선 고려 이전시기부터 가지고 있던 토지를 그대로 유지하고 있는 경우가 있었다. 불교를 수용한 삼국시기 이후 사원은 상당한 규모의 농지를 지배하고 있었는데,[3] 그 토지를 고려시기에도 그대로 지배하는 것이 가능하였다.

국왕이나 귀족, 일반농민들은 불교를 신봉하고 있었기 때문에 이들이 토지를 사원에 시납하는 일이 흔하였다. 사원에 토지를 시납하는 예는 특히 고려후기에 많이 찾아지는데, 구체적으로는 龍寶院·水嵓寺·看藏寺·神福寺·艶陽禪寺·普光寺·上院寺·報法寺 등이 보인다.[4]

사원은 또한 개간이나 매득에 의해서도 농지를 확보할 수 있었다. 사원이 농지를 매득한 구체적인 예로는, 신라 하대의 海印寺와 開仙寺를 들 수 있다.[5] 개간에 의해 농지를 확대한 예는, 특히 고려후기에 다수 찾아진다. 水嵓寺·看藏寺·乾洞禪寺·重興寺 등이 그러하다.[6]

그리고 국가 내지 국왕의 토지 賜給을 통해서도 사원은 농지를 마련하고 확대하는 것이 가능하였다. 특히 고려 태조는 사원에 많은 농지를 사급하였다. 전쟁하는 과정에서 승려의 도움을 받았을 때 그 승려가 속한 사원에 토지를 사급해 주는가 하면, 태조가 직접 사원을 창건하거나 폐허화된 사원을 복구하고서 토지를 지급하기도 하였다.[7] 태조대 이후

---

3) 安啓賢, 1970, 「韓國佛敎史(上)」『韓國文化史大系』 6 ; 拙稿, 1992, 「三國 및 統一新羅期 寺院의 田土와 그 經營」『國史館論叢』 35.

4) 拙著, 2008, 『高麗後期 寺院經濟 硏究』, 景仁文化社, 18~21쪽.

5) 旗田巍, 1970, 「新羅·高麗의 田券」『史學雜誌』 79-3(同, 1972, 『朝鮮中世社會史의 硏究』, 法政大出版局 재수록) ; 하일식, 1997, 「해인사전권과 묘길상탑기」『역사와현실』 24.

6) 拙著, 2008, 앞의 책, 21~24쪽.

7) 廣學大德 大緣三重 형제 2인이 931년 태조를 따라 上京하여 隨駕焚修했는데, 이에 태조는 그들이 속한 埃白寺에 田畓 若干結을 지급하였으며(『三國遺事』 권5,

에도 토지를 사급한 예로는 성종대의 長安寺,[8] 현종대의 玄化寺,[9] 문종대의 興王寺와 大雲寺가 찾아진다.[10]

사원은 이상과 같이 여러 계기에 의해 토지를 마련하였다. 계기가 다양하듯이 토지의 성격도 단일할 수가 없었다. 그 토지는 성격상 소유지와 수조지로 나눌 수 있겠다. 사원이 농지경영을 통해 수취하는 양은 토지의 성격에 따라 여러 가지였다. 수조지에서는 수확량 가운데 1/10을 전조로 수취하였다.

사원의 소유지에서는 경작민으로부터 수확량의 1/10이 아니라 1/2을 수취하였다. 1/2의 수취는 토지소유의 실현형태로서 地代였다. 所有地經營의 구체적인 예를 修禪社에서 볼 수 있다. 수선사에는 1220년대 당시 執權武人들이 寶의 명목으로 240여 결에 달하는 토지를 시납하였다. 이 토지는 수선사의 소유지이므로 지주전호제로 경영하였다.[11] 그리고 농지는 원래 최우 등 대귀족들이 소유하고 있던 것이기에, 일반농민의 농지보다 생산성이 높은 良質의 토지였을 것으로 생각할 수 있겠다. 전국의 전품이 9등급이었다는 견해에 따라[12] 수선사 농지 241결 12복에

神呪6 明朗神印), 寶壤은 태조가 東征할 때 적을 제압하는 술책을 가르쳐 주었는데, 그가 거처하고 있던 雲門寺에 전 500결을 지급하였다(『三國遺事』 권4, 義解5 寶壤梨木). 能如禪師가 속한 直指寺에도(『直指寺誌』, 亞細亞文化社 影印本, 271~ 273쪽), 希朗이 속한 海印寺에도 전지를 사급하였고(『朝鮮寺刹史料』上, 「海印寺古籍」, 495~496쪽), 尙州의 龍巖寺에도 전지를 지급하였다(『新增東國輿地勝覽』 권28, 慶尙道 尙州牧 佛宇).

8) 李穀, 「金剛山長安寺重興碑」 『稼亭集』 권6(『韓國文集叢刊』 3册, 137~138쪽).

9) 『高麗史』 권4, 世家4 顯宗 11년 8월 丙戌, 亞細亞文化社 影印本(이하 같음), 上册, 102쪽 ; 許興植編著, 1984, 『韓國金石全文(中世上)』, 「開城玄化寺碑(1012년)」, 441~453쪽.

10) 『高麗史』 권8, 世家8 文宗 12년 7월 己卯, 上册, 166쪽 ; 『高麗史』 권8, 世家8 文宗 18년 4월 庚午, 上册, 172쪽.

11) 拙稿, 1995, 「高麗 武人執權期 修禪社의 農莊經營」 『典農史論』 1(拙著, 2008, 『高麗後期 寺院經濟 硏究』, 景仁文化社 재수록).

12) 金容燮, 1981, 「高麗前期의 田品制」 『韓沽劤博士停年紀念史學論叢』.(同,

서의 소출량을 추정해 보면, 1년에 최고 3797.64석에서, 최하 1265.88석이 된다.[13] 그런데 농지가 소재한 전남지역은 지역등급에서 상등지역일 것은 당연해 보인다. 그리고 전품도 대귀족들이 시납한 토지로서 良質이기 때문에 水田·旱田 모두 상등으로 보는 것이 타당할 것이다. 그렇다면, 소출은 3797.64석이 되는 것이다. 그리고 이 농지는 지주전호제로 경영하였을 것이기에, 소출의 1/2을 지대로 징수하였다고 보면, 총 수입은 1898.82석이 된다.

대부분의 사원은 안정적인 재정 기반으로 농지를 보유하고 있었다. 당시에 농업이 가장 중요한 생산기반이었기에 사원 재정수입의 가장 중요한 원천이 토지가 되는 것은 당연한 일이었다.

식리활동은 고려시기 사원이 재원을 단기간에 다량 확보할 수 있게 하였다. 당시의 이자율은 1/3인데 합법적이라고 하더라도 고율이었다. 식리의 재원을 경제적 논리로만 운영한다면 반발이 있는 것이기에 종교적 외피를 쓰고 운영되었다. 특정 불사를 위한 고리대라는 것이다. 통상 寶라고 지칭되었다. 寶란 "寶者 方言 以錢穀施納 存本取息 利於久遠 故謂之寶"[14]라 하는 데서 알 수 있듯이 전곡으로 존본취식하여 그 이식

2000, 『韓國中世農業史硏究』, 지식산업사 재수록).

		上等 地域	中等 地域	下等 地域
水田	上等	21석	18석	15석
	中等	17석	14석	11석
	下等	13석	10석	7석
旱田	上等	10석 7두 5승	9석	7석 7두 5승
	中等	8석 7두 5승	7석	5석 7두 5승
	下等	6석 7두 5승	5석	3석 7두 5승

13) 修禪社 農地의 所出額

	上等 地域	中等 地域	下等 地域
上等	3797.64석	3391.12석	2712.6석
中等	3074.28석	2531.76석	1989.24석
下等	2350.92석	1808.4석	1265.88석

* 水田과 旱田을 각각 반으로 상정하고 계산하였다.

을 여러 용도에 지출하는 것이다. 대여받은 자는 고율의 이자를 납부하면서도 佛事와 관계된 것이기에 功德을 쌓는 일이라고 생각하였을 것이다. 식리하는 전곡은 신자의 시납, 농지로부터의 수입, 기타 잉여물로 마련되었다.

小林寺는 功城縣에 소재하였는데 1,500석의 식리곡이 마련되었으며,[15] 공민왕대에 正陵의 곁에 있는 光巖寺는 포 15,293필을 冥福을 비는 자산으로 보유하였다.[16]

무인집권기를 전후한 시기에 경상북도에 소재한 3개 사원에서 식리활동의 일면을 볼 수 있다.[17] 예천의 용문사는 700석, 상주의 용암사는 2,000석, 예안의 용수사는 1,000석을 마련하여 식리활동을 전개하였다. 이 경우 전량을 대여한다면 3사의 1년간의 이식이 각각 233⅓석, 666⅔석, 333⅓석에 달하는 것이었다.

고려말 조선초 백양사는 長年寶·大藏寶·忌日寶로 300석을 보유하였다.[18] 300석을 가지고 보를 운영하면, 당시의 규정 이자율이 년 1/3이므로 이자로 최대한 확보될 수 있는 것은 100석 정도이다.

수선사에서도 대규모 식리곡을 운영하였다.[19] 혜심은 최우의 지원을 받아 '常住寶'를 설치하였는데, 그 곡식은 10,100석에 달하였다. 10,100석의 모곡으로 수선사는 고리대 운영을 하고 있었는데, 1년에 거두어들이는 이자는 최대 10,100석 × 1/3 = 3366⅔석에 달하였다. 그밖에도 많은 사원에서 식리활동을 전개하고 있음을 확인할 수 있다.

---

14) 『高麗史節要』 권1, 太祖 13년 12월, 亞細亞文化社 影印本(이하 같음), 21쪽.
15) 林椿, 「小林寺重修記」 『西河集』 권5(『韓國文集叢刊』 1冊, 253~254쪽).
16) 『高麗史節要』 권29, 恭愍王 19년 5월, 732쪽.
17) 拙稿, 1991, 「高麗中期 寺院의 助成과 經濟運營」 『李元淳敎授停年紀念歷史學論叢』(拙著, 2008, 『高麗後期 寺院經濟 硏究』, 景仁文化社 재수록).
18) 拙稿, 1997, 「高麗末 朝鮮初 白羊寺의 重創과 經濟問題」 『韓國史硏究』 99·100합집(拙著, 2008, 『高麗後期 寺院經濟 硏究』, 景仁文化社 재수록).
19) 拙稿, 1995, 「高麗 武人執權期 修禪社의 農莊經營」 『典農史論』 1.

상업활동을 통해 수입을 올리는 일도 있었다. 국제교역을 통해서 또 防納활동을 통해서 수익을 늘리기도 했다. 금강산 소재의 長安寺는 개경에 점포를 가지고 있었다.[20)]

仁宗 9년(1131) 6월 陰陽會議所에서 아뢰는 내용 중에 "或內外寺社僧徒 賣酒鬻蔥"한다는[21)] 것이 보인다. 이것은 승려들이 술과 파를 팔고 있다는 것이다. 불교에서 금지하는 술과 파를 거래하고 있으니 다른 물품은 말할 필요도 없을 것이다. 결국 승려들이 활발한 상업활동을 전개하고 있었음을 알린다.

조선초 태종 6년(1406) 4월에 인삼을 중국과 교역하던 승려들의 모습이 전하고 있다.[22)] 고려시기에도 인삼을 가지고 국제 교역에 참여하는 승려들이 있었을 것이다. 태종 9년 3월에 司憲府가 올린 時務 여러 조항 가운데 승려들이 공물의 대납에 참여하여 이익을 챙기고 있음을 언급한 것이 보인다.[23)] 불교가 억제당하던 조선초의 사정이지만 고려시기에도 그러한 일이 적지 않았을 것이다. 세종 7년(1425) 6월에 승려들이 여러 가지 방법으로 경제행위를 하고 있음을 언급한 가운데, "或貿易有無以資其利"한다는[24)] 것은 바로 상업을 통해 이익을 확보하고 있음을 말하는 것이다.

緣化를 통해서도 사원이 필요한 재원을 조달하였다. 승려의 연화활동은 사원의 재정 필요에 따라 民人으로부터 시주를 확보하는 행위이

---

20) 李穀, 「金剛山長安寺重興碑」 『稼亭集』 권6(『韓國文集叢刊』 3冊, 137~138쪽).

21) 『高麗史』 권85, 志39 刑法2 禁令 仁宗 9년 6월, 中冊, 862쪽.

22) 『太宗實錄』 권11, 太宗 6년 4월 戊寅, 1冊, 354쪽. "西北面都巡問使啓 道內閑雜僧徒 營構草幕 賚持願文 數多聚會 牧蓄人蔘 及氷凍之時 或有越江入歸者 或招引彼土人回還隱接者".

23) 『太宗實錄』 권17, 太宗 9년 3월 壬戌, 1冊, 477~478쪽. "今大小人員及棟樑僧徒等 受各道各官陳省 以其各司所納貢物 自備先納 受帖下歸 倍取其價 侵擾人民 甚矣".

24) 『世宗實錄』 권28, 世宗 7년 6월 辛酉, 2冊, 675~676쪽.

다.[25] 연화는 募緣·勸善·勸化·棟梁 등으로도 일컬어졌다. 연화를 할 때 그 불사의 내용을 담은 문건을 지참하는 수가 많았다. 그것은 緣化文·募緣文·勸善文·(發)願文·化疏 등으로 지칭되었다. 연화를 할 때 연화문을 지참하는 수가 있었지만, 고려시기에는 오히려 연화문을 지참하지 않고, 구두로 불사에 대해 설명하고 시주를 권하는 것이 더 일반적이었을 것으로 여겨진다. 연화를 통해 확보하는 재화는 米·布·貨幣가 중심이었으며, 산처럼 쌓이는 수가 많았다. 연화에는 가난한 자, 부자, 관인층, 일반민 등이 폭넓은 계층이 참여하였다.

연화는 사원에서 늘상 하는 것이 아니라, 구체적인 특정불사가 있을 경우에 한해 이루어졌다. 연화의 계기가 되는 불사는, 사원의 새로운 조성, 사원내 일부 특정 건물의 조영, 불상·탑이나 종의 조성, 대장경이나 什器·佛具의 마련, 法會의 設行, 사경과 불화의 제작 등 다양하였다. 그러나 일상적인 지출, 승려의 생활비 등을 위한 연화는 거의 찾아지지 않는다.

신자의 시납도 사원의 재정수입에서 중요한 몫을 차지하였다. 당시는 불교에 대한 신앙이 절대적이었기에, 민인들이 물품을 사원에 布施하는 일이 많았다. 특히 대규모의 불사가 있을 때 많은 사람이 모여들었으며, 이때 다량의 물품이 시납되었다.

五冠山 聖燈庵의 경우, 우왕 9년(1383) 侍中 曹敏修 등이 兩府와 더불어 米와 布를 제공하였다.[26] 이렇게 시납한 미와 포는 대부분 息利하는 재원으로 사용되었다. 廣州 神福禪寺의 경우 14세기 초에 중창하였는데 山人 永丘가 그 일을 주관하였으며, 이때 朴君이 "施良田在州西村之鳥山者　一十五結　其夫人金氏施寶楮五百貫　以充供具焉"하였다.[27] 이처럼 새로이 사원이 창건되거나 중창될 경우에는 그 경제기반

25) 拙稿, 2000,「高麗時期 僧侶의 緣化活動」『李樹健敎授停年紀念韓國中世史學論叢』(본서 제2부 제1장 수록).
26) 權近,「五冠山聖燈庵重創記」『陽村集』 권13(『韓國文集叢刊』 7冊, 145쪽).
27) 李穀,「大元高麗國廣州神福禪寺重興記」『稼亭集』 권3(『韓國文集叢刊』 3冊,

을 확보하는 것이 보통이었다.

혜음사에서 행인에게 음식을 제공하였는데 그것이 거의 중단되자 李少千이 이어가도록 하고자 하였는데 이에 '檀施荐來'하였다고 한다.[28)]

智異山 水精社는 인종 7년(1129)에 완성되어 落成法會를 3일 동안 베풀었는데, 嚴川寺首座 性宣을 청해 說經하게 하였다. 이때 "遠近歸心 緇素輻湊 道化之盛 近世已來 未之有也"라 하였다.[29)] 승려와 속인들이 모여들었다는 것인데 이때에 시주물도 상당히 모아질 수 있었다고 생각된다.

國清寺金堂主佛이 완성되었을 때 국통이 法護寺住持 大禪師를 청해 자리에 올라 說法하여 '祝延上壽'하도록 하였는데 "其三日之間 城中尊卑四衆 爭相往來 聽法結緣者 如堵墻焉"이라 하였다.[30)] 사람이 많이 모여들었으므로 당연히 상당한 시주도 동반되었을 것이다.

興王寺 興教院에서 廣學會를 15일 동안 열었을 때, "王城內外士女之奔走供養者 不可勝計"하였다고[31)] 한다. 이것은 광학회에 많은 사람이 모여들어 시주를 하였음을 알려 주는 것이다.

全州의 普光寺는 元에 있던 그곳 출신 資政使 高龍鳳의 지원으로 중창하였으며, 공사가 끝나는 달에 山人 昆淑 등과 더불어 檀越을 모아 華嚴會를 크게 열어 낙성하였는데, "奔走士女 供養讚歎 塡谷溢陵 難以算數"하였다.[32)] 이렇게 모인 민인들이 보광사에 재물을 시납하였을

120~121쪽).

28) 金富軾, 「惠陰寺新創記」 『東文選』 권64(民族文化推進會 影印本 2冊, 398~400쪽).

29) 權適, 「智異山水精社記」 『東文選』 권64(民族文化推進會 影印本 2冊, 403~405쪽).

30) 閔漬, 「國清寺金堂主佛釋迦如來舍利靈異記」 『東文選』 권68(民族文化推進會 影印本 2冊, 441~443쪽).

31) 李穀, 「興王寺重修興教院落成會記」 『稼亭集』 권2(『韓國文集叢刊』 3冊, 112~113쪽).

32) 李穀, 「重興大華嚴普光寺記」 『稼亭集』 권3(『韓國文集叢刊』 3冊, 116~117쪽).

것은 능히 짐작할 수 있다.

林川 普光寺의 경우 중창하는 데 楊廣道按廉 崔玄佑가 官屬을 거느리고 增葺하였는데, "遠近聞風而至施者 雲委"하였다고 한다.[33] 사원의 중창이 있을 때 시주가 모여 들고 있는 것이다.

우왕 2년 4월에 懶翁이 楊州 檜巖寺에서 文殊會를 베풀었을 때 "中外士女無貴賤 賫布帛果餌施與 恐不及 寺門嗔咽"[34]하였다고 한다. 중외의 사녀들이 귀천을 가릴 것 없이 포백과 과일을 가지고 와서 시여하였는데 미치지 못할까 걱정하였으며, 이에 회암사의 문이 막힐 지경이었다는 것이다. 고려후기에는 원나라 사람이 시주하는 일도 보인다.[35]

신자의 시납물은 사원에 재원을 공급하였다. 米와 布 등의 재물은 바로 소비되기도 하였지만, 存本取息해 특정 용도에 사용하기도 하였다.

국왕이 물품을 사여하는 수도 많았다. 왕실을 위한, 또는 국왕을 위한 佛事가 특정 사원에서 행해질 때는 으레 물품의 사여가 뒤따랐다. 국초에 定宗은 7만석에 이르는 곡식을 사원에 시납해 불명경보 및 광학보를 두어 불법을 배우는 자를 권면하게 하였다.[36]

崔知夢이 병이 들었을 때 성종은 친히 문병하고 말 2필을 歸法寺와 海安寺에 시납한 일이 있다.[37] 徐熙의 병세가 약화되자 成宗이 가서 문

---

33) 『新增東國輿地勝覽』 권17, 林川郡 佛宇 普光寺.

34) 『高麗史』 권133, 列傳46 辛禑1 辛禑 2년 4월, 下册, 869쪽.

35) 원나라 天子의 近侍 剛塔里中과 忽篤帖木兒가 명을 받고 사신으로 와서 僧 性澄과 寺人 允堅 등이 바친 佛經 한 상자를 청평산 문수사에 바치고 "施緡錢萬 令取其息"해서 사용하도록 하였다(李齊賢, 「有元高麗國淸平山文殊寺施藏經碑」 『益齋亂藁』 권7(『韓國文集叢刊』 2册, 558쪽)). 금강산 장안사에 奇皇后가 內帑의 楮幣 1千 錠을 제공하여 중수의 비용에 충당하고 상주용으로 하도록 한 일이 있다(李穀, 「金剛山長安寺重興碑」 『稼亭集』 권6(『韓國文集叢刊』 3册, 137~138쪽)).

36) 『高麗史』 권2, 世家2 定宗 원년, 上册, 60쪽. "以穀七萬石 納諸大寺院 各置佛名經寶及廣學寶 以勸學法者".

37) 『高麗史』 권92, 列傳5 崔知夢 下册, 72~73쪽.

병하고 御衣와 말을 사원에 나누어 시납하였으며, 穀 1천 碩을 開國寺에 시여하였다.[38] 徐訥이 병에 걸려 地藏寺에 있을 때 靖宗은 右承宣 金廷俊을 보내 문병하고 御衣 2벌과 穀 1千 碩, 말 2필을 地藏寺에 시납하고 복을 빌었다.[39] 국왕은 이처럼 자신의 소망하는 바를 기원하기 위해 사원에 물품을 시여하였으며, 이러한 계기를 통해 사원의 수입은 증대하였다.

문종 21년(1067) 정월에 興王寺에 燃燈大會를 특별히 베풀고, 왕이 백관을 거느리고 가서 行香하고서 '施納財襯'하였다.[40] 국왕이 사원에서 행해지는 불교행사에 직접 참여한 경우에는 통상 물품이 그 사원에 시납되었을 것이다.

선종 7년(1090)에 국왕이 삼각산 僧伽崛에 이르러 修齋하고 "施納寶物 以致敬焉"한 일이 있다.[41] 충렬왕 14년 5월에 福靈寺와 靈通寺에 행차하고서 白銀 10兩과 米 100石을 사여하였으며,[42] 국왕이 사원에 행차할 때에는 대체로 그 사원에 일정한 재화가 시여되었던 것이다. 智異山 水精社는 인종 7년(1129)에 완성되어 落成法會를 3일 동안 베풀었는데, 嚴川寺首座 性宣을 청해 說經하게 하였다. 이때 국왕이 尹彦頤를 보내 行香토록 하고 인하여 은 200兩을 사여하였다. 또한 국왕은 穀 1千 斛을 사여하였다.[43]

小林寺는 功城縣에 소재하였는데 거의 파괴된 상태를 金令義가 주도하여 새로이 하였는데 공사가 끝나자 국왕에게 아뢰니 粟 1,500石을

38) 『高麗史節要』 권2, 穆宗 元年, 61~62쪽.
39) 『高麗史節要』 권4, 靖宗 8년 6월, 115~116쪽.
40) 『高麗史』 권8, 世家8 文宗 21년 정월, 上册, 176쪽.
41) 李預, 「三角山重修僧伽崛記」 『東文選』 권64(民族文化推進會 影印本 2册, 400~402쪽).
42) 『高麗史』 권30, 世家30 忠烈王 14년 5월, 上册, 619쪽.
43) 權適, 「智異山水精社記」 『東文選』 권64(民族文化推進會 影印本 2册, 403~405쪽).

국왕이 허락하였다.[44] 妙蓮寺에는 충숙왕이 "捨金銀寶器數百萬 歸諸常住"하였다고 한다.[45] 惠陰寺의 경우 행인에게 음식을 제공하였는데 그것이 거의 중단되자 그 소식을 들은 국왕은 자못 많은 것을 사여하였으며 王妃 任氏도 역시 도왔다고 한다.[46]

국왕이 물품을 사여한 경우, 사원의 재정 수입에 큰 도움이 되었을 것이다. 사원은 그 재물을 바로 소비하기도 하였지만, 存本取息하는 경우가 많았다.

국가에서 특정 지역의 田租를 사여하기도 하였다. 이때는 통상 전조의 양이 정해져 있어 수조지를 분급하는 것과 상이하였다. 醴泉 龍門寺 경우, 고려초 태조의 지원을 받아 30間의 건물을 마련하였는데, 아울러 "給州縣稅租每歲一百五十石 爲供養資"하였다.[47] 금강산에 소재한 여러 사원에 "江陵淮陽二道年租 直入于官 盡勒輸山 雖値凶荒 未見蠲減"하였다.[48] 일정한 田租를 사여받아 사원재정을 보충하였던 것이다.

재력있는 승려가 개인재산을 사원에 희사하는 수도 많았다. 이를 통해 사원이 재정상 도움을 받을 수 있었다. 고려시기 승려들은 일반 속인과 마찬가지로 다양한 종류의 재산을 보유하고 처분할 수 있었다.[49]

승려의 개인재산은 흔히 '囊鉢之儲'·'囊鉢所貯'로 지칭되었으며, 사원의 공유재산과 구분되었다. 승려는 개인재산을 여러 계기를 통해 보유할 수 있었다. 승려들이 국왕을 위해, 혹은 국가를 위해, 설법하거나 다양한 불교행사를 주관한 경우 국왕이 그들에게 물품을 사여하였다. 또한

---

44) 林椿, 「小林寺重修記」『西河集』 권5(『韓國文集叢刊』 1冊, 253~254쪽).
45) 李齊賢, 「妙蓮寺重興碑」『益齋亂藁』 권6(『韓國文集叢刊』 2冊, 556~557쪽).
46) 金富軾, 「惠陰寺新創記」『東文選』 권64(民族文化推進會 影印本 2冊, 398~400쪽).
47) 許興植編著, 1984, 『韓國金石全文(中世下)』, 「醴泉龍門寺重修碑(1185년)」, 872~875쪽.
48) 崔瀣, 「送僧禪智遊金剛山序」『拙藁千百』 권1(『韓國文集叢刊』 3冊, 13~14쪽).
49) 拙稿, 2001, 「高麗時期 僧侶의 個人財產」『典農史論』 7(본서 제2부 제2장 수록).

신도의 시납으로써도 개인재산을 마련할 수 있었다. 그리고 승려들은 세속가문으로부터 상속을 받거나, 또한 師僧으로부터 전수받아서 재산을 보유할 수 있었다. 또한 스스로의 경제활동을 통하거나 緣化활동을 계기로 해서도 개인재산을 보유할 수 있었다. 보유한 개인재산에는 金·銀 등이 있었고, 고가의 직물도 있었으며, 때로는 토지·노비도 있었다. 가장 보편적이고 흔한 물품은 米와 布였다. 승려는 보유한 개인재산을 소속 사원에 편입시켜 사원의 재정을 돕기도 하였다.

修禪結社의 제2세 社主인 慧諶은 法答으로 받은 私財를 수선사의 息利穀으로 기부하였다.[50] 수선사의 사주였던 天英은 生父 禮賓卿 梁宅椿에게서 받은 奴 巾三과 그 所生을 수선사의 丹本大藏寶에 예속시켰다.[51]

慧鑑國師는 "袈裟衣裙帽襪先銀幣五十鎰以賭 師還山 悉以付常住不歸於私"하였다.[52] 국왕으로부터 노자로 받은 가사·웃옷·하의·모자·버선과 은폐 50鎰을 還山함에 즈음해 그것을 모두 사원의 常住物로 돌리고 개인 것으로 하지 않았다는 것이다. 자신의 개인 소유인 은폐를 사원 전체의 재정에 충당토록 하고 있는 것이다. 神孝寺에서도 修公이 常住本으로 하라고 布 150필을 시주하였다.[53] 勝蓮寺의 拙菴도 사원이 중창되자, 부모로부터 받은 노비 若干口를 승련사에 귀속시켰다.[54] 萬義寺의 神照도 자신의 재산 白銀 1錠을 기부하고 있다.[55]

---

50) 노명호외, 2000, 『韓國古代中世古文書研究』上, 「修禪社形止案(1230년)」, 서울대출판부, 373~403쪽.

51) 노명호외, 2000, 『韓國古代中世古文書研究』上, 「修禪社乃老宣傳消息(1281년)」, 18~21쪽.

52) 李齊賢, 「海東曹溪山修禪社第十世別傳宗主重續祖燈妙明尊者贈謚慧鑑國師碑銘幷序」 『益齋亂藁』 권7(『韓國文集叢刊』 2冊, 560~561쪽).

53) 李穀, 「神孝寺新置常住記」 『稼亭集』 권5(『韓國文集叢刊』 3冊, 128~129쪽).

54) 李穡, 「勝蓮寺記」 『牧隱藁文藁』 권1(『韓國文集叢刊』 5冊, 7쪽).

55) 權近, 「水原萬義寺祝上華嚴法華會重目記」 『陽村集』 권12(『韓國文集叢刊』 7冊, 132~133쪽).

고려시기에 자주 언급되지는 않지만, 사원노비로부터 거두어들이는 身貢도 사원 재정 수입을 구성하였다. 사원의 노비 자체는 使令과 指使가 주된 역무였다. 즉 사원운영에 필요한 제반 잡역에 주로 종사하였으며, 사원의 수공업제품의 생산에 종사하는 경우도 적지 않았다. 때때로 외거노비로터 신공을 징수하기도 하였다.

용문사의 경우 奴婢 20口가 있으며, 용수사의 경우에는 노비 30구가 있었다.[56] 수선사에서도 17구가 있었음이 확인된다.[57] 백양사에는 복구의 제자인 須彌·祖口·覺瑚·白盖·覺暾·汲深·戒氷 등이 노비 3명을 交易해다가 들이고 있다.[58] 그밖에도 사원이 노비를 보유한 경우는 흔하였다.

노비의 신공에 대해서 보면, 조선초 태종 7년(1407) 정월에 革去寺社奴婢의 身貢은, 壯奴 米 平3석, 無妻者 2석, 壯婢 2석, 無夫者 1석, 奴婢相婚者 正五升布 각 1필이었으며, 十五歲以下 六十歲以上은 免徵하였다.[59] 이때 정해진 혁거사사 노비의 신공은 일반 공노비의 신공보다 지나치게 무거운 것이어서 1년 뒤 이를 시정하여 奴는 麤布 5필, 婢는 4필로 하도록 하자는 議政府의 건의가 있었다.[60]

사원의 수입은 하나의 계통에서만 마련되는 것이 아니었다. 토지 경영과 고리대 운영을 병행함으로써 수입을 확보하는 것이 흔하였다. 무인집권기 전후한 시기에 용문사는 30경을 보유하였고, 용암사는 전 46경을, 그리고 용수사는 고사전시 10결과 향복사전 40결, 한전 40결을 보유하였다. 취식을 위한 모곡은 용문사가 700석, 용암사가 2,000석, 용수사가 1,000석을 마련하였다. 용문사의 경우 30경으로부터의 수입은 소출

56) 拙稿, 1991, 앞의 논문.
57) 拙稿, 1995, 앞의 논문.
58) 拙稿, 1997, 앞의 논문.
59) 『太宗實錄』 권13, 太宗 7년 정월 丁卯, 1册, 382쪽.
60) 『太宗實錄』 권16, 太宗 8년 8월 癸卯, 1册, 448쪽.

20석으로 상정하면 최대 300석이고(10석×30), 최소 60석이다. 그런데 700석으로 고리대를 운영하면 최대 이자만도 233석에 이른다. 식리곡을 이용한 수입이 상당하였음을 알 수 있는 것이다.

尙州 龍巖寺의 경우 토지로부터의 수입은 92석에서 460석에 이르고, 식리곡의 운영을 통해서는 이자가 600석을 상회한다. 수입의 규모면에서 본다면 식리곡의 운영이 훨씬 큰 수입을 보장하는 것이 된다. 용수사의 경우에도 식리활동을 통해 300석 이상을 확보할 수 있어, 토지로부터의 수입이 최대 900석에서 최소 180석임을 감안할 때 상당한 규모라 할 수 있다.

공민왕대에 正陵의 곁에 있는 光巖寺에 토지 2,240결, 식리하는 포 15,293필, 노비 46구를 시납하였다.[61] 수선사는 농지가 240여 결, 식리곡이 10,100석이었다.[62] 10,100석의 모곡을 자본으로 수선사는 식리활동을 하였는데, 1년에 거두어들이는 이자는 국식에 의거할 때 최대 10,100석 × 1/3 = 3366⅔석에 달하였다. 시납농지 전체에서 1년에 거두어들이는 양보다 훨씬 많았던 것이다.

報法寺의 경우 퇴락한 것을 侍中 漆原府院君 尹公이 禪源 法蘊和尙과 함께 중건하였는데, 충혜왕 후4년(1343)에 시작하여 우왕 4년(1378)에 완성하였다. 윤공이 布 1천 필을 시주하여 '存本取息'하게 하였으며 아울러 자신과 부인의 토지를 시납하였다. 또한 처음 太祖妃 柳氏가 집을 희사해 절로 한 것인데 시납한 田民이 고려말까지 있었다.[63] 이처럼 보법사는 존본취식하는 식리자본을 확보하고 있었고, 토지와 노비를 함께 보유하고 있었다.

神孝寺의 경우, 충렬왕이 重興하였을 당시에, "田租之歲入不貲 檀

61) 『高麗史節要』 권29, 恭愍王 19년 5월, 732쪽.
62) 拙稿, 1995, 앞의 논문.
63) 李穡, 「報法寺記」 『牧隱藁文藁』 권6(『韓國文集叢刊』 5册, 46~47쪽).

家之日施相繼 庫儲充溢 廚供豊潔 推其齋餘 日活窮人 不知其幾"하였다. 처음부터 田租의 수입과 단월의 시주가 함께 중요한 재원이었던 것이다. 그 뒤 10년간은 그럭저럭 유지되었으나 그 후 10여 년이 되면서 "田入歲削 檀施日減 居僧始病其不足矣"하였다. 또 그 후 수십 년이 지나자 재정의 부족으로 승려가 분주히 걸식하였지만 여유롭지 못하였으며 이에 흩어져 다른 곳으로 가는 자가 10에 4, 5명이었다. 이에 5종포 150필, 단월의 시납물 3백여 필, 쌀 수십 석을 常住之本으로 두고 存本用息하도록 하였다.[64] 토지로부터의 수입, 단월의 시주물, 식리전곡의 운영 등으로 재원이 구성된 것이다.

3. 支出의 項目

사원이 유지되고 기능을 수행하기 위해서는 여러 항목의 지출이 불가피하였다. 사원의 건축물을 유지하고 필요한 시설을 갖추기 위한 지출도, 또 사원내에 거주하는 승려들을 부양하기 위한 지출도 필수적이었다. 종교적 기능을 수행하는 데에도 상당한 지출이 불가피하였다. 또한 사원이 당시 사회에서 차지하고 있는 비중으로 인해, 또 불교의 敎說에 따라, 각종 구제사업을 활발하게 전개하였는데, 그 지출도 사원의 재정에서 중요한 자리를 차지하였다.

사원의 재정 지출은 다양하게 표기되고 있었다. '常住用'으로,[65] 또는 '常住資'로,[66] 혹은 '常住'로[67] 표현한 경우는 그 지출처가 명기되지

64) 李穀, 「神孝寺新置常住記」『稼亭集』 권5(『韓國文集叢刊』 3冊, 128~129쪽).
65) 李穀, 「金剛山長安寺重興碑」『稼亭集』 권6(『韓國文集叢刊』 3冊, 137~138쪽).
66) 李穀, 「大元高麗國廣州神福禪寺重興記」『稼亭集』 권3(『韓國文集叢刊』 3冊, 120~121쪽) ; 李穡, 「五臺上院寺僧堂記」『牧隱藁文藁』 권6(『韓國文集叢刊』 5冊, 45~46쪽) ; 崔瀣, 「頭陁山看藏庵重營記」『拙稿千百』 권1(『韓國文集叢刊』 3冊, 5~6쪽).

않고 포괄적으로 언급한 것으로 이해된다. '供養之需'라는 표현과[68] '供養資'라는[69] 표현도 보이는데, 供佛養僧의 의미로서 역시 특정한 용도를 의미하지 않고 일상적인 지출을 뜻하는 것으로 보인다. '香火之費',[70] '香祀'라는[71] 기록은 사원이 수행하는 종교적 기능을 상징하는 표현이다.

사원에는 다수의 승려들이 생활하고 있었다. 이들의 衣食住는 사원에서 제공하는 것이 보통이었다. 식사를 제공하고, 가사를 제공하며, 잠자리를 제공하였다. 이러한 의식주 문제가 여의치 않을 때에는 승려들은 그 사원에 계속 머물 수 없어 다른 사원으로 떠나갔다.[72] 그렇기에 사원이 유지되어 가는 데에 가장 중요하고 긴요한 지출처는 승려들의 생활비라고 할 수 있을 것이다. 아마 평상시 특별한 일이 없을 때는 이 계통의 지출이 크겠지만, 사원의 전체 지출에서 보면 큰 비중을 차지하지 않았을 것으로 여겨진다.

건물을 유지·보수하거나 일부 건물을 새로이 조성하기도 하였는데, 그 비용도 상당하였다. 사원이 제대로 기능하려면 승려들이 거처하고 佛像을 모시며, 속인들이 숙박할 수 있는 건물이 갖추어져야 했다. 기존 건물 외에 새로운 건물이 필요한 수가 많았고, 이때에는 그 건물을 조성하는 비용이 상당히 소요되었다. 그리고 기존의 건물도 세월이 흐르면서 퇴락하기 마련인데 이것의 보수 비용 또한 만만치 않았다.

法王寺의 경우 祖師堂을 세우고 祖師들의 화상을 장식하고 그려 봉

---

67) 李齊賢, 「妙蓮寺重興碑」『益齋亂藁』 권6(『韓國文集叢刊』 2冊, 556~557쪽).
68) 李齊賢, 「重修乾洞禪寺記」『益齋亂藁』 권6(『韓國文集叢刊』 2冊, 553~554쪽).
69) 許興植編著, 1984, 『韓國金石全文(中世下)』, 「醴泉龍門寺重修記(1185년)」, 872~875쪽.
70) 李奎報, 「故華藏寺住持王師定印大禪師追封靜覺國師碑銘」『東國李相國集全集』 권35(『韓國文集叢刊』 2冊, 62~64쪽).
71) 『三國遺事』 권3, 塔像4 三所觀音 衆生寺.
72) 李穀, 「神孝寺新置常住記」『稼亭集』 권5(『韓國文集叢刊』 3冊, 128~129쪽).

안하고 있다.73) 이 경우에 건물의 조성과 화상의 장식에 적지 않은 비용이 사용되었을 것이다. 醫王寺는 阿羅漢殿을 조성하였다.74)

사원이 본래의 기능을 수행하기 위해 다양한 행사가 베풀어졌는데, 그 비용 지출도 상당하였다. 사원이 제기능을 수행하기 위해서는 供佛이 필수적이었고, 각종 불교행사를 거행하지 않으면 안 되었다. 사원에서는 국가를 위한 각종 법회가 열리고 있었고, 경축을 위한 행사, 그리고 기타 상당히 다양한 행사가 베풀어졌다. 이러한 각종 행사에는 당연히 많은 비용이 지출되었다. 행사 자체의 비용도 적지 않았지만, 행사에 모여드는 승려나 민인들에 대한 공양의 비용도 상당하였다.

건물이 완성되었을 때에는 통상 施主者·檀越을 맞이하여 큰 규모의 낙성회를 거행하는 것이 상례였다.75) 이러한 행사에도 적지 않은 비용이 쓰였을 것이다.

조선초 태조 4년(1395) 4월에 檜巖寺에서 楞嚴會가 열렸는데, 비용으로 米豆 170석, 5升布 200필을 賜與하였다.76) 여기에서 능엄회에 소요되는 비용의 구체적인 수치를 확인할 수 있는데, 그 비용이 엄청났음이 주목된다.

공민왕 18년(1369)에 公主忌晨으로 演福寺에서 設會하였은데 僧尼 수천에게 布 800匹을 시주하였는데, 그때 水原지방에 기근이 들어 민인들이 모임을 듣고 모여들었다고 한다.77) 이 모임에 상당한 비용이 지출

73) 權近, 「法王寺祖師堂記」『陽村集』 권14(『韓國文集叢刊』 7冊, 156쪽).

74) 李奎報, 「醫王寺始創阿羅漢殿記」『東國李相國集全集』 권24(『韓國文集叢刊』 1冊, 541~542쪽).

75) 예컨대 法王寺 祖師堂의 경우 그러하였는데(權近, 「法王寺祖師堂記」『陽村集』 권14(『韓國文集叢刊』 7冊, 156쪽)), 그밖에 다른 사례도 있다. 落成行事에 관해서는 拙稿, 2004, 「高麗時期 落成行事의 設行」『文化史學』 21(본서 제3부 제1장 수록)이 참조된다.

76) 『太祖實錄』 권7, 太祖 4년 4월 庚辰, 1冊, 77쪽.

77) 『高麗史』 권132, 列傳45 叛逆6 辛旽, 下冊, 861쪽.

되었을 것이며, 이러한 모임에서는 모여드는 이들에게 먹거리를 제공하였을 것이다. 법회와 빈민구제가 동시에 행해지고 있어 소요되는 비중이 상당하였을 것이다.

국가를 위한 祈雨祭를 지내는 데도 비용이 들었고,78) 각종 행사에도 비용이 지출되었음을 쉽게 알 수 있다. 정도전의 아래의 표현은 공양으로 표현되는 불사에 소요되는 재정의 규모를 짐작할 수 있게 한다.

> 假托好事 種種供養 饌食狼藉 壞裂綵帛 莊嚴幢幡 蓋平民十家之產一朝而費之79)

공양에서 평민 열집의 재산이 하루아침에 소비된다는 것이다. 불사에 쓰이는 비용의 정도를 추측할 수 있게 하는 것이다.

사원에서는 각종 물품이 필요하였다. 그러한 물품을 자체적으로 마련하는 수도 있었지만, 외부 세계에서 구입해야만 되는 것도 있었다. 건물의 조성에도, 시설물의 마련에도, 또 행사의 준비에도 일부의 물품은 매입하지 않으면 안 되었다.

禪源寺는 毗盧殿을 단청하는 데 중국에서 丹艧으로 표현되는 단청원료를 구입하였다. 그것은 진귀한 것이기 때문에 소용되는 비용이 적지 않았을 것이다. 비로전의 단청에서 "前後貿五彩什物 用布一千"이라고80) 하는 데서 알 수 있듯이 비용이 1천 필에 달하였다.

報法寺를 중창하면서 大藏經을 중국의 江浙에서 구해 오는데81) 이

---

78) 忠烈王 13년 4월에 "宰樞施私財 禱雨于普濟寺"라고(『高麗史』 권30, 世家30 忠烈王 13년 4월, 上冊, 616쪽) 하는 데서 기우제에 일정한 비용이 소요되었음을 엿볼 수 있다.

79) 鄭道傳, 「佛氏雜辨」 『三峰集』 권9(『韓國文集叢刊』 5冊, 454쪽).

80) 釋息影庵, 「禪源寺毗盧殿丹靑記」 『東文選』 권65(民族文化推進會 影印本 2冊, 415~416쪽).

81) 李穡, 「報法寺記」 『牧隱藁文藁』 권6(『韓國文集叢刊』 5冊, 46~47쪽).

때 비용을 주고 매입하였을 가능성이 크다. 復丘는 백양사를 중창한 후 결여된 法寶를 마련하고자 재물을 희사해 門人 心白과 智孚로 하여금 宋(元)에 들어가서 대장경을 마련해오도록 하였다.[82] 흥왕사내의 홍교원을 중수하는 데에 재목을 사들이는 것이 확인되고 있다.[83]

사원은 敎說에 따라 각종 救濟활동에 적극 참여하였다. 국가의 공적인 기구와 더불어 사회 구제 활동에 적극 참여하는 주체였다.[84] 가뭄이 심할 때에 빈궁한 이를 구제하였고, 여행자에게 먹거리를 제공하였으며, 타고 다니는 말에 꼴을 공급하였다. 특히 院에서 그러한 기능을 집중적으로 수행하였다.[85]

惠陰寺에서는 "倚以米穀 擧之取利 設粥以施行人"하였다고 한다.[86] 자비령에 소재한 나한당에서는 "事羅漢 以求其福 便行旅 以施吾惠"하였고,[87] 광연통화원에서는 "積以糇粮 貯之蒭秣 施賙窮急"하였다.[88]

원이 담당한 가장 중요한 기능은 여행자에게 宿食을 제공하는 일이었다. 홍경원의 경우, "積糇糧 貯蒭秣 以供行旅"하였다고 하는데[89] 이것은 행려에게 먹거리와 꼴을 제공하였음을 표현한 것이다. 이규보가 활약하던 시기에 현종원은 행려가 잠을 자고 휴식하는 기능을 맡았음을[90] 확인할 수 있다. 많은 원이 왜구의 침입으로 파괴되어, 그 기능을 제대로

---

82) 拙稿, 1997, 앞의 논문.

83) 李穀, 「興王寺重修興敎院落成會記」『稼亭集』 권2(『韓國文集叢刊』 3册, 112~113쪽).

84) 拙稿, 2008, 「高麗時期 佛敎界의 布施活動」『禪文化硏究』 4(본서 제2부 제4장 수록).

85) 拙稿, 1998, 「高麗時期 院의 造成과 機能」『靑藍史學』 2(본서 제4부 제1장 수록).

86) 金富軾, 「惠陰寺新創記」『東文選』 권64(民族文化推進會 影印本 2册, 398~400쪽).

87) 李穡, 「慈悲嶺羅漢堂記」『牧隱藁文藁』 권3(『韓國文集叢刊』 5册, 25쪽).

88) 崔沖, 「奉先弘慶寺記」『東文選』 권64(民族文化推進會 影印本 2册, 397~398쪽).

89) 『新增東國輿地勝覽』 권16, 稷山縣 驛院 弘慶院.

90) 李奎報, 「懸鐘院重創記」『東國李相國集全集』 권24(『韓國文集叢刊』 1册, 542쪽).

수행하지 못하던 공민왕 20년(1371)에는 국가가 원을 수리하게 하였는데, 이때 원에서 '儲峙薪蒭'해서 행려를 편리하게 하도록 하였다.[91)]

원은 유리하는 민들을 위해서 먹거리를 제공하는 일도 하였다. 굶주린 자에게 먹거리를 제공하였으며, 질병으로 고통스러워 하는 患者를 치료하는 일도 맡았다. 臨津普通院에서 문종 18년(1064) 5월 15일에서 7월 15일까지 두달 동안 "設粥水蔬菜 以施行旅"하였으며,[92)] 숙종 6년(1101)에는 민이 크게 궁핍하자 3개월간 행려에게 施食하였다.[93)] 원이 아닌 일반 사원에서 궁민을 구제한 예도 여럿 보인다. 문종 3년 開國寺南에서 '設食以施窮民'하였고,[94)] 공민왕 3년(1354) 演福寺에 賑濟色을 설치해 飢民에 식사를 제공하였으며,[95)] 공민왕 10년에 普濟寺에 賑濟場을 설치하였다.[96)]

사원에서 소요되는 작업에 많은 사람이 使役되었다. 국가의 공적 기구를 통해 징발된 경우에는 無償으로 사역되었으며, 자발적으로 참여하는 민인들도 특별한 보수없이 사역이 가능하였다. 그러나 동원한 인력이 부족할 경우에는 노임을 지불하고 민을 사역하였다. 임금을 지불하고 사역시키는 예는 주로 후기에 찾아진다. 선원사의 비로전 단청을 하면서 工役에 대한 품삯으로 銀 80鎰이 들었다는 기록이 있다. 그리고 식량으로 미 110石이 소요되었다고 한다.[97)]

---

91) 『高麗史』 권80, 志34 食貨3 賑恤 恭愍王 20년 12월, 中册, 773쪽.

92) 『高麗史節要』 권5, 文宗 18년 4월, 142쪽 ; 『高麗史』 권80, 志34 食貨3 賑恤 水旱疫癘賑貸之制, 中册, 770쪽.

93) 『高麗史』 권80, 志34 食貨3 賑恤 水旱疫癘賑貸之制, 中册, 770쪽.

94) 『高麗史節要』 권5, 文宗 18년 3월, 142쪽.

95) 『高麗史』 권80, 志34 食貨3 賑恤 水旱疫癘賑貸之制 恭愍王 3년 6월, 中册, 772쪽.

96) 『高麗史』 권80, 志34 食貨3 賑恤 水旱疫癘賑貸之制 恭愍王 10년 2월, 中册, 772쪽.

97) 釋息影庵, 「禪源寺毗盧殿丹靑記」 『東文選』 권65(民族文化推進會 影印本 2册, 415~416쪽).

사원에서는 그밖에도 여러 방면의 지출이 있었다. 종교적 기능과 관련한 것도 있고 사회적 기능과 관련한 것도 있었다. 안양사탑을 중신하는 데 소요된 내용을 보면, 인원이 400여이고 米가 595석이며, 콩이 200석, 布가 1,155疋이었다.98) 하나의 탑을 새로이 하는 데 드는 비용을 가늠해볼 수 있을 것이다. 石鍾을 만드는 데 비용이 지출되는 예도 보인다. 安心寺의 舍利 石鍾이 그 예이다.99)

轉藏의 비용을 충당하는 일도 보인다. 시주자가 시납한 것으로 부인의 죽은 날, 본인의 생일에 전장하도록 하였다.100) 전장의 경우 시주자가 희망하는 때에 하였을 것이고 그 비용의 지출이 있었을 것이다.

대장경을 인출하는 데 비용이 쓰이는 수도 있었다.101) "印大藏經 厝之殿左右 郡人之所同施也"라고102) 하는 데서 대장경의 인쇄에 비용이 소용되었음을 알 수 있다.

특정인을 위한 행사를 수행하는 데 지출하기도 하였다. 시주자가 용도를 지정한 경우에는 그에 따라 지출이 행해졌다. 예컨대 원의 사신이 시주한 후 元의 皇太子와 皇子의 祈福을 위해 그의 생일에 飯僧閱經하도록 하였다.103) 이러한 경우의 지출도 적지 않았을 것이다.

4. 財政運用의 方法과 特徵

사원은 여러 방면에서 수입을 확보하여 다양한 용도로 그것을 지출하

98) 李崇仁, 「衿州安養寺塔重新記」『陶隱集』 권4(『韓國文集叢刊』 6册, 589~591쪽).
99) 李穡, 「香山安心寺舍利石鍾記」『牧隱藁文藁』 권3(『韓國文集叢刊』 5册, 26쪽).
100) 李穡, 「報法寺記」『牧隱藁文藁』 권6(『韓國文集叢刊』 5册, 46~47쪽).
101) 權近, 「大般若經跋」『陽村集』 권22(『韓國文集叢刊』 7册, 226쪽).
102) 李穡, 「勝蓮寺記」『牧隱藁文藁』 권1(『韓國文集叢刊』 5册, 7쪽).
103) 李齊賢, 「有元高麗國淸平山文殊寺施藏經碑」『益齋亂藁』 권7(『韓國文集叢刊』 2册, 558쪽).

였다. 사원을 유지하고 종교적인 기능을 활발하게 수행하기 위해서뿐만 아니라 사회의 구제활동에도 많은 지출을 하고 있음이 주목된다. 사원을 유지하고 기능을 수행하기 위해서는 수입과 지출의 문제를 잘 처리해 가지 않으면 안 되었다. 합리적이고 투명하며 안정된 재정의 운영이 필요한 것이다. 그를 위해 사원은 나름대로 노력을 기울이고 있었다.

재정 운영의 실무를 담당하는 승려가 있었다. 재정운영을 속인에게 위임하지는 않았다. 속인을 활용해서 재정을 운용하고, 승려들은 감사만 할 수도 있겠지만, 고려시기에 그러한 일은 보이지 않는다. 다수의 승려가 사원 내에 거처하고 있었는데, 이들 중 재정을 담당하는 승려가 별도로 차정되어 있었다. 그 승려는 초기에는 直歲僧으로 불리었다. 직세승은 주지의 지시를 받으면서 재정을 운영한 것으로 보인다. 후기에 가면 재정운영 전반을 주지가 관장하는 것으로 보인다. 주지가 재물을 마음대로 사용하고 심지어 私占하는 사태가 빈번히 보이는 데서 그러한 추정이 가능하다.[104] 조선초에 백양사에는 寶의 운영을 담당한 寶長의 존재가 확인된다.[105]

재정의 합리적인 운용을 위해서는 수입과 지출에 대한 文件의 작성이 중요하다. 수입을 관리하는 장부가 있어야 하고, 또 지출의 세부 내역을 정리한 장부가 있어야 했다. 사원에서는 상당한 규모의 수입과 지출이 있었기에 장부 없이 주먹구구식으로 하지는 않았을 것이다.

聖居山 文殊寺의 경우 중수한 뒤 시주자의 명단을 記文의 뒤에 남기고 있다.[106] 이것은 시주자의 명단을 길이 보전한다는 의미를 담는 것이다. 五冠山 聖燈庵의 경우에 "致和戊辰 侍中尹碩相忠肅王 至順庚午 侍中韓渥相忠惠王 皆與兩府諸公 添其油錢 列名于板"하였다고 한

104) 拙稿, 2001, 앞의 논문.
105) 拙稿, 1997, 앞의 논문.
106) 李穡, 「聖居山文殊寺記」 『牧隱藁文藁』 권4(『韓國文集叢刊』 5冊, 29~30쪽).

다.[107] 시주자의 명단이 별도의 기록으로 작성되고 있는 사정 하에서 재정출납을 기록한 장부가 없었다고는 생각되지 않는다.

식리활동을 할 때 곡식의 출납상황은 文券[108]·契券에[109] 기재하고 있었다. 식리활동이 주먹구구식으로 기억에 의존하는 것이 아니었다.

재정의 수입에서 사원은 거의 전적으로 세속사회로부터 지원받았다. 토지로부터의 수입, 식리 활동, 상업활동, 각종 시주, 연화 모두 세속사회에서 얻거나, 세속사회를 대상으로 하는 것이다. 세속사회의 지원이 없으면 사원은 유지가 불가능하였다.

말하자면 재정의 문제를 불교계 내부에서 처리하지 않는다는 것이다. 간혹 승려가 농업 생산이나 수공업의 작업에 종사하고, 또 그로부터의 수입이 사원의 재정에 다소 도움 되는 수도 없지 않았지만, 그것의 비중이 크지는 않았을 것이다. 자급자족 생산에 종사하여 재정 문제를 해결해 가지 않았다. 이러한 것은 사원의 재정 자립성에 문제를 일으킬 수 있는 것이었다.

사원의 재정 지출은 수입에 의거하지만, 수입에 맞추어 지출을 결정하는 것은 아니었다. 지출이 수입을 고려하지 않고 설정될 수는 없지만, 그렇다고 수입에 따라서 정해지지는 않았다. 그보다는 지출을 고려하여 수입을 조정하는 수가 많았다. 토지나 고리대의 수입은 可變性이 크지 않은 것이지만, 시주를 받는 일은 노력 여하에 따라 그 수입의 규모를 크게 확대할 수 있었다. 사원의 일상적인 지출은 정규적인 수입으로 처리하였겠지만, 사원 보수와 중창, 특정 불사가 있을 때에는 수입을 늘려야 했다. 이러한 지출의 계획에 맞추어 수입을 늘리는 노력을 하였다. 그리하여 家計의 量入制出과는 달리 국가의 재정운영원칙인 量出制入

107) 權近, 「五冠山聖燈庵重創記」 『陽村集』 권13(『韓國文集叢刊』 7册, 145쪽).
108) 『高麗史節要』 권16, 高宗 34년 6월, 429~430쪽.
109) 『高麗史』 권129, 列傳42 叛逆3 崔怡, 下册, 809쪽.

에 가까웠다고 할 수 있다.

사원의 재정 수입은 토지 소출, 고리대 이자, 상업 이윤 등이 중요했지만, 신자로부터 보시를 받는 일은 문제가 있었다. 정기적인 法會를 통해 그때마다 財施를 확보할 수 있는 것이겠지만, 그렇지 못하였다. 정례적인 법회가 자주 있는 것이 아니었다. 때문에 신자로부터 안정되고 일정한 규모가 보장되는 재물 시여를 기대할 수 없었다. 신자가 개별적으로 재물을 시주하는 일은 많았지만, 전체 신자를 대상으로 안정적이고 일정한 양을 확보하는 일은 드물었다. 그렇기 때문에 토지로부터의 수입과 식리활동으로부터의 수입에 더욱 의거하지 않을 수 없었을 것이다.

사원의 재정 지출은 供佛養僧에 한정된 것이 아니었다. 또 사원 건물의 유지, 시설의 확충 등에만 사용되지 않았다. 불교의 종교적 기능 이외에 사회사업에도 지출을 많이 하고 있는 점이 주목된다. 거의 항시적으로 빈민구제에 나서고 있고, 또 여행자에게 편의를 제공하였다. 특히 院에서 그러하였다. 그리고 각종 법회도 실은 빈민구제의 의미를 띠는 수가 많았다.

하나의 불사에 여러 계통에서 지원하는 경우가 있었다. 이 경우는 보통 특정 개인이 부담하기에 소요재정이 클 때였다. 정례적이 아닌 특정한 불사가 있을 때 그것을 위한 재원은 통상적인 것으로 해결될 수 없었다. 때문에 긴급히 외부로부터 지원을 받게 되는데 그 수입의 계통도 다양하였다. 연화를 통해서 재원을 마련하기도 하였고, 승려의 개인재산이 동원되기도 하였으며, 신자의 자발적인 시주가 동반되기도 하였다.

寶盖山 지장사는 홍건적의 침입으로 많은 건물이 파괴되었는데, 그것의 중수에는 元의 皇妃, 고려의 禧妃가 施錢하였으며, 鐵原君 崔孟孫, 監丞 崔忠이 도왔고, 正堂 李公, 判事 朴侯도 역시 재물을 시주함으로써 공사를 마칠 수 있었다.[110] 이처럼 황비와 희비가 중심이 되면서도

110) 李穡, 「寶盖山地藏寺重修記」 『牧隱藁文藁』 권2(『韓國文集叢刊』 5册, 12~13쪽).

여러 사람이 함께 지원하여 지장사의 중수가 완료될 수 있었던 것이다.

勝蓮寺는 大禪師 拙菴이 공사를 주재하였으며, 시주모집은 宗閑에게 주관하게 하였다. 졸암이 기부한 것과 종한이 애쓴 덕에 111間의 건물을 완성하였다. 무량수불의 상은 졸암이 전적으로 맡았으며, 졸암은 또한 부모에게서 받은 노비를 희사하였다. 대장경을 인출해 불전 좌우에 쌓아 놓았는데, 고을 사람들이 낸 시주로 성취한 것이다. 졸암이 죽자 조카이자 후계자인 覺雲이 담을 쌓아 완성하였다.[111]

특정 불사를 특정인이 전담하는 경우도 종종 있었다. 비용 부담이 상대적으로 가볍고 규모가 작은 불사에서 보인다. 이렇게 될 때 그 불사는 특정인의 염원·발원을 담은 것으로 이해할 수 있을 것이다.

용문사 대장전 3間은 北原郡夫人 元氏가 재물을 시주하여 도왔다.[112] 그의 전적인 재정 지원을 엿볼 수 있는 것이다. 妙香山 安心寺 舍利石鍾은 승려 覺持와 覺悟가 만들어 指空의 사리와 普濟의 頭骨 및 사리를 봉안하였는데, 그때 시주는 義州의 上萬戶奉翊大夫 禮儀判書 張侶의 夫人 용만군부인 康氏였다.[113] 석종을 조성하는 비용을 강씨가 거의 전담한 것으로 이해된다. 이렇게 되면 강씨와 안심사 석종의 관계는 매우 밀접한 것이 된다.

금강산의 장안사를 중흥하는 데에는 奇皇后의 적극적인 지원이 중요하였다.[114] 물론 기황후 이외의 시주나 다른 계통의 수입이 사용되기는 하였지만, 기황후의 지원이 절대적이었다고 할 수 있다. 普光寺를 重興하는 데에는 元에 있던 全州人 資政使 高龍鳳이 주도적인 역할을 담당하였다.[115] 이 경우는 고용봉이라는 특정인이 후원한 불사로 이해할 수

111) 李穡, 「勝蓮寺記」 『牧隱藁文藁』 권1(『韓國文集叢刊』 5冊, 7쪽).
112) 李穡, 「砥平縣彌智山龍門寺大藏殿記」 『牧隱藁文藁』 권4(『韓國文集叢刊』 5冊, 34~35쪽).
113) 李穡, 「香山安心寺舍利石鍾記」 『牧隱藁文藁』 권3(『韓國文集叢刊』 5冊, 26쪽).
114) 李穀, 「金剛山長安寺重興碑」 『稼亭集』 권6(『韓國文集叢刊』 3冊, 137~138쪽).

있을 것이다.

開天寺의 靑石塔에서도 그러한 것을 확인할 수 있다. 宗室廣陵侯 沔이 단월이 되어 힘을 썼다.[116] 潤筆菴의 경우 승려 覺寬이 贊成 金得培의 부인 金氏와 함께 조성하였다는데[117] 이 경우도 특정인이 재정을 거의 전담한 것으로 이해할 수 있을 것이다. 巨濟縣의 見菴禪寺를 중수하는 데에도 大施主인 判事 金臣佐의 도움이 컸기 때문에[118] 특정인이 대부분의 부담을 진 경우로 볼 수 있을 것이다.

聖居山 文殊寺의 경우 大檀越이 星山李侍中 樵隱의 부인 何氏였다고 하는데[119] 그가 재정의 상당부분을 지원하였음을 엿볼 수 있다. 물론 그 외에도 시주자가 더 있었다. 眞宗寺는 侍中 柳公이 거의 중수의 일을 전담하였다고 한다.[120]

재정 수입이 지출을 규정하는 수가 많았다. 특정 불사에 특정인이 지원하는 것도 이에 해당되겠지만, 지속적인 지출에도 그러한 일이 보인다. 특정인의 忌日寶는 그 특정인의 기일에 쓰도록 하는 것이고, 祝聖寶는 국왕의 복을 비는 데 지출하라는 것이다. 이렇게 보의 경우에 지출처가 명시된 수가 많았다. 常住寶로 표현되듯이 지출처가 명시되지 않은 수도 있기는 했지만, 대부분의 보는 지출의 용도가 정해져 있었다고 보인다.

天子의 近侍 剛塔里中과 忽篤帖木兒가 천자의 명을 받고 사신으로 와서 淸平山 文殊寺에 화폐를 시납하면서 그 이자를 취해 황태자와 황

---

115) 李穀, 「重興大華嚴普光寺記」 『稼亭集』 권3(『韓國文集叢刊』 3册, 116~117쪽).
116) 李奎報, 「開天寺靑石塔記」 『東國李相國集全集』 권24(『韓國文集叢刊』 1册, 542~543쪽).
117) 李穡, 「潤筆菴記」 『牧隱藁文藁』 권3(『韓國文集叢刊』 5册, 24쪽).
118) 李穡, 「巨濟縣牛頭山見菴禪寺重修之記」 『牧隱藁文藁』 권5(『韓國文集叢刊』 5册, 40~41쪽).
119) 李穡, 「聖居山文殊寺記」 『牧隱藁文藁』 권4(『韓國文集叢刊』 5册, 29~30쪽).
120) 李穡, 「眞宗寺記」 『牧隱藁文藁』 권1(『韓國文集叢刊』 5册, 6~7쪽).

자를 위해 기복하고 그 탄신일에 飯僧閱經하라고 하였다. 시납하면서 그 지출처를 명시한 것이다.[121]

조금 다른 경우이기는 하지만, 圓悟國師 天英이 노비를 修禪社에 시납할 때에도 그냥 수선사에 시납하지 않고 丹本大藏寶에 지정하여 시납하는 것을 볼 수 있다.[122] 이처럼 시납을 할 때 그 소속이나 쓰임을 한정하는 수가 적지 않았던 것으로 보인다. 수선사에 시납된 토지와 寶도 각각 명목이 있어 그것을 위한 용도로 지출하여야 했다.[123]

사원이 재정적인 어려움에 직면했을 때 승려의 개인재산이 활용되는 수가 많았다. 승려들은 여러 계기를 통해 개인재산을 확보할 수 있어, 상당한 양의 재력을 보유한 승려가 흔하였다. 이들은 그 풍부한 재력을 바탕으로 특정 사원에 초빙되어서 그 사원의 불사 비용을 제공하는 경우가 많았다.

토지의 확보, 각종 물품의 마련, 법회 비용의 준비 등에서 국가의 지

121) 李齊賢, 「有元高麗國淸平山文殊寺施藏經碑」『益齋亂藁』 권7(『韓國文集叢刊』 2冊, 558쪽).

122) 노명호외, 2000, 『韓國古代中世古文書研究』上, 「修禪社乃老宣傳消息(1281년)」, 18~21쪽.

123) 修禪社 施納土地와 곡식

시주자명	시주명목	토지규모
崔 怡	祝聖油香寶	10結 50卜
	國大夫人宋氏忌日寶	45結 79卜
	同生妹氏忌日寶	80結 30卜
盧仁綏	祝聖	51結 90卜
金仲龜	父母忌日寶	17結
徐敦敬	父母忌日寶	35結 63卜

곡식량	寺院現況記	常住寶記
4,000석	諸忌日寶 雜寶	前國立한 油香寶, 諸忌晨等 雜寶 今 判付常住寶(殿出法答私財 諸檀信隨喜 白金 86斤을 곡식으로 바꾼 것)
6,000석	社主法答私財條 諸檀那施納祝聖鎭兵長年寶	
100석	文正이 奉宣하여 鎭兵條로 시납한 油香寶	

원은 매우 중요하였다. 국가는 사원에 수조지를 분급하였으며, 각종 法會나 佛事에 다대한 지원을 하였다. 이러한 점은 사원이 국가와 밀착된 관계를 갖게 하는 조건이 된다.

5. 財政運用의 問題와 對應

사원의 재정은 기본적으로 농민이나 국가 사회의 여러 성원과 긴밀한 관련을 맺으면서 운용되는데, 이들과 협조적인 관계가 유지되지 않을 때에는 재정 운용에서 문제가 심각하게 되었다. 원래부터 경제 운영을 둘러싸고 긴장관계가 있는 것인데, 그러한 긴장·갈등의 문제는 후기에 이르러 심각하였다. 사원이 겪고 있는 어려움은 여러 측면에서 지적할 수 있겠으나, 재정 운용의 측면에서는 상대적인 수입의 감소, 지출의 증대로 집약할 수 있겠다.

고려후기 사원의 지출은 더욱 증대하였다. 특히 여러 차례의 외침을 겪으면서 사원의 건물이 많이 파괴되었으며, 그에 따른 복구비가 엄청나게 소요되었다. 수입이 제대로 확보되지 않은 조건에서 건물의 퇴락이 많아 지출이 증대하는 것이다.

報法寺는 공민왕 10년(1361) 겨울 홍건적의 침입으로 "冬爲沙賊所蹂躪 殿宇器皿 經卷像設 存者盖鮮"하는[124] 지경에 이르렀다. 寶盖山地藏寺도 홍건적의 침입으로 많은 피해를 입었다.[125] 이처럼 전쟁으로 인해 사원이 파괴되는 수가 매우 흔하였다고 생각된다. 개경이나 평양 주변의 사원, 그리고 바다에 인접한 사원의 경우 홍건적이나 왜구의 침입으로 상당한 피해를 입었을 것으로 보인다.

---

124) 李穡, 「報法寺記」『牧隱藁文藁』 권6(『韓國文集叢刊』 5冊, 46~47쪽).
125) 李穡, 「寶盖山地藏寺重修記」『牧隱藁文藁』 권2(『韓國文集叢刊』 5冊, 12~13쪽).

반면에 개별 사원의 수입은 후기에 갈수록 줄어드는 수가 많았다. 농민의 유망이 커지면서 고리대의 정상적인 운영이 어려워졌으며, 권문세족으로 표현되는 세력과 농장경영을 둘러싸고 갈등하는 모습도 보였다. 그리고 사원 재정의 상당한 후원자인 국가도 재정적인 어려움으로 인해 그 지원을 축소하였다.126) 예컨대 開國律寺의 복구를 시도하는 南山宗師 木軒丘公은 "今國家非曩日之比 必欲使舊例修吾廬難矣"라고127) 스스로 말하였다. 요사이는 국가가 전일과는 달리 구례에 따라 사원 건물을 중수하기가 어렵다는 것이다.

국가의 도움을 받지 않는 것이 바람직하게 여겨지고 있고 민의 도움을 받지 않는 것이 높이 평가받는 시대의 분위기도 수입을 감소시키는 요인으로 작용하였을 것이다. 侍中 柳公이 주도해 완성한 眞宗寺의 경우 "費不官削 役罔厲民"하였다고128) 평가되고 있는 것이다.

神孝寺의 경우, 충렬왕이 重興하였을 당시에, 田租의 수입과 단월의 시주가 풍부한 편이었으나 그 이후 계속 수입이 감소해 수십 년 뒤에 이르러 "居僧奔走乞食 日不暇給 散而之它者十之四五也"하였다.129) 이러한 사태를 맞아 신효사는 상주보를 두어 극복하였지만, 그렇지 못하고 계속 재정 감소를 겪는 사원은 많았을 것이다. 전체적으로 사원경제가 팽창하였지만 지출이 크게 증대되어 상대적으로 수입은 감소한 것이다. 개별 사원의 경우에는 경제적으로 위축되는 수도 없지 않았다. 신효사는 구체적인 사례였다.

이러한 재정 어려움 속에서도 住持가 寺物을 私占하는 일이 빈번하

126) 고려후기에 飯僧의 규모가 축소되어 감은 당시 국가 차원에서 불교를 지원하는 것이 어려워져 갔음을 잘 표현한 것으로 보인다. 고려시기 반승에 대해서는 李相瑄, 1998, 앞의 책, 171~207쪽이 참조된다.

127) 李齊賢, 「重修開國律寺記」『益齋亂藁』 권6(『韓國文集叢刊』 2冊, 552~553쪽).

128) 李穡, 「眞宗寺記」『牧隱藁文藁』 권1(『韓國文集叢刊』 5冊, 6~7쪽).

129) 李穀, 「神孝寺新置常住記」『稼亭集』 권5(『韓國文集叢刊』 3冊, 128~129쪽).

였는데 이것은 사원의 재정을 더욱 곤란하게 만들었다. 창왕 즉위년 (1388) 12월에 趙仁沃의 상소에서 명백히 확인된다.

> 近世以來 諸寺僧徒 不顧其師寡欲之敎 土田之租 奴婢之傭 不以供佛僧 而以自富其身 … 禁住持竊用[130)]

사원의 승려들이 토지로부터의 수입, 노비의 신공으로 부처와 승려를 공양하지 않고, 자신을 부유하게 한다는 것이다. 여기에서 언급한 승도는 토전지조와 노비지용을 마음대로 사용하는 데서, 또 사원의 공유재산을 훔쳐 사용하지 말라고 명시된 승려가 주지인 사실에서, 주지임을 알 수 있다.

이러한 사정으로 인해 많은 사원이 廢寺·亡寺가 되어 갔다. 비보사원의 유지 존속을 위해 국가가 지원 내지 관심을 표방하고 있었지만, 그러나 비보사원이 亡廢하는 일은 속출하였다. 건물의 노후화로, 전란시 외적의 습격으로, 때때로 민의 항쟁으로 그렇게 되는 일은 다반사였다.

공민왕 원년(1352)에 비보사원의 유지가 잘 안 되고 있음을 볼 수 있다.

> 祖王代 創置禪敎寺院 所以裨補地德 以利國家 今多頹圮 只有遺基[131)]

비보사원의 다수가 퇴비되어 다만 유기만이 있을 뿐이라는 것이다. 비보사원으로 상당수가 퇴락하여 터만 있고, 사원으로서의 기능을 유지하지 못하고 있음을 알 수 있다. 이전시기보다 훨씬 퇴락의 정도가 심함을 볼 수 있는 것이다.

태조가 그토록 중시했던 비보사원은 고려국가 체제의 동요와 더불어

---

130) 『高麗史節要』 권33, 辛昌 즉위년 12월, 842쪽.
131) 『高麗史』 권38, 世家38 恭愍王 원년 2월, 上册, 756쪽.

운명이 위태로워져 갔다. 비보사원이 퇴락한 구체적인 예로는 興王寺,[132] 安養寺,[133] 萬義寺[134] 등이 찾아진다. 안양사탑은 '旣圮矣'라 하였으며, 만의사는 裨補古刹인데 '壞廢旣久'하다고 하였다. 사원이 퇴락하는 일이 많았기에, '五敎兩宗亡寺土田'이라는[135] 표현이 나올 수 있었던 것이다.

사원의 재정 운용이 여의치 않아 승려들이 떠나가고 또 망사·폐사가 속출하는 조건에 놓이자, 일부 사원은 수입의 증대에 몰두하지 않을 수 없게 되었다. 전반적으로 동요하면서 일부의 사원이 수입의 증대에 몰두하는 것이다.

우선 토지를 확대하려 하였다.

> 寺院及齋醮諸處所 據執兩班田地 冒受賜牌 以爲農場 今後 有司窮治 各還其主[136]

사원에서 양반의 전지를 차지하고 사패를 받아 농장으로 하고 있음을 지적한 것이다. 이러한 내용도 실은 재정확충을 위한 노력의 하나로 이해할 수 있을 것이다.

사원은 고려후기에 토지를 확대하는 중요한 세력이었다. 또한 토지의 규모만을 확대하는 것이 아니라 토지를 매개로 하는 농민에 대한 지배도 한층 강화시켜 갔다. 사원이 확대해 가는 토지의 계통은 단일하지 않았으며, 또한 확대하는 방법에도 여러 형태가 있었다.

---

132) 李穀, 「興王寺重修興敎院落成會記」『稼亭集』 권2(『韓國文集叢刊』 3冊, 112~113쪽).

133) 李崇仁, 「衿州安養寺塔重新記」『陶隱集』 권4(『韓國文集叢刊』 6冊, 589~591쪽).

134) 權近, 「水原萬義寺祝上華嚴法華會衆目記」『陽村集』 권12(『韓國文集叢刊』 7冊, 132~133쪽).

135) 『高麗史』 권78, 志32 食貨1 田制 功蔭田柴, 中冊, 713쪽.

136) 『高麗史』 권84, 志38 刑法1 職制 忠烈王 24년 정월, 中冊, 843~844쪽.

사원은 사적인 노력에 의해서도 토지를 확대해 갈 수 있었는데, 후기의 대표적인 방법이 施納과 開墾이었다. 李齊賢은 당시 민인과 국가에 해독을 끼치는 것 가운데 하나로서 사원에 시납된 토지를 들고 있다.[137] 사원은 시납에 의해 토지를 확대하는 데 그치지 않고 개간활동에 참여하여서도 토지를 확대하였다. 사원이 토지를 확대하는 것은 이와는 달리 당시 성행하고 있는 토지의 奪占과 兼併을 통해서도 가능하였다. 특히 사패를 매개로 해서 탈점을 하였다.[138]

고리대를 고율·강제성을 띠면서 운영하기도 하였다. 이미 최충헌은 봉사10조에서 승려들이 왕궁을 배회하면서 국왕으로 하여금 佛에 미혹되도록 하면서

> 陛下勅內臣句當三寶 以穀取息於民 其弊不細[139]

라고 지적한 바 있다.

당시의 이자율 1/3을 넘는 고율로 운영되는 수가 많았다. 공민왕대에 사원이 고율로 징수하는 사례가 찾아진다.

> 公私息錢 雖積年月 止還一本一利 其寺院常住息錢 取利不等 或過二分[140]

곧 일본일리는 문제가 아닌데, 이자가 원본을 초과하고 있어 문제가

---

137) 李齊賢, 「策問」『益齋亂藁』 권9下(『韓國文集叢刊』 2册, 599쪽).

138) 『高麗史』 권78, 志32 食貨1 田制 經理 忠烈王 11년 3월, 中册, 706~707쪽. "下旨 諸王 宰樞 及扈從臣僚 諸宮院 寺社 望占閑田 國家 亦以務農重穀之意賜牌 然憑藉賜牌 雖有主付籍之田 幷皆奪之".
『高麗史』 권84, 志38 刑法1 職制 忠烈王 24년 忠宣王 즉위년 정월, 中册, 844쪽. "寺院 及齋醮諸處所 據執兩班田地 冒受賜牌 以爲農莊".

139) 『高麗史』 권129, 列傳42 叛逆3 崔忠獻, 下册, 791쪽.

140) 『高麗史』 권79, 志33 食貨2 借貸 恭愍王 원년 2월, 中册, 747쪽.

되는 것이다. 수선사의 경우도 시기가 뒤로 가면 이렇게 고율로서 이자가 원본을 초과하는 수가 없지 않았을 것이다.

또 강제성을 동반하는 예도 있었다. 강제적인 고리대는 당시 흔히 볼 수 있는 것이었다. 명종대에

> 道門僧人 … 以麤惡紙布 强與貧民 以取其利141)

라 하여 승려들이 질이 떨어지는 紙布를 빈민에게 강제로 대여하고서 이식을 취하고 있었던 것이다.

연화에 몰두하기도 하였다. 그리하여 연화가 매우 성행하고 나아가 문제로 인식될 정도에 이르게 되었다. 연화로 인한 폐단에 대해서는 조선초 실록기록에서 여러 사례를 찾을 수 있다. 조선 건국 이후 태종대에 과감한 억불정책이 추진되기 이전시기에는 불교계의 사정이 고려말과 크게 다르지 않았다. 태조 7년(1398) 윤5월 知中樞院事 李至가 한 발언 중에

> 述願文稱緣化 橫行中外 誑誘愚民 甚者劫從之 糜有限之產 塡無窮之欲 國家之甚患也142)

라는 것이 그 폐단을 집약해 표현하고 있는 것이다. 서울과 지방을 돌아다니면서 어리석은 백성들을 속이고 꾀며, 심지어는 겁을 주어 따르게 하는 것이다. 사원 상호간에 분쟁이 심각하게 전개된 것도 재정문제와 직접 관련되어 있었다.

고려후기 사원이 재정확대를 위해 몰두하면서, 국가와 지배층, 그리고 농민과의 충돌이 심각해 갔다. 그러한 갈등은 정치문제로 부각되어

---

141) 『高麗史』 권85, 志39 刑法2 禁令 明宗 18년 3월, 中册, 862쪽.
142) 『太祖實錄』 권14, 太祖 7년 윤5월 丙戌, 1册, 124쪽.

서 많은 논의가 있었으며 대책들이 모색되었다. 정부는 정부대로 신료층은 그들대로 각층이 처한 사회적 위치에 따라 다양한 대책을 제시하고 있었다. 정부가 취하는 조치는 사원경제의 전체 규모를 축소시키는 것이었다. 반면 개별 사원의 재정 운용에 대해서 정부가 직접 간여하지는 않았다.

6. 結 語

고려시기 사원은 전체 사회에서 볼 때 매우 중요한 재정상의 위치를 차지하고 있었다. 여러 계통으로부터 수입을 확보하여 필요한 항목에 지출하였다. 그러한 재정 운용을 전제로 해서 불교는 유지되고 확대될 수 있었다. 재정이 뒷받침되지 않을 경우에는 사원은 종교기관으로서 기능을 수행할 수 없었다.

사원의 재원은 다양하게 마련되었다. 그 가운데 토지가 가장 중요한 요소였다. 대부분의 사원은 토지를 보유하고 있어서 일정한 수입을 안정적으로 확보할 수 있었다. 그러나 토지의 규모에서는 상당한 편차가 있었다. 그리고 사원에서는 재화를 매개로 식리활동을 전개하였는데, 그것도 사원의 매우 중요한 수입원이었다. 상업활동에 종사하여 수입을 확대하기도 하였다. 갑작스러운 재정 수요가 있을 때 緣化를 하였는데, 이 연화를 통해서도 적지 않은 수입이 확보되었다. 그리고 일반인의 시납이나 국왕의 물품 사여를 통해서도 사원은 재원을 마련하고 있었다. 사원에 모인 재물은 직접 소비하였지만, 식리를 위해 사용하는 수가 많았다. 그리고 개인재산을 보유한 승려가 그것을 사원에 기부함으로써도 사원의 재원에 도움줄 수 있었다. 국가에서 특정 지역의 전조를 사여함으로써, 또 奴婢로부터 身貢을 징수함으로써도 재원이 마련되었다. 사원은 이처럼 다양한 계통에서 재원을 마련하고 있었는데 특정 개별사원의 경우 하나의 계통으로만 재원을 마련하고 있지 않고, 대체로 土地와 息利活動을 겸하고 있었다. 그리고 수입의 규모에서는 식리활동을 통한 것이 토지로부터의 수입을 능가하는 수가 많았다고 생각된다.

이렇게 마련된 재정수입은 사원의 유지를 위해 지출되었다. 우선 승려들이 생활하는 데 필요한 지출이 있었고, 사원건축물을 보수·유지·신설하는 데 사용되었으며, 각종 불교행사를 설행하는 데에도 지출되었다. 불교행사의 경우 소요되는 경비는 만만치 않았던 것으로 보인다. 특히 불교행사에 모인 다수의 사람에게 먹거리를 제공해야 했으므로 상당한 지출이 있었다. 사원은 각종 행사를 위해, 불교용품을 마련하기 위해, 사원의 건축물의 재료를 구하기 위해 외부로터 많은 물건을 매입하였다. 사원은 또한 사회구제활동을 활발하게 전개하였는데, 이것에도 지출이 적지 않았을 것으로 보인다. 어떤 불사가 있을 때 많은 인력이 소요되었는데, 그 경우 때때로 품삯을 제공하는 수도 있었다. 그밖에 탑을 조성하거나 대장경을 인출하거나, 佛具를 제작하는 등등 지출의 항목은 상당히 다양하였다.

사원의 재정 운용은 주목되는 점이 많다. 재정의 운용을 전담하는 이는 세속인이 아닌 승려였으며, 후기에는 住持가 중요한 역할을 하였다. 또한 재정의 수입과 지출을 회계하는 장부가 존재하였을 것으로 보인다. 그리고 재정의 수입은 사원 스스로 조달하는 것이 아니라 거의 전적으로 세속사회의 도움을 받아 확보하였다. 수입에 따라 지출하는 것이 아니라, 지출을 고려하여 수입을 확보하는 방향으로 운영되는 경향을 보였다. 항시적이고 정례적인 신자의 財施가 보장되어 있지 않은 것으로 보인다. 종교 이외의 용도로도 지출이 적지 않았던 점도 주목을 끈다. 불사의 비용은 규모가 작을 때에는 특정인이 거의 전담하는 수도 있었고, 규모가 큰 경우에는 여러 계통에서 재원을 마련하여 조달하였다. 개인이 재물을 시납하는 경우에는 그 지출처를 명시하여 그 명목으로 지출하도록 요구하는 수가 많은 점도 주목된다. 재정의 마련에서 국가의 지원과 도움이 컸다고 하는 점은 사원재정을 살필 때 간과해서는 안 될 것이다.

고려후기에 가면서 사원의 재정 상태는 열악해져 갔다. 국가의 후원, 사회 전반의 지원이 축소되는 분위기에서 더욱 그러하였다. 재정의 문제는 지출의 증대, 수입의 상대적 감소로 집약할 수 있을 것이다. 亡寺·廢寺가 속출하는 수도 적지 않았는데, 이것도 재정상의 문제와 관련한 경우가 많았다. 사원은 이러한 재정적인 어려움으로 인해 수입을 늘리기 위한 노력에 몰두하지 않을 수 없었다. 토지를 확대하려고 하는 것, 고율·강제성을 동반한 식리활동에 종사하는 것, 연화에 집착하는 것, 사원 상호간에 분쟁이 빈발하는 것, 이것은 모두 재정상의 문제와 관련하고 있었다. 사원이 이렇게 재원의 확대에 힘쓰게 되면 당연히 국가경제와 충돌하는 것이 불가피하였고, 세속사회와 불편한 관계에 놓이지 않을 수 없게 되었다. 사원의 재정 문제에 대해 국가는 개별 사원의 재정 운영 내용은 문제 삼지 않고 전체 경제규모를 축소시키는 방향에서 여러 조치를 취하였다.

고려시기 사원의 재정은 이처럼 독특한 특징을 가지고 운영되었다. 그리고 세속사회와 깊은 관련을 맺고 있어서 세속사회의 변동에 따라서 많은 변화를 겪을 수밖에 없었다. 개별사원에 대한 구체적인 수치가 없는 실정에서 정리하였기에 사원의 재정 이해에 큰 한계를 가질 수밖에 없다.

제 2 부

僧侶의 社會經濟活動

제1장 高麗時期 僧侶의 緣化活動

1. 序 言

고려시기 사원은 필요한 재원을 토지경영, 상업활동과 고리대 운영을 통해 충당하였다. 이렇게 확보한 수입은 승려의 생활비, 사원건물의 보수·유지비, 불교행사의 費用 등으로 지출되었다. 사원의 수입이 넉넉한 경우에는 그러한 비용에 충당하고도 남음이 있겠으나, 특정 佛事가 있으면 그 재원을 추가로 마련하기 위해 노력하지 않을 수 없었다. 불사에 대해 여러 가지 지원을 해 주던 국가가 재정난으로 그 지원을 축소해야 할 상황에서는 사원이 스스로의 노력으로 필요한 재원을 마련하는 데에 더욱 힘써야 했다.

새로운 재정 수요에 봉착한 사원은 통상 세속인에게 도움을 요청하였다. 사원은 본디 스스로의 노력으로 경제문제를 해결해 가지 않고 있었는데, 수행해야 할 새로운 불사가 있으면 재원 해결을 위해 세속사회에 직접 도움을 청하였다. 그것은 승려들이 세속사회에 돌아다니면서 재정적 도움을 요청하는 것으로 나타났다. 그 활동이 곧 緣化인데,[1] 이를 통

1) 僧侶의 緣化活動에 대해서는 白南雲, 1937, 『朝鮮封建社會經濟史』上, 改造社, 834~ 835쪽에서 간단히 언급한 바 있다. 본고에서는, 단순한 시주행위만이 확인되는 경우는 실제로 연화가 전제되어 있을 수 있지만, 연화의 범주에 포함하여 다루지 않는다. 승려의 적극적인 권유가 확인될 때 연화의 범주에 포함하여 고찰

해 사원은 단기간 내에 세속사회의 지원을 받아서 소기의 불사를 완수할 수 있었다.

세속사회에게 직접적인 도움을 요청하는 연화행위는 불교계와 세속사회의 구체적인 연결 양상을 이해하는 중요한 소재가 될 수 있다. 사원이 관련을 맺는 세속사회와 계층, 그리고 사원을 지원하는 세속인의 공간적 분포를 이해할 수 있게 한다. 곧 세속사회와 불교계의 관계를 연화행위의 분석을 통해 일정하게 이해할 수 있다고 할 수 있겠다.

이 글은 승려들의 연화행위를 분석함으로써 사원과 세속사회의 상호관계를 해명하는 데 초점을 둔다. 연화의 이념과 연화문, 연화를 하는 지역범위와 연화에 참여하는 계층, 사원이 연화를 통해 해결하는 佛事와 그 내용 등을 검토함으로써 연화행위에 대한 심층적인 이해를 시도할 것이다. 그리고 국가의 지원 축소, 사원 재정난의 가중으로 위기에 처한 사원이 적극적으로 연화에 나서는 모습과 그 문제점, 그리고 그에 대한 정부의 대처도 함께 검토하고자 한다. 이러한 검토를 통해 고려시기 사원과 세속사회의 관계가 일정 부분 해명될 수 있을 것이다.

2. 緣化의 理念과 緣化文

승려들이 佛事에 필요한 재원을 시납받고자 할 경우, 그 행위에 대해 불교이념으로 뒷받침하는 논리를 갖추고 있어야 했다. 또 승려들은 그 불사가 갖는 의미를 선전하는 문건을 지참하는 수가 많았다.

승려가 나서서 민인을 권유해 시주를 거두는 것을 통상 연화라고 하지만,[2] 그밖에도 募緣이라 일컬어지기도 하였다.[3] 모연이란 因緣·法緣

하기로 한다.

2) 『三國遺事』 권3, 塔像4 三所觀音 衆生寺 ; 『高麗史』 권133, 列傳46 辛禑 2년 7월, 亞細亞文化社 影印本(이하 같음), 下冊, 871쪽 ; 『太祖實錄』 권3, 太祖 2년

을 모은다는 뜻으로 佛事에 인연 있는 이에게서 재물을 모으는 것을 의미한다. 그것은 '募合衆緣'이라고[4] 표현하기도 했다. 때로는 勸善으로도 일컬어졌다.[5] 좋은 일을 권한다는 뜻으로, 불사와 관련한 일은 좋은 것이므로 그렇게 지칭한 것으로 이해된다. 그밖에 勸化라고[6] 하는 경우도 있었다.

연화와 동일한 의미를 갖는 것으로 棟梁이라는 표현도 있었다.

> 其所謂棟梁者 凡浮屠之勸人布施 營作佛事者之稱也[7]

棟梁이란 말은 승려가 사람들에게 보시를 권해 불사를 수행하는 것, 또는 그런 일을 하는 자를 일컫는 것이다.[8] 연화와 동일한 의미라고 할

정월 乙亥, 1册, 40쪽 ; 『太祖實錄』 권14, 太祖 7년 윤5월 丙戌, 1册, 124쪽 ; 『太宗實錄』 권17, 太宗 9년 2월 庚辰, 1册, 473쪽 ; 許興植編著, 1984, 『韓國金石全文(中世下)』, 亞細亞文化社, 1214·1306쪽 ; 李基白編著, 1987, 『韓國上代古文書集成』, 一志社, 162·174쪽.

3) 權近, 「法王寺祖師堂記」 『陽村集』 권14(『韓國文集叢刊』 7册, 156쪽) ; 李崇仁, 「驪興郡神勒寺大藏閣記」 『陶隱集』 권4(『韓國文集叢刊』 6册, 587~589쪽).

4) 李穡, 「勝蓮寺記」 『牧隱藁文藁』 권1(『韓國文集叢刊』 5册, 7쪽).

5) 許興植編著, 1984, 『韓國金石全文(中世下)』, 1160~1161쪽 ; 李基白編著, 1987, 『韓國上代古文書集成』, 183쪽 ; 『定宗實錄』 권1, 定宗 원년 3월 庚辰, 1册, 146쪽 ; 『太宗實錄』 권31, 太宗 16년 2월 己丑, 2册, 103쪽 ; 『世宗實錄』 권12, 世宗 3년 7월 壬戌, 2册, 440쪽.

6) 『高麗史』 권85, 志39 刑法2 禁令 忠宣王 4년 9월, 中册, 864쪽 ; 『高麗史』 권85, 志39 刑法2 禁令 忠肅王 後8년 5월, 中册, 865쪽 ; 許興植編著, 1984, 『韓國金石全文(中世下)』, 1133·1152·1243쪽.

7) 李奎報, 「王輪寺丈六金像靈驗收拾記」 『東國李相國集全集』 권25(『韓國文集叢刊』 1册, 546~548쪽).

8) 棟梁이라는 표현은 金石文이나 古文書에 많이 보인다. 『韓國金石全文』에 동량이라는 표현이 다수 보이고 있으며(433·440·454·460·472·474·499·502·530·534·538·805·843·844·888·907·938·939·942·961·965·966·970·990·991·999·1040·1126·1157·1246·1250·1251·1257·1261·1262·1263·1266·1269·1277·1278·1279·1281·1292·1302쪽), 『韓國上代古文書集成』에서도 동량이라는 표현

수 있다.[9)]

연화는 속인에게 재물을 보시할 것을 권하는 일이었다. 재물은 속인에게는 생계를 유지하거나 家格을 유지해 가는 데 절실한 것이기에, 승려들은 그러한 재물 보시를 권하는 나름의 명분을 가지고 있어야만 했다. 속인들이 그러한 명분과 이념에 동조하지 않으면, 연화는 이루어질 수 없었다.

연화는 속인들이 불교를 신앙으로 받들고 있다는 것을 전제로 이루어질 수 있는 것이었다. 고려시기 일반 민인들의 불교에 대한 신앙은 절대적이라고 할 수 있다. 고려초 통일 직후에 大師 崔凝이 불법을 제거할 것을 요청하였는데, 太祖는

佛氏之說 入人骨髓 人人以爲死生禍福 悉佛所爲[10)]

라 하고서 혁거에 반대하였다. 여기에서 불교의 가르침을 사람마다 모두 받아들이고 있었던 것을 알 수 있고, 그러한 형세는 고려말까지 지속되었다고 할 수 있다.

고려후기 일부의 위정자들이 불교를 비판하고 있었지만, 불교에 대한 당시인의 신앙은 확고하였다. 그리하여 불사가 있거나 고승의 설법이 있으면 몰려들었다. 이는 國淸寺 金堂에서 法護寺 住持 大禪師가

이 다수 찾아진다(50·67·116·134·151·218쪽).

9) 佛事를 위해 신자들에게 재물의 시주를 권하는 緣化에 대해, 辭典에서는 勸緣·勸化·化緣·募化라고 한다(『大漢和辭典』 2冊, 420·437쪽 ; 『中文大辭典』 2冊, 67쪽). 당시의 관찬기록에서는 연화를 많이 사용하고 있지만, 금석문이나 고문서에는 동량이라는 표현이 더 많이 사용되었다. 본고에서 동량 대신 연화라는 표현을 사용한 것은, 동량이 대들보라는 의미로 사용되는 예도 있고, 또 후대의 동냥 행위를 연상시키기 때문이다.

10) 『高麗史』 권120, 列傳33 金子粹, 下冊, 637쪽.

陞座說法 祝延上壽 其三日之間 城中尊卑四衆 爭相往來 聽法結緣者 如堵墻焉[11)]

하였다는 데서 알 수 있다. 3일간 국왕을 위해 설법하자 개성 내의 尊卑四衆이 다투어 와서 법을 듣고 結緣하는 자가 담장과 같았다는 것이다. 또 우왕 2년(1376) 4월에 懶翁이 檜巖寺에서 文殊會를 베풀었을 때도 사정은 비슷하였다.

懶翁設文殊會于楊州檜巖寺 中外士女無貴賤 賚布帛果餌施與 恐不及 寺門嗔咽[12)]

회암사에서 나옹화상 혜근이 문수회를 베풀었을 때 중외의 사녀가 귀천을 가리지 않고 布帛果餌를 가지고 와 施與하면서 미치지 못할까 걱정했으며, 사원의 문이 막힐 지경이었다는 것이다. 이렇게 불교에 대한 신앙이 전제되었기에 연화가 가능하였다.

당시인들이 불교를 신앙으로 받들고 그 연화에 응한 것은, 불교의 교설 중 "崇佛敎者 只種來生因果"라고[13)] 하는 것, 즉 來世의 因果를 심는 일이라고 하는 점에 주목하였기 때문이다. 즉 내세를 위해 불교를 받들고 있는 것이다.

또한 내세가 아닐지라도 현세의 福利를 위해서도 불교를 신봉하였다.

佛氏之道 … 上自王公大臣 下逮夫婦之愚 希冀福利 靡不崇信[14)]

곧 위로 왕공대신으로부터 아래로 어리석은 夫婦까지도 福利를 희구

11) 閔漬, 「國淸寺金堂主佛釋迦如來舍利靈異記」『東文選』권68(民族文化推進會 影印本 2冊, 441~443쪽).
12) 『高麗史』 권133, 列傳46 辛禑1 辛禑 2년 4월, 上册, 869쪽.
13) 『高麗史』 권93, 列傳6 崔承老, 下册, 87쪽.
14) 權近, 「演福寺塔重創記」『陽村集』 권12(『韓國文集叢刊』 7册, 133~134쪽).

하여 崇信하는 것이다. 다음과 같은 표현도 복리를 추구하기 위해 불교에 귀의함을 나타내고 있다.

又有所謂福田利益之說 故仁人孝子圖報至恩者 不得不歸焉[15)]

불교의 가르침에는 福田·利益을 말하는 것이 있기에, 지극한 은혜에 보답코자 하는 仁人·孝子가 불교에 귀의하지 않을 수 없다는 것이다.

이처럼 불교에 대한 신앙, 불교 福利說의 영향으로 속인들은 승려의 권유가 있을 때 기꺼이 시납에 응하였다. 즉 현재의 복리를 생각해서, 또 내세의 天堂을 갈구해서 불사에 적극 호응하였던 것이다. '施一得萬倍'라는[16)] 표현도 福利를 생각해 불사에 시주함을 가리키는 것이다. 하나를 시주하고 만배를 얻을 수 있다는 관념이 민인을 불사에 기꺼이 동조할 수 있게 한 것으로 사료된다.

그렇기 때문에 승려로서는 시주를 권하는 행위가 속인들을 불교의 善業에 참여시켜 좋은 인연을 만든다고 생각하였을 것이다. 생존과 직결되는 재물을 시납한다는 것은 민으로서 경제적 고통을 감내해야 하는 일이었기에 이처럼 종교적 명분이 없으면 안 되었다.

연화는 사원에서 늘상 하는 것은 아니었다. 사원에서 구체적인 특정 불사가 있을 경우에 연화를 하였다. 일상적인 사원의 지출에 충당하기 위해 연화하는 일은 거의 없었다. 사원의 일상적인 지출은 보통 토지경영이나 상업활동·식리행위를 통해 충당되었다. 정상적인 수입으로 해결할 수 없는 불사가 있을 때, 긴급히 필요한 재원을 확보하는 방법이 연화였다. 연화는 사원에서 상당한 경제력을 필요로 할 때 행해졌지만, 그 佛事가 완료되면 종료되었다.

---

15) 姜碩德, 「諸經跋尾」『東文選』권103(民族文化推進會 影印本 3册, 266쪽).
16) 『三國遺事』권5, 孝善9 大城孝二世父母 神文代.

승려들이 세속사회를 다니면서 속인들로부터 시주를 받기 위해 연화할 때, 그들은 자신들이 하고자 하는 佛事를 구두로 제시하기도 하였지만, 문서를 작성해서 설명하기도 했다. 문서가 있을 때, 더욱이 그 문서에 유력한 자의 手決이나 도장이 있을 경우, 그 불사가 분명한 것으로 받아들여질 수 있었으며 연화활동이 더욱 큰 효과를 거둘 수 있었다.

승려들이 연화할 때 소지하는 문서는 통상 緣化文이라 불리었다. 승려들이 灌足寺 彌勒石像 龍華會를 열고자 하여,[17] 또 直指寺 重營을 수행하고자 하여,[18] 이색에게 작성해 주기를 요청한 글이 연화문으로 일컬어졌다. 그리고 辛旽이 공민왕의 수결을 받기 위해 소매 속에서 연화문을 꺼내 제시한 일이 있다.[19] 연화문은 願文으로 지칭되는 수도 적지 않았다. 이는 충숙왕 후8년(1339) 5월과[20] 우왕 7년(1381) 6월에 확인되며,[21] 조선초의 실록에서 많은 사례를 찾을 수 있다.[22] 고려말 조선초에는 願文으로 불리는 경우가 많았다. 원문은 祈願文, 發願文과 동일한 의미였다고 생각한다. 기원문이 확인되는 것은 세종 즉위년(1418) 10월이며,[23] 發願文이 찾아지는 것은 조선초 태조 7년(1398) 윤5월이다.[24] 또한 權近이 쓴 「釋王寺堂主毗盧遮那左右補處文殊普賢腹藏發

17) 李穡, 「僧有辦來壬戌歲灌足寺彌勒石像龍華會者求緣化文…」 『牧隱藁詩藁』 권24(『韓國文集叢刊』 4冊, 331쪽).

18) 李穡, 「前內願堂雲龜谷在白蓮社與普門社主將重營黃岳山直指寺書報老人求緣化文」 『牧隱藁詩藁』 권21(『韓國文集叢刊』 4冊, 281쪽).

19) 『高麗史』 권132, 列傳45 叛逆6 辛旽, 下冊, 857쪽.

20) 『高麗史』 권85, 志39 刑法2 禁令 忠肅王 후8년 5월, 中冊, 865쪽.

21) 『高麗史』 권134, 列傳47 辛禑2 辛禑 7년 6월, 下冊, 900쪽.

22) 『太祖實錄』 권3, 太祖 2년 1월 乙亥, 1冊, 40쪽 ; 『太祖實錄』 권14, 太祖 7년 윤5월 丙戌, 1冊, 124쪽 ; 『太祖實錄』 권15, 太祖 7년 11월 癸未, 1冊, 140쪽 ; 『太宗實錄』 권11, 太宗 6년 4월 戊寅, 1冊, 354쪽 ; 『太宗實錄』 권21, 太宗 11년 6월 戊午, 1冊, 589쪽 ; 『太宗實錄』 권27, 太宗 14년 5월 丁酉, 2冊, 18쪽 ; 『太宗實錄』 권28, 太宗 14년 7월 甲申, 2冊, 27~28쪽.

23) 『世宗實錄』 권1, 世宗 즉위년 10월 甲申, 2冊, 273쪽.

24) 『太祖實錄』 권14, 太祖 7년 윤5월 丙戌, 1冊, 124쪽.

願文」이 보이며,[25] 그밖에 「長谷寺藥師如來坐像腹藏發願文」과[26] 「文殊寺阿彌陀佛坐像腹藏造佛發願文」[27] 등을 찾을 수 있다. 그런데 원문이나 發願文의 경우 기원하는 내용을 담고 있을 뿐, 연화를 전제로 작성되지 않은 수도 있었다고 생각된다.[28] 연화문은 또한 勸文·勸善文으로도 불리고 있었다. 권문·권선문은 조선초의 기록에서 많은 예를 확인할 수 있다.[29] 그밖에 化疏라고도 일컬어졌다.[30]

연화문은 이처럼 다양하게 일컬어지고 있었지만, 勸文(勸善文), (發)願文이 가장 널리 쓰이고 있었다고 생각된다. 이 연화문은 물론 漢文으로 쓰여지기 때문에, 문자를 해독하고 작문할 수 있는 자만이 작성할 수 있었다. 승려들이 불사를 성취하려고 연화를 하는 것이기에, 승려 자신

25) 權近, 「釋王寺堂主毗盧遮那左右補處文殊普賢腹藏發願文奉敎撰」 『陽村集』 권33(『韓國文集叢刊』 7冊, 290쪽).

26) 李基白編著, 1987, 『韓國上代古文書集成』, 「長谷寺藥師如來坐像腹藏發願文(1346년)」, 175~178쪽.

27) 李基白編著, 1987, 『韓國上代古文書集成』, 「文殊寺阿彌陀佛坐像腹藏造佛發願文(1346년)」, 182쪽.

28) 李奎報가 쓴 開泰寺 祖前願文의 경우가 그러하다. 개태사에 봉안된 태조 진영 앞에서, 경상도 지역의 叛亂이 수그러들기를 기원하고 있다(李奎報, 「開泰寺祖前願文」 『東國李相國集全集』 권38(『韓國文集叢刊』 2冊, 95~96쪽)). 이처럼 연화를 전제로 하지 않고, 단순히 소망하는 내용을 담고 있는 (발)원문의 예는 적지 않다.

29) 『世宗實錄』 권55, 世宗 14년 3월 甲子, 3冊, 374쪽 ; 『世宗實錄』 권64, 世宗 16년 4월 丁巳, 3冊, 555쪽 ; 『世宗實錄』 권64, 世宗 16년 4월 庚申, 3冊, 556쪽 ; 『世宗實錄』 권68, 世宗 17년 5월 辛卯, 3冊, 628쪽 ; 『世宗實錄』 권85, 世宗 21년 4월 己亥, 4冊, 207쪽 ; 『世祖實錄』 권14, 世祖 4년 12월 壬申, 7冊, 305쪽 ; 『成宗實錄』 권77, 成宗 8년 윤2월 戊午, 9冊, 432쪽 ; 『成宗實錄』 권78, 成宗 8년 3월 壬辰, 9冊, 441쪽 ; 『成宗實錄』 권163, 成宗 15년 2월 己巳, 10冊, 567쪽 ; 成俔, 『慵齋叢話』 권5.

30) 李穡, 「寶盖山石臺菴地藏殿記」 『牧隱藁文藁』 권5(『韓國文集叢刊』 5冊, 39~40쪽) ; 李穡, 「聖居山文殊寺記」 『牧隱藁文藁』 권4(『韓國文集叢刊』 5冊, 29~30쪽) ; 權近, 「五臺山西臺水精菴重創記」 『陽村集』 권14(『韓國文集叢刊』 7冊, 155쪽).

이 연화문을 작성하는 것이 일반적이었다. 조선초 태조 7년 윤5월에 승려들이 "述願文稱緣化 橫行中外"라는[31] 구절에서 승려 스스로가 원문을 작성했음을 알 수 있다. 태종 6년(1406) 4월에 道內에 閑雜한 승려들이 초막을 지어 놓고 발원문을 써서 지니고 와, 자주 모인다는 내용이 보이는데,[32] 이때의 발원문은 승려 스스로 쓴 것으로 이해된다. 그밖에도 조선초의 기록에서 승려들이 연화문을 작성한 사례는 자주 보인다.[33]

그러나 승려 스스로가 문자를 해독하지 못하는 수도 없지 않아,[34] 속인에게 요청하는 경우도 종종 보였다. 특히 탁월한 문장 능력이 있는 문인에게 부탁하는 수가 적지 않았다고 생각한다. 아마 승려 스스로 작성한 것보다 신뢰감을 더 줄 수 있기 때문으로 보인다. 승려들의 요청에 따라 많은 緣化文을 써 준 인물은 李穡이었다.[35] 이색은 연화문을 써 주고, 소기의 불사가 완료된 후에는 記文을 작성해 주기도 하였다.[36]

---

31) 『太祖實錄』 권14, 太祖 7년 윤5월 丙戌, 1册, 124쪽.
32) 『太宗實錄』 권11, 太宗 6년 4월 戊寅, 1册, 354쪽.
33) 『世宗實錄』 권85, 世宗 21년 4월 己亥, 4册, 207쪽 ; 『成宗實錄』 권10, 成宗 2년 4월 庚戌, 8册, 564쪽 ; 『成宗實錄』 권163, 成宗 15년 2월 己巳, 10册, 567쪽.
34) 李穡, 「吳仝傳」 『牧隱藁文藁』 권20(『韓國文集叢刊』 5册, 170~171쪽).
35) 이색은 直指寺의 重營을 위한 연화문을 작성하였고(李穡, 「前內願堂雲龜谷在白蓮社與普門社主將重營黃岳山直指寺書報老人求緣化文」 『牧隱藁詩藁』 권21(『韓國文集叢刊』 4册, 281쪽)), 聖居山 文殊寺의 重營을 위한 化疏를 작성했으며(李穡, 「聖居山文殊寺記」 『牧隱藁文藁』 권4(『韓國文集叢刊』 5册, 29~30쪽)), 比丘 智純이 寶盖山 石臺菴 地藏殿 조성을 위한 化疏 작성을 요청하자 써 주었다(李穡, 「寶盖山石臺菴地藏殿記」 『牧隱藁文藁』 권5(『韓國文集叢刊』 5册, 39~40쪽)). 또한 灌足寺 彌勒石像 龍華會를 위한 연화문을 써 주었고(李穡, 「僧有辨來壬戌歲灌足寺彌勒石像龍華會者求緣化文…」 『牧隱藁詩藁』 권24(『韓國文集叢刊』 4册, 331쪽)), 普德窟僧이 坐禪供養緣化文을 구하자 작성해 주었다(李穡, 「普德窟僧求坐禪供養緣化文」 『牧隱藁詩藁』 권24(『韓國文集叢刊』 4册, 333쪽)).
36) 「文殊寺記」(李穡, 「聖居山文殊寺記」 『牧隱藁文藁』 권4(『韓國文集叢刊』 5册, 29~30쪽)), 「石臺菴地藏殿記」(李穡, 「寶盖山石臺菴地藏殿記」 『牧隱藁文藁』 권5(『韓國文集叢刊』 5册, 39~40쪽)) 등이 그것이다.

국왕의 명을 받아 연화문을 쓴 예로는 조선초의 權採를 들 수 있다. 권채는 興天寺 舍利閣 중수를 위한 권문을 국왕의 명을 받아 지었다.[37] 그밖에 개인이 연화문을 작성한 사례로 尹統이 보인다.[38]

통상 승려나 문인이 작성한 연화문은 대개 두 부분으로 내용이 구성되어 있었다. 달성하고자 하는 불사의 내용이 중심이지만, 冒頭는 불교 교설에 대한 내용으로 쓰여 있다. 佛事의 내용으로는, 대장경을 인쇄하여 齊陵에 있는 衍慶寺에 보관하고자 하는 것,[39] 元敬王后가 수놓아 만든 불상이 양주 檜巖寺에 있었는데 승려들이 법당이 기울어져 위험하다는 핑계로 보수하자는 것,[40] 元子를 위해 사찰을 창건하자는 것 등이 확인된다.[41] 그밖에도 도모하는 불사에 따라 기재 내용에 상당한 차이가 있었을 것이다.

緣化文을 승려들이 지참해 연화하는 경우, 소기의 목적을 달성하기란 용이한 일이 아니었다. 재물의 보시를 권유하는 것이므로 信心이 전제되어 있다고 하더라도 쉽사리 소기의 목적을 달성할 수 없었다. 민인이 활발하게 보시하는 것을 기대할 수 없고, 또 지방관의 적극적인 후원을 바랄 수 없었다. 이에 승려들은 그 佛事가 국왕이나 왕실을 위한 것이라거나, 혹은 왕실·국왕이 후원하는 것이라고 의탁하지 않을 수 없었다. 그리하여 연화문 뒤에 手決이나 도장을 받고자 하는 것이었다.

사실 국왕이나 지배층의 수결이 없어도 연화문이 효력을 갖기는 했지만, 그 효력은 상내적으로 비약하였다. 특히 사회적으로 불교가 위축되는 시점에서는 더욱 그러하였다. 현실 사회에서 시주를 기대하기가 어려우면 어려울수록 권위 있는 이의 후원이나 수결은 절실히 요청되는 바였

37) 『世宗實錄』 권68, 世宗 17년 5월 辛卯, 3册, 628~629쪽.
38) 成俔, 『慵齋叢話』 권5.
39) 『太宗實錄』 권28, 太宗 14년 7월 甲申, 2册, 27~28쪽.
40) 『世宗實錄』 권64, 世宗 16년 4월 丁巳, 3册, 555쪽.
41) 『成宗實錄』 권78, 成宗 8년 3월 壬辰, 9册, 441쪽.

다. 공민왕 15년(1366)에 신돈의 요청으로 국왕이 연화문에 서명한 예가 있다.[42] 또 우왕 7년(1381) 6월에 上押願文이 보여,[43] 국왕이 원문에 수결한 사실을 알 수 있다.

국왕이 수결한다는 것은, 국왕이 지원한다는 의미이고, 따라서 신료나 민인은 적극적으로 협조해야 하는 것이었다. 국왕의 수결이 있는 연화문을 지참한 승려는 짧은 기간 안에 소기의 재물을 보시받을 수 있었다고 생각한다. 조선 건국 이후에는 더욱더 국왕이나 고위관료의 수결을 받아내고자 하였다.[44] 국왕의 수결을 받는 일은 어려운 일이었다. 그래서 왕실의 수결을 받는 데에도 적극적이었다.[45] 국왕이나 왕실의 手決 또는 서명을 받아내지 못할 경우, 재상들의 그것을 받아내고자 시도하였다.[46] 국왕·왕실의 수결이나 서명이 있을 경우 그 효력은 대단한 것이었다.

이처럼 연화를 하는 승려는 국왕이나 왕실, 혹은 재상의 수결이나 서명을 받은 연화문을 지참하고자 하였다. 그러한 연화문을 확보해야 수월하게 연화할 수 있었다. 연화문에 수결이나 서명이 없을 경우, 특히 억불분위기가 만연하는 시기에 연화가 제대로 될 리 없었다. 더욱더 수결이나 서명이 필요해졌지만, 국왕이나 왕실, 재상의 수결을 받을 수 있는 승려는 매우 제한될 수박에 없었다.

42) 『高麗史』 권132, 列傳45 叛逆6 辛旽, 下册, 857쪽.
43) 『高麗史』 권134, 列傳47 辛禑2 辛禑 7년 6월, 下册, 900쪽.
44) 『太祖實錄』 권15, 太祖 7년 11월 癸未, 1册, 140쪽 ; 『太宗實錄』 권28, 太宗 14년 7월 甲申, 2册, 27~28쪽 ; 『世宗實錄』 권68, 世宗 17년 5월 壬辰, 3册, 629쪽.
45) 『世宗實錄』 권85, 世宗 21년 4월 己亥, 4册, 207쪽 ; 『世宗實錄』 권94, 世宗 23년 윤11월 丁亥, 4册, 381~382쪽.
46) 『世宗實錄』 권64, 世宗 16년 4월 庚辰, 3册, 556~557쪽.

3. 緣化의 地域範圍와 參與階層

연화가 이루어지는 지역범위를 이해하는 것은 승려들의 활동 공간범위를 이해하는 것이 되고, 참여계층을 검토하는 것은 불교의 계급적 속성을 파악하는 준거가 된다. 지역범위, 참여계층 검토에 앞서 연화의 구체적인 방법이 검토될 필요가 있다.

승려들이 재물의 시주를 권하는 연화를 할 때, 불사의 내용을 기재한 연화문·원문·화소·권문 등을 지참하는 것이 흔하였다. 연화할 때 국왕이나 왕실 혹은 宰樞의 수결이나 서명이 있는 연화문을 지참하면 더욱 효력을 거둘 수 있는 것은 물론이었지만, 그러나 그러한 권위 있는 이의 수결이 없는 원문을 가져도 연화하는 데 큰 지장이 있는 것은 아니었다.[47] 특히 불교에 대한 信心이 보편화되어 있는 시기에는 왕실 등의 수결이 없어도 연화하는 데 큰 어려움은 없었을 것이다.

승려들이 원문·권문·화소를 가지고 연화하기도 하였지만, 좀 더 일반적인 방법은 아무 것도 소지하지 않고 구두로 보시를 권유하는 것이었다. 후기신라시기 연화하는 데에는 어떠한 문건도 지참하지 않은 것으로 사료된다.[48]

고려초 衆生寺主 性泰가 토지로부터의 수입이 없어 香祀를 계속할 수 없자 다른 곳으로 이주해 가고자 할 때 관음이 변신해 연화하는 예가 보이는데, 이때 구두로 했을 것은 물론이다. 구두로 연화를 하는 구체적인 예는 普賢寺의 승려인 學珠에서 확인할 수 있다.

---

47) 조선초에 尹統이라는 인물은, 慶州에서 옛사찰 터를 찾아 절을 짓고자 한다면서 勸文을 써서 연화 잘 하는 승려에게 주자, 그 승려는 盡心辦物하였으며, 尹統 역시 도와 그 일을 완성하였다(成俔, 『慵齋叢話』 권5).

48) 『三國遺事』 권5, 孝善9 大城孝二世父母 神文代 ; 『三國遺事』 권5, 孝善9 眞定師孝善雙美.

每於稠人中 但言其所以營之之意 而不力於丐請 然見其貌 聞其言者 無不悅而奉之[49]

학주는 개경의 사람이 많이 모이는 곳에 가서 그가 하고자 하는 佛事를 말할 뿐 구걸·요청하지는 않았다는 것이다. 아마 개경 내 사람이 많이 모인 곳에 가서 구두로 불사를 설명하고 보시를 권유하는 것이 꽤 흔한 일이었을 것이다. 학주의 예처럼 문서보다는 구두로 불사를 설명하고 시주를 권장하는 것이 더 일반적이었다.

특이하게도 茶毗한 후 그 유골을 가지고 연화하는 수도 있었다. 巨貧과 皎光 두 승려가 金像을 주조해 만들기로 發願하고서 棟梁하는 예가 있다. 시주 모으는 일이 여의치 않자, 年老한 巨貧이 스스로 금강산에서 분신하였고, 이에 교광은 거빈의 뜻에 따라

收靈骨 盛于箱 自負擔歸京師 勸人檀施[50]

하였다고 한다. 산 채로 다비한 후 그 유골을 상자에 담아 가지고 다니면서 시주를 권유하는 것이다. 이것은 특수한 예라 할 수 있을 것이다. 역시 가장 일반적인 연화의 방법은 구두로 보시를 권유하는 것이었다.

연화는 기본적으로 승려가 담당하였다. 言舌이 탁월한 승려들이 연화의 일을 맡았을 것이다. "飢餐渴飮 絶學無爲者"는[51] 곤란하였을 것이고, 아마 "勤勤講說 孜孜化誘者"가[52] 적당했을 것이다. 그리고 연화에는 1인의 승려만이 참여하는 것은 아니었다. 안양사탑 重新을 위한 緣

---

49) 李奎報, 「妙香山普賢寺堂主毗盧遮那如來丈六塑像記」『東國李相國集全集』 권24(『韓國文集叢刊』 1冊, 543~544쪽).

50) 李奎報, 「王輪寺丈六金像靈驗收拾記」『東國李相國集全集』 권25(『韓國文集叢刊』 1冊, 546~548쪽).

51) 李穀, 「創置金剛都山寺記」『稼亭集』 권3(『韓國文集叢刊』 3冊, 115~116쪽).

52) 위와 같음.

化의 경우 다수의 승려가 참여하였다.[53] 지역마다 상이한 승려가 파견되어 연화하고 있었다. 오대산 서대 수정암 중창을 위한 연화는 游公·永公 두 승려가 주도하였다.[54] 法王寺 祖師堂 조영을 위한 연화는 判華嚴 砧公이 柏栗大師 修公과 함께 수행하였다.[55] 그밖에도 여러 명의 승려가 연화활동에 참여하고 있는 경우는 많다.[56] 아마 여러 지역에서 동시에 연화를 할 경우, 1인의 승려가 아니라 여러 명의 승려가 참여하였을 것이다. 물론 1인의 승려만이 연화하고 있음도 확인된다.

승려들이 연화를 하는 지역은 목표로 하는 재물의 규모에 따라 다양하였다. 또 그 사원이 연고를 맺고 있는 지역의 분포에 따라 연화지역이 다를 수밖에 없었다.

후기신라시기에는 불교에 대한 신앙이 경주를 중심으로 하고 있기에, 대체로 경주 인근에서 연화가 이루어졌다. 후기신라 초 神文王代에 興輪寺에서 六輪會를 열고자 하여 勸化할 때 牟梁里의 金大城이 시주하는 것이 확인된다.[57] 아마 후기신라시기에는 연화가 주로 경주를 중심으로 이루어졌을 것으로 판단된다.[58]

고려초 경주 소재 衆生寺의 경우 觀音이 변신하여 연화를 하는데, 장소는 金州(김해)였다.[59] 사원의 소재지와 멀리 떨어진 곳에서 연화하고

---

53) 李崇仁, 「衿州安養寺塔重新記」『陶隱集』 권4(『韓國文集叢刊』 5册, 39~40쪽).
54) 權近, 「五臺山西臺水精菴重創記」『陽村集』 권14(『韓國文集叢刊』 7册, 155쪽).
55) 權近, 「法王寺祖師堂記」『陽村集』 권14(『韓國文集叢刊』 7册, 156쪽).
56) 『韓國金石全文』에 여러 명의 승려가 연화에 참여하고 있는 예가 보이고(440·460·474·538·843·844·938·942·1160·1161·1188·1214·1228·1229·1251·1266·1269·1281·1306쪽), 『韓國上代古文書集成』에도 역시 연화에 여러 명의 승려가 참여하고 있는 경우가 확인된다(162·167·198쪽).
57) 『三國遺事』 권5, 孝善9 大城孝二世父母 神文代.
58) 8세기 후반경에 眞表律師가 檀那들을 권유하여 전북 김제 金山寺의 彌勒丈六像을 鑄成하고 있다(許興植編著, 1984, 『韓國金石全文(中世下)』, 「高城鉢淵藪眞表律師藏骨塔碑文(1199년)」, 927쪽). 이때 시주들이 거주하는 공간은 김제를 중심으로 하는 지역이었을 가능성이 없지 않지만 정확하게 알 수는 없다.

있는 것이다. 때로는 사원의 소재지 인근에서 연화하는 예가 보이기도 한다. 淸州 松泉寺 懶翁眞堂 조성의 경우 나옹의 문도 覺連이 청주 일대에서 연화를 통해 재물을 마련하였다.[60] 규모가 작은 불사의 경우 지역사회 내에서 연화를 통해 소기의 불사를 처리하는 수도 없지 않았을 것이다. 남원 소재 勝蓮寺의 대장경도 고을사람들의 시주로 마련하였다.[61]

그러나 연화를 표방할 때, 빠른 시일 내에 목표로 하는 재물을 보시받기 위해서는 역시 사람과 재화가 집중된 수도에서 할 수밖에 없었다. 금강산에서 巨貧이 산 채로 스스로 다비한 후 皎光이 그 유골을 가지고 와서 연화를 한 곳은 개경이었으며,[62] 묘향산 普賢寺 승려 學珠가 불사를 위해 연화를 할 때도 개경이 무대가 되었다.[63]

개경에서 연화를 하는 것은 고려후기에도 자주 사례를 찾을 수 있다. 윤필암을 중수할 때 "今以什器不足 來京緣化"라고[64] 하는 것이 그것이었다. 또 충선왕 4년(1312) 9월에 여러 사원의 勸化僧이 "來集京師 聚錢財"함에서도[65] 알 수 있다.

연화행위 시 在京 관인들이 시주한 예가 보이는 것도 역시 개경이 연화의 중심무대임을 확인시키는 것이다. 공민왕 10년(1361) 5월에 士大夫宗室之家에 이르러 불사를 권한다고 하는 것은[66] 역시 개경이 중심무대였음을 말해주며, 五臺山 上院寺 僧堂 조성시 英露菴이라는 승려

---

59) 『三國遺事』 권3, 塔像4 三所觀音 衆生寺.
60) 李穡, 「淸州龍子山松泉寺懶翁眞堂記」 『牧隱藁文藁』 권6(『韓國文集叢刊』 5冊, 48쪽).
61) 李穡, 「勝蓮寺記」 『牧隱藁文藁』 권1(『韓國文集叢刊』 5冊, 7쪽).
62) 李奎報, 「王輪寺丈六金像靈驗收拾記」 『東國李相國集全集』 권25(『韓國文集叢刊』 1冊, 546~548쪽).
63) 李奎報, 「妙香山普賢寺堂主毗盧遮那如來丈六塑像記」 『東國李相國集全集』 권24(『韓國文集叢刊』 1冊, 543~544쪽).
64) 李穡, 「金剛山潤筆菴記」 『牧隱藁文藁』 권2(『韓國文集叢刊』 5冊, 13~14쪽).
65) 『高麗史』 권85, 志39 刑法2 禁令 忠宣王 4년 9월, 中冊, 864쪽.
66) 『高麗史節要』 권27, 恭愍王 10년 5월, 亞細亞文化社 影印本(이하 같음), 693쪽.

가 서둘러 募緣하였을 때 判書 내외가 시납하였는데,[67] 역시 개경이 중심지였음을 알게 해준다. 化疏를 들고 "走公卿間 得米布"하였다는 예,[68] 승려 慈惠가 "嘗以寺事走京師 謁公卿間"하였다는 예[69] 등에서도 연화가 개경을 중심으로 이루어졌음을 알 수 있다.

그러나 개경이 중심무대이기는 했지만 외방에서도 연화가 이루어지고 있었던 것은 물론이었다. 그것은 우왕 7년(1381) 6월에 憲府가 한 발언 중에

> 僧徒多依近幸 受上押願文 橫行中外[70]

에서 뚜렷이 알 수 있다. 원문을 가진 승려가 중외 즉 개경과 외방에 횡행하고 있다는 것이다. 외방에서 널리 연화하고 있는 구체적인 사례가 神勒寺 大藏閣記에서 확인된다. 여러 승려가 順興·安東·寧海·淸州·忠州·平壤·鳳州·牙州 등지에서 연화활동을 전개하였다.[71] 몇 명의 승려가 동시에 전국의 여러 지역에서 연화하고 있는 것이다. 고려시기에 전국에 걸쳐 연화하는 사례가 없지 않았지만, 연화가 가장 활발하게 이루어지는 곳은 개경이었다.

몽고와 화친한 이후 고려와 元의 교류가 활발해지는 시기에는 연화가 元都를 무대로 이루어지기도 하였다. 長安寺의 중흥을 위해 힘쓰던 比丘 宏辨은 비용이 부족하자 元都로 시주를 받으러 갔으며,[72] 興王寺內

67) 李穡, 「五臺上院寺僧堂記」『牧隱藁文藁』 권6(『韓國文集叢刊』 5冊, 45~46쪽).
68) 李穡, 「寶盖山石臺菴地藏殿記」『牧隱藁文藁』 권5(『韓國文集叢刊』 5冊, 39~40쪽).
69) 李穡, 「寶盖山地藏寺重修記」『牧隱藁文藁』 권2(『韓國文集叢刊』 5冊, 12쪽).
70) 『高麗史』 권134, 列傳47 辛禑2 辛禑 7년 6월, 下冊, 900쪽.
71) 李崇仁, 「驪興郡神勒寺大藏閣記」『陶隱集』 권4(『韓國文集叢刊』 6冊, 587~589쪽).
72) 李穀, 「金剛山長安寺重興碑」『稼亭集』 권6(『韓國文集叢刊』 3冊, 137~138쪽).

興敎院 낙성회의 비용을 조달하기 위해 晶照와 達幻 두 승려가 원도에 들어가 연화를 한 예가[73] 보인다.

조선이 건국된 이후에는 수도보다 外方에서 연화하는 일이 많았다. "賚持願文 橫行郡縣"한다는[74] 지적이 그것이었다. 이렇듯 조선 건국 이후 연화가 외방을 중심으로 전개되는 것은, 도성 내 신료들 사이에 抑佛的인 분위기가 자리하고 있었기 때문으로 보인다.

이처럼 연화는 사원이 소재한 지역에서 이루어지기보다는 주로 개경을 중심으로 전개되었다. 외방에 소재한 사원의 경우 규모가 큰 불사가 있을 때 개경을 중심무대로 연화를 했다고 보아도 좋을 것이다. 지방 소재 소규모 사원의 작은 불사의 경우 소재 지역을 중심으로 이루어졌을 것이고, 아마 특별히 연화행위를 하지 않고서도 가능했을 것이다.

연화를 통해 확보한 물품의 종류나 규모에는 상당한 차이가 있었다. 또 그 물건을 운반하는 방법도 여러 가지가 있었다. 불사에 소요되는 재물의 규모는 사원 창건 시에는 매우 컸고, 塔 조성이나 佛像 조성 시에도 적지 않았다. 法會를 위한 경우에도 그 비용이 만만치 않은 것으로 보인다. 佛具·寫經·佛畵의 제작이나 마련에도 적지 않은 비용이 소요되었다. 齋僧의 경우에는 소량이었을 것으로 보이며, 什器를 마련하는 경우도 다량의 재물이 소용되지 않았을 것이다.

후기신라 때 확인되는 예를 보면, 興輪寺에서 六輪會를 設하고자 漸開가 勸化할 때 福安家에서는 布 50疋을 시주하였고, 김대성은 복안가에서 빌린 傭田을 시주하였다.[75] 또 어떤 승려가 연화할 때 家貧했던 眞定師는 鐵物의 시주를 구하던 승려에게 다리가 부러진 솥 하나를 시주하였다.[76] 연화시 시주물은 이처럼 포·傭田·鐵物 등 종목에 걸쳐 있었다.

---

73) 李穀, 「興王寺重修興敎院落成會記」『稼亭集』권2(『韓國文集叢刊』3冊, 112~113쪽).

74) 『太祖實錄』권15, 太祖 7년 11월 癸未, 1冊, 140쪽.

75) 『三國遺事』권5, 孝善9 大城孝二世父母 神文代.

그러나 역시 연화할 때 가장 보편적인 시주물은 米·布와 錢이었다. 「石臺菴地藏殿記」는 米布를 시주받고 있음을 전하고,[77] 오대산 서대 수정암 중창 시에는 錢穀을 시납하고 있음을 확인할 수 있다.[78] 衿州의 安養寺塔을 重新하는 데에는 米·豆·泉·布를 시주하고 있음이 보인다.[79] 그리고 고려초 衆生寺의 경우 米 6碩, 鹽 4石을 연화를 통해 시납받고 있음이 확인된다.[80]

연화를 통해 마련한 재원으로 불사를 도모해야 했으므로, 布·穀·貨幣 등이 중심이 되었음은 당연한 일이겠다. 특이한 것을 시납하는 예도 보인다. 皎光이라는 승려가 巨貧의 유골을 가지고 연화할 때, 板方里 散將官은 궁핍해 시주할 물건이 없자 13세 가량의 딸을 시주하였으며, 星臺洞의 과부는 家貧해 회사할 만한 물건이 없자, 귀하게 여기던 금속제의 큰 거울을 시주하였다.[81]

그런데 연화할 때 단월은 감당할 만한 정도만 부담하여야 했고, 연화승은 소요되는 정도만큼 거두어야 했다. 즉 "檀越之布施 量其之所堪 不必强其所不能也"하여야[82] 하는 것이었다. 감당할 정도만 시주하여야 했지만, 실제로는 극단적인 시주행위도 없지 않았고, 그러한 극단적인 시주물에 대해서 승려들이 수령을 거부하는 일은 보이지 않는다. 연화를 통해 민인의 재물이 사원으로 흘러들어가는 것이다.

연화가 잘 이루어질 때 '其委珍貨如山積焉'[83] 혹은 "無不施財 如山

---

76) 『三國遺事』 권5, 孝善9 眞定師孝善雙美.
77) 李穡, 「寶盖山石臺菴地藏殿記」 『牧隱藁文藁』 권5(『韓國文集叢刊』 5册, 39~40쪽).
78) 權近, 「五臺山西臺水精菴重創記」 『陽村集』 권14(『韓國文集叢刊』 7册, 155쪽).
79) 李崇仁, 「衿州安養寺塔重新記」 『陶隱集』 권4(『韓國文集叢刊』 6册, 589~591쪽).
80) 『三國遺事』 권3, 塔像4 三所觀音 衆生寺.
81) 李奎報, 「王輪寺丈六金像靈驗收拾記」 『東國李相國集全集』 권25(『韓國文集叢刊』 1册, 546~548쪽).
82) 李奎報, 「華嚴律章疏講習結社文」 『東國李相國集全集』 권25(『韓國文集叢刊』 1册, 553쪽).

積焉"한[84] 경우는 종종 보였다. 조선초의 경우이지만 홍천사의 승려들이 연화한 곡식이 몇만 석에 이른다고 하였고,[85] 또 홍천사 사리각 공사에 자신의 이익을 10배나 챙긴 후에 공사를 시작했다는[86] 표현이 있다. 연화를 통해 어머어마한 재물을 거두어들인 것이고, 이 경우 시주자는 감당할 수 없는 재물까지도 보시하지 않으면 안 되었을 것이다.

각지에서 연화를 통해 확보한 재물은 사원으로 수송해야 하였다. 衆生寺의 경우 시주한 이들이 馬載牛馱해 米와 鹽을 운반하고 있다.[87] 때로는 驛馬로 운송하는 경우도 있었다. 현종 19년(1028) 2월에

僧尼誑誘愚民 鳩聚財物 輸以驛馬[88]

하다는 것이 그것이다. 여기의 재물은 연화를 통해 확보한 것으로 보이는데, 사원이 보유한 우마가[89] 아니라 국가의 공적인 驛馬를 통해 수송하는 것이다. 배로 수송하는 예도 있었을 것이다.[90]

연화에는 다양하고 폭넓은 계층이 참여하였다. 불교에 대한 신앙을 모두 공유하고 있었기에, 佛事에 시주하는 것은 가능하기만 하다면 참여하고자 한 것으로 보인다. 가난한 이들도 적극 참여하였다. 그리고 연

---

83) 李奎報, 「妙香山普賢寺堂主毗盧遮那如來丈六塑像記」『東國李相國集全集』 권24(『韓國文集叢刊』 1册, 543~544쪽).
84) 李奎報, 「王輪寺丈六金像靈驗收拾記」『東國李相國集全集』 권25(『韓國文集叢刊』 1册, 546~548쪽).
85) 『世宗實錄』 권85, 世宗 21년 4월 乙未, 4册, 202~203쪽.
86) 『世宗實錄』 권85, 世宗 21년 4월 丙申, 4册, 204~205쪽.
87) 『三國遺事』 권3, 塔像4 三所觀音 衆生寺.
88) 『高麗史』 권85, 志39 刑法2 禁令 顯宗 19년 2월, 中册, 861쪽.
89) 고려시기 사원에서 말을 보유하고 있는 사실은 拙稿, 1999, 「高麗時期 僧侶와 말[馬]」『韓國史論』 41·42합집, 서울대(본서 제4부 제3장 수록)를 참조할 것.
90) 조선초 금강산에 있는 승려 信惠 등이 동북면에서 연화한 쌀과 콩을 배로 운송하고 있다(『太宗實錄』 권17, 太宗 9년 2월 庚辰, 1册, 473쪽).

화는 특정 사원의 신도를 대상으로 하지 않고, 不特定人을 대상으로 하는 것이 일반적이었다. 아마 사원이 보유하고 있는 민인에 대한 정보를 기초로 하였을 가능성이 크다.

신라 神文王代에 興輪寺 승려가 勸化를 할 때 부자인 福安家는 물론, 빈녀 慶助의 아들인 大城도 시주하였다.[91] 또 가난한 사람이 솥을 시주하는 예도 보인다.[92]

13세기 초에 比丘 學珠가 개경에 와서 연화를 할 때

> 自上方至公侯卿相 善男信女 皆願爲檀那 其委珍貨如山積焉[93]

하다는 것이 그것을 잘 표현하고 있다. 국왕부터 公侯卿相, 善男信女에 이르기까지 모든 계층의 사람들이 연화에 참여하고 있는 것이다. 元天錫이 「靈泉寺法華法席勸化詩」에서

> 欲設香烟因慶讚 仰憑檀越助弘揚 莫論多寡皆隨喜 同入蓮花大道場[94]

이라는 표현에서도 많고 적음에 관계없이 모두 함께 참여하자는 것을 언급하고 있다. 실제로 安養寺塔의 重新에는 布施四衆이 무려 3천에 이르고 있다.[95] 다양한 층이 망라되어 있다고 보아도 무방할 것이다.

연화에 다양한 계층이 참여하였지만, 실제로 많은 양을 시주할 수 있는 부류는 官人層·權力層이었다. 일반 민인들은 참여한다고 하더라도 그 시주물의 양은 매우 초라했을 것이다. 오대산 상원사 승당 조영시에

---

91) 『三國遺事』 권5, 孝善9 大城孝二世父母 神文代.
92) 『三國遺事』 권5, 孝善9 眞定師孝善雙美.
93) 李奎報, 「妙香山普賢寺堂主毗盧遮那如來丈六塑像記」 『東國李相國集全集』 권24(『韓國文集叢刊』 1冊, 543~544쪽).
94) 元天錫, 「靈泉寺法華法席勸化詩」 『耘谷行錄』 권2(『韓國文集叢刊』 6冊, 166쪽).
95) 李崇仁, 「衿州安養寺塔重新記」 『陶隱集』 권4(『韓國文集叢刊』 6冊, 589~591쪽).

英露菴이 募緣하였을 때 실제로 判事 崔伯淸 부부가 다량 시주하였으며,[96] 오대산 서대 수정암이 불탄 뒤 중창시에 游公·永公이 化疏를 가지고 널리 권할 때 侍中 李琳과 그의 아내 洪氏, 中樞 柳雲과 그의 아내 이씨가 가장 많은 시주를 하였다.[97] 실제로 이렇게 고위 관인이 시주하는 물품이 많기에 "吾持疏 走公卿間 得米布"하다거나[98] 승려 慈惠가 "嘗以寺事走京師 謁公卿間"한다거나,[99] 또 공민왕 10년(1361) 5월에 "至於士大夫宗室之家 勸以佛事"한다는[100] 지적이 나올 수 있는 것이다. 즉 연화를 할 때 우선적으로 달려가 시주를 권할 수 있는 부류는 公卿·士大夫·宗室이었던 것이다.

이처럼 연화의 대상이 되는 부류는 모든 계층이 망라되어 있었다. 물론 관인이나 세력가가 가장 많은 물품을 시주하기는 하였지만, 하나의 불사에 여러 계층의 사람이 함께 참여하고 있는 것이다.[101] 이렇게 동일 불사에 사회적으로 대립 관계에 있는 계층이 함께 참여하였는데, 이는 곧 불사를 매개로 해서 대립 관계가 일정하게 해소될 소지를 보여주는 것이라 할 수 있다.

연화를 외방에서 할 때, 지방관의 지원이 있으면 훨씬 수월하게 다량의 재물을 보시받을 수 있었다. 반면에 지방관이 지원하지 않는다면, 소

---

96) 李穡, 「五臺上院寺僧堂記」『牧隱藁文藁』 권6(『韓國文集叢刊』 5冊, 45~46쪽).
97) 權近, 「五臺山西臺水精菴重創記」『陽村集』 권14(『韓國文集叢刊』 7冊, 155쪽).
98) 李穡, 「寶盖山石臺菴地藏殿記」『牧隱藁文藁』 권5(『韓國文集叢刊』 5冊, 39~40쪽).
99) 李穡, 「寶盖山地藏寺重修記」『牧隱藁文藁』 권2(『韓國文集叢刊』 5冊, 12쪽).
100) 『高麗史節要』 권27, 恭愍王 10년 5월, 693쪽.
101) 그런데 富者와 貧者가 함께 시주할 때 그 행위를 구분하는 의식이 있었던 것으로 보인다. 즉 세종 16년 4월에 "受宗室之勸緣 縱橫於中外 誑誘於公私 閭閻風靡 郡縣雷動 富者則罄竭財產 而稱爲同願 貧者又黽勉稱貸而號曰隨喜 禾未登場而先入於髡者之倉 帛未下機而預歸於髡者之篋"(『世宗實錄』 권64, 世宗 16년 4월 戊午, 3冊, 555쪽)이라는 기록에서, 同願(富者)과 隨喜(貧者)로 구분하고 있음이 그것이다.

기의 물건을 시납받는 것은 용이하지 않았다. 우왕 9년(1383) 8월에 보이는 '反同'행위에서도 지방관의 지원을 엿볼 수 있다.

> 遊手之僧 無賴之人 托爲佛事 冒受權勢書狀 干謁州郡 借民斗米尺布 斂以甌石尋丈 號曰反同 徵如逋債 民以飢寒[102]

즉 승려들이 권세가의 書狀을 함부로 받아 州郡에 청탁해 강제적 고리대인 반동을 하고 있다. 이 반동은 佛事를 빙자한 것으로 보아 연화의 일종으로 이해된다. 이때 州郡, 즉 그곳의 지방관이 협조하고 있는 것이다.

지방관이 佛事를 적극 지원하는 경우 민인은 연화에 참여하지 않을 수 없었을 것이다. 衿州 安養寺塔 重新에 按廉使가 재정과 인력을 지원하였는데,[103] 이때 승려의 연화에 일반 민인들의 호응이 있었을 것이다. 靈鳳山 龍巖寺의 중창도 그러하였을 것이다. 용암사는 無畏國統의 下山所인데, 충숙왕 2년(1315) 提察使와 鹽場別監에게 王旨를 내려 重營을 시작하게 한 후 충숙왕 5년에 공사를 완성하였다. 이때에

> 其金堂主佛 釋迦如來大像 別殿所安觀音正趣兩菩薩之修也 師出私儲 亦募於他[104]

하였다고 한다. 無畏國統이 개인 재산을 제공하고, 지방관이 후원하고 있기에, 타인에게서 보연할 때, 꽤 용이하게 재원을 모을 수 있었을 것이다.

---

102) 『高麗史』 권135, 列傳48 辛禑3 辛禑 9년 8월, 下册, 911쪽 ; 『高麗史節要』 권32, 辛禑 9년 8월, 797~798쪽.

103) 李崇仁, 「衿州安養寺塔重新記」 『陶隱集』 권4(『韓國文集叢刊』 6册, 589~591쪽).

104) 朴全之, 「靈鳳山龍巖寺重創記」 『東文選』 권68(民族文化推進會 影印本 2册, 443~445쪽).

또 승려들이 국왕이나 재상이 수결한 원문을 가지고 다닐 때, 지방관은 적극 나서서 협조하지 않을 수 없었을 것이다. 조선초 태조 7년(1398) 11월에

> 無識僧徒 稱某寺營造 某經披覽 冒受上押 賚持願文 橫行郡縣 凌辱守令 誑誘愚民[105]

이라고 하는 데서 그러한 모습을 읽을 수 있다. 국왕이 수결한 원문을 가진 승려의 경우 수령을 능욕할 수 있었던 것이다. 고려시기에도 국왕이 수결한 원문을 소지한 승려는 이렇게 수령을 능욕하는 일이 있었을 것이다. 아마 능욕당하기에 앞서 수령들은 연화를 적극 지원하였을 것이다. 고려시기에 지방의 수령은 연화가 자기 고을에서 전개될 때, 상당히 적극적으로 후원하였을 것으로 사료된다. 특히 국왕이 친히 수결한 연화문을 소지하였을 경우, 지방관은 적극적으로 지원해 연화를 도왔을 것이다.

4. 緣化를 통한 佛事와 그 內容

사원이나 승려는 연화를 통해 필요로 하는 재원을 확보하였다. 그런데 연화를 하게 되는 특정 佛事에는 여러 가지가 있었으며, 또 그 불사의 비용이 전적으로 연화를 통해서만 조달되는 것이 아니었다.

연화의 계기가 되는 불사에는 가람의 대부분을 새로이 조성하는 경우, 사원내 특정 건물만을 조영하는 경우, 佛像·塔이나 鍾을 조성하는 경우, 대장경이나 什器·佛具를 마련하는 경우, 寫經을 하거나 佛畵를 제작하는 경우, 그리고 법회의 비용을 조달하기 위한 경우 등이 있었다.

---

105) 『太祖實錄』 권15, 太祖 7년 11월 癸未, 1册, 144쪽.

사원을 조성하기 위한 연화의 예로는 지리산 水精社, 長安寺, 勝蓮寺, 성거산 文殊寺, 直指寺, 오대산 서대 水精庵, 彌勒庵, 犬灘院 등이 있었다.

지리산 水精社의 경우 종전의 이름은 五臺寺였는데, 廢寺에 이르자 津億이 중창을 주관하였다. 이에 海印寺住持 僧統 翼乘과 功德寺住持 僧錄 瑩碩이 私財를 크게 희사해 그 비용을 도왔다. 비구 曇雄과 至雄이 '募集檀信'하였으며, 順賢이 몸소 工人을 거느리고 서둘러 일을 해서 86間을 완성하였다. 首座 法延이 無量壽鑄像 1軀를 안치하였으며, 僧統 翼乘이 石塔을 세웠다. 禪師 永誠은 대장경을 인쇄해 봉안하였다. 공사는 인종 1년(1123)에 시작하여 인종 7년에 완성되었다. 낙성회는 3일간 베풀어졌는데 嚴川寺首座 性宣을 청해 경전을 講說케 하였다. 국왕은 東南海按察副使 起居舍人知制誥 尹彦頤에게 명해 향을 사르도록 하였고, 銀 200냥을 사여하였다.[106] 佛像·석탑·대장경의 조성 및 마련에는 각 개별 승려의 지원이 컸다. 가장 비용이 많이 든다고 여겨지는 건축물은 승려의 사재와 연화물이 중심이었다. 연화물의 규모는 결코 작았다고 생각되지 않는다. 사원의 중창이라는 대역사에는 한 계통의 재원으로만 충당되는 것이 아니고 여러 방식으로 재원이 조달되는 것이다.

長安寺는 금강산의 都會인데, 비구 宏辨이 사원의 頹廢함을 보고 동지와 더불어 새로이 조성할 것을 맹세하였다.

> 卽分幹其事 廣集衆緣 取材於山 鳩食於人 僦面雇夫 礱石陶瓦 先新佛宇 賓館僧房 以次粗完 而費猶不給[107]

일을 나누어 맡았고 널리 많은 인연을 모았으며, 산에서 재목을 취하

106) 權適, 「智異山水精社記」 『東文選』 권64(民族文化推進會 影印本 2册, 403~405쪽).

107) 李穀, 「金剛山長安寺重興碑」 『稼亭集』 권6(『韓國文集叢刊』 3册, 137~138쪽).

고 사람에게서 먹을 음식을 모았다. 일꾼을 고용해서 건물을 지었다. 이때 비용이 부족하자 元都에서 연화를 함으로써 성취하였다. 長安寺의 경우는 대체로 연화를 통해서 조성한 것으로 이해할 수 있다.

勝蓮寺는 弘慧國師 中亘이 물러나 생활하던 사원이었는데, 중긍이 승련사를 더 넓히려고 하였으나 이루지 못하였다. 중긍의 사후 大禪師 拙菴(衍昷)이 중긍 문도의 추앙을 받아서, 공사를 총괄하였으며, 시주모집은 宗閑이 주관하였다. 졸암이 기부한 것과 종한이 힘쓴 덕에 111間 건물을 완성하였다. 무량수불의 상은 졸암이 전적으로 맡았으며, 졸암은 또한 부모에게서 받은 노비를 희사하였다. 대장경을 인출해 불전 좌우에 쌓아 놓았는데, 고을 사람들이 시주한 것으로 성취한 것이었다. 졸암이 죽자 조카이며 후계자인 覺雲이 담을 쌓아 완성하였다.[108] 111間의 건축물은 졸암의 개인재산과 연화물로써 완성된 것이다.

성거산 文殊寺의 경우, 이색이 중영하려는 승려의 요청으로 化疏를 써 주었으니 연화를 했음이 분명하다고 하였다. 시주한 이는 연화에 호응하여 시주하였을 가능성이 크다고 하겠다. 문수사 중창에 크게 시주한 사람은 侍中 李樵隱의 부인 河氏였으며, 그밖에 시주한 사람이 있었는데,[109] 이들은 연화에 호응해 시주했을 것으로 보인다. 기록상으로는 연화가 중창에 소요되는 비용조달의 주된 계기로 이해된다.

直指寺의 경우는 연화활동의 구체적인 내용을 알 수 없다. 그러나 內願堂 雲龜谷이 白蓮社에 있으면서 普門社主와 더불어 黃岳山 직지사를 重營코자 이색에게 연화문을 요청하였기에,[110] 이색이 써 준 것으로 보이고, 그에 따라 연화가 있었을 것이다. 결국 직지사 중영에는 연화가 재원 마련의 중요한 계기가 되었을 것으로 보인다.

---

108) 李穡, 「勝蓮寺記」 『牧隱藁文藁』 권1(『韓國文集叢刊』 5冊, 7쪽).

109) 李穡, 「聖居山文殊寺記」 『牧隱藁文藁』 권4(『韓國文集叢刊』 5冊, 29~30쪽).

110) 李穡, 「前內願堂雲龜谷在白蓮社與普門社主將重營黃岳山直持寺書報老人求緣化文」 『牧隱藁詩藁』 권21(『韓國文集叢刊』 4冊, 281쪽).

오대산 서대 水精菴의 경우도 연화를 통해 중창하였다. 수정암이 불타자 懶庵 游公과 牧庵 永公이 화소를 가지고 널리 권하였는데, 시중 李琳과 그의 아내 洪氏, 中樞 柳雲과 그의 아내 이씨가 크게 시주하였고 기타 여러 사람이 돈과 곡식을 시주하였다.[111] 자료상으로는 연화에 의해서만 수정암의 중창이 수행된 것으로 보인다. 그리고 시중·중추의 위치에 있던 관인과 그 처가 많은 양을 시주하고 있음이 주목된다.

미륵암의 중창에서도 연화가 중요한 계기로 작용하였다. 미륵암은 우왕 11년(1385)에 중창이 시작되어 우왕 13년에 종료되었다. 前判事 白瑨이 승려의 권유를 받아 중창을 주도하였는데, '募緣相費' 즉 연화를 통해 비용을 도왔다. 중창의 일을 맡아 본 승려는 惠眼과 勝孚였으며, 그리고 經文을 인출하는 일을 맡아 본 승려는 志雲이었다.[112] 혜안과 승부는 연화에서도 중요한 구실을 하였다고 생각된다.

犬灘院의 경우 華嚴大師 眞公이 "善誘諸人 集其財力 伐材埴瓦 以事經營"하였다.[113] 역시 연화가 중요한 계기가 되어 중창할 수 있었던 것이다.

이렇게 사원을 중창하는 데에 연화가 큰 몫을 하고 있었다. 사원 내의 특정 건물을 조성하는 데에도 연화가 중요한 수단이 되었다. 사원 대부분의 건물이 유지된 상태에서, 특정 건축물을 복구하거나 창건하고자 연화하였다. 上院寺 僧堂, 石臺菴 地藏殿, 松泉寺 懶翁眞堂, 神勒寺 大藏閣, 修德寺 大雄殿과 鳳停寺 極樂殿 등이 연화를 통해 조성한 예였다.

上院寺의 僧堂은 英露菴이라는 승려가 馳走募緣하였는데, 이에 判書 崔伯淸의 처 安山郡 夫人 김씨가 듣고 기뻐해 남편과 더불어 시주하였으며, 부인이 더욱 많이 희사하였다. 안산군부인 김씨는 뒤에 노비와

111) 權近, 「五臺山西臺水精菴重創記」 『陽村集』 권14(『韓國文集叢刊』 7冊, 155쪽).
112) 權近, 「四佛山彌勒庵重創記」 『陽村集』 권11(『韓國文集叢刊』 7冊, 125쪽).
113) 權近, 「犬灘院樓記」 『陽村集』 권12(『韓國文集叢刊』 7冊, 140쪽).

전토도 시납하여 常住資로 삼게 하였다.[114] 상원사 승당의 조영은 모연을 통해 이루어졌는데 최백청 부부가 다량 시주한 것이 분명하지만, 그 밖에도 시주한 이들이 적지 않았을 것이다. 승당의 조성 시 소요되는 재원은 사원 전체를 중창하는 것보다는 소규모였을 것이다.

寶盖山 石臺菴 地藏殿의 경우 조성을 위해 비구 智純이 이색에게 化疏를 써 주기를 요청하였다. 지순은 소를 들고 公卿間을 다니면서 쌀과 베를 얻어 지장전을 조성하였다.[115] 지순이 공경 사이에서 화소를 들고 연화하였음을 확인할 수 있다.

松泉寺 懶翁眞堂은 나옹의 문도 覺連이

> 走于邑居鄕社 謁請信男女 得財若干 作屋三間[116]

하였다. 청주 지역 내에서 연화를 통해 약간의 재화를 얻어 3칸의 나옹진당을 조성한 것이다.

신륵사 大藏閣의 경우 그 기문을 李崇仁이 이색을 대신해 작성하였다. 불사의 내용은 대장경을 인쇄하고 그것을 봉안할 대장각을 조성하는 일이었다. 우왕 6년(1380) 2월부터 모연하였는데, 覺昆은 順興에서, 覺岑은 安東에서, 覺洪은 寧海에서, 道惠는 淸州에서, 覺連은 忠州에서, 覺雲은 평양에서, 梵雄은 鳳州에서, 志寶는 牙州에서 각각 그 일을 맡았다. 우왕 7년 4월에 經律論을 인쇄하였으며, 10월에 覺珠가 泥金으로 제목을 썼고, 覺峰이 黃複을 만들었으며, 12월에 性空이 造函하였다. 우왕 8년 정월 화엄종 靈通寺에서 교열하였고, 4월에 배에 실어 신륵사

---

114) 李穡, 「五臺上院寺僧堂記」『牧隱藁文藁』 권6(『韓國文集叢刊』 5冊, 45~46쪽).
115) 李穡, 「寶盖山石臺菴地藏殿記」『牧隱藁文藁』 권5(『韓國文集叢刊』 5冊, 39~40쪽).
116) 李穡, 「淸州龍子山松泉寺懶翁眞堂記」『牧隱藁文藁』 권6(『韓國文集叢刊』 5冊, 48쪽).

에 이르렀으며, 花山君 權僖가 題目을 주관하였다. 이색이 여러 단월과 더불어 施財하였으며, 同菴 順公이 일을 감독해 2층의 건물을 지었다. 5월 이후 세 차례에 걸쳐 轉經하였다.[117] 經律論 대장경의 인쇄와 대장각 조성을 위해 전국의 여러 곳에서 동시에 연화하고 있는 것이다.

修德寺의 大雄殿과[118] 鳳停寺의 極樂殿도[119] 연화를 통해 비용을 조달하였다. 물론 연화만으로 필요한 재원을 모두 조달하였다고는 단언할 수 없지만 연화가 재원 마련의 한 계기가 되었던 것은 물론이다.

불상을 조성하기 위해 연화를 하는 일도 있었다. 고종 3년(1216) 거란의 침입으로 普賢寺가 불탔는데, 이에 堂主 비로사나여래 장육상과 補處 문수·보현 두 보살 존상을 塑成하고 금은·百寶로 장식하였다. 이 일을 주도한 비구 學珠는 개경으로 와 사람이 많이 모인 곳마다 가서, 그 도모하는 일을 말하였는데, 그 풍모를 보고 그 말을 들은 이들이 기뻐 받들어서 시주한 물품이 산처럼 쌓였다.[120] 그때 모아진 것으로 비로사나불상과 문수·보현 보살상을 조성하였다. 이는 연화를 통해서 불상을 조성한 것을 보여준다.

巨貧과 皎光 두 승려도 함께 발원하여 鑄成金像하고자 하여 연화를 하였다. 거빈이 주도적인 역할을 하였고, 교광은 보조적인 구실을 하였다. 거빈이 뜻대로 되지 않자 금강산에 들어가 스스로 산 채로 다비하였고, 이에 교광은 거빈의 뜻에 따라 유골을 상자에 담아 개경에 와 시주를 권하자, 위아래 모든 계층이 재물을 시주하여 산처럼 쌓였다. 이때

117) 李崇仁, 「驪興郡神勒寺大藏閣記」『陶隱集』 권4(『韓國文集叢刊』 6冊, 587~589쪽).

118) 李基白編著, 1987, 『韓國上代古文書集成』, 「修德寺大雄殿棟樑記(1308년)」, 116쪽.

119) 李基白編著, 1987, 『韓國上代古文書集成』, 「鳳停寺極樂殿棟樑記(1363년)」, 218쪽.

120) 李奎報, 「妙香山普賢寺堂主毗盧遮那如來丈六塑像記」『東國李相國集全集』 권24(『韓國文集叢刊』 1冊, 543~544쪽).

板方里 散將官은 궁핍해서 시주할 물건이 없자 13세 가량의 딸을 시주하였는데, 교광이 부득이 받았다. 마침 城南의 장군이 늙었으나 자식이 없었는데 그 딸의 贖으로 布 500段을 바치고 養女로 삼았다. 星臺洞 寡婦는 큰 거울을 녹여 불상 만드는 데 보태라고 시주하였다.[121] 이러한 시주를 받아서 丈六金像을 조성할 수 있었다.

靈鳳山 龍巖寺의 경우 충숙왕 2년(1315)에 공사를 시작하여 충숙왕 5년에 완성하였다. 이 용암사의 중창은 국왕이 提察使·鹽場別監에게 명해서 공사를 하게 하여, 새로이 80여 間을 조성하고, 옛것 20여 칸을 보수하였다. 金堂의 主佛인 釋迦如來像, 別殿에 봉안된 觀音·正趣 두 보살의 보수는 용암사를 하산소로 하고 있던 無畏國統이 개인재산을 내고 또한 타인에게서 시주를 구하여 성취하였다. 대장경의 보수는 염장별감이었던 李白經·方于楨이 별도로 국왕의 명을 받아 雪牋 3만여 張, 漆函 140개를 만들어 도왔다. 부족하거나 빠진 대장경은 무외국통의 문인인 大禪師 承淑, 中德 日生 등이 강화도의 板堂에서 인쇄하였다.[122] 결국 건물의 중창에는 제찰사·염장별감의 공이 컸고, 대장경의 보수 및 보완에는 염장별감과 승려의 도움이 컸다. 불상의 조성에는 승려의 개인재산과 연화물이 중요하였다. 연화물은 불상의 조성을 돕는 재원이 되었던 것이다.

법왕사 祖師堂은 判華嚴 砧公이 여러 종문과 의논하고, 또 私蓄을 내어서 조성하였다. 침공은 柏栗大師 修公과 함께 시주를 모집하여 비로자나불과 3존불, 그리고 조사의 화상을 다시 꾸몄다. 그리고 "邀諸檀設會祝上 以慶落成"하였다.[123] 여기서도 모연을 통해 성취한 것은 불

---

121) 李奎報, 「王輪寺丈六金像靈驗收拾記」『東國李相國集全集』 권25(『韓國文集叢刊』 1册, 546~548쪽).

122) 朴全之, 「靈鳳山龍巖寺重創記」『東文選』 권68(民族文化推進會 影印本 2册, 443~445쪽).

123) 權近, 「法王寺祖師堂記」『陽村集』 권14(『韓國文集叢刊』 7册, 156쪽).

상과 조사의 화상이었다. 그밖에 불상을 조성하는 데 연화가 재원 마련의 한 계기가 된 예로는, 長谷寺 藥師如來坐像과[124] 文殊寺 阿彌陀佛坐像을[125] 들 수 있다.

탑을 새로이 하는 데에도 연화가 중요한 몫을 하였음은 安養寺塔에서 확인된다. 무너진 안양사탑을 보수해 새로이 하는 일에는 門下侍中 鐵原府院君 崔公과 住持 大師 惠謙이 중심적인 구실을 하였다. 侍中 崔公이

> 卽移牒楊廣道按廉使 減軍租 供其費 徵丁夫 執其役[126]

하였다. 즉 양광도 안렴사에게 이첩해 軍租를 줄여 그 비용을 제공하고, 丁夫를 징발해 그 역사에 참여케 한 것이다. 이때 惠謙은 자신의 사유재산을 내었고, 연화를 통해 米豆帛布 약간을 확보하였다. 이때 보시한 四衆이 무려 3천에 이르렀고, 400여 명이 役徒로 참여하였다. 소요된 비용은 미 595석, 豆 200석, 포 1,155疋이었다. 안양사탑을 보수하는 데는 지방관의 지원, 승려의 개인재산, 그리고 연화로 확보한 재물이 모두 중요하였다.

연화가 탑의 조영에 필요한 재원을 마련하는 하나의 수단이었던 것은 그밖에도 여러 예를 찾을 수 있다. 東臺 塔,[127] 師子頻迅寺 石塔,[128]

---

124) 李基白編著, 1987, 『韓國上代古文書集成』, 「長谷寺藥師如來坐像腹藏封書(1346년)」, 174쪽.

125) 李基白編著, 1987, 『韓國上代古文書集成』, 「文殊寺阿彌陀佛坐像腹藏發願文(1346년)」, 183쪽.

126) 李崇仁, 「衿州安養寺塔重新記」 『陶隱集』 권4(『韓國文集叢刊』 6册, 589~591쪽).

127) 許興植編著, 1984, 『韓國金石全文(中世上)』, 「東臺塔誌石(1005년)」, 432쪽.

128) 許興植編著, 1984, 『韓國金石全文(中世上)』, 「師子頻迅寺石塔記(1022년)」, 454쪽.

敬天寺 石塔,[129] 淨兜寺 五層石塔이[130] 그러한 예이다.

종을 주조하기 위해서도 연화가 이루어졌다. 兜率院의 종이 그 예였다. 도솔원은 崇教寺住持 僧統 弘闡과 門下侍中 邵台輔가 함께 發願해서 완성했는데, 그때 門人 慈尙이 "隨發願募三百五十斤 鑄置洪鍾"하였다.[131] 350근에 해당하는 것을 모았다는 것은 곧 연화를 하였다는 것을 암시하는 것이다. 곧 연화를 통해 종을 주조하였음을 알 수 있다.

연화를 통해 마련한 재원으로 종을 만든 예는 더 확인할 수 있다. 臨江寺 鐘,[132] 河淸部曲北寺 鍾,[133] 太平六年銘 鐘,[134] 靑鳧大寺 鐘,[135] 戒持寺 金鍾,[136] 長生寺 金鐘,[137] 川北觀世音寺 鐘,[138] 鳳安寺 鐘,[139] 靑林寺 鐘,[140] 貞右十三年銘 銅鐘,[141] 至元六年籃院 鍾,[142] 長興寺 鐘[143] 등을 들 수 있다. 그밖에도 연도가 분명치 않지만 고려시대의 종 가운데 연화를 통해 비용을 조달한 것이 적지 않다.[144]

대장경을 연화를 통해 마련하는 사례도 있다. 砥平縣 소재 龍門寺의

---

129) 許興植編著, 1984, 『韓國金石全文(中世下)』, 「敬天寺石塔(1348년)」, 1180쪽.
130) 李基白編著, 1987, 『韓國上代古文書集成』, 「淨兜寺五層石塔造成形止記(1031년)」, 50쪽.
131) 金富軾, 「兜率院鍾銘幷序」 『東文選』 권47(民族文化推進會 影印本 2册, 174쪽).
132) 許興植編著, 1984, 『韓國金石全文(中世上)』, 「臨江寺鐘(1019년)」, 440쪽.
133) 許興植編著, 1984, 『韓國金石全文(中世上)』, 「河淸部曲北寺鍾(1026년)」, 472쪽.
134) 許興植編著, 1984, 『韓國金石全文(中世上)』, 「太平六年銘鐘(1030년)」, 472쪽.
135) 許興植編著, 1984, 『韓國金石全文(中世上)』, 「靑鳧大寺鐘(1032년)」, 474쪽.
136) 許興植編著, 1984, 『韓國金石全文(中世上)』, 「戒持寺金鍾(1065년)」, 499쪽.
137) 許興植編著, 1984, 『韓國金石全文(中世上)』, 「長生寺金鐘(1086년)」, 529쪽.
138) 許興植編著, 1984, 『韓國金石全文(中世上)』, 「川北觀世音寺鐘(1107년)」, 538쪽.
139) 許興植編著, 1984, 『韓國金石全文(中世下)』, 「鳳安寺鐘(1216년)」, 965쪽.
140) 許興植編著, 1984, 『韓國金石全文(中世下)』, 「靑林寺鐘(1222년)」, 991쪽.
141) 許興植編著, 1984, 『韓國金石全文(中世下)』, 「貞右十三年銘銅鐘(1225년)」, 999쪽.
142) 許興植編著, 1984, 『韓國金石全文(中世下)』, 「至元六年籃院鍾(1340년)」, 1152쪽.
143) 許興植編著, 1984, 『韓國金石全文(中世下)』, 「長興寺鐘(1392년)」, 1245쪽.
144) 『韓國金石全文』에 연도가 분명치 않지만 고려시대에 제작된 종 가운데 연화를 통해 재원을 조달한 사례가 다수 있다(1246·1251쪽, 1261~1263쪽, 1278·1302쪽 참조).

경우, 智泉 등이 대장경을 시주받으러 다닌다는 것을 듣고 具氏가 시주하였다. 그리고 大藏殿 3간의 조성은 北原郡夫人 元氏가 재물을 시주해서 도왔다.[145] 연화라고 단정하기에는 다소 무리가 있지만, 시주를 받으러 다닌다는 사실에서 연화로 보아도 무방할 것이다.

대장경을 연화를 통해 마련하고 있는 또 다른 사례도 있다. 빠진 것을 채우고, 결락된 것을 써 넣고서,

> 得檀槖之金 而自書其目 受御祭之帛 而使貢其衣 盛以琅函 安於寶藏[146]

이라 하여 시주의 지원과 국왕의 지원으로 완성하였다는 것이다. 시주의 지원이 가능하기 위해서 연화가 있었을 가능성이 크다고 하겠다.

什器가 부족하자 승려 志林 등이 개경에 와서 연화한 사례가 있다.[147] 사원에서 필요로 하는 각종 佛具가 연화를 통해 제작되는 경우도 많았다. 연화만으로 그 비용을 모두 충당했다고는 볼 수 없지만 연화가 재원 조달의 중요한 수단이었음은 분명하다. 慈惠라는 승려가 개경에 가서 연화해, 公卿과 中宮의 도움을 받아 梵唄之器를 주조한 일이 있다.[148] 香垸이 연화를 통해 제작된 예로는 白月庵 香垸,[149] 青銅銀入絲 香垸,[150] 表忠寺 青銅含銀香垸,[151] 金山寺 香垸,[152] 松林寺 香垸,[153] 表訓寺 香垸,[154] 開心寺銘 香垸,[155] 道人戒雄銘 青銅香垸,[156]

---

145) 李穡, 「砥平縣彌智山龍門寺大藏殿記」『牧隱藁文藁』 권4(『韓國文集叢刊』 5冊, 34~35쪽).

146) 釋宓菴, 「丹本大藏慶讚疏」『東文選』 권112(民族文化推進會 影印本 3冊, 387쪽).

147) 李穡, 「金剛山潤筆菴記」『牧隱藁文藁』 권2(『韓國文集叢刊』 5冊, 13~14쪽).

148) 李穡, 「寶盖山地藏寺重修記」『牧隱藁文藁』 권2(『韓國文集叢刊』 5冊, 12쪽).

149) 許興植編著, 1984, 『韓國金石全文(中世上)』, 「白月庵香垸(1164년)」, 805쪽.

150) 許興植編著, 1984, 『韓國金石全文(中世上)』, 「青銅銀入絲香垸(1164년)」, 805쪽.

151) 許興植編著, 1984, 『韓國金石全文(中世下)』, 「表忠寺青銅含銀香垸(1177년)」, 843쪽.

152) 許興植編著, 1984, 『韓國金石全文(中世下)』, 「金山寺香垸(1178년)」, 844쪽.

棟樑道人銘 靑銅香垸이[157] 있고, 연화를 매개로 香爐가 만들어진 예로는 重興寺 香爐를 들 수 있다.[158] 또한 消災寺 香垸臺座도 연화를 통해 제작되었다.[159] 그리고 연화를 통해 확보한 재원으로 半子를 제작하는 경우가 많았다.[160] 그밖에 禁口가 연화를 통해 확보한 재원으로 제작된 예도 보인다.[161] 경전을 베껴 쓰는 사경, 그리고 불화의 제작에도 연화를 통해 재원을 조달하는 예가 보인다.[162]

法會에 소용되는 비용을 마련하기 위한 緣化도 꽤 많았다. 이미 후기 신라시기 신문왕대에 興輪寺의 六輪會를 위한 勸化를 볼 수 있다.[163]

낙성회에 소요되는 재원을 연화로써 마련하는 예도 있다. 興王寺 內의 興教院이 퇴락하였는데, 승려들이 각각 囊鉢之儲를 내서 "市材庀工以新本院"하였다. 이때 晶照와 達幻 두 승려를 元都에 보내 낙성회 비

---

153) 許興植編著, 1984, 『韓國金石全文(中世下)』, 「松林寺香垸(1342년)」, 1157쪽.
154) 許興植編著, 1984, 『韓國金石全文(中世下)』, 「表訓寺香垸(1352년)」, 1188쪽.
155) 許興植編著, 1984, 『韓國金石全文(中世下)』, 「開心寺銘香垸(未詳)」, 1285쪽.
156) 許興植編著, 1984, 『韓國金石全文(中世下)』, 「道人戒雄銘靑銅香垸(未詳)」, 1291쪽.
157) 許興植編著, 1984, 『韓國金石全文(中世下)』, 「棟樑道人銘靑銅香垸(未詳)」, 1292쪽.
158) 許興植編著, 1984, 『韓國金石全文(中世下)』, 「重興寺香爐(1344년)」, 1160~1161쪽.
159) 許興植編著, 1984, 『韓國金石全文(中世下)』, 「消災寺香垸臺座(1358년)」, 1192쪽.
160) 『韓國金石全文』에서 확인되는 예를 들면 다음과 같다. 瓊巖寺 盤子(502쪽), 黃利縣 半子(529쪽), 金仁寺 飯子(530쪽), 重興寺 飯子(534쪽), 泰和貳年銘 半子(938쪽), 蒲溪寺 盤子(939쪽), 貞祐四年銘 半子(966쪽), 丁丑銘 般子(970쪽), 翠嵓寺 飯子(990쪽), 安養社 飯子(1040쪽), 寂照寺 般子(1133쪽), 庚申銘 飯子(1250쪽), 己巳銘 般子(1257쪽), 乙酉銘華嚴寺 半子(1279쪽), 乙丑銘 飯子(1281쪽) 등이 그것이다.
161) 『韓國金石全文』에서 확인되는 예를 들면 다음과 같다. 德周寺 禁口(942쪽), 景禪寺 鍱口(961쪽), 藥師寺 禁口(1126쪽)가 그러한 예이다. 그리고 연화를 통해 제작한 禁鼓의 예로는 至正四年銘 金鼓(1161쪽), 乙巳銘仁福寺 禁鼓(1277쪽)를 들 수 있다.
162) 『韓國上代古文書集成』에서 寫經할 때 연화로써 재원을 조달한 예가 많이 보이며(151·162·165·167·248쪽 참조), 불화의 제작시에 연화를 통해 재원을 마련한 예도 적지 않다(67·68·71·134·172쪽 참조).
163) 『三國遺事』 권5, 孝善9 大城孝二世父母 神文代.

용을 조달하게 하였다. 9년 걸려 院이 완성되었는데, 達幻 승려는 낙성회에 소요되는 衣盂威儀之物을 가지고 元都에서 돌아왔다. 15일간 낙성회를 하였으며, 이때 왕성 내외에서 사녀가 달려와서 공양하였다.164) 낙성회에 소요되는 물품을 연도에서 연화를 통해 마련하는 것이다.

全州의 普光寺에서도 낙성회 소요 비용을 연화를 통해 마련하였다. 比丘 中向이 元皇帝의 知遇를 받고 있는 전주출신 資政使 高龍鳳의 시주를 받아 보광사를 중흥하고, 그 공사가 끝나는 달에 중향은 山人 昆淑과 더불어 시주를 널리 모아서 크게 華嚴會를 개최하였다.165) 낙성화엄회에 소요되는 재원을 시주를 모아, 곧 연화를 통해 조달하고 있음을 알게 해 준다.

그리고 灌足寺彌勒石像 龍華會를 위한 연화가 있었으며,166) 普德窟僧이 坐禪供養을 위한 연화가 있었다.167) 그밖에 法華法席을 위한 연화도 찾을 수 있다.168)

齋費 마련을 위한 연화도 보인다. 衆生寺主 性泰가 토지로부터의 수입이 없자 香祀를 계속하기 힘들어 다른 곳으로 이주해 가려고 사직인사하자,

假寐夢 大聖謂曰 師且住無遠離 我以緣化充齋費169)

---

164) 李穀, 「興王寺重修興敎院落成會記」『稼亭集』 권2(『韓國文集叢刊』 3冊, 112~113쪽).

165) 李穀, 「重興大華嚴普光寺記」『稼亭集』 권3(『韓國文集叢刊』 3冊, 116~117쪽).

166) 李穡, 「僧有辨來壬戌歲灌足寺彌勒石像龍華會者求緣化文 …」『牧隱藁詩藁』 권24(『韓國文集叢刊』 4冊, 331쪽).

167) 李穡, 「普德窟僧求坐禪供養緣化文」『牧隱藁詩藁』 권24(『韓國文集叢刊』 4冊, 333쪽).

168) 元天錫, 「靈泉寺法華法席勸化詩」『耘谷行錄』 권2(『韓國文集叢刊』 6冊, 166쪽).

169) 『三國遺事』 권3, 塔像4 三所觀音 衆生寺.

하리라 하고 관음이 변신해 金州(김해)에 가서 연화해 쌀 6석, 소금 4석을 운반해 왔다. 이것은 재비 충당을 위한 연화라고 할 수 있다.

이처럼 연화는 다양한 명목의 불사를 성취하기 위해 이루어지고 있었다. 연화를 통해서 사원은 필요한 재원을 짧은 기간 내에 마련하여 소기의 불사를 완수할 수 있었다. 그러나 일상적인 지출을 위해, 즉 승려의 생활비 등을 위한 연화는 거의 찾을 수 없다. 그리고 불사의 비용은 연화로써만 충당하는 것은 아니었다. 그 불사에 필요한 재원은 연화 이외에도 승려의 사유재산으로 충당되었고, 같은 종문의 타사원으로부터 제공되었으며, 국가의 지원도 한 몫을 담당하였다. 말하자면 연화를 통해 전적으로 해결되는 수도 없지 않았지만, 다른 방법과 연화가 함께 동원되어 필요한 재원을 조달하는 것이 더 일반적이었다. 연화에는 다수의 사람이 참여하였으니, 예컨대 安養寺塔의 경우 무려 3천 명에 달하였다.[170)]

그리고 소기의 불사가 연화를 통해 완성될 때, 시주한 이들을 불러 함께 그 완성을 기뻐하는 수가 많았다. 法王寺와[171)] 普光寺에서[172)] 그것이 확인된다.

승려들은 佛事가 있을 때, 이처럼 연화를 통해 수시로 그 비용을 조달하였다. 연화를 통해 재물을 모으는 탁월한 능력을 당시의 승려들은 소지하고 있었다.

李穀이 승려들은 부지런히 化誘를 잘 해서 그 건물을 새로이 하고, 그 業을 넓히는 능력을 달환이라는 승려처럼 소지한 자가 많다고 언급하였다.[173)] 그 점에 대해서 李穡도 승려들은 기능이 많아 興作을 용이하게 해서 사원이 많고 혁혁한 靈迹을 이루 헤아릴 수 없다고 말하였다.[174)]

170) 李崇仁, 「衿州安養寺塔重新記」『陶隱集』 권4(『韓國文集叢刊』 6冊, 589~591쪽).
171) 權近, 「法王寺祖師堂記」『陽村集』 권14(『韓國文集叢刊』 7冊, 156쪽).
172) 李穀, 「重興大華嚴普光寺記」『稼亭集』 권3(『韓國文集叢刊』 3冊, 116~117쪽).
173) 李穀, 「興王寺重修興敎院落成會記」『稼亭集』 권2(『韓國文集叢刊』 3冊, 112~113쪽).

조선초기 집을 마련하고자 하는 尹統이 경주에서 옛 절터를 찾아 사원을 창건한다고 하면서 勸文을 써 승려에게 주었다. 승려는 마음을 다해 물건을 마련하였으며 윤통도 이를 도와 건물이 완성되었다. 이에 윤통이 가족을 데리고 와 살면서 그 건물을 차지해 버렸다. 이 일을 위해 윤통은

先生患無家 結僧之善緣化者 相交甚熟[175]

하였다. 집을 마련하기 위해 일부러 연화를 잘 하는 승려와 가까이 지냈다는 것이다.

승려의 연화능력이 인정되고 있었기에, 조선초 세종 2년(1420) 安東에서 迎春亭을 짓고자 할 때 府使 崔關은 天台僧 義湖에게 연화를 하도록 해 그것을 완성케 하였다.[176] 승려의 연화능력이 사회적으로 인정되고 있었기에 이를 활용한 것이라 하겠다.

5. 緣化의 盛行과 政府의 制限

고려후기에 연화가 성행하면서, 정부는 이에 대한 대책을 모색하여 갔다. 정부가 연화에 대한 대책을 강구해 조치를 취한 것은, 연화가 불교계 내의 일로 그치지 않고 민인들과 관계해서 심각한 사회 문제가 되기 때문이었다.

연화가 고려후기에 성행하고 문제를 일으킬 만한 이유가 있었다. 사원의 재정이 열악해지고, 그 문제를 스스로 해결하지 않으면 안 되는 사

---

174) 李穡, 「寶盖山石臺菴地藏殿記」『牧隱藁文藁』 권5(『韓國文集叢刊』 5冊, 39~40쪽).
175) 成俔, 『慵齋叢話』 권5.
176) 『新增東國輿地勝覽』 권24, 安東大都護府 樓亭 迎春亭.

정이 있었다. 이전에는 사원에 대한 국가의 지원이 매우 많았지만, 고려 후기에는 국가의 재정 사정이 어려워지고, 민인의 유망과 저항으로 그들을 사역시키는 것이 용이하지 않았으며, 한편으로 儒者들이 불교에 대한 비판을 강화하였다. 이러한 조건에서 사원은 부족한 재원을 스스로 마련하지 않으면 안 되었다. 사원은 잦은 외침으로 피해를 입었기에 필요로 하는 경제적 수요는 더욱 증대하였다. 전쟁으로 사원은 불타고 사원에 소장되어 있는 佛像이나 佛物·僧物 등은 파괴되거나 약탈당하였다. 전쟁 후에 그것을 복구할 필요성은 더욱 크게 제기되었다. 고려후기에 사원에 대한 국가의 지원이 크게 축소되고 있었음을 開國律寺에서 확인할 수 있다.[177)]

이러한 사정 속에서 민의 재물과 노동력을 사용치 않고 불사를 완성하는 것은 매우 바람직한 일로 받아들여졌다. 眞宗寺의 경우 侍中 柳公이 경영하였는데, 건물이 모두 60여 間이었다. 이에 대해 "費不官削 役罔厲民"하였다고[178)] 평가하였다. 대신에 민을 사역시켜 불사를 도모하는 것은 크게 비판의 대상이 되었다.

이런 와중에서도 국왕이나 국가의 지원을 받아 불사가 성취되는 예가 없지는 않았다. 예컨대 영봉산 용암사의 중창,[179)] 안양사탑의 重新,[180)] 오관산 聖燈庵의 중창[181)] 등이 그러한 예라 할 수 있다. 그러나 국가·국왕 혹은 국가 기관의 지원을 받는 예는 줄어들고, 지원하는 재정 규모도 축소되었다. 사원 스스로 필요한 재원을 마련할 필요성이 더욱 커져 갔다.[182)]

---

177) 李齊賢, 「重修開國律寺記」『益齋亂藁』 권6(『韓國文集叢刊』 2冊, 552~553쪽).
178) 李穡, 「眞宗寺記」『牧隱藁文藁』 권1(『韓國文集叢刊』 5冊, 6~7쪽).
179) 朴全之, 「靈鳳山龍巖寺重創記」『東文選』 권68(民族文化推進會 影印本 2冊, 443~445쪽).
180) 李崇仁, 「衿州安養寺塔重新記」『陶隱集』 권4(『韓國文集叢刊』 6冊, 589~591쪽).
181) 權近, 「五冠山聖燈庵重創記」『陽村集』 권13(『韓國文集叢刊』 7冊, 145쪽).
182) 고려후기 사원의 중수 및 중창에 관해서는 拙著, 2008, 『高麗後期 寺院經濟 研

이러한 사정 하에서 대규모 재원이 소요되는 불사를 성취하는 것은 어려운 일이었다. 그 불사의 비용은 더욱더 사원 스스로 마련할 필요가 커져 갔다. 이에 각 사원은 다양한 방법으로 대처해 나갔다. 宗門의 타 사원의 도움을 요청하는 수도 있었고,[183] 소속 승려들의 사유재산으로 처리하는 수도 있었으며,[184] 또 다른 사원의 수입을 탈취하는 방법도 있었는데, 緣化도 그 대응방법의 하나였다. 그리하여 연화가 매우 성행하고 나아가 문제로 인식될 정도에 이르게 되었다. 연화가 성행하고 있음은 14세기 李齊賢·李穀·李穡·權近이 기문을 써 준 불사에서 확인할 수 있다.

연화는 민인들이 자발적으로 감당할 만한 것을 부담하여야 했다. 民產이 여유치 않은 사정에서 과중한 시납은, 민인의 생존을 위협하는 것이 되었다. 그렇기에,

> 檀越之布施 量己之所堪 不必强其所不能也[185]

하였다고 자부할 수 있는 것이다. 단월의 보시는 자신이 감당할 만하고, 강제성을 띠지 않아야 했다.

그러나 사실 감당할 만하다는 것은 모호한 것이었다. 실제로 자신의 처지에 비추어 무리한 것을 시납하는 사태도 흔히 발생하였다. 因果를 생각해서, 禍福之說을 믿어서 무리하게 재물을 시납하는 일은 이미 후

究』, 景仁文化社, 203~256쪽이 참조된다.

183) 李齊賢, 「重修開國律寺記」 『益齋亂藁』 권6(『韓國文集叢刊』 2冊, 552~553쪽).

184) 李穀, 「興王寺重修興教院落成會記」 『稼亭集』 권2(『韓國文集叢刊』 3冊, 112~113쪽) ; 李穀, 「高麗國天台佛恩寺重興記」 『稼亭集』 권3(『韓國文集叢刊』 3冊, 115쪽) ; 李齊賢, 「妙蓮寺重興碑」 『益齋亂藁』 권6(『韓國文集叢刊』 2冊, 556~557쪽).

185) 李奎報, 「華嚴律章疏講習結社文」 『東國李相國集全集』 권25(『韓國文集叢刊』 1冊, 553~554쪽).

기신라시기에도 보였다. 牟梁里의 貧女 아들 김대성이 흥륜사의 육륜회를 위한 勸化에 호응해, 타인에게서 빌린 傭田까지 시납한 일이 있으며,[186] 眞定師의 경우 출가하기 전 가난한 때에 철물의 시주를 권하는 승려에게 어머니가 다리가 부러진 쇠솥을 시주하려고 하자 기뻐하면서 찬성한 일이 있다.[187] 이것은 무리한 시주라 하지 않을 수 없는 것이다.

고려시기에 들어와서도 무리하게 시주하는 일은 흔하였다. 빈민들의 경우 생존의 어려움에 직면해 살고 있는데, 재물의 시주는 사실상 생존의 위험에 놓이게 하는 것이다. 왕륜사 불상 조성에 가난한 이들이 시납하고 있음은[188] 여전히 무리한 시납이 성행하고 있음을 보여 준다.

고려 현종 때 시납물이 상당하여 운반상의 문제를 일으키고 있었음이 보인다.[189] 문종대에는 연화로 보이는 행위를 하면서 충돌까지 하였다.

> 憑托修營寺院 以備旗鼓 歌吹出入閭閻 搪揬市井 與人相鬪 以致血傷[190]

사원을 수리·조영한다고 빙자하고서 旗와 북을 준비해 민간에 노래부르며 출입하고 시정사람들과 충돌하고 서로 다투어 피를 흘리기까지 한다는 것이다. 이것은 세종 10년(1428) 3월 좌사간 김효정이 올린 글을 보면[191] 연화임이 분명하다. 연화를 무리하게 하면서 충돌까지 하는 것이다.

---

186) 『三國遺事』 권5, 孝善9 大城孝二世父母 神文代.
187) 『三國遺事』 권5, 孝善9 眞定師孝善雙美.
188) 李奎報, 「王輪寺丈六金像靈驗收拾記」 『東國李相國集全集』 권25(『韓國文集叢刊』 1册, 546~548쪽).
189) 『高麗史』 권85, 志39 刑法2 禁令 顯宗 19년 2월, 中册, 861쪽.
190) 『高麗史』 권7, 世家7 文宗 10년 9월, 上册, 160쪽.
191) 『世宗實錄』 권39, 世宗 10년 3월 甲辰, 3册, 121~122쪽. "左司諫金孝貞等上疏曰 … 閭巷無賴之徒 尙循舊習 秉旗擊鼗 成群呼噪 行乞於里 誘取於人 以爲燃燈之費 … ".

이와는 다소 성격이 다르지만, 書狀을 받아 '反同'을 하는 것도 연화로 이해할 수 있는 소지가 크다.[192] 외형상 강제성을 띤 고율의 고리대로 보이지만, 佛事를 핑계대는 것으로 보아 연화의 일종으로 볼 소지가 있다. 반동과 같은 행위로 인해 민인은 굶주리고 추위에 떨고 있다는 것이다.

연화로 인한 폐단에 대해서는 조선초 실록기록에서 여러 사례를 찾을 수 있다.[193] 조선 건국 직후의 사정은 고려말의 것으로 이해해도 큰 무리는 없을 것이다. 태종대 이후 과감한 억불정책이 추진되기 이전의 불교계 사정은 고려말과 크게 다르지 않았다. 태조 7년(1398) 윤5월 知中樞院事 李至가 한 발언 중에

> 述願文稱緣化 橫行中外 誑誘愚民 甚者劫從之 糜有限之產 塡無窮之欲 國家之甚患也[194]

라는 것은 그 폐단을 집약해 표현하는 것이다. 서울과 지방을 돌아다니면서 어리석은 백성들을 속이고 꾀며, 심지어는 겁을 주어 따르게 하는 것이다. 그러한 사정은, 세종 즉위년 10월 司憲府의 상소에 잘 집약되어 표현되고 있다. 승려들은 여러 가지 불교와 관련된 일을 한다고 하면서

> 將天堂地獄禍福之說 眩惑愚民 奪民口中之食 脫民身上之衣 以塗土木 以供衣食 蠹政害民 莫甚於此[195]

하다고 하였다. 백성 입안의 먹을 것을 빼앗고 민이 몸 위에 걸친 옷까지 벗겨 간다는 것이다.

---

192) 『高麗史』 권135, 列傳48 辛禑 9년 8월, 下册, 911쪽.
193) 변양근, 2008, 「朝鮮 初期 僧侶의 緣化 活動」 『靑藍史學』 16.
194) 『太祖實錄』 권14, 太祖 7년 윤5월 丙戌, 1册, 124쪽.
195) 『世宗實錄』 권1, 世宗 즉위년 10월 甲申, 2册, 273쪽.

이렇게 거둔 재물로 불사를 하지 않고 처자를 부양하는 경우도 있었다.[196] 혹은 "依憑緣化 以匿其財"하는 수도 있었다.[197] 심한 경우"專以檀施之物 歸於自利之資"하기도 하였다.[198] 불사를 빙자하여 재물을 긁어 모아서는 자기의 이익을 10배나 챙긴 후에 공사를 시작하는 것이 예사라는 지적도 있다.[199]

연화문을 지참했을 경우, 소기의 불사를 성취하기가 수월하였다. 또 국왕이나 왕실, 재상의 서명이나 수결이 있으면, 더욱 효과적으로 연화를 할 수 있었다. 이 때문에 그러한 서명·수결이 있는 緣化文을 지참하고자 했고, 심지어 위조해서라도 그것을 지참하였다. 고위층의 수결·서명을 위조한 거짓 연화문을 가지고 있다가 문제된 사례는 조선초기에 여럿 찾아진다.[200]

연화를 통한 민의 재물 수취로 인해 민의 재생산에 대한 책임을 지고 있는 지방관과 연화승이 갈등을 빚게 되었다. 태종 9년(1409) 2월 歙谷縣令 金緝은 금강산 승려 信惠 등이 東北面에서 연화를 통해 米豆를 얻어 배로 운반해 오자 이를 본 그가 빼앗아 船軍들에게 나누어 주었다.[201] 태종 14년 7월 어떤 승려가 대장경을 인쇄해 齊陵에 있는 衍慶寺에 보관해 두고자 하여 국왕과 상왕이 직접 쓴 발원문을 받아 가지고 전라도에 이르러, 마치 칙령이나 받은 것처럼 수령들에게 기쁜 마음으로 시주하라고 강요하였는데, 이때 全州判官 金自龜는 고을이 가난해 바칠 것이 없다고 응수하였다.[202] 연화행위를 둘러싸고 수령과 승려가 갈등

---

196) 『太宗實錄』 권3, 太宗 2년 6월 庚午, 1冊, 239쪽.
197) 『世宗實錄』 권28, 世宗 7년 6월 辛酉, 2冊, 676쪽.
198) 『世宗實錄』 권12, 世宗 3년 7월 壬戌, 2冊, 440~441쪽.
199) 『世宗實錄』 권85, 世宗 21년 4월 丙申, 4冊, 204~205쪽.
200) 『太宗實錄』 권27, 太宗 14년 5월 丁酉, 2冊, 18쪽 ; 『世祖實錄』 권14, 世祖 4년 12월 壬申, 7冊, 305쪽 ; 『成宗實錄』 권10, 成宗 2년 4월 己酉, 8冊, 564쪽 ; 『成宗實錄』 권163, 成宗 15년 2월 己巳, 10冊, 567쪽.
201) 『太宗實錄』 권17, 太宗 9년 2월 庚辰, 1冊, 473쪽.

하고 있음을 말하는 것이다.

연화행위는 이처럼 민이 감당할 수 없는 것을 거두어 가고 또 강제성까지 동반하고 있으므로, 지방관과 갈등하는 양상을 보이는 것이다. 국가로서는 이에 대해 일정한 조치를 취하지 않으면 안 되었다.

승려들의 연화행위가 문제된 것은 현종대였다.

> 教曰 僧尼誑誘愚民 鳩聚財物 輸以驛馬 害莫大焉 令官司嚴加禁斷[203)]

승려들이 어리석은 민을 속여 꾀어서 재물을 모아 역마로 수송해 그 해가 막대하니 금단토록 하라는 것이었다. 이것은 연화행위 자체를 문제삼은 것이 아니고 공적인 역마를 써서 재물을 운반해 문제가 된 것이고, 앞으로는 역마를 사용하여 수송하는 것을 금지하라는 것으로 이해된다.

연화 행위 자체가 문제로 된 것은 충선왕 4년(1312)이었다.

> 置僧人追考都監 禁諸寺勸化僧 來集京師 聚錢財 肆爲穢行者[204)]

승인추고도감을 두고서, 여러 사원의 권화승들이 개경에 몰려와서 재물을 모으며 함부로 더러운 행위를 하는 것을 금지시킨 것이다. 당시에 승려들이 연화를 하려고 개경에 몰려들어 재물을 모으고 있음을 알 수 있고, 승인추고도감을 두어 그러한 행위를 금지할 필요성까지 제기하는 것이다.

그리고 충숙왕 후8년(1339)에도

> 僧人不許 … 賫願文亂行勸化[205)]

---

202)『太宗實錄』 권28, 太宗 14년 7월 甲申, 2册, 27~28쪽.
203)『高麗史』 권85, 志39 刑法2 禁令 顯宗 19년 2월, 中册, 861쪽.
204)『高麗史』 권85, 志39 刑法2 禁令 忠宣王 4년 9월, 中册, 864쪽.

하는 조치가 있었다. 즉 승려들이 원문을 지참하고 함부로 연화를 하는 것을 허용치 않는 것이다. 이러한 조치에도 불구하고 승려들의 연화행위가 중단된 것은 아니었다. 그 이후에도 연화와 관련한 조치가 계속 취해졌다.

공민왕 5년(1356)에 有役人과 노비 가운데 다수가 승려가 되어서 문제를 일으키자 잡아 本役에 되돌리는 조치가 있었다.

> 鄕役之吏 公私之隷 規避賦役 托迹桑門 手持佛像 口作梵唄 橫行閭里[206]

이것은 御史臺가 啓한 내용인데, 국왕이 이를 따랐다. 향리와 노비를 본역에 되돌리기 위한 조치이지만, 승려가 손에 불상을 들고 입으로는 범패를 부르면서 거리를 횡행하였다 함은 연화와 관련될 소지가 크다. 이들을 本役에 되돌리는 조치로 인해 연화가 부분적으로 제한당하고 위축되었을 가능성이 있다고 생각한다.

우왕 7년(1381) 연화의 금지는 아니지만 手決을 받는 것이 문제되었다.

> 憲府言 僧徒多依近幸 受上押願文 橫行中外 願自今 如有賫緣受押者 罪之[207]

승도가 국왕이 수결한 원문을 가지고 개경과 외방에 횡행하고 있는데, 국왕이 총애하는 측근을 통해서 수결을 받는 자를 죄주라는 것이다. 헌부의 발언이 시행되었는지는 명확하지 않다.

고려말까지 연화가 문제로 인식되었고 제한 조치가 있었다. 또 국왕

---

205) 『高麗史』 권85, 志39 刑法2 禁令 忠肅王 후8년 5월, 中册, 865쪽.
206) 『高麗史節要』 권27, 恭愍王 10년 5월, 693쪽.
207) 『高麗史』 권134, 列傳47 辛禑2 辛禑 7년 6월, 下册, 900쪽.

의 수결을 받아 내는 것이 문제가 되었다. 그러나 이러한 조치에도 불구하고 고려말기까지 연화행위는 지속되었다.

조선이 건국되고 나서 불교계 전반이 조정되는 가운데 연화도 자주 문제시되고 그에 대한 제한 조치가 취해졌다. 태조 원년(1392) 9월 도평의사사 배극렴과 조준 등이 올린 글 가운데

> 僧徒結黨中外大小官吏 或營寺社 或印佛書 至於需索官司 害及于民者 自今一皆禁斷[208]

하라는 내용이 있는데, 태조는 이를 따랐다. 승려들이 안팎의 관리와 黨을 만들어 寺社를 영조한다거나 佛書를 인쇄한다고 하면서 官司에 물건을 요구하며, 해가 백성에게 미친다는 것이다. 연화행위라고 직접 표현하고 있지는 않지만 연화로 보아도 무방할 것이다.

태조 2년 1월에는 다음과 같은 내용의 교지를 도평의사사에 내렸다.

> 各道緣化僧徒 稱賚親押願文 誑誘兩班百姓者 一皆禁之[209]

각 도의 연화승도가 친압원문을 가졌다고 칭하면서 양반·백성을 속이고 꾀는 일을 모두 금지하는 것이다. 연화에 대한 전면적인 제한조치로 이해된다.

그러나 태조 7년 윤5월에도 知中樞院事 李至가 연화행위의 문제를 지적하면서 "願收其願文 禁其緣化"할 것을 말하였다.[210] 시행여부는 분명치 않은데, 태조 2년의 조치가 잘 지켜지지 않고 있음을 알 수 있다.

태조 7년 11월에 간관이 올려 국왕이 받아들인 내용 중에 연화에 관한

---

208) 『太祖實錄』 권2, 太祖 원년 9월 壬寅, 1冊, 31쪽.
209) 『太祖實錄』 권3, 太祖 2년 정월 乙亥, 1冊, 40쪽.
210) 『太祖實錄』 권14, 太祖 7년 윤5월 丙戌, 1冊, 124쪽.

것이 있었다. 지금부터 원문을 가지고 궁궐에 드나들면서 국왕의 수결을 함부로 받지 못하도록 하며, 또 사적으로 원문을 가지고 다니지 못하도록 하였다. 위반하는 이는 소재관사에서 이를 살펴 다스리라는 것이다.[211)]

定宗 원년(1399) 3월에는 승려가 民戶에 들어가는 것을 금지하였다.

> 下僧徒出入民戶之禁 上謂大司憲趙璞曰 今國家紀綱陵夷 僧徒因勸善 屢入民戶 奸犯婦女 自今嚴禁 毋蹈前弊[212)]

연화로 인해 민호에 들어가 부녀를 간하는 것이 문제되었고, 이에 민호에 들어가지 못하도록 한 것이다.

이후에도 연화를 제한하는 조치가 자주 취해지고 있었다.[213)] 이것은 그만큼 그것을 금지하는 것이 지켜지지 않았음을 말한다. 세종 4년(1422) 6월에

> 緣化之禁 已在令甲[214)]

이라 하여 이미 법전에 있다고 하였고, 세종 21년 4월에는

> 我太祖龍興 深鑒其弊 度僧之法 緣化之禁 載在令甲[215)]

이라 하여 연화를 금하는 것이 태조대에 제정되었음을 알려준다.

---

211)『太祖實錄』권15, 太祖 7년 11월 癸未, 1册, 140쪽.

212)『定宗實錄』권1, 定宗 원년 3월 庚辰, 1册, 146쪽.

213)『世宗實錄』권16, 世宗 4년 6월 丙午, 2册, 486쪽 ;『世宗實錄』권55, 世宗 14년 3월 甲子, 3册, 374쪽 ;『世宗實錄』권124, 世宗 31년 5월 己亥, 5册, 129쪽 ;『端宗實錄』권12, 端宗 2년 8월 己丑, 6册, 704쪽 ;『世祖實錄』권14, 世祖 4년 12월 壬申, 7册, 305쪽.

214)『世宗實錄』권16, 世宗 4년 6월 丙午, 2册, 486쪽.

215)『世宗實錄』권85, 世宗 21년 4월 丙申, 4册, 205쪽.

사원의 토지에 대한 대대적인 정비, 사원의 노비에 대한 몰수 등 사원경제에 대한 전면적인 개혁 조치가 취해지기 전에 연화행위를 금지시키고 있는 것이다. 연화의 금지는 사원이 세속사회에서 시주 모으는 것을 금지하는 것이고, 세속사회와의 접촉을 제한하는 의미를 갖는 것이다.

6. 結 語

승려의 연화활동은 사원의 재정 필요에 따라 民人으로부터 시주를 모으는 행위이다. 연화를 통해 사원은 경제문제를 해결해 갔다. 민인이 연화에 호응하는 것은 佛事에 참여함으로써 善果·福利를 얻을 것을 기대하기 때문이었다. 연화를 통해 불교계와 세속사회는 깊은 유대를 맺었다.

연화는 募緣·勸善·勸化·棟梁 등으로도 일컬어졌다. 연화는 불교에 대한 신앙이 전제되어야 가능한 것이었다. 불교에 대한 믿음이 없다면 불사에 대한 시주를 권유할 때 호응이 있기가 어려운 것이다. 불교에 대한 신앙은, 일부 성리학자들이 비판을 제기하고 있었지만, 고려말까지 여전하였다. 특히 불교의 因果之說·福利之說에 따라 시주를 하고 있었다. 연화를 할 때 그 불사의 내용을 담은 문건을 지참하는 수가 많았다. 그것은 緣化文·募緣文·勸善文·(發)願文·化疏 등으로 지칭되었다. 연화문은 승려들이 작성하는 것이 보통이었지만, 세속의 文人이 작성해 주는 수도 있었는데, 李穡의 경우는 여러 개의 연화문을 작성해 주었다. 연화문의 冒頭에 불교 교설에 대한 내용이 있고, 하고자 하는 불사의 내용은 연화문의 후반부에 기록되어 있다. 연화문은 특정인의 手決이 없는 수도 있었지만, 국왕·왕실·재추들의 수결이나 도장이 있으면 그 연화문이 갖는 효력은 매우 컸다.

연화를 할 때 연화문을 지참하는 수가 있었지만, 고려시기에는 오히려 연화문을 지참하지 않고, 구두로 불사에 대해 설명하고 시주를 권하는 것이 더 일반적이었을 것으로 여겨진다. 특이하게도 다비한 후 유골을 가지고 다니면서 시주를 권하는 수도 있었다. 연화는 승려가 담당하는 것이 보통이었으며, 1인의 승려가 그 일을 맡기도 했지만, 2인 이상 혹은 여러 명의 승려가 함께 연화하는 수도 있었다. 흩어져 여러 곳으로 다니면서 연화하기도 하였고, 여럿이 몰려 다니며 연화하기도 하였다. 승려들이 연화하는 지역은 다양하였다. 필요로 하는 재원의 규모에 따라, 사원의 소재지에 따라 다를 수밖에 없었다. 다량의 재물을 빠른 시일 내에 확보하기 위해서는 사람이 많은 개경에서 연화하는 수가 많았다. 佛事의 규모가 작을 경우에는 소재지역에서 해결하는 수도 있었다. 연화를 통해 확보하는 재화는 米·布·貨幣가 중심이었으며, 규모는 산처럼 쌓이는 수가 많았다. 연화를 통해 확보한 재화는 驛馬를 이용해 운반하거나 혹은 배를 이용해 운송하기도 하였으나, 더 일반적인 경우는 사원 보유의 牛馬를 이용한 것이라 생각한다. 연화에는 폭넓은 계층이 참여하였다. 가난한 자, 부자, 관인층, 일반민 등이 함께 참여하였다. 시주하는 재물의 양에 차이가 있는 것이기는 하지만, 동일한 불사에 함께 참여하고 있는 것이다. 연화에 대해 지방관이 지원하는 수가 있었는데, 특히 국왕이나 왕실에서 수결한 연화문을 지참한 승려가 연화활동을 수행할 때에는 적극적인 지원이 있었다고 생각된다.

연화는 사원에서 늘상 하는 것이 아니라, 구체적인 특정불사가 있을 경우에 한해 이루어졌다. 연화의 계기가 되는 불사에는, 사원의 새로운 조성, 사원내 특정 건물의 조영, 불상·탑이나 종의 조성, 대장경이나 什器·佛具의 마련, 法會의 設行, 사경과 불화의 제작 등 다양하였다. 그러나 일상적인 지출, 승려의 생활비 등을 위한 연화는 거의 찾아지지 않는다. 승려들이 연화를 통해 재물을 모으는 능력은 사회적으로 인정받았기 때문에, 불교와 관련 없는 일을 도모하는 데에도 연화를 잘 하는 승려를 통해 재물을 모으는 수가 있었다.

연화는 사원의 재정 수요가 클수록 빈번하게 할 수밖에 없었다. 국가의 재정지원이 축소되고, 전쟁의 피해 등으로 재원 마련이 긴급한 사정 하에서 스스로의 경제문제를 해결하지 않을 수 없게 되는데, 그때 연화가 중요한 수단이 되었다. 연화는 기본적으로 민인의 재물을 사원으로 가져가는 것이기에, 民產에 큰 영향을 줄 수 있었다. 연화가 빈번해지고, 민인이 감당할 수 없는 정도까지 부담하게 되면, 문제는 심각하였다. 연화는 고려후기에 사회문제로까지 인식되기에 이르렀다. 이에 정부에서는 그에 대한 제한조치를 취하게 되었다. 충선왕 4년(1312) 여러 사원의 연화승이 개경에 와서 재물을 모으고 멋대로 더러운 행동을 하는 것을 금하였으며, 충숙왕대에도 비슷한 조치가 있었다. 우왕대에는 국왕의 수결을 받는 자를 죄 주라는 발언이 있었다. 연화에 대한 철저한 금지조치는 사원의 토지·노비에 대한 전면적인 조치에 앞서 조선건국 직후 태조대에 취해졌다. 연화가 갖는 사회적 문제, 또 연화를 매개로 한 불교계와 세속사회의 연결을 막고자 하는 의도에서였다.

승려의 연화활동을 통해 사원과 세속사회의 관계를 일정 부분 파악할 수 있었다. 佛事에는 지역내 民人만이 아니라 멀리 떨어진 지역의 사람이 함께 참여하였다. 그리고 특정 불사에 함께 참여한 사람은 일정한 유대가 있다고 할 수 있지만 지속적으로 관계를 맺어 사회생활을 규제하는 정도의 의미를 갖는 공동체라고 할 수는 없을 것이다. 또 연화에는 시수하는 재화의 규모에 차이가 있지만 貧者·富者·官人·庶人이 함께 참여하는 것이다. 함께 불사를 도모함으로써 사회적 갈등이 어느 정도 해소되는 효과를 가져 왔을 것이다. 연화를 통해서 세속사회와 불교계의 관계를 이상과 같이 이해할 수 있겠다.

제2장 高麗時期 僧侶의 個人財産

1. 序 言

고려시기 재산의 소유는 어느 계층이나 보장되어 있었다. 국왕이나 귀족은 물론 일반 백성, 그리고 奴婢도 재산을 소유할 수 있었다. 소유의 대상이 되는 재산에는 米와 布 등은 물론 奴婢·田土도 포함되어 있었다. 승려들도 일반 속인과 마찬가지로 다양한 종류의 재산을 보유하고 처분할 수 있었다.

승려의 재산 소유는 불교의 계율에서 금지하는 것이었지만, 인도에서도 그러한 행위가 있었고, 중국에서도 승려가 다량의 재산을 보유하는 예가 보였다. 고려시기에 승려들은 여러 가지 계기를 통해 재산을 보유할 수 있었다. 승려의 소유물에는 승려로서의 생활에 필수적인 용품도 있었고, 그렇지 않은 보통의 재화도 포함되어 있었다. 그러나 승려의 재산 소유는 일반 속인과 다른 계기로 형성되는 수가 많았고, 그것의 처분도 속인의 경우와 상이한 수가 흔하였다. 그 재화는 형성과정에서, 또 처분 과정에서 사원의 재정과 깊은 연관을 맺고 있었다. 이 때문에 사원 경제 운영의 전체상을 종합적으로 이해하기 위해서는 승려의 개인재산을 검토할 필요가 있는 것이다.

승려의 개인재산이 형성되는 다양한 계기, 재산의 종류와 규모를 우선적으로 정리하고, 그러한 재산을 사용하는 구체적 실상을 추적하며, 승려의 개인재산의 형성과 처분이 사원의 공유재산과 충돌하는 양상과 그것에 대한 수습방안을 살펴보기로 하겠다.

2. 財産의 保有와 그 契機

고려시기 승려 가운데 재산을 소유한 승려가 적지 않았다. 승려로서 생활하기 위해 필요한 法服·茶 등을 소유한 것은 흔하였지만, 상당한 규모의 錢穀이나 金·銀·奴婢·土地 등을 소지한 경우도 적지 않았다. 승려들이 활동하는 장이 다양하기에, 그 재산을 소지하게 되는 계기도 여러 가지였다.

승려들의 개인재산은 통상 '囊鉢之儲',[1] '囊鉢所貯'로[2] 지칭되었다. 바랑과 발우에 담은 저장물이라는 뜻이겠다. 승려들의 독특한 생활 방식에서 그러한 칭호를 갖게 된 것으로 이해된다. 그러한 호칭과 달리, 囊儲之餘[3]·衣鉢之儲[4]·私褚[5]·私財라고[6] 일컫는 경우도 있었는데, 낭저지수나 의발지저는 승려들의 생활방식과 관련되는 것이라 할 수 있다. 그리고 私褚·私財는 불교와 직접 관련이 없는 표현이라고 할 수 있겠다. 승려는 원래 三衣一鉢만의 소유가 허용되었지만,[7] 이처럼 개인재산

---

1) 李穀, 「興王寺重修興教院落成會記」『稼亭集』 권1(『韓國文集叢刊』 3冊, 112~113쪽) ; 權近, 「廣灘院記」『陽村集』 권13(『韓國文集叢刊』 7冊, 144~145쪽).
2) 權近, 「水原萬義寺祝上華嚴法華會重目記」『陽村集』 권12(『韓國文集叢刊』 7冊, 132~133쪽).
3) 李崇仁, 「衿州安養寺塔重新記」『陶隱集』 권4(『韓國文集叢刊』 6冊, 589~591쪽).
4) 林椿, 「妙光寺十六聖衆繪象記」『西河集』 권5(『韓國文集叢刊』 1冊, 252~253쪽).
5) 權近, 「法王寺祖師堂記」『陽村集』 권14(『韓國文集叢刊』 7冊, 156쪽).
6) 權適, 「智異山水精社記」『東文選』 권64(民族文化推進會 影印本 2冊, 403~405쪽).
7) 李載昌, 1975, 「佛教의 社會經濟觀」『佛教學報』 10(同, 1993, 『韓國佛教寺院

을 보유하는 경우가 적지 않았다. 이러한 개인재산은 사원의 공유물과는 구분되는 것이다.

승려가 개인재산을 보유하는 것은 사사로운 활동을 통해서였다. 승려들은 소속 사원을 떠나서, 사원과 별로 관계없이 사사로이 여러 가지 활동을 할 수 있었다. 그런 활동을 통해 승려가 재물을 모을 수 있었다.

우선 국왕으로부터 특정 물품을 하사받는 것이 하나의 계기였다. 승려들의 경우 국왕을 위해, 혹은 국가를 위해 說法하거나 다양한 佛敎行事를 주관하는 경우가 많았다. 특히 王師나 國師는 그러한 기회가 많았다. 이때 국왕은 승려에게 僧服이나 茶·香 혹은 귀중품을 사여하는 경우가 흔하였다. 문종 21년(1067) 9월 國師 海麟이 늙어 還山하고자 하자, 왕이 玄化寺에서 전별하면서 '賜茶藥金銀器皿綵段寶物'하였다.[8] 茶藥은 승려로서 생활하는 데 중요한 물품이기는 하나 재화로 보기 힘들다. 그렇지만 금은·기명·채단·보물은 상당한 가치를 지닌 재물로 볼 수 있다. 이렇게 국왕이 특정 승려에게 물품을 사여했을 경우, 그것은 승려의 개인재산이 될 수 있었다. 물론 그 승려가 그것을 개인의 것으로 하지 않고 바로 사원에 귀속시키거나 처분하면, 축적이 되지는 않겠지만, 그 경우라 하더라도 처분이 자유로운 개인 재물이라고 볼 수 있다.

통상 국왕이 승려에게 사여하는 물품은 그들에게만 필요한 것인 경우가 많았다. 僧階가 오르거나 국사·왕사에 책봉되는 승려, 국가나 국왕에 도움을 준 승려에게 재물을 내리기도 하였지만, 법복이나 茶·香 등의 물품을 사여하는 수가 많았다. 그러한 물품은 흔히 구할 수 있는 것이 아닌, 매우 화려하고 진귀한 것이었다. 袈裟로서 흔히 사여되는 것은 滿繡(滿綉)袈裟[9]·金襴袈裟[10]·磨衲袈裟(法服·衣·方袍)[11] 등이고, 그밖에도

經濟研究』, 불교시대사 재수록).

8) 『高麗史』 권8, 世家8 文宗 21년 9월, 亞細亞文化社 影印本(이하 같음), 上冊, 176쪽.

9) 李智冠譯註, 1996, 『歷代高僧碑文(高麗篇 3)』, 「國淸寺妙光大禪師敎雄墓誌銘帖繡袈裟[12]·紫貼袈裟[13]·壽貼袈裟[14]·繡帖磨衲袈裟[15]·青帖袈裟[16]·貼袈裟[17]·紫繡貼袈裟[18]·錦罽法服(罽錦法衣·衲衣)[19]·紫繡僧伽梨[20]·

(1142년)」, 伽山文庫, 241~252쪽 ; 李智冠譯註, 1997, 『歷代高僧碑文(高麗篇 4)』, 「順天松廣寺佛日普照國師碑銘(1213년)」, 57~90쪽 ; 같은 책, 「昇州月南寺眞覺國師圓炤塔碑文(1250년)」, 119~162쪽 ; 같은 책, 「楊州檜巖寺禪覺王師碑文(1377년)」, 347~370쪽 ; 같은 책, 「楊州太古寺圓證國師塔碑文(1385년)」, 449~472쪽.

10) 李智冠譯註, 1996, 『歷代高僧碑文(高麗篇 3)』, 「山淸斷俗寺大鑑國師塔碑文(1172년)」, 397~420쪽 ; 李智冠譯註, 1997, 『歷代高僧碑文(高麗篇 4)』, 「順天松廣寺圓鑑國師寶明塔碑文(1314년)」, 303~322쪽.

11) 李智冠譯註, 1994, 『歷代高僧碑文(高麗篇 1)』, 「長湍五龍寺法鏡大師普照慧光塔碑文(944년)」, 249~274쪽 ; 같은 책, 「聞慶鳳巖寺靜眞大師圓悟塔碑文(965년)」, 439~513쪽 ; 李智冠譯註, 1995, 『歷代高僧碑文(高麗篇 2)』, 「驪州高達院元宗大師惠眞塔碑文(975년)」, 17~55쪽 ; 같은 책, 「海美普願寺法印國師寶乘塔碑文(978년)」, 73~116쪽 ; 같은 책, 「陜川靈巖寺寂然禪師慈光塔碑文(1023년)」, 185~211쪽 ; 같은 책, 「原州居頓寺圓空國師勝妙塔碑文(1025년)」, 213~260쪽 ; 같은 책, 「竹山七長寺慧炤國師碑文(1060년)」, 299~334쪽 ; 같은 책, 「原州法泉寺智光國師玄妙塔碑文(1085년)」, 347~395쪽 ; 李智冠譯註, 1996, 『歷代高僧碑文(高麗篇 3)』, 「金溝金山寺慧德王師眞應塔碑文(1111년)」, 19~69쪽 ; 같은 책, 「證智首座觀奧墓誌銘(1158년)」, 335~345쪽 ; 같은 책, 「正覺首座義光墓誌銘(1158년)」, 325~333쪽 ; 같은 책, 「永同寧國寺圓覺國師碑文(1180년)」, 449~467쪽 ; 李智冠, 1997, 『歷代高僧碑文(高麗篇 4)』, 「昇州月南寺眞覺國師圓炤塔碑文(1250년)」, 119~162쪽.

12) 李智冠譯註, 1996, 『歷代高僧碑文(高麗篇 3)』, 「山淸斷俗寺大鑑國師塔碑文(1172년)」, 397~420쪽.

13) 李智冠譯註, 1996, 『歷代高僧碑文(高麗篇 3)』, 「證智首座觀奧墓誌銘(1158년)」, 335~345쪽.

14) 위와 같음.

15) 李智冠譯註, 1996, 『歷代高僧碑文(高麗篇 3)』, 「正覺首座義光墓誌銘(1158년)」, 325~333쪽.

16) 위와 같음.

17) 李智冠譯註, 1996, 『歷代高僧碑文(高麗篇 3)』, 「國淸寺妙應大禪師敎雄墓誌銘(1142년)」, 241~252쪽.

18) 위와 같음.

19) 李智冠譯註, 1995, 『歷代高僧碑文(高麗篇 2)』, 「海美普願寺法印國師寶乘塔碑文(978년)」, 73~116쪽 ; 같은 책, 「竹山七長寺慧炤國師碑文(1060년)」, 299~

錦貼法衣[21]·繡紋磨衲袈裟[22]·紫羅法衣[23]·踏衲袈裟[24]·霞衲衣[25]·紋羅法文[26]·雲衲袈裟[27]·錦絲磨衲袈裟[28]·繡方袍[29]·碧繡長衫[30]·紫地繡袈裟[31]·細繡幢相服[32] 등이 보인다. 가사는 이름에서 볼 수 있듯이 원단과 문양·자수·색깔·직조방법에서 차이가 있었다. 단순히 가사 혹은 법복·의복으로 일컬어지는 것이 사여되는 수도 있었다.[33] 그리고 水精念珠[34]·水精拂子[35]·瑪瑙拂子[36]·黃黑碼石留念珠[37]·白碼石留念珠[38]

340쪽 ; 같은 책, 「原州法泉寺智光國師玄妙塔碑文(1085년)」, 347~395쪽.

20) 李智冠譯註, 1995, 『歷代高僧碑文(高麗篇 2)』, 「竹山七長寺慧炤國師碑文(1060년)」, 299~334쪽.

21) 위와 같음.

22) 李智冠譯註, 1995, 『歷代高僧碑文(高麗篇 2)』, 「陜川靈巖寺寂然禪師慈光塔碑文(1023년)」, 185~211쪽.

23) 李智冠譯註, 1995, 『歷代高僧碑文(高麗篇 2)』, 「海美普願寺法印國師寶乘塔碑文(978년)」, 73~116쪽.

24) 李智冠譯註, 1995, 『歷代高僧碑文(高麗篇 2)』, 「驪州高達院元宗大師惠眞塔碑文(975년)」, 17~55쪽.

25) 위와 같음.

26) 위와 같음.

27) 위와 같음.

28) 李智冠譯註, 1994, 『歷代高僧碑文(高麗篇 1)』, 「聞慶鳳巖寺靜眞大師圓悟塔碑文(965년)」, 439~513쪽.

29) 李智冠譯註, 1995, 『歷代高僧碑文(高麗篇 2)』, 「原州居頓寺圓空國師勝妙塔碑文(1025년)」, 213~260쪽.

30) 李智冠譯註, 1997, 『歷代高僧碑文(高麗篇 4)』, 「順天松廣寺圓鑑國師寶明塔碑文(1314년)」, 303~322쪽.

31) 李智冠譯註, 1996, 『歷代高僧碑文(高麗篇 3)』, 「金溝金山寺慧德王師眞應塔碑文(1111년)」, 19~69쪽.

32) 李智冠譯註, 1995, 『歷代高僧碑文(高麗篇 2)』, 「原州法泉寺智光國師玄妙塔碑文(1085년)」, 347~395쪽.

33) 李智冠譯註, 1995, 『歷代高僧碑文(高麗篇 2)』, 「海美普願寺法印國師寶乘塔碑文(978년)」, 73~116쪽 ; 李智冠譯註, 1997, 『歷代高僧碑文(高麗篇 4)』, 「楊州檜巖寺禪覺王師碑文(1377년)」, 347~370쪽 ; 같은 책, 「水原彰聖寺眞覺國師大覺圓照塔碑文(1386년)」, 487~504쪽 ; 『高麗史』 권39, 世家39 恭愍王 5년 3월, 上册, 769쪽.

34) 李智冠譯註, 1995, 『歷代高僧碑文(高麗篇 2)』, 「原州居頓寺圓空國師勝妙塔碑

등이 사여되기도 하였다.

승려들의 생활에 필요한 茶·香이 사여되는 일도 매우 흔하였다.[39] 특수하게 漢茗[40]·蠻香[41]·芳荈으로[42] 지칭되는 것이 사여되는 수도 있었다. 沈香·氷沈香이 사여되기도 하였고,[43] 掩脊·蔭(廕)脊이 제공되기도 하였으며,[44] 寶甁·座具·鉢盂·法具 등이 사여되는 수도 있었다.[45] 나옹

文(1025년)」, 213~260쪽.

35) 李智冠譯註, 1997,『歷代高僧碑文(高麗篇 4)』,「楊州檜巖寺禪覺王師碑文(1377년)」, 347~370쪽.

36) 위와 같음.

37) 李智冠譯註, 1995,『歷代高僧碑文(高麗篇 2)』,「海美普願寺法印國師寶乘塔碑文(978년)」, 73~116쪽.

38) 위와 같음.

39) 李智冠譯註, 1996,『歷代高僧碑文(高麗篇 3)』,「金溝金山寺慧德王師眞應塔碑文(1111년)」, 19~69쪽 ; 李智冠譯註, 1997,『歷代高僧碑文(高麗篇 4)』,「昇州月南寺眞覺國師圓炤塔碑文(1250년)」, 119~162쪽.

40) 李智冠譯註, 1995,『歷代高僧碑文(高麗篇 2)』,「海美普願寺法印國師寶乘塔碑文(978년)」, 73~116쪽.

41) 위와 같음.

42) 李智冠譯註, 1995,『歷代高僧碑文(高麗篇 2)』,「驪州高達院元宗大師惠眞塔碑文(975년)」, 17~55쪽.

43) 李智冠譯註, 1996,『歷代高僧碑文(高麗篇 3)』,「圓證僧統德謙墓誌銘(1150년)」, 299~316쪽 ; 慧諶,「上康宗大王」『曹溪眞覺國師語錄』(『韓國佛敎全書』 6冊, 40쪽).

44) 李智冠譯註, 1995,『歷代高僧碑文(高麗篇 2)』,「陜川靈巖寺寂然禪師慈光塔碑文(1023년)」, 185~211쪽 ; 같은 책,「原州居頓寺圓空國師勝妙塔碑文(1025년)」, 213~260쪽 ; 李智冠譯註, 1996,『歷代高僧碑文(高麗篇 3)』,「金溝金山寺慧德王師眞應塔碑文(1111년)」, 19~69쪽 ; 같은 책,「國淸寺妙應大禪師敎雄墓誌銘(1142년)」, 241~252쪽 ; 같은 책,「證智首座觀奧墓誌銘(1158년)」, 335~345쪽.

45) 李智冠譯註, 1994,『歷代高僧碑文(高麗篇 1)』,「長湍五龍寺法鏡大師普照慧光塔碑文(944년)」, 249~274쪽 ; 李智冠譯註, 1995,『歷代高僧碑文(高麗篇 2)』,「驪州高達院元宗大師惠眞塔碑文(975년)」, 17~55쪽 ; 같은 책,「竹山七長寺慧炤國師碑文(1060년)」, 299~334쪽 ; 李智冠譯註, 1997,『歷代高僧碑文(高麗篇 4)』,「昇州月南寺眞覺國師圓炤塔碑文(1250년)」, 119~162쪽 ; 같은 책,「楊州檜巖寺禪覺王師碑文(1377년)」, 347~370쪽 ; 慧諶,「上康宗大王」『曹溪眞覺國師語錄』(『韓國佛敎全書』 6冊, 40쪽).

惠勤의 경우에는 가사를 비롯한 유물을 檜巖寺·神勒寺·威鳳寺·廣法寺과 臺山 見菴 등 각 사원에 나누어 전하였는데, 가사만 8벌에 이르렀다.[46]

국왕이 승려에게 생활에 필요한 물품을 사여하는 데 그치지 않고 재물을 함께 내리거나, 혹은 재물만 사여하는 수도 많았다. 통상 궁궐에 와서 국왕을 위해 설법하는 경우 재물이 사여되었다. 충렬왕 2년(1276) 8월 毬庭에서 1,400명의 승려에게 飯僧하였을 때, 왕과 公主가 친히 그 일을 하였는데, 그때 宗悟라는 승려가 자리에 올라 說法하자 '賜宗悟銀瓶十五'하였다.[47] 충숙왕이 즉위한 해(1313) 10월에는 冲坦과 孝楨을 맞아 說法하게 하고, 각각에게 白金 1斤을 사여하였고, 나머지 승려 2천명에게 백금 20근을 사여하였다.[48]

국왕이 친히 사원에 행차해서 설법을 들을 때도 그 설법한 승려에게 물품이 사여되었다. 睿宗 11년(1116) 정월 왕이 普濟寺에 행차하여

> 聽國師曇眞說禪 賜施優厚[49]

하였다. 상당한 재물이 국사인 曇眞에게 사여되었던 것이다. 공민왕 5년(1356) 3월에는 왕과 공주가 奉恩寺에 가서

> 聽普愚說禪頂禮 施幣帛銀鉢繡袈裟 積如丘山 其徒三百餘僧 皆施白布二匹 袈裟一領[50]

46) 李智冠譯註, 1997, 『歷代高僧碑文(高麗篇 4)』, 「寧邊安心寺指空懶翁舍利石鐘碑文(1384년)」, 403~438쪽.
47) 『高麗史』 권28, 世家28 忠烈王 2년 8월, 上册, 572쪽.
48) 『高麗史』 권34, 世家34 忠肅王 즉위년 10월, 上册, 695~696쪽.
49) 『高麗史』 권14, 世家14 睿宗 11년 윤정월, 上册, 280쪽.
50) 『高麗史』 권39, 世家39 恭愍王 5년 3월, 上册, 769쪽.

하였다. 보우가 禪을 강설하는 것을 듣고 수놓은 가사와 은발 그리고 폐백을 시여하였는데 산처럼 쌓였다는 것이다. 또 보우를 따르는 300여 승려에게도 白布 2필과 가사 1벌을 시여하였다. 공민왕은 또한 15년 4월에 백관을 거느리고 王輪寺에 가서 舍利를 친견하고, 승려들에게 포 800필을 사여하였다.51) 공민왕 21년 2월 公主忌日을 맞아 국왕이 왕륜사에 가서 법을 듣고 승려에게 포 300여 필을 사여하였다.52)

불교행사를 주관한 승려에게도 재물을 사여하였다. 충숙왕 원년(1314) 정월 上王이 元에 가는 길에 延慶宮의 萬僧會에 들러 승려들에게 銀 130斤을 보시하였다.53) 만승회를 주관한 승려에게 銀 130근이 사여된 것으로 보인다. 공민왕 18년 4월 辛旽이 演福寺에서 文殊會를 베풀자 왕이 가서 보고, 문수회를 주관한 승려들에게 포 5,500필을 사여하였다.54) 공민왕 18년 9월에는 왕륜사에 행차해 天兵神衆道場을 7일간 設하고 돌아오면서 승려에게 포 1,500필을 사여하였다.55) 공양왕 3년(1391) 2월에는 檜巖寺에서 화려한 대규모의 불사가 있었는데, 왕과 세자가 승려에게 포 1,200필을 시여하였고, 講主僧에게는 段絹 각 3필과 옷 1벌을 사여하였다.56)

왕궁 내에 승려를 맞아들인 경우에도 물품을 사여하였다. 공민왕 6년 정월 국왕은 內殿에서 普愚를 맞이하고, 황금 50兩과 金線 1필을 사여하였다.57) 공민왕 15년 5월에는 국왕의 생일을 맞아 내전에서 700명의 승려에게 飯僧하고서 포 천여 필을 사여하였다.58)

---

51) 『高麗史』 권41, 世家41 恭愍王 15년 4월, 上冊, 816쪽.
52) 『高麗史』 권43, 世家33 恭愍王 21년 2월, 上冊, 844쪽.
53) 『高麗史節要』 권24, 忠肅王 원년 정월, 亞細亞文化社 影印本(이하 같음), 606쪽.
54) 『高麗史』 권41, 世家41 恭愍王 18년 4월, 上冊, 823쪽.
55) 『高麗史』 권41, 世家41 恭愍王 18년 9월, 上冊, 825쪽.
56) 『高麗史』 권46, 世家46 恭讓王 3년 2월, 上冊, 888쪽.
57) 『高麗史』 권39, 世家39 恭愍王 6년 정월, 上冊, 776쪽.

국왕은 이처럼 승려에게 고가의 재화를 사여하는 일이 많았다. 이것을 계기로 승려는 재산을 사적으로 보유할 수 있었다. 그러나 국왕으로부터 재화를 받을 수 있는 승려는 왕사·국사 등 고승이었고, 일반 승려의 경우에는 그러한 기회가 거의 주어지지 않았다. 국왕으로부터 재화를 사여받은 승려의 경우, 그 사여의 규모가 만만치 않았기에, 상당한 재력을 보유할 수 있었다.

불교를 믿는 신도가 물품을 시주함으로써도 승려의 개인재산이 형성될 수 있었다. 당시 불교에 대한 믿음이 절대적이었기 때문에 속인이 물품을 시납하는 일은 흔하였다. 그러한 시납이 사원을 대상으로 이루어지기도 하였지만, 특정 승려에게 한정되는 수도 있었다. 속인과 사적으로 연결되는 경우 그러한 일이 흔하였다. 권세가는 재력이 풍부하기에 시주를 적극적이고 다량으로 할 수 있는 층이었다. 승려의 재화는 이들의 지원을 받음으로써 마련될 수 있었다. '受檀施於侯門'하다는[59] 것은 그것을 가리켰다. 권세가로부터 승려가 시주를 받고 있음을 뜻하는데 그 시주물이 개인재산이 되었는지는 명확하지 않지만, 그렇게 될 소지는 크다고 생각된다.

승도들이 '皆附權擅富'하다는[60] 것이나 "附王公大臣之勢 自恃富强"하다는[61] 것은, 권세가로부터 시주물을 받아들임을 의미하는 것으로 판단된다. 구체적인 예로서는 崔瑀가 惠諶에게 瑠璃寶甁을 보낸 것을 들 수 있다.[62] 사실 권세가의 개인적인 불사가 있을 때 이를 주관한 승려에게 많은 재물이 보시되는 일은 흔하였을 것이고, 그 재물은 대체로

58) 『高麗史節要』 권28, 恭愍王 15년 5월, 719쪽.

59) 李奎報, 「故寶境寺住持大禪師贈諡圓眞國師敎書官誥」 『東國李相國集全集』 권34(『韓國文集叢刊』 2册, 54~55쪽).

60) 崔瀣, 「頭陀山看藏庵重興記」 『拙藁千百』 권1(『韓國文集叢刊』 3册, 5~6쪽).

61) 雲默無寄, 「天台末學雲默和尙警策」 『韓國佛敎全書』 6册, 541쪽.

62) 慧諶, 「上堂」 『曹溪眞覺國師語錄』(『韓國佛敎全書』 6册, 12쪽).

그 승려의 개인재산이 되었을 것으로 사료된다.

권세가만이 아니라 일반 민인들도 승려 개인에게 시주하는 일이 없지 않았다. 특정 승려의 도움으로 어떤 문제를 해결하거나, 승려의 설법을 들었을 때, 또는 승려가 주관하는 불사에 참여했을 때, 그 특정 승려에게 재물을 시주하는 일은 흔하였을 것이다. 개인이 사원에 갔을 경우에는 승려보다는 사원에 시주하는 것이 좀 더 흔하였을 것으로 추측된다.

休上人이라는 승려는 설법을 통해 얻은 보시로써 西方彌陀八菩薩을 그렸다.[63] 설법을 통해서 승려의 개인재산이 모아짐을 알 수 있다. 了世의 경우도 "散檀施 以濟貧窮"하였는데,[64] 단시는 일반인의 시주물로서 요세가 자유로이 처분하기 때문에 개인재산화한 것으로 보아도 무방할 것이다.

특히 영험을 운위하며 다니는 승려에게는 많은 재물이 시주되었다. 어떤 妖巫가 天帝釋이라고 자칭하면서 사람의 禍福을 망령되이 말하자 원근의 사람들이 받들면서 미치지 못할까 두려워하였으며 바친 재화가 산처럼 쌓였다고 한다.[65] 妖巫로 표현하고 있지만, 천제석이라 자칭한 데서 알 수 있듯이 승려의 외양을 띠고 있었을 것이다.

또한 우왕 7년(1381) 5월에는 개경의 어느 비구니가 彌勒이라고 자칭하자 사람들이 모두 믿어 '爭施米布'하였다.[66] 이렇게 시주된 미포는 그의 개인재산이 되었음에 틀림없다. 또한 우왕 8년 5월에는 固城民인 伊金이 미륵불을 자칭하고서 대중들을 미혹시키고, 또한 "吾爲作用 則草發青花 或木結穀實 或一種兩刈 愚民信之 爭施米帛金銀"하였다.[67]

---

63) 李穡, 「贈休上人序」『牧隱藁文藁』 권8(『韓國文集叢刊』 5冊, 62~63쪽).
64) 閔仁鈞, 「萬德山白蓮社主了世贈諡圓妙國師敎書」『東文選』 권27(民族文化推進會 影印本 1冊, 453~454쪽).
65) 『高麗史』 권114, 列傳27 李承老, 下冊, 502쪽.
66) 『高麗史』 권134, 列傳47 辛禑2 辛禑 7년 5월, 下冊, 900쪽.
67) 『高麗史節要』 권31, 辛禑 8년 5월, 789쪽.

이금이나 비구니 모두 처벌을 받았지만, 이러한 유사한 행위를 통해 시주물을 모았을 경우 그 승려의 개인재산이 됨은 당연하였을 것이다. 승려들이 사적으로 자신에게 시주된 재물을 자신의 것으로 하는 것은 당연하고 또 매우 흔한 일이었을 것이다.

승려는 또한 자신의 세속가문으로부터 재산을 상속받음으로써 재산을 보유하기도 하였다. 승려들의 출신 가문이 지배층인 경우가 많으므로, 俗家로부터 재물을 상속받을 수 있었다. 승려가 되기 이전에 상속받은 경우도 있지만, 승려가 된 이후에도 속가로부터 재산을 상속받기도 한 것으로 보인다. 속가로부터 상속받은 구체적인 예로서는, 修禪社의 社主인 天英이 生父 梁宅椿으로부터 노비를 상속받아 소유한 일,[68] 또 拙菴이라는 승려가 부모에게서 奴婢 약간을 받아 보유한 일을[69] 들 수 있다. 그러나 승려는 '辭親出家'했기 때문에 부모가 전해준 것 이상으로 더 가지려고 다투어서는 안 되었던 것으로 보인다. 그 규정은 조선초 태종 5년(1405) 9월에 명시되는데[70] 이것은 고려시기에도 적용되지 않았을까 사료된다.

재력을 보유한 사람이 뒤늦게 출가한 경우, 俗人으로서 가졌던 재물을 그대로 소지한 것으로 보인다. 여성의 경우 未亡人이 된 후 출가하여 비구니가 되는 경우가 적지 않은데, 이때 속인으로서 보유한 재물이 그대로 유지되었을 것은 쉽게 추측된다. 定安君夫人 任氏의 경우 比丘尼가 되어 妙德이라 이름하였는데, 그가 潤筆菴을 중창하는 데 捨財했다고 한다.[71] 그 財는 비구니가 되기 전부터 보유한 것으로 보는 것이 타

68) 노명호외, 2000, 『韓國古代中世古文書研究』上, 「修禪社乃老宣傳消息(1281년)」, 서울대출판부, 18~21쪽.
69) 李穡, 「勝蓮寺記」 『牧隱藁文藁』 권1(『韓國文集叢刊』 5冊, 7쪽).
70) 『太宗實錄』 권10, 太宗 5년 9월 戊戌, 1冊, 335~336쪽.
71) 李穡, 「砥平縣彌智山潤筆菴記」 『牧隱藁文藁』 권4(『韓國文集叢刊』 5冊, 33~34쪽).

당할 것이다.

승려의 세계에서는 師弟관계가 중시된다. 傳法弟子에게는 袈裟나 기타 물품이 信物로 전해지는 경우가 흔하다. 예컨대 宋의 晋水法師는 爐拂을 법을 전하는 신표로서 義天에게 전했고, 의천은 다시 元景王師에게 전하였으며,[72] 懶翁은 金襴袈裟·象牙拂·山形杖을 信物로서 普覺國師에게 전했다.[73] 스승으로부터 재물을 전수받아 개인재산을 보유하는 경우가 있었던 것이다.

조선초기에 자주 보이는 法孫奴婢는[74] 바로 師弟間에 전해져 개인재산화한 노비를 가리키는 것이다. 노비의 법손전수는 자주 언급되지만, 기타 재화도 법손에게 전수되는 수가 많았다고 생각되며, 따라서 師僧으로부터 전수받아 개인재산을 보유하는 승려가 꽤 있었을 것으로 보인다.

승려 개인의 적극적인 활동, 특히 경제활동을 통해서도 개인재산을 마련하거나 늘려갈 수 있었다. 고려시기에 승려들은 상업활동에 직접 참여하기도 하였고, 고리대 운영에 힘쓰기도 하였다. 또한 각종 기술을 보유하고서 수입의 증대를 도모할 수 있었다. 사원의 중수·중창, 탑·범종의 제작, 각종 佛事를 위해 緣化活動에 활발하게 참여하였다. 이러한 여러 활동은 사원의 재정 증대에 크게 도움을 주는 것이었지만, 승려 개인에게도 재화를 축적할 수 있는 계기를 제공하였다.

최우의 아들로 승려가 된 萬宗과 萬全은 50여만 석에 이르는 미곡으로 취식행위를 하였는데,[75] 최대 16만 석에 이르는 이자는 두 사람이

---

72) 李智冠譯註, 1996, 『歷代高僧碑文(高麗篇 3)』, 「陜川般若寺元景王師碑文(1125년)」, 71~103쪽.

73) 權近, 「有明朝鮮國普覺國師碑銘幷序」 『陽村集』 권37(『韓國文集叢刊』 7冊, 328~331쪽).

74) 『太祖實錄』 권12, 太祖 6년 7월 甲寅, 1冊, 108쪽 ; 『世宗實錄』 권13, 世宗 3년 8월 乙未, 2冊, 445쪽 ; 『世宗實錄』 권27, 世宗 7년 2월 乙丑, 2冊, 657쪽 ; 『世宗實錄』 권45, 世宗 11년 8월 丙戌, 3冊, 194쪽.

75) 『高麗史』 권121, 列傳34 良吏 王諧, 下冊, 643쪽.

거처하는 사원의 수입이 될 수도 있었지만, 두 사람이 마음대로 처분할 수 있었기에 개인재산으로 보아도 무방할 것이다.

緣化를 통해서도 개인재산을 확보할 수 있었다.[76] 고려시기에서 구체적인 예를 찾을 수 없지만, 조선초기의 사실에서 유추할 수 있다.

> 其爲徒者 以虛誕誣妄禍福報應之說 稱爲勸善 橫行閭里 誘愚民而取其財 甚者專以檀施之物 歸於自利之資[77]

승려들이 勸善이라 칭하면서 마을을 돌아다니면서 백성들을 유혹해 재물을 취하는데, 심한 자는 시납물을 오로지 해서 자신을 이롭게 하는 자산으로 돌린다는 것이다. 연화를 통해 확보한 시납물을 자신의 개인재산으로 만들고 있음을 엿볼 수 있다.[78]

승려들이 여러 가지 경제활동을 통해 개인재산을 확보하고 있음은 다음의 기록에서 잘 알 수 있다.

> 或貿易有無 以資其利 或培養木緜田 以資其利 或造成赴役 以資其利 或庵主占齋 以資其利 或依憑緣化 以匿其財 多方殖貨 其用不乏[79]

세종 7년(1425) 6월에 前羅州牧使 鄭守弘이 언급한 내용이다. 상업활동을 하고 면화를 재배하며, 조성하는 데 赴役하고, 庵主로서 齋를 맡으며, 또한 연화를 함으로써, 그 이익을 도모한다는 것이다. 여러 행위가

76) 고려시기 승려의 緣化活動 일반에 대해서는 拙稿, 2000, 「高麗時期 僧侶의 緣化活動」『李樹健敎授停年紀念韓國中世史學論叢』(본서 제2부 제1장 수록) 참조.
77) 『世宗實錄』 권12, 世宗 3년 7월 壬戌, 2冊, 440~441쪽.
78) 연화를 통해 획득한 시주물을 개인의 것으로 하는 일은 적지 않았던 것으로 보인다(『太宗實錄』 권3, 太宗 2년 6월 庚午, 1冊, 239쪽 ; 『世宗實錄』 권85, 世宗 21년 4월 丙申, 4冊, 204~205쪽).
79) 『世宗實錄』 권28, 世宗 7년 6월 辛酉, 2冊, 675~676쪽.

승려의 개인재산 증식에 기여함을 시사한다.

이러한 다방면의 경제활동을 함으로써 개인재산을 마련하고 축적해 간 승려는 "飢餐渴飮 絶學無爲者"도[80] 아니고, "食不求飽 居無常處 修心僧堂者"도[81] 아니었다. "勤勤講說 孜孜化誘者",[82] "講說法文 乘馬奔馳者"인[83] 경우도 없지 않았지만, 대개는 "髡而家居 逃賦而營產",[84] "迎齋赴喪 規得衣食者"와[85] 같은 부류였을 것이다. 하급승려로서 생활하고 있는 자들로서 거처하는 사원은 소규모이거나 개인집과 다름없었으며, 각종 재를 주관하고, 상례를 맡아봄으로써 일정한 재물을 모을 수 있었다. 승려가 보유한 이러한 개인재산과 寺產을 구분하는 것이 모호한 수가 많았을 것이다.

승려가 개인재산을 마련하고 축적해 가는 계기로서, 기록에 많이 언급되며 문제되는 것에, 사원의 공유재산의 일부를 사사로이 차지하는 것이 있다. 창왕 즉위년 12월에 趙仁沃의 상소에서 명백히 확인된다.

> 近世以來 諸寺僧徒 不顧其師寡欲之敎 土田之租 奴婢之傭 不以供佛僧 而以自富其身 … 禁住持竊用[86]

사원의 승려들이 토지로부터의 수입, 노비의 신공으로 부처와 승려를 공양하지 않고, 자신을 부유하게 한다는 것이다. 여기에서 언급한 승도는 토전지조·노비지용을 마음대로 사용하는 데서, 또 사원의 공유재산을 훔쳐 사용하지 말라고 명시된 승려가 주지인 사실에서, 주지임을 알

80) 李穀, 「刱置金剛都山寺記」『稼亭集』권3(『韓國文集叢刊』 3册, 115~116쪽).
81) 『太祖實錄』 권7, 太祖 4년 2월 癸未, 1册, 75쪽.
82) 註 80)과 같음.
83) 註 81)과 같음.
84) 註 80)과 같음.
85) 註 81)과 같음.
86) 『高麗史節要』 권33, 辛昌 즉위년 12월, 842쪽.

수 있다.

『慵齋叢話』에 보이는 아래의 내용에서 그 점을 분명히 알 수 있다.

爲住持者 或擁婢妾 其豪富勝於公卿[87)]

주지의 재산이 公卿보다 우위에 있다는 지적이 나오는 것이다. 주지가 사원의 공유재산을 私占하는 것은 조선초 불교계 비판시에 자주 언급되었다.[88)]

다른 승려들로부터 뇌물을 받음으로써도 개인재산을 마련할 수 있었다. 그러한 뇌물을 받을 수 있는 승려는 僧政에 깊이 관여하거나, 세속사회의 실권자와 연결된 부류였다. 의종 11년(1157) 8월 摠持寺住持 懷正이 국왕의 총애를 받자,

凡僧徒求職賞者 皆趣附賄賂 貪鄙無厭[89)]

하였다고 한다. 승려들이 職과 賞을 구하려고 뇌물을 바치고 있으며, 그러한 뇌물을 받아 회정은 재산을 늘려갈 수 있을 것이다. 또 명종 22년(1192)

時諸嬖妾子皆剃髮 擇住名寺 用事納賂 僥倖者多附[90)]

하다고 하였다. 폐첩의 아들을 머리 깎아 승려를 만들고 유명한 사원에

87) 成俔, 『慵齋叢話』 권8.
88) 『太宗實錄』 권3, 太宗 2년 4월 甲戌, 1冊, 231~232쪽 ; 『太宗實錄』 권5, 太宗 3년 6월 壬子, 1冊, 267쪽 ; 『太宗實錄』 권10, 太宗 5년 11월 癸丑, 1冊, 343쪽 ; 『世宗實錄』 권6, 世宗 원년 11월 戊辰, 2冊, 346~347쪽.
89) 『高麗史』 권18, 世家18 毅宗 11년 8월, 上冊, 368쪽.
90) 『高麗史節要』 권13, 明宗 22년 10월, 354쪽.

주지로 보내니 이들이 뇌물을 받는 것이다. 뇌물을 통해 개인재산을 확보할 수 있었다.

승려들은 이처럼 다양한 계기를 통해 개인재산을 보유할 수 있었다. 국사·왕사나 유명 사원의 주지는 통상 다량의 재화를 지닐 수 있는 위치에 있었다. 그리고 유력한 가문 출신의 승려도 재화를 보유할 수 있었다. 수행에 몰두하고, 세속 사회와 접촉이 빈번하지 않은 승려의 경우는 다량의 재화를 가질 수 있는 기회가 거의 없었다. 한편으로 하급승려의 경우에는 직접 경제활동에 참여하거나, 세속사회와의 빈번한 교류를 통해 일정한 재산을 마련할 수 있었다.

승려들이 보유한 개인재산에는 고가품·귀중품도 있었고, 일상생활의 필수품도 있었다. 소유하고 있는 재화의 양에서도 상당한 편차가 있었다. 국왕으로부터 물품을 사여받은 국사·왕사 또는 주지는 金·銀·銀甁을 소지하고 있는 예가 많았다. 眞鑑國師는 白銀 16斤을 보유하였고,[91] 神照는 白銀 1錠을,[92] 冲坦·孝楨은 각각 은 1근을,[93] 而安은 白銀 10근을 보유하였다.[94] 宗悟는 銀甁 15개를 보유하였으며,[95] 元宗大師도 은병을 보유하였다.[96] 義天도 많은 양의 은을 소지하고 있었다.[97] 황금을 보유하고 있는 예로는 보우를 볼 수 있는데, 그는 황금 50兩을 보유

91) 李㦂, 「龍頭山金藏寺金堂主彌勒三尊改金記」『東文選』 권68(民族文化推進會 影印本 2冊, 440~441쪽).

92) 權近, 「水原萬義寺祝上華嚴法華會重目記」『陽村集』 권12(『韓國文集叢刊』 7冊, 132~133쪽).

93) 『高麗史』 권34, 世家34 忠肅王 즉위년 10월, 上冊, 695~696쪽.

94) 閔漬, 「國淸寺金堂主佛釋迦如來舍利靈異記」『東文選』 권68(民族文化推進會 影印本 2冊, 441~443쪽).

95) 『高麗史』 권28, 世家28 忠烈王 2년 8월, 上冊, 572쪽.

96) 李智冠譯註, 1995, 『歷代高僧碑文(高麗篇 2)』, 「驪州高達院元宗大師惠眞塔碑文(975년)」, 17~55쪽.

97) 李智冠譯註, 1996, 『歷代高僧碑文(高麗篇 3)』, 「開城靈通寺大覺國師碑文(1125년)」, 115~178쪽.

하였다.[98] 그밖에 寶甁 혹은 瑠璃寶甁을 소지하는 수도 있었다.[99]

고가의 직물을 보유하는 수도 있었다. 직물은 운반하기 쉽고, 보관하기 편리하며, 다른 물품과 쉽게 바꿀 수 있는 재물이었다. 그러한 고가의 직물로서는 綵段·金線·段絹 등이 확인된다. 단견은 공양왕때 檜巖寺의 講主僧이 보유하였으며,[100] 綵段은 國師 海麟이 소지하였고,[101] 金線은 보우가 소지하였다.[102]

그리고 田土를 개인적으로 보유하고 있는 수도 있었다. 보우가 廣占田園하였다는[103] 데서 알 수 있듯이, 그는 대규모의 농지를 소유하고 있었음이 분명하다. 또한 최승로의 시무책에 보이는 '若其主典有田丁者'라는[104] 표현에서, 주전이 전정을 점유하고 있었음을 알 수 있다. 국가로부터 別賜田을 분급받은 僧侶도[105] 개인적으로 농지를 점유하였다고 할 수 있다. 승려가 개인적으로 농지를 소유하고 있는 경우는 많은 예가 확인되지 않으나, 부모로부터 상속받아 보유하는 수가 적지 않았을 것으로 판단된다.

奴婢를 소유하고 있는 승려도 있었다.[106] 노비를 소유한 승려는 상당수에 이르렀다고 볼 수 있다. 특이하게도 말을 보유한 경우도 있었다.

---

98) 門人維昌, 「高麗國國師大曹溪嗣祖傳佛心印行解妙嚴悲智圓融贊理王化扶宗樹敎大願普濟一國大宗師摩訶悉多羅利雄尊者諡圓證行狀」 『太古和尙語錄』 권下(『韓國佛敎全書』 6冊, 695~700쪽).

99) 慧諶, 「上堂」 『曹溪眞覺國師語錄』(『韓國佛敎全書』 6冊, 12쪽) ; 慧諶, 「上康宗大王」 『曹溪眞覺國師語錄』(『韓國佛敎全書』 6冊, 40쪽).

100) 『高麗史』 권46, 世家46 恭讓王 3년 2월, 上冊, 888쪽.

101) 『高麗史』 권8, 世家8 文宗 21년 9월, 上冊, 176쪽.

102) 『高麗史』 권39, 世家39 恭愍王 6년 정월, 上冊, 776쪽.

103) 『高麗史』 권38, 世家38 恭愍王 원년 5월, 上冊, 757~758쪽 ; 『高麗史節要』 권26, 恭愍王 5년 2월, 678~679쪽.

104) 『高麗史』 권93, 列傳6 崔承老, 下冊, 84쪽.

105) 姜晋哲, 1980, 『高麗土地制度史硏究』, 高麗大出版部, 57~59쪽.

106) 노명호외, 2000, 『韓國古代中世古文書硏究』上, 「修禪社乃老宣傳消息(1281년)」, 18~21쪽 ; 李穡, 「勝蓮寺記」 『牧隱藁文藁』 권1(『韓國文集叢刊』 5冊, 7쪽).

이동이 활발한 승려의 경우 물화의 운반이나, 이동의 편리함을 위해 말을 보유하는 수가 흔하였다. 특히 주지승의 경우 말을 소지하고 있는 것으로 언급되었다.[107)]

승려들이 보유한 재화는 이처럼 여러 가지였지만, 가장 보편적이고 일반적인 재물은 米와 布였다. 米·布는 실물가치를 가지고 있음과 동시에 교환의 매개 역할을 하고 있기에, 가장 보편적인 재물이었다. 통상적으로 물품을 사여할 때 포가 그 대상이 되는 예가 많았다. 그리고 民人들이 시주하는 물품도 역시 미포가 중심이었다.

대규모의 재산을 보유한 竀의 경우 '財累鉅萬'이라고 하였고,[108)] 또 '以鉅萬計'하다는 승려도 있었다.[109)] 개인재산을 엄청나게 보유한 승려도 드물지 않았던 것이다. 조선초이기는 하지만 1천 석을 보유한 승려도 보인다.[110)]

승려들이 이처럼 다량의 재물을 보유하는 수가 많았지만, 모든 승려가 많은 양의 재물을 보유하지는 않았다. 오히려 전혀 재화를 보유하지 못한 승려가 더 일반적이었다고 할 수 있다. 때문에 승려라면 으레 재화가 없는 것처럼 언급되었다. 그리고 재화를 보유하지 않은 승려가 더욱 사회적으로 높이 평가되었다. 蔡洪哲의 경우

> 入內寢胗視 布被弊席 蕭然若僧居[111)]

하다고 하였다. 비유되는 승려의 거처는 역시 초라한 모습을 보이고 있

---

107) 拙稿, 1999, 「高麗時期 僧侶와 말[馬]」『韓國史論』41·42합집, 서울대(본서 제4부 제3장 수록).

108) 『高麗史節要』 권7, 睿宗 7년 8월, 202~203쪽.

109) 李智冠譯註, 1996, 『歷代高僧碑文(高麗篇 3)』, 「開城靈通寺大覺國師碑文(1125년)」, 115~178쪽.

110) 『世宗實錄』 권26, 世宗 6년 12월 戊申, 2册, 639쪽.

111) 李齊賢, 「薛文景公儉」『櫟翁稗說前集』 2(『高麗名賢集』 2册, 356쪽).

는 것이다. 승려의 거처는 초라한 것이 흔한 일이었다. 보통 대개의 승려는 이러한 실정이어서 엄청난 재물을 보유하는 일은 드문 일이었을 것이다.

그러나 상층승려의 경우, 다량의 재물을 보유하고 있음이 흔한 일이었다. 그 때문에 그럴 수 있는 위치에 있음에도 다량의 재물을 가지고 있지 않은 승려는 칭송받았다. 玄悟國師는 歸信寺·國泰寺·重△寺·浮石寺 등의 주지를 역임하였지만, "方丈蕭然 無十金之儲"하였다고 칭송받았다.[112] 慧鑑國師는 궁궐 내에 있다가 還山하면서 받은 50鎰을 사원의 常住비용으로 돌리고, 개인 것으로 하지 않았다고 높이 평가되었다.[113] 泊良崔禪師라는 승려도 "秉操玉潔氷清 囊無一錢"하다고[114] 하였다. 覺眞國師는 月南寺·松廣寺 등 대도량에 40여년 머무르면서 하사받은 것이 많았으나, "平生方丈 不留一物"하다고 칭송받았다.[115] 廣智大禪師 之印도 '方丈蕭然'하였다.[116] 證智首座 觀奧는

> 旣卒之後 檢閱方丈內 無所藏餘物 接賓茶果器皿而已[117]

하였다. 졸한 뒤 방장 내에는 아무 남긴 것도 없고, 다만 손님을 대접하는 茶果와 器皿뿐이었다는 것이다.

---

112) 李智冠譯註, 1996, 『歷代高僧碑文(高麗篇 3)』, 「龍仁瑞峯寺玄悟國師碑文(1185년)」, 469~486쪽.

113) 李齊賢, 「海東曹溪山修禪社第十世別傳宗主重續祖燈妙明尊者贈諡慧鑑國師碑銘幷序」 『益齋亂藁』 권7(『韓國文集叢刊』 2册, 560~561쪽).

114) 釋宓菴, 「泊良崔禪師祭文」 『東文選』 권109(民族文化推進會 影印本 3册, 354쪽).

115) 李達衷, 「王師大曹溪宗師一邛正令雷音辯海弘眞廣濟都大禪師覺嚴尊者贈諡覺眞國師碑銘幷序」 『霽亭集』 권3(『韓國文集叢刊』 3册, 290~291쪽).

116) 李智冠譯註, 1996, 『歷代高僧碑文(高麗篇 3)』, 「廣智大禪師之印墓誌銘(1158년)」, 347~358쪽.

117) 李智冠譯註, 1996, 『歷代高僧碑文(高麗篇 3)』, 「證智首座觀奧墓誌銘(1158년)」, 335~345쪽.

海圓이라는 승려도 '囊鉢蕭然'하다고 하였으며,118) 了世의 경우는 특히 철저해서, "方丈中 唯三衣一鉢而已"하였다.119) 계율에 따라 三衣一鉢만이 있었다는 것이다. 여러 승려가 재물을 소지하지 않아 칭송받고 있는 것이다. 이들 승려는 다량의 재물을 보유할 수 있는 위치에 있었음에도 불구하고, 그러한 재물을 보유하지 않아 칭송받는 것이다. 그렇다면, 그들과 비슷한 위치에 있던 대부분의 승려들은 다량의 재물을 소지하였다고 생각된다. 왕사·국사나 주지 승려의 경우는 재물을 보유하는 것이 좀 더 흔한 일이었을 것이다. 그러나 보통의 승려는 재산을 거의 보유하지 않거나 전혀 소지하지 않는 것이 더 일반적이었다고 사료된다.

3. 個人財産의 用度

고려시기 승려들은 여러 가지 계기에 따라 풍부한 재력을 보유할 수 있었다. 그 재력을 기초로 승려들은 다양한 일을 도모할 수 있었다. 불교의 교리에 관련한 곳에 지출하기도 하였고, 불교와 거리가 먼 용도로 사용하기도 하였다. 또 재화를 남기고 열반하는 경우에는 그것의 처리가 관심사가 되었다.

우선 보유하고 있는 재물을 보관하는 것이 큰 문제였다. 거처하고 있는 사원의 일정 공간에 보관하는 것이 하나의 방법이었다. 흔히 '方丈蕭然'하다고 하는 데서 추측할 수 있듯이 방장에 물품을 보관하는 것이 통상적이었다. 囊鉢之儲로 표현되는 재물도 처소에 보관하였을 것이다.

118) 李穀, 「大崇恩福元寺高麗第一代師圓公碑」『稼亭集』 권6(『韓國文集叢刊』 3冊, 138~140쪽).

119) 閔仁鈞, 「萬德山白蓮社主了世贈謚圓妙國師敎書」『東文選』 권27(民族文化推進會 影印本 1冊, 453~454쪽).

주지와 같은 높은 위치에 있는 승려여야 가능하였고, 그 재물의 양적 부피가 너무 크지 않아야 했다. 승려로서의 法服이나 佛具 등은 당연히 거처하는 공간에 보관하였을 것이고, 부피가 크지 않은 金·銀 등도 역시 그곳에 보관하는 것이 일반적이었을 것이다. 지위가 낮은 승려의 경우, 자신의 재물을 사원 내에 보관하는 것이 여의치 않았을 것이고, 또 재물의 부피가 상당하면 사원 내에 보관하는 것이 수월하지 않았다. 특히 엄청난 양의 米穀은 보관에 상당한 어려움이 있었을 것이다.

규모가 클 경우 세속인이 거처하는 촌락에 보관하고서 특정인 이를테면 信徒나 혹은 俗家人에게 관리를 부탁하였을 것으로 추측된다. 승려들이 지참하고 여기저기 이동하는 것은, 그 자체가 고단한 일이겠지만, 약탈을 당하는 수도 있어 피해야 하였다. 고려말 어떤 승려가 布 若干 疋을 가지고 瓮川驛路를 가다가 해를 입고 포를 탈취당한 일이 있었다.[120]

때문에 승려들은 안정된 장소에 자신의 재물을 보관하지 않으면 안 되었다. 그 보관 장소는 자신이 거처하는 곳과 상당한 거리를 두는 수도 있었을 것으로 보인다. 조선초 세종 6년(1424)에 別窯化主인 都大師 海宣은 漢城에 있으면서, 平安道와 黃海道에 미 1천 석을 개인 것으로 가지고 있었다.[121] 규모도 상당하지만, 그것의 관리도 상당한 주의를 기울이지 않으면 안 되었을 것으로 보인다.

상당한 양에 이르는 米布는 보관에도 어려움이 있고 또 증식시켜야 했기 때문에, 貸付하는 일이 흔하였을 것이다. 미포는 사용가치가 크고 또 시간이 흐르면 부패해 사용이 불가능하므로, 보관만 해서는 곤란하고 끊임없이 회전시키지 않으면 안 되었을 것이다. 고리대로 표현되는 식리 행위는 보관 문제를 해결하기 위해서도 절실히 필요하였다.

---

120) 『高麗史』 권121, 列傳34 良吏 鄭云敬, 下册, 644~645쪽.
121) 『世宗實錄』 권26, 世宗 6년 12월 戊申, 2册, 639쪽.

재화를 보유한 승려들은, 불교적인 교리에 따라 사용하는 수가 많았다. 불교는 특히 어려운 사람에게 재화를 베푸는 布施를 강조하였다. 승려로서도 재화를 보유하였을 경우 곤궁한 사람이나, 필요로 하는 사람에게 그것을 베푸는 일은 아주 흔한 일이었다.

白蓮社를 개창한 了世는 "所爲檀襯 悉頒施貧乏"하였다.[122] 시주물을 모두 가난하고 궁핍한 사람에게 보시한 것이다. 다른 기록에서는 '散檀施以濟貧窮'하다고[123] 하였다. 단월의 시주를 자기 개인의 사유물로 할 수 있었지만, 그것으로 빈궁한 사람을 구제한 것이다.

예종대에 俗離寺 주지인 僧統 竀은 문종의 아들로서 속리사에서 "財累鉅萬 厚施於人 人多歸附"하였다.[124] 거만에 이르는 재화를 축적하였으며, 그것을 사람들에게 넉넉하게 베푸니 많은 사람들이 귀부하였다는 것이다. 그 재물은 속리사의 공유재산으로도 볼 수 있겠지만, 그가 마음대로 처리할 수 있었던 데서, 개인재산의 성격이 짙었다고 볼 수 있다.

覺觀僧統도 대중들에게 베푸는 일을 자신의 소임으로 생각하였다.

> 師自少已來 經營三寶 施作佛采 博施濟衆 以爲己任 故自國君 至於朝市 山村道俗△△ 悉皆歸仰[125]

각관은 어린 시절부터 널리 베풀어 중생을 구제하는 것을 자신의 소임으로 여겼으며, 이 때문에 국왕으로부터 조정과 시장의 사람, 산촌의 도속인까지 모두 귀부하고 우러렀다는 것이다. 승려들은 이처럼 자신의

---

122) 崔滋, 「萬德山白蓮社圓妙國師碑銘幷序」『東文選』 권117(民族文化推進會 影印本 3冊, 459~461쪽).

123) 閔仁鈞, 「萬德山白蓮社主了世贈諡圓妙國師敎書」『東文選』 권27(民族文化推進會 影印本 1冊, 453~454쪽).

124) 『高麗史節要』 권7, 睿宗 7년 8월, 202~203쪽.

125) 李智冠譯註, 1996, 『歷代高僧碑文(高麗篇 3)』, 「玄化寺覺觀僧統墓誌銘(1175년)」, 367~373쪽.

재물이나, 활용가능한 물화를 빈궁한 사람에게 베풀어 구제하였다. 조선초 妙嚴尊者는 "師自尙質 不喜文飾 自奉甚菲 餘輒施舍"하였다.[126] 질박함을 숭상하고 꾸밈을 즐겨하지 않았으며, 자신을 위해 박하게 사용하였고, 나머지는 베풀었다는 것이다. 승려들은 교리상 이러한 보시를 몸소 실천하는 수가 많았다.

곤궁한 사람이 아니라 필요로 하는 사람에게도 보시하였다. 雲門寺의 圓應國師는

> 務行布施 於一切物 無所悋惜 盖慈悲根于天性故也[127]

라고 하듯이 보시를 힘써 행하고, 일체의 물건에 대해 인색해 하지 않았다는 것이다. 승려들이 베푸는 행위를 적극적으로 하였음을 재차 확인할 수 있다. 일체물에는 사원의 공유재산도 없지 않겠으나, 원응국사의 개인재산이 중심이었다고 사료된다. 그리고 보시의 대상은 빈궁한 자도 있었겠지만, 그렇지 않고 특정 물품을 필요로 하는 자도 포함하고 있었을 것으로 사료된다.

證智首座 觀奧도 필요로 하는 이들에게 기꺼이 시여하였다.[128] 또한 廣智大禪師 之印도 필요로 하는 이에게 물품을 기꺼이 주었다.[129] 승려들이 이처럼 소지하고 있는 재물들을 가난한 이들에게 기꺼이 베풀었으며, 또한 필요로 하는 이가 있으면 기꺼이 제공하였다. 이러한 베풂이 있을 때 그 승려들은 더욱 존숭되었고, 많은 이들이 귀의하고 우러렀다.[130]

---

126) 卞季良, 「妙嚴尊者塔銘」『春亭集續集』권1(『韓國文集叢刊』 8冊, 175~177쪽).

127) 李智冠譯註, 1996, 『歷代高僧碑文(高麗篇 3)』, 「清道雲門寺圓應國師碑文(1147년)」, 259~297쪽.

128) 李智冠譯註, 1996, 『歷代高僧碑文(高麗篇 3)』, 「證智首座觀奧墓誌銘(1158년)」, 335~345쪽.

129) 李智冠譯註, 1996, 『歷代高僧碑文(高麗篇 3)』, 「廣智大禪師之印墓誌銘(1158년)」, 347~358쪽.

재화를 보유한 승려들은 그것을 자신이 소속한 사원에 기부하기도 하였다. 그렇게 함으로써 사원의 재정을 풍부하게 하였다. 승려가 자신의 개인재산을 사원에 귀속시키는 것은 조선후기에 흔히 볼 수 있는 현상이지만,[131] 고려시기에도 그러한 일이 확인되고 있다.

修禪結社의 제2세 社主인 慧諶은 法答으로 받은 私財를 수선사의 息利穀으로 기부하였다.[132] 정확한 규모는 알 수 없지만, 단월이 시납한 祝聖·鎭兵·長年寶와 함께 租 6천석으로 일컬어지고 있어, 상당한 양에 달했다고 판단된다.

역시 수선사의 사주였던 天英은 生父 禮賓卿 梁宅椿에게서 받은 奴巾三과 그 所生을 수선사의 丹本大藏寶에 예속시켰다.[133] 단본대장경은 천영이 發願修補하여 수선사에 봉안한 것인데, 그 대장경을 유지해 가는 寶에 노비를 귀속시킨 것이다. 그 노비는 대장경의 보관·청소·보수 등의 소임을 담당했을 것이다.

승려들이 여러 계기를 통해 확보한 재화를 사원의 재정에 충당하고 있는 예는 고려시기에 꽤 흔하였던 것으로 보인다. 慧鑑國師는

> 袈裟衣裙帽襪先銀幣五十鎰以贐 師還山 悉以付常住 不歸於私[134]

하였다. 국왕으로부터 노자로 받은 가사·웃옷·하의·모자·버선과 은폐

---

130) 拙稿, 2008, 「高麗時期 佛敎界의 布施活動」『禪文化硏究』4(본서 제2부 제4장 수록).

131) 金甲周, 1981, 「朝鮮後期 僧侶의 私有田畓」『東國史學』15·16합집(同, 2007, 『조선시대 사원경제사 연구』, 景仁文化社 재수록).

132) 노명호외, 2000, 『韓國古代中世古文書硏究』上, 「修禪社形止案(1230년)」, 373~403쪽.

133) 노명호외, 2000, 『韓國古代中世古文書硏究』上, 「修禪社乃老宣傳消息(1281년)」, 18~21쪽.

134) 李齊賢, 「海東曹溪山修禪社第十世別傳宗主重續祖燈妙明尊者贈謚慧鑑國師碑銘幷序」『益齋亂藁』 권7(『韓國文集叢刊』2册, 560~561쪽).

50鎰을 還山하자 모두 사원의 常住物로 돌리고 개인 것으로 하지 않았다는 것이다. 자신의 개인 소유인 은폐를 사원 전체의 재정에 충당토록 하는 것이다.

神孝寺에서도 修公이 常住本으로 하라고 布를 시주하였다.

> 吾不忍坐視 迺捨囊鉢之儲 得布爲五綜者一百五十 幷諸檀所施 三百餘疋米若干拾碩 以爲新置常住之本[135]

어려운 처지에 있던 신효사의 재정을 돕기 위해 신효법사 수공은 자신의 개인재산인 五綜布 150필을 기부하여 단월이 시납한 300여 필, 미 수십 석과 합쳐 새로 설치한 상주지본으로 삼았다. 사원의 재정이 열악하였을 때, 소속한 승려가 개인재산을 귀속시키는 것이다.

勝蓮寺의 拙菴도 사원이 중창되자, 부모로부터 받은 노비 若干을 승련사에 귀속시켰다.[136] 승련사는 이 노비를 확보함으로써 사원 내의 허드렛일을 쉽게 처리할 수 있었을 것이다. 萬義寺의 神照도 자신의 재산을 귀부하였다. 신조가 위화도 회군에 공을 세우자, 공양왕 2년(1390)에 특별히 功牌를 내려 사원과 노비를 法孫에 길이 전하도록 하고, 사원에 토지 70결이 지급되자, 그는 祝釐하여 보답하고자 하는 마음으로 자신의 보유한 白銀 1錠을 기부하였다.[137]

승려의 개인재산은 이렇게 사원의 재정에 충당되었다. 뿐만 아니라, 사원의 불사를 위해서도 활용되고 있었다. 건물을 중수·중창하거나, 탑·불상·석종 등을 조영할 때, 승려가 개인재산을 기부하여 돕는 수가 많았다. 비용의 일체를 전담하는 수도 없지 않았지만, 대개는 일부를 부담하

---

135) 李穀, 「神孝寺新置常住記」 『稼亭集』 권5(『韓國文集叢刊』 3册, 128~129쪽).
136) 李穡, 「勝蓮寺記」 『牧隱藁文藁』 권1(『韓國文集叢刊』 5册, 7쪽).
137) 權近, 「水原萬義寺祝上華嚴法華會重目記」 『陽村集』 권12(『韓國文集叢刊』 7册, 132~133쪽).

고 있었다.

醴泉의 龍門寺의 경우, 大師 英縺이 30여 년 주석하다가 늙어서 사퇴하고 禪師 祖膺에게 전하고자 하였으나, 조응은 거주하고 있는 延鳳寺와 거리가 1천여 리나 떨어져 있어 왕복하기 힘들고 사원을 보수하기 어렵다고 하면서, 門弟 幹事者 大師 資嚴을 택해 그 일을 주관토록 하고 稻租 300석을 지급하였다. 이에 자엄은 와서 거주하면서 조응이 희사한 것을 資粮으로 삼아 "搆道場堂三間 僧房廚庫九十三所"하였다.[138] 조응이 희사한 조 300석이 용문사 중수에 큰 도움이 되었음을 알 수 있다. 道場堂과 僧房·廚庫를 세우는 데 드는 비용을 생각하면 300석 이외에 달리 마련한 재화도 일정하게 활용되었을 것이라고 여겨진다.

흥왕사 내의 興教院의 중창을 위해서도 승려의 사유재산이 활용되었다. 화엄종 소속의 여러 승려가 홍교원의 퇴락을 좌시하고 수리하지 않음은 허물이라 생각하고, 각자가 囊鉢之儲를 출연해 '市材庀工'하여 9년 걸려 완성하였다.[139] 화엄종 소속의 여러 승려가 자신이 보유한 재물을 희사해 건물을 중창한 것이다.

水精社를 중창하는 데도 승려의 개인재산이 활용되었다. 수정결사의 社主는 津億인데, 지리산에서 廢寺를 찾아 중창해 86間을 조성하는 데에 海印寺住持 僧統 翼乘과 功徳寺住持 僧錄 瑩碩이 "大捨私財 以助其費"하였다.[140] 모든 비용을 충당한 것으로 보이지는 않으나, 익승과 영석이 사재를 희사해 수정사 중창을 돕는 것이다.

佛恩寺의 중창 비용은 義璇이 지원하였다.[141] 勝蓮寺의 경우에도 졸

138) 許興植編著, 1984, 『韓國金石全文(中世下)』, 「醴泉龍門寺重修碑(1185년)」, 亞細亞文化社, 872~875쪽.
139) 李穀, 「興王寺重修興教院落成會記」『稼亭集』 권2(『韓國文集叢刊』 3冊, 112~113쪽).
140) 權適, 「智異山水精社記」『東文選』 권64(民族文化推進會 影印本 2冊, 403~405쪽).
141) 李穀, 「高麗天台佛恩寺重興記」『稼亭集』 권3(『韓國文集叢刊』 3冊, 115쪽).

암과 각운은 재력있는 승려로서 승련사의 중창을 주도하였다.[142] 거의 쓰러져간 重興寺의 중수에는 普愚의 도움이 컸다. 1340년대에 보우는 대중을 거느리고 蔡河中·金文貴 2인과 함께 풍부한 재목으로 중흥사를 중수하였다.[143] 이 중수에 보우의 개인재산이 명기되지는 않았지만, 일정한 지원이 있었으리라 사료된다.

그밖에 승려 개인의 재산이 바탕이 되어 사원을 중수·중창한 경우는 많이 찾을 수 있다. 法王寺의 祖師堂은 判華嚴 砧公이 私楮를 추렴해 조성하였고,[144] 廣灘院은 判華嚴 悟公이 囊鉢之儲를 희사해 세웠으며,[145] 慈悲嶺의 羅漢堂은 左街副僧錄 啓明寺住持 中德 定海가 重新하였으며,[146] 德方院은 神印宗都大師 然公이 伐材埴瓦하여 조성하였다.[147] 砥平縣 彌智山의 潤筆菴은 定安君夫人 任氏가 비구니가 되어 재물을 희사해 조성하였고,[148] 醫王寺는 天台老宿 惠拔이 모두 修廢更新하였다.[149]

金藏寺는 眞鑑大禪師가 王師가 되어 이 절을 하산소로 삼고 개인재산을 사용해 중창에 도움을 주었다.[150] 金剛山 普賢菴은 智堅이 중수하고 있을 때 元朝 奎章公이 단월이 되어 후원하였다.[151] 규장공의 지원이

142) 李穡, 「勝蓮寺記」『牧隱藁文藁』 권1(『韓國文集叢刊』 5冊, 7쪽).
143) 門人維昌, 「高麗國國師大曹溪嗣祖傳佛心印行解妙嚴悲智圓融贊理王化扶宗樹敎大願普濟一國大宗師摩訶悉多羅利雄尊者謚圓證行狀」『太古和尙語錄』 권下(『韓國佛敎全書』 6冊, 695~700쪽).
144) 權近, 「法王寺祖師堂記」『陽村集』 권14(『韓國文集叢刊』 7冊, 156쪽).
145) 權近, 「廣灘院記」『陽村集』 권13(『韓國文集叢刊』 7冊, 144~145쪽).
146) 李穡, 「慈悲嶺羅漢堂記」『牧隱藁文藁』 권3(『韓國文集叢刊』 5冊, 24~25쪽).
147) 權近, 「德方院記」『陽村集』 권13(『韓國文集叢刊』 7冊, 144쪽).
148) 李穡, 「砥平縣彌智山潤筆菴記」『牧隱藁文藁』 권4(『韓國文集叢刊』 5冊, 33~34쪽).
149) 李奎報, 「醫王寺始創阿羅漢殿記」『東國李相國集全集』 권24(『韓國文集叢刊』 1冊, 541~542쪽).
150) 李慥, 「龍頭山金藏寺金堂主彌勒三尊改金記」『東文選』 권68(民族文化推進會 影印本 2冊, 440~441쪽).

중요한 비중을 차지했겠지만, 그에 앞서 중수를 지견이 시작하고 있는 데서 알 수 있듯이, 그의 개인재산이 기반이 되었다고 사료된다.

靈鳳山 龍巖寺는 無畏國統이 개인재산을 희사해 금당을 조성하였다.[152] 圓悟國師가 복성현의 대원사, 고흥현의 불대사를 중창하였는데,[153] 그의 개인재산이 중요한 몫을 하였을 것이다.[154]

사원의 건물을 중수·중창하는 데 뿐만 아니라, 탑을 조영하는 데에도 승려의 개인재산이 활용되었다. 開天寺의 石塔은 玄規라는 승려가 조성하였다. 사원 건물의 조성은 師僧이 주관하면서 宗室廣陵侯 沔이 지원하였는데, 탑은 현규가 주도해서 靑石으로 만들었다.[155] 현규의 개인재산이 구체적으로 언급되어 있지 않지만, 사용되었을 소지가 크다고 여겨진다.

安養寺塔은 侍中 崔公이 楊廣道按廉使에 移牒해 "減軍租供其費 徵丁夫執其役"하였는데, 안양사주지인 惠謙은 囊褚之鏹를 기울여 돕고 있다.[156] 혜겸의 개인재산은 오히려 전체 비용 가운데 비중이 적었을 것으로 보이지만, 일정한 기여를 하였다고 생각된다. 淨兜寺 5층석탑을 조성하는 데에도 다수 승려들이 개인 재물을 희사하고 있다.[157]

---

151) 李穀, 「金剛山普賢菴法會記」『稼亭集』 권2(『韓國文集叢刊』 3冊, 113쪽).

152) 朴全之, 「靈鳳山龍巖寺重創記」『東文選』 권68(民族文化推進會 影印本 2冊, 443~445쪽).

153) 李智冠譯註, 1997, 『歷代高僧碑文(高麗篇 4)』, 「昇州佛臺寺慈眞圓悟國師靜照塔碑文(1286년)」, 163~187쪽.

154) 普照國師도 億寶山의 白雲精舍와 積翠庵, 瑞石山의 圭峯蘭若와 祖月庵을 창건하였다고 한다(李智冠譯註, 1997, 『歷代高僧碑文(高麗篇 4)』, 「順天松廣寺佛日普照國師碑銘(1213년)」, 57~90쪽). 이 경우도 보조국사의 개인재산이 일정한 몫을 하였을 가능성이 있다.

155) 李奎報, 「開天寺靑石塔記」『東國李相國集全集』 권24(『韓國文集叢刊』 1冊, 542~ 543쪽).

156) 李崇仁, 「衿州安養寺塔重新記」『陶隱集』 권4(『韓國文集叢刊』 6冊, 589~591쪽).

157) 노명호외, 2000, 『韓國古代中世古文書硏究』上, 「淨兜寺五層石塔造成形止記

불상을 조성하는 데 승려의 개인재산이 쓰이고 있음은 國淸寺에서 확인할 수 있다. 국청사 金堂의 불상 조성에 無畏國統이 힘쓰고 있었는데, 이때 大禪師 而安이 백은 10근을 희사하였다.[158] 이안의 개인재산이 조성 비용을 일정하게 보조하였을 것이다. 休上人란 승려는 설법을 통해 얻은 재화로 西方彌陀八菩薩을 그렸다.[159] 불화의 조성에 개인 재화가 소요되고 있는 것이다.

대장경의 조성에 개인재산이 지출된 예도 있다. 공민왕이 金字大藏經을 원하자, 보우는 왕에게서 받은 금을 사재로 저축해 두지 않고 그 자본으로 삼았다.[160] 대장경의 조성에 보우의 개인재산이 지출된 것이다.

石鍾을 조성하는 데에 승려 개인재산이 쓰이기도 하였다. 安心寺僧 覺持가 覺悟와 함께 安心寺 舍利石鍾을 만들어 指空의 사리 9개, 普濟의 頭骨 한 조각과 사리 5개를 모시게 되었는데, 이때 義州의 上萬戶 奉翊大夫 禮儀判書 張侶의 부인 龍灣郡夫人 康氏가 시주하였다.[161] 강씨의 시주도 중요하였겠지만, 覺指·覺悟의 개인재산도 일정한 몫을 하였다고 생각된다.

禪源寺 毗盧殿의 경우,

△菴和尙入院 委貨於門人全忍者 適宋貿丹雘[162]

(1031년)」, 473~484쪽.

158) 閔漬, 「國淸寺金堂主佛釋迦如來舍利靈異記」『東文選』 권68(民族文化推進會 影印本 2冊, 441~443쪽).

159) 李穡, 「贈休上人序」『牧隱藁文藁』 권8(『韓國文集叢刊』 5冊, 62~63쪽).

160) 門人維昌, 「高麗國國師大曹溪嗣祖傳佛心印行解妙嚴悲智圓融贊理王化扶宗樹敎大願普濟一國大宗師摩訶悉多羅利雄尊者諡圓證行狀」『太古和尙語錄』 권下(『韓國佛敎全書』 6冊, 695~700쪽).

161) 李穡, 「香山安心寺舍利石鍾記」『牧隱藁文藁』 권3(『韓國文集叢刊』 5冊, 26쪽).

162) 釋息影庵, 「禪源寺毗盧殿丹靑記」『東文選』 권65(民族文化推進會 影印本 2冊, 415~416쪽).

하였다. △암화상이 全忍이라는 문인에게 돈을 맡겨 송에 가서 단확을 사오도록 한 것이다. 단확의 구입에 승려의 개인재산으로 추정되는 것이 쓰이고 있다. 단확은 비로전 단청에 쓰였음은 물론이다.

사원을 중수·중창하거나, 탑과 불상·석종·대장경을 조성하고, 불화를 제작하거나 단청을 할 때 이처럼 승려의 개인재산이 활용되고 있는 것이다. 지원하는 개인재산의 규모는 상당하여 일체의 비용을 전담하는 수도 있었고, 부분적인 몫을 담당하는 수도 있었다. 이러한 재력을 갖는 승려는 국사·왕사·주지·승통 등 고위승려가 대부분이었다. 또한 재력을 갖는 승려는 퇴락한 사원의 중수·중창을 위해 초빙되기도 한 것으로 보인다. 용문사의 祖膺, 승련사의 拙菴이 대표적인 사례로 여겨진다.

승려들은 개인재산을 특정 불교행사를 위한 비용에 제공하기도 하였다. 16聖衆의 화상을 수선하고 보완하여 妙光寺에 봉안한 다음,

> 仍以衣鉢之儲 當每年春秋虔設齋筵 以爲恒範[163)]

하였다. 天台上人 契玄이 의발지저 즉 자신의 개인재산으로써 매년 봄과 가을에 齋筵을 경건히 설행하였다. 특정 승려의 개인재산이 의식을 거행하는 비용에 충당되는 것이다.

대각국사 의천이 宋에 유학하고 있을 때, 그곳에서의 불교 행사에 개인재물을 희사하기도 하였고, 불교경전을 마련하는 데 비용을 제공하기도 하였다. 국내에서도

> 上及左右 無不感動 皇帝所贈金繒 國王太后 寄送財寶 以巨萬計 擧施諸道場 及所聞法諸師[164)]

163) 林椿, 「妙光寺十六聖衆繪象記」『西河集』 권5(『韓國文集叢刊』 1册, 252~253쪽).
164) 李智冠譯註, 1997, 『歷代高僧碑文(高麗篇 4)』, 「開城靈通寺大覺國師碑文(1125년)」, 115~178쪽.

라고 해서 여러 도량과 법을 듣는 승려들에게 재물을 희사하였다. 의천의 위치로 인해 송이나 遼의 황제가 재물을 그에게 다량 사여하였고, 고려의 국왕이나 왕실에서도 財寶를 보내 그 규모가 상당하였는데, 이것을 의천이 도량에 시주하고 있다.[165]

승려들은 개인재산을 활용해 지위를 높여가기도 하였다. 고려후기 승정이 파행적으로 운영되자, 승려들은 僧階를 올리거나 승직을 얻는 데 정상적이지 못한 방법을 쓰는 수가 많았다. 뇌물이 오고가면서 僧職이 좌우되는 수가 많았는데, 이때 개인재산을 보유하고 있는 승려들은 훨씬 유리하였다. 즉 그들은 그 재산을 뇌물로 활용하고 있는 것이다. 이미 毅宗代에도 職이나 賞을 구하는 자가 뇌물을 사용하고 있음이 보인다.[166] 명종 22년(1192)에도 嬖妾의 자제들이 승려가 되자 비슷한 일이 발생하였다. 당시에 폐첩의 아들이 머리를 깎고 유명사원의 주지를 맡아 뇌물을 받자 요행을 바라는 자들이 다수 붙었다는 것이다.[167] 뇌물로 바치는 재물은 개인재산이 중심이었을 것이다.

충렬왕 7년(1281)에 국왕이 慶州에 행차해 僧批를 내렸을 때도 비슷한 사태가 발생하였다.

僧輩以綾羅賂左右得職 人謂羅禪師綾首座 娶妻居室者居半[168]

승려들이 능라로써 왕의 좌우에 뇌물을 주어 직을 얻으니, 사람들이

---

165) 의천은 스스로 이러한 상당한 규모의 재화를 직접 처분 관리하고 있었기에, 화폐의 중요성·편리성을 숙지하였을 것이고, 이것이 전제가 되어 鑄錢論을 주장할 수 있었다고 보인다. 의천의 주전론에 대해서는 다음의 글이 참조된다. 金庠基, 1959, 「大覺國師 義天에 대하여」『국사상의 제문제』 3(同, 1974, 『東方史論叢』, 서울대출판부 재수록) ; 拙稿, 2003, 「大覺國師 義天의 鑄錢論」『天台學硏究』 4.

166) 『高麗史』 권18, 世家18 毅宗 11년 8월, 上册, 368쪽.

167) 『高麗史節要』 권13, 明宗 22년 10월, 354쪽.

168) 『高麗史』 권29, 世家29 忠烈王 7년 6월, 上册, 604쪽.

나선사·능수좌라 하였으며, 그 중에는 결혼해 가정을 꾸리고 있는 자가 반이었다는 것이다. 뇌물로 얻은 직이 선사·수좌 등 僧階였음을 알 수 있으며, 뇌물을 사용할 수 있는 만큼 개인재산을 보유한 승려들이 상당수 있었음을 엿볼 수 있다.

선사·수좌 등 승계만이 아니라 주지의 임명에서도 뇌물이 횡행하였다.[169] 주지로 임명받기 위해 뇌물을 쓰는 것은 고려최말기 昌王 즉위년(1388) 12월 趙仁沃의 상소에서 확인되고 있다. 주지들이

賄賂權勢之門 希求巨刹[170]

하고 있었다. 권세가에 뇌물을 써서 거찰의 주지가 되고자 한 것이다. 이러한 뇌물에는 승려들의 개인재산이 활용되었을 것이다.

승려가 생존시에 개인재산을 다양한 곳에 사용하고 있었는데, 그가 열반하게 되면 그 재산의 처리가 문제되었다. 대개의 경우 승려의 유언에 따라 처리된 것으로 보인다. 고려전기 普願寺 法印國師의 경우 임종에 임해 제자들에게

便捨衣鉢隨身 法具施與門徒等[171]

하도록 하였다. 의발은 몸을 따르게 하고 법구는 문도들에게 시여하라는 것이다. 세속적 재화는 아니지만, 그 유물의 처리방식을 엿볼 수 있다. 승려가 보유한 개인재산은 대개 유언에 따라 처리되었을 것이다.

유언에 따라 제자들에게 고루 분배되는 수도 있었지만, 법을 잇는 제자

---

169) 『高麗史』 권84, 志38 刑法1 職制 忠烈王 24년 忠宣王 즉위년 정월, 中册, 843~844쪽.

170) 『高麗史節要』 권33, 辛昌 즉위년 12월, 842쪽.

171) 李智冠譯註, 1995, 『歷代高僧碑文(高麗篇 2)』, 「海美普願寺法印國師寶乘塔碑文(978년)」, 73~116쪽.

에게 독점적으로 상속되는 수가 많았을 것이다. 法孫으로 지칭되는 승려들이 師僧의 재산을 상속받았을 것이다. 법손은 여러 명일 수도 있지만, 통상은 1인에 한정되지 않았을까 추측된다. 조선초에 노비가 法孫相傳이라 표현되는 예가 많은 데서,[172] 제자들에게 상속되는 것을 확인할 수 있다. 제자들 사이에 상속을 둘러싸고 소송이 제기되는 수도 있었다.[173]

4. 寺物·僧物의 葛藤과 그 收拾案

승려들 특히 상층승려들은 상당한 재력을 보유하고 있었으며, 그 재력을 여러 가지 용도로 사용하였다. 승려들이 재물을 보유하고 사용하는 것은 불교의 계율에 어긋나는 점이 있었지만, 개인의 재산 소유가 인정되고 있는 고려에서 문제 삼을 이유는 없었다. 그러나 승려의 재물이 사원의 공유재산을 바탕으로 형성되어, 사원의 유지와 승려의 부양에 문제가 생기면, 그것은 국가로서도 좌시할 수 없었다. 사원의 경제기반 상당부분이 국가가 분급한 것이며, 또 寺產을 私占하는 주지를 국가가 파견하는 사정 하에서, 국가에서 문제로 삼지 않을 수 없었다. 특히 고려후기 사원의 공유재산을 기초로 개인재산을 보유하는 일이 성행하면서는 국가는 이 문제에 깊은 관심을 가지고 대처해 나갔다.

승려들이 사원의 공유재산을 개인 것으로 하는 것은 흔한 일이었다. 보통의 승려보다는 주지승려가 그러한 일을 하는 수가 많았다. 土田之租와 奴婢之傭으로써 자신을 부유하게 한다는 것이 그것이었다.[174] 조선초

172) 『太祖實錄』 권12, 太祖 6년 7월 甲寅, 1册, 108쪽.
173) 위와 같음.
174) 『高麗史節要』 권33, 辛昌 즉위년 12월, 842쪽.

僧人之徒 收其田租 斂其奴貢 不供佛僧 肥馬輕衣 甚者溺於酒色[175]

하다는 지적은 그것을 잘 나타내고 있다. 또한

今各寺住持 … 以土田之出 奴婢之貢 恣爲鞍馬衣服之用 至爲酒色之費[176]

하다는 것도 그것이었다. 결국 주지가 되어서 사원의 수입을 자신을 위해 사용하고, 심지어 자신을 위해 치부까지 하는 것이다.

주지의 위치가 이러한 것이었기에 일반승려와 주지는 구분되었고, 주지가 되고자 노력하였다. 주지가 되기 위해 불법을 자행하기도 하였고, 뇌물이 오고가기도 하였다. 그리하여 僧政이 크게 문란하게 되는 것이었다.

뇌물에 의해 職賞을 받는 일은 이미 毅宗代부터 확인되고 있다.[177] 명종대에는 당시의 嬖妾子들이 승려가 되어 유명한 사원에 거주하면서 뇌물로 일을 처리하는 것이 보인다.[178] 충렬왕 7년(1281) 6월에 왕이 慶州에 행차해서 僧批를 내렸는데, 승려들이 綾羅로써 뇌물을 써서 직을 얻으니, 사람들이 나선사·능수좌라 하였으며, 결혼해 가정을 꾸려서 자격이 없는 자가 반이나 되었다고 한다.[179] 승직이 자격 없는 이들에게 부여되고 있는 것이다.

주지의 임명도 뇌물로 이루어지고 있었다.

共議寺社住持 率以貨賂濫得[180]

---

175) 『太宗實錄』 권3, 太宗 2년 4월 甲戌, 1册, 231~232쪽.
176) 『太宗實錄』 권10, 太宗 5년 11월 癸丑, 1册, 343쪽.
177) 『高麗史』 권18, 世家18 毅宗 11년 8월, 上册, 368쪽.
178) 『高麗史節要』 권13, 明宗 22년 10월, 354쪽.
179) 『高麗史』 권29, 世家29 忠烈王 7년 6월, 上册, 604쪽.

이를 통해 뇌물로 주지의 임명이 이루어지고 있음을 알 수 있다. 보우가 공민왕과 긴밀한 관계를 맺게 되자 주지가 되고자 하는 승려들이 다투어 부탁하였다. 곧 선종과 교종 소속 사사의 주지를 심사해 보우에게 아뢰고 공민왕이 다만 除目만을 내리게 되자 승도들이 다투어 문도가 되었다.181) 사원을 책임지고서 운영하는 위치에 있는 자가 주지인데, 주지의 임명이 이처럼 심히 문란한 모습을 보이고 있다.

최말기에 불교개혁의 상소를 올린 趙仁沃도,

> 近世以來 諸寺僧徒 … 賄賂權勢之門 希求巨刹182)

하다고 하였다. 뇌물을 써서라도 큰 사찰의 주지가 되고자 하는 것이다. 주지가 되면 그만큼 자신을 위해 사원의 재산을 활용할 여지가 큰 것이기에, 다투어 뇌물을 써서라도 승려가 되고자 하는 것이다.

주지는 자신이 속한 종파의 사원에 한해 임명될 수 있었다. 종파가 다른 사원에는 임명될 수 없는 것이다.183) 때문에 각 종파에서는 주지를 임명할 수 있는 사원을 더 많이 보유하고자 했으며, 그렇기 위해서 타종파 사원을 자신의 종파로 소속시키고자 하였다. 여기에서 사원을 둘러싼 분규가 발생하는 것이다.

사원을 둘러싼 분쟁은 여러 차원에서 전개되었는데, 그 중심 위치에 주지가 있었다. 종파적 차원에서의 노력도 있었지만 일차적으로 주지가 주도적 역할을 할 수밖에 없었다. 또 타인의 사원을 빼앗고자 할 경우에도 주지가 도모할 수 있었다. 모든 분쟁의 와중에 住持가 자리하고 있는

---

180) 『高麗史』 권84, 志38 刑法1 職制 忠烈王 24년 忠宣王 즉위년 정월, 中册, 843~844쪽.

181) 『高麗史節要』 권26, 恭愍王 5년 4월, 679쪽.

182) 『高麗史節要』 권33, 辛昌 즉위년 12월, 842쪽.

183) 고려시기 住持制 전반에 대해서는 韓基汶, 1998, 『高麗寺院의 構造와 機能』, 民族社, 135~189쪽이 참조된다.

것이다. 일단 주지가 되고 나면, 자신의 致富를 위해 노력하는 것이 고려후기·말기에 흔히 볼 수 있는 양상이었다.[184)]

주지가 되기 위해서는 뇌물이 필요하고, 또 주지가 되고서는 개인재산의 축적에 몰두하게 되었다. 이러한 조건 하에서 주지가 되지 않고자 하는 승려도 속출하였다. 주지는 보통

> 其僧衆 敬而畏之 其學者 慕而歸之[185)]

하는 위치에 있었다. 다른 여타의 승려가 경외하고 배우는 승려가 흠모해 귀의하는 위치에 있었다. 그러나 고려후기 주지의 위치는 그러하지 못하였다. 부의 축적에 탐닉하지 않을 수 없는 처지에 놓이게 된 것이다. 그렇기에 승려의 수행생활에 주지직은 적절하지 않은 측면도 있었다.

> 所以出家爲道者 不求名不求利 不要住持 不謀衣食[186)]

출가한 자는 이름과 이익을 구하지 않고 주지가 되고자 하지 않고 衣食을 도모하지 않아야 했다. 주지가 되는 것은 출가해서 도를 구하는 자가 맡을 바가 아닌 지위였던 것이다.

그리하여 주지직을 회피하고자 하는 승려들은 많았다. 廣智大禪師 之印,[187)] 眞明國師,[188)] 覺眞國師 復丘가 보인다.[189)] 幻菴도 주지가 되는

184) 拙稿, 2008, 「高麗時期 住持制 運營과 寺院經濟」『史學硏究』90(본서 제2부 제3장 수록).

185) 李智冠譯註, 1996, 『歷代高僧碑文(高麗篇 3)』, 「證智首座觀奧墓誌銘(1158년)」, 335~345쪽.

186) 普愚, 「上堂」『太古和尙語錄』권5(『韓國佛敎全書』 6册, 675쪽).

187) 李智冠譯註, 1996, 『歷代高僧碑文(高麗篇 3)』, 「廣智大禪師之印墓誌銘(1158년)」, 347~358쪽.

188) 金坵, 「臥龍山慈雲寺王師贈諡眞明國師碑銘幷序」『止浦集』 권3(『韓國文集叢刊』 2册, 363~365쪽).

것을 원치 않았지만, 국왕의 강력한 청으로 일부 응하기도 하였다.[190)]

도를 생각하고 수행을 생각하면, 주지가 되는 것을 포기해야 했다. 일단 주지가 되면, 이해관계에 매달리지 않을 수 없고, 또 致富에 몰두하지 않을 수 없었다. 주지가 되고자 열중하는 승려가 있는가 하면, 그것을 피하는 승려도 있었다. 주지가 되고나서는 개인의 이익만 추구할 뿐이어서 정작 사원을 유지하는 데 소홀한 경우가 많았다. 충숙왕 후8년(1339)

近年禪敎寺院住持 利其土生 專事爭奪 以致隳壞寺宇[191)]

하다는 데서 주지의 사원 관리의 일단을 엿볼 수 있다. 선교사원의 주지들이 토지의 생산물을 탐내서 오로지 빼앗는 일에만 몰두할 뿐, 정작 사원의 건물은 무너지고 있다는 것이다. 주지들이 사원의 보수·중창에는 관심이 적고, 자신의 부의 증대에 몰두하고 있음을 잘 말해준다..

前成均司藝 朴君이 이익을 좇는 무리들이 사원에 조그만 재산이라도 있음을 보면 분연히 다투어 빼앗아 다른 사람의 福田(사원)을 자신의 이익을 위한 소굴로 만들고, 심지어

至使像設塵埃院落荊棘者多矣[192)]

하는 지경에 이른다고 하였다. 불상과 시설이 먼지투성이가 되고 院落이 가시밭이 되는 일이 많다는 것이다. 이득을 챙기되 상설·원락은 돌보지 않는 것이다.

---

189) 李達衷, 「王師大曹溪宗師一邛正令雷音辯海弘眞廣濟都大禪師覺嚴尊者贈謚覺眞國師碑銘幷序」『霽亭集』 권3(『韓國文集叢刊』 3冊, 290~291쪽).

190) 李穡, 「幻菴記」『牧隱藁文藁』 권4(『韓國文集叢刊』 5冊, 33쪽).

191) 『高麗史』 권85, 志39 刑法2 禁令, 中冊, 865쪽.

192) 李穀, 「高麗國江陵府艶陽禪寺重興記」『稼亭集』 권2(『韓國文集叢刊』 3冊, 114쪽).

건물만 돌보지 않을 뿐만 아니라 부처를 봉양하고 승려를 공양하는 일을 소홀히 하기까지 하였다. 무인집권기 寺院의 三剛司存에게 勸誡하면서 내린 교서에

役梵宮之僕隷 無異家奴 謂觀寺之貲賄有同私物 必恐供佛養僧之事務 日凌月替 以隳踈[193]

하다고 하였다. 사원의 노비를 자기집 노비와 다름없이 부리며, 사원의 재산을 사사로운 물건과 동일시하고 있어, 供佛·養僧의 事務가 소홀히 될까 걱정된다는 것이다. 그런 걱정은 구체적인 현실에서도 나타났다.

近世以來 諸寺僧徒 … 土田之租 奴婢之傭 不以供佛僧 而以自富其身[194]

곧 사원의 재정 수입으로 供佛·僧을 하지 않는다는 것이다. 사실 승려의 공양이 제대로 이루어지지 못하면, 승려들은 돌아다니며 걸식하지 않을 수 없게 되고, 또한 흩어져 다른 곳으로 가게 된다.[195] 이렇게 되면 사원의 기능을 수행하지 못해, 사원이라고 하기 힘든 지경에 이르는 것이다. 사원의 기능 수행을 어렵게 하는 것은 住持이고, 주지의 致富인 것이다.

이러한 사태에 내해 정부에서는 여러 가지 조치를 강구하였다. 우선 법제상으로는

僧人盜寺院米穀 歸鄕充編戶[196]

193) 崔洪胤, 「勸誡諸寺院三剛司存敎書」『東文選』 권23(民族文化推進會 影印本 1冊, 398~399쪽).

194) 『高麗史節要』 권33, 辛昌 즉위년 12월, 842쪽.

195) 李穀, 「神孝寺新置常住記」『稼亭集』 권5(『韓國文集叢刊』 3冊, 128~129쪽).

하도록 되어 있었다. 승려들이 사원의 미곡을 훔친 경우 귀향시켜 편호에 충당토록 규정한 것이다. 이 규정에 따라 승려들이 환속해 편호에 충당되었는지는 확인되지 않지만, 주지의 경우 이 규정에 적용되었을 것 같아 보이지 않는다.

주지를 둘러싼 문제, 주지가 사원 재산을 私占하는 문제, 그리하여 사원의 기능이 마비되는 문제에 대해 정부가 취하는 조치는 僧政의 문란상을 시정하는 것이었다. 그리고 주지의 자질을 문제 삼는 것이었다. 주지의 자질이 우수하고 승정이 합리적으로 운영된다면 해결될 수 있다는 차원이었다.

충렬왕 24년(1298) 충선왕 즉위한 정월에

> 共議寺社住持 率以貨賂濫得 並令禁斷[197)]

하도록 하였다. 뇌물로써 주지직을 얻는 것을 금지한 것이다. 이 조치가 어느 정도의 성과를 거두었는지 명확하지 않지만, 이후에도 그러한 일이 속출한 것으로 보인다.

충숙왕 後8년 監察司가 근래에 선교 사원의 주지가 토지의 생산물을 이롭게 여겨 오로지 쟁탈하는 것을 일로 삼음으로써 사원 건물이 무너지는 지경에 이르고 있으며,

> 甚者犯奸作穢 曾莫之恥 今後禁理[198)]

라는 내용이 보인다. 심한 자는 간행과 더러운 짓을 하기까지 하면서 부

---

196) 『高麗史』 권84, 志38 刑法1 職制, 中册, 840쪽.
197) 『高麗史』 권84, 志38 刑法1 職制 忠烈王 24년 忠宣王 즉위년 정월, 中册, 843~844쪽.
198) 『高麗史』 권85, 志39 刑法2 禁令 忠肅王 後8년 5월, 中册, 865쪽.

끄러워하지 않고 있으니 이제부터 금하라는 것이다. 주지가 쟁탈을 일삼는 일과 깨끗하지 못한 행동에 대해 금지조치가 내려지는 것이다.

가장 분명하고 확실한 개혁안은 趙仁沃이 주창하였다. 승려들이 土田之租와 奴婢之傭으로 "不以供佛僧 而以自富其身"하고 있다고 비판한 위에,

> 自今 選有道行無利欲者 住諸寺院 其土田之租 奴婢之傭 令所在官收之 載諸公案 計僧徒之數 而給之[199]

할 것을 주장하였다. 지금부터는 도행이 있고 욕심이 없는 자를 주지로 삼고, 토전지조와 노비지용은 소재관으로 하여금 거두어서 공안에 싣고 승도의 수를 계산해 지급하라는 것이다. 주지의 선발 기준을 제시한 것이고, 또한 주지가 사원의 재물에 손댈 여지를 박탈하는 것이다. 이렇게 되면 도행이 없고 이욕이 있는 승려라도 치부하기가 용이하지 않으며 치부하는 양도 많지 않을 것이다.

조인옥이 주장한 토전지조와 노비지용의 官收官給은 고려말은 물론 조선초기에도 시행되지 않았다. 주지의 자질만은 조선초에도 지속적으로 거론하였다. 전체적으로 사원의 경제력을 축소시켜 가면서도, 주지의 도덕성은 계속 거론하면서 비판하였다. 주지의 부도덕한 행위를 빌미로 사원경제에 대한 억제조치를 단행하기도 하였다. 태종 2년(1402) 4월에 승려들이 "收其田租 斂其奴貢"해서 佛僧을 공양하지 않고 살찐 말을 타고 다니며 가벼운 옷을 입으며 심한 자는 酒色에 빠졌다고 하면서

> 擇其德足爲師表者爲住持 無其僧闕其差 則自今以後 慕田口之利 而爲僧者鮮矣[200]

---

199) 『高麗史節要』 권33, 辛昌 즉위년 12월, 842쪽.
200) 『太宗實錄』 권3, 太宗 2년 4월 甲戌, 1册, 231~232쪽.

하도록 하였다. 덕이 족히 사표가 될 만한 자를 주지로 임명하고 그런 승려가 없다면 주지 임명을 하지 말라는 것이다. 그렇게 되면 지금 이후는 토지와 노비의 이익을 노리고 승려가 되는 자는 드물게 될 것이라는 것이다.

정부의 조처는 이러한 것이었다. 승려의 개인재산 보유는 문제 삼지 않았다. 다만 사원의 공유재산을 개인 것으로 하는 것은 문제로 삼았다. 사원 공유재산의 잠식은 곧 사원 건물의 보수를 어렵게 하고 佛과 僧을 공양하지 못하게 되며, 이는 곧 사원 기능의 위축 내지 중단을 의미하는 것이었다. 그리하여 사원 운영의 전반적인 책임을 지고 있는 주지의 문제를 심각하게 고려하였다. 정부는 승정의 문란상을 수습하는 차원에서 주지의 문제를 처리하였고, 주지의 도덕성을 거론하였다.

5. 結 語

고려시기 승려의 개인재산 보유는 사적인 소유가 인정되는 사회이기에 가능하였다. 승려의 개인재산은 사원경제의 일부를 이루고, 또 사원경제와 깊은 연관을 맺고 있었다. 승려의 개인재산은 사원경제를 보완하기도 하였고 또한 그것과 갈등을 보이기도 하였다.

승려의 개인재산은 흔히 囊鉢之儲·囊鉢所貯로 일컬어졌으며, 사원의 공유재산과 구분되었다. 승려는 개인재산을 여러 계기를 통해 보유할 수 있었다. 승려들이 국왕·국가를 위해 설법하거나 다양한 불교행사를 주관한 경우 국왕이 그들에게 물품을 사여하였다. 이렇게 해서 재화를 보유할 수 있는 승려는 왕사·국사 등 고승이 중심이었으며, 보통의 승려는 이런 기회가 거의 없었다. 또한 신도의 시납으로써도 개인재산을 마련할 수 있었다. 권세가나 민인들이 자신을 위해 개인적인 불사를 수행한 승려에게 물품을 시납하는 일은 흔하였다. 신앙상의 이유로도 물품의 시납이 성행하였는데, 이 경우 사원이 아닌 개별 승려에게 시납되는 수도 있었다. 또한 승려들은 세속가문으로부터 상속을 받거나 師僧으로부터 전수를 받아서 재산을 보유할 수 있었다. 스스로의 경제활동을 통해, 또 緣化활동을 계기로 해서 개인재산을 보유할 수 있었는데, 이러한 방법으로 재물을 소유하는 승려는 대개 하급승려로 보인다. 그밖에 사원의 공유재산을 개인의 것으로 하는 수도 있었다. 후기에 들어와서 그러한 현상이 자주 언급되는 데 대개 주지가 그러하였을 것이다. 고위 승려가 되거나 권력있는 승려가 되어 僧政에 참여할 경우에는 뇌물을 수령함으로써 개인재산을 보유할 수 있었다. 보유한 개인재산에는 金·銀 등이 있었고, 고가의 직물도 있었으며, 때로는 토지·노비도 있었다. 가장 보편적이고 흔한 물품은 米와 布였다. 모든 승려가 많은 재물을 보유한 것은 아니었다. 오히려 전혀 소유하지 못한 승려가 더 일반적이었다고 사료된다. 승려는 기본적으로 검소한 생활을 하는 것으로 묘사되었다. 그러나 상층승려가 개인재산을 보유하는 일은 매우 흔하였다. 그러한 위치에 있으면서 재물을 보유하지 않는 승려가 칭송받는 것은, 상층승려의 재물 보유가 일반적이었음을 반증하는 것이다.

개인재산은 보관이 큰 문제였다. 규모가 작은 金·銀·비단 등의 고가품·귀중품은 方丈으로 표현되는 곳에 보관하였겠지만, 규모가 상당한 米·布 등은 사원과 떨어진 곳에 보관하고 속인이 관리하였을 것으로 추측된다. 사유재산은 불교교리에 관련한 곳에 지출하기도 하였으며, 불교와 전혀 무관한 부분에 지출하기도 하였다. 개인재산을 빈궁하거나 필요로 하는 사람에게 시여하는 일은 매우 흔하였다. 불교에서 강조하는 布施행위가 실천되고 있음을 보이는 것이라 하겠다. 승려는 보유한 개인재산을 소속 사원에 편입시켜 사원의 재정을 돕기도 하였으며, 사원을 중수·중창하고 벽화를 그리며 탑을 조영하는 데 기부하기도 하였고, 특정 불교행사에 소요되는 재정을 지원하기도 하였다. 승려가 자신의 개인재물을 佛事를 위해 사용하는 일은 매우 흔하였다. 僧階·僧職을 얻기 위한 뇌물공여에 개인재산을 쓰는 일도 있었다. 승려의 사후에는 法孫에게 상속되는 것이 일반적이었던 것으로 이해된다.

고려시기 사적인 소유가 전제되었기에 승려의 재산 보유는 문제되지 않았다. 다만 寺物의 잠식은 문제였다. 또한 다투어 주지가 되고자 해서 승정이 파행적으로 운영되는 것도 문제였다. 승정이 파행적으로 운영되고 사원 간에 분쟁이 치열하였으나 오히려 사원의 건물은 퇴락하였고, 부처와 승려의 공양은 제대로 이루어지지 못하였다. 승정의 운영이 혼란하고 개인재산을 확보할 필요성이 커지는 상황 속에서 주지는 재화 보유의 유혹에 빠지지 않을 수 없었다. 반면 주지가 되지 않으려는 승려도 속출하였다. 주지가 사원 재산을 사점하는 문제, 사원의 기능이 마비되는 문제에 대해 정부가 취하는 조치는 승정의 문란상을 시정하고 주지의 도덕성을 문제 삼는 것이었다. 그러한 문제의 수습안으로서 사원의 수입을 모두 관에서 거두어 승려 수에 따라 나누어 주면, 사원은 유지되고 주지의 잠식은 막을 수 있을 것이라는 주장이 제기되기도 하였다. 그러나 조선초에도 계속 주지의 도덕성을 문제로 삼을 뿐 승려의 개인재산 자체에 대해서는 문제로 삼지 않았다. 그러면서 전체적으로 사원경제를 축소시키는 방향으로 나아갔다. 그러나 여전히 주지의 사원 재산의 濫用 내지 私占은 문제가 되었다.

승려가 개인재산을 보유하고 사용하는 것은 승려 스스로의 문제이고, 불교계 내부의 문제였을 뿐 국법상의 문제는 아니었다. 승려의 개인재산은 조선초에도 몰수되거나 처리되지 않았고 그대로 인정되었다. 寺物의 잠식만을 문제로 삼았고, 주지의 淸淨寡慾을 강조하는 데 그쳤다. 불교계 내부의 문제는 그대로 두고 관여하지 않았던 것이다.

제3장 高麗時期 住持制 運營과 寺院經濟

1. 序 言

고려시기 사원의 주지는 자신이 부임한 사원의 모든 운영을 책임지는 승려였다. 소속 승려들을 부양하고 이끌며, 불·보살을 받들고, 또한 신도들을 조직하고 관리하며, 사원 건물을 보수·중창하는 일이 모두 그의 책임 하에 있었다. 주지의 구실·임무와 권한은 막중한 것이어서 주지의 역량 여부는 사원의 성쇠를 좌우하였다.

사원의 경제운영에서도 주지가 가장 중요한 구실을 담당하였다. 사원의 유지·존속에 필요한 재원을 충분히 확보하는 일도 주지의 임무였고, 확보한 재원을 용도에 맞추어 규모있게 지출하는 것도 주지의 일이었다. 사원의 경제 운영을 핵심적인 위치에 서서 주관하는 승려는 바로 주지였던 것이다. 주지의 능력과 자질·태도가 사원경제 운영의 방향을 좌우하였다.

사원경제 운영에서 핵심적인 위치에 있는 승려가 주지였지만 주지의 사원경제 운영에 대한 본격적인 검토가 이루어진 적은 없다. 주지제 자체에 대해서는 소중한 성과가 있어[1] 본고의 작성에 많은 도움을 주고

1) 고려시기 주지제에 관해서는 다음의 성과가 있는데, 韓基汶씨의 글이 크게 참조된다. 金映遂, 1944, 「寺刹住持의 職務와 任免의 變遷」『新佛教』67 ; 張東翼, 1981, 「慧諶의 大禪師 告身에 대한 檢討－高麗僧政體系의 理解를 중심으로－」

있지만, 주지의 경제활동에 대해서는 깊이 고려하고 있지 못하다. 그리하여 본고에서는 주지제 운영과 관련해서 주지의 경제활동을 중점적으로 살펴보고자 한다. 이것은 사원경제 운영의 주체를 분명히 할 수 있는 작업이 될 것이다.

이 글에서는 우선 주지의 다양한 구실과 임무를 정리하고, 아울러 주지가 사원경제 운영에서 수행하는 역할을 검토할 것이다. 고려최말기 사원경제 문제가 주지의 문제로 집약되는데 그 배경과 내용도 살펴보고자 한다.

2. 住持의 구실과 임무

고려시기 주지는 해당 사원의 대표로서 대개의 경우 국가에서 파견하였다. 신라시기에는 특정 사원에 한해 국가권력이 통제력을 행사할 수 있을 뿐이어서 대부분의 사원은 자치적으로 운영되었다. 신라말에 가면 그 현상은 더욱 심화되어, 국가권력과 단절된 채 사원이 독자적으로 운영되었다. 사원은 스스로의 조직을 갖추어 사원으로서의 기능을 수행하였다. 태조 26년(943) 경 雲門寺의 경우 三剛·典主人·院主·貞座·直歲 등 소임을 맡은 승려가 보였다.[2)]

자치적으로 운영하던 사원을 고려에서는 제도적 틀에 편입시켜 관장

『韓國史研究』 34 ; 許興植, 1986, 「佛敎界의 組織과 行政制度」 『高麗佛敎史研究』, 一潮閣 ; 韓基汶, 1998, 『高麗寺院의 構造와 機能』, 民族社, 135~189쪽.

2) 『三國遺事』 권4, 義解5 寶壤梨木.

신라말 고려초 사원의 승려 職制에 관해서는 다음의 논문이 참조된다. 蔡尙植, 1982, 「淨土寺址 法鏡大師碑陰記의 分析 - 高麗初 地方社會와 禪門의 構造와 관련하여 - 」 『韓國史研究』 36 ; 金在應, 1994, 「新羅末·高麗初 禪宗寺院의 三綱典」 『震檀學報』 77 ; 蔡尙植, 1996, 「羅末麗初 忠州 지역의 豪族과 禪宗 - 淨土寺址 法鏡大師碑 陰記의 分析 - 」 『藥城文化』 16·17합집, 忠州 藥城文化研究會.

하려고 하였다. 개경에 새로이 창건한 사원은 국가에서 관리 통제하였으며 외방의 사원에 대해서는 통제력을 강화해 나갔다. 그것은 주지의 파견으로 표현되었다.

주지는 통상 국가가 임명함이 원칙이었다. 중요사원의 주지직이 왕명에 의해 제수되었으며, 대부분의 승려는 그에 따라 부임하고 있었다. 圓明國師 澄儼은 숙종 8년(1103) '受命住重光寺'하였고, 예종 13년(1118)에 '特詔住興王寺'하였으며, 그 뒤 '有旨移住崇善寺'하였다.[3] 命·詔·旨에 따라 여러 사원의 주지를 역임한 것이다. 圓眞國師 承逈의 경우 국왕이 승직을 주는 대로 받고 처하는 사원이 유명한 것이어도 거부하지 않고 응하는 모습을 보였다.[4] 眞明國師 混元은 禪源社에서 主盟을 하다가 여러 차례 還山을 청하였지만 '上不許'하였고, 淸眞이 입적하자 국왕의 명을 받아 수선사의 제4세 社主가 되었다.[5] 覺眞國師 復丘는 "晩住佛岬寺 王命也"라 하였다.[6] 만년에 불갑사의 주지를 하였는데, 왕명에 따른 것이다. 圓證國師 普愚는 공민왕 11년(1362)에 陽山寺 주지를 요청받았고, 공민왕 12년에는 迦智寺 주지를 요청받았는데, 모두 명에 응하였다.[7] 국왕의 명이나 지시에 따라 주지를 역임하고 있는 것이다. 普覺國師 幻庵은 공민왕 21년에 국왕의 명에 의해 어쩔 수 없이 佛護寺의 주지가 되었으며, 다음해에는 '有旨徵入內佛堂'하였다.[8] 주지

3) 李智冠譯註, 1996, 『歷代高僧碑文(高麗篇 3)』, 「興王寺圓明國師墓誌銘(1141년)」, 226~228쪽.

4) 李奎報, 「故寶鏡寺住持大禪師贈諡圓眞國師教書」『東國李相國集全集』 권34(『韓國文集叢刊』 2冊, 54쪽).

5) 金坵, 「臥龍山慈雲寺王師贈諡眞明國師碑銘幷序」『止浦集』 권3(『韓國文集叢刊』 2冊, 363쪽).

6) 李達衷, 「王師大曹溪宗師一邛正令雷音辯海弘眞廣濟都大禪師覺儼尊者贈諡覺眞國師碑銘」『霽亭集』 권3(『韓國文集叢刊』 3冊, 290~291쪽).

7) 李智冠譯註, 1997, 『歷代高僧碑文(高麗篇 4)』, 「楊州太古寺圓證國師塔碑文(1385년)」, 452쪽.

8) 李智冠譯註, 1999, 『歷代高僧碑文(朝鮮篇 1)』, 「忠州青龍寺普覺國師幻庵定慧

직은 제도적으로 운영되는 것이어서, 국왕이 명이 있을 때는 부임하는 것이 당연하였다. 국가가 중시하는 사원의 경우 주지는 이처럼 국왕의 명으로 임명하였다.

국가에서 주지를 임명하는 사원 가운데 특정사원에게 국가가 주지 선임권을 인정한 경우도 있었다. 이 경우는 국가가 주지를 임명할 수도 있지만, 그 사원의 위상을 존중해 스스로 주지를 이어갈 수 있도록 허용한 것이다. 高達院·曦陽院·道峯院이 그러하였다. 이 세 사원은 문하제자가 주지를 상속해 대대로 끊이지 않도록 하였다.[9] 국가가 주지를 임명할 수 있는 사원이었음에도 특혜를 부여한 것이다. 醴泉 龍門寺의 경우도 法孫이 주지를 이어갈 것을 勅旨를 내려 허용하고 있다.

降勅旨 勤勞修葺 宜以門徒法孫 相繼主之 勿令廢絶[10]

중수 후에 문도 법손이 서로 이어가도록 허용한 것이다.

사사로이 주지를 이어가는 사원에 대해 국가에서 주지 임명에 영향력을 행사하는 수가 있었다. 妙香山 普賢寺의 경우는 探密과 宏廓이 중심이 되어 靖宗 8년(1042)에 243間을 조영하고 그 후 淸衆 300餘 人을 召集해 "念佛繙經 日夜無休"하였다. 두 승려가 입적한 뒤 弟子가 서로 이어 住持를 맡았는데, 문종 21년(1067) 국왕이 듣고서 가상히 여겨 유사에게 명해 土田을 사여하였으며, 또한 敎하기를, "주지가 궐한 경우 문인이 무리 중에서 經明行修하여 祖師의 도를 능히 이을 수 있는 사람을 간택해 아뢴 뒤에 차정하라."고 하였다.[11] 주지를 승려들이 알아서

圓融塔碑文(1394년)」, 33쪽.

9) 李智冠譯註, 1995, 『歷代高僧碑文(高麗篇 2)』, 「驪州高達院元宗大師慧眞塔碑(975년)」, 25쪽.

10) 許興植編著, 1984, 『韓國金石全文(中世下)』, 「醴泉龍門寺重修碑(1185년)」, 873쪽.

11) 許興植編著, 1984, 『韓國金石全文(中世上)』, 「寧邊妙香山普賢寺記(1141년)」, 626~627쪽.

자율적으로 임명하되, 국가에 아뢰는 절차를 밟아 달라는 것이다. 승려 개인이 조성해 자율적으로 주지를 임명하면서 운영하던 보현사였는데, 토지를 지급하면서 반대급부로 주지를 아뢴 뒤에 이어가라는 것이다. 자율적으로 주지를 임명해 오던 것에 대해, 국가에서 일정하게 관여하려는 것을 읽을 수 있다. 그것은 토지를 지급하고서야 가능하였다.

知訥이 자율적으로 운영하던 修禪社도 普賢寺와 비슷하게 국가의 지원을 크게 받으면서, 국가에서 주지 임명에 대해 간여하게 되었다. 그렇지만, 승려들의 여론을 존중하는 방향에서 처리하였다. 보조국사 지눌이 입적하자 문도들이 국왕에게 慧諶을 주지시켜 달라고 아뢴 것을 칙을 내려 수용해 주었다.[12] 圓鑑國師 冲止가 주지직을 이어감도 이와 비슷하였다. 충렬왕 12년(1286) 圓悟國師 天英이 입적하자 승려 대중이 충지를 천거해 이어가도록 왕에게 아뢰자, 왕은 원외시랑을 보내 충지를 임명하였다.[13] 그리하여 충지가 그해 4월 16일 入院開堂해 원오를 이어 제6세 社主, 住持가 되었다. 수선사의 사주, 주지는 국가에서 임명하는 절차는 밟았지만, 승려들의 의견을 수용하는 선에서였다. 국가의 주지 임명권은 행사되었지만, 승려의 여론을 따르는 것이었다.

국가는 중요사원에 주지를 파견하였으며, 가운데 일부사원에 한해 특혜를 부여해 승려에게 주지의 선임을 일임하기도 하였다. 반면에 사사로운 사원은 사사로이 주지를 이어갈 수 있었다. 국가에서 파견하지 않은 사사로운 사원의 대표도 주지라 일컬었던 것으로 보인다. 주지의 선임은 이처럼 여러 계통으로 이루어지고 있었다.[14]

12) 李奎報, 「曹溪山第二世故斷俗寺住持修禪社主贈謚眞覺國師碑銘幷序」『東國李相國集全集』 권35(『韓國文集叢刊』 2冊, 65쪽).

13) 李智冠譯註, 1997, 『歷代高僧碑文(高麗篇 4)』, 「松廣寺圓鑑國師寶明塔碑文(1314년)」, 307쪽.

14) 韓基汶씨는 주지임명을 3계통으로 나누고 있다. 곧 국왕에 의해 勅差되는 것(국가 차원의 사원), 제자관계를 강조하여 문도에 의해 주지되도록 국왕의 명령을 받아 두는 경우(不動寺院, 法孫寺院), 국가의 주지파견을 막고 사내에서 連次住持

승과제가 시행되면서, 그 합격자에게는 僧階가 除授되었으며, 승계를 받은 승려가 주지로서 사원에 파견되었다. 낮은 승계를 지닌 승려는 개경에서 멀리 떨어진 외방의 소규모 사원에 주지로 파견되었으며, 승계가 높아질수록 큰 사원, 개경 인근 사원의 주지가 되었다. 이러한 주지는 종파별로 임명되는 것이어서, 화엄종 승려는 화엄종 소속의 사원에 주지로 파견되었고, 법상종 승려는 법상종 사원에, 선종 승려는 선종사원에 주지로 임명되었다. 주지는 共議라는 각 종파의 추천을 받은 후 臺諫의 署經을 거쳤는데, 禮部의 주관 하에 절차가 진행되어 국왕이 최종적으로 결재하였다.[15] 국가권력 대행자의 성격을 띤 주지는 그 위상이 높을 수밖에 없었다. 국가권력이 공증한 자격을 가진 승려로서 능력 여부가 의문시될 수 없었다. 국가에서 임명한 주지에 대해, 다른 승려들이 대항하거나 도전하거나 시비를 걸 수 있는 것이 아니었다.

국가권력이 임명한 주지는, 사원의 대표로서 해당 사원의 모든 운영을 책임지고 전권을 행사할 수 있는 존재였다. 고려시기 주지의 활동으로서 확인되는 것은 교학·강학, 법회 주관, 건물의 중수·중창 등이었다. 그밖의 자세한 내용은 보이지 않는다. 여기에서는 명백히 주지로서 수행한 것이 분명한 사항을 중심으로 살펴보고자 한다.[16] 승려 개인으로서 수행한 경우도 실제로는 주지로서 한 경우가 적지 않을 것이다. 그러나

하도록 특혜를 얻어서 인선하는 것(願堂化한 사원)이 그것이다(韓基汶, 앞의 책, 140~148쪽). 최근 주지직을 혈족간 이어감을 지적한 글이 발표되었다(朴胤珍, 2008, 「高麗時代 승려의 血族間 師承과 그 意味」『韓國史硏究』 142).

15) 張東翼, 1981, 앞의 논문 ; 韓基汶, 1998, 앞의 책, 149~151쪽.

16) 寺主라는 표현이 종종 보이는데, 이 사주는 주지와 동일한 존재로 보인다. 예컨대 俗離寺의 住持 竀이(『高麗史節要』 권7, 睿宗 7년 8월, 亞細亞文化社 影印本(이하 같음), 202쪽), 智光國師碑에는 俗離寺主 王子僧統 釋竀로 표시되어 있다(李智冠譯註, 1995, 『歷代高僧碑文(高麗篇 2)』, 「原州法泉寺智光國師玄妙塔碑文(1085년)」, 356쪽). 탱과 규는 동일한 승려임이 분명하다. 그리고 특정사원에 '住'한 것으로 표현한 것은 대개 주지직을 맡은 것으로 보이나 모든 경우가 그렇다고 단정하기는 힘들다.

여기서는 주지임이 분명치 않은 경우는 가급적 언급을 피하겠다.

주지의 일차적 임무는 講學活動과 參禪指導였다. 주지로서 파견된 승려는 해당 사원에서 교학을 이끌었고, 參禪을 지도하였다. 그러한 능력을 인정받지 못하면 국가로서 곤란한 일이었으므로 역량 있는 승려를 선정하여 주지로 파견하였다. 태조 왕건이 元宗大師를 廣州 天王寺의 주지로 삼자 '居則化矣'라[17] 하였다. 그가 주지로 부임하자 교화가 널리 미쳤음을 전하는 것이다. 원종대사는 출중한 교화능력을 소지한 주지였다. 현종대 玄化寺를 창건하고 나서 三川寺主 王師都僧統 法鏡을 현화사의 주지로 임명하고서 '領衆傳法'케[18] 한 것이 확인된다. 현화사의 승려들을 이끌며 법상종의 교학을 전하게 한 것이다. 正覺僧統도 歸住寺·開泰寺와 海印寺의 住持를 하면서 主講한 것이 보인다.[19] 이처럼 주지는 상당한 교학능력을 가지고 있으면서, 다른 승려들을 지도하고 이끌어 갔다.

圓鑑國師 冲止는 修禪社의 제6세 社主로서 7년간 주지하면서 後進을 가르쳤고 미혹한 무리를 이끌었으며,[20] 普覺國尊 一然은 雲門寺의 주지로 있으면서 '大闡玄風'하였다.[21] 주지로서 부임한 승려가 교학을 이끄는 데 능력을 발휘하며 참선을 잘 지도할 경우, 다른 승려들이 몰려들기도 하였다. 예컨대 寂然禪師 英俊이 福林寺에 주지로 있을 때 1년을 넘기지도 않아 "參禪之徒 繼踵而至"하였다.[22] 그의 참선지도 능력

17) 李智冠譯註, 1995, 『歷代高僧碑文(高麗篇 2)』, 「驪州高達院元宗大師惠眞塔碑文(975년)」, 20쪽.
18) 許興植編著, 1984, 『韓國金石全文(中世上)』, 「開城玄化寺碑(1021년)」, 445쪽.
19) 李智冠譯註, 1996, 『歷代高僧碑文(高麗篇 3)』, 「正覺僧統靈炤墓誌銘(1188년)」, 377쪽.
20) 李智冠譯註, 1997, 『歷代高僧碑文(高麗篇 4)』, 「順天松廣寺圓鑑國師寶明塔碑文(1314년)」, 307쪽.
21) 李智冠譯註, 1997, 『歷代高僧碑文(高麗篇 4)』, 「軍威麟角寺普覺國尊靜照塔碑文(1295년)」, 192쪽.
22) 李智冠譯註, 1995, 『歷代高僧碑文(高麗篇 2)』, 「陝川靈巖寺寂然禪師慈光塔碑

이 소문나서, 다른 사원에 있던 승려까지도 몰려드는 것이다. 眞觀禪師 釋超의 경우, 定宗이 興州 宿水禪院의 주지로 삼자 "架六路之津梁 咸歸正道"하였다고 하며,23) 廣通普濟禪寺의 주지로 있을 때, 역시 1년이 되지 않아서 "競聚千人 洶洶兮"하다고 하였다.24) 戒膺이란 승려가 물러나서 손수 覺華寺를 창건하고서 大開法施하자, 사방의 승려가 몰려들어 하루에도 천백 인에 밑돌지 않았으니 이를 法海龍門이라 불렀다.25) 戒膺이 주지라고 명시되지는 않았지만 그럴 가능성이 높다.26)

普照國師 知訥의 경우 俗人들의 호응도 상당하였음을 전한다. 지눌이 修禪社를 이끌어가는 11년간 도를 닦고 修禪하자 사방의 승려와 속인이 듣고서 몰려들었으며, 심지어 名爵을 던지고 처자를 버리는 이도 있었고, 王公·士庶로서 入社한 이가 수백 명에 달하였다.27) 眞覺國師 慧諶이 지눌의 뒤를 이어 수선사의 제2세 社主가 되어 入院開堂하였을 때 사방의 학자 및 道俗의 高人·逸老가 구름처럼 몰려들어 수선사가 비좁게 되었다.28) 圓鑑國師 冲止가 金海 甘露社의 주지로 있을 때, 역시 충지의 소문을 듣고 감로사에 와 법을 얻은 자가 심히 많았다.29)

유능한 승려가 주지로 와서 교학에 힘쓰고 참선을 제대로 지도할 경

文(1023년)」, 188~189쪽.

23) 李智冠譯註, 1995, 『歷代高僧碑文(高麗篇 2)』, 「山淸智谷寺眞觀禪師悟空塔碑文(981년)」, 127쪽.

24) 李智冠譯註, 1995, 『歷代高僧碑文(高麗篇 2)』, 「山淸智谷寺眞觀禪師悟空塔碑文(981년)」, 128쪽.

25) 李仁老, 「太白山人戒膺」『破閑集』 권中(『高麗名賢集』 2冊, 92쪽).

26) 계응은 각화사의 사주였을 것이다. 그가 창건하고서 사주가 되었는데, 국가에서 임명한 주지는 아닐 것이다.

27) 李智冠譯註, 1997, 『歷代高僧碑文(高麗篇 4)』, 「順天松廣寺圓鑑國師寶明塔碑文(1314년)」, 305~306쪽.

28) 李奎報, 「曹溪山第二世故斷俗寺住持修禪社主贈謚眞覺國師碑銘幷序」『東國李相國集全集』 권35(『韓國文集叢刊』 2冊, 65쪽).

29) 李智冠譯註, 1997, 『歷代高僧碑文(高麗篇 4)』, 「順天松廣寺佛日普照國師碑銘(1213년)」, 59~60쪽.

우 그 사원의 승려에게 큰 도움을 주며, 나아가 외부의 승려들까지도 몰려들게 하였다. 이러한 교학 지도능력을 갖춘 주지의 권위에 대해 다른 승려들이 도전하는 것은 어려운 일이었을 것이다. 국가로서는 이러한 승려를 주지로 파견해야 그 사원 및 소속 승려에 대한 통제를 확고히 할 수 있었고, 나아가 속인까지 몰려들게 할 수 있었다.

주지로서 파견된 승려는 이처럼 교학의 지도에 탁월한 능력을 소지하였다. 그것이 일차적으로 전제되어야 주지로서의 권위가 확고할 수 있었다. 그러한 능력을 의심받거나 도전받는다면 주지의 위상이 동요할 수밖에 없고 임명한 국가의 권위가 실추되는 것이다.

주지는 또한 사원에서 이루어지는 각종 불교행사를 주관하는 위치에 있었다. 歸正寺住持가 圓覺法會를 행한 것이 보인다.[30] 일상적이고 당연한 일이기에 기록으로 전하는 것이 별로 확인되지 않는다. 다만 다른 사원에 가서 행사를 주관하는 예가 여럿 보인다. 이것은 자신이 부임한 사원에서 행사를 주관한 경험이 있고, 행사를 주관할 능력을 인정받았기에 가능한 일이었다. 定印大禪師 志謙이 郁錦寺에 주지로 있을 때 進禮郡에서 설행한 禪會에 왕명을 받아 指南으로 참여한 것이 보인다.[31] 선회를 주관한 경험이 많기에 왕명으로 참여하였을 것이다. 國淸寺 金堂主 釋迦如來像을 중수하였을 때, 낙성에 즈음하여 法護寺住持 大禪師가 자리에 올라 설법하여 국왕의 장수를 축원한 것이 확인된다.[32] 이러한 각종 행사를 주지가 해당사원에서 행했기에 다른 사원의 불교행사에 초빙되어 갈 수 있었던 것이다.

---

30) 李奎報, 「歸正寺住持行圓覺法會疏」 『東國李相國集全集』 권41(『韓國文集叢刊』 2冊, 131~132쪽).

31) 李奎報, 「故華藏寺住持王師定印大禪師追封靜覺國師碑銘」 『東國李相國集全集』 권35(『韓國文集叢刊』 2冊, 62쪽).

32) 閔漬, 「國淸寺金堂主佛釋迦如來舍利靈異記」 『東文選』 권68(民族文化推進會 影印本 2冊, 443쪽).

주지는 또한 사원의 건물을 유지해 가야 할 책무가 있었다. 건물이 유지되지 않으면 사원으로서 기능할 수 없기에, 주지는 사원의 보수·중수라는 중요한 책무를 띠고 있었다. 그것은 忠肅王 후8년(1339)에,

近年 禪敎寺院住持 利其土生 專事爭奪 以致隳壞寺宇[33]

하다는 데서 알 수 있다. 주지가 이익 추구에 몰두해 사원건물이 무너지는 지경에 이르게 했다고 비난하고 있다. 해야 할 일을 소홀히 함을 지적한 것이다. 주지의 중요한 임무는 사원의 건물을 보수·중수하는 일이었다. 주지는 사원의 건물이나 불상, 기타 시설을 보수하고 유지해 가야 할 중요한 임무를 띠고 있었다.

주지로 있으면서 해당 사원을 보수·중수하는 예는 여럿 찾아진다. 尙州 龍巖寺의 경우 주지 雲美가 재목과 기와를 모아 보수한 것이 보이며,[34] 普覺國尊 一然은 주지로 있던 仁弘社가 창건한 지 오래되어 殿宇가 頹圮하자 모두 重新하였으며, 그리고 조정에 알려 仁興社라 改號하게 하였다.[35] 泊良崔禪師의 경우, 주지한 사원마다 경영, 즉 보수·佛事에 힘썼다고 하였다.[36] 大禪師 拙菴의 뒤를 이어 勝蓮寺의 주지가 된 大禪師 覺雲은 중수 완료시점에 밖의 담장을 쌓는 일을 수행하였다.[37] 衿州 安養寺塔이 퇴락했을 때, 住持 大師 惠謙이 문하시중 최영과 더불어 '修而新之'하였다.[38]

---

33) 『高麗史』 권85, 志39 刑法2 禁令 忠肅王 후8년, 亞細亞文化社 影印本(이하 같음), 中册, 865쪽.

34) 『新增東國輿地勝覽』 권28, 尙州牧 佛宇 龍巖寺.

35) 李智冠譯註, 1997, 『歷代高僧碑文(高麗篇 4)』, 「軍威麟角寺普覺國尊靜照塔碑文(1295년)」, 192쪽.

36) 釋宓菴, 「泊良崔禪師祭文」 『東文選』 권109(民族文化推進會 影印本 3册, 354쪽).

37) 李穡, 「勝蓮寺記」 『牧隱藁文藁』 권1(『韓國文集叢刊』 5册, 7쪽).

38) 李崇仁, 「衿州安養寺塔重新記」 『陶隱集』 권4(『韓國文集叢刊』 6册, 589~591쪽).

주지직을 맡은 승려들은 사원의 건물이나 시설을 보수·중수하는 탁월한 능력을 소지하고 있었다. 佛事를 위한 시주를 모으거나, 개인재산을 넉넉히 소지하거나, 혹은 조성에 필요한 기술능력을 보유하고 있었다고 생각된다. 주지로서 그 방면에 탁월한 능력을 소지한 이는 타 사원의 중수·중창에 차출되거나 참여할 수 있었다. 다른 사원의 중수·중창에 참여하는 승려로서 주지직을 띠고 있는 예는 여럿 보인다.

三角山 僧伽崛은 기왓장의 이음새가 어긋나고 처마의 추녀가 반쯤 무너지자 宣宗이 龜山寺住持 禪師 領賢에게 명해 임시로 神穴寺에 거주하면서 보수하는 일을 맡게 하였다.[39] 구산사주지 영현은 중수를 지휘 감독할 수 있는 능력을 소지한 승려로 보인다. 智異山 水精社는 海印寺住持 僧統 翼乘과 功倍寺住持 僧錄 瑩碩이 "大捨私財 以助其費" 하였다.[40] 해인사주지와 공배사주지가 개인재산이 있어 수정사의 중창에 참여하는 것이다. 兜率院은 崇教寺住持 僧統 弘闡이 門下侍中 邵台輔와 더불어 발원해 건립하였다.[41] 숭교사주지 홍천은 재력이 있는 승려이기에, 도솔원의 창건에 참여한 것으로 보인다. 國清寺 龕室 金剛臺를 만드는 일은 盧祐와 더불어 井林寺住持 大禪師 承淑이 힘써 工徒를 감독해 완성하였다.[42] 정림사주지 승숙은 공사를 지휘 감독하는 능력을 소지한 승려로 보인다. 萬義寺는 天台珍丘寺住持 大禪師 混其가 遺址를 보고서 重營하여 새로이 하였다.[43] 진구사주지 혼기는 재력을

혜겸이 주지로서 수행했는지 혹은 그 일을 성취한 후 주지가 되었는지는 분명치 않지만, 전자의 가능성이 크다.

39) 李預, 「三角山重修僧伽崛記」 『東文選』 권64(民族文化推進會 影印本 2冊, 401쪽).

40) 權適, 「智異山水精社記」 『東文選』 권64(民族文化推進會 影印本 2冊, 404쪽).

41) 金富軾, 「兜率院鍾銘幷序」 『東文選』 권49(民族文化推進會 影印本 2冊, 174쪽).

42) 閔漬, 「國淸寺金堂主佛釋迦如來舍利靈異記」 『東文選』 권68(民族文化推進會 影印本 2冊, 443쪽).

43) 權近, 「水原萬義寺祝上華嚴法華法會衆目記」 『陽村集』 권12(『韓國文集叢刊』 7冊, 132쪽).

소지하였기에 만의사를 중창할 수 있었던 것이다. 慈悲嶺 羅漢堂의 경우 左街副僧錄 啓明寺住持 中德 定海가 重新하였다고 한다.[44] 주지들이 傳燈錄의 重刊에 참여한 경우도 있었다. 곧 廣明寺住持 景猊, 開天寺住持 克文, 崛山寺住持 惠湜, 伏巖寺住持 坦宜가 왕명에 의해 전등록을 중간한 일이 있다.[45] 이들 주지는 재력을 보유하였고 경전에 대한 해박한 지식을 소지하였기에 전등록의 중간을 담당한 것으로 보인다.

이처럼 주지들은 부임한 사원을 보수·중수하는 한편, 다른 사원의 佛事에도 참여한 것이다. 다른 사원의 불사에 참여하는 것은 자신이 주지로 있는 사원에서의 임무 수행에 능력을 발휘하고 있기에 가능한 것이었다.

주지는 사원의 위기 상황에 대처해야 하는 책무를 지고 있었다. 왜구가 舍利를 약탈하려고 通度寺를 침략하자 당시 南山宗通度寺住持 圓通無礙辯智大師 月松이 자장이 중국에서 들여온 釋迦如來 頂骨 1개, 舍利 4과, 毗羅金點 袈裟 1벌, 菩提樹 잎 약간을 가지고 개경으로 피난하여 왔다.[46] 위기 상황을 맞아 사원의 일을 처리하는 것 또한 주지의 중요한 능력이었다.

주지는 사원의 대표로서 사원 내의 전반적인 일을 처리할 임무와 권한을 가지고 있었던 것이다. 사원 주지의 책무는 통상 上供佛·下養僧,[47] 供佛僧[48]이라고 일컬어졌지만, 그밖에 담당한 일은 다양하였다. 주지로서 직무를 잘 수행할 경우 높이 평가받았다. 華嚴大師 善懷의 경우 "歷數寺住持 皆號稱職"하다[49] 함은 그러한 표현이었다. 다른 승려를 잘 부

---

44) 李穡, 「慈悲嶺羅漢堂記」『牧隱藁文藁』 권3(『韓國文集叢刊』 5册, 25쪽).
계명사주지 정해가 나한당의 중수를 담당할 당시의 직함이 주지였는지는 불명이다.

45) 李穡, 「傳燈錄序」『牧隱藁文藁』 권7(『韓國文集叢刊』 5册, 58쪽).

46) 李穡, 「梁州通度寺釋迦如來舍利之記」『牧隱藁文藁』 권3(『韓國文集叢刊』 5册, 21~22쪽).

47) 『高麗史節要』 권35, 恭讓王 3년 6월, 896쪽 ; 『高麗史』 권46, 世家46 恭讓王 3년 6월, 上册, 894쪽.

48) 『高麗史節要』 권33, 辛昌 즉위년 12월, 842쪽.

양하고 각종 법회를 잘 거행하고 승려들의 교학·참선을 잘 이끌며, 사원의 건물을 보수·중수를 잘 수행할 때, 그 주지는 유능하다고 평가받았다.

주지는 사원에 대해 상당한 권한을 행사하고 있고, 학문적 능력을 가지고 있었기에, 그리고 사원을 유지 존속시키는 능력을 발휘하고 있었기에, 일반승려들 위에 자리할 수 있었다. 證智首座 觀奧의 경우 주지한 사원이 모두 유명한 것이었는데,

> 其僧衆 敬而畏之 其學者 慕而歸之[50]

하였다. 다른 승려들이 공경하고 두려워하였으며, 배우는 이가 흠모하고 귀의하였다는 것이다. 圓證僧統 德謙은 法泉寺 승려들이 심히 橫恣하다 하여 주지로 파견되었는데, 그가 파견된 지 몇 달이 안 되어 승려들이 '淸肅'해졌다고 하였다.[51] 주지의 승려에 대한 지휘 역량을 보이는 것이다. 기존 승려들이 중앙에서 주지를 파견하는 것에 대해 부담을 느끼는 것은[52] 역으로 파견 온 주지가 기존 승려 위에 군림하는 위치에 있음을 의미한다고 볼 수 있다.

주지는 승계를 띠고 국가에서 파견한 승려이기에 다른 승려를 지도하고 지휘할 수 있었다. 그러한 위치에 있었기에 다른 일반 승려와 동일하게 생활할 경우 칭송받았다. 定印大禪師 志謙의 경우, 대가람의 주지를 역임하였지만, 식사 때에 다른 승려보다 앞서 손수 밥그릇을 들고 서서 기다렸으며, 나쁜 음식과 멀건 국도 다른 승려와 함께 먹었을 뿐 별도의 饌食을 먹지 않았다고 칭송받았다.[53] 眞覺國師 千熙도 金生寺·德泉

49) 尹淮, 「上尨村先生黃相書」『東文選』권63(民族文化推進會 影印本 2冊, 385쪽).
50) 李智冠譯註, 1996, 『歷代高僧碑文(高麗篇 3)』, 「證智首座觀奧墓誌銘(1158년)」, 337쪽.
51) 李智冠譯註, 1996, 『歷代高僧碑文(高麗篇 3)』, 「圓證僧統德謙墓誌銘(1150년)」, 301쪽.
52) 『三國遺事』권3, 塔像4 天龍寺.

寺·符仁寺·開泰寺 등 10여 사원의 주지를 역임하였지만 의복과 음식이 다른 승려와 다름없었고, "操志甚高 參究禪旨"하였다고 높이 평가되었다.[54] 주지들은 다른 승려와 구분되는 대우를 받으면서 막중한 임무를 부여받고 중요한 권한을 행사하고 있었던 것이다.[55]

3. 住持의 寺院經濟 運營

사원의 주지는 설법을 하거나 법회를 주도하고 전각이나 시설의 보수·중수를 담당할 뿐만 아니라 사원의 경제운영에서도 중심적인 구실을 하였다. 고려시기 사원은 상당한 경제력을 보유하고서, 여러 기능을 수행하고 승려들의 생활비를 제공하였다.

사원의 주수입으로서는 토지로부터의 곡물 징수, 고리대의 활동과 각종 상업활동을 통한 이윤이 있었으며, 布施를 이끌어내기 위한 緣化도 중요하였다. 그리고 승려들을 부양하고 각종 법회를 거행하며 건물이나 시설을 보수하는 데 상당한 재정을 지출하였다. 뿐만 아니라 사원에서 설행되는 각종 행사에 참여하는 민인들에게 먹거리를 제공하여야 했으며, 재해 발생 시 빈민을 위한 구휼행사에도 상당한 지출이 필요하였다.[56]

이러한 경제 운영의 중심에 주지가 있었다. 수입을 확대하고 지출의 내역을 결정하는 핵심적인 구실을 주지가 담당하였다. 그러한 경제적 임

---

53) 李奎報, 「故華藏寺住持王師定印大禪師追封靜覺國師碑銘」『東國李相國集全集』 권35(『韓國文集叢刊』 2冊, 63쪽).

54) 李智冠譯註, 1997, 『歷代高僧碑文(高麗篇 4)』, 「水原彰聖寺眞覺國師大覺圓照塔碑文(1386년)」, 490쪽.

55) 李仁老가 승려 惠文이 靑蓮寺 주지가 됨을 축하하는 시를 써 주고 있는데(李仁老, 「喜僧惠文得寺」『東文選』 권9(民族文化推進會 影印本 1冊, 220쪽)), 이것은 주지가 되는 것이 우월한 지위를 얻는 기쁜 일이었기 때문이었을 것이다.

56) 拙稿, 2001, 「高麗時期 寺院의 財政運用」『大覺思想』 4(본서 제1부 제5장 수록).

무를 수행하는 주지이지만 명백히 주지로 표현되어 활동하는 예는 별로 보이지 않는다. 사원의 경제활동을 언급하거나, 승려의 경제활동을 거론하는 경우 대부분 주지가 주도하는 것으로 보는 것이 타당할 것이다.

주지임이 분명히 표시된 승려의 경제활동은 문제가 된 경우에 한해 언급되고 있음이 보통이다. 최우의 아들로서 승려가 되어 문제를 일으킨 萬宗·萬全은 주지로 보인다. 만종과 만전은 기생인 瑞蓮房의 출생인데, 최우가 若先에게 權柄을 전할 경우 이들이 난을 일으킬 것을 염려해 출가시켰다. 그들을 松廣寺에서 머리 깎게 하고 禪師의 僧階를 주었는데, "萬宗住斷俗 萬全住雙峯"하였다고 한다. 여기의 住는 주지의 의미로 보인다. 선사의 승계를 띠고 있고, 타 승려에 대해 영향력을 행사하는 것으로 보아 주지로 봄이 타당할 것이다. 이들은 殖貨를 일로 삼았으며, 金帛이 수만에 달하였다. 또한 경상도에서 축적한 쌀 50여만 석을 貸與하여 取息행위를 하였다.[57] 주지로서 고리대 활동을 어머어마한 규모로, 약탈적인 방식으로 수행하여 문제가 되었다. 주지라는 지위를 이용해, 또 父가 최우라는 배경을 활용해 특권적인 고리대를 운영하는 것이다. 주지의 경우, 이처럼 고리대의 운영에 적극 참여할 수 있는 권한을 가지고 있었다. 정도의 차이가 있지만, 주지는 마음만 먹으면 이러한 고리대 활동에 적극 참여할 수 있었다. 만종과 만전은 규모가 크고 또 침탈의 정도가 심해서 문제된 것인데, 다른 사원의 주지도 그러한 일을 수행하였을 것이다. 적어도 고리대 운영의 핵심적인 권한을 주지가 가지고 있음은 분명한 것이다.

修禪社의 두 번째 社主인 慧諶은 11개의 末寺를 활용해 고리대를 운영하되 國式에 의거하고 불법적으로 하지 말도록 하였는데,[58] 이것 또

57) 『高麗史』 권129, 列傳42 叛逆3 崔怡, 下册, 809쪽 ; 『高麗史節要』 권16, 高宗 27년 12월, 425쪽.

58) 拙稿, 1995, 「高麗 武人執權期 修禪社의 農莊經營」 『典農史論』 1(拙著, 2008, 『高麗後期 寺院經濟 硏究』, 景仁文化社 재수록).

한 사주 곧 주지가 고리대 운영 전반을 주관하고 있음을 알리는 것이다. 森溪縣人 崔山甫가 陰陽術數에 밝았는데, 머리 깎고 本縣의 金剛寺主가 되어 表姪인 倉正 光孝 등과 더불어 '奪掠爲事'하였다.[59] 이 사주는 국가에서 파견한 것이 아닌, 개인 사원의 주지로 보이는데 약탈을 일삼았음을 알 수 있다. 그 약탈에는 고리대를 매개로 한 것도 포함될 것이다.

사원이나 승려가 토지에서 불법적으로 民人을 사역시키는 경우도, 그 핵심적인 구실은 주지가 수행한 것으로 보인다. 명종 18년(1188)에

> 道門僧人 諸處農舍 冒認貢戶良人 以使之 又以麤惡紙布 强與貧民 以取其利[60]

하였다는 것도 역시 주지가 명시되지는 않았지만 주지가 중심이 되어서 수행한 것이 분명하다. 적어도 주지의 묵인 하에 진행된 것은 의심의 여지가 없을 것이다. 승려들이 여러 곳의 農舍에서 貢戶良人을 冒認하여 사역시키거나 질 나쁜 紙布를 강제로 빈민에게 대여해서 이익을 취하는 일은 주지가 직접 행하거나 주지의 지시를 받는 승려가 행했을 것으로 보인다. 토지경영에서 주지가 중요한 위치에 있었음을 추측할 수 있는 것이다. 토지경영과 고리대 수취에서 주지가 중요한 위치에 있었음을 알 수 있다.

충렬왕대의 賜牌田 경영이나 농장 확대에서도 그 중심 구실은 주지가 담당했을 것으로 보인다. 忠烈王 11년(1285) 3월 下旨한 내용에 寺社가 다른 특권층과 마찬가지로 閑田을 차지하고자 하고 국가 또한 務農重穀하는 의미로 사패를 내렸는데, 그러나 사패를 빙자해 주인이 있

---

59) 『高麗史節要』 권15, 高宗 14년 3월, 407쪽.
60) 『高麗史』 권85, 志39 刑法2 禁令 明宗 18년 3월, 中冊, 862쪽.

는 토지까지도 탈점해 폐단이 적지 않다는 것이 보인다.[61] 寺社로 표현되었지만, 실제에서는 사원의 대표인 주지가 그러한 일을 적극 수행하였다고 할 수 있다. 충렬왕 12년 3월에 下旨한 내용에서도 寺社에서 전장에 사람을 보내 齊民을 招集하고 猾吏를 引誘하고 수령에 항거하고 있다는 지적이 있다.[62] 사원이 농장 내에 민인을 끌어들이고 있어 문제가 된 것이다. 역시 주지가 주도해 그런 일을 수행한 것으로 볼 수 있다.

충렬왕 24년 忠宣王이 즉위해 하교한 내용 중에서도 유사한 사실이 확인된다.

寺院及齋醮諸處所 據執兩班田地 冒受賜牌 以爲農場[63]

사원이 여러 곳에서 양반전지를 차지하고서 사패를 받아 농장으로 만들고 있다는 것이다. 농장을 만드는 중심 주체는 역시 주지로 볼 수 있을 것이다.

이처럼 사원의 고리대 운영이나 토지 경영, 나아가 농장의 형성 및 확대에서 주지가 중요한 구실을 하였다. 주지로서 사원 운영에 필요한 재원을 확보하지 않는다면 그것은 직무유기이며, 사원 자체의 유지·존속을 방기하는 일이다. 국가 차원의 기록에서는 문제로 지적되고 있지만, 사원으로서는 그러한 재원의 확보는 매우 중요한 일이었다.

주지는 이렇게 경제력을 무리하게 팽창해 문제만을 일으키는 것이 아니었다. 바람직한 방향으로 재정을 운영하여 민인의 호응을 전폭적으로 얻는 수도 있었다. 俗離寺 住持였던 竀에서 확인할 수 있다. 탱은 文宗의 아들로서 엄청난 재화를 모으고서 사람들에게 후하게 베풀어, 많은 이들이 귀부하였다.[64] 주지의 성향에 따라 재정 운영에는 상당한 차이

61)『高麗史』권78, 志32 食貨1 田制 經理 忠烈王 11년 3월, 中册, 706~707쪽.
62)『高麗史』권85, 志39 刑法2 禁令 忠烈王 12년 3월, 中册, 863~864쪽.
63)『高麗史』권84, 志38 刑法1 職制 忠烈王 24년 정월 忠宣王 卽位, 中册, 844쪽.

가 있었다. 이렇게 민인에게 베풀기를 즐겨하는 주지도 없지 않았던 것이다. 이러한 모습을 보이던 탱은 不軌를 도모했다고 해서 유배당한 뒤 곧 죽임을 당하였다.[65] 탱을 통해서 고려시기 사원 주지로서 베풀기를 즐겨한 부류가 있었음을 확인할 수 있다.

재정 운영을 알뜰하게 하였다고 언급된 승려도 보인다. 圓鑑國師 冲止가 그러하였는데, 그는 수선사의 제6세 社主가 되어 7년간 있으면서

常護惜常住物 不枉用毫氂許[66]

하였다. 항상 상주재산을 아껴 조금도 헛되이 사용하지 않았다는 것이다. 재정운영에 빈틈이 없음을 보이는 것이다. 절약하면서 재정을 운영한 승려가 충지였다.

개인재산을 보유한 주지가 사원에 그것을 희사하는 경우도 있다. 승려의 경우 俗家로부터 토지나 노비 등 재산을 물려받아 개인재산을 가지고 있었는데,[67] 그러한 개인재산을 자신이 주지로 있는 사원에 시납하는 수가 있었다. 修禪社主 乃老(=圓悟國師 天英)가 그러하다. 그는 生父 禮賓卿 梁宅椿에게서 받은 奴 巾三과 그 所生을 修禪社의 丹本大藏寶에 시주하였다.[68]

사원의 경제운영은 주지가 주관하는 것이지만, 주지 밑에서 주지를 보좌하며 실질적으로 경제운영을 담당하는 승려들이 있었다. 신라시기 知莊은 田莊의 관리를 맡았으며,[69] 신라말 고려초 보이는 直歲僧은 사

64) 『高麗史節要』 권7, 睿宗 7년 8월, 202쪽.
65) 위와 같음.
66) 李智冠譯註, 1997, 『歷代高僧碑文(高麗篇 4)』, 「松廣寺圓鑑國師寶明塔碑文(1314년)」, 307쪽.
67) 拙稿, 2001, 「高麗時期 僧侶의 個人財產」 『典農史論』 7(본서 제2부 제2장 수록).
68) 노명호외, 2000, 『韓國古代中世古文書研究』上, 「修禪社乃老宣傳消息(1281년)」, 서울대출판부, 18~21쪽.

원의 경제운영을 담당한 존재로 여겨진다.[70] 지장과 직세승은 주지의 지시를 받으면서 임무를 수행하는 승려였다. 만종과 만전이 주지로서 고리대를 운영할 때 실제에서는 門徒로 표현되는 無賴僧이 각 지역을 돌아다니며 취식행위를 하였다. 그 승려들에게 일정한 직함이 부여되었을 것은 당연한 일일 것이다. 그 가운데 악랄한 수탈을 자행하던 인물로 通知가 확인된다.[71] 이 통지는 승려로서 만전의 지시를 받아 고리대를 운영하였는데 그 횡자함이 가장 심하였다. 이처럼 주지의 지휘를 받으면서 경제운영에 참여한 승려들은 어느 사원에서나 존재하였을 것으로 보인다.

고려후기 사패전을 확대할 때 田庄에 有職人員과 殿前上守를 파견함이 보이는데,[72] 이들도 주지의 지시를 받아 활동하는 존재였을 것이다. 園頭와 院主라는 직임을 띤 定慧寺의 승려가 사원경제 운영과 관련해 주목된다.[73] 원두는 풀을 깎다가 넘어져 다친 승려로서 경작활동을 담당하였던 것으로 보이며, 원주는 식량이 떨어질 것을 걱정하고 있어 부엌 살림살이를 맡은 승려로 보인다. 원두·원주의 직을 맡은 두 승려는 주지의 지시를 받으면서 재정운영 실무의 일부를 담당하였을 것이다. 조선초 長城 白巖寺의 寶를 운영하던 寶長도 역시 주지의 지시를 받아 고리대 운영을 담당한 승려였을 것이다.[74] 사원의 구체적인 경제운영은 주지의 지시를 받으면서 여러 승려들이 분장하였을 것으로 추측되지만, 그 직명이나 분장업무의 자세한 내용을 파악할 수 없다.

사원의 경제운영에 속인이 참여하는 예도 적지 않다. 특히 고리대의 경우 俗人이나 官에서 맡아서 운영하는 예가 여럿 보인다. 성종대에 崔

---

69) 『三國遺事』 권3, 塔像4 洛山二大聖 觀音 正趣 調信.
70) 蔡尙植, 1982, 앞의 논문 ; 金在應, 1994, 앞의 논문.
71) 『高麗史節要』 권16, 高宗 27년 12월, 425~426쪽.
72) 『高麗史』 권85, 志39 刑法2 禁令 忠烈王 12년 3월, 中册, 863~864쪽.
73) 冲止, 「鷄峯苦」 『圓鑑國師歌頌』(『韓國佛教全書』 6册, 393쪽).
74) 拙稿, 1997, 「高麗末 朝鮮初 白羊寺의 重創과 經濟問題」 『韓國史研究』 99·100합집(拙著, 2008, 『高麗後期 寺院經濟 研究』, 景仁文化社 재수록).

承老가 올린 시무책의 내용 가운데, "佛寶 錢穀을 여러 사원의 승려가 각각 州郡에서 사람을 차정해 맡겨 해마다 이자를 늘린다."라는[75] 데서 엿볼 수 있다. 승려들이 각각 주군에 사람을 차정해 맡겨서 이자를 취하고 있다는 것인데, 그 일을 맡은 사람은 승려이기보다 속인으로 보는 것이 타당할 것이다. 崔忠獻이 권력을 잡고 올린 봉사10조에서도 "폐하께서 칙을 내려 內臣으로 하여금 三寶를 관장토록 하고 곡식으로써 민에게 이식을 취하는 데 그 폐단이 작지 않다."는[76] 것이 보인다. 여기에서도 승려가 아닌 속인이 고리대 운영을 담당한 것으로 추측된다. 그리고 공민왕이 正陵 옆의 光巖寺에서 魯國公主의 명복을 빌게 하면서, 포 15,293필을 마련해 州郡에 분급하여 그 액수의 다소에 따라 이식을 취하였다.[77] 주군에 포를 나누어 주고서 이자를 취하도록 한 것이다. 당연히 그 운영은 지방관을 중심으로 한 俗人이 담당하였을 것이다. 崔瀣가 금강산 소재의 사원에 관해 '典寶有官'이라 하였는데,[78] 이는 보를 관인이 맡아 운영하는 것을 표현한 것이다. 지방 행정계통의 지원을 받으면서 고리대를 운영하는 것이다. 이렇게 운영해 확보한 이자는 사원에 보냈을 것이다. 사원의 주지가 직접 운영하는 것은 아니지만 지방관이 주지와 협의하여 운영하였을 것은 당연한 일일 것이다. 지방관이 아닌 속인이 사원의 고리대를 운영할 경우에도 주지의 지시와 감독을 받았을 것이다.

동일한 사원이라 하디라도 주지의 성향에 따라 경제운영에 차이가 있었다. 토지의 확대에 힘쓰거나 고리대 운영에 몰두하는 주지가 있는가 하면, 그렇지 않고 베풀기를 즐겨하는 주지도 있었다. 혹은 사원의 경제

---

75) 『高麗史節要』 권2, 成宗 원년 6월, 46쪽.

76) 『高麗史』 권129, 列傳42 叛逆3 崔忠獻, 下册, 791쪽.

77) 『高麗史』 권89, 列傳2 后妃2 魯國大長公主, 下册, 34쪽 ; 『高麗史節要』 권29, 恭愍王 19년 5월, 732쪽.

78) 崔瀣, 「送僧禪智遊金剛山序」 『拙藁千百』 권1(『韓國文集叢刊』 3册, 13~14쪽).

살림살이를 알뜰하게 하는 주지도 있었다. 주지의 성향이 경제운영에 큰 차이를 가져오는 것이다. 또한 사원의 경제사정 자체가 주지의 경제활동을 규정하기도 하였다. 주지가 제대로 임무를 수행하지 못하는 데다가 재력까지 빈곤해지면 승려들이 그 사원을 떠남을 神孝寺에서 확인할 수 있다.[79] 사원이 신효사처럼 재정적으로 심한 어려움에 처해 있을 경우 주지는 경제확대에 몰입하지 않을 수 없으며, 반대로 풍족할 경우 주지의 경제운영도 여유가 있을 수 있는 것이다.

4. 住持制 運營의 파행과 住持의 財產蓄積

고려후기 사원경제가 많은 문제를 드러내자 정치적으로 민감한 주장들이 제기되었다. 이때 사원경제의 문제는 주지의 활동과 관련해 제기되는 수가 많았다. 사원경제의 중심에 주지문제가 자리하고 있다는 지적이었다. 주지의 문제는 주지 임용제의 문란, 주지의 임무 소홀, 그리고 주지가 寺物을 私物化하는 것으로 집약할 수 있다.

주지임명권은 국가가 장악하는 것이었다. 다만 극히 일부의 사원에 대해서는 특혜를 부여해 스스로 주지를 이어갈 수 있도록 배려하였다. 반면에 개인이 사적으로 세운 사원은 사사로이 주지를 이어갈 수 있었는데, 이 경우도 국가가 관장해 가려 했다. 주지 임용제는 대체로 이러한 방향으로 운영되고 있었는데, 고려후기가 되면서 매우 파행적으로 운영되었다. 뇌물에 의해, 사사로운 관계에 의해 주지가 임용되는 일이 빈번해졌다. 이것은 주지 임용에 한정하지 않고 불교계 전반에 걸쳐 허다한 문제를 초래하는 것이었다.

---

79) 고려후기 神孝寺의 경우 처음에는 재정 수입이 넉넉하였으나 점차 줄어들자, 승려들이 걸식하게 되었고 마침내 승려들이 다른 사원으로 떠나버렸다고 한다(李穀, 「神孝寺新置常住記」『稼亭集』 권5(『韓國文集叢刊』 3冊, 128쪽)).

그것은 의종대부터 분명히 확인된다. 의종 11년(1157) 摠持寺住持 懷正이라는 승려는 呪噤으로써 의종의 총애를 받고 있었는데, 職賞을 구하는 승려들이 회정에게 붙어 뇌물을 바치니, 회정이 심히 탐욕스럽고 비루하였다.80) 職賞 가운데는 住持職이 포함될 것은 분명하다. 뇌물을 써서 주지가 되는 경우, 그 주지가 사원에 가서 재물의 증식에 몰두하는 것은 당연한 일이었다. 또 일반 승려 위에 군림하면서 사원을 자의적으로 운영하게 됨도 필지의 추세라고 할 수 있겠다.

승정운영에 뇌물이 횡행함은 明宗代에도 보인다. 당시 嬖妾의 자를 小君이라 불렀는데, 이들을 머리 깎게 하고서 유명사원의 주지로 삼았다. 일을 처리함에 뇌물을 받으므로 요행을 바라는 자가 다수 이들에게 부회하였다.81) 승려가 된 소군에게 뇌물을 바친 이들은 아마 주지를 희망하거나, 더 나은 사원의 주지를 희망하는 자들이 포함될 것이다.

의종대와 명종대의 주지 문제는 특정 승려를 중심으로 발생한 문제였다. 충렬왕대에는 국왕 자신이 승정운영을 파행으로 이끌었다. 충렬왕 7년(1281) 승려 200여 인에게 승계를 내리는 조치가 있었다.82) 아마 몽고와의 전쟁 이후 개경으로 환도하고 나서 승려들의 호응을 끌기 위한 조치로 보인다. 주로 승계와 관련된 조치로 보이지만 주지임명과 무관할 수는 없을 것이다. 같은 해 6월에 국왕이 慶州에 행차해서 僧批를 내렸을 때,

> 僧輩 以綾羅賂左右得職 人謂羅禪師綾首座 娶妻居室者居半83)

이었다고 한다. 승려들이 綾羅로써 좌우에 뇌물을 써서 직을 얻으니 사

---

80) 『高麗史』 권18, 世家18 毅宗 11년 8월, 上册, 368쪽.
81) 『高麗史節要』 권13, 明宗 22년 10월, 354쪽.
82) 『高麗史』 권29, 世家29 忠烈王 7년 2월, 上册, 603쪽.
83) 『高麗史』 권29, 世家29 忠烈王 7년 6월, 上册, 604쪽.

람들이 나선사·능수좌라 하였으며, 娶妻居室者가 半이었다고 한다. 자격이 없는 하급승려들이 뇌물을 써서 승계를 받고 있는 것이다. 승계를 받으면 주지로 임명될 수 있기에, 주지직의 혼란으로 이어질 소지가 컸다.

충렬왕대 허다한 승직의 제수가 있었기에, 충렬왕 24년 충선왕이 즉위하여 내린 교서에서는 승려에게 지나치게 직이 수여되어 그것이 망국패가를 초래한다는 俗言까지 등장하였다고 하고서, 이후로는 法德이 출중한 이에 한해 법호를 더하라고 하였다.[84] 또한 충선왕이 하교한 내용 중에

共議寺社住持 率以貨賂濫得[85]

하고 있다고 지적한 것이 있다. 사원의 주지직이 뇌물에 의해 임명되고 있는 것이다. 뇌물을 써서 주지가 된 경우 그 주지가 치부활동에 몰두하게 됨은 당연한 일이었다. 그리고 개인적인 치부를 위해서는 큰 사원이 더욱 유리하였다. 昌王 즉위년(1388) 12월 趙仁沃이 상소한 내용 중에 "근래에 승도들이 권세가에 뇌물을 써서 巨刹을 希求한다."고[86] 함이 그것을 단적으로 표현한 것이었다.

주지 임용제의 원칙이 동요하고 있음은 府의 설치를 통해서도 확인된다. 주지 임명은 국가가 관장하는 것이어서 특정 승려가 자의적으로 처리할 수 있는 것이 아니었다. 그런데 특정 승려에게 府를 설치해 승정을 일임함이 보이는데, 그것은 특정 승려에 대한 예우일지 몰라도 국가에서

84) 『高麗史』 권33, 世家33 忠烈王 24년 忠宣王 즉위년 1월, 上冊, 672쪽.
忠肅王 원년(1314)에도 '時僧俗多有濫受職者'라고(『高麗史』 권34, 世家34 忠肅王 원년 정월, 上冊, 696쪽) 해 僧政이 여전히 파행적으로 운영되고 있음을 알 수 있다.
85) 『高麗史』 권84, 志38 刑法1 職制 忠烈王 24년 정월, 中冊, 843쪽.
86) 『高麗史節要』 권33, 辛昌 즉위년 12월, 842쪽.

승정을 직접 운영하는 것을 포기하는 의미를 갖는다.

승려에게 부를 설치해 준 것은 慈淨國尊과 普愚, 千熙에서 확인된다. 법상종 승려인 자정국존을 위해, 충숙왕 2년(1315) 국왕의 명으로 懺悔府를 설치해 별도로 銀印을 주조해 승정을 관장하게 하였다.[87] 승계의 제수는 물론 주지임명도 그가 주관한 것으로 보인다. 국왕이 장악한 주지임명권을 특정 승려에게 넘겨 준 것으로, 주지 임용의 동요를 뜻하는 것으로 이해할 수 있다.

공민왕 5년(1356) 왕이 보우를 왕사로 임명하고서 廣明寺에 圓融府를 설치해 요속으로 장관 정3품을 두었고, 금옥으로 그릇을 만들었으며, 모든 쓰임을 갖추도록 하였다.[88] 관속으로 左右司尹·丞·舍人·注簿·左右寶馬陪·指諭·行首가 있음을 확인할 수 있다.[89] 이 원융부에서도 승정을 전담한 것으로 보인다.

> 時僧徒求寺者 皆附愚干請 王曰 自今 禪敎宗門寺社住持 聽師注擬 寡人但下除目爾 於是 僧徒爭爲門徒 不可勝計[90]

선교 종문 사원의 주지 임명권을 보우에게 일임하고 있는 것이다. 보우는 원융부를 통해 주지를 임명하였을 것이다. 眞覺國師 千熙에게도 府를 설치해 주고 있음이 보인다. 공민왕 16년 왕이 진각국사를 맞이해 國師로 봉하고서

---

87) 李智冠譯註, 1997, 『歷代高僧碑文(高麗篇 4)』, 「報恩法住寺慈淨國尊普明塔碑文(1342년)」, 326쪽.

88) 維昌, 「高麗國國師大曹溪嗣祖傳佛心印行解妙嚴悲智圓融贊理王化扶宗樹敎大願普濟一國大宗師摩訶悉多羅利雄尊者諡圓證行狀」『太古和尙語錄』 권下(『韓國佛敎全書』 6冊, 698쪽).

89) 『高麗史』 권39, 世家39 恭愍王 5년 4월, 上冊, 770쪽.

90) 『高麗史』 권39, 世家39 恭愍王 5년 5월, 上冊, 770쪽.

置府設寮屬 賜印章法服[91]

하였다 함이 그것이다. 역시 주지 임명을 비롯한 승정 운영을 일임한 것으로 보인다. 부를 설치해 주지 임용을 전담토록 한 것은 그 특정 승려를 대단히 존숭한다는 의미를 갖는 것이었지만, 국가로서는 승정 운영, 주지 선임을 포기한다는 것을 뜻하는 것이다. 無畏國統 丁午가 共議事를 주관하는 것도[92] 국가에서 주지제 운영을 제대로 하지 못함을 의미하는 것이다.

때때로 주지로 임용받고서 본 사원에 가지 않고 멀리 떨어져 있는 수도 있었다. 주지는 당연히 직접 부임해 해당 사원을 운영해 가는 것이 원칙이었지만, 개경에 있으면서 멀리서 지시하는 수도 있었다.

普愚의 경우 辛旽 제거 이후 다시 국사로 봉해지고 法號가 더해졌는데, 이때 공민왕은 瑩原寺 주지를 맡아 줄 것을 요청하였으나 보우는 병으로 사양하였다. 그런데 '有旨遙領寺事者七年'하였다. 국왕의 旨에 의해 영원사에 부임해 가지 않고 멀리서 寺事를 지시한 것이 7년이었다는 것이다. 그러다가 우왕 4년(1378)에 왕명으로 영원사에 1년 있다가 개경으로 왔다.[93] 주지는 당연히 그 사원에 직접 거주함이 원칙이었지만, 보우는 가지 않고 개경에 있으면서 지시하는 것이다. 이러한 일은 왕자로서 주지를 할 경우에 있을 수 있었다. 숙종의 4자인 圓明國社 澄儼은 숙종 8년(1103)에 重光寺의 주지로 명받았고 예종대에는 누차 洪圓寺·開泰寺·歸信寺의 주지를 맡았으며, 예종 13년(1118)에 特詔에 의

91) 李智冠譯註, 1997, 『歷代高僧碑文(高麗篇 4)』, 「水原彰聖寺眞覺國師大覺圓照塔碑文(1386년)」, 490쪽.

92) 許興植, 2004, 『고려의 문화전통과 사회사상』, 「丁午의 사업과 계승」, 집문당, 192쪽.

93) 維昌, 「高麗國國師大曹溪嗣祖傳佛心印行解妙嚴悲智圓融贊理王化扶宗樹敎大願普濟一國大宗師摩訶悉多羅利雄尊者諡圓證行狀」 『太古和尙語錄』 권下 (『韓國佛敎全書』 6책, 699쪽).

해 興王寺 주지를 맡았고, 예종 14년에는 홍왕사 주지를 사퇴하고 旨에 의해 崇善寺의 주지로 옮겼으며, 예종 16년에는 다시 귀신사의 주지를 맡았다. 징엄은 비록 유명사원을 두루 주지하였지만, 종실이기 때문에 개경에 있으면서 멀리서 지시만 했을 뿐이라고 하였다.[94] 종실 출신의 승려에게나 있을 수 있는 이러한 일이 다른 승려에서도 보인다는 것은 주지제 운영이 심히 동요함을 뜻하는 것으로 파악된다. 그리고 한 사원에서 주지를 11년간이나 장기적으로 역임하는 경우가 보이는 것[95] 역시 주지제 운영이 정상적이 아니었음을 말해준다.

때때로 주지의 파견이 중단되는 수도 있었다. 사정이 열악한 퇴락 사원이나 소규모의 사원의 경우 그러하였다. 靈鳳山 龍巖寺의 경우 '住持者無恒'[96]이라고 하였다. 주지가 때때로 파견되지 않는 때가 있었음을 알 수 있다. 퇴락한 사원, 경제력이 빈곤한 사원의 경우 주지의 파견이 중단되는 수가 적지 않았을 것이며, 주지가 파견되지 않음에 따라 그 사원은 더욱 퇴락하여 亡廢의 지경에 이르는 수가 있었을 것이다.

사원을 둘러싼 분규가 빈번하였는데, 실은 주지직과 관련되는 수가 많았다. 분쟁을 막는 것은 주지제를 합리적으로 제대로 운영할 때 가능한 일이었다. 주지직이 갖는 속성이 이러하기에 이미 太祖가 訓要10條에서부터 언급하고 있다. 國家大業이 諸佛의 護衛함에 힘입었다고 하면서 이에 각 사원에 주지를 파견하여 焚修하면서 각 業을 닦게 하였는데, 후세에 姦臣이 집정해서 승려의 요청에 따라 사원을 서로 다투어 빼

---

94) 李智冠譯註, 1996, 『歷代高僧碑文(高麗篇 3)』, 「興王寺圓明國師墓誌銘(1141년)」, 226~227쪽.

95) 大禪師 乃明은 五冠山 興聖寺의 주지직을 11년이나 역임하였다(李穡, 「五冠山興聖寺轉藏法會記」『牧隱藁文藁』 권2(『韓國文集叢刊』 5冊, 17쪽)). 許興植교수는 주지의 임기는 5~9년이고, 구체적으로는 3~5년인 예가 많다고 하였다(許興植, 1986, 『高麗佛敎史硏究』, 一潮閣, 341쪽).

96) 朴全之, 「靈鳳山龍巖寺重創記」『東文選』 권68(民族文化推進會 影印本 2冊, 444쪽).

앗지 말라고 권계하였다.[97] 사원을 빼앗는다는 것은 곧 그 사원의 주지가 되거나 주지 선임권을 장악함을 의미하는 것이다.

주지제가 파행적으로 운영됨은 곧 사원의 쟁탈이 극심해짐을 뜻하는 것이다. 충숙왕 후8년(1339) 監察司 牓示禁令 가운데, 근래에 선교 사원의 주지들이 토산을 이롭게 여겨 쟁탈을 일삼는다는 지적이 있다.[98] 쟁탈을 일삼는 것은 寺產을 둘러싼 것도 있을 수 있지만, 주지직을 둘러싼 것도 적지 않을 것이다.

水原 萬義寺에서 전개된 분규도 住持職을 둘러싼 것이었다. 天台珍丘寺住持 大禪師 混其가 중창하고서, 이어 三藏琁公이 주관함으로써 天台宗이 作法하는 社가 되었다.[99] 토지와 노비가 있어 이익을 탐내는 무리가 차지하고자 하였는데,

比者 天台曹溪 互差住持 厥後曹溪 仍欲奪而有之 訟于法司[100]

하였다. 근래에 천태종과 조계종에서 교대로 주지를 보냈는데, 그 후 조계종에서 차지하고자 하여 법사에 소송을 제기한 것이다. 만의사를 둘러싼 분규는 결국 주지직을 둘러싼 것이다. 이 시기 사원을 둘러싼 분규가 극심하였는데, 그 실상은 이처럼 주지직을 둘러싼 것이었다. 주지임명제의 파탄은 결국 사원의 분규로 귀결되는 것이었다.

고려후기에 이처럼 주지제 운영이 많은 문제를 드러내고 있었다. 뿐만 아니라 파견된 주지가 제몫을 하지 못하는 수도 적지 않았다. 자질이 떨어지는 주지, 능력이 부족한 주지, 탐욕을 부리는 주지가 파견되기 때

97) 『高麗史』 권2, 世家2 太祖 26년 上冊, 55쪽.
98) 『高麗史』 권85, 志39 刑法2 禁令 忠肅王 후8년, 中冊, 865쪽.
99) 混其는 趙仁規의 兄이며, 三藏琁公의 伯父이다(황인규, 2003, 『고려후기·조선초 불교사 연구』, 혜안, 240쪽).
100) 權近, 「水原萬義寺祝上華嚴法華法會衆目記」 『陽村集』 권12(『韓國文集叢刊』 7冊, 132쪽).

문이었다.

禪源寺 毗盧殿의 경우 화재로 불탄 것을 다시 회복하였지만, 丹靑이 이루어지지 못하였다. 금벽을 만들지 못했고 누추했으나, 主法, 곧 주지가 3대 바뀌도록 제대로 단청을 하지 못하였다고 지적하였다.101) 주지 개인만의 책임은 아닐 것이다. 사원의 경제력 자체도 문제였을 것이다. 그렇더라도 주지가 적극적으로 임하였다면 단청을 완료할 수 있었을 것이다.

龍頭山 金藏寺 金堂主 彌勒三尊像의 경우도 改金하지 못하였는데, 그 주된 책임은 주지에게 있었다. 그 사이에 주지로 거쳐 간 이가 많았고, 왕래하면서 보고 禮를 한 이도 한두 명이 아니었지만, 그냥 지나쳤을 뿐 보수하지 않았다고 하였다.102) 개금하지 않은 중심 책임은 주지에게 있었다는 것이다. 이 두 사원은 주지가 파견되고 있었음에도 불구하고 단청을 하지 못하거나 개금을 하지 않고 있었다. 주지가 사원의 건물이나 시설을 유지 보수하는 일에 소홀하고 있음을 단적으로 말하는 것이다.

주지의 파견이 종종 중단될 경우 사원 전각의 퇴락은 더욱 심각하였다. 영봉산 龍巖寺의 경우 조영한 지가 오래되고, 또 주지가 항상 파견되는 것이 아니어서 퇴락하였다고 한다. 곧 건물이 무너지고 불상이 벗겨졌으며, 대장경이 썩고 파손되었다는 것이다.103) 주지가 항상 파견되는 것이 아니고, 또 주지로 온 이도 보수에 힘쓰지 않았기에 사원의 전각이나 시설, 대장경이 무너지고 파손되었다.

주지가 사원의 전각이나 시설에 힘쓰지 않음은 곧 주지의 중요한 임

101) 釋息影庵, 「禪源寺毗盧殿丹靑記」 『東文選』 권65(民族文化推進會 影印本 2冊, 415쪽).
102) 李慥, 「龍頭山金藏寺金堂主彌勒三尊改金記」 『東文選』 권68(民族文化推進會 影印本 2冊, 441쪽).
103) 朴全之, 「靈鳳山龍巖寺重創記」 『東文選』 권68(民族文化推進會 影印本 2冊, 444쪽).

무를 방기하는 것이었다. 충숙왕 후8년(1339) 근년에 선교 사원의 주지가 쟁탈에 힘써 사원이 무너지게 되었다는 것은,[104] 주지들이 사원의 유지, 사원 전각의 보수·중수에 힘쓰지 않음을 지적한 것이다. 주지제 운영이 파행적으로 이루어지면서 파견된 주지가 사원의 보수에 힘쓰지 않는다는 것이다. 주지제 운영이 파행적으로 이루어질 때, 주지가 제 소임을 충실히 할 것을 기대할 수 없는 것이다.

그렇기에 주지를 사사로이 이어가는 白巖寺가 국가에서 주지를 파견하는 사원보다 폐단이 없이 잘 유지되어 갔다는 지적이 나오고 있다. 즉 官籍에 기록되어 있는 사원이 주지가 無時로 정해졌다 쫓겨감으로써 역할을 제대로 하지 못하여 퇴폐한 경우가 종종 있으나, 백암사는 승려들이 마땅한 사람을 골라 주지를 맡겼기 때문에 오래 전해 가면서도 폐단이 없으니 가상하다고 하였다.[105] 당시 국가에서 주지를 파견하는 사원이 오히려 폐단이 커서 퇴폐함에 이를 수 있다는 것은, 당시 주지제 운영의 문제점을 지적한 것이라 할 수 있겠다.

주지제 운영의 문란과 짝하여 주지가 사원의 재물을 개인재산으로 만들어버리는 일도 허다하였다. 주지의 임명이 뇌물에 의해 이루어지고, 주지가 된 승려는 개인적 부의 증식을 위해 노력하며, 재력을 보유한 주지는 큰 사원의 주지가 되거나 다른 사원의 초빙을 받는 수가 많았다. 승려의 개인재산은 여러 계기로 형성되는 것이었지만, 주지직을 수행하면서 사원의 공공재물을 개인재산으로 삼는 수가 흔하였다. 寺物의 私物化인 것이다. 『高麗史』 刑法志에 따르면, 승려로서 사원의 미곡을 도둑질한 경우, 歸鄕시켜 編戶에 충당하도록 규정하였다.[106] 주지에게도 동일한 규정이 적용되었을 것이지만, 처벌된 주지의 예는 보이지 않는다.

---

104) 『高麗史』 권85, 志39 刑法2 禁令 忠肅王 후8년, 中冊, 865쪽.
105) 鄭道傳, 「白巖山淨土寺橋樓記」 『朝鮮寺刹史料』 上, 171~173쪽.
106) 『高麗史』 권84, 志38 刑法1 職制, 中冊, 840쪽.

주지는 사원 재정운영의 핵심담당자였기에, 사원의 재물을 개인재산처럼 사용할 소지는 컸고, 실제로 그러한 일이 빈번했던 것으로 보인다. 이미 무인집권기에 사원의 三剛司存에게 내린 글에 그런 모습이 보인다. 사원의 살림을 맡은 삼강사존이, 사원의 노비를 家奴와 다를 바 없는 것으로 여기고 있고, 사원의 재물을 私物과 동일시하고 있다는 것이다.[107] 삼강사존은 사원의 살림을 맡은 승려를 지칭하겠지만, 실제로는 주지를 가리키는 것으로 보인다.

주지가 사원의 수입을 자신의 개인재산으로 삼는 일은 고려말에 종종 언급되고 있다. 昌王 즉위년(1388) 12월에 典法判書 趙仁沃이 상소한 내용 중에, 근래에 승도들이 스승의 寡慾하라는 가르침을 따르지 않고, 토지로부터의 租와 노비로부터의 傭으로 佛僧을 공양하지 않고, 자신을 부유케 한다는 지적이 있었다.[108] 결국 사원의 수입을 개인의 것으로 삼는다는 것이다. 여기의 승도는 주로 주지를 지칭한 것이 분명하다.[109] 恭讓王 3년(1391) 6월 前典醫副正 金瑛의 上書에서도 근래 무식한 승려들이 民土의 산물을 거두고 스스로의 업을 영위할 뿐 위로는 부처를 공양하지 않고 아래로는 승려를 부양하지 않는다고 하였다.[110] 부처를 공양하고 승려를 부양하는 책임이 주지에 있는 것이므로, 토지의 소출을 거두어 자신의 업을 도모하는 승려는 주지임이 확실하다.

주지로 파견된 승려들은 이처럼 사원의 수입을 자신의 것으로 사용하는 수가 많았다. 토지의 소출과 노비의 貢을 멋대로 사용한다는 구체적

107) 崔洪胤, 「勸誡諸寺院三剛司存敎書」『東文選』 권23(民族文化推進會 影印本 1冊, 399쪽).

108) 『高麗史節要』 권33, 辛昌 즉위년 12월, 842쪽.

109) 위의 기사에 이어서 뇌물을 사용해 巨刹을 희구한다는 것에서, 또 土田之租와 奴婢之傭을 所在官이 거두어 승도수에 따라 지급하고 住持가 竊用하는 것을 금하도록 하라는 것에서 분명하다(『高麗史節要』 권33, 辛昌 즉위년 12월, 842쪽).

110) 『高麗史節要』 권35, 恭讓王 3년 6월, 896쪽 ; 『高麗史』 권46, 世家46 恭讓王 3년 6월, 上冊, 894쪽.

인 언급도 있었다.

貪名慕利之徒 爭望諸寺住持 土田之租 奴婢之貢 以爲私用[111)]

곧 이름을 탐하고 이익을 꾀하는 무리가 주지가 되기를 다투어 바라고, 주지가 되어서는 토전조와 노비공을 사적인 용도로 써 버린다는 것이다. 이는 곧 주지가 사원의 재정 수입을 자신의 재산으로 삼고 있음을 지적한 것이다.

고려말 주지가 사원의 보수·중수와 승려의 공양을 소홀히하면서 개인적인 치부에 몰두하는 일이 매우 흔하였던 것이다. 그렇기에

爲住持者 或擁婢妾 其豪富勝於公卿[112)]

하다는 지적이 나올 수 있는 것이다. 개인재산을 축적한 승려가 다수 확인되는데, 대개의 경우 주지직을 수행함으로써 그것을 확보한 것으로 볼 수 있다.[113)]

주지의 임용이 뇌물로써 이루어지고, 주지가 제 기능을 하지 못하고 이익추구에 몰두하는 여건 속에서, 주지가 되지 않으려는 승려들도 속출하였다. 주지가 되면 어쩔 수 없이 이익추구에 몰입하지 않을 수 없는 사정이었기에, 주지직을 고사하는 승려들이 빈출하였다. 많은 경우 수행에 지장이 있어, 주지직을 固辭하였지만, 주지직이 갖는 여건이 이러하

---

111) 『世宗實錄』 권82, 世宗 20년 7월 辛卯, 4冊, 153쪽.

112) 成俔, 『慵齋叢話』 권8.

113) 그런데 泊良崔禪師의 경우 여러 사원의 주지를 역임하면서 經營에 힘쓰고 시종 지조를 지켜 옥같이 깨끗하고 얼음같이 맑았으며, '囊無一錢'하여도 徒弟들이 몰려들었다고 한다(釋宓菴, 「泊良崔禪師祭文」 『東文選』 권109(民族文化推進會 影印本 3冊, 354쪽)). 최선사는 당시 매우 이례적인 주지의 모습을 보여주고 있기에 제자들이 몰려드는 것이다.

였기에 사양한 것으로 이해된다. 수행을 중시하는 승려일수록 더욱 고사하였다.

인종대에 廣智大禪師 之印은 禪師의 僧階를 받아 위치가 높아갔지만 번거롭고 화려함을 싫어하여 글을 올려 주지를 피하고 산림에 몸을 의탁하고자 하였다.[114] 圓眞國師의 경우 淸平山 文殊寺, 雪嶽의 寒溪寺에 주지하도록 命받았지만 모두 固辭하고 나아가지 않다가, 淸河縣의 寶鏡寺 주지를 강요하자 마지못해 부임하였다.[115] 주지직을 사양하는 일은 13세기 이후 자주 보인다. 비슷한 시기에 眞覺國師 慧諶도 斷俗寺를 주지하도록 詔가 있었는데 여러 차례 사양하였으나 윤허받지 못하다가 다음해 부임한 일이 있었다.[116] 眞明國師 混元도 "不欲作住持人 但隨處演道"하였으며, 선원사의 主盟으로 불려갔으나 여러 번 환산하기를 청하였지만, 국왕이 불허하였다.[117]

無畏國統의 경우 마지못해 주지를 하면서도 본래 주지가 되지 않기로 맹세하였는데 지금 면치 못하고 주지를 맡는다고 하였다.[118] 幻菴은 공민왕이 재차 大寺의 주지가 되기를 청하였으나, 모두 사양하였으며, 비록 강제로 핍박하여 주지를 맡도록 하였지만 오래지 않아 버리고 가버렸다.[119] 강제로 핍박해서 맡겨도 오래지 않아 버리고 가버렸다는 것이다. 華嚴宗師 友雲은 주지를 역임하다가 물러나 山水 사이에서 5, 6년

---

114) 李智冠譯註, 1996, 『歷代高僧碑文(高麗篇 3)』, 「廣智大禪師之印墓誌銘(1158년)」, 348쪽.

115) 李智冠譯註, 1997, 『歷代高僧碑文(高麗篇 4)』, 「淸河寶鏡寺圓眞國師碑文(1224년)」, 95쪽.

116) 李奎報, 「曹溪山第二世故斷俗寺住持修禪社主贈諡眞覺國師碑銘并序」 『東國李相國集全集』 권35(『韓國文集叢刊』 2冊, 66쪽).

117) 金坵, 「臥龍山慈雲寺王師贈諡眞明國師碑銘并序」 『止浦集』 권3(『韓國文集叢刊』 2冊, 363쪽).

118) 朴全之, 「靈鳳山龍巖寺重創記」 『東文選』 권68(民族文化推進會 影印本 2冊, 444쪽).

119) 李穡, 「幻菴記」 『牧隱藁文藁』 권4(『韓國文集叢刊』 5冊, 33쪽).

노닐었는데, 국가에서 강제로 부인사 주지를 시키고, 곧 이어 개경의 法王寺에 이르게 하였지만 겨우 1년 만에 심히 물러나기를 요청해 국가에서 부득이 따를 수밖에 없었다고 하였다.[120] 普覺國師 混修의 경우 공민왕대에 檜巖寺 주지가 되어 줄 것을 청했으나 가지 않은 일이 있으며, 그 후 몇 사원의 주지를 맡고 나서는 다시는 주지가 되지 않기로 맹세하였다.[121] 물론 이후에도 주지를 맡은 적이 있지만, 주지를 맡지 않으려는 혼수의 뜻은 강고한 것으로 보인다. 大智國師 粲英은 승과에 합격한 후 大興寺의 주지가 되자 "出家而爲住持 非吾素志也"라고 하고서 小雪山에 들어가 버렸다.[122] 無學王師도 조선초 왕명으로 회암사 주지직이 내려진 적이 있으나 金剛山 眞佛菴으로 들어가 버리고 말았다.[123]

주지직을 둘러싼 사정이 저러하였기에 이처럼 주지가 되지 않으려는 승려가 속출하였다. 주지가 된다면 사원 재정의 증대를 위해 몰두해야 하고, 私物化의 유혹이 컸기에 이처럼 거부할 수밖에 없었던 것이다. 그렇기에 현실에서 주지직을 맡은 이들은 사원경제의 확대에 힘썼으며, 개인재산의 증식에도 몰두하는 이가 늘어갔다. 때문에 승려의 자질이 더욱 문제되었다. 昌王 즉위년(1388) 12월에 趙仁沃은 상소에서

> 選有道行無利欲者 住諸寺院[124]

하자고 주장하였다. 도행이 있고 이욕이 없는 자를 선택해 사원의 주지

---

120) 鄭道傳, 「送華嚴宗師友雲詩序」 『三峯集』 권3(『韓國文集叢刊』 5册, 342쪽).

121) 權近, 「有明朝鮮國普覺國師碑銘幷序」 『陽村集』 권37(『韓國文集叢刊』 7册, 329쪽).

122) 李智冠譯註, 1999, 『歷代高僧碑文(朝鮮篇 1)』, 「忠州億政寺大智國師智鑑圓明塔碑文(1393년)」, 3쪽.

123) 李智冠譯註, 1999, 『歷代高僧碑文(朝鮮篇 1)』, 「楊州檜巖寺無學王師妙嚴尊者塔碑文(1410년)」, 83쪽.

124) 『高麗史節要』 권33, 辛昌 즉위년 12월, 842쪽.

로 보내자는 것이다. 조선초에도 덕행이 족히 사표가 될 만한 이를 선정해 주지로 삼자는 주장이 이어졌다.125) 사원 경제문제가 심각하고 주지를 둘러싼 이해관계가 착종하면서 주지의 자질을 더욱 문제 삼게 된 것이다.126)

5. 結 語

고려시기 사원경제 운영의 중심 주체는 주지였다. 이 글에서는 사원경제의 운영을 주지제와 관련해 살펴보았다. 명백히 주지로서 경제를 운영한 예가 많지 않아 풍부한 내용을 제시할 수 없었다는 아쉬움이 있다.

고려는 승과제를 실시하여 합격한 승려에게는 僧階를 제수하고 사원의 주지로 파견하였다. 주지의 파견은 종파별로 이루어졌다. 주지는 통

---

125) 『太宗實錄』 권3, 太宗 2년 4월 甲戌, 1冊, 231쪽.
『高麗史』나 『高麗史節要』, 조선초의 『朝鮮王朝實錄』은 기본적으로 성리학적 가치관을 받들고, 조선건국을 정당화하는 입장에서 쓰여진 글이다. 따라서 이러한 자료에 언급한 고려후기 불교계의 문제점은 실제 이상으로 과장되었을 가능성이 높다. 제도와 그 운영이라는 시각이 아니라 개인적인 비리를 강조하는 서술 경향을 보이는 수가 많다. 고려후기 불교계의 실상을 제대로 이해하기 위해서는, 후대에 정리된 이들 역사서를 기본으로 하면서도 구체적인 모습을 전하는 당대의 사료를 적극 활용해야 할 것이다.

126) 조선조 興天社의 監主 尙聰이 글을 올려 선종과 교종 승려 가운데 도덕과 재행이 높은 승려를 뽑아서 서울과 지방의 유명 사원을 주관하게 하고, 후진에게 선종의 경우 『傳燈錄』을, 교종은 經律의 論疏를 강습시킬 것을 건의하였다(『太祖實錄』 권14, 太祖 7년 5월 己未, 1冊, 122쪽). 유능한 승려를 선발해 주지로 파견해, 해당 사원에서 후진 승려들을 교육케 하라는 것이었다. 고려말 주지의 자질에 심각한 문제가 있었던 것, 그리고 주지가 해당 사찰에서 제대로 강학이나 참선지도를 하지 못하고 있던 것을 엿볼 수 있다. 이 무렵 權近이 神印宗의 승려인 慶州 岬山寺 住持 性圓에 대해 "氣淑而性靜 言寡而行修"하다고 언급하였는데(權近, 「送岬山住持圓公詩幷序」 『陽村集』 권8(『韓國文集叢刊』 7冊, 98쪽)), 性圓은 당시에 드문 승려였을 것이다.

상 중요사원의 경우 국가가 임명해 부임하도록 하는 것이 원칙이었다. 드문 경우이지만 특정사원의 소속승려들에게 주지 선임을 일임하는 예도 있었다. 특정인이 사적으로 조성한 경우 주지는 사사로이 이어가는 것이 보통이었다. 그 사원 가운데도 규모가 크고 중요할 경우 국가가 일정하게 관장하려고 시도하였다. 주지의 권위는 상당하였고, 그 구실도 다방면에 걸쳐 있었다. 기본적으로 사원의 기능을 수행하는 데 필요한 모든 일을 관장하였다. 주지는 해당 사원 승려들의 교학을 지도하고, 참선을 이끄는 구실을 수행하였다. 주지로 禪과 敎에 깊은 이해를 가지고 있는 유능한 이가 파견되면, 외부의 승려들도 몰려 왔다. 주지는 사원에서 행해지는 각종 불교행사를 주관하는 구실도 담당하였다. 사원에서는 정례적이거나 불규칙한 다양한 행사가 설행되었는데 주지는 그것을 주관해 거행할 책무가 있었다. 사원의 건물을 유지하고, 시설을 보수하는 것도 주지의 중요한 임무였다. 사원의 전각과 시설을 보수·중수하는 데 탁월한 능력을 소지해 타 사원의 중수·중창에 참여하는 주지가 여럿 보인다. 그리고 사원의 각종 비상 상황에 대처하는 것도 그의 책무였다. 주지가 임무를 제대로 수행하고 능력을 발휘할 때 일반승려들의 존경을 받았다.

주지의 임무와 구실에는 경제운영을 담당하는 것도 포함된다. 사원의 여러 기능을 수행하고, 승려들의 생활비를 마련하며 사원을 보수·중수하기 위해서는 상당한 경제력이 필요하였다. 그러한 재력을 확보하고 지출하는 권한을 주지가 가지고 있었다. 엄청난 母穀을 강제로 대여하여 막대한 이익을 확보하는 주지도 보였다. 고려시기 토지의 확대에서도 중심 구실을 담당한 것은 주지였다. 하지만 주지 가운데 베풀기를 기꺼이 함으로써 큰 호응을 얻는 이도 있었으며, 또 재정을 절약해 운영함으로써 주목받는 이도 있었다. 개인재산을 사원에 희사하는 주지도 있었다. 주지의 밑에는 일정한 所任을 맡은 승려들이 있어 재정운영을 분담하였다. 이러한 하위 승려가 있었지만, 역시 주지의 성향 여하, 능력 여부는 사원경제 운영에서 가장 중요하였다.

고려후기 주지제 운영이 문란해지고, 주지가 개인재산의 축적에 몰두한다는 지적이 많았다. 주지제 운영이 파행적으로 이루어지고, 총애를 받는 특정 승려가 승정을 좌우하는 일이 많아지면서 賂物에 의해 주지가 선임되는 일도 빈번해졌다. 큰 사원의 주지가 되려고 뇌물을 쓰기도 하였다. 특정 고승에게 府를 설치해 주고 僧政을 일임하는 것은 국가의 승정운영 포기이며, 승정운영의 파행성을 드러내는 것이었다. 주지로 임명된 사원에 부임하지 않고 개경에 있으면서 일을 지시하는 것, 주지의 파견이 중단되는 사원이 있는 것 등도 주지제 운영의 문란상을 보이는 것이었다. 사원의 분쟁은 대개 주지직을 둘러싸고 이루어지는 것이었다. 그런 와중에 주지가 사원의 건물과 시설이 파손되거나 무너진 상태로 두고 보수·중수하지 않는 일도 허다하게 보였다. 이는 주지가 자신의 임무를 방기하는 것이었다. 게다가 주지가 사원의 재산을 私物로 삼은 일도 빈번해졌다. 뇌물을 써서 주지가 되는 경우 당연히 초래되는 결과였다. 사원 경제의 운영이 동요하는 가운데 그런 일이 빈번하였다. 그렇기에 사원경제 문제는 더욱 심각해지는 것이었다. 주지직을 둘러싼 사정이 이러하였기에 주지가 되지 않기로 맹세하는 승려가 빈출하였으며 주지 임명을 固辭하는 승려도 많아졌다. 그렇기에 주지의 자질은 더욱 문제가 되어, 道行이 있고 利慾이 없는 자, 德行이 있는 자를 주지로 삼아야 한다는 주장이 반복해서 제기되었다.

고려시기 사원경제의 문제를 주지제의 운영과 관련지어 살펴본 것이다. 고려후기 사원경제의 동요는 주지제 운영의 파행과 짝하여 더욱 심각해져 갔다. 조선초 사원경제의 개혁이 주지의 자질과 결부하여 자주 거론됨은 이러한 사정에 연유한다.

제4장 高麗時期 佛敎界의 布施活動

1. 序 言

고려시기 불교는 그 위상이 대단히 높아서 다방면에 걸쳐 영향을 끼쳤다. 당시인의 신앙이나 관념, 사상에 적지 않은 영향을 미쳤을 뿐만 아니라 문화활동에도 그러하였다. 또한 사원은 사회경제적으로 중요한 주체로서 그 영향 또한 매우 컸다. 대규모의 농지경영을 하며, 상업활동이나 고리대활동을 활발하게 전개하였다. 그러나 이러한 경제활동은 항상 세속사회의 도움을 받는 것이 전제되었다. 사원은 늘 세속사회로부터 사회경제적 지원을 받음으로써 유지할 수 있었다.

불교계는 세속사회의 도움을 받아 운영되는 반면에 또한 세속사회에 대한 베풂에도 깊은 관심을 가졌다. 불교의 교설에서는 布施를[1] 강조하고 있는 바 이의 실천을 통해 세속사회에 크게 기여하였다. 승려의 보시는 法施라 하여 佛說을 매개로 세속사회에 보시하는 것이 보통이었다.

---

1) 布施는 慈悲心을 가지고 타인에게 福利를 베푸는 것을 가리킨다. 통상 財物을 시여하는 것을 의미하지만 佛法을 베풀어 주는 것도 포함한다. 이러한 보시행위는 행복을 생산하는 福田이 된다. 보시의 語義에 관해서는 다음의 사전이 참조된다. 韓國佛敎大辭典編纂委員會, 1982, 『佛敎大辭典』 2册, 625쪽 ; 諸橋轍次, 1984, 『大漢和辭典』 4册, 407쪽 ; 한글학회, 1992, 『우리말큰사전』中, 어문각, 1804쪽 ; 국립국어원, 1999, 『표준국어대사전』中, 두산동아, 2736쪽 ; 檀國大東洋學硏究所, 2001, 『漢韓大辭典』 4册, 1000쪽.

그렇지만 고려시기 승려는 법시 이외에도 福利를 적극적으로 베풀었다. 세속사회를 위해 재물이나 편의를 제공함으로써 기여하는 것이었다. 그러한 행위를 적극적으로 전개함으로써 세속사회의 어려움을 덜어 주었다.

본고에서는 고려시기 불교계가 세속사회에 보시하는 활동을 몇 영역으로 나누어 살펴보고자 한다. 보시활동을 빈궁한 이에 대한 것, 여행자에 대한 것, 질병을 앓는 이에 대한 것으로 나누어 살피도록 하며, 아울러 독특한 보시로서 殺生의 금지 문제를 언급하고자 한다. 그리고 불교의 보시활동이나 보시사상의 영향을 받아 속인으로서 적극적인 보시활동을 한 사례를 검토하고자 한다. 고려시기 보시행위는 하나의 문화현상이라고 할 수 있기에 다방면으로 검토할 필요가 있겠으나, 본고에서는 불교계가 세속사회에 재물과 편의를 제공한 것을 중심으로 살피고자 한다. 승려가 다른 佛事에 보시한 것이라든지, 世俗人이나 國王이 寺院·僧侶에 대해 보시한 것은 다음 기회에 검토하고자 한다.

2. 貧民救濟 活動

고려시기 승려들은 보시를 생활화하고 있었다. 승려는 출가한 존재로서 세속과 분리되어 있었지만, 세속사회에 무관심한 채 수행에만 몰두하는 것이 아니라 세속사회의 어려움에 적극 대처해 활발한 보시활동을 수행하였다. 그러한 보시활동은 불교계의 사회경제적 위상이 높아감에 따라 더욱 활발하였다. 보시를 하는 재물은 승려 스스로 생산하여 조달한 것이 아니며 대체로 세속사회의 지원을 통해 확보한 것이었다.

승려들이 보시를 적극 실천하는 것은 후기신라시기에도 확인된다. 圓朗禪師는 승려가 되어서 "忍辱精進爲先 布施恭敏爲次"하였다.[2] 인욕

---

2) 李智冠譯註, 1993, 『歷代高僧碑文(新羅篇)』, 「忠州月光寺圓朗禪師大寶禪光塔

과 정진을 우선으로 하였고, 布施와 恭敏을 다음으로 하였다는 것이다. 우선순위에서 뒤이기는 하지만 보시를 강조하는 생활을 하고 있음을 확인할 수 있다.

보시를 적극적으로 전개한 승려들은 고려시기에 여럿 확인된다. 廣智大禪師 之印은

> 雖殊方絶域珍寶 人或求之 卽與之△ 方丈蕭然 餘經書圖畵[3)]

하였다고 한다. 殊方絶域의 진귀한 보물이라 할지라도 다른 사람이 요구하면 즉시 주었으며, 그리하여 그가 열반했을 때 방장은 소연하고 다만 經書와 圖畵가 있을 뿐이라는 것이다. 진귀한 물건이라고 하더라도 필요로 하는 이가 있다면 기꺼이 베푸는 모습을 볼 수 있다. 물욕에서 벗어나 베풂을 적극적으로 실천한 승려의 모습을 볼 수 있다.

玄化寺 覺觀僧統도 비슷한 모습을 보였다.

> 經營三寶 施作佛宋 博施濟衆 以爲己任 故自國君至於朝市山村道俗△△悉皆歸仰[4)]

佛法僧 三寶를 경영하여 佛事를 이룸과 동시에 널리 베풀어 중생을 구제하는 것을 자신의 임무로 삼았다는 것이다. 각관의 경우는 불사를 도모함과 아울러 보시를 적극 행하여 중생을 구제하는 것을 자신의 임무로 삼았다. 중생에 대한 구제를 소명으로 삼아 생활하는 승려의 모습을 읽을 수 있다. 이러한 베풂으로 인해 國君부터 朝市·山村의 道俗의 모

碑文(890년)」, 伽山文庫, 213쪽.

3) 李智冠譯註, 1996, 『歷代高僧碑文(高麗篇 3)』, 「廣智大禪師之印墓誌銘(1158년)」, 349쪽.

4) 李智冠譯註, 1996, 『歷代高僧碑文(高麗篇 3)』, 「玄化寺覺觀僧統墓誌銘(1175년)」, 368~369쪽.

든 이들이 각관을 歸仰하였다는 것이다. 이러한 보시행의 실천은 지위의 고하를 막론하고 또 거처하는 장소를 불문하고 모든 이들이 우러러 받드는 계기를 만들었다.

대각국사 義天은 송에서 귀국하자 송의 황제가 기증한 비단과 송 황제의 祖母인 太后가 보내준 엄청난 財寶를 사원의 道場과 법을 들은 승려들에게 베풀어 주었다.[5] 선종 승려 圓應國師 學一의 경우도 귀천을 불문하고 사람의 질병을 치료하는 한편, 참선하는 여가에 보시에 힘썼다.

> 其禪悅之外 務行布施 於一切物 無所悋惜[6]

참선의 기쁨을 누리는 이외에 보시에 힘써 일체의 물건을 아끼지 않았다는 것이다. 일체의 물건을 아낌없이 베푸는 학일의 모습을 볼 수 있다.

證智首座 觀奥의 경우에도 베풂을 생활화하고 있었다.

> 聞有作功德及慶弔之事者 卽捨財物助之 寒士儒生乏衣食者 尤多施與焉[7]

공덕을 짓는 일이나 慶弔의 일을 들으면 재물을 희사해 도왔다는 것이다. 재물이 필요한 경우에 기꺼이 베풀었다. 그리고 한미한 선비나 유생으로서 의식이 부족한 경우에 더욱 많이 베풀었다는 것이다. 승려들이 이렇게 활발하게 보시를 실천함으로써 다수의 사람에게 필요한 물건을 제공할 수 있었다. 이러한 보시의 혜택을 받은 이들은 크게 고마워하는

---

5) 李智冠譯註, 1996, 『歷代高僧碑文(高麗篇 3)』, 「開城靈通寺大覺國師碑文(1125년)」, 122쪽.

6) 李智冠譯註, 1996, 『歷代高僧碑文(高麗篇 3)』, 「清道雲門寺圓應國師碑文(1147년)」, 264쪽.

7) 李智冠譯註, 1996, 『歷代高僧碑文(高麗篇 3)』, 「證智首座觀奥墓誌銘(1158년)」, 337~338쪽.

마음을 갖지 않을 수 없었겠다.

天台上人 契玄도 이러한 승려들과 비슷하게 '生平以樂施爲事'하였다고 한다.[8] 평생토록 즐겨 베푸는 것을 일로 삼았다는 것이다. 고려말 조선초의 고승인 無學 自超도 보시를 적극 실천하였다. 즉 '餘輒施捨' 하였다는[9] 것이 그것이다. 남는 것이 있다면 시사, 즉 보시하였다는 것이다.

이상의 승려들은 위상이 높은 승려로서 베풂을 실천하고 있음을 보인다. 이러한 보시행은 낮은 위치에 있는 승려도 실천하고 있었다. 조선초 떠돌이 생활을 하던 어느 승려는

> 人有施與 則雖重物不讓而受 人有丐之者 盡數與之[10]

라고 해서 사람들이 시여하면 귀중한 것이라 할지라도 사양치 않고 받으며, 구걸하는 이가 있으면 모두 주었다는 것이다. 헤어진 갓을 쓰고 헤어진 옷을 입고 사는 승려였지만 물건에 구애받지 않고 필요로 하는 이에게 기꺼이 제공하였다. 승려들은 이처럼 세속인에 대해 보시하는 것을 임무로 삼아 적극적인 보시행을 실천하고 있었다. 그러한 보시행을 실천하는 승려는 기록상 고급의 승려, 상층의 승려 가운데 여러 예를 찾을 수 있지만, 그렇지 않은 하급승려 가운데도 그러한 실천을 적극 전개하고 있는 이가 있었다. 승려의 이러한 보시행에 대해 속인들은 큰 호감을 표하였다.

보시의 구체적인 대상은 다양하였지만 일차적으로는 貧民이 중심이

8) 林椿, 「妙光寺十六聖衆繪象記」 『東文選』 권65(民族文化推進會 影印本 2冊, 406~407쪽).

9) 李智冠譯註, 1999, 『歷代高僧碑文(朝鮮篇 1)』, 「楊州檜巖寺無學王師妙嚴尊者塔碑文(1410년)」, 83쪽.

10) 成俔, 『慵齋叢話』 권7.

었다. 고려시기 민인이 빈민으로 전락할 소지는 늘 있었다. 일정한 토지를 소유하고 있다고 하더라도 홍수나 가뭄, 병충해 등으로 흉년을 맞는 수도 적지 않았고, 외침으로 인해 농사를 망치는 수도 허다하였다. 국가의 부세제 운영 과정에서도 몰락할 수 있었다. 토지를 보유하지 못한 농민이나 그보다 열악한 처지에 있는 민인은 상황이 더욱 어려웠다. 상시적으로 발생하는 빈궁은 사회의 불안 요인이었고, 국가로서는 해결해야 할 중요한 과제였다. 국가는 사태가 발생할 때마다 賑恤의 조치를 취하였으며,[11] 義倉制를 운영하여 도움을 주었다. 의창은 농사철에 종자와 식량이 없는 貧民에게 곡식을 제공하여 농업생산을 가능케 하고, 가을이 되면 이자는 받지 않고 本穀만을 거두었다.[12]

사원도 이러한 문제에 적극 대처하여 활발한 구제활동을 전개하였다. 이른바 빈민에 대한 보시였다. 승려들이 직접 나서서 빈민구제에 힘쓰는 일이 허다하였다. 慧炤國師는 광제사에서 기민을 구휼하였다.

> 於廣濟寺門前 列鼎爨飪 以待餓人[13]

즉 그는 광제사 문 앞에서 솥을 걸어 두고 먹거리를 만들어 굶주린 사람에게 제공하였다는 것이다.

백련결사를 조직한 원묘국사 요세도 빈민을 위한 보시활동을 활발하게 전개하였다. '散檀施以濟貧窮'하였다는[14] 것이 그것이다. 단월로부

---

11) 국가로서는 恩免之制, 災免之制, 水旱疫癘賑貸之制, 鰥寡孤獨賑貸之制 등을 실시하여 그때그때의 빈궁의 문제에 대처하였다.

12) 朴鍾進, 1986, 「高麗前期 義倉制度의 構造와 性格」『高麗史의 諸問題』. 三英社 ; 鄭道傳, 『三峰集』 권7, 朝鮮經國典上 義倉(『韓國文集叢刊』 5冊, 425쪽).

13) 李智冠譯註, 1995, 『歷代高僧碑文(高麗篇 2)』, 「竹山七長寺慧炤國師塔碑文(1060년)」, 302쪽.

14) 閔仁鈞, 「萬德山白蓮社主了世贈諡圓妙國師敎書」『東文選』 권27(民族文化推進會 影印本 1冊, 454쪽).

터 받은 시주물로써 빈궁한 이들을 구제하였다는 것이다. 속인들의 시주를 받아 그것으로 빈민을 적극적으로 구제하는 보시활동을 베풀었음을 알려 준다. 그것은 "所爲檀襯 悉頒施貧乏 方丈中唯三衣一鉢而已"라고[15] 표현하기도 하였다. 단월의 시주물을 모두 빈핍한 이에게 베풀어 방장에는 삼의일발만이 있었다는 것이다. 夢如上人이 路傍에서 三冬施를 베푼 일이 있는데,[16] 이것도 겨울철 빈민에 대한 보시행을 뜻하는 것으로 보인다.

승려들은 이처럼 빈궁한 이를 구제하는 보시활동을 활발하게 전개하였다. 빈궁한 이를 구제하는 활동은 개인적인 차원에서 하는 수도 있었지만, 불사를 계기로 이루어지는 수도 있었다. 빈민의 구제가 불교행사를 통해 실시되고 있음은 매우 흔한 일이었을 것으로 보이나 구체적인 예는 많지 않다. 恭愍王 16년(1367)에 演福寺에서 文殊會가 열렸을 때 辛旽이 '以餅果散於婦女'한 일이 있다.[17] 부녀에게 떡과 과일을 나누어 주었다는 것인데, 아마도 빈민들도 그러한 행사에서 일정한 먹거리 제공을 받았을 것으로 보인다. 공민왕 18년에는 연복사에서 魯國公主 忌晨을 맞아 設會하였는데, 이때 빈궁한 유민이 몰려들었다.

時水原道饑 流民聞會 坌集 旽以餘布 分與流民 以干譽[18]

수원 지방에 기근이 들었는데, 그곳의 유민들이 기신회의 소식을 듣고 몰려 들었으며, 신돈이 유민들에게 포를 나누어 주었다는 것이다. 불교행사가 있을 경우 늘상 먹거리의 제공이 있었기에 빈궁한 유민들이 몰

15) 崔滋, 「萬德山白蓮社圓妙國師碑銘」『東文選』 권117(民族文化推進會 影印本 3冊, 460쪽).
16) 慧諶, 「垂代」『曹溪眞覺國師語錄』(『韓國佛教全書』 6冊, 23쪽).
17) 『高麗史』 권132, 列傳45 叛逆6 辛旽, 亞細亞文化社 影印本(이하 같음), 下冊, 858~859쪽.
18) 『高麗史』 권132, 列傳45 叛逆6 辛旽, 下冊, 861쪽.

려들었다. 아마도 사원에서 불교행사가 설행되는 경우 자연스럽게 빈민 구제활동이 있었을 것이다.

세속의 명절을 맞이하여 곡식을 베푸는 일도 있었다. 비가 오지 않고 가뭄이 들자, '僧徒以端午施食通衢'[19] 하였다. 곧 승려들이 단오일을 맞아 거리에서 음식을 베풀었다는 것인데, 이것은 곧 빈민구제활동의 일환으로 보인다.

때로는 사원에서 불사가 있을 경우 거기에 참여함으로써 빈궁을 해결하기도 하였다. 元에서 온 姜金剛과 辛裔가 원 황제의 명을 받아 金剛山에서 종을 鑄造하였는데,

> 時旁山諸郡飢 其民爭趨工 得食以活[20]

하였다. 인근 군현에 기근이 들었는데, 민인들이 다투어 종을 만드는 일에 참여함으로써 먹거리를 얻어 살아났다는 것이다. 사원에서 불사가 있을 경우 빈민들이 참여하여 노동력을 제공하고서 끼니를 해결하는 일은 빈번한 것으로 보인다. 사원을 창건하거나 중수·중창하는 일이 있을 경우 그 일에 참여함으로써 끼니를 해결하는 일은 흔하였을 것이다. 조선초이지만 正因寺의 조성 시에도 빈민들이 역사에 참여함으로써 끼니를 해결한 일이 있었다.[21] 사원이 의도적으로 불사를 일으켜 빈민을 구제하는 일도 없지 않았을 것이다.

빈민에 대한 보시활동은 여러 승려와 사원이 수행하는 것이었지만 法相宗 계통의 승려에게서 그러한 활동이 두드러져 보임이 주목된다. 釐

---

19) 『高麗史』 권113, 列傳26 崔瑩, 下册, 484~485쪽.
20) 李穀, 「演福寺新鑄鍾銘」『稼亭集』 권7(『韓國文集叢刊』 3册, 147쪽) ; 許興植 編著, 1984, 『韓國金石全文(中世下)』, 「演福寺鐘(1346년)」, 亞細亞文化社, 1170~1171쪽.
21) 金守溫, 「正因寺重創記」『拭疣集』권2(『韓國文集叢刊』 9册, 96쪽).

山院에서 오고가는 민인들에게 식사를 제공한 證智首座 觀奧는 법상종의 승려이며,[22] 널리 베풀어 중생을 구제하는 것을 소임으로 삼은 覺觀僧統,[23] 베풂을 실천한 慧炤國師도 법상종 승려였다.[24]

그리고 導生僧統 竀도 법상종 승려였다.

> 竀卽文宗子 住俗離寺 財累鉅萬 厚施於人 人多歸附[25]

문종의 아들로서 속리사 주지를 역임하였는데, 재산이 엄청났으며 이를 민인들에게 후하게 베풀어 준 결과 다수가 그에게 귀부하였다는 것이다. 그는 宣宗 2년(1085)에 俗離寺主 王子 僧統 釋規로 나오고,[26] 睿宗 6년(1111)에는 俗離寺主兼 住金山寺 僧統 導生으로[27] 표현되어 있어 법상종 승려임이 분명하다. 고려시기 다수의 승려가 빈민에 대한 보시활동을 전개하였는데, 그 가운데 법상종 계통 승려의 활약이 두드러짐은 주목된다.[28]

불교계가 빈민구제를 적극적으로 담당하였기에, 빈민이 다수 발생하였을 때 국가가 사원이나 불교행사를 활용하여 구제활동을 하였다. 광종

---

22) 李智冠譯註, 1996, 『歷代高僧碑文(高麗篇 3)』, 「證智首座觀奧墓誌銘(1158년)」, 337쪽.
23) 李智冠譯註, 1996, 『歷代高僧碑文(高麗篇 3)』, 「玄化寺覺觀僧統墓誌銘(1175년)」, 368~369쪽.
24) 李智冠譯註, 1995, 『歷代高僧碑文(高麗篇 2)』, 「竹山七長寺慧炤國師塔碑文(1060년)」, 300~306쪽.
25) 『高麗史節要』 권7, 睿宗 7년 8월, 亞細亞文化社 影印本(이하 같음), 202~203쪽. 『高麗史』 권90, 列傳3 宗室 道生僧統竀, 下册, 44쪽에는 "竀財累鉅萬 厚施於人 故貪利者多附之"라고 하였다.
26) 李智冠譯註, 1995, 『歷代高僧碑文(高麗篇 2)』, 「原州法泉寺智光國師玄妙塔碑文(1085년)」, 356쪽.
27) 李智冠譯註, 1996, 『歷代高僧碑文(高麗篇 3)』, 「金溝金山寺慧德王師眞應塔碑文(1111년)」, 33쪽.
28) 법상종의 교리적 특성이나 종파 운영의 특징과 깊은 관련을 갖는 것으로 보인다.

이 경외의 도로에서 '餅餌米豆柴炭'을 시여하였는데,[29] 이의 혜택을 입은 자는 빈민이 중심이었을 것이다. 떡과 쌀, 콩, 땔나무를 받음으로써 빈민은 곤궁을 일시적이나마 해결할 수 있었을 것이다. 무차별적으로 보시한 것으로 보이지만 실제로 혜택을 입은 층은 빈민이 중심이었을 것이다. 이러한 보시활동은 국왕이 주도하는 것이어서 불교와는 직접 관련이 없는 듯 보이지만, 齋를 통해서 보시하고 있고, 그러한 보시활동 전체를 善會라는 승려가 주관한 것으로 보아,[30] 불교계의 활동 속에서 보시가 이루어지고 있음을 알 수 있다.

국가가 빈민을 구제할 필요가 있을 경우 사원에 그것을 일임한 예로 開國寺와 普通院이 보인다. 문종 18년(1064) 開國寺 남쪽에서 3월부터 5월까지 '設食以施窮民'[31] 하도록 하였는데, 이미 개국사에서 그러한 활동을 수행하고 있었기에 위급한 사정 하에서 국가는 이 사원에서 빈궁한 민에게 식사를 제공토록 한 것이다. 같은 해에 국왕이 制를 내려, 5월 15일부터 7월 15일까지 두 달간 보통원에서 구제활동을 전개하였다.

> 於臨津普通院 設粥水蔬菜 以施行旅[32]

임진보통원에서 粥水蔬菜를 마련해 행려에게 베풀었던 것이다. 이용하는 층이 행려로 표현되어 있어 나그네가 중심이라고 생각되지만, 현실적으로는 떠도는 빈민이 중심대상이었을 것이다. 국가로서 빈민을 구제할 일이 있을 경우 사원에 일임해 그 일을 처리하고 있는 것이다. 필요한 식량은 국가에서 제공하고 실제의 구호활동은 사원이 담당하였을 것

---

29) 『高麗史』 권2, 世家2 光宗 19년, 上册, 62쪽.
30) 『高麗史節要』 권2, 成宗 원년 6월, 45~46쪽 ; 金杜珍, 1983, 『均如華嚴思想研究』, 一潮閣, 234~236쪽.
31) 『高麗史』 권80, 志34 食貨3 賑恤 水旱疫癘賑貸之制, 中册, 770쪽.
32) 『高麗史』 권8, 世家8 文宗 18년 4월, 上册, 172쪽.

이다. 사원이 국가의 위임을 받아 빈민에 대한 보시활동을 전개하는 것이다.

문종 25년 12월에도 비슷한 활동이 있었다.

> 發玄德宮米五百碩 設食於西普通院 施窮民[33)]

현덕궁의 쌀 500석을 내서 서보통원에서 식사를 마련하여 궁민에게 베풀었다는 것이다. 늘상 서보통원에서 그러한 베풂을 실시하였기 때문에 국가에서 겨울철을 맞이하여 그러한 활동을 위임한 것으로 보인다. 서보통원은 교통로의 요충지에 위치해 있으므로 개경으로 몰려드는 빈민이 거쳐 가는 중요한 지점으로 보인다. 이러한 활동은 이후에도 이어졌다. 肅宗 6년(1101) 4월 제위보로 하여금 보리가 익을 때까지 빈민을 구휼토록 하였으며, 또한 임진현 보통원에서 행려에게 3개월 동안 음식을 베풀게 하였다.[34)] 국가로서 빈민문제가 크게 발생할 경우 재정 지원을 하면서 사원에서 그러한 보시활동을 전개하도록 돕는 것이다. 사원에서 늘상 이러한 빈민에 대한 보시활동을 행하는 것이 전제된 것이다.

의종 6년(1152) 6월에는 '饗飢饉疾疫人於開國寺'하였다.[35)] 즉 개국사에서 굶주리고 전염병에 걸린 이에게 밥을 먹였다는 것이다. 개국사는 개경에 드나드는 중요한 교통로에 자리 잡고 있었기 때문에 이러한 활동이 늘 있었던 것인데, 이때에 특별히 국가에서 지원해 보시활동을 확대한 것으로 보인다.

국가에서 사원에 진제시설을 설치하여 궁민에게 베푸는 일은 흔하였다. 공민왕 3년(1354)에 흉년이 들자 유비창의 곡식을 내서 값을 내려

---

33) 『高麗史節要』 권5, 文宗 25년 12월, 147쪽 ; 『高麗史』 권80, 志34 食貨3 賑恤 水旱疫癘賑貸之制, 中册, 770쪽.

34) 『高麗史』 권80, 志34 食貨3 賑恤 水旱疫癘賑貸之制, 中册, 770쪽.

35) 『高麗史』 권17, 世家17 毅宗 6년 6월, 上册, 362쪽.

민에게 팔았으며 아울러 演福寺에 賑濟色을 설치하였다.

> 置賑濟色于演福寺 發有備倉米五百石糜粥 以濟飢民[36]

진제색에서는 有備倉米 500석을 내서 죽을 끓여 기민을 구제하였다. 그리고 공민왕 10년에는 보제사에서 비슷한 일을 하였다.

> 設賑濟場于普濟寺[37]

보제사에 진제장을 설치한 것인데, 여기서 궁민에게 먹거리를 제공함으로써 그들을 구제하였을 것이다. 연복사·보제사(두 사원은 異名同刹)에서 그 동안 빈민구제활동을 해 온 사실이 전제되었기에 가능한 조치였다고 하겠다. 속인이 베풂을 실천할 때 사원을 활용하는 것도 사원이 그러한 구제활동을 수행해 온 것이 전제가 되었다. 예컨대 金俊이 水州 廣因院에 가서 行路에서 酒食을 베푼 적이 있는데,[38] 광인원은 그러한 기능을 맡아 왔던 사원이었을 것이다.

사원이나 승려가 빈민에게 먹거리를 제공하는 것은 국가적 차원에서 이루어지는 것과 큰 차이가 있었다. 우선 무조건적인 베풂이라는 점이 중요하였다. 의창에서 빌린 것은 가을에 갚도록 되어 있었지만 불교계의 보시를 받은 민인은 상환할 필요가 없었다. 그렇기 때문에 훨씬 도움이 되는 것이었다. 불교계로부터 보시를 받는 민인은 국가의 도움을 받는 층보다는 더욱 어려운 처지에 있으며, 주로 정착하지 못하고 떠돌이 생활을 하는 부류였다.

---

36) 『高麗史』 권80, 志34 食貨3 賑恤 水旱疫癘賑貸之制, 中册, 772쪽.
37) 『高麗史』 권80, 志34 食貨3 賑恤 水旱疫癘賑貸之制, 中册, 772쪽.
38) 『高麗史』 권130, 列傳43 叛逆4 金俊, 下册, 823쪽.

3. 旅行者 便宜 提供

고려시기 불교계는 빈민들에 대한 보시활동에만 전념한 것이 아니었다. 당시 사람의 이동에는 많은 어려움이 있었다. 강도가 출몰하였고 맹수가 위협을 가하였을 뿐만 아니라 하천과 늪, 산을 경유하여야 했다. 이들에게는 여행의 안전도 문제였고, 여행시에 숙식을 해결하는 것도 긴요한 과제였다. 당시 촌락이 隔絶性을 띠고 발달하고 있었기 때문에 이러한 문제는 심각하였다. 교통상의 요충지이면서 민가와 떨어져 있고 강도와 맹수의 위협이 도사리는 지점에 사원이 세워져 여행자에게 편의를 제공하였다.

慈濟寺의 경우 나루터에 船橋가 없어 행인이 다투어 건너다가 빠져버리는 일이 많자 浮梁을 조영함으로써 건너는 데 편의를 제공하였다.[39] 부량이 설치된 나루터에 자제사가 자리함으로써 이곳에서 여행자에게 숙식을 해결토록 하고 기타 편의를 제공한 것으로 볼 수 있겠다.

나루터에 사원이 설치되어 여행자에게 편의를 제공하는 것은 普達院에서도 확인된다.[40] 보달원이 나루터에 다리를 설치하고 관리하며 나아가 그 다리를 경유해가는 여행자에게 편의를 제공하는 기능을 맡았다.

교통로에 사원이 설치되어 여행자에게 편의를 제공하는 사원은 다수 확인된다.[41] 開國寺·天壽寺·惠陰寺·都山寺가 대표적인 예라고 할 수 있다.

開國寺는 都城의 동남방에 있는데 앞길은 양광도·전라도·경상도·江

39) 『高麗史』 권6, 世家6 靖宗 11년 2월, 上冊, 138쪽.

40) 『高麗史』 권128, 列傳41 叛逆2 李義旼, 下冊, 785쪽 ; 『高麗史節要』 권13, 明宗 26년 4월, 357쪽.

41) 고려시기 사원이 교통상 갖는 의미에 대해서는 김병인, 1999, 「高麗時代 寺院의 交通機能」 『全南史學』 13이 참조된다.

陵道에서 都城으로 오는 자와 도성에서 사방으로 가는 자가 이어지는 곳이었다.[42] 그러한 교통로에 개국사가 자리하고 있었다. 그러하였기에 이곳을 지나는 여행자들이 개국사에 들르는 것은 통상적인 일이었을 것이며, 이곳에서 식사 등 편의를 제공받았을 것으로 보인다.

天壽寺 또한 그러하였다. 천수사는 도성의 문에서 일백 보 떨어져 있는데, 뒤에는 連峯이 일어나 있고 앞에는 平川이 흐르고 있으며,

自江南赴皇都者 必憩於其下 輪蹄闐咽 漁歌樵笛之聲 不絶[43]

이라는 데서 알 수 있듯이 강남에서 개경에 오는 자가 그 아래에서 휴식을 취한다는 것이다. 천수사에서 휴식을 취한다는 것은 곧 천수사에서 여행자에게 편의를 제공한다는 의미로 보인다.

남경과 개경 사이의 혜음령에 세워진 惠陰寺도 그러한 기능을 수행하였다. 동남에서 서울로 향하는 이와, 위에서 아래로 내려가는 자가 이곳을 모두 통과하는데, 虎狼과 寇賊으로 해마다 수백 명씩 사망하였다. 그러한 지점에 혜음사를 조성하였다. 예종 15년(1120) 2월 시작하여, 예종 17년 2월 공사를 종료하였다.

峙偫以米穀 擧之取利 設粥以施行人[44]

혜음사에서는 미곡을 가지고 이자를 취해 죽을 마련해 행인에게 베풀도록 하였다.[45]

---

42) 李齊賢, 「重修開國律寺記」『益齋亂藁』 권5(『韓國文集叢刊』 2册, 552~553쪽).
43) 李仁老, 「京城東天壽寺」『破閑集』 권中(『高麗名賢集』 2册, 94쪽).
44) 金富軾, 「惠陰寺新創記」『東文選』 권64(民族文化推進會 影印本 2册, 399쪽).
45) 혜음사의 창건과 노동력 동원에 대해서는 全暎俊, 2004, 「高麗 睿宗代의 사찰창건과 승도동원－惠陰寺 新創記를 중심으로－」『震檀學報』 97이 참조된다.

都山寺는 금강산을 찾는 이들에게 편의를 제공하기 위해 창건된 사원이었다. 금강산은 元의 사신이 香幣를 내리기 위해 줄지어 왔으며, 사방의 士女가 천리를 멀다 하지 않고 牛馬에 싣고 등과 머리에 이고서 佛僧을 공양하러 오는 이가 끝없이 이어지는 곳이었다. 그런데 산의 서북에 고개가 있는데, 가로지름이 峻險해 마치 산을 오르는 것 같아서, 사람들이 이곳에 이르면 休息하지 않을 수 없는데, 지역이 후미지고 居民이 絶少하였기에, 風雨를 만나도 노숙할 수밖에 없었다. 이에 충숙왕 후8년(1339), 雙城摠管 趙侯가 山僧 戒淸과 모의하여 조영하였다. 要衝인 臨道縣에 가서 數 頃의 땅을 매입하고 佛寺를 창건하여 祝聖道場으로 삼고서, 春秋에 배로 곡식을 실어 날라 출입하는 자를 밥 먹였으며, 나머지를 산중의 여러 사원에 나누어 주어 冬夏食을 도왔다.

> 春秋舟粟 以飯出入者 散其餘山中諸蘭若 資冬夏食 歲以爲率 故揭名都山[46]

이라는 것이 그것이다. 그리하여 이름을 都山寺라 하게 되었다는 것이다. 도산사는 금강산을 찾는 이들에게 식사를 제공하기 위해 설립한 것이다. 또한 여행자에게 쉴 곳이나 잠자리 등의 편의도 제공하였을 것이다.

俗人이 사원에서 숙박하는 일은 흔하였다. 李奎報·李仁老·李穡 등 문인이 사원에서 숙박하면서 글을 남기고 있는 것은[47] 그것을 잘 나타내는 것이라고 할 수 있다. 일반 사원의 경우도 속인에게 잠자리를 제공하는 일은 허다하였다.[48]

---

46) 李穀, 「刱置金剛山都山寺記」『稼亭集』 권3(『韓國文集叢刊』 3冊, 115~116쪽).

47) 몇몇의 예를 제시하면 다음과 같다. 李奎報, 「宿乾聖寺 贈堂頭」『東國李相國集全集』 권2 (『韓國文集叢刊』 1冊, 309쪽) ; 李仁老, 「智異山或名頭留」『破閑集』 권上,(『高麗名賢集』 2冊, 85쪽) ; 李穡, 「清州宿僧房明日韓同年設食」『牧隱藁詩藁』 권3 (『韓國文集叢刊』 3冊, 540쪽).

48) 그렇기에 "집도 절도 없다"는 말이 있을 수 있는 것이다. 집을 나와서는 절에서

고려시기 사원은 교통로에 세워져 여행자에게 편의를 제공하는 일이 많았다. 그러한 기능을 일반 사원도 수행하였지만, '院'이라 불리는 사원이 특히 그러한 기능을 수행하였다.[49] 원으로 칭해지는 사원은 교통로에 세워져 여행자에게 식사와 숙박을 제공하고 우마에게는 꼴을 공급하는 기능을 맡았다. 그러한 원은 여러 사례를 찾을 수 있다. 廣緣通化院·鼇山院·龍寶院·頭川院·懸鐘院·龍寶院·德方院·犬灘院·廣灘院이 그것이다.

광연통화원은 奉先弘慶寺에 부설된 원이었다.[50] 광연통화원이 세워진 곳은

> 人煙隔絶 有蕉蒲之澤 劫賊頗多 雖歧路之要衝 實往來之難便[51]

이라 하는 데서 알 수 있듯이 인가와 격절되어 있으며 늪지가 있고 도적이 자못 많아서, 비록 사람이 많이 다니는 요충지이기는 하지만 왕래하는 데에 불편함이 큰 곳이었다. 그러한 지점에 봉선홍경사를 세우고 그 옆에 광연통화원을 부설하였다.

> 又於寺西 對立客館 得一區許八十間 號曰廣緣通化院 斯亦溫廬冬密 涼屋夏寬 積以糇粮 貯之蒭秣 施賙窮急[52]

자는 일이 보통이었던 것이고, 집과 절이 없으면 잘 곳이 없다는 뜻이겠다.

49) 拙稿, 1998「高麗時期 院의 造成과 機能」『靑藍史學』2(본서 제4부 제1장 수록) ; 拙稿, 2002,「高麗時期 寺院의 新設과 可用空間의 擴大」『靑藍史學』6 (본서 제4부 제2장 수록) ; 鄭枖根, 2008,『高麗·朝鮮初의 驛路網과 驛制 硏究』, 서울대박사학위논문, 176~181쪽.

50) 奉先弘慶寺에 관한 전반적인 내용은 다음의 글이 참조된다. 朴洪培, 1984,「弘慶寺創建의 思想的 意義」『慶州史學』3 ; 李仁在, 2005,「高麗前期 弘慶寺의 創建과 三敎共存論」『韓國史學報』23 ; 강현자, 2006,「高麗 顯宗代 奉先弘慶寺의 機能－<奉先弘慶寺碣記>를 中心으로－」『史學硏究』84.

51) 崔冲,「奉先弘慶寺記」『東文選』권64(民族文化推進會 影印本 2册, 398쪽).

봉선홍경사의 서쪽에 80칸으로서 조영한 것이 광연통화원이었다. 이 원에서는 곡식을 쌓아 놓고 가축의 꼴을 마련해 제공하도록 하였다. 다른 기록에서는 "積糇糧 貯蒭秣 以供行旅"[53]라고 하였다.

甫州의 頭川院은 동남지방에서 行人이 왕래하는 중요한 요충이었는데, 건물이 퇴락하자 明宗 9년(1179)에 大禪師 祖膺과 禪師 資嚴이 중수한 후 매양 겨울과 여름에 '設施作'하였다. 두천원에서 행인을 위해 음식을 제공함을 뜻하는 것이다. 이에 앞서 자엄은 의종 21년(1167) 겨울에 "設大豆羹粥 以施行人"한 적이 있었다.[54] 懸鐘院 역시 행인에게 편의를 제공하기 위해 요충지에 세워진 원이었다.

> 懸鐘院者 南路之要會也 頹壞寢久 行人 不得宿 則東西往來者病之[55]

요충지이지만 퇴락하여 행인이 숙박할 수 없어 왕래하는 자들이 고통스러워하였다는 것이다. 새로이 중수한 현종원에서 여행자에게 숙박의 편의를 제공하였을 것은 물론이겠다.

龍寶院은 개경에 가까운 지점에 세워진 원이었다. 南壤의 要會였지만, 민가로부터 격리되어 있어 도적이 항상 도사리고 있었다.

> 凡馬馱人負之所輸 皆國用家資之攸仰 備經山水 邈自遠來 垂蹈京師 反爲他有 非惟物之見掠 甚則人亦被戕[56]

곧 말에 싣고 사람이 등에 져서 운반하는 것은 모두 國用·家資의 중

52) 위와 같음.
53) 『新增東國輿地勝覽』 권16, 稷山縣 驛院 弘慶院.
54) 許興植編著, 1984, 『韓國金石全文(中世下)』, 「醴泉龍門寺重修碑(1185년)」, 874쪽.
55) 李奎報, 「懸鐘院重刱記」 『東國李相國集全集』 권24(『韓國文集叢刊』 1冊, 542쪽).
56) 李奎報, 「龍寶院新創慶讚疏」 『東國李相國集全集』 권41(『韓國文集叢刊』 2冊, 128쪽).

요한 바였지만, 산수를 지나 멀리서 와서 개경에 거의 다 이른 상태에서 타인에게 탈취당하는 것이었다. 뿐만 아니라 인명마저 잃게 되었다. 그러한 지점에 용보원을 설립하여 여행자에게 안전성을 확보함과 동시에 편의를 제공하였다.

鼇山院도 그러한 기능을 맡고 있었다. 證智首座 觀奧는 鼇山院에서 보시활동을 전개하였다. 남쪽으로 가는 대로상의 오산원에서 겨울철 3개월 동안 시여활동을 하였는데, 왕래하는 행려와 승속의 남녀·노소·유약자 모두에게 베풀었다. 그리고 타고 다니는 가축에게도 그 혜택이 돌아가게 하였다. 그리하여 굶주린 자는 먹을 수 있고, 목마른 자는 마실 수 있었다.[57] 원에서 숙박의 편의를 제공하는 대상에는 승려와 속인, 남녀노소 그리고 여행자가 타고 다니는 가축까지 포함되어 있었음을 알 수 있다.

寧州의 南院도 그러한 기능을 맡고 있었다. 이 원에서는

> 蒭薪以積 湯以熱 火以燎 體燠氣溫 如挾重纊 如在暘谷[58]

이라 하여 꼴과 땔나무를 쌓아 놓고서 따뜻한 물을 데워 덥혀주고 불을 피워줌으로써 體氣를 따뜻하게 해준다는 것이다. 그리하여 '南商北賈西旅東客'이 이 원을 세운 이를 높이 평가하였다는 것이다.[59]

犬灘院은 경상도 虎溪縣의 북쪽에 있으며 일국의 요충이고 험준한 곳에 위치하였는데, 예로부터 있던 원이 퇴락하여 행려들이 쉴 곳이 없게 되자 새로이 하였다.

---

57) 李智冠譯註, 1996, 『歷代高僧碑文(高麗篇 3)』, 「證智首座觀奧墓誌銘(1158년)」, 337~338쪽.

58) 康好文, 「寧州南院樓記」 『東文選』 권80(民族文化推進會 影印本 2冊, 592쪽) ; 『新增東國輿地勝覽』 권15, 天安郡 驛院 南院.

59) 위와 같음.

以爲徒旅止宿之所 尊卑異位 人畜異處[60]

견탄원은 徒旅가 머물고 자는 곳이 되었는데, 尊卑가 자리를 달리하였으며 사람과 가축이 처소를 달리하였다고 하였다. 원에서 존비에 따라 잠자리를 달리하였음을 알 수 있게 한다. 廣灘院은 개경과 남경의 가운데에 있는데, 행려들이 憩宿하였던 곳이었다.[61] 여행자가 쉬고 잠자는 공간을 광탄원이 제공하는 것이다.

德方院은 경주와 울산 사이에 사람이 살지 않는 지점에 세운 원이었다. 魚鹽을 무역하는 이와, 防戍를 교대하는 군인이 이어지지만 숙박할 곳이 없어 고통이 컸다. 그리고 더위와 비, 바람과 서리로 인해 여행자가 힘들었지만 우거할 곳이 없어 민가에 종종 머무는데 이것은 민폐를 끼치는 일이었다. 이리하여 만든 것이 덕방원이었다.

凉燠異所 尊卑異處 炊爨之廚 馬牛之廐 莫不咸備 … 夏蒔蔬菜 冬積薪芻 以施人畜[62]

덕방원에서는 서늘한 곳과 따뜻한 곳이 자리를 달리하고 존비에 따라 처소를 달리하였으며, 부엌과 마구간이 갖추어졌다. 여름에는 소채를 심고, 겨울에서는 땔나무와 꼴을 쌓아서 사람과 가축에게 베풀었다는 것이다.

이처럼 사원에서는 여행자에게 각종 편의를 제공하였다. 음식이나 잠자리를 제공하였고, 가축에게는 꼴을 줌으로써 여행자의 편의를 도모하였으며, 또한 도적이나 맹수의 위협으로부터 안전을 확보하게 해 주었다. 여행자에는 승려도 있었고 상인도 있었으며, 교대를 위해 오가는 군인도 있었다. 이러한 여행자들에게 불교에서 편의를 제공하는 기능을 맡

---

60) 權近, 「犬灘院樓記」『陽村集』 권12(『韓國文集叢刊』 7冊, 140쪽).
61) 權近, 「廣灘院記」『陽村集』 권13(『韓國文集叢刊』 7冊, 144~145쪽).
62) 權近, 「德方院記」『陽村集』 권13(『韓國文集叢刊』 7冊, 144쪽).

고 있었다. 당시 국가가 숙박시설을 설치 운영하거나 민인이 자발적으로 그것을 운영하는 일이 드물었기에 사원이 여행자에게 베푸는 것은 큰 의미가 있었다. 이러한 베풂은 불교에 대한 우호적인 분위기를 조성하는 데 일조하였을 것으로 보인다.

4. 疾病治療와 殺生禁止

고려시기 사원과 승려는 세속인의 질병에 대해서도 치료를 위한 활동을 전개하였다. 병든 이에게 고통을 덜어주기 위한 각종 활동을 활발하게 펼쳤다. 종교적인 구원을 약속하는 것도 물론 있었겠지만, 실질적인 도움을 주기 위해서도 적극 노력하였다. 觀音信仰이나 藥師信仰을 설함으로써 질병을 치료하는 수도 있었지만,[63] 여기서는 구체적인 醫術로써 질병을 치료하는 행위에 한정해 살펴보고자 한다.[64]

질병에 걸린 이를 치료하는 일은 국가로서도 관심사였다. 국가는 환자를 구료하기 위해 大悲院이라는 기구를 설치 운영하였다. 대비원은 기본적으로 환자를 수용하고 치료하기 위해 설치한 것이었다. 그러나 부수적으로 飢寒의 문제도 해결하였다. 질병에 걸린 이들은 대개 기한의

---

63) 고려시기 질병의 치료를 관세음보살이나 약사불에 의지하는 수가 많았다. 때문에 관음신앙과 약사신앙은 왕실에서부터 민간에 이르기까지 널리 유행하였다. 여기서는 신앙을 활용한 치료는 생략하고, 구체적인 의술에 의한 치료를 살펴보고자 한다. 고려시기 질병을 치료하기 위한 종교의례에 관해서는 다음의 논문이 참조된다. 박경안, 2006, 「고려인들의 다양한 금기와 질병을 대하는 태도」『역사와현실』 59 ; 이정숙, 2007, 「고려시대 전염병과 치병의례」『梨花史學硏究』 34 ; 金英美, 2007, 「고려시대 불교와 전염병 치유문화」『梨花史學硏究』 34.

64) 예컨대 圓應國師 學一은 숙종의 아들(뒷날의 圓明國師)이 9살 때 暴死하자 大般若를 염송함으로써 깨어나게 하였는데(李智冠譯註, 1996, 『歷代高僧碑文(高麗篇 3)』, 「淸道雲門寺圓應國師碑文」, 262~263쪽), 신통력이나 불력에 의거한 이러한 질병 치료는 여기에서는 생략하고자 한다.

문제도 동시에 안고 있었기 때문이었다. 靖宗 2년(1036)에 동대비원을 수리하여 기한질병인으로 돌아갈 곳이 없는 이들을 거처하게 하였으며 아울러 이들에게 의식을 제공하였다.

> 修東大悲院 以處飢寒疾病之無所歸者 給衣食[65]

동대비원에는 기한질병인이 거처할 수 있는 공간이 있었으며, 이곳에 처하게 하고서 옷과 먹을 것을 제공하였던 것이다. 굶주리고 추위에 떨게 되면 각종 질병에 대한 면역력이 떨어지므로, 굶주림과 질병은 상호 깊은 관련을 갖는 것이었다.

문종 3년(1049)에도 유사에게 명해 疾病飢餓者를 동서대비원에 모아 놓고 구휼하였다.[66] 인종 5년(1127) 3월에도 대비원에 축적을 넉넉히 하여 질병인을 구료하게 하였다.[67] 인종 9년에도 동서대비원을 수리하고서 民疾을 구료하게 하였다.[68]

의종 22년(1168) 3월에 동서대비원과 제위보에서 질병을 걸린 이들을 제대로 구휼하지 못하고 있음을 지적한 후 그 임무를 제대로 수행할 만한 이에게 맡기도록 하라고 하였다.[69] 충렬왕 34년(1308) 11월에는 80세 이상 篤疾廢疾者로서 자존할 수 없음에도 護養하는 자가 없다면, 동서대비원에 모아서 안집케 하라는 조치가 있었으며,[70] 충선왕 3년(1311) 대비원에서 질병인을 보호하라고 하였다.[71] 충숙왕 12년(1325) 동서대비원이 지금 모두 무너졌으니 마땅히 보수하여 질병인을 치료하라고 하

65)『高麗史』권80, 志34 食貨3 賑恤 水旱疫癘賑貸之制, 中册, 769쪽.
66)『高麗史』권80, 志34 食貨3 賑恤 水旱疫癘賑貸之制, 中册, 769쪽.
67)『高麗史』권80, 志34 食貨3 賑恤 水旱疫癘賑貸之制, 中册, 770쪽.
68)『高麗史』권80, 志34 食貨3 賑恤 水旱疫癘賑貸之制, 中册, 770~771쪽.
69)『高麗史』권18, 世家18 毅宗 22년 3월, 上册, 382쪽.
70)『高麗史』권80, 志34 食貨3 賑恤 鰥寡孤獨賑貸之制, 中册, 768쪽.
71)『高麗史』권80, 志34 食貨3 賑恤 水旱疫癘賑貸之制, 中册, 772쪽.

였다.72) 충혜왕 후4년(1343) 習射場을 罷해 동서대비원에 속하게 하고 성중의 질병인을 모아 약을 주어 치료하고 의식을 넉넉하게 하라고 하였다.73) 공민왕 20년(1371)에는 근년에 동서대비원이 제대로 운영되지 못해 貧病人이 유리한다고 하면서 醫藥과 粥飯을 넉넉하게 하라고 하였다.74) 국가기관에서 수용해 치료를 제공하는 환자는 대개 疫, 癘, 疫疾로 표현되는 전염병에 걸린 이가 중심이었다.75)

이렇게 국가에서 동서대비원을 설치해 운영하면서 환자를 수용·치료하고 동시에 음식을 제공하였다. 그러나 대비원은 개경 2곳, 서경 1곳 모두 3곳에 설치되었으며, 그 밖의 지방에는 藥店史만을 두고 있을 뿐 제대로 된 치료시설이 없었다.76) 그렇기 때문에 외방에서는 승려의 질병 치료활동이 중요할 수밖에 없었다.

질병에 걸린 이에 대해 승려는 깊은 관심을 가지고 치료하였다. 여러 사례가 전하지는 않지만, 승려가 질병을 치료하는 일은 흔하였을 것으로 보인다. 승려들이 고급의 의학지식을 가진 경우가 많기 때문이다.

圓應國師 學一은 특히 질병을 치료하는 데 탁월한 능력을 발휘하였다.

---

72) 『高麗史』 권77, 志31 百官2 諸司都監各色, 中冊, 692쪽 ; 『高麗史』 권80, 志34 食貨3 賑恤 水旱疫癘賑貸之制, 中冊, 772쪽.

73) 『高麗史』 권36, 世家36 忠惠王 후4년 3월, 中冊, 736쪽.

74) 『高麗史』 권80, 志34 食貨3 賑恤 水旱疫癘賑貸之制, 中冊, 773쪽.

75) 고려시기 전염병에 대해서는 다음의 논문이 참조된다. 김남주, 1988, 『고려시대에 유행된 전염병의 史的 연구』, 서울대 보건학과 박사학위논문 ; 宋涍禎, 2000, 「高麗時代 疫疾에 대한 硏究-12·13세기를 중심으로-」 『明知史論』 11·12합집 ; 이현숙, 2007, 「전염병, 치료, 권력-고려 전염병의 유행과 치료-」 『梨花史學硏究』 34 ; 김순자, 2007, 「고려시대의 전쟁, 전염병과 인구」 『梨花史學硏究』 34.

76) 孫弘烈, 1988, 『韓國中世의 醫療制度硏究』, 修書院, 88~118쪽 ; 이현숙, 2007, 「고려시대 官僚制下의 의료와 민간의료」 『東方學志』 139 ; 이경록, 2007, 「고려전기의 지방의료제도」 『醫史學』 16-2 ; 이경록, 2007, 「고려전기의 대민의료체계」 『韓國史硏究』 139.

凡人間疾病 無問貴賤 一切救之 動輒有驗[77]

사람의 질병이 있으면 귀천을 가리지 않고 모두 구제해 주었는데 효험이 있었다는 것이다. 질병의 치료에 탁월한 능력을 소지한 승려를 학일에게서 확인할 수 있다. 학일의 경우 질병을 치료함에 있어 귀천을 가리지 않았다는 것은 주목할 만한 일이다.

고려시기 의술에서 탁월한 능력을 발휘하는 승려들은 허다하였다. 醫僧 福山은 忠惠王으로 인해 淋疾을 앓게 된 黃氏를 치료하였다.[78] 복산은 탁월한 의술을 소지한 승려이기에 국왕과 관계하는 여인의 임질 치료를 요청받은 것이다. 天其라는 승려는 王女가 병이 있자, 치료를 요청받았는데, 치료할 수 없다고 하고서 다만 經像을 불태우고, 가사를 찢어 덥고서 종일토록 精勤하였다. 그렇지만 결국 그날 밤 왕녀는 세상을 떠났다.[79] 천기라는 승려는 탁월한 의술을 보유하였지만, 왕녀의 질병은 치료의 가능성이 없는 상태였던 것이다. 최후의 수단에 의거하였지만 결국 사망에 이르렀다.

이밖에도 탁월한 의술을 발휘한 승려들이 있다. 趙簡이 늙어, 瘴疽를 앓아 어깨와 목을 거의 구별할 수 없었는데, 醫僧이 종기가 뼈에 뿌리를 내리고 있으며, 뼈가 거의 반 정도 썩었다고 하면서 베어내지 않으면 치료할 수 없다고 하였다. 그런데 치료의 고통을 견디기 어렵다고 하였다. 이에 조간이 시도해 보자고 하자 의승은

以利刃劓之 骨果朽 刮之傅藥[80]

77) 李智冠譯註, 1996,『歷代高僧碑文(高麗篇 3)』,「淸道雲門寺圓應國師碑文(1147년)」, 262쪽.

78)『高麗史』권36, 世家36 忠惠王 2년 5월, 上册, 729쪽 ;『高麗史』권106, 列傳19 洪奎附 戎, 下册, 352쪽.

79)『高麗史』권123, 列傳36 廉承益, 下册, 674쪽.

80)『高麗史』권106, 列傳19 趙簡, 下册, 343쪽.

하였다. 날카로운 칼로 째고서 보니 뼈가 과연 썩어 있었다. 이에 깎아내고 약을 발라 주었다. 조간은 기절해 눈을 뜨지 못한 것이 이틀이나 되었다고 한다. 이 승려는 외과수술에 탁월한 능력을 소지한 것으로 보인다. 그밖에 李商老에게 의술을 가르쳐 준 승려가 보이며,[81] 의술에 능한 翯仙이라는 승려도 보인다.[82]

의술을 소지한 승려들은 승려들의 치료만이 아니라 속인의 치료에도 앞장 섰던 것으로 보인다. 日嚴이라는 승려는 눈먼 이를 눈뜨게 하고 죽은 이를 다시 살린다고 미혹하여 개경에 불려 왔는데, 사람들이 1만 명이나 모였으며, 그가 먹다 남은 음식이나 목욕한 물까지도 질병을 치료한다고 믿어 귀하게 여겼다고 한다.[83] 승려로서 탁월한 의술을 소지하고 능력을 발휘하는 인물이 있었기에 이러한 일이 있을 수 있었다.

고려시기 승려가 질병 치료에 중요한 구실을 하였기에 조선초에도 그 유제로서 승려의 질병치료가 있었다. 세종 4년(1422)에 都城을 수축하고서 4개의 救療所를 설치해 군인을 치료하였는데, 이때 惠民局 提調 韓尙德이 醫員 60명을 거느리고, 大師 坦宣이 승려 300명을 거느리고서 병들고 다친 군인들을 구료하였다.[84]

치료능력을 가진 승려를 보유한 여러 사원에 대해 국가에서 질병치료를 일임하기도 하였다. 예컨대 의종대 開國寺에서 볼 수 있다. 의종대 국가적 차원에서 질병에 걸린 이들에 대한 식사제공이 開國寺에서 있었다.

李齊賢, 「金文英恂」『櫟翁稗說』前集2(『高麗名賢集』2冊, 360쪽)에 따르면 그 승려의 이름은 妙圓이다.

81) 『高麗史』권122, 列傳35 李商老, 下冊, 657~658쪽.

82) 『高麗史』권36, 世家36 忠惠王 후4년 4월, 上冊, 736쪽.

83) 『高麗史』권99, 列傳12 林民庇, 下冊, 204쪽.

84) 『世宗實錄』권15, 世宗 4년 정월 癸酉, 2冊, 471쪽.

饗飢饉疾疫人於開國寺[85]

기근인과 질역인에게 개국사에서 잔치를 베풀었다는 것이다. 疾疫人 곧 전염병에 걸린 이에게 식사만을 제공한 것이 아니라 질병의 치료도 함께 행하였을 것으로 보인다. 개국사에서 질병치료의 경험이 많기에 이곳에서 식사를 제공한 것으로 이해된다.

불교계에서는 특별히 자연에 대한 베풂을 강조하고 있다. 자연의 생물을 殺生하는 것을 극력 제한하고자 노력하는 것이 그것이었다. 승려들이 살생을 금하고자 노력하는 것은 여러 사례가 확인된다. 일정한 공간에서의 살생을 금하는 것은 신라말부터 확인된다.

신라하대 文聖王(839~857)이 寂忍禪師가 머물던 大安寺에 禁殺之幢을 세우는 것이 그것이었다. 곧 "兼所住寺四外 許立禁殺之幢"이라고 표현하였다.[86] 적인선사가 거주하는 사원의 사방 외곽에 금살지당을 세우는 것을 허락하였다는 것이다. 금살지당은 四標 안에서 살생을 금지하는 표지였다. 이 공간 안에서는 짐승을 사냥하는 일이 금지되었을 것이다. 朗慧和尙이 주석하였던 聖住寺의 경우,

遣輶軒標放生場界 則鳥獸悅[87]

이라고 표현하였다. 성주사에 방생장계가 세워지자 鳥獸가 기뻐하였다는 것이다. 방생장계는 금살지당과 마찬가지로 그 안에서 짐승을 사냥하는 것이 금지되기에 조수가 기뻐하는 것이다. 신라하대에 설치의 사례가

85) 『高麗史』 권17, 世家17 毅宗 6년 6월, 上冊, 362쪽.
86) 李智冠譯註, 1993, 『歷代高僧碑文(新羅篇)』, 「谷城大安寺寂忍禪師照輪清淨塔碑文(872년)」, 77쪽.
87) 李智冠譯註, 1993, 『歷代高僧碑文(新羅篇)』, 「藍浦聖住寺朗慧和尙白月葆光塔碑文(890년)」, 163쪽.

여럿 확인되는 장생표도 이러한 의미를 갖는 것이었다. 장생표 내에서는 금수를 사냥하는 행위가 금지되었다. 장생표가 설치된 것이 확인되는 사원에는 長興 寶林寺,[88] 聞慶 鳳巖寺,[89] 淸道 雲門寺,[90] 梁山 通度寺가[91] 있다.

장생표가 세워진 경계 안에서는 금수를 사냥하는 등의 살생이 금지됨으로써 금수가 보존되었다. 자연에 대한 베풂이라고 할 수 있겠다. 고려시기에 장생표의 설치는 성행한 것으로 보이지 않아, 적극적인 살생의 금지가 실천되지 않았을지 모르지만, 사원 인근에서는 鳥獸에 대한 사냥이 제한되는 것은 일반적이었을 것이다.

사원 인근에서 이루어지는 살생을 저지하려는 모습은 12세기에 활동하는 智偁이라는 승려에서 엿볼 수 있다. 그 승려는 인근의 바다에서 고기를 잡는 것을 금함으로써 살생의 금지를 실천하였다. 그가 거처하는 사원의 남쪽에 큰 바다가 있었는데 어부들이 그물을 가지고 밤낮으로 고기를 잡고 있었다. 이에 지칭이 이를 금지토록 하였는데 40년이 흘러 碑가 만들어지는 시점까지 전해오며 어부들이 사원의 근처에 접근하지 않았다고 한다.[92] 사원의 인근에서 살생이 제한됨을 볼 수 있다.

칠장사의 慧炤國師는 布貨로써 사로잡힌 비둘기와 바꾸어 그 비둘기를 풀어주었는데 그 규모가 332마리에 달하였다. 죽음의 위기에 놓인 비둘기를 재물로써 얻어서 방생하는 것이다. 혜소국사는 또한 속리산 아래

88) 李智冠譯註, 1993, 『歷代高僧碑文(新羅篇)』, 「長興寶林寺普照禪師彰聖塔碑文(884년)」, 98쪽.

89) 李智冠譯註, 1993, 『歷代高僧碑文(新羅篇)』, 「聞慶鳳巖寺智證大師寂照塔碑文(924년)」, 288쪽.

90) 『三國遺事』 권4, 義解5 寶壤梨木

91) 許興植編著, 1984, 『韓國金石全文(中世上)』, 「通度寺國長生石標(1085년)」, 526~527쪽 ; 『通度寺誌』, 亞細亞文化社 影印本, 23~30쪽.

92) 李智冠譯註, 1996, 『歷代高僧碑文(高麗篇 3)』, 「開城靈通寺住持智偁墓誌銘(1193년)」, 386쪽.

大川에서 물고기를 잡는 5인에게 다가가 그 물고기를 재물을 주고 구해서 방생하였다.[93] 승려들은 기회가 있으면 잡힌 날짐승이나 물고기를 풀어줌으로써 방생을 실천하는 것이다. 불교계는 이처럼 방생을 실행함으로써 자연에 대한 베풂을 실천하였다. 이러한 자연에 대한 베풂의 실천은 불교계만이 갖는 고유한 보시행위라고 할 수 있을 것이다.

5. 布施論의 展開과 俗人의 布施活動 盛行

승려들은 적극적인 보시활동을 전개하는 한편 보시에 대한 나름대로의 논리를 펴고 있었다. 신라시기 승려 漸開는 興輪寺에서 六輪會를 설행하면서 緣化를 하였는데, 그때 속인에게 보시하도록 권하는 논리가 "天神常護持 施一得萬倍 安樂壽命長"이었다.[94] 천신이 항상 보호할 것이며, 하나를 보시하면 만 배를 얻으며, 안락하고 수명이 연장된다고 설하였다. 속인에게 보시를 권하면서 한 말이기 때문에 자신의 보시행에 대한 논리는 아니지만, 보시를 할 경우는 보시에 대한 반대급부가 엄청나며 안락하고 장수한다는 것을 주장한 것이다. 보시를 하는 승려로서도 이러한 반대급부가 있었다고 관념하였는지는 명확하지 않다. 점개의 연화에 호응해 대성은 내세를 위해 傭田을 보시하였다.

光宗의 경우 讖言을 믿어 많은 호족들을 살해하였는데, 그에 대해 죄업을 씻기 위해 齋會를 널리 설행하였으며, 또한 여러 곳에 방생소를 설치해 자연에 대한 보시를 실천하였다.[95] 광종이 널리 보시를 행하면서

93) 李智冠譯註, 1995, 『歷代高僧碑文(高麗篇 2)』, 「竹山七長寺慧炤國師塔碑文(1060년)」, 302쪽.
94) 『三國遺事』 권5, 孝善9 大城孝二世父母 神文代.
95) 『高麗史』 권2, 世家2 光宗 19년, 上册, 62쪽 ; 『高麗史節要』 권2, 光宗 19년, 38쪽.

기대한 것은 죄업을 씻는 일이었다. 죄업을 消除하기 위해 보시를 행한다는 것이다. 속인들이 보시할 경우 현세에서의 잘못을 씻기 위함이 중요한 목적의 하나였음을 알 수 있게 한다.

고려말에 李齊賢과 權近도 보시에 대해 언급하고 있다. 益齋 李齊賢은

> 竊念佛氏之道 以慈悲喜捨爲本 慈悲 仁之事也 喜捨 義之事也[96]

라고 하였다. 불교는 자비와 희사를 근본으로 하는데, 자비는 仁에 관한 것이고 희사는 義에 관한 것이라고 보았다. 불교의 교설 가운데 희사, 즉 보시를 들고 있는 것이다. 성리학자가 볼 때 보시는 불교의 중요한 근본 교설이며, 義와 관련한 것으로 이해하였다. 권근은 '其功德報應之說'을 설함으로써[97] 보시의 논리를 피력하고 있다. 즉 보시하는 것은 공덕을 쌓는 일이며 응보가 있다는 것이다. 보시를 하면 곧 그에 보답이 있다는 논리인 것이다.

權近은 또한 다음과 같은 주장을 하였다.

> 佛氏之道 以慈悲喜捨爲德 以報應不差爲驗 其言極闊大[98]

불교는 자비와 희사를 덕으로 하며 보응에 차별이 없음을 징험으로 한다는 것이다. 불교의 덕목 가운데 희사 즉 보시가 매우 중요함을 말하며, 또한 그러한 행위가 있을 경우 반드시 그에 상응하는 보답이 있다는 것을 주장하였다. 응당한 보답이 있으니 적극적으로 보시활동을 하라는 논리인 것이다.

---

96) 李齊賢, 「金書密教大藏序」『益齋亂藁』권5(『韓國文集叢刊』 2冊, 542~543쪽).
97) 權近, 「犬灘院樓記」『陽村集』 권12(『韓國文集叢刊』 7冊, 140쪽).
98) 權近, 「演福寺塔重創記」『陽村集』 권12(『韓國文集叢刊』 7冊, 133~134쪽).

民衆을 선동하는 승려도 이러한 보시를 적극 권장하고 있었다. 그 승려를 사료상에서는 惑民하는 승려로 표현하고 있었지만, 당시 민인대중의 상당한 호응을 얻고 있었다. 우왕대에 伊金이라는 승려가 그러하였는데, 그는 彌勒佛을 자칭하면서 여러 교설로 민인들을 선동하였다. 그 가운데 보시를 적극 주장하는 내용이 있었다. 즉 "不以貨財分人者 必死"라고 주장하였으며, 또한 그의 교설에 이끌린 민인은 "爭施米帛金銀 恐後 牛馬死則棄之 不食 有貨財者 悉以與人"하였다.[99] 재화를 민인에게 나누어 주지 않으면 반드시 죽게 된다는 것이다. 이금의 주장에 현혹되어 민인들이 다투어 쌀과 비단, 금과 은을 보시하되 뒤늦을까 걱정하였으며, 우마가 죽으면 먹지 않고 버렸으며, 재화가 있는 사람은 모두 다른 사람에게 주었다는 것이다. 보시를 권장하는 논리였다. 이금의 교설을 따를 경우 보시를 하는 중심층은 富民일 것이고, 반면 빈민으로서는 보시를 받는 처지에 있었을 것이다. 따라서 빈민으로서는 환영할 바라 할 것이다. 이러한 주장은 당시의 지배층이나 부민들에게 불안감을 조성하는 논리였을 것이다. 반면에 빈민으로서는 베풂의 혜택을 받을 수 있는 처지에 있기 때문에 매우 바람직한 교설이라 할 수 있었다. 이러한 주장은 당시 사회 질서에서 용납될 수 없는 것이어서 결국 국가권력과 불교계의 공동의 공격을 받아 요민으로 몰려 처벌당하였다. 보시를 하지 않으면 죽게 된다는 논리는 보시를 하지 않을 수 없는 분위기를 만드는데 크게 일조하였을 것이다.

당시의 승려는 적극적인 보시활동을 전개하는 한편 보시를 권장하는 논리를 개발하여 설파하고 있었다. 보시가 있을 경우 그에 상응하는 보답이 있다는 주장이 있었던 것이다. 그 보답의 내용은 수명 장수, 내세의 보장이 포함되어 있었다. 심지어 보시활동을 하지 않으면 죽게 된다는

---

99) 『高麗史節要』 권31, 辛禑 8년 5월, 789쪽 ; 『高麗史』 권107, 列傳20 權呾附 和, 下册, 361~362쪽.

논리도 있었다.[100)]

현실에서 보시할 수 있는 층은 많이 가진 자, 부유한 자, 지배층이고, 반대로 빈민의 경우 보시할 수 있는 여력이 작아서 보시활동의 결과 보답받을 수 있는 것도 적게 마련이었다. 그렇지만 보시물의 혜택을 입을 수 있는 처지에 있었기 때문에 그들로서도 환영할 만한 일이었다.[101)]

불교계가 전개한 보시활동과 보시에 관한 교설은 세속인에게 깊은 영향을 주어 속인 가운데 베풂을 적극적으로 실천하는 이들이 다수 출현하였다. 국왕을 비롯하여 대소 신료가 중심이 되어 보시를 실천하였다.

우선 광종의 보시활동이 주목을 끈다. 주지하듯이 광종은 많은 호족을 제거한 뒤 이들의 원혼을 달래고, 또한 자신의 죄업을 씻기 위해 각종 보시를 실천하였다.[102)] 순수한 베풂의 실천이 아니라 다분히 정치적으로 보상을 바라는 것이 전제된 보시이지만 보시행으로 볼 수 있다. 정도의 차이가 있겠지만 역대 국왕들은 불교의 교설과 관련해 각종 보시행을 실천하였다. 국가에서 이루어지는 구제활동도 명칭에서 볼 수 있듯이 불교적인 영향을 받아 이루어졌다. 구제활동을 담당하는 大悲院이라는 이름은[103)] 불교에서 온 것이다. 고려시기 국가적 차원에서 행해지는 각

---

100) 고려시기 불교계는 보시를 포함한 사회복지활동을 활발하게 전개하였는데, 사회복지활동을 가능케 하는 사상으로 慈悲思想, 布施思想, 福田思想, 報恩思想, 菩薩思想, 平等思想, 生命尊重思想을 들고 있다(林松山, 1995, 『佛教社會福祉－思想과 事例－』, 弘益齋, 134~150쪽 ; 권경임, 2004, 『불교사회복지실천론』, 학지사, 71~86쪽). 사회복지활동이란 사회과학적 용어로서 범위가 넓은 것이기 때문에 본고에서는 제한된 의미로 보시라는 용어를 사용한다. 보시의 개념에 대한 전반적인 검토는 추후의 과제로 남긴다.

101) 물론 가난한 이가 보시의 혜택만을 입는 것은 아니었다. 빈한한 이도 신앙행위와 관련해 사원이나 승려에게 燈이나 물품을 보시하는 일이 많았다.

102) 『高麗史』 권2, 世家2 光宗 19년, 上冊, 62쪽 ; 『高麗史節要』 권2, 光宗 19년, 38쪽.

103) 『高麗史』 권15, 世家15 仁宗 5년 3월, 上冊, 310쪽 ; 『高麗史節要』 권9, 仁宗 5년 3월, 239쪽 ; 『高麗史』 권18, 世家18 毅宗 22년 3월, 上冊, 382쪽.

종 구제활동이 이처럼 불교의 이념적 지원 하에서 이루어지는 수가 많았던 것이다. 조선 태종 14년(1414) 9월에 東西大悲院을 東西活人院으로 이름을 고친 것은[104] 불교적인 색채를 탈각시키는 조치로 보인다.

세속인으로서 각종 보시활동을 적극적으로 전개한 인물들이 다수 확인되지만, 이들 가운데에는 불교적인 영향을 짙게 받은 이들이 많았다. 불교에 깊은 관심을 갖고 공부한 이라든지, 혹은 불교적인 가치를 추구하며 居士的인 삶을 사는 이들이 적극 보시한 예가 여럿 확인된다.

尹彦旼은 어려서 공부할 때부터 사람됨이 담백하고 조용하였으며, 불교에 마음을 돌려 『金剛般若經』을 즐겨 읽고 見性과 觀空을 즐거움으로 삼았다. 부처를 섬기는 일 이외에 또 醫術을 공부하여 질병에 걸린 사람들을 구제하는 것을 일로 삼았다.[105] 불교에 심취해 살던 윤언민이 의술을 공부하여 질병에 걸린 환자들을 적극적으로 구제하고 있음을 볼 수 있다.

王源은 仁宗이 公으로 封한 인물인데, 藥으로써 어려운 이들을 구제하는 일에 열심이었다.

> 尤工醫術 而嘗以藥博濟人民[106]

그는 의술에도 조예가 깊어 약으로써 널리 사람을 구제하였던 것이다. 왕원은 불교에 정통하였기 때문에[107] 불교적인 교설을 실천하는 데에도 적극적이었을 것이다. 그러한 이념이 전제되어 병든 이에게 약을 제공함으로써 보시를 실천한 것이다.

여행자가 다수 피해를 입는 혜음령에 세워진 사원이 惠陰寺인데, 이

---

104) 『太宗實錄』 권28, 太宗 14년 9월 丙子, 2冊, 35쪽.
105) 金龍善編著, 2001, 『高麗墓誌銘集成』, 「尹彦旼墓誌銘(1154년)」, 140~142쪽.
106) 金龍善編著, 2001, 『高麗墓誌銘集成』, 「王源墓誌銘(1171년)」, 213쪽.
107) 위와 같음.

사원의 조영을 건의한 인물은 李少千이었다. 그는 近臣으로서 남쪽에 사신으로 갔다 돌아와서, 왕이 백성의 疾苦를 묻자 이곳의 문제를 알려 결국 혜음사를 조성하게 하였다. 민인의 질고를 헤아려 그 고통을 덜고자 하는 마음을 갖고 있던 이소천은 麻衣蔬食하여 居士라고 自號한 인물이었다.108) 불교적인 삶을 살고 있는 이소천이 보시행을 주장하였고 그 결과 혜음사가 조성된 것이다. 불교교리에 친숙하고 깊이 몰두한 이들이 사회적 보시행의 실천에 관심을 가져 기회가 있을 때 건의하여 정책에 반영하는 일은 허다하였을 것이다.

金坵의 처 崔氏는 손님을 供饋하되 親疎貴賤을 불문하고 가진 것을 극진히 베풀었다. 최씨는 임종하기 하루 전에 머리 깎고 승려가 되어 向眞이라는 이름을 갖게 되었다는 데서 알 수 있듯이 불교 신앙에 깊이 몰입한 인물이었다.109) 그러한 인물이 비록 손님으로 표현되지만 친소귀천을 가리지 않았다는 데서 알 수 있듯이 여러 사람들에게 식사를 제공한 것으로 보인다.

趙仁規는 원과의 관계에서 통역관으로 크게 활약하여 현달한 인물이며, 후손들도 크게 번창하였다.110) 그는 불교에 독실하여 淸溪寺를 창건하고 국왕의 복을 기원하였다. 불교적 색채가 아주 강한 그는 '性又好善喜施'하다고 하였다.111) 베풂을 즐겨하였다는 것이다. 구체적인 베풂의 행위 내용을 확인할 수 없지만, 베풀기를 적극 실천하던 조인규는 불교적인 신심이 깊은 인물이었다.

文章技藝에 정통한 蔡洪哲은 집의 북쪽에 栴檀園을 창건하여 禪僧을 봉양하였는데 득도한 인물이 자못 있었다고 하였다. 그는 또한 "又施藥園中 國人賴之 呼爲活人堂"하였다고 한다.112) 전단원에서 약을 베풀

108) 金富軾, 「惠陰寺新創記」『東文選』 권64(民族文化推進會 影印本 2冊, 399쪽).
109) 金龍善編著, 2001, 『高麗墓誌銘集成』, 「金坵妻崔氏墓誌銘(1309년)」, 426쪽.
110) 閔賢九, 1976, 1977, 「趙仁規와 그의 家門」(上, 下)『震檀學報』 42, 43.
111) 李穀, 「趙貞肅公祠堂記」『稼亭集』 권3(『韓國文集叢刊』 3冊, 120쪽).

어 국인들이 이의 도움을 받아 활인당이라고 하였다는 것이다. 그는 전단원을 세워 승려를 봉양하고 아울러 불교에 매우 깊은 이해를 갖고 있었다. 불교적인 분위기를 강하게 풍기는 채홍철이 약을 베풀고 있는 것이다. 불교의 영향을 받아서 이루어지는 행위라 할 수 있겠다.

裵德表라는 인물은 三敬居士로 칭해지는 데서 알 수 있듯이 승려와 비슷한 생활을 하였다. 그는 병으로 벼슬하지 않고 金海의 酒村에 퇴거해 살면서 작은 집과 정자를 짓고 살았는데, 본인이 弘仁院이라고 불렀다. 그는 이곳에서 적극적인 보시활동을 전개하였다.

> 至若採掘鄕藥專心劑和 鄕里有患病者 輒命理之 務於生財 積而能散 年分或饑歉 卽發賑之[113]

향약을 채굴하여 전심해 조제한 후 향리 사람으로서 질병이 있으면 치료하였으며, 재물을 쌓아 놓고서 흉년이 들면 즉시 진휼하였다는 것이다. 병든 이를 치료하고 곤궁한 이에게 곡식을 베푸는 일을 배덕표라는 인물이 실천하는 것이다. 그는 居士로 자처하는 데서 알 수 있듯이 불교적인 분위기에서 생활하는 인물이었다. 불교의 영향 하에서 보시행을 실천하고 있음을 확인할 수 있다.

趙云仡과 尹桓도 불교적인 인물로서 보시를 적극 실천하였다. 조운흘은 慈恩僧인 宗林과 더불어 方外友가 되었다.[114] 조은흘은 우왕 6년(1380)에 廣州 古垣江村에 퇴거하고서 板橋院과 沙平院을 중영하고서

112) 金龍善編著, 2001, 『高麗墓誌銘集成』, 「蔡洪哲墓誌銘(1340년)」, 508쪽 ; 李穀, 「右文館大提學領藝文館事順天君蔡公墓誌銘」 『稼亭集』 권11(『韓國文集叢刊』 3冊, 163~164쪽) ; 權近, 「蔡贊成諱洪哲」 『陽村集』 권35(『韓國文集叢刊』 7冊, 308쪽).

113) 李詹, 「弘仁院記」 『東文選』 권77(民族文化推進會 影印本 2冊, 558쪽).

114) 『新增東國輿地勝覽』 권28, 尙州牧 人物 寓居 ; 『高麗史』 권112, 列傳25 趙云仡, 下冊, 465쪽.

자칭 院主라 하였다.[115] 조은흘은 승려와 방외우가 될 정도로 불교에 깊이 빠져 든 인물로서 두 개의 원을 조영하였다. 이 원에서는 다른 원과 마찬가지로 여행자에게 편의를 제공하였을 것으로 보인다. 호불적인 인물이 보시행을 실천하고 있음을 확인할 수 있다.

윤환은 報法寺를 중창하는 일을 행하였다. 그는 공민왕대에 門下侍中이 되었으며, 세 번이나 수상에 오른 인물이었다. 보법사는 왕성의 남쪽에 있는 대가람으로서 원래 太祖妃 柳氏가 捨家한 절이었으나 중간에 퇴락한 것을 侍中 漆原府院君 尹公과 禪源 法蘊和尙이 同盟하여 重營하였다. 여기의 시중 윤공은 윤환인데, 그는 중창 이후 포와 토지를 시납하였다.[116] 이처럼 불교에 깊이 관여하는 윤환이

> 家鉅富 嘗請告歸漆原 居柳洞里 歲大饑 人相食 散家貲以賑之 取貧民稱貸契券 悉燒之[117]

하였다. 그는 거부였으며, 물러나 漆原 柳洞里에 거처하였는데, 크게 기근이 들자 재산을 내어서 진휼하였으며, 빈민에게 빌려준 것을 기록한 契券을 모두 태워버렸다는 것이다. 기근에 임해 적극적인 구휼활동을 전개한 윤환은 불교와 깊이 관련한 인물이었다.[118]

---

115) 『新增東國輿地勝覽』 권11, 楊州牧 人物 ; 『高麗史』 권112, 列傳25 趙云仡, 下册, 466쪽.

116) 李穡, 「報法寺記」 『牧隱藁文藁』 권6(『韓國文集叢刊』 5册, 46~47쪽).

117) 『新增東國輿地勝覽』 권32, 漆原縣 人物 ; 『高麗史』 권114, 列傳27 尹桓, 下册, 499쪽.

118) 이상과 달리 任益惇이라는 인물은 특이한 방법으로 보시를 실천하였다. 그가 黃驪의 長이 되어 수레에서 내렸을 때 일대에 전염병이 돌았는데, 『大般若經』을 읽게 하고 거리를 두루 돌아다니자 螺磬의 소리를 듣고 마치 취해 꿈꾼 듯 하다가 차도가 나아져 병이 치료된 사람들이 심히 많았다고 하였다(金龍善編著, 2001, 『高麗墓誌銘集成』, 「任益惇墓誌銘(1227년)」, 347쪽). 불경을 읽음으로써 해당 지역민의 전염병을 치료한 것이었다. 불교를 직접 활용한 보시행이라고 할 수 있겠으나 이러한 내용은 본고에서는 언급을 피하고자 한다.

그밖에 보시행을 적극 실천하고 있는 인물 가운데 불교적인 영향을 강하게 받았다고 단정할 수 없지만 그 영향을 어느 정도 읽을 수 있는 인물로 鄭穆, 金永夫와 張忠義를 들 수 있다. 정목은 여러 번 천거를 받아 형부와 예부시랑에 이르렀는데 늘 녹봉을 받는 날이 되면 혜택이 내외의 친인척 및 마을의 賤小들에게까지 미쳤다. 관직을 떠날 때까지 무릇 나누어 준 곡식이 35석이나 되었다. 그는 숙종 10년(1105) 5월에 龍興寺 德海院에서 사망하였고, 절의 서쪽 언덕에서 화장한 다음, 유골을 거두어 임시로 서울 동북쪽의 安佛寺에 두었으며, 그해 10월 弘護寺 서남쪽 언덕에 안장하였다.[119] 베풀기를 즐겨한 정목은 불교에 대한 심취의 정도는 알 수 없지만, 용흥사 덕해원에서 사망한 것과, 장례를 치르는 방식에서 불교와 깊은 관계를 맺는 인물임은 분명히 알 수 있다. 친불교적인 인물로서 보시에 힘쓰고 있음을 알려 주는 것이다.

김영부는 빈한한 사람을 보면 적극적으로 구휼하는 보시를 실천하였다.

> 及見其貧不能自存者 无遠近親疎△欲賑恤 由是居相位十餘年 家无留儲[120]

김영부는 가난해 자존할 수 없는 자를 보면 원근친소를 불문하고 진휼하고자 하였기에 재상으로 10여 년 있었지만 집에는 남은 축적이 없었다는 것이다. 적극적인 보시를 실천하고 있음을 알 수 있다. 김영부가 어느 정도 불교에 몰입한 인물인지는 파악할 수 없지만, 海安寺北에서 장사 지내고, 임시로 淨土寺에 유골을 두었다가 臨津縣北 承旨洞에 장사지냈던 것으로 보아 본인 혹은 집안이 불교와 깊이 관련되었음을 알

---

119) 金龍善編著, 2001, 『高麗墓誌銘集成』, 「鄭穆墓誌銘(1105년)」, 36쪽.
120) 金龍善編著, 2001, 『高麗墓誌銘集成』, 「金永夫墓誌銘(1172년)」, 219쪽.

수 있다.

張忠義는 '常以賑救貧窮爲心'하였다고 한다.[121] 빈궁한 이를 진휼하고 구휼하는 것을 마음으로 삼았다는 것이니, 빈궁한 이를 위해 적극적인 보시활동을 전개하였음을 읽을 수 있는 것이다. 장충의 역시 개인적으로 얼마나 불교에 몰입하였는지는 알 수 없지만, 서경에서 병으로 졸하자 아들이 유골을 수습해 개경의 廣德寺에 안치하였으며, 뒤에 경성 서쪽 부소산 기슭에 장사지냈다는 데서, 불교와 일정한 관련이 있음을 알겠다.

崔允儀 처 김씨도 재물을 나누어 주기를 좋아하였다. 남편인 최윤의가 쓴 묘지명에 따르면, 부인은 나이 21세에 시집와서, 2남 3녀를 낳았고, '好施散財' 곧 재물을 나누어 베풀어 주기를 좋아하였다고 하였다. 의종 5년(1151) 2월 초하루에 병이 들어 나흘 만에 세상을 떠났으며, 다음해 2월에 안장하였다. 그런데 최윤의가 부처의 말씀에 극락과 천당이 있다고 하면서 저승에 연분에 있다면 어찌 뒷날을 기약할 수 없겠는가라고 한 것으로 보면,[122] 최윤의와 그의 처 또한 불교신심이 매우 깊었다고 추측할 수 있다.

이처럼 고려시기 친불교적인 혹은 불교에 몰입한 인물들의 경우 보시행을 적극 실천하고 있음을 알 수 있다. 이러한 보시활동이 성행함으로써 보시행위가 이 시기에 하나의 행동양식으로 확립된 것으로 볼 수 있겠다.[123]

---

121) 金龍善編著, 2001, 『高麗墓誌銘集成』, 「張忠義墓誌銘(1180년)」, 233쪽.

122) 金龍善編著, 2001, 『高麗墓誌銘集成』, 「崔允儀妻金氏墓誌銘(1152년)」, 123~124쪽.

123) 불교적인 신심이 깊은 인물이라고 해서 모두 베풀기를 좋아하는 것은 아니었다. 거사로서 생활한 李資玄은 "性吝 多畜財貨 擧物積穀 一方厭苦之"하였다고 한다(『高麗史』 권95, 列傳8 李子淵附 資玄, 下冊, 123쪽). 개인적인 성향의 차이는 있는 것이지만, 불교적인 신심이 깊었던 인물이 베풀기를 즐겨하는 일은 많았다고 하겠다.

6. 結 語

고려시기 승려와 사원은 그 사회경제적 위상에 상응하여 각종 보시활동을 활발하게 전개하였다. 불교의 교설에서도 보시를 권장하고 있었기에 그러한 활동이 더욱 활발하였는데, 그 활동은 여러 방면으로 나타났다. 빈민구제, 여행자 편의 제공, 환자 치료가 그것이었다. 이러한 보시활동의 시기별 추이나 종파별 차별성은 제대로 다루지 못하였지만, 불교계가 수행한 보시활동과 그 의미에 대해서는 대체의 윤곽을 확인할 수 있었다.

고려시기 승려들은 보시를 생활화하여 실천하고 있었다. 진귀한 것도 필요로 하는 이가 있으면 기꺼이 제공하였다. 博施를 자신의 임무로 삼는 승려도 있었고 보시에 힘쓰는 승려도 많았다. 베풂이 구체적으로 나타나는 것은 貧民에 대해서이다. 승려들이 직접 나서서 빈궁한 이에게 보시하는 일은 허다하였다. 증지수좌 觀奧, 원묘국사 了世는 대표적인 인물이었다. 불교행사가 설행될 경우에도 빈민에 대한 먹거리의 제공이 있었다. 종을 만든다거나 사원을 중수·중창하는 경우에도 참여한 사람에게 먹거리를 제공함으로써 빈민구제의 소임을 수행하였다. 빈민구제 활동에서 두드러진 활동을 보이는 승려는 法相宗 계통의 승려들이었다. 관오, 覺觀, 慧炤, 導生 등이 그들이었다. 사원에서의 빈민구제활동이 활발하였다는 사실이 전제되어 국가의 위임을 받아 사원에서 구제활동을 전개할 수 있었다. 임진나루터의 普通院에서 자주 그러한 일이 있었으며, 공민왕대에는 演福寺(=普濟寺)에 賑濟場을 설치하여 빈민을 구제하기도 하였다.

고려시기 사원이나 승려들은 여행자에게 편의를 제공하는 일도 수행하였다. 당시의 촌락이 隔絶性을 띠고 발달하였기에 교통로이면서도 맹수와 강도의 위험이 큰 지점이 많았다. 안전을 확보하고, 먹거리와 잠자리를 제공하는 임무를 사원이 맡았다. 나루터에 세워진 사원은 이곳을 경유하는 이에게 편의를 제공하였으며, 교통로에 세워진 사원도 여행자에게 편의를 제공하였다. 開國寺, 天壽寺, 惠陰寺, 都山寺는 대표적인 예였다. 혜음사는 호랑과 寇賊으로 말미암아 해마다 수백 명이 사망하는 지점에 세워졌으며, 도산사는 금강산을 찾는 이에게 휴식처를 마련하고 숙식을 제공할 목적으로 세운 사원이었다. 교통로에 세워져 편의를 제공하는 일을 일차적 임무로 세워진 사원은 흔히 '院'이라 불리었다. 원에서는 우마에게 꼴을 제공하였고, 여행자에게 잠자리와 먹거리를 제공하였다. 이러한 시설에서는 尊卑에 따라 처소를 달리하였다.

사원과 승려는 질병의 치료에도 관심을 기울였다. 당시 국가는 환자에 대해 東西大悲院을 설치 운영함으로써 치료에 임하였다. 그러나 대비원은 개경이 2곳, 서경에 1곳 모두 3곳에 불과하였으며 외방에는 약점사가 있기는 했지만 광범위한 구료를 할 수 없었다. 그러한 혜택에서 벗어난 지역의 민인 질병에 대해서는 승려들이 앞장서서 치료를 담당하였다. 탁월한 의술을 소지한 승려가 여럿 보이는데, 이러한 승려들은 일반 속인환자를 위한 치료에서도 크게 활약하였을 것으로 보인다. 學一의 경우 貴賤을 가리지 않고 질병을 치료하였다고 한다. 한편 불교는 자연에 대한 베풂을 강조하고 있는데, 그것은 殺生의 금지, 放生의 권장으로 나타났다. 禁殺之幢·放生場界는 일정한 권역 내에서 살생을 못하도록 한 것으로 보인다. 장생표 내에서도 살생의 금지조치가 있었을 것이다. 승려로서 인근 바다나 하천에서 고기를 잡는 일을 금하는 일이 보이고, 또 사로잡힌 비둘기를 사서 방생하는 일도 있었다. 이러한 행위는 자연에 대한 보시라고 할 수 있겠다.

승려들은 보시를 실천하면서 보시를 권장하는 논리를 전개하였다. '施一得萬倍'라는 주장도 있었고, 보시를 하면 '安樂壽命長'하다고도

하였다. 죄업을 씻는 데도 보시가 중요하였다. 성리학자들은 보시는 義에 관한 것이라고 보았으며, 德이라고도 하였다. 보시를 하면 報應이 따른다고 하였다. 그렇기에 불교에 대한 신심이 돈독하거나 교설에 대한 이해가 깊은 이들이 보시에 더욱 앞장서는 모습을 보였다. 세속인 가운데 적극적인 보시를 실천한 이들이 적지 않은데, 그들은 대개 불교에 심취한 이들이었다. 尹彦旼·蔡洪哲·趙云仡·裵德表 등을 들 수 있다. 불교에 몰입한 인물 가운데 보시에 적극적이었던 이가 많았던 것이다. 고려사회에서 다수의 민인이 불교를 깊이 신봉하였기에 보시는 사회 전반에 널리 유행하는 행동양상이었다고 할 수 있겠다. 사원이나 승려가 나서서 보시활동을 전개하고 나아가 적극적인 보시론을 설파함으로써 고려사회에서 보시행위가 문화로서 정착할 수 있었다.

고려시기 이러한 보시가 성행함으로써 빈궁한 처지에 있는 이들이나 환자들, 여행자들은 직접적으로 많은 혜택을 입었다. 활발하게 전개된 보시행위는 고려사회의 재생산과 존속에 크게 기여할 수 있었으며, 사회갈등을 완화할 수 있었다. 그렇지만 신체장애자나 노인·고아에 대한 보시행위가 별로 찾아지지 않는 것, 불교계의 보시활동이 일시적이고 간헐적으로 이루어지며 승려 개인 차원에서 이루어지는 수가 많았다는 것은 주목할 사항이라 하겠다. 보시는 기본적으로 상층의 사람이 할 수 있는 것으로서 施惠的인 것이었다. 하층의 사람이나 빈궁한 이는 적극적으로 보시할 수 있는 위치에 있지 못하였다. 그리고 보시는 당시의 사회관계나 계급관계를 부정하지 않고 그대로 인정한 위에서 사회의 운영상 파생되는 문제에 대처하는 것이었다고 할 수 있다.

제 3 부

佛敎行事, 佛敎信仰과 經濟

제1장 高麗時期 落成行事의 設行

1. 序 言

고려시기에는 불교와 관련한 각종 행사가 設行되고 있었다. 국가적 차원에서 대규모로 베풀어지는 燃燈會와 八關會는 대표적인 불교행사였다. 外侵이 있거나 災難이 있을 때에도 그것을 퇴치할 목적으로 각종 불교행사가 열렸다. 文豆婁도량·消災도량·祈却도량 등이 그 예라 할 수 있을 것이다.[1]

---

1) 고려시기 불교행사에 관한 대표적인 연구성과를 제시하면 다음과 같다. 二宮啓任, 1956, 「高麗의 八關會에 관하여」『朝鮮學報』 9 ; 二宮啓任, 1958, 「高麗의 上元燃燈에 관하여」『朝鮮學報』 12 ; 安啓賢, 1959, 「燃燈會攷」『白性郁博士頌壽記念佛教學論文集』 ; 安啓賢, 1975, 「佛教行事의 盛行」『한국사』 6, 국사편찬위원회 ; 尹龍爀, 1990, 「고려 대몽항쟁기의 불교의례」『역사교육논집』 13·14합집 ; 金炯佑, 1992, 『高麗時代 國家的 佛教行事에 대한 硏究』, 東國大博士學位論文 ; 서윤길, 1993, 「密教的 諸種儀禮의 開設」『高麗密教思想硏究』, 불광출판부 ; 홍윤식·이해준, 1994, 「불교행사의 성행」『한국사』 16, 국사편찬위원회 ; 鄭泰爀, 1997, 「高麗朝 各種道場의 密教的 性格」『韓國密敎思想』, 동국대 불교문화연구원 ; 朴鎔辰, 1999, 「高麗後期 仁王道場의 設行과 그 意義」『北岳史論』 6 ; 김혜숙, 1999, 「高麗 八關會의 내용과 機能」『역사민속학』 9 ; 金炯佑, 2000, 「高麗後期 國家設行 佛教行事의 展開樣相」『한국문화의 전통과 불교－蓮史洪潤植教授停年退任紀念論叢－』 ; 김종명, 2001, 『한국중세의 불교의례 : 사상적 배경과 역사적 의미』, 문학과지성사 ; 韓基汶, 2003, 「高麗時期 定期 佛教 儀禮의 成立과 性格」『民族文化論叢』 27, 영남대 ; 안지원, 2005, 『고려의

국가 차원이 아닌 개별 사원 차원에서도 여러 불교행사가 베풀어졌다. 그러한 각종 불교행사 가운데 落成行事는 중요한 위치를 차지하고 있었다. 사원에서 건축공사나 營繕의 일이 종료한 뒤에는 으레 낙성행사가 열리고 있었다. 이 행사는 경축의 의미를 담고 있기에 高僧이 초대되고 다수의 민인이 참여하였으며, 재물이 모이고 분배되었다.

이 낙성행사를 천착해 보면, 당시 사원 내에서 설행되는 불교행사의 구체적 절차를 파악할 수 있고, 불교행사와 민인대중의 관계도 이해할 수 있다. 그리고 경제적인 면에서 재물이 모이고 분배되는 측면이 있음을 읽을 수 있다.

이 글에서는 이러한 의미를 갖고 있는 낙성행사에 대해 구체적이고 상세한 내용을 밝히고자 한다. 설행의 계기가 되는 불사에 대해 우선 검토하고 이어서 낙성행사의 종류와 내용, 참석하는 층과 재물시주 행위에 대해서 파악하고자 한다.

2. 行事設行의 契機

고려시기 사원에서 각종 건축공사나 조영사업이 활발하게 이루어지고 있었다. 건물이 조성되기도 하고 塔이 만들어지기도 하며, 莊嚴을 위한 단청·改金이 이루어지기도 하였다. 그러한 각종 공사가 종료된 경우 이를 기념하는 낙성행사가 설행되었다.

낙성행사는 새로이 사원이 신설되는 경우에는 당연히 설행되었지만, 중창되거나 중수되는 경우에도 베풀어졌다. 그리고 사원 내의 일부 전각을 새로이 조성하거나 보수하는 경우에도 그것을 경축하는 행사로서 설

국가불교의례와 문화 - 연등·팔관회와 제석도량을 중심으로 -』, 서울대출판부 ; 김수연, 2009, 「고려전기 금석문 소재 불교의례와 그 특징」『역사와 현실』 71.

행되었다. 이미 태조대에 開泰寺가 완성되자 낙성법회가 열린 것이 확인된다. 태조 23년(940)에

開泰寺成 設落成華嚴法會[2)]

하였다는 것이 그것이다. 태조대에는 개경 주위에 많은 사원이 국가적 차원에서 조성되었는데,[3)] 그 공사가 종료될 때마다 낙성행사가 열렸다고 보아야 할 것이다.

태조 이후에도 국가적 차원에서 많은 사원이 새로이 창건되었다. 그 때에도 역시 그것을 기리는 행사가 열렸다. 문종대에 興王寺가 대표적인 사례였다.

興王寺成 凡二千八百間 十二年而功畢 王欲設齋 以落之[4)]

흥왕사가 완성되자 문종이 낙성행사를 하고자 하였다는 것이다. 예종 11년(1116)에 왕이 天壽寺에 행차해 낙성행사를 열고 있는 것이 보인다.[5)] 천수사가 새로이 조성된 것을 계기로 설행된 것으로 보아야 할 것이다.

國淸寺가 새로이 조성되었을 때도 낙성행사가 베풀어졌고,[6)] 충렬왕대 妙蓮寺가 조성되었을 때도 그 행사가 있었다.[7)] 고려시기 국가나 왕

---

2) 『高麗史』 권2, 世家2 太祖 23년, 亞細亞文化社 影印本(이하 같음), 上册, 54쪽.
3) 韓基汶, 1983, 「高麗太祖의 佛教政策－創建 寺院을 중심으로－」 『大丘史學』 22(同, 1998, 『高麗寺院의 構造와 機能』, 民族社 재수록).
4) 『高麗史節要』 권5, 文宗 21년 정월, 亞細亞文化社 影印本(이하 같음), 144쪽.
5) 『高麗史』 권14, 世家14 睿宗 11년 3월, 上册, 281쪽 ; 『高麗史節要』 권8, 睿宗 11년 3월, 209쪽.
6) 李智冠譯註, 1996, 『歷代高僧碑文(高麗篇 3)』, 「仁同僊鳳寺大覺國師碑文(1132년)」, 184～185쪽.
7) 李齊賢, 「妙蓮寺重興碑」 『益齋亂藁』 권6(『韓國文集叢刊』 2册, 556～557쪽).

실 차원에서 사원이 새로이 조성된 경우에는, 으레 그 완성을 기념하는 낙성행사가 열렸다고 볼 수 있다.

국가나 왕실과 관련없이 사사로이 사원을 조성한 경우에도 낙성행사가 베풀어졌다. 예컨대 白蓮社의 경우 耽津縣의 崔彪·崔弘·李仁闡 등이 지원하고, 圓妙國師의 門人 元瑩·之湛·法安 등이 일을 주관하여 80여 칸을 조성하고 고종 2년(1215)에 낙성행사를 설행하였다.[8] 사사로이 사원을 조영하는 예는 허다하였는데, 그때마다 낙성행사가 베풀어졌다고 생각된다.

기존의 사원이 전란이나 화재로 불타는 경우도 있고 또 건물의 수명상 완전히 廢寺가 되는 수도 적지 않았다. 이 경우 重創은 新創과 다를 바 없는 役事였다. 이러한 중창이 있을 때에도 그것이 종료되면 낙성행사가 열리는 것이 보통이었다.

智異山의 水精社는 원래 五臺寺로서 廢寺 상태에 있었는데, 津億이 海印寺住持 僧統 翼乘과 功倍寺住持 僧錄 瑩碩의 私財 희사를 받아 영조하였다. 인종 7년(1129) 공사가 완료되자 낙성행사를 열었다.[9]

功成縣에 소재한 小林寺는 金令義가 그 퇴락함을 보고 비용을 제공해서 새롭게 하였다. 명종 4년(1174)에서 명종 7년에 걸쳐 완공하였는데, 종료 후에 낙성행사가 있었다.[10] 소림사의 경우는 중창에 가까운 공사였다고 하겠다.

전주 소재의 普光寺는 이곳 출신으로 元에서 資政使의 벼슬을 하고 있던 高龍鳳이 지원하여 중창하였다. 충혜왕 후4년(1343) 겨울에 공사를 완료하자 낙성행사를 베풀었다.[11]

---

8) 崔滋, 「萬德山白蓮社圓妙國師碑銘幷序」『東文選』 권117(民族文化推進會 影印本 3冊, 459~461쪽).

9) 權適, 「智異山水精社記」『東文選』 권64(民族文化推進會 影印本 2冊, 403~405쪽).

10) 林椿, 「小林寺重修記」『東文選』 권65(民族文化推進會 影印本 2冊, 407~408쪽).

報法寺는 侍中 漆原府院君 尹公과 法蘊和尙이 함께 重營을 시작해 落成中會까지 열었는데, 홍건적의 2차 침입으로 유린되었다. 이에 다시 공사를 시작하여 완료하였다. 역시 낙성행사가 설행되었다.[12]

巨濟의 牛頭山에 있던 見菴禪寺는 이미 폐사가 되어 복구하지 못하던 것을 1360년대에 小山이라는 승려가 達順과 함께 도모해 判事 金臣佐의 재정 지원을 받고서 5년이 소요되어 공민왕 13년(1364)에 낙성하였다.[13] 이때에 행해진 구체적인 내용은 전하지 않지만, 낙성행사가 있었을 것으로 추측된다.

五臺山 獅子庵은 창건한 지 오래되어 폐사되어 遺基만이 남아 있었는데, 이성계가 장인을 보내 새로이 축조하고서 완성되자, "親臨觀之以落其成"하였다.[14]

廢寺 상태에 있던 절을 중창한 경우에는 이처럼 낙성행사가 設行되었다. 사원이 기능을 하고 있지만, 건물이 일부 무너지거나 퇴락한 경우도 있었다. 이 경우에 중수·보수를 해야만 했다. 특정 전각을 보수한 것이 명기된 경우도 있지만, 그렇지 않은 수도 있다. 사원을 중수했다고만 표현된 경우가 있는 것이다. 문종 6년(1052) 大安寺의 경우가 그러하였다.

> 幸大安寺 以修葺功畢 設落成道場[15]

대안사를 보수하는 공사가 끝났기에 낙성행사를 베풀었다는 것이다. 대안사 전체를 중수할 수도 있지만, 실제는 대안사의 일부 전각을 보수하였다고 보는 것이 더 타당하지 않을까 싶다. 예종 13년(1118)에 安和

---

11) 李穀, 「重興大華嚴普光寺記」『稼亭集』 권3(『韓國文集叢刊』 3册, 116~117쪽).
12) 李穡, 「報法寺記」『牧隱藁文藁』 권6(『韓國文集叢刊』 5册, 46~47쪽).
13) 李穡, 「巨濟縣牛頭山見菴禪寺重修之記」『牧隱藁文藁』 권5(『韓國文集叢刊』 5册, 40~41쪽).
14) 權近, 「五臺山獅子庵重創記」『陽村集』 권13(『韓國文集叢刊』 7册, 147쪽).
15) 『高麗史』 권7, 世家7 文宗 6년 3월, 上册, 151쪽.

寺의 중수가 끝나자 낙성행사를 하였는데,[16] 대안사와 유사하게 특정 전각을 보수하였을 것이다.

靈鳳山 龍巖寺는 세월이 오래가면서 "屋宇頹圮 像設剝落 大藏朽壞"한 상태에 있었다. 無畏國統이 이 절에 와서 提察使·鹽場別監의 지원을 받아 공사를 마쳤는데

凡新構者八十餘間 修舊者二十餘間[17]

하였다고 한다. 새로이 세운 것이 80여 칸이고, 옛 건물을 보수한 것이 20여 칸이라는 것이다. 신창에 가까운 대대적인 중수 공사였다고 할 수 있다. 공사를 완료한 충숙왕 5년(1318)에 성대하게 낙성행사를 설행하였다.

開國律寺의 경우는 3년 걸려 공사를 종료하였다. 南山宗師 木軒丘公이 宗門소속의 여러 사원에 牒을 보내 役徒를 징발하여 공사를 진행하였다. 이 경우도 소요된 기간으로 보아 大役事로 생각되는데, 공사가 종료하자 낙성행사를 설행하였다.[18]

寶蓋山 地藏寺는 공민왕 10년(1361) 홍건적의 2차 침입으로 해를 입어, 남은 건물이 1/3에 불과하였다. 이에 慈惠라는 승려가 나서서 중수하였는데, 元朝의 皇妃와 고려의 禧妃가 재정을 지원하고 또한 鐵原君 崔孟孫·監丞崔忠·政堂李公·判事朴侯 등도 재물을 희사해 重營의 功을 마치도록 하였다. 우왕 2년(1376) 공사가 종료하자 낙성행사를 베풀었다.[19] 眞宗寺의 경우 오래되어 퇴락한 것을 侍中 柳公이 1360년대에

16) 『高麗史』 권14, 世家14 睿宗 13년 4월, 上册, 289~290쪽.
17) 朴全之, 「靈鳳山龍巖寺重創記」 『東文選』 권68(民族文化推進會 影印本 2册, 443~445쪽).
18) 李齊賢, 「重修開國律寺記」 『益齋亂藁』 권6(『韓國文集叢刊』 2册, 552~553쪽).
19) 李穡, 「寶盖山地藏寺重修記」 『牧隱藁文藁』 권2(『韓國文集叢刊』 5册, 12~13쪽).

조성하였는데, 낙성행사를 열었다.[20)]

낙성행사는 사원을 신창하거나 중창 혹은 전체 사원의 중수가 완료할 때만 베풀어지는 것은 아니었다. 사원 내 특정 전각을 새로이 조성하거나 보수할 때에도 이 행사가 열렸다.

숙종 7년(1102)에 興福寺 十王堂의 완공이 있었다.

> 興福寺十王堂成 命太子行香 王與后妃 親行落成[21)]

시왕당의 완공이 있자 태자에게 명해 향을 피우게 하고, 왕과 왕비가 친히 낙성행사에 참석하였다는 것이다.

法王寺의 祖師堂도 그러한 예로 보인다. 判華嚴 砧公이 私褚를 내어 조사당을 영조하였는데, 충혜왕 후4년(1343) 5월에 시작하여 10월에 공사를 마쳤다. 시주물을 모아 毗盧三尊을 그리고, 조사의 화상을 장정하였으며, 燈供之需도 갖추고서 낙성행사를 베풀었다.[22)] 조사당을 새로이 조성한 것으로 봄이 타당할 것이다.

國清寺의 경우 불상을 모시는 龕室과 金剛臺를 영조하였는데, 國統이 개인재산을 희사하고 上護軍 盧祐가 명을 받고 井林寺住持 大禪師 承淑 및 幹事僧과 함께 힘써 工徒를 감독하여 3월에 시작해 9월에 공사를 완료하였다. 일부 건물의 조성인데, 이때에도 물론 낙성행사가 설행되었다.[23)] 麟角寺의 無無堂도 새로이 조성한 뒤에 낙성행사가 있었다.[24)]

특정 전각의 신창이 아니라 부분적인 중수·보수가 있어도 낙성행사를 베풀었다. 의종 10년(1156) 元子가 태어나자 화엄경을 寫經한 후

---

20) 李穡, 「眞宗寺記」『牧隱藁文藁』 권1(『韓國文集叢刊』 5册, 6~7쪽).

21) 『高麗史節要』 권6, 肅宗 7년 9월, 179쪽.

22) 權近, 「法王寺祖師堂記」『陽村集』 권14(『韓國文集叢刊』 7册, 156쪽).

23) 閔漬, 「國清寺金堂主佛釋迦如來舍利靈異記」『東文選』 권68(民族文化推進會影印本 2册, 441~443쪽).

24) 李穡, 「麟角寺無無堂記」『牧隱藁文藁』 권1(『韓國文集叢刊』 5册, 4~5쪽).

修興王寺弘教院 藏之 改額弘眞 大設法會 以落之[25]

하였다. 홍왕사 내의 홍교원을 보수해 경전을 봉안하고 홍진원으로 額을 고치고 낙성행사를 열었다는 것이다. 홍진원의 보수가 끝나자 낙성행사가 열리고 있는 것이다. 興王寺 興教院의 경우도 보수 뒤에 낙성행사가 열렸다.[26] 檜巖寺의 경우 '增廣殿宇'하는 공사가 종료되자 크게 낙성행사를 베풀었다.[27]

사원을 창건하거나 전각의 보수가 있을 때 낙성행사를 여는 것은 조선건국 후에도 확인된다. 興天寺·覺林寺·圓覺寺가 그 예이다. 貞陵의 홍천사는 170여 칸 규모로 세워졌는데, 창건한 후 낙성행사를 베풀었다.[28] 原州의 각림사는 태종이 조영한 뒤 낙성행사를 하였다.[29] 각림사는 태종이 잠저에 있을 때 인연을 맺었던 곳인데, 중수한 후 낙성행사를 베푼 것으로 보인다. 원각사도 새로이 창건한 후 낙성행사를 베풀었다.[30]

사원에서 설행된 낙성행사는 전각의 조성이나 중수의 경우에 한정되지 않고, 다른 공사가 종료했을 때도 설행되었다. 탑의 조성이 있을 때에 낙성행사가 열린 것은, 安養寺塔과 演福寺塔에서 확인된다.

안양사탑의 경우 楊廣道按廉使에게 移牒해 군량미를 줄이고 丁夫를 징발하여 사역시켰으며, 惠謙이라는 승려가 바리때의 저축을 제공하였고 연화를 통해 재물을 확보하였다. 우왕 7년(1381) 8월에 공사를 시작해 10

---

25) 『高麗史』 권18, 世家18 毅宗 10년 4월, 上册, 366쪽.

26) 李穀, 「興王寺重修興教院落成會記」 『稼亭集』 권2(『韓國文集叢刊』 3册, 112~113쪽).

27) 李穡, 「普濟尊者諡禪覺塔銘并序」 『牧隱藁文藁』 권14(『韓國文集叢刊』 5册, 120~122쪽).

28) 權近, 「貞陵願堂曹溪宗本社興天寺造成記」 『陽村集』 권12(『韓國文集叢刊』 7册, 139쪽).

29) 尹淮, 「萬德山白蓮社重創記」 『東文選』 권81(民族文化推進會 影印本 2册, 609쪽).

30) 金守溫, 「大明朝鮮國大圓覺寺碑銘」 『拭疣集』 補遺(『韓國文集叢刊』 9册, 139~141쪽).

월에 종료하고서 낙성행사를 설행하였다.[31] 3개월 정도 소요된 것으로 보아, 탑을 새로이 세운 것이 아니라 보수한 것으로 볼 수 있을 것이다.

연복사 5층탑은 무너져 공민왕대에 조영하고자 하였으나 성취하지 못하였으며, 공양왕대에 다시 天珪 등에게 명해 공사를 재개해 상당히 진척되었으나 언관의 반대로 중단되고 말았다. 그 뒤 태조 이성계가 다시 시작하여 조선 태조 2년(1393)에 완료하였다. 탑을 수리한 후 낙성행사를 거행하였다.[32]

改金이 종료된 뒤에도 낙성행사가 열렸다. 眞鑑大禪師가 우연히 金藏寺를 지나다가 금당의 미륵삼존의 색상이 剝落한 것으로 보고서 보수하기를 발원하였다. 진감이 왕사가 되어 이 금장사를 下山所로 삼았다가 周淸寺로 옮겨감에 따라 제자인 禪師 宏之에게 이 절의 주지를 맡도록 하고 개금하는 일을 위임하였다. 굉지가 경영해 충선왕 2년(1310)에 일을 마치고 낙성행사를 베풀었다.[33]

이 밖에도 寫經 후에 낙성행사를 설행한 것이 확인된다.[34] 이처럼 사원에서 불교와 관련된 조성이 있을 때, 그것이 종료한 뒤에는 으레 낙성행사를 설행하고 있었다. 그러나 설행의 절차와 과정, 행사의 내용, 주관하는 이, 모이는 사람의 규모 등에서는 큰 차이가 있었다.

3. 行事의 種類와 內容

사원에서 각종 조영공사가 종료되었을 때, 이것을 기념하는 행사가 성대하게 열렸다. 사원에서는 이 행사를 위해 외부 승려를 초빙하기도

---

31) 李崇仁, 「衿州安養寺塔重新記」『陶隱集』 권4(『韓國文集叢刊』 6冊, 589~591쪽).
32) 權近, 「演福寺塔重創記」『陽村集』 권12(『韓國文集叢刊』 7冊, 133~134쪽).
33) 李㦃, 「龍頭山金藏寺金堂主彌勒三尊改金記」『東文選』 권68(民族文化推進會 影印本 2冊, 440~441쪽).
34) 釋無畏, 「書寫法華經疏」『東文選』 권111(民族文化推進會 影印本 3冊, 377쪽).

했고, 많은 속인을 불러들이기도 하였다. 그리고 이 행사를 계기로 宗旨를 선양하기도 하였으며, 教化를 꾀하기도 하였다.

이 행사가 행해질 때에는 통상 疏文이 만들어져 사용되었던 것으로 보인다. 고려초에 開泰寺 완성을 기념하는 낙성회에 왕건이 친히 소문을 지은 일이 확인된다.[35] 또한 고려말에도 권근이 지은 소문이 전하고 있다. 「觀音屈落成慶讚華嚴經疏」와[36] 「光巖寺重刱第三法會慶讚華嚴三昧懺疏」가[37] 그것이다. 이러한 소문을 읽으면서 낙성행사가 진행되고 있었다. 소문은 대부분의 낙성행사 시에 작성되었다고 생각된다.

낙성 시에 설행되는 행사의 명칭은 매우 다양하였다. 흔히 落成道場·落成會로 일컬어졌다. 문종 6년(1052) 大安寺를 修葺하는 일이 끝나자 낙성도량을 설하였으며,[38] 고려말 회암사의 전각을 확대하는 공사가 끝나자 '大設落成之會'하였다는 것이 보인다.[39] 李得芬이 松林寺를 중수했을 때에는 낙성회가 베풀어졌다.[40] 이러한 낙성회는 1차에 그치지 않고 여러 차례 설행되기도 한 듯하다. 이는 공사가 부분 부분 종료될 때마다 설행되기 때문으로 보인다. 報法寺의 경우 漆原府院君 尹公과 法蘊和尙이 함께 중영하였는데, 공민왕 2년(1353)에 落成初會가 열렸고 공민왕 10년(1361)에 落成中會가 열렸다. 그러나 홍건적의 침입으로 보

---

35) 『高麗史』 권2, 世家2 太祖 23년, 上冊, 54쪽.
이 疏文에 대해서는 梁銀容, 1992, 「高麗太祖 親製 '開泰寺華嚴法會疏'의 研究」 『伽山李智冠스님華甲紀念論叢 韓國佛教文化思想史』上이 참조된다.

36) 權近, 「觀音屈落成慶讚華嚴經疏」 『陽村集』 권27(『韓國文集叢刊』 7冊, 257~258쪽).

37) 權近, 「光巖寺重刱第三法會慶讚華嚴三昧懺疏」 『陽村集』 권27(『韓國文集叢刊』 7冊, 256쪽).

38) 『高麗史』 권7, 世家7 文宗 6년 3월, 上冊, 151쪽.

39) 李穡, 「普濟尊者諡禪覺塔銘幷序」 『牧隱藁文藁』 권14(『韓國文集叢刊』 5冊, 120~122쪽).

40) 李穡, 「梁州通度寺釋迦如來舍利之記」 『牧隱藁文藁』 권3(『韓國文集叢刊』 5冊, 21~22쪽).

법사가 크게 파괴되자 다시 공사를 시작해 낙성초회(1370)와 낙성중회(1377)가 열린 것이 보인다.[41] 낙성회가 한번 더 설행되었을 것으로 보이나 명확히 기록하고 있지 않다.

落成法會라 일컬어지는 행사도 설행된 예가 있다. 법회라 지칭하고 있기에 佛法을 선양하는 의미가 강조되었다고 여겨진다. 智異山 水精社의 경우 공사를 종료하자 낙성법회를 3일 동안 설행하였는데, 이때 嚴川寺首座 性宣을 청해 說經케 하였으며, 왕은 東南海按察副使 起居舍人知制誥 尹彦頤를 보내 행향토록 하였다.[42] 외부의 고승을 청해 경전을 강설토록 하는 것이다. 이때 다수의 승려가 이를 들었는데, 아마 민인들도 참석하였을 것으로 생각된다. 靈鳳山 龍巖寺의 경우도 7일간 낙성법회를 크게 베풀었는데, "晝讀大藏 夜談玄旨"하였다.[43] 법회로 일컬어지는 낙성행사는 승려들이 다수 모여 특정 경전을 강독하거나 교설하면서 진행되었을 것으로 여겨진다.

낙성도량·법회라 하지 않고 단순히 法會·大會라 칭하는 낙성행사가 베풀어지기도 하였다. 의종 10년(1156) 妃 金氏가 아들을 낳자 華嚴經을 寫經한 후 興王寺 弘敎院을 수리해 비치하고서 弘眞院으로 改額하였는데, 이때 "大設法會 以落之"하였다고[44] 한다. 법회의 구체적인 내용은 전하지 않지만, 興王寺의 소속 종파를 생각하면 華嚴經과 관련한 행사였을 것으로 보인다. 강진의 백련사도 80여 칸으로 완성되었을 때 "設法會 以落成"하였다고[45] 한다. 금강산 소재 長安寺의 중수 공사가

---

41) 李穡, 「報法寺記」『牧隱藁文藁』 권6(『韓國文集叢刊』 5冊, 46~47쪽).

42) 權適, 「智異山水精社記」『東文選』 권64(民族文化推進會 影印本 2冊, 403~405쪽).

43) 朴全之, 「靈鳳山龍巖寺重創記」『東文選』 권68(民族文化推進會 影印本 2冊, 443~445쪽).

44) 『高麗史』 권18, 世家18 毅宗 10년 4월, 上冊, 366쪽 ; 『高麗史節要』 권11, 毅宗 10년 4월, 287쪽.

45) 崔滋, 「萬德山白蓮社圓妙國師碑銘幷序」『東文選』 권117(民族文化推進會 影

종료했을 때 승려 500여 명을 모아 의발을 시주하면서 대대적인 법회를 설행하고서 낙성하였다.[46] 조선초기 圓覺寺가 조성되자 여러 사원의 승려를 모아 "大設法會 轉新圓覺經 落之"하였다.[47] 곧 원각사의 낙성법회에서는 새로이 만든 원각경을 轉讀하였다는 것이다.

'大會'라는 이름으로 낙성회를 설행한 예는 조선초에 확인된다. 태종이 일찍이 雉岳山 覺林寺를 조영하고서 "設大會 以落之"하였다. 이때 行乎를 불러 이 자리를 주관토록 하였다.[48] 승려가 주관하는 대회를 열어서, 낙성행사를 진행하는 것이다.

법회·대회 등의 내용이 구체적으로 제시되면서 설행되는 낙성행사도 있었다. 예컨대 華嚴落成會·談禪會가 그러하였다. 태조 23년(940)에 開泰寺가 완성되자 '設落成華嚴法會'한 사실이 확인된다.[49] 낙성의 명칭이 구체적으로 화엄회를 했다고 명기되고 있는 것이다. 이 낙성행사에는 화엄경이 중요한 위치에 있었을 것이다. 화엄종 계통의 普光寺의 경우, 공사가 종료되자 "大開華嚴會 以落之"하였다.[50] 화엄회를 베풀어서 낙성행사를 하고 있는 것이다. 개태사·보광사는 화엄종 소속이기에 화엄법회를 설행함으로써 낙성행사를 실시한 것이다. 眞宗寺의 경우 侍中 柳公이 조영하였는데, 공사를 종료하자 승려 33인을 맞이하여 "講其所謂華嚴法者 以落其成"하였다.[51] 승려 33인을 맞아 화엄법을 강하면서 낙성행사를 하였다는 것이다. 이처럼 화엄종 계통의 사원에서 불사가 종료했을 경우는, 화엄법회를 낙성행사에서 채택하였을 것으로 여겨진다.

印本 3冊, 459~461쪽).

46) 李穀, 「金剛山長安寺重興碑」『稼亭集』 권6(『韓國文集叢刊』 3冊, 137~138쪽).

47) 金守溫, 「大明朝鮮國大圓覺寺碑銘」『拭疣集』 補遺(『韓國文集叢刊』 9冊, 139~141쪽).

48) 尹淮, 「萬德山白蓮社重創記」『東文選』 권81(民族文化推進會 影印本 2冊, 609쪽).

49) 『高麗史』 권2, 世家2 太祖 23년, 上冊, 54쪽.

50) 李穀, 「重興大華嚴普光寺記」『稼亭集』 권3(『韓國文集叢刊』 3冊, 116~117쪽).

51) 李穡, 「眞宗寺記」『牧隱藁文藁』 권1(『韓國文集叢刊』 5冊, 6~7쪽).

선종 사원의 경우 談禪會·叢林法會를 낙성행사 시에 설행한 사례가 보인다. 예천 소재 龍門寺의 경우, 명종 9년(1179) 공사가 끝나자 담선회를 열어 낙성행사를 하였다.

> 會九山門學徒五百人 設五十日談禪會 請斷俗寺禪師孝惇 敎習傳燈錄 楞嚴經 仁岳集 雲竇拈頌 以落成[52)]

구산선문의 학도 500인을 모으고 50일간 담선회를 행하였는데, 이때 단속사의 선사 孝惇을 청해 전등록·능엄경·인악집·설두염송을 교습하게 하고서 낙성행사를 설행한 것이다. 말하자면 낙성행사에 즈음해 고승을 초치해 선종과 관련된 저술을 공부하는 것이다. 낙성행사가 승려들에게 외부의 고승을 초빙해 가르침을 받는 기회가 되고 있음을 알 수 있는 것이다. 흥왕사의 홍교원 공사 후 설행된 廣學會도[53)] 이러한 학습의 장이었을 것이다.

麟角寺 無無堂 공사가 종료했을 때 설행된 叢林法會도[54)] 담선회와 비슷하게 다수의 선승들이 모여 선을 수행하거나 선종과 관련된 저서를 학습하였을 것으로 보인다.

구체적인 불교행사를 표방한 낙성행사도 있었다. 慶讚會·文殊會가 그러하였다. 경찬회는 통상 축하할 기쁜 일이 있을 때 자주 설행되는 행사였다. 낙성행사도 경찬회의 이름으로 설행되는 예가 있었다. 開國律寺가 중수공사가 종료되자 "作慶會 以落厥成"하였는데,[55)] 경회는 아마도 경찬회로 여겨진다. 眞覺國師 慧諶이 지방에 있는 여러 사원의

---

52) 許興植編著, 1984, 『韓國金石全文(中世下)』, 「醴泉龍門寺重修碑(1185년)」, 亞細亞文化社, 873쪽.

53) 李穀, 「興王寺重修興敎院落成會記」『稼亭集』 권2(『韓國文集叢刊』 3冊, 112~113쪽).

54) 李穡, 「麟角寺無無堂記」『牧隱藁文藁』 권1(『韓國文集叢刊』 5冊, 4~5쪽).

55) 李齊賢, 「重修開國律寺記」『益齋亂藁』 권6(『韓國文集叢刊』 2冊, 552~553쪽).

낙성행사에 참석하였는데, 그때는 경찬회의 이름으로 행사가 설행되었다.[56]

楊州 檜巖寺에서는 증축 공사가 끝나자 문수회를 설행해 낙성행사를 거행하였다.[57] 演福寺塔을 중창할 때에도 "設文殊會 以落厥成"하였다고 한다.[58] 문수보살을 기리는 문수회를 하면서 낙성행사를 하는 것이다.

불교행사와 유관한 것으로 三昧懺法席도 있다. 尹壽台라는 이가 나이 30이 안 되었을 때 병이 나서 하루는 天磨山寺 藥師前에 가서 병이 나으면 불전을 짓겠다고 맹세하였는데, 꿈에 승려가 나타나 "네 병은 나을 수 있다. 불전을 지을 수 있겠는가."하였다. 꿈이 깨자 병이 즉시 나아 佛殿을 짓고서 "設三昧懺法席 以落之"하였다.[59] 삼매참법석을 설행함으로써 낙성행사를 했다는 것이다.

조금 색다르지만, 새로운 방식으로 낙성행사를 설행한 예도 있다. 국청사 金堂主佛을 모시는 龕室 金剛臺 공사가 종료되자 6산의 명덕 3,000여 명을 모아 경사스러운 법석을 크게 열었는데,

> 初行自所新撰法華禮懺儀 以落之[60]

라고 하여 새로이 만든 法華禮懺儀에 따라 낙성식을 거행하였다. 국청사는 천태종 소속이기에 법화경을 중시하였을 것인데, 낙성행사 시에 새로이 만든 법화예참의에 따라 행사를 거행하였다는 것이다.

---

56) 慧諶, 「上堂」『曹溪眞覺國師語錄』(『韓國佛教全書』 6冊, 2·3·8·18쪽).
57) 李穡, 「普濟尊者諡禪覺塔銘幷序」『牧隱藁文藁』 권14(『韓國文集叢刊』 5冊, 120~122쪽).
58) 權近, 「演福寺塔重創記」『陽村集』 권12(『韓國文集叢刊』 7冊, 133~134쪽).
59) 『高麗史』 권45, 世家45 恭讓王 2년 10월, 上冊, 884쪽.
60) 閔漬, 「國淸寺金堂主佛釋迦如來舍利靈異記」『東文選』 권68(民族文化推進會 影印本 2冊, 441~443쪽).

그밖에도 낙성행사는 여러 명목으로 설행되었다. 숙종 7년(1102) 神護寺에 행차해서는 大藏會를 設해 낙성하였는데,[61] 대장회는 아마도 대장경을 전독하거나 받드는 행사였을 것으로 보인다.

地藏寺를 중수했을 때에는 "轉大藏經 以落其成"하였다.[62] 대장경을 전독함으로써 낙성회를 베풀고 있는 것이다. 普覺國尊 一然이 雲海寺에서 대장낙성회를 설행한 것이 보인다. 이때 일연이 主盟이 되었는데,

> 晝讀金文 夜談宗趣 諸家所疑 師皆剖釋如流 精義入神 故無不敬服[63]

하였다. 즉 낮에는 金文을 읽고 밤에는 宗趣를 담론하며, 제가의 의심하는 바를 일연이 모두 물 흐르듯이 해석하여 핵심적인 뜻이 영묘한 경지에 들어가 敬服하지 않는 이가 없다고 하였다. 낙성회가 일연의 불교교리 강좌로 이어지고 있다는 것을 알 수 있다. 이 대장낙성회는 대장경을 읽으면서 진행되는 것이다.

특수한 예로서 불상을 조성한 후 설행하는 낙성행사가 있다. 이때에는 소위 點眼法會라고 하였다. 금장사의 彌勒三尊을 改金하는 일이 끝나자 萬德社의 승려를 맞아 "設點眼法會 以落之"하였다.[64] 점안법회를 설행함으로써 낙성행사를 한 것이다. 이처럼 점안법회를 설행해 낙성행사를 하는 경우는 불상에 한정되었을 것이다.[65]

이러한 낙성행사와 달리 간단히 設齋함으로써 낙성행사를 베풀기도

---

61) 『高麗史』 권11, 世家11 肅宗 7년 9월, 上册, 238쪽.

62) 李穡, 「寶盖山地藏寺重修記」 『牧隱藁文藁』 권2(『韓國文集叢刊』 5册, 12~13쪽).

63) 李智冠譯註, 1997, 『歷代高僧碑文(高麗篇 4)』, 「麟角寺普覺國尊靜照塔碑文(1295년)」, 192쪽.

64) 李愷, 「龍頭山金藏寺金堂主彌勒三尊改金記」 『東文選』 권68(民族文化推進會 影印本 2册, 440~441쪽).

65) 釋無畏가 찬술한 「彌陀像點眼慶讚疏」가 확인되는데(釋無畏, 「彌陀像點眼慶讚疏」 『東文選』 권111(民族文化推進會 影印本 3册, 375~376쪽)), 아마 이 疏文는 미타상의 낙성에 즈음하여 지은 것으로 보인다.

하였다. 설재는 아마 승려에게 공양을 제공하는 행사로 보인다. 문종 21년(1067) 흥왕사가 완성되었을 때, "王欲設齋 以落之"하였고,[66] 예종 11년(1116) 왕이 天壽寺에 행차해 "設齋 以落之"하였으며,[67] 예종 13년에는 安和寺 중수 공사가 종료되자 "設齋五日 以落之"하였다.[68] 인종 3년(1125)에는 중수공사가 완료된 崇福院을 興聖寺라 賜號하고서 "設齋張樂 以落之"하였다.[69] 설재의 형식으로 낙성행사를 하는 경우는 대체로 국왕과 긴밀한 관련을 맺는 개경 주변의 사원에서였다.

그밖에도 三會를 열어 낙성행사를 하는 예도 보인다. 普濟禪寺의 경우 공민왕 21년(1372) 봄에 공사를 시작해 우왕 3년(1377) 겨울에 공사가 끝났는데, "大設三會 以落其成"한 것이다.[70]

이처럼 낙성행사 시 베풀어지는 행사명은 다양하였다. 그러한 구별은 행사 진행의 구체적인 차이로 이어졌을 것이다. 같은 낙성행사라 하더라도 다양한 방식으로 설행되었다고 할 수 있는 것이다. 낙성행사는 사원이나 승려에게 중요한 의미를 갖고 있기에 그 행사는 성대하고 화려하였다. 그 화려함을 뒷받침하는 장엄이 뒤따르고 있었다.

문종 21년(1067) 정월 흥왕사가 완성되자 그 낙성행사에 즈음하여 특별히 燃燈大會를 5주야에 걸쳐 설행하였다. 그때에

> 自闕庭 至寺門 結綵棚 櫛比鱗次 連亘相屬 輦路左右 又作燈山火樹 光照如晝[71]

---

66) 『高麗史節要』 권5, 文宗 21년 정월, 144쪽.

67) 『高麗史』 권14, 世家14 睿宗 11년 3월, 上册, 281쪽 ; 『高麗史節要』 권8, 睿宗 11년 3월, 209쪽.

68) 『高麗史』 권14, 世家14 睿宗 13년 4월, 上册, 289~290쪽.

69) 『高麗史』 권15, 世家15 仁宗 3년 3월, 上册, 303쪽 ; 『高麗史節要』 권9, 仁宗 3년 3월, 227쪽.

70) 李穡, 「廣通普濟禪寺碑銘幷序」 『牧隱藁文藁』 권14(『韓國文集叢刊』 5册, 114~116쪽).

71) 『高麗史』 권8, 世家8 文宗 21년 정월, 上册, 176쪽 ; 『高麗史節要』 권5, 文宗

하였다. 즉 대궐의 뜰에서 홍왕사의 문까지 綵棚을 연결해 비늘처럼 이어졌으며, 연로의 좌우에 燈山·火樹를 만들어 불빛이 마치 낮과 같이 밝았다는 것이다. 그 연등행사의 화려함을 볼 수 있는 것이다. 이 연등행사가 낙성행사 자체는 아니지만, 그 낙성에 즈음해 연등대회를 연 것으로 낙성행사의 연장으로 볼 수 있다.

직접적인 낙성행사에서의 화려함도 이에 버금갈 정도였다. 숙종 7년(1102) 국왕이 神護寺에 행차해 낙성행사를 하였는데, 이때에

> 自闕庭 至寺夾路 點燈數萬[72]

하였다. 대궐 뜰에서 사원에 이르는 길 양편에 수만 개의 등을 밝히고 있는 것이다. 개경 내의 대사원에서 낙성행사가 열릴 때는 이와 같은 분위기를 연출하고 있는 것이다. 이러한 장식을 위해서는 상당한 재원이 소요되었을 것임에 틀림없다.

예종 11년(1116) 天壽寺의 낙성행사도 이와 유사하였다.

> 綵棚伎樂 連亘道路者三日[73]

이어지는 도로에서 채붕을 연결하고 伎樂이 공연되기를 3일간이나 하였다고 한다. 이 낙성행사에 왕은 천수사 문 밖에서 群臣에게 연회를 베풀었는데 새벽이 되어서야 파하였다고 한다.[74]

예종 13년 4월 安和寺 중수의 공사 종료 후 5일 동안 낙성행사를 하

21년 정월, 144쪽.

72) 『高麗史』 권11, 世家11 肅宗 7년 9월, 上冊, 238쪽.

73) 『高麗史』 권14, 世家14 睿宗 11년 3월, 上冊, 281쪽 ; 『高麗史節要』 권8, 睿宗 11년 3월, 209쪽.

74) 『高麗史』 권14, 世家14 睿宗 11년 3월, 上冊, 281쪽.

였는데, 4일째 되는 날 국왕이 친히 행차해 구경하였다. 이때에

> 幄帟連亘 伎樂塡咽 士女坌集[75]

하였다. 천막이 연이어 있고, 기예·음악이 도로를 메웠다는 것이다. 성대하게 장식하고서 낙성행사가 열리고 있는 것이다. 개경 주위 대사원에서 낙성행사가 열릴 때에는 이처럼 사원에 이르는 거리는 채붕이나 천막이 연이어 있고, 음악이 연출되며 기능인이 공연하는 것이다. 여기에서 낙성행사의 성대함을 엿볼 수 있는 것이다.

인종 3년(1125) 崇福院 중수 공사가 끝나자 興聖寺라고 賜號하였는데, 이때에도 '設齋張樂'해서 낙성하였다.[76] 음악이 베풀어지는 가운데 낙성행사가 거행되는 것이다.

이상의 낙성행사 모습은 개경 주위의 예인데, 외방에서의 낙성행사도 이와 유사한 모습이었을 것이다. 채붕을 설치하고, 등을 밝히고, 음악을 공연하고 기능인을 동원하였을 것이다. 물론 그 규모나 화려함에서는 개경의 사원에 미치지는 못했겠지만, 유사한 모습으로 낙성행사가 열렸다고 여겨진다. 낙성행사가 갖는 의미 때문에 행사 자체가 이러한 화려함을 동반하고 있는 것이다.

4. 行事의 參席者

낙성행사는 성대하게 설행되었다. 이 행사에는 다수의 사람들이 참석하였는데 승려도 있었고, 속인도 있었다. 우선 승려들이 모여든 예가 다수

---

75) 『高麗史』 권14, 世家14 睿宗 13년 4월, 上册, 289~290쪽.

76) 『高麗史』 권15, 世家15 仁宗 3년 3월, 上册, 303쪽 ; 『高麗史節要』 권9, 仁宗 3년 3월, 227쪽.

찾아진다. 문종 21년(1067) 흥왕사가 완공되어 낙성행사를 하고자 할 때

諸方緇流 坌集無算[77]

하였다. 헤아릴 수 없이 많은 승려들이 몰려드는 것이다. 국력을 기울여 완성한 흥왕사를 구경하기 위해, 또 흥왕사의 낙성을 경축하기 위해 몰려온 것으로 보인다. 낙성행사에는 이처럼 일차적으로 승려들이 참석하였다.

國淸寺의 공사가 종료되었을 때 大覺國師가 친히 자리해 낙성하였는데,

一宗學者 及諸宗碩德 無慮數千百人 聞風競會[78]

하였다고 한다. 천태종의 학자와 다른 종파의 碩德 수천백 인이 소식을 듣고 모임에 달려 왔다는 것이다. 의천이 자리에 올라 가르침을 폈다고 하는데, 아마 천태종 사상을 弘布하였을 것이다.

戒膺이 손수 覺華寺를 창건해 法施를 크게 열었는데, 이때에도

四方學者 輻湊 日不減千百人 號爲海龍法門[79]

하였다. 사방의 학승들이 몰려들어 날마다 천백 인을 밑돌지 않았다는 것이다. 낙성행사라고 명기되지는 않았지만, 창건이기에 낙성행사의 성격을 띠는 것으로 보인다. 그밖에 예천 소재 龍門寺에서 輪大藏 2座와

77) 『高麗史』 권8, 世家8 文宗 21년 정월, 上冊, 176쪽.
78) 李智冠譯註, 1996, 『歷代高僧碑文(高麗篇 3)』, 「仁同僊鳳寺大覺國師碑文(1132년)」, 184~185쪽.
79) 李仁老, 「太白山人戒膺」 『破閑集』 권中(『高麗名賢集』 2冊, 92쪽).

3칸의 堂을 완성한 후 학자 300인을 모으고 개태사의 僧統을 초청해 강연토록 하면서 낙성행사를 한 일이 있다.[80]

낙성행사는 승려들만의 잔치가 아니었다. 특히 불사의 완성에는 많은 시주자들의 재정 도움이 컸다. 이에 그들을 초빙하여 낙성행사를 설행하였다. 法王寺 祖師堂의 공사가 끝나자

> 仍邀諸壇 設會祝上 以慶落成[81]

하였다. 여러 시주자를 맞아 設會祝上함으로써 낙성을 경축하였다는 것이다. 시주한 단월을 낙성행사에 초빙하는 것은 일반적이었을 것으로 보인다.

낙성행사에는 승려·단월 이외의 일반 속인들도 다수 참여하였다. 불사를 구경하고 경축하며, 또한 佛法을 듣고 자신의 소망을 기원하는 기회였을 것이다. 속인들이 낙성행사에 참여한 사례는 흔하게 찾아진다. 지리산 水精社의 낙성행사가 3일간 열렸는데, 이때에

> 遠近歸心 緇素輻湊 道化之盛 近世已來 未之有也[82]

하였다. 원근에서 마음을 귀의하여 승려나 속인이 몰려들어 道化가 매우 홍성하였는데, 근래에 그러한 성대함이 없었다는 것이다. 낙성행사에 원근의 승려·속인이 다수 몰려드는 것이고, 이 몰려든 이를 대상으로 道化가 이루어지는 것이다. 승려도 포함되어 있지만, 속인도 역시 다수 참석하였음을 알 수 있다.

---

80) 許興植, 1984, 『韓國金石全文(中世下)』, 「醴泉龍門寺重修碑(1185년)」, 873쪽.
81) 權近, 「法王寺祖師堂記」『陽村集』 권14(『韓國文集叢刊』 7冊, 156쪽).
82) 權適, 「智異山水精社記」『東文選』 권64(民族文化推進會 影印本 2冊, 403~405쪽).

普光寺의 경우에도 낙성행사에 다수의 속인이 참석하였다. 화엄회를 열면서 50일간 낙성행사를 하였는데, 이때에

奔走士女 供養讚歎 塡谷溢陵 難以算數[83]

하였다. 사녀들이 분주하게 몰려들어 공양하고 찬탄했는데, 이때에 그들이 골짜기에 가득 차서 수를 셀 수 없었다는 것이다. 50일간의 낙성행사에 엄청난 수의 속인들이 몰려드는 것이다.

홍왕사 홍교원의 낙성행사 즈음에 열린 광학회의 경우에도 15일을 기약하였는데, 무리가 200명이었으며, 執事한 이도 200명이었다. 이때에 개경 내외의 사녀로서 분주히 와서 공양하는 자의 수가 헤아릴 수 없었다고 한다.[84] 이처럼 개경 인근 사원의 낙성행사에는 개경 내외의 사람들이 다수 참석하였을 것으로 보인다.

국청사에서 낙성행사가 열렸을 때 法護寺住持 大禪師를 청해 說法함으로써 국왕의 장수를 기원하도록 하였는데, 행사가 진행되는 3일 동안

城中尊卑四衆 爭相往來 聽法結緣者 如堵墻焉[85]

하였다. 개성 내의 귀한 사람 천한 사람 할 것 없이 서로 다투어 왕래하여 법을 듣고 인연을 맺고자 하는 이가 마치 담장과 같았다는 것이다. 낙성행사에 참석한 속인들은 불법을 들으면서 善緣을 맺고자 했던 것이다. 낙성행사에는 고승의 설법이 있었으며, 이를 듣고자 하는 속인들이

---

83) 李穀, 「重興大華嚴普光寺記」『稼亭集』 권3(『韓國文集叢刊』 3冊, 116~117쪽).
84) 李穀, 「興王寺重修興敎院落成會記」『稼亭集』 권2(『韓國文集叢刊』 3冊, 112~113쪽).
85) 閔漬, 「國淸寺金堂主佛釋迦如來舍利靈異記」『東文選』 권68(民族文化推進會 影印本 2冊, 441~443쪽).

다투어 참석하였다.

眞宗寺의 경우에도 다수의 속인들이 참여하였다. 공사가 완료하자 승려 33인을 맞아 화엄법을 강하면서 낙성행사를 하였는데, 이때 국왕이 香幣를 내려 낙성회를 도왔다. 그리고

> 公卿搢紳 奔走讚歎 坐無虛席者十日[86]

이었다. 공경·진신이 분주히 와서 찬탄해 10일간 빈자리가 없었다는 것이다. 낙성행사에 다수의 속인들이 참석하고 있음을 확인할 수 있다.

회암사에서 文殊會의 이름하에 낙성행사가 열렸을 때에도 중외의 사녀들이 귀천을 막론하고 참석하였는데 미치지 못할까 두려워하였으며, 이에 사원의 문이 막힐 지경이었다.[87] 낮뿐만 아니라 밤에도 이어지면서 폐업에 이르는 이가 있을 정도였다고 하였다.[88]

안양사탑을 낙성할 때 국왕이 內侍 朴元桂를 보내 香을 내려 주었으며, 승려 1천 명이 크게 불사를 하고 사리와 佛牙를 탑에 봉안하였다. 그리고 이때에 모여들어 보시한 사람들이 무려 3천 명에 달하였다.[89]

낙성행사에 승려만이 참석한 것으로 기록된 경우에도, 당연히 속인이 모여들었다고 보는 것이 타당해 보인다. 낙성행사에는 이처럼 승려만이 아니라 속인도 다수 참석하였다. 속인에는 불사에 시주한 단월도 있었지만, 그렇지 않은 민인들도 다수 포함되어 있었다. 遠近·中外의 俗人이 모여들어 그 수가 수천 명에 달하기도 하였다.

개경 인근의 사원에서 낙성행사가 열릴 때 국왕이 친히 거둥하는 일

---

86) 李穡, 「眞宗寺記」 『牧隱藁文藁』 권1(『韓國文集叢刊』 5冊, 6~7쪽).

87) 『高麗史』 권133, 列傳46 辛禑1 辛禑 2년 4월, 下冊, 869쪽 ; 『高麗史節要』 권30, 辛禑 2년 4월, 755~756쪽.

88) 李穡, 「普濟尊者諡禪覺塔銘幷序」 『牧隱藁文藁』 권14(『韓國文集叢刊』 5冊, 120~122쪽).

89) 李崇仁, 「衿州安養寺塔重新記」 『陶隱集』 권4(『韓國文集叢刊』 6冊, 589~591쪽).

도 있었다. 국왕이나 국가와 긴밀한 관련을 맺고 있는 사원의 경우에 특히 그러하였다. 문종 6년(1052)에 大安寺 修葺이 끝나 낙성도량을 설행할 때 국왕이 행차하였고,[90] 숙종 7년(1102)에 興福寺 十王堂이 완성되자 太子에게 명해 行香케 하고 왕과 왕비가 친히 낙성에 행차하였다.[91] 숙종 7년 神護寺에서 大藏會를 설행해 낙성행사를 하자 다음날 국왕이 이 절에 행차해 행향하였다.[92] 국청사 낙성행사에도 숙종이 친히 임석하였다.[93] 예종 11년(1116) 천수사 낙성을 위해 설재하였을 때 친히 행차한 바 있었다.[94] 인종 3년(1125)에도 興聖寺로 賜號된 崇福院의 낙성회에 친히 행차하였다. 국가나 왕실과 직접 관련되는 사원에서 낙성행사가 설행되었을 때에는 이처럼 국왕이 그 행사에 직접 참석하는 경우가 흔하였다.

5. 財物施主와 貧民救濟

사원에서 행사가 있을 때에는 다수의 민인들이 참석하였다. 이들은 이때 으레 재물을 시주하였다. 개별적으로는 소량의 재물일지라도 참석자의 수가 많기 때문에 모아지는 전체 재물의 양은 상당하였다.

낙성행사 때에도 마찬가지였다. 낙성행사에 참여한 이들은 佛事를 경축함과 아울러 자신들의 염원을 담아 재물을 시주하였다. 국왕이 참여하는 경우에도 늘 財施가 수반되었다. 문종 21년(1067) 興王寺의 공사가 완료되고 낙성행사를 하면서 1천명의 승려를 선정해 상주시켰다. 이때

---

90) 『高麗史』 권7, 世家7 文宗 6년 3월, 上册, 151쪽.
91) 『高麗史節要』 권6, 肅宗 7년 9월, 179쪽.
92) 『高麗史』 권11, 世家11 肅宗 7년 9월, 上册, 238쪽.
93) 李智冠譯註, 1996, 『歷代高僧碑文(高麗篇 3)』, 「仁同僊鳳寺大覺國師碑文(1132년)」, 184~185쪽.
94) 『高麗史』 권14, 世家14 睿宗 11년 3월, 上册, 281쪽.

그 연장선상에서 연등대회가 特設되었는데, 왕이

王備鹵簿 率百官行香 施納財襯[95]

하였다. 국왕이 백관을 거느리고 가서 향을 피우고, 아울러 財襯을 시납하는 것이다. 국왕이 친히 행차하는 경우 재물을 시주하는 것은 통상적이었다고 생각된다. 인종 7년(1129)에 智異山 水精社의 낙성회가 열렸을 때 국왕은 東南海按察副使인 尹彦頤를 보내 行香케 하였고, 이어 銀 200兩을 하사하였다.[96] 이렇듯 외방에 소재한 중요 사원에서 낙성회가 있을 때 그 사원에 국왕이 신료를 보내 행향케 하고 동시에 상당량의 재물을 시주하는 일은 매우 흔하였다.

공민왕 때에도 왕이 재물을 시주하는 예가 보인다. 侍中 柳公이 조영하는 眞宗寺 공사가 종료되자 낙성행사가 베풀어졌는데, 이때 국왕이 소식을 듣고서 "降香幣 以賁其會"하였다.[97] 향폐를 내려 낙성행사를 돕고 있는 것이다.

개경 주위 대사원에서 낙성행사가 베풀어졌을 때 국왕이 참여하는 예가 많았는데, 그때마다 재물이 시주되었을 것이다. 또 외방에서 불사를 종료한 뒤 설행되는 낙성행사에도 국왕은 종종 재물을 사여하였다. 그리고 국왕이 시주·사여하는 재물의 양은 상당하였던 것으로 보인다.

낙성행사에 참여하는 민인들도 재물을 시납하였다. 각 개인이 시납하는 재물의 양은 차이가 컸겠지만, 권세가가 아니라면 그 규모가 크지 않았다고 보는 것이 타당할 것이다.

興王寺 興教院 낙성행사가 廣學會의 이름으로 열렸을 때

95) 『高麗史節要』 권5, 文宗 21년 정월, 144쪽.

96) 權適, 「智異山水精社記」 『東文選』 권64(民族文化推進會 影印本 2册, 403~405쪽).

97) 李穡, 「眞宗寺記」 『牧隱文藁藁』 권1(『韓國文集叢刊』 5册, 6~7쪽).

王城內外士女之奔走供養者 不可勝數[98]

하였다고 한다. 즉 개경 안팎의 사녀가 달려가서 공양하는 자의 수가 헤아릴 수 없을 정도였다는 것이다. 공양으로 표현되는 財施에 다수의 사녀들이 참여하고 있는 것이다. 낙성행사에는 이처럼 다수가 참여해 재물을 시납하고 있는 일이 보통이었을 것이다.

전주 소재 普光寺에서 낙성회가 열려 50일간 지속되었는데, 그때에

奔走士女 供養讚歎[99]

하였다. 士女가 달려와 공양찬탄하였다. 낙성회는 당시인이 몹시 참여하고 싶어하는 행사였고, 여기에 참석해서 공양을 제공하였던 것이다.

고려말 安養寺塔 공사를 종료하고 낙성회를 열었을 때에는

布施四衆 無慮三千焉[100]

하였다. 낙성회에 참석해 보시하는 대중의 수가 무려 3천에 달하였다는 것이다. 개별적으로는 소량의 시주를 할지라도, 3천 명이 시주한 총량은 상당하였을 것이다.

시주하는 물품은 대개 현물이었을 것이다. 개인이 지참하고 운반할 정도의 것이었다고 생각된다. 檜巖寺의 공사가 종료한 뒤 文殊會를 베풀어 낙성하였는데, 이때 다수가 참석하여 시주하였다.

中外士女 無貴賤 爭賚布帛果餅施與 猶恐不及[101]

---

98) 李穀, 「興王寺重修興敎院落成會記」『稼亭集』 권2(『韓國文集叢刊』 3冊, 112~113쪽).
99) 李穀, 「重興大華嚴普光寺記」『稼亭集』 권3(『韓國文集叢刊』 3冊, 116~117쪽).
100) 李崇仁, 「衿州安養寺塔重新記」『陶隱集』 권4(『韓國文集叢刊』 6冊, 589~591쪽).

중외의 사녀가 귀천을 가리지 않고 참석하였는데, 이때에 布帛果餠을 가지고 와서 시주하였다는 것이다. 공양하는 물품이 포백 등의 직물과 과일·떡 등의 먹거리였다. 이렇게 해서 모인 포·백·과·병의 총량은 엄청난 규모에 달하였을 것이다.

불사는 대규모 경제력이 투입되어 이루어지는데, 그것이 종료된 후 여러 사람의 경축을 받으면서 낙성행사가 설행되었다. 낙성행사에 몰려드는 다수의 민인들은 포·백·과·병 등의 현물을 시주·공양하였다. 이 낙성회를 계기로 해서 다량의 재화가 사원에 일시에 집중되는 것이다. 이 재물은 낙성행사 비용에도 충당되었지만, 그밖의 용도로도 지출되었다고 생각된다. 사실 행사 자체를 진행하는 데에 소요되는 비용도 만만치 않았다. 예컨대 조선초이기는 하지만, 檜巖寺에서 王師 自超가 楞嚴會를 설행하자 米豆 170석, 5升布 200필을 태조가 사여한 것이 보인다.[102] 이 미두와 포는 능엄회 행사를 위해 제공한 것으로 이해되는데, 낙성회에도 상당한 비용이 소요되었을 것이다.

경축의 의미를 갖는 낙성행사에 국왕이나 민인들은 몰려들었고, 재물을 시주하였다. 그러한 재물은 낙성행사 자체의 진행 경비로도 지출되었고, 나아가 빈민구제를 위해서도 지출된 것으로 보인다. 다수의 사람이 몰려드는 낙성행사에는 빈민·거지도 몰려오기 마련이며, 이들에게 먹거리를 제공하였을 것이다.

사원에서 이루어지는 행사에 빈민이 모여드는 일은 흔한 것으로 이해된다. 光宗이 많은 이를 죽인 후 罪惡을 씻기 위해

廣設齋會 無賴輩 詐爲出家 以求飽飫 匃者坌至求食[103]

---

101) 『高麗史』 권133, 列傳46 辛禑1 辛禑 2년 4월, 下册, 869쪽 ; 『高麗史節要』 권30, 辛禑 2년 4월, 755~756쪽.

102) 『太祖實錄』 권7, 太祖 4년 4월 庚辰, 1册, 77쪽.

103) 『高麗史』 권2, 世家2 光宗 19년, 上册, 62쪽 ; 『高麗史節要』 권2, 光宗 19년,

하였다고 한다. 널리 齋會를 베풀자 무뢰배가 거짓 출가해 배부름을 구하였으며, 구걸하는 자도 몰려와 먹을 것을 구하였다는 것이다. 승려에게 식사를 제공하는 재회에 승려가 아닌 걸인도 와서 끼니를 해결하는 것이다. 승려들에게 식사를 제공하는 행사는 고려시기에 수없이 열렸는데, 그때에 부분적으로 걸인도 와서 굶주림 문제를 해결하였다.

공민왕대 演福寺의 불교행사에도 다수의 유민이 몰려왔다. 公主의 忌晨으로 연복사에서 設會하였는데, 이때에

水原道饑 流民聞會坌集 旽以餘布 分與流民 以干譽[104]

하였다. 수원 지방에 기근이 들어 그곳의 유민들이 이 소식을 듣고 연복사에 몰려들었으며, 이때 신돈이 여분의 布를 유민에게 나누어 주었다는 것이다. 빈민·유민이 사원에서의 행사 소식을 듣고 몰려오고 있는 것이다.

낙성행사에서도 그러하였을 것이다. 구체적인 예는 찾아지지 않지만, 대규모의 낙성회가 설행되었을 때, 빈민·유민도 참여해 굶주림을 해결하는 기회로 삼았을 소지가 크다. 행사시에는 누구에게나 식사를 제공하기에 빈민·유민도 배불리 먹을 수 있는 좋은 기회였을 것이다. 사원에서 준비한 것, 참석자가 시주하는 果·餠은 다시 승려와 민인에 의해 소비되었던 것이다.

전국 각지의 여러 사원에서 설행되는 낙성행사는 이처럼 빈민구제의 계기로도 작용하였을 것이다. 빈부의 갈등을 해소해 사회통합에 일조하는 기능을 하는 것이다.

38쪽.

104) 『高麗史』 권132, 列傳45 叛逆6 辛旽, 下册, 861쪽.

6. 結 語

고려시기 사원에서는 각종 불교행사가 설행되었다. 이 글에서는 낙성행사에 한정해 그 구체적인 실상을 밝혀보려고 하였다. 낙성행사는 불교행사였지만, 지금까지 살펴보았듯이 그 행사에 함의된 바는 복잡하고 다양하였다.

낙성행사는 여러 造營役을 계기로 해서 베풀어졌다. 사원이 새로이 창건되었을 때, 廢寺를 다시 중창하였을 때, 그리고 일부의 건물을 중수·보수하였을 때 행사가 열렸다. 특정 개별 전각을 새로이 영조하였을 때, 또 탑을 보수·영조했을 때, 그리고 불상을 改金하였을 때에도 낙성행사가 베풀어졌다. 그밖에 寫經한 후에 이루어지는 예도 있었다.

낙성행사를 위해서는 통상 疏文이 작성되었다. 행사는 다양한 명칭으로 설행되었으며, 그에 따라 진행의 절차나 내용에서 차이가 있었다. 특정 성격을 띠지 않고 낙성도량이나 낙성회 혹은 낙성법회라고 지칭하는 수도 있었고, 더 간단히 대회·법회라고 지칭하는 경우도 있었다. 화엄종 계통의 사원에서는 화엄낙성회를 칭하는 수도 있었고, 선종사원에서는 담선회를 칭하기도 하였다. 경찬회·문수회라는 이름으로 낙성행사가 열리는 일도 있었다. 그밖에도 삼매참법석·대장회·設齋의 이름하에 베풀어지기도 하였다. 불상의 경우 點眼法會라는 이름으로 낙성행사가 열린 것이 보인다. 명칭이 다양하듯이 구체적인 행사의 진행도 차이가 있었다. 낙성행사는 불사의 완성을 경축하는 것이기에 매우 성대하고 화려한 장식 속에서 진행되었다. 채붕을 연결하고 다수의 燈을 마련하였으며, 음악을 연주하고 기능인이 공연하였다.

낙성행사에는 다수의 사람들이 참여하였다. 경축하는 일이기에 다른 사원의 승려들도 다수 참여하였다. 이 행사를 계기로 불교 교리가 강설되기도 하고, 승려들 상호 간에 불법을 논의하기도 하였다. 승려만이 아니라 속인도 다수 참여하였다. 불사에 재정지원을 한 檀越들이 참석하였으며, 그렇지 않은 속인도 역시 참석하였다. 遠近·中外에서 참석한 속인의 규모는 수천에 달하기도 하였는데, 그 모습이 담장처럼 이어지거나 골짜기를 메우고 있다고 표현될 정도였다. 이들은 불사를 경축하고 소원을 빌며, 또한 불법을 듣는 기회로 삼았다. 국왕이나 국가와 긴밀한 관련을 맺는 사원에서의 낙성행사에는 국왕이 친히 참석하기도 하였다.

낙성행사에 참여하는 이는 재물을 시주하였다. 국왕의 경우 상당량의 재물을 시주하는 것이 보이고, 민인들도 시주를 하였다. 그것은 供養·布施로 표현되었다. 포·백·과·병 등의 현물을 주로 보시하였다. 민인들이 개별적으로 시주하는 재물은 소량이겠지만, 수천 명에 달하기에 모아진 총량은 상당하였을 것으로 보인다. 시납된 재물은 행사의 비용으로도 지출되었고, 사원의 수입으로 확보되었을 것이다. 그리고 빈민이나 유민을 위해서도 지출되었다.

낙성행사는 일차적으로 불사를 기리는 경축의 의미를 띤 행사였지만, 일시에 승려들이 참여하고 속인들이 몰려들며, 재화가 집중되는 계기였다. 낙성행사에서는 설법이 이루어지고 교리에 대한 학습과 토론이 있었으며, 도화가 이루어지기도 하였다. 속인들에게는 상호 간에 세상사의 정보를 교류하는 기회가 되기도 하였을 것이다. 승려는 승려대로 속인은 속인대로 상호 연결되는 네트워크의 형성과 작용의 중요한 계기였던 것이다. 한편 경제적인 측면에서는 일시에 재화가 모이고 분배되는 의미를 갖고 있었다. 수천에 이르는 민인들이 동시에 모였기에 상행위를 하는 좋은 기회가 되기도 하였을 것이다. 불교행사가 갖는 이러한 의미는 낙성행사 이외의 각종 행사를 추가 검토할 때 더욱 분명해질 수 있을 것이다.

제2장 高麗時期 佛敎行事 設行時 參席者와 施納行爲

1. 序 言

고려시기에 각종 불교행사가 設行되었다.[1] 불교행사는 통상 승려가 주관하였으며, 속인들도 거기에 다수 참석하였다. 불교행사는 일차적으로 불교와 관련한 것이지만, 다수의 民人이 함께 한다는 의미에서 사회경제적인 含意도 갖는다.

그 동안 고려시기에 설행된 각종 불교행사에 관해서는 많은 연구가 이루어져 왔다. 특히 燃燈會·八關會·帝釋道場·仁王道場 등에 대해서는 개별적인 천착이 심도있게 이루어지기도 하였다.[2] 그밖의 불교행사

---

1) 불교행사라는 용어는 근래에 불교의례라고 표현하는 경향이 있다. 이 글에서는, 승려만이 아닌 세속인의 적극적인 참여가 이루어지는 것을 중심으로 하며, 일정한 격식에 따라 순차적으로 거행되지 않는 수도 있기에, 좀 더 넓은 의미로 불교행사라는 용어를 사용하고자 한다.

2) 二宮啓任, 1956, 「高麗의 八關會에 관하여」『朝鮮學報』 9 ; 二宮啓任, 1958, 「高麗의 上元燃燈에 관하여」『朝鮮學報』 12 ; 安啓賢, 1959, 「燃燈會攷」『白性郁博士頌壽記念佛敎學論文集』 ; 金炯佑, 1992, 『高麗時代 國家的 佛敎行事에 대한 硏究』, 東國大博士學位論文 ; 朴鎔辰, 1999, 「高麗後期 仁王道場의 設行과 그 意義」『北岳史論』 6 ; 김혜숙, 1999, 「高麗 八關會의 내용과 機能」『역사민속학』 9 ; 김종명, 2001, 『한국중세의 불교의례 : 사상적 배경과 역사적 의미』, 문학과지성사 ; 韓基汶, 2003, 「高麗時期 定期 佛敎 儀禮의 成立과 性格」『民

에 대해서도 상당히 많은 연구가 있었다.[3] 그 결과 불교행사의 종류, 규모, 설행 주체 및 성격과 추이에 대한 상당한 이해를 가질 수 있게 되었다. 그러나 불교행사가 갖는 사회경제적인 의미에 대해서는 그다지 주목하지 못하였다.

이 글에서는 불교행사가 갖는 사회경제적인 함의를 분석하고자 한다. 불교행사에는 다수의 승려와 민인이 모인다는 것, 불교행사를 계기로 상당한 재물의 시납이 이루어진다는 것, 그리고 불교행사에는 상당한 재원이 소요된다는 것 등을 구체적으로 확인하고자 한다. 나아가 그러한 사실이 의미하는 바에 대해서도 고찰해 보고자 한다. 승려만으로 이루어지는 불교행사는[4] 논외로 하고, 민인이 다수 참석하는 것을 중심으로 검토하고자 한다.

族文化論叢』 27, 영남대 ; 안지원, 2005, 『고려의 국가불교의례와 문화 - 연등·팔관회와 제석도량을 중심으로 -』, 서울대출판부 ; 김수연, 2009, 「고려전기 금석문 소재 불교의례와 그 특징」『역사와 현실』 71.

3) 安啓賢, 1975, 「佛教行事의 盛行」『한국사』 6, 국사편찬위원회 ; 尹龍爀, 1990, 「고려 대몽항쟁기의 불교의례」『역사교육논집』 13·14합집 ; 서윤길, 1993, 「密教的 諸種儀禮의 開設」『高麗密教思想硏究』, 불광출판부 ; 홍윤식·이해준, 1994, 「불교행사의 성행」『한국사』 16, 국사편찬위원회 ; 鄭泰爀, 1997, 「高麗朝 各種道場의 密教的 性格」『韓國密教思想』, 동국대 불교문화연구원 ; 金炯佑, 2000, 「高麗後期 國家設行 佛教行事의 展開樣相」『한국문화의 전통과 불교 - 蓮史洪潤植教授停年退任紀念論叢 -』 ; 拙稿, 2004, 「高麗時期 落成行事의 設行」『文化史學』 21(본서 제3부 제1장 수록).

4) 불교의례를 常用儀禮와 非常用儀禮로 나누고, 다시 상용의례는 日常信仰儀禮와 佛教歲時儀禮로 분류하고, 비상용의례는 通過儀禮·死者儀禮·消災儀禮·特別儀禮 등으로 분류하는 견해가 있다(정각, 2001, 『한국의 불교의례』, 운주사, 40~41쪽). 이에 따르면 주로 승려에 국한된 것으로는 日常信仰儀禮 중 日常儀禮(入厠儀禮, 削髮·沐浴·洗濯儀禮, 着衣禮, 榜附儀禮, 運力, 夜警, 大衆公事)와 修練儀禮(朝夕禮佛, 禪院禮佛, 托鉢儀禮, 供養儀禮, 入禪儀禮, 講說儀式, 誦經儀式, 寫經儀式, 安居, 布薩과 自恣, 解制)가 있다고 한다.

2. 佛敎行事의 參席者

고려시기 설행된 불교행사에는 다수의 승려와 속인이 참석하였다. 고려시기에 다수가 운집하는 경우가 많지 않은 상황에서, 사원의 불교행사에 많은 사람이 참여한다는 사실은 사회적으로 큰 의미를 갖는다. 또한 속인들이 정례적으로 빈번하게 사원을 찾지 않기 때문에,[5] 이 불교행사는 속인들이 사원을 찾는 중요한 계기로 작용하였다.

속인들의 참여 규모나 승려의 주도 여부는 불교행사의 성격에 따라 상이하였다. 불법을 설하는 法會의 성격을 띤 경우에는 승려가 주도하는 수가 많았으며, 국왕의 祈福·祝壽를 위한 경우에도 역시 그러하였다. 그러나 연등회·經行·呼旗 등에서는 속인들의 참여가 두드러졌다. 文殊會나 落成會 등은 승려와 속인 모두 함께 참여하는 것으로 보인다.

우선 법회의 성격을 띤 불교행사부터 살펴보고자 한다. 禪會로는 靜覺國師 志謙이 관계한 사례가 보인다. 지겸은 사방에 이름이 알려져 內外에서 禪會를 여는 일이 있으면 그를 청해 主盟으로 삼았으며, 神宗

5) 고려시기 불교행사에는 일시가 정해진 것, 항례적인 것도 있다. 二宮啓任씨는 이를 '恒例法會'라 칭하고서 대표적인 것으로 9가지를 들고 있다. 燃燈會, 八關會, 上元道場(1월 15일), 佛 生日의 法會(4월 8일), 菩薩戒道場(6월 15일), 盂蘭盆道場(7월 15일), 除夜道場(12월 30일), 王 誕節의 法會, 왕 忌日의 法會가 그것이다(二宮啓任, 1960, 「高麗朝의 恒例法會」『朝鮮學報』 15). 이에 반해 韓基汶씨는 매년 특정한 시기에 설행되는 주기성을 가진 불교의례를 '定期佛敎儀禮'라 칭하고서, 이에 해당하는 것에 정월 15일 연등회, 2월 15일 연등, 2월 8일부터 2월 15일까지 탑돌이, 3월 3일 다 공양, 3월 중 경행, 4월 8일 불탄절, 6월 봉은행향, 6월 15일 국왕 보살계 수계, 7월 15일 우란분재, 9월 9일 중구절 행향, 10월 공신을 위령하는 무차회, 11월 15일 서경팔관회, 12월 8일 성도일 욕불, 봄(3월, 4월 중)의 장경도량, 가을(9월, 10월 중)의 장경도량, 국왕 축수도량, 선왕 모후 기일도량, 2년 혹은 3년에 한번씩 열리는 인왕회, 담선회 등이 있다고 하였다(韓基汶, 2003, 앞의 논문). 항례법회·정기불교의례는 사원이나 승려의 차원에서도 검토할 필요가 있다.

2년(1199) 進禮郡에서 선회를 베풀었을 때 指南者를 청하자 국왕이 지겸에게 가도록 했다고 한다.[6] 지겸이 주관한 선회는 혼자만이 진행하고 다른 참석자가 없었던 것은 아닐 것이다.

고종 33년(1246) 晉陽公이 禪源社를 창건하고서 禪會를 크게 열었는데, 眞明을 맞이하여 法主로 삼았으며, 국내의 高名한 승려 3천 명을 초치했다고 한다. 이때 慈眞圓悟國師도 참가하였으며, 朝士들도 이 소식을 듣고 뒤질세라 참가하였다고 한다.[7] 3천 명이란 다수의 승려가 참여한 선회였지만, 俗人인 朝士도 참석하는 것이다.

고려말 공민왕 18년(1369)에 瑞雲寺에서 禪會를 크게 베풀자

> 四衆聞之 造謁者衆[8]

하였다고 한다. 선회에 승려 이외의 속인도 다수 참석한 것이다. 이처럼 선회는 승려 중심으로 진행되고 있었지만, 속인들도 참석해 청법할 좋은 기회였다. 속인의 적극적인 참여로 그 행사가 더욱 성황을 이루었을 것이다.

普覺國尊 一然이 열었던 九山門都會도 禪會와 유사했던 것으로 추측된다. 일연이 麟角寺에 들어가 "再闢九山門都會 叢林之盛 近古未曾有也"했다고[9] 한다. 선종 승려만으로 설행된 9산문도회인 것이다. 속인의 참여가 언급되고 있지는 않지만, 참여 가능성이 없지 않아 보인다.

---

6) 李奎報, 「故華藏寺住持王師定印大禪師追封靜覺國師碑銘」 『東國李相國集全集』 권35(『韓國文集叢刊』 2册, 62~63쪽).

7) 李智冠譯註, 1997, 『歷代高僧碑文(高麗篇 4)』, 「昇州佛臺寺慈眞圓悟國師靜照塔碑文(1286년)」, 165쪽.

8) 李智冠譯註, 1999, 『歷代高僧碑文(朝鮮篇 1)』, 「忠州青龍寺普覺國師幻庵定慧圓融塔碑文(1394년)」, 33쪽.

9) 李智冠譯註, 1997, 『歷代高僧碑文(高麗篇 4)』, 「麟角寺普覺國尊靜照塔碑文(1295년)」, 193쪽.

談禪會도 이와 비슷하게 일차적으로 승려 중심으로 진행된 것으로 보인다. 醴泉 龍門寺의 조성 공사가 끝나자

會九山門徒五百人 設五十日談禪會[10)]

하고서 낙성행사를 설행하였다. 담선회를 50일간 계속하였고, 이때에 九山의 문도 500인이 참석하였다. 이 담선회는 낙성행사의 일환으로 이루어진 것이기에, 속인들의 참석도 있었을 것으로 보인다. 예천의 용문사가 선종 사원이기에 담선회에도 선종 승려들이 참석하는 것이다.

지방 사원 차원이 아닌 국가적 차원의 談禪大會도 설행되고 있었다. 왕업을 개창한 고려 태조가 선종 사원을 세우고 담선대회를 설행하고 있음이 보인다.

刱五百禪宇於中外 以處納子 間歲設談禪大會於京師 所以鎭北兵也 九山釋子 先其會一年 各以其山門 占斷外方之伽藍 而開法會 涉冬節 是之謂叢林[11)]

즉 태조가 500개의 선종 사원을 중외에 창건해 승려들을 거처하게 하고서 2년마다 개경에서 담선대회를 설행하였다는 것이다. 이 담선대회에 앞서 9산선문의 승려들은 외방의 가람을 택해 법회를 열어 겨울철을 보내는데 이것을 叢林이라 하였다는 것이다. 담선대회는 승려 중심으로 운영된 것으로 보인다.

大安寺에서 최씨 집권기에 담선대회가 4월 15일에 열렸는데, 여기에 승려만이 참석한 것이 아니었다.

10) 許興植編著, 1984, 『韓國金石全文(中世下)』, 「醴泉龍門寺重修碑(1185년)」, 872~875쪽.

11) 李奎報, 「龍潭寺叢林會牓」 『東國李相國集全集』 권25(『韓國文集叢刊』 1冊, 552~553쪽).

自縉紳大夫 至于士庶 奔赴諦聽 膜拜踊躍[12]

곧 고관대부에서 士庶人에 이르기까지 그 대회에 달려가 경청하였다는 것이다. 담선대회는 일차적으로 승려가 중심이 되어 진행하는 것이었지만, 속인들도 참석해 경청할 수 있었다.

화엄종 소속의 사원에서는 화엄경 관련 불교행사가 설행되었다. 興王寺에서 그러한 사실이 확인된다. 화엄종 소속의 홍왕사에서 대각국사 이후 30년이 지나면서 敎義가 점차 쇠퇴해져 가자, 중홍을 위해 국사의 高弟子인 戒膺과 학도 160인을 홍왕사 내의 弘敎院에 청해 와 21일간 華嚴法會를 설행하였다.

仍令長年聚會 演說無盡海藏 以此功德 仰祝法輪常轉 國祚增長 風雨調順 人民利樂者[13]

화엄법회에서는 바다같이 무진장한 교리를 연설하였는데, 이 공덕으로 "法輪常轉 國祚增長 風雨調順 人民利樂"을 축원하였다는 것이다. 이 화엄법회는 역시 승려가 중심이 되어 설행하는 것이다. 속인의 참여가 명시되지는 않았지만, 그 가능성이 커 보인다.

고려 최말기에 萬義寺에서는 祝上을 위한 華嚴法華法會가 열렸다. 여기에서는

仰對佛聖 得與大衆 同聲祝上 以祈萬年無疆之壽 小伸下臣區區之志願[14]

---

12) 李奎報, 「大安寺談禪牓」 『東國李相國集全集』 권25(『韓國文集叢刊』 1冊, 550~551쪽).

13) 金富軾, 「興王寺弘敎院華嚴會疏」 『東文選』 권110(民族文化推進會 影印本 3冊, 363~364쪽).

14) 權近, 「水原萬義寺祝上華嚴法華會衆目記」 『陽村集』 권12(『韓國文集叢刊』 7

하였다고 한다. 부처에 대해 대중과 함께 같은 소리로 祝上함으로써 국왕의 무강한 장수를 기원하고, 下臣들의 區區한 염원을 폈다는 것이다. 그리고 이 법회에 참석한 이의 이름을 남긴다고 하였다. 이 법회도 국왕의 축수를 위한 것으로서 승려들이 중심이 되어 진행하는 것이지만, 속인들도 여기에 다수 참석한 것을 알 수 있다.

특정한 성격이 명시되지 않은 法會에도 속인이 참석한 사실이 확인된다. 雲門山의 伏安寺에서 圓眞國師를 청해

別張法會 演說六祖壇經 群賊皆感悟流涕 無復有於兇熖[15)]

하였다고 한다. 원진국사가 별도로 법회를 열어 육조단경을 연설하자 群賊들이 感悟해 눈물을 흘리고서는 다시 나쁜 마음을 먹지 않았다는 것이다. 군적들이 이 법회에 참석했음을 분명히 알려 준다고 하겠다. 그밖에 법회라고 일컬어지는 불교행사도 대개 승려가 중심이 되어 진행하지만 속인들도 이에 참석하는 형식이었을 것이다.

국가적 차원에서 설행되는 연등회와 팔관회 행사에는 다수의 사람들이 참석하였다. 개경 내에서 거국적으로 거행되는 연등회에는 국왕이나 신료가 행사에 직접 참여하였으며, 민인들도 다수 참여하였다. 각종 장식이 화려하였으며, 음악이 연주되어, 그 성대함이나 화려함, 그리고 규모 면에서 다른 불교행사보다 훨씬 우위에 있었다.[16)]

강화로 천도했을 때인 고종 32년(1245) 4월에 燃燈의 구체적인 모습

冊, 132~133쪽).

15) 李智冠譯註, 1997, 『歷代高僧碑文(高麗篇 4)』, 「寶鏡寺圓眞國師碑文(1224년)」, 95쪽.

16) 二宮啓任, 1956, 앞의 논문 ; 二宮啓任, 1958, 앞의 논문 ; 安啓賢, 1959, 앞의 논문 ; 金炯佑, 1992, 앞의 박사학위논문 ; 김종명, 2001, 앞의 책 ; 韓基汶, 2003, 앞의 논문 ; 안지원, 2005, 앞의 책.

이 보인다.

崔怡 以八日燃燈 結綵棚 陳伎樂百戱 徹夜爲樂 都人士女 觀者如堵[17]

당시의 집정자인 최이가 4월 8일에 연등회를 베풀었는데 장식무대를 만들고 伎樂과 갖가지 놀이를 개진하고 밤새도록 즐거워했다는 것이다. 이때 都人·士女가 구경하는 것이 마치 담장과 같았다는 것이다. 이것은 정월이나 2월에 설행되는 上元 燃燈은 아니었다. 4월 8일 釋誕日에 設行되는 연등회였다. 상원 연등이 가장 성대하였기에 4월의 연등보다 많은 수의 民人들이 참여하였다고 사료된다.

연등회는 전국적으로 설행되었다. 그것은 현종 원년(1010) 윤2월 성종대에 폐지한 연등회를 부활하면서

國俗 自王宮國都 以及鄕邑 以正月望燃燈二夜[18]

하다고 지적한 것에서 알 수 있다. 이 연등회에는 전국 곳곳에서 많은 민인들이 참석하였을 것이다.

지방에서 설행된 燃燈會는 규모가 작고 화려함도 개경의 연등회보다 뒤지는 것이었다. 지방에서 설행된 高敞縣의 연등회에 여러 속인·민인들이 往觀하고 있음이 확인된다.[19] 이 연등회는 일종의 축제 성격을 띠고 있어, 승려보다는 속인들의 참여가 더 주목된다.

殿閣을 조성하거나 佛塔·佛像을 조영하였을 때에는 그것을 경축하는 落成行事가 화려하게 베풀어졌다. 이 행사에는 다수의 사람들이 참석하였는데 승려도 있었고, 속인도 있었다. 이는 장안사 중수 후 설행된 낙

17) 『高麗史節要』 권16, 高宗 32년 4월, 亞細亞文化社 影印本(이하 같음), 428쪽.
18) 『高麗史節要』 권3, 顯宗 원년 윤2월, 70쪽.
19) 崔滋, 「邊山有一老宿」 『補閑集』 권下(『高麗名賢集』2冊, 145~146쪽).

성행사를 통해 확인할 수 있다. 元의 奇皇后가 皇子를 출생하자 황제·황태자를 위한 복을 빌기 위해 장안사의 중수를 도왔다. 至正 3년(1343) 기황후는 內帑의 楮幣 1천 錠을 내어서 장안사 중흥의 비용을 도왔고 영원토록 常住用으로 삼도록 하였다. 다음해 또 그 다음해에도 이와 같이 하였다. 승려 500인을 모아 衣鉢을 시여하고 법회를 함으로써 낙성하였다.[20] 여기에는 승려 500인이 참석한 것이 확인된다. 속인들의 참석을 직접 언급하지는 않았지만, 속인의 참석도 상당하였을 것으로 추측된다.

낙성행사에는 승려만이 아니라 속인이 다수 참석하였다. 속인에는 불사에 시주한 단월도 있었지만, 그렇지 않은 이들도 다수 포함되어 있었다. 遠近·中外의 俗人이 모여들어 그 수가 수천 명에 달하는 수도 있었다.[21]

文殊會의 명목으로 설행되는 행사에도 다수의 사람들이 참여하였음이 확인된다. 공민왕과 우왕대에 설행되는 문수회에서 그러하였다. 공민왕 16년(1367)에 왕이 演福寺에 행차해 대대적으로 문수회를 설행하였다. 이때에 승려 300명이 梵唄를 하였으며, 隨喜執事者는 무려 8천 명이었다고 한다.[22] 문수회에 참석한 이가 무려 8천을 상회하는 것이다. 개경의 연복사에서 설행된 것이기에 주로 개경 인근의 사람들이 참석·집사하였다고 생각된다.

공민왕 18년 4월에는 연복사에서 辛旽이 文殊會를 설행하였다. 이때 왕이 직접 가서 관람하였으며, 승려에게 5,500필의 布를 사여하였다.[23] 승려에게 사여한 포가 5,500필에 달함을 볼 때, 참석한 승려의 수가 천 명은 상회하였을 것이다. 그리고 이때 속인들이 참석하였다고 사료된다.

---

20) 李穀, 「金剛山長安寺重興碑」『稼亭集』 권6(『韓國文集叢刊』 3册, 137~138쪽).

21) 拙稿, 2004, 앞의 논문.

22) 『高麗史節要』 권28, 恭愍王 16년 3월, 722쪽 ; 『高麗史』 권132, 列傳45 叛逆6 辛旽, 亞細亞文化社 影印本(이하 같음). 下册, 858쪽.

23) 『高麗史』 권41, 世家41 恭愍王 18년 4월, 上册, 823쪽.

우왕 2년(1376) 4월에는 楊州 檜巖寺에서 文殊會를 設行하였다.

中外士女 無貴賤 爭賚布帛果餠施與 猶恐不及 寺門塡咽[24]

곧 중외의 사녀가 귀천을 가리지 않고 布帛과 餠을 가지고 와서 시여하면서 오히려 미치지 못할까 걱정하였으며, 이때 절의 문이 막힐 지경이었다는 것이다. 여기에서 문수회에 참여하는 속인들의 규모를 엿볼 수 있다. 이처럼 문수회는 승려가 주관해 진행하지만, 속인들도 여기에 다수 참석하였다.

羅漢齋의 이름으로 설행된 불교행사도 있었다. 의종 5년(1151) 7월에 문반 4품 이상 무반 3품 이상이 普濟寺에서 五百羅漢齋를 設行하여 禱雨한 일이 있다.[25] 비오기를 기원하는 행사로서 나한재가 열린 것인데, 그 행사의 설행을 문무의 고위 관리들이 담당하는 것이다. 실제 행사의 주관·집전은 승려가 하였겠지만, 고관들도 동석하여 행사를 진행했다고 보는 것이 타당할 것이다. 의종 6년 9월에는 국왕이 外帝釋院에 행차해 나한재를 설행하였으며,[26] 의종 21년 3월에는 왕이 微行하여 金身窟에 이르러 나한재를 설행하였다.[27] 국왕이 설행하였다고 표현한 나한재에는 당연히 국왕이 참석하였을 것이다. 나한재는 국왕이나 관리가 참석하고 승려가 집전하였을 것으로 보이며, 일반 속인이 다수 참여하지는 않은 것으로 보인다.

轉藏經으로 칭해지는 행사도 보인다. 충선왕 4년(1312) 정월에 국왕의 명으로 延慶宮에 승려를 모아 轉藏經하는데 그해 말까지 지속하였

24) 『高麗史節要』 권30, 辛禑 2년 4월, 755쪽 ; 『高麗史』 권133, 列傳46 辛禑1 辛禑 2년 4월, 下册, 869쪽.

25) 『高麗史』 권17, 世家17 毅宗 5년 7월, 上册, 360쪽.

26) 『高麗史』 권17, 世家17 毅宗 6년 9월, 上册, 363쪽.

27) 『高麗史』 권18, 世家18 毅宗 21년 3월, 上册, 379쪽.

다.[28] 전장경이란 대장경을 轉讀하는 것이므로, 승려가 주관하였을 것이다. 궁궐 내에서 베풀어지는 전장경에 일반 속인들이 참여하는 것은 불가능해 보인다. 승려를 중심으로 설행되었다고 판단된다.

고려시기에는 국왕의 건강과 장수를 기원하는 행사도 자주 설행되었다. 그 행사를 지칭하는 용어에는 약간의 차이가 있었지만, 기원하는 내용은 유사하였다. 祈福道場·祝聖壽法會·祝壽齋의 명칭이 보인다.

기복도량은 靖宗代부터 恒式이 되었다. 국왕의 생일에 국가에서 外帝釋院에 7일간 기복도량을 설하였으며, 百官은 興國寺에서 베풀었고, 東西兩京과 4都護·8牧은 所在佛寺에서 기복도량을 열었다.[29] 관원들이 주관하는 도량이지만, 사원에서 베풀어지는 것이기에 실제의 진행은 승려들이 담당하였을 것으로 보인다. 이 행사에는 관원 이외의 일반 민인들도 참석하였을 가능성이 높아 보인다.

祝聖壽法會는 醴泉의 龍門寺에서 확인된다. 명종 원년(1171)에 陰陽官이 용문사 밖의 왼쪽 봉우리 위에 太子의 胎藏地를 卜定하고서

> 於寺 設祝壽法會 約福田五員各弟子 每日粥飯二味 晝讀金光明經 夜念觀音[30]

하였다. 즉 용문사에서 축성수법회를 설행하고서 승려가 매일 두끼의 식사를 하고서 낮에는 金光明經을 읽고 밤에는 觀世音菩薩을 염송하였다는 것이다. 승려가 중심이 된 祝聖壽法會인 것이다. 속인의 참여 가능성을 부정할 수는 없겠다.

祝壽齋의 명목으로 설행한 경우에도 속인의 참여가 확인된다. 충혜왕 후3년(1342) 6월에, 왕이 神孝寺에 행차했을 때, 燈燭輩들이 香徒를 맺

---

28) 『高麗史』 권34, 世家34 忠宣王 4년 정월, 上冊, 691쪽.
29) 『高麗史節要』 권4, 靖宗 12년 12월, 120쪽.
30) 許興植編著, 1984, 『韓國金石全文(中世下)』, 「醴泉龍門寺重修碑(1185년)」, 873쪽.

어 이 사원에서 祝壽齋를 설행하였다. 이때 국왕이 참석하였다.[31] 축수재를 설행한 등촉배는 속인 중심으로 보는 것이 타당할 것이다. 속인들이 향도를 맺어 축수재를 설행한 것으로 볼 수 있다.

공민왕 원년(1352) 국왕을 위한 축수재는 백관들이 주도하여 설행하였다. 왕의 생일을 맞이하여 왕이 信佛하기에 백관들이 모두 국왕을 위해 축수재를 베풀었다.[32] 이처럼 축수재를 백관들이 주도하여 설행하는 것이다.

고려시기에는 현실사회에서 각종 어려움이 있을 때 불교행사가 설행되었다. 가뭄이 이어지거나 재앙이 있을 때 이를 해소하려는 불교행사가 설행되었다. 祈雨행사와 消災道場이 대표적인 예이다.

고려시기에 설행된 기우재는 승려가 주관하는 예가 많았다. 그리고 재추가 직접 참석하는 수도 있었다. 명종 3년(1173) 4월에 兩府의 宰樞가 普濟寺에서 禱雨하였으며, 또한 며칠 뒤에는 神衆院에서 禱雨하였다.[33] 다음달 5월에도 문무 3품의 祿을 추렴해 보제사에서 기우하고자 設齋하였다.[34] 기우재는 사원에서 설행되고 있기에 승려가 집전하고 재추들이 함께 자리하였다고 볼 수 있을 것이다.

그리고 특정 승려는 禱雨함에 영험한 능력을 발휘하기도 하였다. 妙應大禪師 教雄이 그러하였다. 그는 인종 18년(1140)에 개경에 가뭄이 들자 日月寺에 이르러 妙法蓮花經을 主講해 기우하였는데, 藥草喩品 一地一雨之比를 강함에 이르러 많은 비가 왔다고 한다.[35] 이처럼 기우재는 승려가 경전을 강하면서 진행되며 국정을 책임진 고위관원들이 자

31) 『高麗史』 권36, 世家36 忠惠王 후3년 6월, 上册, 735쪽.
32) 『高麗史』 권38, 世家38 恭愍王 원년 5월, 上册, 757쪽.
33) 『高麗史』 권54, 志8 五行2 明宗 3년 4월, 中册, 226쪽.
34) 『高麗史』 권54, 志8 五行2 明宗 3년 5월, 中册, 226쪽.
35) 李智冠譯註, 1996, 『歷代高僧碑文(高麗篇 3)』, 「國淸寺妙應大禪師教雄墓誌銘(1142년)」, 243쪽.

리를 함께 하고 있었다.

소재도량의 경우는 국왕이 친히 베푼 것으로 나타난다. 충렬왕 15년(1289) 8월에 '親設消災道場于外院'한 사실이 있다.[36] 外院에서 국왕이 친히 소재도량을 베풀었다는 것이다. 충렬왕 24년 11월에도 외원에서 소재도량을 설행하였으며,[37] 충렬왕 26년 11월에는 외원에 행차해 소재도량을 베풀었고,[38] 충렬왕 29년 10월에도 역시 외원에 행차해 소재도량을 설행하였다.[39] 국왕이 친히 설행한 소재도량이지만, 실제의 진행은 승려들이 맡았다고 생각된다. 조선 태조 7년(1398) 5월에도 승려 108명을 모아 소재법석을 5일간 설하였다.[40] 소재도량·소재법석은 국왕이 나서서 설행하였으며, 진행은 승려들이 담당하였다고 보인다. 일반 속인들은 이 행사에는 거의 참석하지 않은 것으로 보인다.

忠烈王代에 소재도량과 비슷한 星變祈禳法會가 설행된 예가 찾아진다. 즉 충렬왕 27년 9월에

> 幸外院 設星變祈禳法會[41]

하였다는 것이 그것이다. 역시 소재도량과 비슷한 방식으로 참석자·주관인이 자리했을 것이다.

普覺國師가 설행한 白傘盖道場도 소재도량과 유사한 성격을 갖는 것으로 보인다. 우왕 11년(1385)에 보각국사는 왕명을 받아 50일간 백산개도량을 설행해 天地災變을 물리치기를 기원했는데, 이때에 名儒韻釋이 다수 참석해 聽講하였다고 한다.[42] 천지재변을 막고자 하는 도량을

36) 『高麗史』 권30, 世家30 忠烈王 15년 8월, 621쪽.
37) 『高麗史』 권31, 世家31 忠烈王 24년 11월, 644쪽.
38) 『高麗史』 권31, 世家31 忠烈王 26년 11월, 649쪽.
39) 『高麗史』 권32, 世家32 忠烈王 29년 10월, 660쪽.
40) 『太祖實錄』 권14, 太祖 7년 5월 戊辰, 1冊, 123쪽.
41) 『高麗史』 권32, 世家32 忠烈王 27년 9월, 656쪽.

보각국사가 진행하고 있는데, 속인들도 다수 참석해 국사의 강의를 들었다는 것이다. 이렇게 본다면 소재도량이라 하더라도 속인의 참석을 완전히 배제하기는 힘들어 보인다.

불교와 관련한 행사가 사원이 아닌 세속사회의 공간에서 설행되기도 하였다. 經行과 呼旗를 대표적인 예로 들 수 있다. 경행은 靖宗 12년(1046)부터 일상화되었는데, 개경의 거리를 세 길로 나누어 각각 채색 들것에 般若經을 싣고 앞서가고 승려들이 法服을 갖추어 입고 걸어가면서 讀誦하고, 監押官 역시 公服을 입고 뒤따라 걸으면서 '爲民祈福'하였다.[43] 경행은 이처럼 경전이 제일 앞에 가고 그 다음에 승려, 그리고 관인이 따르는 대열로 진행되었다. 아마 속인들도 뒤따르거나, 길거리에서 이 행차를 구경함으로써 동참하였을 것으로 보인다. 이 행사는 이후 늘 설행된 것으로 보인다. 경행은 사원에서 이루어지지 않고, 개경 내에서 이루어지는 불교 행사였다.

呼旗는 석가탄신일인 4월 8일과 관련이 있었다. 4월 8일에 집집마다 燃燈하는데, 그에 앞서 수십 일 전부터 群童들이 종이를 자른 뒤 나무에 달아 기를 만들고서 城中의 거리를 소리치고 다니면서 米布를 구해 그 비용으로 삼았다. 이를 호기라 불렀다고 한다.[44] 이것은 승려와 직접 관련은 없지만 석탄일을 계기로 해서 아동들이 돌아다니면서 재물을 구하는 행위이다. 4월 8월에는 집집마다 장대를 세워 등을 매달았는데, 都人들이 밤새도록 遊觀하였다고 한다. 호기는 소년들이 중심이 되어 진행하는 행사였다. 이 호기 역시 사원에서 베풀어지는 것은 아니었다.

불교행사를 같이 행하는 香徒의 존재도 주목된다. 인종 9년(1131)의 기록에 보이는 萬佛香徒는 僧俗雜類가 무리지어 모인 것인데, '念佛讀

---

42) 權近, 「有明朝鮮國普覺國師碑銘幷序」 『陽村集』 권37(『韓國文集叢刊』 7冊, 328~331쪽).

43) 『高麗史節要』 권4, 靖宗 12년 3월, 119쪽.

44) 成俔, 『慵齋叢話』 권2.

經作爲詭誕'하였다.[45] 승려와 속인이 함께 하는 信行으로 보인다.

충숙왕 후8년(1339)에도 향도가 보인다. 이 향도는 城中의 婦女가 尊卑老少를 가리지 않고 향도를 맺어 設齋點燈하였으며, 또 무리지어 山寺에 가기도 하였다.[46] 이 향도는 부녀 중심으로 구성된 것으로서 불교를 매개로 활동하는 예이다. 향도는 佛塔이나 佛像·佛具의 조성 등에서 두드러진 활동을 하였지만, 불교행사를 함께 하는 수도 있었던 것이다. 향도에 대해서는 많은 사례가 전한다.[47]

그밖에 여러 명목의 불교행사가 찾아지는데, 여기에도 승려와 속인의 참석이 활발하였다. 의종 11년(1157) 정월에 安和寺에서 설행된 連聲法席의 경우, 帝釋·觀音·須菩提를 塑造해 만들어 두고서 승려를 모아 밤낮으로 소리를 내면서 여러 보살의 名號를 불렀다.[48] 이것은 승려들이 중심이 되어 진행한 것이고, 속인들의 참여는 소극적이거나 배제되었을 것으로 보인다.

그리고 고려시기에는 승려에게 식사공양하는 예가 아주 빈번하였다. 소위 飯僧이 그것이었다.[49] 반승은 아무런 명목없이 이루어지는 수도

---

45) 『高麗史』 권85, 志39 刑法2 禁令 仁宗 9년 6월, 中冊, 862쪽.

46) 『高麗史』 권85, 志39 刑法2 禁令 忠肅王 후8년 5월, 中冊, 865쪽.

47) 李泰鎭, 1972, 「醴泉 開心寺 石塔記의 分析」 『歷史學報』 53·54합집(同, 1986, 『韓國社會史研究』, 知識産業社 재수록) ; 李海濬, 1983, 「埋香信仰과 그 主導集團의 性格」 『金哲埈博士華甲紀念史學論叢』 ; 김필동, 1986, 「삼국~고려시대의 香徒와 契의 기원」 『한국 전통사회의 구조와 변동』, 문학과 지성사 ; 蔡雄錫, 1989, 「高麗時代 香徒의 사회경제적 성격과 변화」 『國史館論叢』 2 ; 구산우, 2001, 「高麗前期 香徒의 佛事조성과 구성원 규모」 『한국중세사연구』 10(同, 2003, 『高麗前期 鄕村支配體制研究』, 혜안 재수록) ; 蔡雄錫, 2002, 「여말선초 향촌사회의 변화와 埋香활동」 『歷史學報』 173.

48) 『高麗史節要』 권11, 毅宗 11년 정월, 288~289쪽.

49) 二宮啓任, 1961, 「高麗朝의 齋會에 관하여」 『朝鮮學報』 21·22합집 ; 李載昌, 1963, 「麗代 飯僧考」 『佛教學報』 1 ; 李相瑄, 1988, 「高麗時代의 飯僧에 대한 考察」 『誠信史學』 6(同, 1998, 『高麗時代 寺院의 社會經濟研究』, 성신여대출판부 재수록).

있었지만, 많은 경우 百座道場·仁王(經)道場·百座仁王道場·百座會를 설행함과 동시에 이루어지는 수가 많았다. 반승은 승려에게 식사를 제공하는 것이므로, 속인이 직접 관계되는 것은 아니었다.

고려시기에는 다양한 불교행사가 설행되었다. 정례적인 것도 있었고, 그때그때 설행되는 비정기적인 것도 있었다. 대부분의 행사는 승려가 중심이 되어 진행되는 것이었지만, 속인들의 참여가 동반되었다. 속인들이 다수 참여함으로써 불교행사가 성대하고 화려하게 설행될 수 있었다. 이 불교행사는 속인들이 사원을 찾는 중요한 계기로 작용하였다. 불교행사에 참여한 속인은 사원의 인근에 사는 수도 있었지만, 먼 곳에서 오는 수도 많았다. 이러한 행사에서 다수의 사람이 만남으로써 정보를 교류할 수 있었다. 말하자면 불교행사는 네트워크 형성의 중요한 계기라고 할 수 있다.

3. 財物의 施納

각종 불교행사에는 다수의 사람들이 참석하였다. 참석자들은 행사를 계기로 재물을 시납하였다. 사원에서 불교행사가 빈번하게 설행되지 않기 때문에 이 행사는 사원이 재원을 확보하는 중요한 계기가 되었다. 개별적으로는 소량을 시주한다고 하더라도 참석하는 이의 수가 많기 때문에 전체의 양은 상당하였다. 행사의 설행을 속인이나 국가권력이 후원할 때에는, 그 주체가 다량의 재물을 사원에 시납하였다. 정기적인 의례, 수시로 열리는 행사 모두 재물이 사원에 시납되는 중요한 계기였다.

재물을 시주하는 주체나 규모는 시주자의 부류에 따라, 또 불교행사의 내용에 따라 큰 차이가 있었다. 국가적 차원에서 설행되는 경우에는 이 행사에 국가나 정부에서 다량의 재물을 시주하였다. 이 경우 사원에 재물을 시주하는 수도 있었고, 그 행사를 진행한 개별 승려에게 시주하는 수도 있었다. 시주는 행사에 앞서 이루어지기도 하였고, 행사 당일에 행해지기도 하였다.

국왕이나 국가적 차원에서 행사가 베풀어졌을 때 재물이 시납되는 사례가 많다. 공민왕 18년(1369)에 天兵神衆道場이 7일간 설행되었다. 국왕이 王輪寺에서 직접 설행하였으며, 손수 疏를 쓰기도 하였다. 이때에 그 행사를 집전한 승려들에게 포 1,500필을 사여하였으며, 辛旽도 역시 포 1,500필을 시주하였다.50) 이처럼 외침을 억제하기 위한 도량이 국왕의 주관 하에 설행되었는데, 그 행사를 진행한 승려에게 다량의 포가 시주되었다.

외침이 있을 때에 자주 설행되는 행사에는 또한 鎭兵法席이 있었다. 고종 10년(1223) 5도양계의 진병법석을 위해, 內庫의 銀甁 200口를 경상도에 200구, 전라도에 60구, 충청도에 40구씩 나누어 보냈다.51) 우왕 9년(1383)에 中外佛宇 150곳에 鎭兵法席을 대대적으로 베풀었을 때, '供費不可勝計'라고 하였다.52) 진병법석을 계기로 해서 상당한 재물이 사원에 제공되는 것이다.

공민왕 2년에 진병을 위한 仁王道場이 설행되었다. 국왕이 旻天寺에 행차해 베풀었는데, 이때 元에서 寶鈔 100錠을 사여하였다.53) 인왕도량이 계기가 되어 다량의 재화가 제공되고 있는 것이다.

가뭄이 지속되는 것은 농경에 막대한 차질을 주는 것이기에, 기우행사도 자주 설행되었다. 기우행사는 巫覡을 동원해 진행되기도 하였지만, 주로 사원에서 베풀어졌다. 이때에도 재물이 사원에 제공되었다. 충렬왕 13년(1287) 4월에

---

50)『高麗史』권41, 世家41 恭愍王 18년 9월, 上册, 825쪽.
51)『高麗史』권22, 世家22 高宗 10년 9월, 上册, 449쪽.
52)『高麗史』권135, 列傳38 辛禑3 辛禑 9년 9월, 下册, 913쪽.
53)『高麗史』권38, 世家38 恭愍王 2년 3월, 上册, 761쪽.

宰樞施私財 禱雨于普濟寺[54]

라는 데서 알 수 있듯이 재추가 사재를 내서 보제사에서 비를 비는 것이다. 기우를 계기로 사원에 재화가 제공되는 것이다.

국왕을 위한 祝聖法會를 계기로 해서도 재화가 사원에 제공되었다. 의종 11년(1157) 왕이 天帝釋·觀音菩薩을 그려 중외의 사원에 나누어 보내 梵采를 설치하고서 축성법회라 하였다. 이때 "發州郡倉廩 以支其費" 하였다.[55] 축성법회를 계기로 재물이 각 지방의 창고에서 제공되었다.

국가적인 차원이 아닌, 국왕 개인이 주도하는 행사에도 재물이 제공되었다. 萬僧會·聽法(說法)이 대표적인 예였다. 충숙왕 즉위년(1313) 10월에 上王인 충선왕이 2,000명 승려를 飯僧하고, 2,000개를 燃燈하여 5일간 계속해 승려 1만을 채우고, 등도 1만을 채우고자 했는데, 이를 만승회라 하였다. 이때에 '施佛銀瓶一百'하였고, 승려 冲坦과 孝楨을 맞이해 설법하게 하였는데, 이 두 승려에게 각각 은 1근을 시주하였으며, 첫날의 승려 2천 명에게 은 20근을 시주하였다.[56] 만승회를 계기로 국왕이 재물을 시주했는데, 佛과 승려에게 나누어서 시주하고 있음이 주목된다. 이 만승회는 반승과 설법이 병행된 행사였으며, 이를 계기로 사원과 승려에게 상당한 재물이 시여되었다. 충숙왕 원년 정월의 만승회에서도 상왕인 충선왕이 승려에게 銀(白金) 130근을 시주하였다.[57] 여기서는 승려 개인에게 재화를 시주하는 것이다.

국왕 개인이 고승을 청해 불법을 듣는 일은 빈번하였다. 이 경우 국왕은 그에 대한 답례로 재물을 고승에게 사여하는 것이 보통이었다. 예종 11년(1116) 정월에 국왕이 普濟寺에 행차하여,

---

54) 『高麗史』 권30, 世家30 忠烈王 13년 4월, 上册, 616쪽.
55) 『高麗史節要』 권11, 毅宗 11년 정월, 288~289쪽.
56) 『高麗史』 권34, 世家34 忠肅王 즉위년 10월, 上册, 695~696쪽.
57) 『高麗史節要』 권24, 忠肅王 원년 정월, 606쪽.

聽國師曇眞說禪 賜施優厚[58]

하였다. 국사 담진이 선법을 설하는 것을 듣고 심히 많은 물품을 그에게 사여하는 것이다. 불교행사라고 하기는 어렵겠지만 불교와 관련한 모임·행사에서는 이렇게 재물의 사여가 동반되고 있다.

충렬왕 2년(1276) 8월에도 비슷한 보시가 있었다. 1,400명의 승려를 毬庭에서 飯僧하였는데, 이때 왕과 공주가 친히 임석하였다. 이때 승려 宗悟가 자리에 올라 설법하자 종오에게 은병 15를 사여하였다.[59] 국왕 앞에서 혹은 국왕이 초빙해 불법을 설하는 경우 그 승려에게는 이러한 풍부한 재물의 사여가 뒤따르는 것이다.

공민왕대에도 이러한 재물사여가 확인된다. 공민왕 5년(1356) 3월에 왕과 공주가 太妃를 받들고 奉恩寺에 가서 普愚가 禪法을 설하는 것을 듣고서 頂禮하고 幣帛·銀鉢·繡袈裟를 사여하였는데 그것이 산처럼 쌓였으며, 그밖에 300여 명의 승려에게 모두 白布 2필과 袈裟 1領을 주었다.[60] 보우가 설하는 선법을 듣고 국왕이 그에게 다량의 재물·은발·가사를 시여하고 또한 함께 한 승려에게도 백포·가사를 사여하는 것이다. 공민왕 21년 2월에는 왕이 公主의 忌日에 王輪寺에 가서 聽法하고서 승려에게 布 300여 필을 사여하였다.[61] 이처럼 국왕이 고승을 청해 설법토록 하였을 때, 그 승려에게 재물의 사여가 따르고 있었다.

국가에서 자주 설행하는 飯僧 시에도 재물 사여가 동반되는 수가 많았다. 승려에게 식사공양하는 반승은 공덕을 쌓는 일로서 국가·국왕 차원에서 고려 일대에 걸쳐 자주 설행되었다. 이때에 설법이 이루어지기도 하였는데, 그것을 담당한 승려에게는 재물의 사여가 동반되었다.

---

58) 『高麗史』 권14, 世家14 睿宗 11년 정월, 上册, 280쪽.
59) 『高麗史』 권28, 世家28 忠烈王 2년 8월, 上册, 572쪽.
60) 『高麗史』 권39, 世家39 恭愍王 5년 3월, 上册, 769쪽.
61) 『高麗史』 권43, 世家43 恭愍王 21년 2월, 上册, 844쪽.

의종 14년(1160) 10월에 국왕이 普賢寺에 행차해 반승하였는데, 이때 銀瓶 10口를 무게 20斤으로 해서 만들고 그 각각의 은병에 五香五藥을 풍성하게 담아 사원에 시납하였다.[62] 보현사에서의 반승 시에 은병과 아울러 오향오약을 사원에 시주한 것이다. 반승을 계기로 사원에 재물이 시납된 예는 충선왕대에도 확인된다. 충선왕 2년(1310) 11월 왕이 資贍司의 은 100근을 여러 사원에 나누어 시납해 반승토록 하였다.[63] 반승을 계기로 사원이 재화를 확보하는 것이다.

충숙왕 즉위년(1313) 11월에는 상왕(충선왕)이 延慶宮에서 飯僧點燈하였는데, 이때에

> 浮屠之數 布施之費 比前有加[64]

하였다고 한다. 반승 시에 몰려든 승려의 수와 보시에 쓰인 비용이 전에 비해 증가하였다는 것이다. 반승 시에 많은 보시가 동반되었음을 알려준다.

공민왕 15년(1366) 5월에도 반승 시에 布의 사여가 있었다. 왕의 誕日에 700명의 승려에게 內殿에서 반승하고서 布 천여 필을 사여하였다.[65] 공양왕 3년(1391) 2월에도 왕의 탄신으로 회암사에서 반승하고서 왕과 세자가 승려에게 1,200필의 포를 시여하였다. 이때에 講主僧에게는 段·絹 각 3필과 衣 1襲을 사여하였다.[66] 이처럼 국가나 국왕이 주관한 반승 시에는, 이에 참여한 승려에게 재물이 사여되었으며, 때로는 설행된 사원에 재물이 제공되었다.

---

62) 『高麗史』 권18, 世家18 毅宗 14년 10월, 上册, 371쪽.
63) 『高麗史』 권33, 世家33 忠宣王 2년 11월, 上册, 689쪽.
64) 『高麗史節要』 권23, 忠肅王 즉위년 11월, 605쪽.
65) 『高麗史節要』 권28, 恭愍王 15년 5월, 719쪽.
66) 『高麗史』 권46, 世家46 恭讓王 3년 2월, 上册, 888쪽.

반승과 유사한 設齋 時에도 재물의 사여가 동반되는 경우가 많았다. 宣宗 5년(1088) 12월에 新興倉의 곡식을 京城의 諸 佛寺에 시납하고 設齋祈福한 일이 있다.[67] 사원으로서는 설재를 계기로 곡식을 시납받고 있는 것이다.

숙종 4년(1099) 9월 국왕이 僧伽崛에 행차해 설재하였을 때도 많은 물품이 시여되었다. 그 물품에는 銀香椀·手爐 각 1事, 金剛子·水精念珠 각 1貫, 金帶 1腰, 그리고 金花果·繡幡·茶香·衣對·金綺 등이 있었다.[68] 승려 개인에게 시주한 것인지, 사원에 시납한 것인지는 분명치 않다. 숙종 9년 8월에도 승가굴에 행차해 設齋納襯하였다.[69]

예종 4년(1109) 4월 宰樞와 6尙書 이상이 각각 쌀 2석을 내서 神衆院에서 設齋하고 兵捷을 기원하였다.[70] 인종 8년(1130) 4월에도 百寮에게 명해 쌀을 차등있게 내게 해서 現聖寺와 靈通寺에서 설재하고, 국가를 위해 禳災祈福하였다.[71] 사원으로서는 설재를 계기로 쌀을 제공받는 것이다.

設會의 경우에도 재물의 시여가 있었다. 공민왕 18년 公主忌晨으로 演福寺에서 설회하였는데, 이때 모인 수천 명의 僧尼에게 布 800필을 시주하였다.[72] 국왕이 주도하고 기획하는 불교행사가 있을 때, 이에 참석해 행사를 이끌어간 승려에게는 이처럼 재물을 사여하는 것이다.

세속인은 특정한 날에 사원을 찾기도 하였다. 4월 8일의 연등, 7월 보름의 盂蘭盆, 臘月(12월) 8일의 浴佛이 그것이었다. 또 呼旗라는 행사가 설행되었다. 7월 15일은 세속에서 百種이라 부르며, 僧家에서는 百

---

67)『高麗史』 권10, 世家10 宣宗 5년 12월, 上册, 209쪽.
68) 李預, 「三角山重修僧伽崛記」『東文選』 권64(民族文化推進會 影印本 2册, 400~402쪽) ;『高麗史』 권11, 世家11 肅宗 4년 9월, 上册, 229쪽.
69)『高麗史』 권12, 世家12 肅宗 9년 8월, 上册, 244쪽.
70)『高麗史』 권14, 世家14 睿宗 4년 4월, 上册, 260쪽.
71)『高麗史』 권16, 世家16 仁宗 8년 4월, 上册, 325쪽.
72)『高麗史』 권132, 列傳45 叛逆6 辛旽, 下册, 861쪽.

種의 花果를 모아 우란분을 설하는데, 이때에

> 婦女坌集 納米穀 唱亡親之靈 而祭之[73]

하였다. 부녀자들이 몰려들어 미곡을 시납하면서 망친의 영혼을 부르며 제사지낸다는 것이다. 백종에 속인들이 사원에 몰려가서 미곡을 시납하는 것이다. 다른 기록에는 "爭施茶果餠物 供佛而邀僧"하였다고[74] 표현하였다. 미곡만이 아니라 花·果·餠 등이 아울러 시주되는 것이다. 백종 이외에 4월 8일의 연등이나, 12월 8일의 욕불행사 때에도 마찬가지로 재물을 사원에 시주하였다.

호기라 부르는 행사에서도 재물의 시주가 있었다. 4월 8일의 연등에 앞서 아동들이 성중에 다니면서 비용을 구하였다.

> 周呼城中街里 求米布爲其費[75]

곧 호기 시에 거리를 다니면서 미포를 요구하였다는 것이다. 호기 행위 시에 재물이 모이는 것이다. 공민왕 13년의 경우, 국왕이 4월 8일에 殿庭에서 呼旗戱를 관람하고서 포를 시여하였다.[76] 호기는 불교와 관련된 행사이지만, 俗節의 성격이 강한 것이었다. 이 호기를 계기로 해서 재물이 모이고 있다.

개인적 차원에서 이루어지는 의식에서도 재물이 시여되었다. 喪事가 있을 때 山寺에서 7일재를 설하는데 이때에도 그 가족이 사원에 재물을

---

73) 成俔, 『慵齋叢話』 권2.

74) 成俔, 『慵齋叢話』 권8.

75) 『高麗史』 권40, 世家40 恭愍王 13년 4월, 上册, 809쪽.

76) 『高麗史』 권40, 世家40 恭愍王 13년 4월, 上册, 809쪽.
呼旗에 대해서 조선초 기록에서는 "誘取於人 以爲燃燈之費"하다고 표현하고 있다(『世宗實錄』 권39, 世宗 10년 3월 甲辰, 3册, 121~122쪽).

시주하였다.

> 富家爭務豪侈 貧者亦因例措辦 耗費財穀甚鉅 親戚朋僚 皆持布物往施 名曰食齋[77]

그러한 행위는 食齋로 일컬어졌다. 부자는 다투어 호화롭고 사치하게 하였으며, 가난한 자 역시 예에 따라 비용을 마련하였다는 것이다. 이로 인해 財穀을 소모함이 매우 심하였다고 하였다. 이때 친척이나 붕료도 모두 시주물을 지참하고 가서 시주하였다는 것이다. 7일재는 개인적인 의례였지만, 이를 계기로 재화가 사원에 제공되는 것이 분명하다.

사원에서 경축할 일이 있을 때, 몰려든 이들도 역시 재물을 시주하였다. 대표적인 경축행사인 落成行事에는 특히 많은 이들이 모여 다량의 재물을 사원에 시여하였다. 예컨대 고려말 安養寺塔 공사를 종료하고 낙성회를 열었을 때

> 布施四衆 無慮三千焉[78]

하였다. 낙성회에 참석해 보시하는 대중의 수가 무려 3천에 달하였다는 것이다. 그밖에도 낙성행사를 계기로 재물이 보시되는 예는 많이 찾아볼 수 있다.[79]

조선 세종 16년(1434) 4월 檜巖寺 佛殿 낙성회에서 있었던 시주행위는, 종교적 홍분상태에서 이루어진 것으로 보인다. 元敬王后의 繡佛이 楊州 회암사에 있었는데, 승려들이 佛殿이 기울어지자 이를 修葺하는 勸文을 가지고서 中外에 다니면서 시주를 구하였다. 이때에 婦女·富商

---

77) 成俔, 『慵齋叢話』 권1.
78) 李崇仁, 「衿州安養寺塔重新記」 『陶隱集』 권4(『韓國文集叢刊』 6冊, 589~591쪽).
79) 拙稿, 2004, 앞의 논문.

이 다투어 재물을 시주하였으며, 국왕도 米布를 사여하여 도왔다. 공사를 마치자 慶讚이라 칭하면서 크게 佛會를 베풀었는데, 사대부의 처·尼僧·婦女로서 구경하는 자가 심히 많았다. 이때에 승려 惠熙는 華彩袈裟를 입고 법당에 앉아 講經하였는데, 婦女僧尼가 '同堂序坐觀聽'하였다. 또한 승려 覺圓·信珠·信賢 등이 無㝵戲를 하였는데, 부녀들이 布施라 하면서 옷을 벗어 주었다고 한다.[80] 무애희가 진행될 때 부녀들이 극도의 종교적인 희열을 느껴 옷을 벗어 시주하는 데에 이른 것으로 보인다. 다수가 모여 불교행사를 진행할 때에는 종교적 흥분상태에 이르러 입고 있는 옷까지 시주하는 수도 있었을 것으로 사료된다.

경전을 轉讀하는 행사를 계기로 해서 재물이 시여되고 있음도 확인된다. 특히 충렬왕대에 元에서 이 행사에 즈음해 재물을 사여한 예가 보인다. 충렬왕 26년(1300) 12월 원에서 伯顔忽篤不花를 보내 香 15斤, 匹段 30匹, 絹 300필, 鈔 864錠을 가지고 와서 전장경하도록 하였다.[81] 충렬왕 29년 2월에도 원에서 다량의 재물을 보내 전장경하도록 하였다.[82] 원에서 전장경을 위해 상당한 재물을 사여하는 것이다. 사원이나 승려는 이 행사를 계기로 다량의 재물을 제공받았다. 전장경이 있을 때 고려인이 재물을 시주한 사례가 찾아지지 않지만, 위의 두 사례에서 미루어 볼 때 상당한 시주가 있었음이 분명하다. 조선초기 기록에서 볼 때 그러한 추정이 가능하다. 즉 태종 14년 5월 開慶寺에서 法席을 베풀고 전대장경을 하였다. 이때에 內資寺에 명해 비용을 대게 하였고, 또한 正布 200匹, 楮貨 300張, 苧布·麻布 각 3필을 보시하였다.[83]

사원에서 설행되는 文殊會를 계기로 해서도 재물이 제공되었다. 공민왕 18년(1369) 4월, 辛旽이 演福寺에서 문수회를 베풀자, 국왕이 가서

80) 『世宗實錄』 권64, 世宗 16년 4월 丁巳, 3冊, 555쪽.
81) 『高麗史』 권31, 世家31 忠烈王 26년 12월, 上冊, 650쪽.
82) 『高麗史』 권32, 世家32 忠烈王 29년 2월, 上冊, 659쪽.
83) 『太宗實錄』 권27, 太宗 14년 5월 辛卯, 2冊, 17~18쪽.

구경하고 '賜僧布五千五百匹'하였다.[84] 문수회를 집전한 승려들에게 포 5,500필을 사여한 것이다. 우왕 2년(1376) 4월에도 懶翁이 楊州 檜巖寺에서 문수회를 베풀었을 때 참석한 中外의 士女가 布·帛·果·餌를 보시하였다.[85] 문수회를 계기로 다량의 재물이 승려나 사원에 시주되는 것이다.

輪經會라는 명목으로 설행되는 행사에서도 재물의 제공이 있었다. 문종 원년(1047) 정월에 州府郡縣에서 매년 윤경회를 성대하게 설행되었는데, 이때 外吏가 이를 빙자해 聚斂함으로써 폐단이 생긴다고 하였다.[86] 윤경회에 소요되는 비용을 제공하기 위한 취렴이었음은 물론이었다. 사원으로서는 윤경회를 계기로 다량의 재정지원을 받았을 것으로 보인다.

고려초 彌陀道場이 있었을 때 玄風의 信士 20여 인이 結社하여 香木을 제공한 것이 확인된다.[87] 승려가 주관하는 도량에 속인이 향목을 제공하는 것이다.

사원에서 설행된 불교행사는 그 내용·진행절차·규모에는 차이가 컸지만, 대부분 다수의 민인들이 몰려들었고, 그들은 기꺼이 재물을 보시하였다. 재물은 사원에 시주되는 것이 보통이었지만, 승려 개인에게 제공되는 수도 있었다. 경제적인 측면에서 본다면, 불교행사는 다량의 재화를 일시에 확보할 수 있는 중요한 계기였다. 불교행사를 계기로 다량의 재물이 집중되었다가 소비·분배되는 것이다.

84) 『高麗史』 권41, 世家41, 恭愍王 18년 4월, 上冊, 823쪽.
85) 『高麗史』 권133, 列傳46 辛禑1 辛禑 2년 4월, 下冊, 869쪽.
86) 『高麗史』 권7, 世家7 文宗 원년 정월, 上冊, 142쪽.
87) 『三國遺事』 권5, 避隱8 包山二聖.

4. 施納物의 使用處

사원은 불교행사를 계기로 다량의 재물을 모을 수 있었다. 이렇게 모아진 재화는 다양한 용도로 지출되었다. 시주물은 일차적으로 행사 자체를 위해 소비되었다고 여겨진다. 행사에는 많은 비용이 소요되게 마련이다. 크고 작은 비품의 마련, 부처에 대한 공양물 준비, 화려한 행사의 장식, 승려 및 속인에 대한 먹거리 제공 등 많은 지출이 필요하였다. 그러한 지출을 위해 다량의 시주물이 소비되었다. 그리고 국가나 특정인이 불교행사를 후원하여 시주하였을 경우, 그 시주물은 불교행사에 주로 사용되었을 것이다.

후원하는 행사를 명시하고 시주한 물건은 대개 행사비로 지출되었을 것이다. 이러한 시주물은 행사 당일보다 앞서서 제공되었기 때문이다. 국가기관이나 국왕, 특정 귀족이 특정행사를 설행할 목적으로 재물을 시여한 경우, 그 재물은 대부분 그 행사를 진행하는 경비로 사용되었을 것이다.

우선 무엇보다도 큰 경비가 지출된 행사는 팔관회와 연등회였다. 행사의 규모, 행사의 화려함에서 다른 행사와는 비교할 수 없을 정도였다. 명종 9년(1179) 11월 宰相 崔忠烈이 건의한 내용 중에 '八關經費之弊'라는[88] 표현은 이를 단적으로 알려준다.

文宗 원년(1047) 정월 州府郡縣에서 매년 성대하게 輪經會를 설행하는데, 外吏가 이를 빙자해 聚斂해 폐를 일으키고 있다고 지적하였다.[89] 외리가 민인에게서 징수한 것은 일차적으로 윤경회를 위해 지출되었을 것이다. 宣宗 5년(1088) 12월 新興倉粟을 내어서 京城의 여러 佛寺에 시주해 設齋祈福한 일이 있다.[90] 제공되는 곡식은 설재기복의 용도로

88) 『高麗史節要』 권12, 明宗 9년 11월, 331쪽.
89) 『高麗史』 권7, 世家7 文宗 원년 정월, 上册, 142쪽.
90) 『高麗史』 권10, 世家10 宣宗 5년 12월, 上册, 209쪽.

지출되었다고 볼 수 있다. 선종 10년 7월 先王先后의 忌辰追福이 날로 해이해지자 廣仁館에 奉先庫라는 창고를 두어 穀米를 저축해 그 비용에 조달하도록 하였다.[91] 봉선고에서 제공되는 곡미는 기신추복을 위해 지출되었을 것이다. 毅宗대에 祝聖法會의 설행 시에 州郡倉廩에서 그 비용을 조달하고 있다.[92] 주군의 창름에서 제공되는 재물은 당연히 행사의 비용에 지출되었을 것이다.

고종 10년(1223) 9월 兩界五道의 鎭兵法席의 비용을 모두 민에게서 거두고 있다고 하면서, 內庫의 銀瓶 300口를 내서 여러 도에 나누어 보냈다.[93] 민에게서 거두는 것, 내고에서 보낸 것은 모두 진병법석의 설행 비용을 충당하기 위한 것이다.

충선왕 2년(1310) 11월, 국왕이 資贍寺의 銀 100근으로써 여러 寺刹에 나누어 시주해 飯僧케 한 일이 있다.[94] 은 100근은 반승의 행사에 지출되었을 것이다. 충숙왕 원년(1314) 윤3월에 왕이 白金 10근을 禪源寺에 시주하여 世子 鑑의 冥福을 비는 비용으로 쓰게 한 일이 있다.[95] 백금 10근은 명복을 비는 용도에 지출되었을 것이다.

공민왕이 侍中 柳公이 조영한 眞宗寺 공사 종료 시에, 그 낙성에 즈음하여 "降香幣 以賁其會"하였다.[96] 공민왕이 내린 향폐는 낙성회의 비용으로 지출되었다고 여겨진다. 우왕 9년(1383) 9월 中外佛宇 151곳에서 鎭兵法席을 크게 설행하였는데, '供費不可勝計'하였다고 한다.[97] 각 지방에서 비용을 부담해 진병법석의 비용에 제공한 것으로 보인다.

재추 등 고위관료가 재물을 시여하여 특정 행사를 지원하기도 하였

91) 『高麗史節要』 권6, 宣宗 10년 7월, 166쪽.
92) 『高麗史』 권123, 列傳36 嬖幸1 榮儀, 下册, 671쪽.
93) 『高麗史』 권22, 世家22 高宗 10년 9월, 上册, 449쪽.
94) 『高麗史』 권33, 世家33 忠宣王 2년 11월, 上册, 689쪽.
95) 『高麗史』 권34, 世家34 忠肅王 원년 윤3월, 上册, 699쪽.
96) 李穡, 「眞宗寺記」 『牧隱藁文藁』 권1(『韓國文集叢刊』 5册, 6쪽).
97) 『高麗史』 권135, 列傳38 辛禑3 辛禑 9년 9월, 下册, 913쪽.

다. 이 경우 제공된 재물은 행사의 비용으로 사용되었을 것이다. 예종 4년(1109) 4월 宰樞와 6尙書 이상이 각각 米 2石을 내서 神衆院에서 設齋해 兵捷을 기원하였다.[98] 재추와 상서가 제공한 미는 설재의 비용으로 지출되었을 것이다.

인종 8년(1130) 4월에 門下侍中 李公壽와 兩府의 大臣이 會議하여, 百寮에게 米를 차등있게 내어서 現聖寺·靈通寺 두 사원에서 設齋해 국가를 위해 禳災祈福하게 하였다.[99] 백료가 낸 米는 설재의 비용으로 지출된 것이다. 명종 3년(1173) 5월에는 文武 3品에게서 抽祿해 普濟寺에서 設齋해 禱雨토록 하였다.[100] 녹봉에서 추렴해 제공한 것은 禱雨를 위한 설재 비용에 충당되었을 것은 물론이다. 충렬왕 13년(1287) 4월에 宰樞가 私財를 시주해 普濟寺에서 禱雨한 일이 있다.[101] 재추가 시주한 사재는 비 내리기를 기원하는 비용으로 사용되었을 것이다.

특정 명목의 행사에 개인이 시주한 재물은, 역시 개인의 불사를 위해 소비되었을 것으로 보인다. 예컨대 7월 15일의 百種행사 시 盂蘭盆을 설행했을 경우이다. 이때에 婦女가 坌集해 미곡을 시납하여 亡親의 영혼을 불러 제사지냈다고 하는데,[102] 부녀가 제공한 미곡은 백종행사의 비용으로 지출되었을 것이다. 개인적 차원에서 설행한 행사비로는 개인이 시주한 물건이 사용되었다고 사료된다.

사원에서 설행되는 행사비로 다량의 재물이 소요되고 있었다. 특히 장식을 화려하게 하기 위한 지출이 컸다. 문종 27년(1073)의 경우, 국왕이 奉恩寺에 행차해 특별히 燃燈會를 設行하였으며, 새로 조영한 佛像을 慶讚하였다. 이때 '街衢點燈兩夜各三萬盞'하였다. 거리에서 이틀동

98) 『高麗史』 권13, 世家13 睿宗 4년 4월, 上册, 260쪽.
99) 『高麗史』 권16, 世家16 仁宗 8년 4월, 上册, 325쪽.
100) 『高麗史』 권54, 志8 五行2 明宗 3년 5월, 中册, 226쪽.
101) 『高麗史』 권54, 志8 五行2 忠烈王 13년 4월, 中册, 227쪽.
102) 成俔, 『慵齋叢話』 권2.

안 각각 3만 등잔을 점등하였다고 한다. 결국 6만 잔에 불을 붙였다는 것이다. 그리고 重光殿과 百司에는 각각 채단으로 장식한 다락과 등불 산을 장치하고 풍악을 잡혔다.[103] 연등회를 계기로 6만의 잔, 綵樓燈山의 비용이 지출되고 있는 것이다. 이러한 장엄에 소요되는 경비에 시주된 재화가 소요되었을 것은 분명하다고 하겠다.

충렬왕 22년(1296) 5월 국왕과 公主가 神孝寺에 행차하였을 때,

> 燃燈 皆以珠玉 織成燈籠 巧妙奢華 不可勝言[104]

하다고 하였다. 연등행사에 주옥으로 등롱을 짰는데, 교묘하고 사치하고 화려함은 이루 다 말할 수 없다고 하였다. 연등행사 시 장엄이 극도로 화려하기에 그 비용 지출은 상당했다.

공민왕 16년(1367) 文殊會에서도 화려함이 대단하였다. 왕이 演福寺에 행차해 中佛殿에서 크게 문수회를 설행하였다. 이때 綵帛을 연결해 須彌山을 만들고 이 수미산 주위에 大燭을 밝혔으며 불전의 주위에도 초를 밝혔다. 이때 초의 굵기가 기둥과 같았으며, 높이가 丈餘에 달하였다. 燭臺는 사자나 코끼리 형태로 되어 있었으며, 밤에도 밝기가 대낮과 같았다고 하였다. 그리고 비단으로 만든 꽃과 채색의 봉황은 사람의 눈을 현혹할 정도였다. 폐백으로 綵帛 16束을 사용하였다.[105]

우왕 12년(1386) 4월 우왕과 毅妃가 함께 花園에 가서 觀燈하였는데, "綵棚雜戲 窮奢極侈"하였다고 한다.[106] 채붕과 잡희가 극도의 화려함을 보이고 있는 것이다. 화려하게 장식하고 잡희를 진행하는 데 상당한

---

103) 『高麗史』 권9, 世家9 文宗 27년 2월, 上册, 183쪽.

104) 『高麗史』 권31, 世家31 忠烈王 22년 5월, 上册, 639쪽.

105) 『高麗史節要』 권28, 恭愍王 16년 3월, 722쪽 ; 『高麗史』 권132, 列傳45 叛逆6 辛旽, 下册.

106) 『高麗史』 권136, 列傳49 辛禑4 辛禑 12년 4월, 下册, 933쪽.

지출이 있었음이 분명해 보인다. 행사의 규모, 화려함에서 역시 연등회와 팔관회가 아마 가장 으뜸이었을 것이다.[107)]

사원에서 설행하는 낙성행사도 매우 화려하였다. 낙성행사는 사원이나 승려에게 중요한 의미를 갖고 있기에 그 행사는 성대하고 화려하였다. 그 화려함을 뒷받침하는 장엄이 뒤따르고 있었다. 숙종 7년(1102) 국왕이 神護寺에 행차해 낙성행사를 하였는데, 이때에

> 自闕庭 至寺夾路 點燈數萬[108)]

하였다. 대궐 뜰에서 사원에 이르는 길 양편에 수만 개의 등을 밝혔다. 개경 내의 대사원에서 낙성행사가 열릴 때는 이와 같은 분위기를 연출하는 것이다. 이러한 장식을 위해서는 상당한 재정 지출이 있었을 것임에 틀림없다. 그밖에도 낙성행사에 즈음하여 성대하고 화려하게 장식한 사례를 더 찾을 수 있다.[109)]

불교행사는 성대하고 화려하게 설행되었으며, 그것을 위해 상당한 양의 시주물이 지출되었을 것이다. 그러한 화려함이 동반되어야 시주도 더욱 많아질 수 있었을 것으로 여겨진다. 행사를 계기로 시주된 재물은 이처럼 행사의 비용으로 주로 소비되었을 것이다. 그 행사의 비용이 엄청나다고 정도전은 지적하였다.

> 假托好事 種種供養 饌食狼藉 壞裂綵帛 莊嚴幢幡 蓋平民十家之產 一朝而費之[110)]

여러 종류의 공양으로 음식과 반찬이 낭자하며, 채백을 찢어 幢幡을

---

107) 安智源, 2005, 앞의 책.
108) 『高麗史』 권11, 世家11 肅宗 7년 9월, 上册, 238쪽.
109) 拙稿, 2004, 앞의 논문.
110) 鄭道傳, 「佛氏雜辨」 『三峯集』 권9(『韓國文集叢刊』 5册, 454쪽).

장식하였다고 하였다. 그리하여 불교행사의 비용으로 平民 10家의 재산이 하루아침에 소비되어 버린다는 것이다.

불교행사 시에는 또한 빈민구제 활동이 이루어졌다. 행사에 몰려드는 민인들에게는 식사를 제공하였는데, 이때 乞人도 모여들었고 이들에게 먹거리를 제공하였다. 민인에 대한 구제활동의 비용으로도 이처럼 재화가 지출되었다.

사원에서 이루어지는 행사에 빈민이 모여드는 일은 흔한 것으로 이해된다. 光宗이 많은 이를 죽인 후 罪業을 씻기 위해 널리 齋會를 베풀자 무뢰배가 거짓 출가해 배부름을 구하였으며, 이때 구걸하는 자도 몰려와 먹을 것을 구하였다고 한다.111) 승려에게 식사를 제공하는 재회에 승려가 아닌 걸인도 와서 끼니를 해결하고 있는 것이다.

공민왕대 演福寺의 불교행사에도 다수의 유민이 몰려왔다. 公主의 忌晨으로 연복사에서 設會하였는데, 이때에 기근이 든 수원지방의 유민들이 이 소식을 듣고 연복사에 몰려들었으며, 이때 신돈이 여분의 布를 유민에게 나누어 주었다.112) 이는 곧 빈민·유민이 사원에서의 행사 소식을 듣고 몰려옴을 알려주는 것이다. 대규모의 행사가 설행되었을 때, 누구에게나 먹거리를 제공하기에 빈민·유민도 배불리 먹을 수 있는 좋은 기회였을 것이다. 이러한 지출도 상당하였을 것이다.

불교행사가 설행되었을 때 그 행사를 주관한 승려 개인에게 물품이 사여되는 수도 많았다. 이렇게 개인 승려에게 사여된 물품은 그 승려의 개인 소유물이 되었다. 고려시기에 승려의 개인재산은 이러한 일을 계기로 해서 확보되기도 하였다.113) 국가나 국왕을 위한 행사를 주관한 高僧에게 그에 대한 답례로서 많은 재화가 보시되었다.

---

111) 『高麗史』 권2, 世家2 光宗 19년, 上册, 62쪽.

112) 『高麗史』 권132, 列傳45 叛逆6 辛旽, 下册, 861쪽.

113) 拙稿, 2001, 「高麗時期 僧侶의 個人財産」 『典農史論』 7(본서 제2부 제2장 수록).

예종 11년(1116) 정월 국왕이 普濟寺에 행차해 國師 曇眞의 說禪을 들었을 때 賜施優厚하였다.[114] 충렬왕 2년 8월 飯僧時 설법한 승려 宗悟에게 銀甁 15를 사여하였다.[115] 또 충숙왕 즉위년(1313) 10월 延慶宮에서 萬僧會가 베풀어졌을 때, 上王이 승려 冲坦과 孝楨이 說法하자 각각에게 은 1근을 시여하였고, 다른 승려에게도 은 20근을 보시하였다.[116] 충숙왕 원년 정월에도 萬僧會가 베풀어졌을 때 은 130근을 승려에게 시여하였다.[117] 사여받은 물품은 승려의 개인재산이 되었을 것이다.

공민왕대에는 특히 불교행사 시에 재물을 고승에게 시여하는 경우가 흔하였다. 공민왕 5년 3월 왕과 공주가 太妃를 받들고 奉恩寺에 행차해 普愚가 說禪하는 것을 듣고 幣帛과 銀鉢을 시여하였고, 다른 승려 300여 명에게도 白布 2필을 보시하였다.[118] 공민왕 15년 5월에는 왕의 생일에 內殿에서 700명의 승려에게 반승하였는데, 이때 布 千餘 匹을 사여하였다.[119] 공민왕 18년 4월 辛旽이 演福寺에서 文殊會를 설행하였을 때 국왕이 구경하고서 승려에게 布 5,500필을 사여하였다. 또 18년 9월에 王輪寺에 행차해 天兵神衆道場을 7일간 설행하였는데, 승려에게 포 1,500필을 사여하였으며, 신돈 역시 포 1,500필을 보시하였다.[120] 공민왕 21년 2월 公主의 忌日에 국왕이 왕륜사에 행차해 聽法하고서 승려에게 포 300여 필을 사여하였다.[121] 공민왕대에 승려 개인에게 물품을 사여한 예가 자주 보이는데, 이러한 물품은 승려의 소유물이 되었을 것이다. 공양왕 3년(1391) 2월에도 왕이 檜巖寺에 행차해 승려에게 포

---

114)『高麗史』 권14, 世家14 睿宗 11년 정월, 上冊, 280쪽.
115)『高麗史』 권28, 世家28 忠烈王 2년 8월, 上冊, 572쪽.
116)『高麗史』 권34, 世家34 忠肅王 즉위년 10월, 上冊, 695~696쪽.
117)『高麗史節要』 권24, 忠肅王 원년 정월, 606쪽.
118)『高麗史』 권39, 世家39 恭愍王 5년 3월, 上冊, 769쪽.
119)『高麗史節要』 권28, 恭愍王 15년 5월, 719쪽.
120)『高麗史』 권41, 世家41 恭愍王 18년 9월, 上冊, 825쪽.
121)『高麗史』 권43, 世家43 恭愍王 21년 2월, 上冊, 844쪽.

1,200필을 시여하였고, 講主僧에게는 段·絹 각 3필을 사여하였다.[122] 승려들에게 제공된 재물이 반드시 승려 개인의 부의 축적으로 귀결되는 것은 아닐 것이다.

불교행사의 설행 시 사원에 많은 물건이 시주되었다. 이 시주물은 행사에 소요되는 비용으로 지출되는 것이 일반적이었을 것이다. 그리고 남은 물건은 사원의 재산이 되었다. 이 재화는 이후의 지출에 소비되기도 하고 사원 경제활동의 자산으로 쓰이기도 하였을 것이다. 고리대의 母穀으로 활용되는가 하면, 토지 매입의 자산으로 쓰이기도 하였을 것이다. 불교행사는 이렇듯 사원이 재산을 확보하고 늘려 가는 중요한 계기로 작용하였다. 이 행사를 매개로 사원은 단기간에 상당한 재력을 확보할 수 있었을 것이다.

5. 結 語

고려시기에 각종 불교행사가 설행되었다. 이 행사는 일차적으로 종교적인 의미를 갖지만, 다수의 민인이 참여하며, 많은 재화가 시납되고 있기에 사회경제적인 의미도 갖고 있었다.

불교행사에는 승려와 속인이 참석하였다. 진행의 방법이나 참석인의 규모는 불교행사의 종류에 따라 달랐다. 法會의 성격을 띤 경우에는 승려가 주도하는 수가 많았고, 신앙을 표방한 행사의 경우에는 다수의 민인이 동참하였다. 법회의 성격을 띤 것에는 禪會·談禪會·華嚴法會 등이 있었는데, 성격상 승려 중심으로 진행된 것으로 보이지만, 속인들이 이에 참석해 설법을 경청하는 수가 많았다. 국가적 차원의 연등회·팔관회는 특히 많은 속인들이 참석하였다. 殿閣을 조성하거나 佛塔·佛像을

122) 『高麗史』 권46, 世家46 恭讓王 3년 2월, 上册, 888쪽.

조영하였을 때 베풀어지는 낙성행사에도 다수의 민인들이 참석하였다. 文殊會·羅漢齋·轉藏經의 이름으로 설행된 행사에도 많은 속인이 참석하였다. 祈福道場·祝聖壽法會·祝壽齋의 경우에도, 또 祈雨행사와 消災道場·星變祈禳法會·白傘盖道場에도 속인이 참석하였다. 세속사회의 공간에서 설행되는 經行·呼旗에는 속인의 참여가 두드러졌다. 飯僧의 경우는 승려가 주로 참석하였다. 함께 신앙활동을 전개한 香徒의 존재도 주목된다. 불교행사는 일차적으로 승려가 중심이 되어 진행하는 것이었지만, 국왕이나 관료 그리고 일반 속인도 다수 참석하였다. 인근에 거주하는 이들만이 참석하는 것이 아니었다. 먼 곳에서도 참석하는 이가 적지 않았다. 다수의 사람이 모이는 불교행사는 정보의 교류, 네트워크의 형성이라는 측면에서도 큰 의미를 갖는다.

불교행사에 참석한 이들은 재물을 시주하였다. 사원으로서는 행사를 계기로 재화를 확보할 수 있었다. 재물을 시주하는 주체나 규모는 시주자의 부류에 따라, 불교행사의 내용에 따라 큰 차이가 있었다. 시주는 행사 당일에도 있었지만, 행사에 앞서 이루어지는 수도 있었다. 국가적 차원에서 설행되는 행사의 경우, 국가에서 다량의 재물을 사여하였다. 天兵神衆道場·鎭兵法席·仁王道場·祈雨行事 등의 경우 행사에 즈음해 다량의 재화가 사원에 제공되었다. 국왕 개인이 후원하거나 주도하는 행사에도 재물이 제공되었다. 萬僧會·聽法·飯僧·設齋 시에 재물이 제공되었는데, 그것을 주관한 승려 개인에게 제공되는 수도 있었다. 특히 낙성행사시에는 속인이 다량의 재물을 시주하는 수가 많았다. 轉讀하는 행사, 文殊會·輪經會 등에도 다수의 시주가 이루어졌다. 세속인의 경우에는 俗節이나 개인적 차원의 의식이 있을 때 시주하는 수가 많았다. 불교행사를 계기로 해서 시납행위가 활발하게 이루어지는 것이다. 사원이나 승려로서는 불교행사가 다량의 재화를 확보할 수 있는 중요한 계기였다.

불교행사를 계기로 모아진 재화는 다양한 용도로 사용되었다. 우선

행사 자체를 위해서 소비되었다. 비품의 마련, 부처에 대한 공양물 준비, 승려 및 속인 참석자에 대한 먹거리 제공 등에 많은 재물이 사용되었다. 행사의 장식에도 많은 비용이 지출되었다. 燈과 燭을 준비하고 밝히며, 綵棚을 설치하고, 또 雜戲·伎樂의 진행을 위한 지출이 컸다. 불교행사는 성대하고 장엄하게 진행되고 있기에 그 장식의 비용으로 상당한 지출이 불가피하였다. 행사 시에 몰려드는 窮民에 대한 식사제공으로도 시주물이 소비되었을 것이다. 그리고 특정 개인 승려에게 시주된 물품은 그 승려의 개인재산이 되었다고 사료된다. 이러한 지출에 충당하고 남는 재화는 사원의 재산이 되었을 것이다. 국가기관이나 국왕, 특정 귀족이 후원하는 행사를 명시하여 시주한 경우, 그 재물은 대부분 행사를 진행하는 비용으로 지출되었다고 보인다. 사원이나 승려로서는 불교행사가 재물을 확보하고 늘려가는 중요한 계기였던 것이다.

고려시기에 설행된 불교행사는 이처럼 다수의 사람이 모임으로써 정보를 교류하는 기회였으며, 일시에 재화가 모여 재분배되는 중요한 계기로 기능하였다. 그런 면에서 불교행사가 갖는 사회경제적인 의미가 매우 크다고 할 수 있다. 이 글에서는 불교행사를 사회경제적인 측면을 중심으로 검토한 결과, 불교행사가 갖는 본래적인 의의에 대한 검토가 부족하였으며, 고려초기에서 말기에 이르는 변화의 양상을 부각시키기 못하였는데, 이 점은 향후의 과제라 하겠다.

제3장 高麗時期 伽藍의 構成과 佛教信仰

1. 序 言

고려시기 사원은 여러 가지 기능을 수행하였다. 승려들이 수행하고 생활하는 중심 장소였으며, 신도들이 찾아 신앙활동을 하는 공간이었다. 또한 사원은 지역사회에 대해 커다란 영향력을 행사하였으며, 경제적 부를 집중하고 교환경제에 참여하기도 하였다.

사원은 다양한 기능을 수행하기 위해 여러 가지 시설을 마련하였다. 塔과 佛殿이 가장 중요한 시설임은 물론이었다. 삼국시기에는 탑이 불전보다 중시되었지만, 고려시기에는 탑이 여전히 중시되면서도 불전의 중요성이 크게 증대되었다. 그밖에도 여러 건축물이 조영되었다. 사회적으로 수행하는 기능이 다양화·복잡화하면서, 그에 따라 여러 건물이 만들어진 것이다. 그 건물에는 신앙의 대상이 되는 여러 종류의 佛像이 안치되는 수도 있었고, 승려들의 수행생활을 돕는 것도 있었다. 또한 찾아오는 신도 혹은 여행자들에게 便宜를 제공하는 시설도 있었다. 그리하여 고려시기에는 삼국시기, 후기신라시기나 이후 조선시기와 구별되는 伽藍의[1] 구성을 보이는 것이다.

---

1) 伽藍이라 하면 僧院과 堂·塔을 포함한 불교 건축 전부를 가리킨다고 한다(홍윤식, 1986, 『한국의 불교미술』, 대원정사, 40쪽). 따라서 가람은 사원의 건축물을 지칭한다고 이해할 수 있을 것이다. 이 글에서는 가람을 이러한 의미로 사용하고

가람의 구성, 각 건물의 칭호와 그 의미를 분석하면 당시 불교신앙의 특징을 이해할 수 있을 것이고, 또한 사원이 수행하는 기능의 일부를 해명할 수 있을 것이다. 이 글은 바로 사원 내 건물의 칭호를 집중적으로 검토해서, 고려시기 신앙내용의 특징을 파악하고자 하는 것이다. 특히 민간신앙을 수용한 시설이[2] 있었는가에 대해 관심을 기울일 것이다. 사원건축에 대한 美術史的 검토에 초점을 두고 있지 않으며, 또한 建築技術에 대한 천착을 목적으로 하고 있지 않다.

2. 伽藍의 構成과 그 特徵

종교건축은 어느 시기나 대체로 당시의 건축을 선도하는 위치를 차지하고 있다. 화려하고 아름다우며, 높은 기술 수준을 보여준다. 그리고 종교적 감성을 자아내고 권위를 부각시키는 면모를 갖추고 있다.

불교의 사원도 종교건축 일반의 특징을 잘 갖추고 있어, 아름답고 종교적 권위를 가지고 있으며, 기술 수준이 매우 높다. 불교가 出家者 중심의 종교이기 때문에 사원은 다른 종교건축과는 상이한 측면을 보이기도 한다. 불교가 발생한 초기에는 탑을 가장 중시하였다. 석가의 입멸 후 사리를 봉안한 탑을 세우게 되었고, 승려들은 탑 주위에 모여 석가를 숭모하였으며, 탑 주위에 개별적인 공간을 마련하고서 수행생활을 하였다. 어디까지나 탑이 중심이고, 승려들은 탑 주위에 독방을 갖추고 생활하였다.[3]

자 한다. 또한 한 사원 내의 건축물 배치를 흔히 가람배치라 일컫고 있다(金元龍 監修, 1994, 『한국 미술 문화의 이해』, 예경, 394~408쪽).

2) 사원 내에 있는 山神閣·七星閣·三聖閣·獨聖閣 등이 불교에서 민간신앙을 수용한 사례로 이해하고 있다.

3) 디트리히 젝켈(白承吉譯), 1985, 『佛敎美術』, 悅話堂, 150~151쪽.

그러나 불교가 영향력을 확대하면서 승려 집단의 규모가 커졌으며, 불교의 신앙내용이 다양화되면서 탑 이외의 여러 전각들이 만들어져 佛像·菩薩像을 奉安하기에 이르렀다. 또 신도들도 늘어가고 그들이 탑 주위에 머물면서 그들을 위한 시설도 필요해졌다.

현재 흔히 볼 수 있는 우리나라의 사원 건축물, 즉 가람은 중국 가람에서 영향을 받은 것이다. 중국의 가람은 漢나라 시대에 발달한 궁궐건축에 그 기초를 두고 있다고 한다.[4] 그러한 기원을 갖는 가람의 조영방법이 우리나라에 전래된 것이다.

삼국에서 불교를 수용한 이후 많은 사원이 조성되었는데, 사원에서는 여전히 탑이 중앙에 있었으며 가장 중시되었다. 물론 金堂도 조성되기는 하였지만, 탑이 갖는 중요성에는 미치지 못하였다. 탑은 바로 석가를 직접 상징하고 있기 때문이었다. 그리고 건물의 배치도 단순하였다. 불교 신앙의 내용이 아직 복잡화·다양화되지 않았기 때문이다. 평지에 조성한 사찰이 중심이었기에 그 배치도 정연하였다. 그러한 예는 皇龍寺·彌勒寺·定林寺 등지에서 구체적으로 확인할 수 있다.[5]

그러나 고려시기에는 건물이 다양화·복잡화하였다. 그것은 信仰內容이 풍부해진 데에 기인하였다. 그리고 사원도 平地가 아닌 山地에 조성되는 수가 많았다. 지형 조건을 고려하면서 축조되었기에 삼국·후기신라와 같은 정연한 배치를 보이지 않는 수가 많았다. 사원 내에서 탑은 여전히 중요하였지만, 상대적으로 지위가 떨어지고, 佛殿의 중요성이 높아 갔다. 사원을 중심으로 신도가 모이고 각종의 불교행사가 행해지면서 시설도 다양해졌다. 사원이 사회적으로 중요한 기능을 담당하면서 여행자들에게 숙박을 제공하였으며, 이에 필요한 시설도 갖추어졌다.

4) 디트리히 젝켈, 1985, 위의 책, 163쪽.

5) 홍윤식, 1986, 앞의 책, 55~57쪽 ; 대한건축학회편, 1996, 『한국건축사』, 기문당, 152~167쪽, 198~199쪽 ; 김동욱, 1997, 『한국건축의 역사』, 技文堂, 56~62쪽 ; 秦弘燮, 1998, 『韓國佛敎美術』, 文藝出版社, 146~155쪽.

사원은 각각의 용도에 맞는 시설을 별도로 갖추고 있었다. 각 용도에 맞게 다양한 건물이 여러 채 만들어져, 각각의 필요에 따라 쓰이고 있었다. 크게 보면, 佛·菩薩을 위한 시설, 僧侶를 위한 시설, 俗人을 위한 시설로 나눌 수 있겠다.

사원이 갖는 다양한 건축물을 구체적인 사례를 통해 살펴보고자 한다. 사원이 포함하고 있는 건물에 대해서는 언급한 각종 기록을 정리하기로 한다. 詩句들에서 간단히 특정시설을 언급한 것은 생략하고, 건물과 주변 시설 사항을 비교적 구체적이고 풍부하게 남긴 예를 보인 사원을 중심으로 정리하면 <표 1>과 같다.

〈표 1〉 主要 寺院의 伽藍 構成

寺院名	伽藍의 構成內容(典據)
開國寺	·峙峻殿于上方 引修廡于兩傍 樓兩廡之端而軒焉 廊兩樓之間而門焉 其西則學徒之舍監師之堂 曰廚 曰庫 各有攸位 約而周 儉而固(李齊賢, 「重修開國律寺記」『益齋亂藁』 권6)
乾洞禪寺	·抵此 頹垣破礎蕪沒灌莽 見之 慨然以起廢 … 丹楹藻棁宏且麗者 所以居佛也 洞房燠室窃而廊者 所以處僧也 崇其堂 廣其廡 挹絶嶠於軒窓 俯洪濤於庭戶 繚以層墉 列以青松 登降旋視 左右俱宜 而鐘魚鉢螺唄咏之用 靡不精綺(李齊賢, 「重修乾洞禪寺記」『益齋亂藁』 권6)
羅漢堂	·廚房槽櫪之設(李穡, 「慈悲嶺羅漢堂記」『牧隱藁文藁』 권3)
德方院	·凉燠異所 尊卑異處 炊爨之廚 馬牛之廐(權近, 「德方院記」『陽村集』 권13)
妙蓮寺	·維寢維堂 維廚維廊 撓者繕 傾者立 腐者易 缺者補 侈像設之儀 贍齋廚之費 益樹青松 繚以崇墉(李齊賢, 「妙蓮寺重興碑」『益齋亂藁』 권6) ·作安平公主影堂于妙蓮寺(『高麗史』 권32, 忠烈王 28년 10월)
白蓮社	·凡立屋八十餘間(崔滋, 「萬德山白蓮社圓妙國師碑銘幷序」『東文選』 권117) ·訖功於丙辰之春 佛殿僧寮 幾復升平之舊 作法祝釐(尹淮, 「萬德山白蓮社重創記」『東文選』 권81)
法興寺	·於癸卯年春三月 至乙巳年春 工旣訖功 自佛堂僧寢 以至庖廚庫廐 凡八十間 繞垣無慮長一百五十餘丈(『新增東國輿地勝覽』 권52, 順安縣 佛宇 法興寺)
普光寺	·凡爲屋一百餘楹 佛殿僧堂賓軒丈室 海藏香積 威光潮音 翼以廊廡 繞

	以垣墻 門庭階戺 登降周旋 增損舊制 皆得其宜(李穀,「重興大華嚴普光寺記」『稼亭集』 권3)
普光寺	·其門人三千餘指 室屋不足以容 楊廣道按廉崔君玄佑 率其官屬 謀爲增葺 遠近聞風而至 施者雲委 僧寮賓館倉庫庖廚 無不畢備 爲屋凡百餘間(『新增東國輿地勝覽』 권17, 林川郡 佛宇 普光寺)
寶林寺	·佛殿 方丈(普愚,『太古和尙語錄』 권상)
普濟禪寺	·金堂及羅漢殿(金龍善編著, 2001,『高麗墓誌銘集成』,「崔士威墓誌銘」) ·神通之門 羅漢寶殿(正殿) 法堂 僧居(『高麗圖經』 권17, 廣通普濟寺) ·訖功於丁巳之冬 彌勒殿 觀音殿 海藏之堂 天星之位 內外禪思之室 執事有次 居僧有寮 膳堂賓位 庫廩庖湢之所 鍾鼓之樓 凡爲屋一百有奇(李穡,「廣通普濟禪寺碑銘幷序」『牧隱藁文藁』 권14)
佛恩寺	·新大殿以覆佛 廣堂廡以居僧(李穀,「高麗國天台佛恩寺重興記」『稼亭集』 권3)
獅子庵	·上起三楹 所以安佛寓僧也 下置二間 所以爲門與洗閣也 規模雖小 形勢則宜(權近,「五臺山獅子庵重創記」『陽村集』 권13)
禪源寺	·三門邐迤於大江 重重花蕚之觀 佛殿中峙 一一水渦之比 僧房外周 屋小大半千餘間(釋息影菴,「復禪源寺疏」『東文選』 권111)
聖燈庵	·其所重營佛宇三楹 掛以新畵釋迦三尊十六羅漢十大弟子五百聖衆都會之像 東付翼室三楹 所以寓僧也 西付三楹 所以爲爨也(權近,「五冠山聖燈庵重創記」『陽村集』 권13)
修禪社	·△舍廳梗(4間) 園頭梗(9間) 沙門(1間) 經板堂(3間) 食堂 同南廊(3間) 鍮銅樓椋(3間) 穀食樓梗(5間) 碓家(1間) 沐浴房(3間) 厠家(2間) 外樓門(1間) △樓橋(3間) 甲門(1間) 丙門(1間)(노명호외, 2000,『韓國古代中世古文書硏究』上,「修禪社形止案」)
勝蓮寺	·佛殿僧廡膳堂禪室賓客之次 庫廚之所 以間計之 合一百一十一(李穡,「勝蓮寺記」『牧隱藁文藁』 권1)
神福禪寺	·寺在廣州 其剏始盖與州並興 興廢不常 今則奉佛有殿 居僧有堂 廊廡靚深 門庭敞達 據一州之勝地 而爲諸方之禪藪也(李穀,「大元高麗國廣州神福禪寺重興記」『稼亭集』 권3)
安和寺	·安和門 冷泉亭 紫翠門 神護門 香積堂 無量壽殿 陽和閣 重華閣 神翰門 能仁殿 善法門 善法堂 孝思門 彌陀殿 僧徒居室 齋宮 尋芳門 凝祥門 嚮福門 仁壽殿 齊雲閣 安和泉亭(『高麗圖經』 권17, 靖國安和寺) ·尋芳門(李奎報,「六月 一日 遊安和寺 …」『東國李相國集全集』 권11) ·漣漪亭(李奎報,「安和寺漣漪亭」『東國李相國集後集』 권1)
艷陽禪寺	·奉佛有殿 居僧有堂 又屋其傍以處聖僧 上棟下宇 不侈不陋(李穀,「高麗國江陵府艷陽禪寺重興碑」『稼亭集』 권2)

長安寺	·凡爲屋 以間計之 一百二十有奇 佛殿經藏鍾樓三門僧寮客位 至於庖湢之微 皆極其輪奐 像設 則有毗盧遮那左右盧舍那釋迦文 巍然當中 萬五千佛五十三佛 周匝圍繞 居正殿焉 觀音大士千手千眼與文殊普賢彌勒地藏 居禪室焉 阿彌陁五十三佛法起菩薩翊盧舍那居海藏之宮 皆極其莊嚴 藏經 凡四部 其一銀書者 卽皇后所賜也 華嚴三本法華八卷 皆金書 亦極其賁飾(李穀, 「金剛山長安寺重興碑」『稼亭集』 권6)
竹杖菴	·雖爲屋三間 而佛居中 僧居左右 與大叢林 何異(李穡, 「砥平縣彌智山竹杖菴重營記」『牧隱藁文藁』 권2)
眞宗寺	·僧寮客位 儼翼周衛 以至庫廚之所 日用所宜者 莫不精備 … 指其屋間 計六十有奇(李穡, 「眞宗寺記」『牧隱藁文藁』 권1)
(奉先)弘慶寺	·凡造得堂殿門廊等共二百餘間 … 又於寺西 對立客館 得一區 計八十間 號曰廣緣通化院 斯亦溫廬冬密 凉屋夏寬 積以糇粮 貯以蒭秣 旋賙窮急(崔沖, 「奉先弘慶寺記」『東文選』 권64)
檜巖寺	·予案 普光殿五間面南 殿之後 說法殿五間 又其後舍利殿一間 又其後正廳三間 廳之東西 方丈二所 各三楹 東方丈之東 羅漢殿三間 西方丈之西 大藏殿三間 入室寮在東方丈之前面西 侍者寮在西方丈之前面東 說法殿之西 曰祖師殿 又其西曰首座寮 說法殿之東曰影堂 又其東曰書記寮 皆面南 影堂之南面西曰香火寮 祖師殿之南面東曰地藏寮 普光殿之東少南曰旃檀林 東雲集面西 西雲集面東 東雲集之東曰東把針面西 西雲集之西曰西把針面東 穿廊三間 接西僧堂 直普光殿正門三間 門之東廊六間 接東客室之南門之西 悅衆寮七間 折而北七間曰東寮 正門之東面西五間東客室 其西面東五間曰西客室 悅衆寮之南曰觀音殿 其西面東五間曰浴室 副寺寮之東曰彌陁殿 都寺寮五間面南 其東曰庫樓 其南曰心廊七間接彌陁殿 其北曰醬庫 十四間 庫樓之東十一間 庫有門 從樓而東四間 又折而北六間 又折而西二間 缺其西 直正門少東曰鐘樓三間 樓之南五間曰沙門 樓之西面東曰接客廳 樓之東北向知賓寮 接客之南面東曰養老房 知賓之東面西曰典座寮 折而東七間曰香積殿 殿之東庫樓之南曰園頭寮三間面西 殿之南四間曰馬廐 凡爲屋二百六十二間(李穡, 「天寶山檜巖寺修造記」『牧隱藁文藁』 권2) ·增廣殿宇(李穡, 「普濟尊者諡先覺塔銘幷序」『牧隱藁文藁』 권14) ·王師住檜巖 修造殿宇 持與於方丈室之役焉(許興植編著, 1984, 『韓國金石全文(中世下)』, 「安心寺指空懶翁舍利石鐘碑文」)
興王寺	·弘敎院(『高麗史』 권18, 毅宗 10년 4월 ; 金富軾, 「興王寺弘敎院華嚴會疏」『東文選』 권110) ·薦福院(『高麗史』 권15, 仁宗 6년 3월) ·大施院(『高麗史』 권12, 睿宗 3년 9월) ·興王寺金塔成(『高麗史』 권9, 文宗 32년 7월) ·及元子生 寫成二部 修興王寺弘敎院藏之 改額弘眞 大設法會 以落之

	(『高麗史』 권18, 毅宗 32년 4월 甲午) ·王城之南二十里 有寺曰興王 寺之內有院曰 興教 … 其殿堂廊廡撤故而新之者 以楹數之 得一百六十(李穀, 「興王寺重修興教院落成會記」『稼亭集』 권2) ·眞殿(『高麗史』 권83, 兵志3 圍宿軍) ·薦福院·正覺院(許興植編著, 1984, 『韓國金石全文(中世下)』, 「靈通寺大覺國師碑文」) ·感德院(許興植編著, 『韓國金石全文(中世上)』, 「洪圓寺廣濟僧統聰諝墓誌銘」) ·洪教院(許興植編著, 『韓國金石全文(中世下)』, 「正覺僧統靈炤墓誌銘」)

<표 1>을 보면, 佛과 관련한 시설에 대해서는 佛殿(白蓮社·普光寺·寶林寺·禪源寺·勝蓮寺·長安寺)·佛堂(法興寺) 및 金堂·法堂(普濟禪寺)이라고 지칭하였다. 모든 사원이 불상을 모신 건물을 갖추고 있었음을 알 수 있다. 또한 봉안된 불상의 종류에 따라 불전은 다양한 칭호를 갖고 있다.

승려와 관련한 시설은 僧房(禪源寺)·僧廡(勝蓮寺)·僧堂(普光寺·檜巖寺)·僧寮(白蓮社·普光寺·長安寺·眞宗寺)·僧寢(法興寺)·僧居(普濟禪寺)라고 칭하였다. 불전과 구별되는 공간을 마련해 그곳에서 승려들이 생활하고 있음을 보여주는 것이다. 승려가 거처하는 건물마다 고유한 칭호를 갖고 있는 것이 보통이었다.

方丈이라 하여 주지가 거처하는 공간은 별도로 있었다. 방장이 확인되는 예는 <표 1>의 寶林寺와 檜巖寺에서 찾을 수 있으며, 그밖에 崇教寺[6]·天壽寺[7]·安和寺[8]·奉恩寺[9] 등에서도 볼 수 있다. 천수사의 방장에

6) 李奎報, 「飮通師所寓崇教寺方丈會者十餘人…」 『東國李相國集全集』 권8(『韓國文集叢刊』 1册, 379쪽).

7) 李奎報, 「天壽寺鍾義師方丈夜宿」 『東國李相國集全集』 권10(『韓國文集叢刊』 1册, 400쪽).

8) 李奎報, 「六月一日遊安和寺…」 『東國李相國集全集』 권11(『韓國文集叢刊』 1册, 403쪽).

9) 普愚, 「上堂」 『太古和尙語錄』 권上(『韓國佛敎全書』 6册, 673쪽).

는 鍾義大師가 거처하였으며, 안화사의 방장에는 幢禪老가 거처하고 있었다. 普光寺에서 보이는 丈室도 方丈과 같은 공간으로 이해된다.

그리고 俗人들을 위한 시설도 갖추고 있었다. 사원을 자주 찾는 신도도 있었고 일시적으로 들르는 行旅도 있었을 것이다. 당시에는 이동에 많은 시간이 소요되어 사원에서 유숙하는 것은 일상생활화되어 있었다. 그 시설은 賓館(普光寺)·客室(檜巖寺)·賓軒(普光寺)·賓位(普濟禪寺)·客位(長安寺·眞宗寺)·客館(弘慶寺)이라 하였다. 그밖에 浮石寺의 경우 客宇라고 지칭하였다.[10] 특히 여행자들이 이 시설을 많이 이용했을 것으로 보인다. 특정 사원에서는 숙박시설을 별도로 크게 조성하기도 하였는데, 그것이 바로 院이었다.[11]

승려들이나 속인들의 食문제를 해결하기 위한 부엌 시설을 갖추고 있었다. 庖廚(法興寺·普光寺)·炊爨之廚(德方院)·廚(開國寺·妙蓮寺·勝蓮寺·眞宗寺)·膳堂(普濟禪寺·勝蓮寺)·庖湢(普濟禪寺·長安寺)·廚房(羅漢堂)·食堂(修禪社)이라고 불리는 것이 그것이었다. 그밖에 廚로 표기되는 시설을 갖추고 있음을 보이는 사원으로는 惠陰寺[12]·龍門寺[13]·津寬寺[14]·興德寺[15]·興天寺가[16]있다. 그리고 膳堂은 麟角寺에서 확인된다.[17] 승려뿐만 아니라 사원을 찾는 속인에게도 이곳에서 만든 음식을 제공하였을 것으로 보인다. 부엌시설도 모든 사원이 갖추고 있었을 것이다.

---

10)『新增東國輿地勝覽』권25, 榮川郡 佛宇 浮石寺.
11) 拙稿, 1998,「高麗時期 院의 造成과 機能」『青藍史學』2(본서 제4부 제1장 수록).
12) 金富軾,「惠陰寺新創記」『東文選』권64(民族文化推進會 影印本 2冊, 398~400쪽).
13) 許興植編著, 1984,『韓國金石全文(中世下)』,「醴泉龍門寺重修碑(1185년)」, 872~875쪽.
14) 權近,「津寬寺水陸社造成記」『陽村集』권12(『韓國文集叢刊』7冊, 139~140쪽).
15)『新增東國輿地勝覽』권3, 漢城府 佛宇 興德寺.
16) 權近,「貞陵願堂曹溪宗本社興天寺造成記」『陽村集』권12(『韓國文集叢刊』7冊, 139쪽).
17) 李穡,「麟角寺無無堂記」『牧隱藁文藁』권1(『韓國文集叢刊』5冊, 4~5쪽).

사원에는 경제활동을 통해 축적한 穀物이나 施納物 등을 다량 보유하고 있었다. 또 기타 사원의 운영에 필요한 물품을 보관하고 있었는데, 그 기능을 담당하는 시설이 창고였다. 창고의 시설은 庫(開國寺·法興寺·勝蓮寺·眞宗寺·檜巖寺)·倉庫(普光寺)·庫廩(普濟禪寺)으로 지칭되었다. <표 1>에는 없지만, 惠陰寺에서도 庫가 있었음이 확인되며,[18] 그밖에 龍門寺[19]·津寬寺[20]·興德寺에서도[21] 창고가 갖추어져 있음을 알 수 있다. 창고는 사원이 갖는 경제적 지위를 엿볼 수 있는 시설이다. 檜巖寺에는 특별히 醬庫가 있어 주목된다.[22] 庫 가운데는 이처럼 장을 보관하는 경우도 있었을 것이다. 수선사의 경우 園頭梗·穀食樓梗·碓家가 보인다. 방앗간의 존재는 특이한 점인데 아마 다른 사원에도 이것이 있었을 가능성이 높다.

亡者의 영정을 모시는 시설도 보이는데, 이것은 사원이 종교적으로 중요한 기능을 수행하고 있음을 알려주는 것으로 影堂(妙蓮寺)·眞殿(興王寺)이라 일컬어졌다. 영당은 속인이나 승려의 영정을 모신 곳이며, 진전은 국왕이나 妃의 영정을 모신 시설이었다.

그리고 浴室을 별도로 갖추고 있는 사원도 있었다. 위의 <표 1>에서는 獅子庵·檜巖寺·修禪社에서 구체적으로 확인되는데, 다른 사원도 별도의 욕실을 갖추고 있었을 것으로 보인다. 그밖에 五臺山의 水精菴에도 욕실이 있었다.[23] 특히 겨울철에 꼭 필요한 시설이라 할 수 있을

---

18) 金富軾, 「惠陰寺新創記」『東文選』 권64(民族文化推進會 影印本 2冊, 398~400쪽).
19) 許興植編著, 1984, 『韓國金石全文(中世下)』, 「醴泉龍門寺重修碑(1185년)」, 872~875쪽.
20) 權近, 「津寬寺水陸社造成記」『陽村集』 권12(『韓國文集叢刊』 7冊, 139~140쪽).
21) 『新增東國輿地勝覽』 권3, 漢城府 佛宇 興德寺.
22) 회암사에 관한 종합적 이해는 경기도박물관, 2001, 『檜巖寺－묻혀 있던 조선 최대의 왕실사찰－』이 참조된다.
23) 權近, 「五臺山西臺水精菴重創記」『陽村集』 권14(『韓國文集叢刊』 7冊, 155~156쪽).

것이다.

마구간 시설을 갖추고 있던 점도 주목을 끈다. 사원은 물화의 수송이나 승려의 사용을 위해 말을 보유하고 있었는데,[24] 그 말을 수용하고 사육하는 시설로 마구간이 보인다. <표 1>의 羅漢堂·德方院·法興寺·檜巖寺 등에서 구체적으로 확인할 수 있다.

사원에 樓가 조영되어 있음도 중요한 사실이다. <표 1>에서는 開國寺·普濟禪寺·修禪社와 檜巖寺에서 확인된다. 많은 사원이 樓를 갖추고 있었으며, 院에서 흔히 찾을 수 있다. 이 누의 명칭과 기능에 대해서는 구체적인 검토가 필요하다.

건물 구조상 廻廊으로 추정되는 것이 찾아지는 점도 중요하다. 삼국 및 후기신라 사원들의 경우 회랑을 갖추어서 건물 사이의 이동을 돕고 있었는데, 고려시기의 사원에서도 회랑이 확인되고 있다. 廊廡·廊으로 표현되는 시설이 그것이다. 開國寺·乾洞禪寺·妙蓮寺·普光寺·修禪社·神福禪寺·弘慶寺·檜巖寺에서 볼 수 있으며, 그밖에 內帝釋院[25]·興德寺[26]·興天寺[27]·津寬寺[28]·瑩原寺에서도[29] 확인할 수 있다. 이 시설은 고려시기 독특한 건축구조를 이해하는 데 도움을 준다.

사원 내에 일부이기는 하지만 연못이 있는 것도 주목을 끈다. <표 1>에 제시한 사원에서는 보이지 않지만, 開國寺와 崇教寺에 池가 있으며,[30] 內院寺에는 得劒池라는 못이 있고,[31] 演福寺에도 3개의 못이 있

24) 拙稿, 1999, 「高麗時期 僧侶와 말[馬]」『韓國史論』 41·42합집, 서울대(본서 제4부 제3장 수록).
25) 『高麗史節要』 권9, 仁宗 4년 2월, 亞細亞文化社 影印本(이하 같음), 230쪽.
26) 『新增東國輿地勝覽』 권3, 漢城府 佛宇 興德寺.
27) 權近, 「貞陵願堂曹溪宗本社興天寺造成記」『陽村集』 권12(『韓國文集叢刊』 7冊, 139쪽).
28) 權近, 「津寬寺水陸社造成記」『陽村集』 권12(『韓國文集叢刊』 7冊, 139~140쪽).
29) 朴全之, 「靈鳳山龍巖寺重創記」『東文選』 권68(民族文化推進會 影印本 2冊, 443~445쪽).
30) 李奎報, 「開國寺池上作」『東國李相國集全集』 권3(『韓國文集叢刊』 1冊, 322

었다.[32] 懸鐘院에도 비슷한 성격의 蓮塘과 柳渚가 있었다.[33]

가람구성에서 담장이 있었던 점도 요즈음의 사원과 대비해 볼 때 중요한 특징이다. 垣(乾洞禪寺·法興寺·普光寺)·墻(普光寺)·墉(妙蓮寺)으로 표기되었다. 垣은 墻과 동일하게 담·울타리를 가리키며,[34] 墉은 高墻이라 하여 높은 담을 가리킨다.[35] 그밖에도 垣이 보이는 사찰에는 龍巖寺가[36] 있고, 墻이 보이는 사찰에는 廣明寺[37]·淨業院[38]·地藏禪院[39]·龍壽寺[40] 등이 보이고, 墉이 보이는 사찰에는 懸鐘院이[41] 찾아진다. 興王寺의 경우 주변에 城을 쌓았다고 하는데,[42] 크게 보면 담장의 일종으로 이해할 수 있을 것이다. 담장은 경계를 표시해 외부인이 정해진 통로를 통해 접근하게 하는 기능을 하였다. 그리고 호랑이 등의 야생동물이 침범하는 것을 막는 기능을 담당했을 것이다.[43] 특히 山地寺院

쪽) ; 李齊賢, 『櫟翁稗說前集』 2(『高麗名賢集』 2冊, 359쪽).

31) 『新增東國輿地勝覽』 권30, 陜川郡 佛宇 內院寺.

32) 權近, 「演福寺塔重創記」 『陽村集』 권12(『韓國文集叢刊』 7冊, 133~134쪽).

33) 李奎報, 「懸鐘院重創記」 『東國李相國集全集』 권24(『韓國文集叢刊』 1冊, 542쪽).

34) 『大漢和辭典』 3冊, 175쪽 ; 『中文大辭典』 2冊, 1182쪽 ; 『大漢和辭典』 7冊, 592쪽 ; 『中文大辭典』 6冊, 62~63쪽.
檀國大東洋學硏究所, 2000, 『漢韓大辭典』 3冊, 575쪽에 따르면, 垣은 나직한 담장을 가리키기도 한다.

35) 『大漢和辭典』 3冊, 245쪽 ; 『中文大辭典』 2冊, 1270쪽.

36) 『新增東國輿地勝覽』 권28, 尙州牧 佛宇 龍巖寺.

37) 李齊賢, 『櫟翁稗說前集』 2(『高麗名賢集』 2冊, 360~361쪽).

38) 『高麗史』 권24, 世家24 高宗 38년 6월, 亞細亞文化社 影印本(이하 같음), 上冊, 479쪽. "以朴暄家爲淨業院 集城內尼僧 居之 築外墻 禁出入".

39) 李智冠譯註, 1994, 『歷代高僧碑文(高麗篇 1)』, 「江陵地藏禪院朗圓大師悟眞塔碑文(940년)」, 134쪽.

40) 『新增東國輿地勝覽』 권25, 禮安縣 佛宇 龍壽寺.

41) 李奎報, 「懸鐘院重創記」 『東國李相國集全集』 권24(『韓國文集叢刊』 1冊, 542쪽).

42) 『高麗史』 권8, 世家8 文宗 24년 6월, 上冊, 179쪽.

43) 조선초 太祖 2년에 호랑이가 妙通寺에 들어온 일이 있다(『太祖實錄』 권3, 太祖 2년 2월 辛卯, 1冊, 41쪽). 그밖에 禁虎石이 尙州 白蓮社에 존재한 것도(『新增東國輿地勝覽』 권28, 尙州牧 山川 四佛山) 이를 나타내는 것이라 하겠다.

의 경우 야생동물의 침범을 막는 일은 대단히 중요하였을 것이다.

사원의 가람구성은 이전시기와 다른 면모가 있었고, 요즈음 볼 수 있는 것과도 상당한 차이가 있었다. 특히 마구간이나 담장·연못의 시설, 회랑의 존재 등은 두드러진 구별이라 할 수 있다. 또한 이점이 고려시기 가람 구성이 갖는 중요한 특징이라 할 수 있다.

사원의 가람 구성에 대해서 누락됨이 없이 자세한 기록을 남기고 있는 예가 드물기 때문에, 정확한 내용을 파악하기 힘들다. 또 각 건물이나 시설이 모든 사찰마다 동일하게 있었다고 생각되지는 않는다. 그리고 寺가 아닌 庵의 경우에는 규모도 작았고 시설도 빈약하였다. 예컨대 <표 1>에서 獅子庵은 위에 3楹, 아래에 2칸이 있어, 위에서는 安佛寓僧하고 아래에서는 門의 시설과 洗閣이 있을 뿐이었다. 聖燈庵의 경우 佛宇가 3楹이며, 동쪽 翼室 3楹은 寓僧, 서쪽 익실 3영은 식당의 기능을 하였다. 竹杖菴은 더욱 규모가 작아 모두 3칸인데 가운데 佛像이 있고 승려는 그 좌우에 거처하였다.

3. 殿·閣·堂의 稱號와 信仰 內容

사원 건물의 이름은 각각 나름의 의미를 담고 있다. 殿·閣·堂으로 일컬어지는 건물도 각각 차이가 있었다. 辭典的인 의미를 보면, 殿은 大堂이라 하여 커다란 건물을 가리키며,[44] 이에 비해 堂은 집·건물을 의미한다.[45] 통상 堂보다는 殿이 규모가 크고 격이 높은 건물을 지칭한다고 할 수 있다. 각도 전보다 격이 떨어지는 건물을 가리킨다.

고려시기에 흔히 "奉佛有殿 居僧有堂"이라[46] 칭해져, 佛을 받드는

---

44) 『大漢和辭典』 6册, 780쪽 ; 『中文大辭典』 5册, 736쪽.
45) 『大漢和辭典』 3册, 200쪽 ; 『中文大辭典』 2册, 1225쪽.
46) 李穀, 「大元高麗國廣州神福禪寺重興記」 『稼亭集』 권3(『韓國文集叢刊』 3册,

곳은 殿이라 하였고 이에 비해 승려가 거처하는 공간은 堂이라 하였다. "新大殿以覆佛 廣堂廡以居僧"이라[47] 함도 전은 불과 관련한 것이고, 당무는 승려가 관련한 것임을 말하는 것이다. 이처럼 건물의 격에 따라 칭호가 구분되었다.

또 같은 殿 혹은 같은 堂이라 하여도 그 안에 모신 불상의 종류나 담당하는 기능의 차이에 따라 다양한 칭호를 띠었다. 전에 여러 종류의 칭호가 있는데, 이를 통해 모신 불상이 상이하며, 따라서 신앙의 내용도 큰 차이가 있음을 추측할 수 있다. 당에도 여러 칭호가 있는데, 기능의 차이가 있기 때문이다.

殿은 기본적으로 佛과 관련한 건물을 의미하는 것이다. 그러나 불에는 일차적으로 釋迦佛이 있었지만, 藥師佛·阿彌陀佛이 있었고, 기타 여러 불이 있었다. 그 각각 다른 불을 모심에 따라 불전의 이름도 상이하게 되었다. 전의 칭호를 정리하면 <표 2>와 같다.

〈표 2〉 殿의 稱號와 所屬 寺院

殿의 稱號	所屬 寺院名(典據)
觀音殿	普濟禪寺(李穡, 「廣通普濟禪寺碑銘幷序」『牧隱藁文藁』 권14), 檜巖寺(李穡, 「天寶山檜巖寺修造記」『牧隱藁文藁』 권2)
金殿	月精寺(『新增東國輿地勝覽』 권44, 江陵大都護府 佛宇 月精寺)
羅漢殿	普濟寺(許興植編著, 1984, 『韓國金石全文(中世上)』, 「崔士威廟誌」), 檜巖寺(李穡, 「天寶山檜巖寺修造記」『牧隱藁文藁』 권2)
能仁殿	安和寺(『高麗圖經』 권17, 靖國安和寺), 演福寺(『新增東國輿地勝覽』 권4, 開城府上 佛宇 演福寺), 榆岾寺(『新增東國輿地勝覽』 권45, 高城郡 佛宇 榆岾寺)
能仁之殿	安和寺(『高麗史』 권14, 睿宗 13년 4월)
大藏殿	檜巖寺(李穡, 「天寶山檜巖寺修造記」『牧隱藁文藁』 권2), 龍門寺(李穡, 「砥平縣彌智山龍門寺大藏殿記」『牧隱藁文藁』 권4)

120~121쪽) ; 李穀, 「高麗國江陵府艶陽禪寺重興記」『稼亭集』 권2(『韓國文集叢刊』 3冊, 114쪽).

47) 李穀, 「高麗國天台佛恩寺重興記」『稼亭集』 권3(『韓國文集叢刊』 3冊, 115쪽).

無量壽殿	安和寺(『高麗圖經』 권17, 靖國安和寺)
彌勒殿	普濟禪寺(李穡, 「廣通普濟禪寺碑銘并序」『牧隱藁文藁』 권14)
彌陀古殿	鍪藏寺(『三國遺事』권3, 鍪藏寺彌陁殿)
彌陀殿	檜巖寺(李穡, 「天寶山檜巖寺修造記」『牧隱藁文藁』 권2), 安和寺(『高麗圖經』 권17, 靖國安和寺)
普光殿	檜巖寺(李穡, 「天寶山檜巖寺修造記」『牧隱藁文藁』 권2)
葆光殿	安和寺(崔讜, 「次扈從安和寺應製詩」『東文選』 권18)
寶育殿	興聖寺(『新增東國輿地勝覽』 권12, 長湍都護府 佛宇 興聖寺)
寶殿	元通寺(『新增東國輿地勝覽』 권42, 牛峰縣 佛宇 元通寺)
佛殿	彌勒寺(『新增東國輿地勝覽』 권33, 益山郡 佛宇 彌勒寺), 福靈寺(蔡壽, 「遊松都錄」『續東文選』 권21), 奉恩寺(普愚, 『太古和尙語錄』 권상), 長安寺(李穀, 「金剛山長安寺重興碑」『稼亭集』 권6), 勝蓮寺(李穡, 「勝蓮寺記」『牧隱藁文藁』 권1), 興天寺(權近, 「貞陵願堂曹溪宗本社興天寺造成記」『陽村集』 권12)
毗盧殿	禪源寺(釋息影庵, 「禪源寺毗盧殿丹靑記」『東文選』 권65)
舍利殿	檜巖寺(李穡, 「天寶山檜巖寺修造記」『牧隱藁文藁』 권2), 興天寺(『定宗實錄』 권1, 定宗 元年 4月 丙辰)
珊瑚殿	法住寺(許興植編著, 1984, 『韓國金石全文(中世下)』, 「法住寺慈淨國尊普明塔碑文」; 『新增東國輿地勝覽』 권16, 報恩縣 佛宇 法住寺)
說法殿	檜巖寺(李穡, 「天寶山檜巖寺修造記」『牧隱藁文藁』 권2)
阿羅漢殿	醫王寺(李奎報, 「醫王寺始創阿羅漢殿記」『東國李相國集全集』 권24) * 아래의 五百聖師之殿과 동일
影殿	王輪寺(魯國公主影殿 ; 『高麗史節要』 권28, 恭愍王 15년 5월)
五百聖師之殿	醫王寺(李奎報, 「醫王寺始創阿羅漢殿記」『東國李相國集全集』 권24)
五百聖殿	普濟寺(李奎報, 「普濟寺行五百聖殿祈雨文」『東國李相國集全集』 권41)
帝釋殿	乾聖寺(李奎報, 「乾聖寺帝釋殿主謙師所居樓…」『東國李相國集全集』 권12)
祖師殿	檜巖寺(李穡, 「天寶山檜巖寺修造記」『牧隱藁文藁』 권2)
地藏殿	石臺菴(李穡, 「寶盖山石臺菴地藏殿記」『牧隱藁文藁』 권5)
眞殿	開國寺(肅宗진전 ; 『高麗史』 권13, 睿宗 8년 7월), 開泰寺(太祖眞殿 ; 『高麗史』 권40, 恭愍王 11년 8월 ; 『高麗史』 권40, 恭愍王 12년 정월 ; 『高麗史』 권46, 恭讓王 3년 5월 ; 『新增東國輿地勝覽』 권18, 連山縣 佛宇 開泰寺), 乾元寺(『高麗史』 권83, 兵志3 圍宿軍), 國淸寺(『高麗史』 권83, 兵志3 圍宿軍), 大雲寺(『高麗史』 권83, 兵志3 圍宿軍), 奉業寺(『高麗史』 권40, 恭愍王 12년 2월), 奉恩寺(『高麗史』 권83, 兵志3 圍宿軍), 泰雲寺(李穡, 「海平君諡忠簡尹公墓誌銘幷序」『牧隱藁文藁』 권17), 宣孝寺(『高麗史』 권20, 明宗 11년 12월), 崇教寺(『高麗史』 권83, 兵志3 圍宿軍), 弘圓寺(『高麗史』 권29, 忠烈王 6년 4월 ;

	『高麗史』 권83, 兵志3 圍宿軍), 安和寺(『高麗史』 권25, 元宗 2년 7월), 弘護寺(『高麗史』 권83, 兵志3 圍宿軍), 重光寺(『高麗史』 권83, 兵志3 圍宿軍), 興王寺(『高麗史』 권83, 兵志3 圍宿軍), 天壽寺(『高麗史』 권83, 兵志3 圍宿軍), 天和寺(許興植編著, 1984, 『韓國金石全文(中世下)』, 「金承用墓誌」), 鳳進寺(太祖眞殿 ; 『新增東國輿地勝覽』 권52, 永柔縣 古跡), 玄化寺(康宗眞殿 ; 『高麗史』 권22, 高宗 12년 8월)
香爐殿	安心寺(李穡, 「香山安心寺舍利石鍾記」 『牧隱藁文藁』 권3)
香積殿	檜巖寺(李穡, 「天寶山檜巖寺修造記」 『牧隱藁文藁』 권2)

<표 2>에 보이는 金殿(月精寺)·寶殿(元通寺)·佛殿(彌勒寺·福靈寺·奉恩寺·長安寺·勝蓮寺·興天寺)은 그 안에 모셔져 있는 불상을 정확하게 제시하고 있지 않기 때문에 그 신앙내용을 알 수 없다. 따라서 여기에서는 검토의 대상으로 삼지 않는다.

能仁殿 혹은 能仁之殿은 安和寺·演福寺·楡岾寺에서 확인된다. 能仁이란 석가여래를 가리키므로 능인전은 석가여래를 봉안한 건물을 뜻한다. 석가여래를 받드는 신앙을 엿볼 수 있는 것이다.

舍利殿은 檜巖寺와 興天寺에서 볼 수 있다. 사리전은 어의 그대로 佛舍利를 봉안한 건물이다. 그리고 大藏殿은 檜巖寺와 龍門寺에서 확인된다. 대장전은 經·律·論 3藏을 봉안한 건물이다. 사리전이나 대장전은 모두 석가여래와 직접 관련된 건물이라고 할 수 있다.

無量壽殿은 安和寺에서 확인된다. 無量壽佛은 곧 서방극락세계를 관장하는 阿彌陀如來를 뜻하므로 무량수전은 아미타여래를 봉안한 건물이다.

彌陀殿은 檜巖寺·鍪藏寺·安和寺에서 찾을 수 있다. 彌陀는 곧 아미타여래의 약칭이므로 미타전은 아미타여래를 봉안한 건물을 가리킨다. 따라서 무량수전과 동일한 여래를 모신 건물이다.

毘盧殿은 禪源寺에서 확인된다. 비로전은 華嚴經의 主佛인 毘盧舍那佛을 봉안한 건물이다.

羅漢殿 혹은 阿羅漢殿은 檜巖寺·普濟寺·醫王寺에서 확인된다. 나한은 석가여래의 제자를 가리킨다.

五百聖殿 혹은 五百聖師之殿은 普濟寺·醫王寺에서 볼 수 있다. 五百聖師는 곧 五百羅漢을 가리키는 것으로 보이는데, 오백나한은 석가여래가 열반한 뒤 그의 遺敎結集을 위해 모인 500명의 제자를 가리킨다. 따라서 오백성전·오백성사지전은 나한전과 동일한 대상을 모신 건물이라고 할 수 있다.

地藏殿은 石臺菴에서 확인된다. 지장전은 地藏菩薩을 안치한 건물이다. 지장보살은 忉利天에서 석가여래의 부촉을 받고 매일 晨朝에 恒沙禪定에 들어가 衆機를 관찰하며, 二佛(釋迦·彌勒)의 중간인 부처가 없는 세계에서 六道衆生을 敎化하는 大悲의 보살이다.[48] 즉 死去信仰·冥界信仰의 대상이며 지옥중생을 구제하는 소임을 맡고 있다.

觀音殿은 普濟禪寺·檜巖寺에서 확인된다. 관음전은 관세음보살을 안치한 건물이다. 관세음보살은 大慈大悲를 근본서원으로 하는 보살의 이름이다. 중생이 苦難 중에 열심히 그 이름을 외면 구제를 받는다고 한다. 아미타불의 왼편에서 부처님의 교화를 돕고 그 형상에 따라 千手觀音·十一面觀音 등으로 일컬어진다.[49] 관세음보살은 娑婆와 極樂에 常遊하면서 衆生의 부름이 있는 곳에는 어디에나 몸을 낮춰 離苦得樂케 하는 感應力이 있으며, 그에게 기도하여 성취될 종목은 인생의 거의 모든 괴로움이 망라되고 있다.[50]

彌勒殿은 普濟禪寺에서 보인다. 미륵전은 미륵보살을 안치한 건물이다. 미륵보살은 성불하여 龍華樹 아래에 下生한 것이 아니라 도솔천에 있으면서 장차 未來世에 중생을 구제할 깊은 思念에 잠겨 수행을 계속

48) 『韓國佛敎大辭典』 6冊, 寶蓮閣, 292~294쪽.
49) 『韓國佛敎大辭典』 1冊, 253쪽.
50) 李萬, 1997, 「高麗時代의 觀音信仰」 『韓國觀音信仰』, 동국대 불교문화연구원.

하고 있다. 56억 7천만 년 뒤에 이 지상에 내려와서 성불하고 중생을 교화하게 될 보살, 즉 불교에 있어 다음에 올 未來佛인 셈이다. 혼탁한 시대에 지표를 잃고 방황하는 사람들에게 구원을 약속하는 보살이다.[51)]

祖師殿은 檜巖寺에서 확인된다. 조사전은 祖師를 모신 건물이다. 조사는 처음으로 法을 세워 뒤 사람의 師表가 되는 이를 말한다.

帝釋殿은 乾聖寺에서 확인된다. 제석전은 제석을 모신 건물이다. 원래 제석은 欲界六天 중의 두 번째 天主로서 忉利32天을 위시하여 四天王·龍 등 八部神衆을 그 권속으로 하고 있다. 석가에 귀의한 후 불교 최고의 호법신이 되었으며, 부처가 설법할 때면 항상 권속을 이끌고 와 호위를 한다. 인간계의 善者 편에 서서 그들을 전쟁과 질병과 재난과 굶주림으로부터 보호하고 구제하는 임무를 띠고 있다. 고려국초부터 內·外帝釋院을 설치한 것은 제석신앙이 중시되고 있음을 보여 준다.[52)]

說法殿은 檜巖寺에서 확인된다. 說法이란 教法을 宣說하여 남을 가르치는 것을 말한다. 香積殿은 檜巖寺에서 보이는데, 香積은 僧家의 食廚 또는 供養物을 가리키는 말이므로[53)] 廚房을 뜻하는 것이다.

香爐殿은 安心寺에서 볼 수 있고, 寶育殿은 興聖寺에서, 普光殿은 檜巖寺에서, 珊瑚殿은 法住寺에서, 그리고 葆光殿은 安和寺에서 확인된다.

국왕의 영정을 모신 眞殿이 설치된 사원에는 開國寺(肅宗진전)·開泰寺(太祖진전)·鳳進寺(太祖진전)·玄化寺(康宗진전)가 있으며, 그밖에 乾元寺·國淸寺·大雲寺·奉業寺·奉恩寺·泰雲寺·宣孝寺·崇教寺·弘圓寺·安和寺·弘護寺·重光寺·興王寺·天和寺 등이 있다.[54)]

---

51) 『韓國佛教大辭典』 2冊, 295~296쪽 ; 홍윤식, 1986, 앞의 책, 108~111쪽 ; 睦楨培, 1997, 「彌勒思想」 『韓國佛教思想概觀』, 동국대 불교문화연구원.

52) 徐閏吉, 1997, 「密教思想」 『韓國佛教思想概觀』, 동국대 불교문화연구원 ; 安智源, 1997, 「고려시대 帝釋信仰의 양상과 그 변화」 『國史館論叢』 78.

53) 『韓國佛教大辭典』 7冊, 115~116쪽.

소속 사원은 명기되어 있지 않아 파악이 어렵지만, 藥師殿도[55] 전의 일종으로 보아야 할 것이다. 약사전은 藥師如來를 봉안한 건물이다. 약사여래는 東方淨瑠璃國의 敎主가 되며 十二誓願을 발하여 중생의 病源을 구하고 無明의 痼疾을 치료하는 존재이다.[56]

이상 여러 전의 칭호를 통해서 당시 불교신앙의 내용을 파악해 볼 수 있다. 능인전·사리전·대장전에서 석가여래에 대한 신앙을 볼 수 있으며, 무량수전·미타전의 존재를 통해서는 아미타여래신앙을 알 수 있다. 비로전의 존재에서는 비로사나불에 대한 신앙을 볼 수 있다. 그밖에 약사여래에 대한 신앙도 있었음을 확인할 수 있다.

지장전의 존재에서는 지장보살에 대한 신앙을 볼 수 있고, 관음전이 있는 사실에서 관세음보살에 대한 신앙을 알 수 있다. 미륵전에서는 미륵신앙의 존재를, 나한전·오백성전·오백성사지전을 통해서는 나한에 대한 신앙을, 그리고 제석전의 존재에서는 제석신앙을 확인할 수 있다.

이처럼 건물의 칭호를 살펴보면 여래와 보살 및 나한에 대한 신앙이 다양하게 발전하고 있었음을 확인할 수 있는 것이다. 그런데 현재의 사원에서 흔히 볼 수 있는 大雄殿[57]·大雄寶殿·極樂殿·大寂光殿·冥府殿 등의 건물명칭은 보이지 않는다.

閣으로 일컬어지는 건물은 의외로 별로 찾아지지 않는다(<표 3> 참조). 당시에 각으로 건물명을 일컫는 일이 많지 않았다고 추측된다. 觀音閣(普德窟)과 大藏閣(神勒寺)이 보이는데, 이것은 관세음보살과 대장경을 받드는 건물임을 알 수 있다. 관세음보살이나 대장경을 받들거나 봉안한

---

54) 韓基汶씨는 眞殿寺院 45개를 확인하였다(韓基汶, 1998, 『高麗寺院의 構造와 機能』, 民族社, 222~224쪽).

55) 李奎報, 「藥師殿行香文」 『東國李相國集全集』 권39(『韓國文集叢刊』 2冊, 104쪽).

56) 『韓國佛敎大辭典』 4冊, 442쪽.

57) 大雄殿이란 명칭이 일반화된 것은 조선시대에 와서라고 추정하고 있다(金奉烈·朴鍾進, 1989, 「高麗 伽藍의 構成形式에 관한 基礎的 硏究」 『大韓建築學會論文集』 26, 30쪽).

건물은 殿으로 불리는 경우가 좀 더 흔하였다. 안화사에는 陽和閣·齊雲閣·重華閣이 확인된다. 안화사에 있는 여러 각의 이름은 불교사전에서 찾아지지 않아 불교적인 의미를 담고 있지 않은 것으로 보인다.

〈표 3〉 閣의 稱號와 所屬 寺院

閣의 稱號	所屬 寺院(典據)
觀音閣	普德窟(『新增東國輿地勝覽』 권47, 淮陽都護府 佛宇 普德窟)
大藏閣	神勒寺(李崇仁, 「驪興郡神勒寺大藏閣記」 『陶隱集』 권4)
陽和閣	安和寺(『高麗圖經』 권17, 靖國安和寺)
齊雲閣	安和寺(『高麗圖經』 권17, 靖國安和寺)
重華閣	安和寺(『高麗圖經』 권17, 靖國安和寺)

堂으로 지칭되는 건물은 승려와 관련한 것이 대부분이나, 그 칭호는 매우 다양하였다(<표 4> 참조). 法堂(龜山禪院·廣照寺·日月寺)·金堂(金藏寺·普濟寺·龍巖寺·月峰寺·瑩原寺·國淸寺·廣敎院)이라 칭하는 것은 불전을 가리키는 것으로 보이나 성격을 정확하게 알 수 없어 생략한다. 또 僧堂(大慈庵·上院寺)이라고 표기된 것도 특정한 의미를 담지 있지 않아 검토하지 않는다. 회암사의 西僧堂도 서쪽에 있는 승당의 의미이므로 검토의 대상으로 삼지 않는다.

〈표 4〉 堂의 稱號와 所屬 寺院

堂의 稱號	所屬 寺院名(典據)
經板堂	修禪社(노명호외, 2000, 『韓國古代中世古文書硏究』上, 「修禪社形止案」)
功臣堂	新興寺(『高麗史』 권2, 太祖 23년 12월)
金堂	金藏寺(李慥, 「龍頭山金藏寺金堂主彌勒三尊改金記」 『東文選』 권164), 金山寺의 廣敎院(許興植編著, 1984, 『韓國金石全文(中世上)』, 「金山寺慧德王師眞應塔碑」), 普濟寺(許興植編著, 1984, 『韓國金石全文(中世上)』, 「崔士威廟誌」), 龍巖寺(朴全之, 「靈鳳山龍巖寺重創記」 『東文選』 권68), 月峰寺(許興植編著, 1984, 『韓國金石全文(中世下)』, 「月峰寺鍾」), 瑩原寺(朴全之, 「靈鳳山龍巖寺重創記」 『東文選』 권68), 國淸

	寺(閔漬, 「國淸寺金堂主佛釋迦如來舍利靈異記」『東文選』 권68)
羅漢堂	羅漢堂(독립한 사찰. 李穡, 「慈悲嶺羅漢堂記」『牧隱藁文藁』 권3)
大藏堂	開國寺(『高麗史節要』 권8, 睿宗 16년 2월), 國淸寺(許興植編著, 1984, 『韓國金石全文(中世上)』, 「寧國寺圓覺國師碑文」), 龍興寺(『新增東國輿地勝覽』 권28, 星州牧 佛宇 龍興寺), 直旨寺(『新增東國輿地勝覽』 권29, 金山郡 佛宇 直旨寺)
無無堂	麟角寺(李穡, 「麟角寺無無堂記」『牧隱藁文藁』 권1)
彌勒堂	靈通寺(許興植編著, 1984, 『韓國金石全文(中世上)』, 「靈通寺大覺國師碑文」)
法堂	龜山禪院(許興植編著, 1984, 『韓國金石全文(中世上)』, 「榮豊境淸禪院慈寂禪師凌雲塔碑文」), 廣照寺(許興植編著, 1984, 『韓國金石全文(中世上)』, 「海州廣照寺眞澈大師寶月乘空塔碑文」), 日月寺(許興植編著, 1984, 『韓國金石全文(中世上)』, 「長湍五龍寺法鏡大師普照慧光塔碑文」)
西僧堂	檜巖寺(李穡, 「天寶山檜巖寺修造記」『牧隱藁文藁』 권2)
膳堂	麟角寺(李穡, 「麟角寺無無堂記」『牧隱藁文藁』 권1), 勝蓮寺(李穡, 「勝蓮寺記」『牧隱藁文藁』 권1)
善法堂	松廣寺(金君綏, 「松廣寺佛日普照國師碑銘」『東文選』 권117), 麟角寺(許興植編著, 1984, 『韓國金石全文(中世上)』, 「麟角寺普覺國尊精照塔碑文」), 安和寺(『高麗圖經』 권17, 靖國安和寺)
水陸堂	普濟寺(『高麗史節要』 권6, 宣宗 7년 정월)
僧堂	大慈庵(『世宗實錄』 권8, 世宗 2년 7월 乙未), 上院寺(李穡, 「五臺上院寺僧堂記」『牧隱藁文藁』 권6)
十王堂	興福寺(『高麗史節要』 권6, 肅宗 7년 9월)
影堂	檜巖寺(李穡, 「天寶山檜巖寺修造記」『牧隱藁文藁』 권2), 妙蓮寺(安平公主影堂 ; 『高麗史』 권32, 忠烈王 28년 10월), 玉龍寺(許興植編著, 1984, 『韓國金石全文(中世下)』, 「玉龍寺先覺國師證聖慧燈塔碑」), 澄賢國師影堂(印毅, 「澄賢國師影堂」『東文選』 권9)
慈氏堂	蘇來寺(『新增東國輿地勝覽』 권34, 扶安縣 佛宇 蘇來寺)
祭堂	靈通寺(許興植編著, 1984, 『韓國金石全文(中世上)』, 「靈通寺大覺國師碑文」)
祖師堂	法王寺(權近, 「法王寺祖師堂記」『陽村集』 권14)
釣賢堂	內院寺(『新增東國輿地勝覽』 권30, 陜川郡 佛宇 內院寺)
眞堂	松泉寺(懶翁眞堂 ; 李穡, 「淸州龍子山松泉寺懶翁眞堂記」『牧隱藁文藁』 권6), 神勒寺(禪覺眞堂 ; 李穡, 「驪興神勒寺禪覺眞堂詩幷序」『牧隱藁文藁』 권9)
香積堂	安和寺(『高麗圖經』 권17, 靖國安和寺)
海雲堂	禪源寺(釋息影菴, 「復禪源寺疏」『東文選』 111 ; 李穡, 「李君侅」『牧隱藁文藁』 권17)
海藏之堂	普濟禪寺(李穡, 「廣通普濟禪寺碑銘幷序」『牧隱藁文藁』 권14)

대장당은 開國寺와 國淸寺·龍興寺·直旨寺에서 확인되며, 경판당은 수선사에서 보인다. 대장당과 경판당은 대장경을 안치한 건물이다.

慈氏堂은 蘇來寺에서 확인되는데, 자씨는 慈氏菩薩의 약칭으로 곧 彌勒菩薩을 가리킨다. 그러므로 자씨당은 미륵보살을 봉안하고 신앙하는 건물이라고 할 수 있다. 미륵당은 靈通寺에서 확인된다. 자씨당과 미륵당은 결국 같은 보살을 모신 건물이다.

十王堂은 興福寺에서 확인된다. 十王은 冥府에서 인간 在世 時의 罪의 輕重을 정하는 十位의 왕을 말한다. 秦廣王·初江王·宋帝王·伍官王·閻羅王·變成王·泰山府君·平等王·都市王·轉輪王이 그들인데, 사람이 죽으면 그날부터 49일까지는 7일마다, 그 뒤에는 百日·小祥·大祥 때에 차례로 各王에게 생전에 지은 善惡業의 심판을 받는다고 한다.[58] 시왕에 대한 신앙이 전제되었기에 十王寺를 건립할 수 있었다고 생각된다.[59]

羅漢堂은 독립한 사원으로 자리하고 있었다. 祖師堂은 法王寺에서 확인된다.

水陸堂은 普濟寺에서 확인된다. 水陸齋를 행하는 건물로 보이는데, 수륙재는 佛家에서 水陸의 雜鬼를 공양하는 법회이다.

善法堂은 松廣寺와 麟角寺·安和寺에서 확인된다. 선법당은 원래 帝釋天의 강당을 말하는데, 이 강당은 須彌山頂의 喜見城外의 西南角에 있다고 한다.[60]

---

58) 『韓國佛敎大辭典』 4冊, 20쪽.

59) 十王寺는 穆宗 6년에 창건되었으며(『高麗史節要』 권2, 穆宗 6년, 63쪽), 그 위치는 개성 瞻星臺 북쪽으로 추정된다(高裕燮, 1946, 『松都古蹟』(同, 1993, 『高裕燮全集』 4, 通文館, 131~132쪽)).

60) 『大漢和辭典』 2冊, 1080쪽.
檀國大東洋學硏究所, 2000, 『漢韓大辭典』 2冊, 224쪽에서도 비슷하게 설명하고 있다. 이에 따르면, 善法堂은 수미산의 꼭대기 喜見城 밖의 남서쪽 모퉁이에 있다는 帝釋天의 講堂 이름이라고 한다.

功臣堂은 新興寺에서 확인된다. 공신당은 국가의 공신을 모신 건물이다. 그리고 無無堂은 麟角寺에서, 釣賢堂은 內院寺에서, 香積堂은 安和寺에서, 海雲堂은 禪源寺에서, 海藏之堂은 普濟禪寺에서 확인된다.

影堂은 妙蓮寺(安平公主影堂)에서 확인되고, 그리고 회암사와 玉龍寺에서도 확인된다. 소속 사원의 이름이 확인되지 않지만 澄賢大師影堂도 찾을 수 있다. 영당은 조상의 位牌, 이름난 사람의 畵像, 혹은 佛祖의 眞影을 모신 건물을 말한다. 결국 사자에 대한 추모의 의미를 갖는 건물이라고 할 수 있다. 영당과 비슷한 성격의 祭堂도 靈通寺에서 확인된다.

소속 사원은 확인되지 않지만 승려와 관련된 당은 더 확인된다. 平心堂은 曹溪宗 安上人이 李穡에게 그에 관한 記文을 요청하였으며,[61] 負暄堂은 雪嶽上人이 李穡에게 역시 그에 대한 記文을 부탁한 사실이 확인된다.[62] 이 두 당은 승려가 거처하는 공간이다.

불교신앙을 직접 보이는 것으로 대장당·자씨당·미륵당·나한당·시왕당·조사당·수륙당을 들 수 있다. 대장당은 석가여래의 가르침인 경전을 봉안한 것이고, 자씨당과 미륵당은 동일하게 미륵보살을 받드는 것으로서 미륵신앙을 엿볼 수 있다. 나한당은 나한신앙을, 시왕당은 시왕신앙을 알려주는 것이다. 그리고 수륙당의 존재는 수륙재를 행하고 있었음을 보여 주는 것이다. 당으로 지칭되는 건물은 다양한 불교신앙을 표방하는 칭호를 갖지만, 여래를 받드는 칭호는 보이지 않아 전이라 칭하는 건물보다는 격이 크게 떨어짐을 알 수 있다. 그밖에 확인할 수 있는 당은 특정 신앙 내용을 표방한 것으로 보기는 어렵다. 당으로 호칭되는 건물은 불교신앙과는 직접 관련이 없이, 승려들의 생활공간으로 기능하는 경우가 좀 더 일반적이었을 것으로 추정된다.

전과 당으로 함께 지칭되는 예도 있다. 나한당과 나한전, 대장당과 대

61) 李穡, 「平心堂記」 『牧隱藁文藁』 권6(『韓國文集叢刊』 5冊, 44쪽).
62) 李穡, 「負暄堂記」 『牧隱藁文藁』 권6(『韓國文集叢刊』 5冊, 44~45쪽).

장전, 미륵당과 미륵전, 조사당과 조사전, 자씨당과 미륵전 등이 그것이다. 이 경우 당으로 지은 건물이 전으로 지은 건물보다 규모가 작았을 것으로 보인다. 佛보다 격이 떨어지는 경우 당과 전으로 함께 모셔지고 있는 것이다.

전·당·각이 사원의 가람에서 불교신앙의 중심 공간이다. 그런데 현재 사원에서 흔히 볼 수 있는 山神閣·七星閣·三聖閣·獨聖閣 등의 이름을 전하는 건물이 없다. 따라서 민간 신앙을 수용하는 전각이 고려시기에 별도로 만들어지지 않았다고 생각된다.

그밖에 寮로 지칭되는 건물도 보인다. 보통 僧寮라 하는 것은 승려가 생활하는 공간을 지칭하였다. 그러한 승료의 예는 長安寺[63]와 興天寺에서[64] 확인된다. 구체적인 寮의 이름을 전하는 예는 많지 않은데, 회암사에서는 유독 많은 寮名을 전하고 있다. 入室寮·侍者寮·首座寮·書記寮·香火寮·地藏寮·悅衆寮·東寮·副寺寮·都寺寮·知賓寮·典座寮·圓頭寮 등이 그것이다.[65] 대부분 승려들이 거처하는 방인데 그 각각의 쓰임이 구분될 뿐이다.

房이라 칭하는 시설도 있었다. 이것은 당보다는 규모가 작은 건물을 지칭하는 것으로 보인다. 八尺房(開聖寺)[66]·海雲房(龍興寺)[67]·養老房(檜巖寺)[68] 등이 보이는데 특정한 용도를 갖는 건물로 이해된다. 그러나 방으로 분류되는 건물은 많지 않았던 것으로 보인다.

軒의 존재도 주목된다. 헌은 月光寺의 水軒,[69] 覺庵의 竹月軒,[70] 內

63) 李穀, 「金剛山長安寺重興碑」『稼亭集』 권6(『韓國文集叢刊』 3冊, 137~138쪽).
64) 權近, 「貞陵願堂曹溪宗本社興天寺造成記」『陽村集』 권12(『韓國文集叢刊』 7冊, 139쪽).
65) 李穡, 「天寶山檜巖寺修造記」『牧隱藁文藁』 권2(『韓國文集叢刊』 5冊, 15~17쪽).
66) 鄭知常, 「開聖寺八尺房」『東文選』 권12(民族文化推進會 影印本 1冊, 262쪽).
67) 林椿, 「九月五日與友人遊龍興寺海雲房…」『西河集』 권2(『韓國文集叢刊』 1冊, 222쪽).
68) 李穡, 「天寶山檜巖寺修造記」『牧隱藁文藁』 권2(『韓國文集叢刊』 5冊, 15~17쪽).

院寺의 蘿月軒,[71] 그리고 華嚴宗 宜公과 관련된 雲軒이 찾아진다.[72]

하나의 사원에는 하나의 殿만, 하나의 堂만 있는 것은 아니었다. 安和寺에는 無量壽殿·能仁殿·彌陀殿이 있었고, 香積堂·善法堂이 있었다. 아미타여래·석가여래가 함께 신앙되고 있음을 알 수 있다. 檜巖寺에도 普光殿·說法殿·舍利殿·羅漢殿·大藏殿·祖師殿·觀音殿·彌陁殿·香積殿 등의 전과 影堂·西僧堂의 당이 있었다. 회암사는 아미타여래·관세음보살·나한 등을 동시에 받들고 있었음을 알 수 있다. 이것은 하나의 사원이 단일 신앙만을 표방 내지 강조하는 것이 아니었음을 보여 준다. 이것은 고려시기 단일 사원이 복합적인 불교신앙을 표방하고 있음을 제시하는 것이다.

4. 樓·門·院의 施設과 그 意味

사원에는 殿·閣·堂으로 표현되는 佛殿·僧堂과는 구별되는 여러 가지 다른 시설이 있었다. 이러한 시설은 불교신앙과는 다소 거리가 있는 것이기는 하지만, 고려시기 사원의 색다른 기능과 분위기를 알려 주는 것으로서 주목된다고 하겠다. 樓·門·院 등이 그러한 것에 속한다고 할 수 있다.

樓는 기단부를 형성하고 일정한 층을 두어 만든 건물을 가리킨다. 요즈음의 사원에도 그러한 樓가 많이 찾아지지만, 고려시기에는 사원마다 보편적으로 존재했던 것으로 보인다. 詩文 가운데는 樓에 올라, 혹은 누를 배경으로 작성된 것이 많다. 특별한 칭호 없이 다만 누라고 한 것은 생략

69) 韓宗愈, 「月光寺水軒次韻」『東文選』 권15(民族文化推進會 影印本 1冊, 289~290쪽).

70) 權近, 「題覺菴竹月軒」『陽村集』 권4(『韓國文集叢刊』 7冊, 43쪽).

71) 『新增東國輿地勝覽』 권30, 陜川郡 佛宇 內院寺.

72) 李穡, 「雲軒記」『牧隱藁文藁』 권6(『韓國文集叢刊』 5冊, 51쪽).

하고 누의 구체적인 이름을 전하는 것만을 정리하면 <표 5>와 같다.

〈표 5〉 樓의 稱號와 所屬 寺院

樓의 稱號	所屬 寺院(典據)
庫樓	檜巖寺(李穡, 「天寶山檜巖寺修造記」『牧隱藁文藁』 권2)
觀空樓	白華寺(禪院)(李齊賢, 「白華禪院政堂樓記」『益齋亂藁』 권6), 天德社(權近, 「次天德社觀空樓詩韻」『陽村集』 권7) * 白華寺와 天德社는 동일한 사원임
廣寒樓	大穴寺(吉再, 「金鼇山大穴寺廣寒樓」『東文選』 권22)
克復樓	湧珍寺(鄭道傳, 「登湧珍寺克復樓」『三峰集』 권2 ; 鄭道傳, 「無說山人克復樓記後說」『三峰集』 권4)
金鍾樓	金鍾寺(『新增東國輿地勝覽』 권4, 開城府上 佛宇 金鍾寺)
南樓	屈坡院(成石璘, 「次懷德屈坡院南樓詩韻」『獨谷集』 권상), 彌勒院(河崙, 「彌勒院記」『浩亭集』 권2) * 屈坡院과 彌勒院은 동일한 원임
多景樓	甘露寺(權漢功, 「甘露寺多景樓」『東文選』 15)
獨妙樓	龍藏寺(高淳謙, 「龍藏寺獨妙樓」『東文選』 권13)
萬景樓	白蓮社(『新增東國輿地勝覽』 권37, 康津縣 佛宇 白蓮社)
明遠樓	白蓮社(『新增東國輿地勝覽』 권37, 康津縣 佛宇 白蓮社)
般若樓	寶林寺(『新增東國輿地勝覽』 권27, 靈山縣 佛宇 寶林寺)
白雲樓	白雲菴(普愚, 『太古和尙語錄』 권상)
浮碧樓	永明寺(邢君紹, 「永明寺浮碧樓」『東文選』 14)
不毁樓	金剛社(『新增東國輿地勝覽』 권32, 金海都護府 佛宇 金剛社)
沙門樓	檜巖寺(李穡, 「天寶山檜巖寺修造記」『牧隱藁文藁』 권2)
西樓	普門社(朴孝修, 「普門社西樓」『東文選』 16), 靈通寺(釋月窓, 「靈通寺西樓次古人韻」『東文選』 16), 栢栗寺(『新增東國輿地勝覽』 권21, 慶州府 佛宇 栢栗寺)
先照樓	瑩原寺(『新增東國輿地勝覽』 권26, 密陽都護府 古跡 瑩原寺)
雙溪樓	淨土寺(『新增東國輿地勝覽』 권36, 長城縣 佛宇 淨土寺 ; 李穡, 「長城縣白巖寺雙溪樓記」『牧隱藁文藁』 권3)
嶺南樓	嶺南寺(『新增東國輿地勝覽』 권26, 密陽都護府 樓亭 嶺南樓)
壯元樓	龍頭寺(安震, 「涵碧樓記」『東文選』 권68)
政堂樓	白華寺(禪院)(李齊賢, 「白華禪院政堂樓記」『益齋亂藁』 권6), 天德社(權近, 「次天德社觀空樓詩韻」『陽村集』 권7)
竹樓	嶺南寺(林椿, 「嶺南寺竹樓」『西河集』 권2), 奉嚴寺(林椿, 「次韻李相國題奉嚴寺竹樓」『西河集』 권3), 月燈寺(釋息影庵, 「月燈寺竹樓記」『東文選』 권65)
此君樓	普光寺(『新增東國輿地勝覽』 권17, 林川郡 佛宇 普光寺 ; 李穡, 「此

	君樓記」『牧隱藁文藁』 권1)
淸遠樓	禪源寺(釋達全, 「禪源寺淸遠樓」『東文選』 14)
枕碧樓	廬山寺(權漢功, 「廬山寺枕碧樓」『東文選』 10), 白蓮寺(『新增東國輿地勝覽』 권24, 安東大都護府 佛宇 白蓮寺)
虛白樓	白蓮社(『新增東國輿地勝覽』 권28, 尙州牧 山川 四佛山)
花萼樓	安和寺(崔讜, 「次扈從安和寺應製詩」『東文選』 권18)

여러 명칭의 樓 가운데 불교와 관련되는 것으로 여겨지는 것부터 보면, 우선 沙門樓를 들 수 있다. 沙門樓는 檜巖寺에서 확인되는데, 沙門은 부지런히 닦아서 煩惱를 쉬게 한다는 뜻으로 보통 출가한 자를 일컫는다.[73] 觀空樓는 白華寺에서 확인되는데, 승려인 雲叟가 기문을 지은 바 있다. 관공이란 諸法의 空相을 觀照하는 것을 말한다.[74] 그리고 般若樓는 寶林寺에서 보이는데, 般若는 慧·明·智慧를 가리킨다. 법의 實다운 이치에 契合한 최상의 智慧를 말한다. 이 반야를 얻어야만 成佛하며, 반야를 얻은 이는 부처님이므로 반야는 모든 부처님의 스승 또는 어머니라 일컬으며 또 이는 법의 如實한 이치에 계합한 平等·絶對·無念·無分別일 뿐 아니라 반드시 相對 差別을 觀照하여 중생을 교화하는 힘을 가지고 있는 것이 특색이다.[75]

이상의 사문루·관공루·반야루는 불교에서 온 것이 분명하다. 그밖에 불교에서 온 것으로 추측되는 예도 있다. 獨妙樓·虛白樓·不毁樓가 그것이다. 獨妙樓는 龍藏寺에서 볼 수 있는데, 독묘란 홀로 뛰어난 것을 의미한다.[76] 虛白樓는 白蓮社에서 보이는데, 허백은 虛室生白의 준말로 妄想이 없어지면 道를 깨달을 수 있다는 말이다.[77] 不毁樓는 金剛社에서 보이는데, 불훼란 헐뜯지 않는 것을 가리킨다.[78] 그렇지만 이 3개

73) 『韓國佛敎大辭典』 3冊, 66~67쪽.
74) 『韓國佛敎大辭典』 1冊, 244쪽.
75) 『韓國佛敎大辭典』 2冊, 367쪽.
76) 『韓國佛敎大辭典』 1冊, 791쪽.
77) 『韓國佛敎大辭典』 7冊, 131쪽.

의 누를 불교에서 온 것으로 단정하는 것은 무리다.

불교적인 명칭의 樓보다는 자연경관을 고려한 명칭을 가진 누가 더 일반적이다. 淸遠樓는 禪源寺에서, 浮碧樓는 永明寺에서, 多景樓는 甘露寺에서 볼 수 있는데 이 누는 모두 자연경관과 관련된 것으로 보아야 할 것이다. 萬景樓와 明遠樓는 白蓮社에서, 白雲樓는 白雲菴에서 찾아지는데 이들 누도 역시 자연경관과 깊은 관련이 있다고 볼 수 있다. 雙溪樓는 淨土寺에서 확인된다. 쌍계루는 두 계류가 합쳐지는 곳에 세웠으며, 그 누에 걸터 앉으면 누의 그림자와 물빛이 서로 비쳐 좋은 경치를 이루고 있다.[79]

竹樓는 嶺南寺·奉嚴寺·月燈寺에서 볼 수 있고, 此君樓는 普光寺에서 확인된다. 차군이란 곧 대나무를 의미하는데,[80] 차군루는 普光長老 南山公이 李穡에게 樓의 기문을 요청하였다. 그런데 이 차군루에는 많은 승려와 儒者가 올랐다고 한다.[81]

枕碧樓는 廬山寺와 白蓮寺에서 찾아지고, 西樓는 普門社와 靈通寺·栢栗寺에서, 南樓는 屈坡院(=彌勒院)에서 확인할 수 있다. 庫樓는 檜巖寺에서, 金鍾樓는 金鍾寺에서, 廣寒樓는 大穴寺에서, 花萼樓는 安和寺에서, 嶺南樓는 嶺南寺에서, 先照樓는 瑩原寺에서, 壯元樓는 龍頭寺에서 각각 확인할 수 있다.

克復樓는 湧珍寺에서 확인된다. 극복이라는 말은 克己復禮라는 유교적 표현에서 온 말이다. 따라서 불교적인 성격보다는 오히려 유교적인

78) 『韓國佛教大辭典』 2册, 830쪽.
79) 李穡, 「長城縣白巖寺雙溪樓記」 『牧隱藁文藁』 권3(『韓國文集叢刊』 5册, 25쪽).
80) 『大漢和辭典』 6册, 680쪽.
檀國大東洋學硏究所, 2000, 『漢韓大辭典』 7册, 810쪽에서도 동일하게 뜻풀이하였다. 晉의 王徽之가 대나무를 가리키며, "하루도 차군없이 지낼 수 없다."고 한 고사에서 유래한 말이라고 하였다.
81) 李穡, 「此君樓記」 『牧隱藁文藁』 권1(『韓國文集叢刊』 5册, 3~4쪽). "自吾樓成年已一紀餘矣 今陟降于斯樓者 儒幾耶 釋幾耶".

성격을 다분히 담고 있는 칭호라고 할 수 있다. 政堂樓는 白華寺(=天德社)에서 확인되는데, 政堂 韓宰相이 이 樓 위에 올랐기 때문에 그렇게 이름하게 되었다고 한다.[82]

樓의 이름을 보면 沙門樓·觀空樓·般若樓는 불교적인 이름임을 알 수 있지만, 불교와 거리가 있어 보이는 이름도 상당하다. 특히 자연 경관과 관련한 칭호들이 많음이 주목된다. 雙溪樓·萬景樓·多景樓·淸遠樓·竹樓 등은 자연 경관과 직접 관련한 누라고 할 수 있다. 이러한 이름의 누가 많다는 것은, 누의 주 기능이 자연 풍광을 음미하고 즐기는 것이기 때문으로 이해된다. 이렇기 때문에 누에 올라 혹은 누를 배경으로 시구를 지을 수 있었던 것이다.

그리고 樓의 이름은 각 사원마다 상이하였으며, 동일한 이름의 누를 가지고 있는 사원이 별로 없다. 그것은 누가 불교와 관련하지 않고 지형적 특징을 강하게 반영하고 있기 때문으로 이해된다. 西樓·南樓 등 방향을 지칭하는 이름을 가진 누는, 특정한 의미보다는 경관을 즐기는 용도로 만들어졌다고 보인다.

李齊賢이 白華禪院 觀空樓의 詩에 次韻하여 쓰는 것은 그러한 누의 기능을 보여준다.[83] 鄭道傳도 克復樓에 올라 시를 쓰고 있다.[84] 權近이 靈通寺樓를 소재로 하여 시를 쓴 것도[85] 영통사의 누에 올랐다는 사실을 전제로 하였을 것이다.

하나의 사원에는 보통 1개의 누가 있는 것이 보이지만, 두 개 이상의 누를 가지고 있는 사원도 있다. 白蓮社의 경우 萬景樓와 明遠樓 2개의 누를 보유하고 있고, 白華寺의 경우 觀空樓와 政堂樓 2개의 누를 가지

---

82) 李齊賢, 「白華禪院政堂樓記」『益齋亂藁』 권6(『韓國文集叢刊』 2冊, 554쪽).
83) 李齊賢, 「寄題白花禪院觀空樓次韻」『益齋亂藁』 권3(『韓國文集叢刊』 2冊, 528쪽).
84) 鄭道傳, 「登湧珍寺克復樓」『三峰集』 권2(『韓國文集叢刊』 5冊, 313쪽).
85) 權近, 「題靈通寺樓」『陽村集』 권8(『韓國文集叢刊』 7冊, 96쪽).

고 있다. 그리고 서루와 남루를 가지고 있는 사원은 다른 위치에 누를 보유하고 있었을 것으로 추정된다.

院의 경우는 흔히 누가 시설되어 있었다. 觀音院[86]·犬灘院[87]·沙平院[88]·屈坡院(=彌勒院)[89]·兜率院[90]·滅浦院[91]·宣孝院[92] 등에서 확인할 수 있다. 이 樓는 불교적인 시설이기보다는 쉬는 공간으로서 기능을 담당하였다.

이 누와 비슷한 성격의 亭이 부속되어 있는 경우도 있다. 즉 崇壽院 西亭,[93] 禪月寺 四凉亭,[94] 元興寺의 林亭,[95] 安國寺의 松亭[96] 등이 그것이다. 그리고 김해의 懸鐘院에도 앞에 亭이 있어 "置床茵 以備休息之所"하였으며,[97] 紫燕島에 소재한 濟物院에도 亭이 있었다.[98] 安和寺에는 安和泉亭과 漣漪亭이 있었다.[99]

그리고 사원에는 통상 門이 있었다. 본 법당에 들어가기에 앞서 문을 경유해야 하였다. 그러한 것은 安和寺에서 구체적으로 확인할 수 있다.

---

86) 林椿, 「次韻金蘊觀音院」『西河集』 권2(『韓國文集叢刊』 1冊, 221쪽).
87) 權近, 「犬灘院樓記」『陽村集』 권12(『韓國文集叢刊』 7冊, 140~141쪽).
88) 李奎報, 「題沙平院樓」『東國李相國集全集』 권10(『韓國文集叢刊』 1冊, 396쪽).
89) 成石璘, 「次懷德屈坡院南樓詩韻」『獨谷集』 권上(『韓國文集叢刊』 6冊, 87쪽) ; 河崙, 「彌勒院記」『浩亭集』 권2(『韓國文集叢刊』 6冊, 468~469쪽) ; 『新增東國輿地勝覽』 권18, 懷德縣 驛院 彌勒院.
90) 金富軾, 「兜率院樓」『東文選』 권12(民族文化推進會 影印本 1冊, 260쪽).
91) 李詹, 「宿滅浦院樓」『東文選』 권17(民族文化推進會 影印本 1冊, 313쪽).
92) 李詹, 「題宣孝院樓」『東文選』 권17(民族文化推進會 影印本 1冊, 313쪽).
93) 『高麗史』 권18, 世家18 毅宗 22년 3월, 上冊, 381쪽.
94) 李藏用, 「禪月寺四凉亭次韻」『東文選』 권14(民族文化推進會 影印本 1冊, 278쪽).
95) 冲止, 「遊元興寺林亭」『圓鑑國師歌頌』(『韓國佛教全書』 6冊, 374쪽).
96) 李穡, 「記安國寺松亭看雨」『牧隱藁詩藁』 권9(『韓國文集叢刊』 4冊, 74쪽).
97) 李奎報,「懸鐘院重創記」『東國李相國集全集』 권24(『韓國文集叢刊』 1冊, 542쪽).
98) 李奎報, 「與忠原崔書記仁恭遊紫燕島濟物院亭…」『東國李相國集全集』 권15(『韓國文集叢刊』 1冊, 449쪽).
99) 『高麗圖經』 권17, 靖國安和寺 ; 李奎報, 「安和寺漣漪亭」『東國李相國集後集』 권1(『韓國文集叢刊』 2冊, 141쪽).

각 사원마다 여러 개의 문을 가지고 있었으리라 여겨지나, 그 자세한 이름을 모두 남기고 있는 예는 많지 않다. 神通門(演福寺),[100] 雨花門(星龍寺·皇龍寺)이[101] 보인다. 神勒寺에는 三門과 涅槃門이 있는 것이 확인된다.[102] 안화사는 安和門·紫翠門·神護門·神翰門·善法門·孝思門·尋芳門·凝祥門·嚮福門 등 문이 많다.[103] 수선사에는 沙門·外樓門·甲門·丙門이 보인다.[104] 신통문·우화문·열반문은 불교와 관련된 의미를 포함하고 있는 것으로 보이지만, 안화사에서 확인되는 문은 선법문을 제외하고는 거의 다 불교와는 관계가 먼 것으로 파악된다. 현재의 사원에서 흔히 볼 수 있는 四天王門·仁王門·解脫門·金剛門 등의 호칭이 보이지 않는다.

사원이 별도의 院을 거느리고 있는 예가 매우 많았다.[105] 원은 대개의 경우 본 사찰과 독립해 공간적으로 구획지어 있었다. 원을 부속시키고 있는 대사원의 경우는 본사와는 분리 독립한 원의 공간을 갖추고 있었다. 이러한 배치는 삼국 및 후기신라의 가람 배치와는 상당한 차이를 보이는 것이라 할 수 있다.

金堤 金山寺에는 廣敎院과 奉天院이[106] 확인된다. 광교원의 경우 "筆刻彫經板 置于院 院之中 別造金堂一所"하였고, 봉천원의 경우 "師於寺之奉天院 深夜看經"하였다. 즉 광교원에는 경판을 새겨 두고 있었

100) 『新增東國輿地勝覽』 권21, 開城府 佛宇 演福寺.

101) 崔鴻賓, 「題星龍寺雨花門」 『東文選』 권19(民族文化推進會 影印本 1冊, 332쪽) ; 『新增東國輿地勝覽』 권21, 慶州府 古跡 皇龍寺.

102) 李穡, 「普濟尊者諡禪覺塔銘幷序」 『牧隱藁文藁』 권14(『韓國文集叢刊』 5冊, 120~122쪽).

103) 『高麗圖經』 권17, 靖國安和寺.

104) 노명호외, 2000, 『韓國古代中世古文書硏究』 上, 「修禪社形止案(1230년)」, 374~376쪽.

105) 拙稿, 1998, 앞의 논문.

106) 李智冠譯註, 1996, 『歷代高僧碑文(高麗篇 3)』, 「金溝金山寺慧德王師眞應塔碑文(1111년)」, 20~32쪽.

고, 별도로 금당 1곳을 만들었다는 것이다. 또 봉천원에서 혜덕왕사가 심야에 간경하고 있었다는 것이다. 본사에 부속된 원의 경우 독자적인 공간을 확보하고 불전을 갖추고 있었음을 알 수 있다.

奉先弘慶寺에는 廣緣通化院이 시설되어 있었다. 홍경사에는 법당·불전·대문·행랑 등 모두 200여 칸이 있었는데, 그에 부속한 廣緣通化院의 경우 본사의 서쪽에 있었으며 80칸에 이르는 큰 규모였다. 광연통화원은 客館으로 지은 것인데, 겨울에 사용될 따뜻한 온돌방과 여름에 사용할 널찍하고 시원한 방이 갖추어져 있었다.[107)]

興王寺에는 弘教院(弘眞院으로 改額)[108)]·薦福院[109)]·大施院[110)]·興教院[111)]·感德院[112)]·正覺院과 無相院이[113)] 속하고 있었다. 興王寺는 華嚴宗의 사원으로 文宗代 조성되었으며, 규모는 2,800칸에 이르렀고 거처하는 僧侶는 1,000명에 달하였다.[114)] 사원의 주위에는 城을 축조하였다.[115)] 홍교원 내에는 殿堂·廊廡 등 160楹에 이르는 시설이 있었다. 院 하나의 규모가 160칸에 이르고 있으며, 그 중에 전당으로 표현되는 佛殿이 있었던 것이다. 홍교원에서 미루어 홍왕사 내의 다른 원들도

---

107) 崔冲, 「奉先弘慶寺記」『東文選』 권64(民族文化推進會 影印本 2冊, 397~398쪽).
108) 『高麗史』 권18, 世家18 毅宗 10년 4월 甲午, 上冊, 366쪽 ; 金富軾, 「興王寺弘教院華嚴會疏」『東文選』 권110(民族文化推進會 影印本 3冊, 363~364쪽).
109) 『高麗史』 권15, 世家15 仁宗 6년 3월 庚寅, 上冊, 312쪽 ; 『高麗史』 권16, 世家16 仁宗 16년 8월 壬戌, 上冊, 342쪽 ; 李智冠譯註, 1996, 『歷代高僧碑文(高麗篇 3)』, 「開城靈通寺大覺國師碑文(1125년)」, 130쪽.
110) 『高麗史』 권12, 世家12 睿宗 3년 9월 甲戌, 上冊, 257쪽.
111) 李穀, 「興王寺重修興教院落成會記」『稼亭集』 권2(『韓國文集叢刊』 3冊, 112~113쪽).
112) 李智冠譯註, 1996, 『歷代高僧碑文(高麗篇 3)』, 「洪圓寺廣濟僧統聰諝墓誌銘(1139년)」, 220쪽.
113) 李智冠譯註, 1996, 『歷代高僧碑文(高麗篇 3)』, 「開城靈通寺大覺國師碑文(1125년)」, 130쪽.
114) 『高麗史』 권8, 世家8 文宗 21년 정월, 上冊, 176쪽.
115) 『高麗史』 권8, 世家8 文宗 24년 6월, 上冊, 179쪽.

규모가 상당하였을 것으로 보인다. 이 원은 하나의 독립한 공간이었기에, 홍왕사는 여러 분리 독립한 공간으로 구성되어 있었음을 알 수 있다. 또 국왕의 영정을 모신 眞殿을 寺內에 두고 있었다. 이러한 사실은 興王寺址에 대한 보고서에서도 확인할 수 있다.[116]

歸法寺에는 普光院이,[117] 佛恩寺에서는 菩提院이,[118] 崇教寺에는 經院이,[119] 靈通寺에는 敬先院[120]·善炤院[121]·重閣院[122]·普炤院이,[123] 龍興寺에는 德賢院이,[124] 醫王寺에는 寺家院이,[125] 慈雲寺에는 善積院이,[126] 眞觀寺에는 道樹院이[127] 있었던 것이 보인다. 玄化寺에는 長興院[128]·上淸院[129]·安性院이[130] 있었으며, 東西 兩院으로 지칭되는 예도 보인다.[131]

樓와 門은 이처럼 사원 내에 시설되어 있지만 칭호에서 볼 때 불교와

---

116) 黃壽永, 1959, 「高麗興王寺址의 調査」『白性郁博士頌壽記念佛教學論文集』 참조.
117) 『高麗史』 권18, 世家18 毅宗 20년 11월 丙午, 上册, 378쪽.
118) 金龍善編著, 2001, 『高麗墓誌銘集成』, 「崔允儀墓誌銘(1162년)」, 199쪽.
119) 金龍善編著, 2001, 『高麗墓誌銘集成』, 「朴脩墓誌銘(1156년)」, 153쪽.
120) 李智冠譯註, 1996, 『歷代高僧碑文(高麗篇 3)』, 「開城靈通寺大覺國師碑文(1125년)」, 130쪽.
121) 위와 같음.
122) 위와 같음.
123) 李智冠譯註, 1996, 『歷代高僧碑文(高麗篇 3)』, 「正覺僧統靈炤墓誌銘(1188년)」, 376쪽.
124) 金龍善編著, 2001, 『高麗墓誌銘集成』, 「元沆墓誌銘(1149년)」, 109쪽.
125) 金龍善編著, 2001, 『高麗墓誌銘集成』, 「崔士威廟誌銘(1075년)」, 26쪽.
126) 金龍善編著, 2001, 『高麗墓誌銘集成』, 「崔思諏墓誌銘(1116년)」, 38쪽.
127) 李穡, 「題眞觀寺道樹院記後」 『牧隱藁詩藁』 권14(『韓國文集叢刊』 4册, 154쪽).
128) 『高麗史』 권18, 世家18 毅宗 20년 6월 壬午, 上册, 378쪽.
129) 李智冠譯註, 1996, 『歷代高僧碑文(高麗篇 3)』, 「正覺首座義光塔誌銘(1158년)」, 327쪽.
130) 李智冠譯註, 1996, 『歷代高僧碑文(高麗篇 3)』, 「證智首座觀奧墓誌銘(1158년)」, 337쪽.
131) 『高麗史』 권18, 世家18 毅宗 13년 3월 乙亥, 上册, 370쪽.

는 거리가 있는 것이 매우 많았다. 그것은 누와 문을 사용하는 층이 승려가 아닌 수가 많았고, 또 그 시설이 담당하는 기능이 불교적인 것과 거리가 있었기 때문으로 볼 수 있다. 또 원이 사원에 부속되어 존재한 것도 주목된다. 원은 보통 본사와 공간적으로 구분되어 위치하였으며, 이 점이 고려시기 사원의 배치를 특이하게 만들었다.

5. 結 語

문헌자료를 토대로 가람의 구성과 특징, 각 건물의 칭호를 검토하였다. 나아가 칭호를 분석하여 당시의 신앙 내용을 살펴보기도 하였다. 오늘날 가람의 칭호·배치와는 상당한 차이가 있음을 확인할 수 있었다.

고려시기 불교의 신앙내용이 복잡화·다양화하고 사원이 담당하는 기능이 확대되면서 가람의 구성도 복합적인 것으로 되었다. 佛을 봉안한 佛殿·法堂·佛堂이 존재하였고, 승려와 관련한 僧房·僧廡·僧堂·僧寮라 불리는 건물이 있었으며, 주지의 거처는 특별히 方丈이라 일컬어졌다. 속인이 유숙하는 시설로 客館·客室·賓館이라 불리는 시설이 마련되었으며, 승려와 속인에게 음식을 제공하는 부엌이 존재하였고, 곡물이나 소요품을 보관하는 창고, 그리고 浴室을 갖추고 있었다. 亡者를 위한 시설로 影堂·眞殿이 있었다. 사원과 승려가 사용하거나, 혹은 사원을 찾는 속인이 타고 온 말을 기르고 매어 두는 시설로서 마구간이 설치되어 있었다. 樓가 보이고 연못 시설이 갖추어진 점, 회랑으로 추측되는 건물이 있던 점, 그리고 담장의 존재는 고려적인 사원의 가람 모습을 알려주는 것이라 하겠다. 사원마다 규모에, 또 가람의 구성에서 상당한 차이가 있었을 것으로 보이는데, 庵으로 불리는 가람은 규모가 작았다.

신앙내용을 살펴보기 위해 殿閣의 칭호를 검토하였다. 佛과 관련된 것은 殿, 승려와 관련된 것은 堂이라 불리는 것이 일반적이었다. 전의 칭호에는 석가여래와 관련한 能仁殿·舍利殿·大藏殿, 아미타여래를 봉안한 無量壽殿·彌陀殿, 비로사나불을 봉안한 毘盧殿의 존재를 확인할 수 있었다. 그리고 지장보살을 모신 地藏殿, 관세음보살을 모신 觀音殿, 미륵보살을 모신 彌勒殿도 찾을 수 있었다. 석가의 제자를 받드는 羅漢殿이 존재하였고, 그밖에 帝釋殿·祖師殿이 보이며, 說法殿·香積殿·香爐殿·寶育殿·普光殿·珊瑚殿·藥師殿을 확인할 수 있었다. 현재의 사원에서 흔히 볼 수 있는 大雄殿·大雄寶殿·極樂殿·大寂光殿·冥府殿은 찾을 수 없었다. 각으로 불리는 건물은 별로 없었는데, 다만 불교와 관련한 것으로 觀音閣·大藏閣이 확인된다. 당은 승려와 관련한 건물을 지칭하였다. 그러나 大藏堂·慈氏堂·十王堂·羅漢堂·水陸堂은 불교와 깊은 관련을 갖는 것이었지만, 여래 급의 불상을 보신 건물을 당으로 일컫는 일은 없었다. 기타 海藏堂·善法堂·無無堂·釣賢堂·海雲堂, 그리고 影堂·祭堂이 찾아진다. 역시 당의 격이 전보다 낮음을 확인할 수 있다. 당은 기본적으로 승려의 거주 공간이었을 것으로 보인다. 당과 전으로 함께 호칭되는 예로는 대장전과 대장당, 미륵전과 자씨당, 나한전과 나한당이 있었다. 그밖에 寮·房·軒으로 불리는 건물도 확인할 수 있었다. 하나의 사원에 하나의 칭호만을 갖는 전·당이 있는 것은 아니었다. 하나의 사원 내에 아미타여래·석가여래·관세음보살·지장보살·미륵보살·나한 등이 동시에 받들어지고 있었다. 현재에 보이는 山神閣·七星閣·三聖閣·獨聖閣은 찾아지지 않는다.

그리고 가람의 구성요소로 門·樓·院 시설도 주목된다. 樓의 호칭을 보면 불교와 관련된 것으로 보이는 것에는 般若樓·觀空樓·沙門樓 등이 찾아지지만, 대부분의 누는 불교보다 자연경관을 고려한 칭호를 갖고 있었다. 누에서는 휴식을 취하고 詩를 짓는 일이 많이 보였다. 누와 비슷한 성격의 亭을 가지고 있는 사원도 있었다. 누를 갖는 사원이 많이 보여 당시 사원의 분위기를 파악하는 데 시사를 준다. 문의 칭호에는 神通門·雨花門·涅槃門 등은 불교적인 호칭이지만 비불교적인 호칭을 가진 것이 다수 보인다. 문이 갖는 상징적인 의미가 지금과는 차이가 크지 않았나 생각된다. 客館시설로서 院을 附屬시킨 사원이 많이 보였다. 특히 개성 주변의 큰 사원의 경우 원을 부속시키고 있었다. 원으로 불리는 공간은 本寺와 공간적으로 독립되어 있어 독특한 가람배치의 모습을 보여준다.

이 글은 현전하는 문헌자료를 기초로 살펴본 것이다. 새로운 자료의 추가는 이상의 내용에 일정한 수정을 불가피하게 할 것으로 보인다. 현재의 사원의 가람구조와 많은 차이가 있었음을 알 수 있고, 신앙내용에서도 큰 차이를 확인할 수 있었다. 완벽한 자료를 기초로 한 성과는 아니지만, 이상의 내용을 통해 당시 가람의 일반적인 경향은 엿볼 수 있다고 생각한다.

제4부

寺院, 僧侶와 地理

제1장 高麗時期 院의 造成과 機能

1. 序 言

고려시기 불교계는 사회 경제적으로 상당한 지위를 차지하고 있었다. 사원은 막대한 경제력을 보유하였으며, 승려들의 사회적 지위는 높아 尊崇되고 우대받았다. 불교계는 또한 사람의 이동이나 物貨의 유통과 깊이 연결되고, 그것을 일정하게 관장하고 있었다.

불교계가 인적·물적 교류를 관장하는 장소로서 주목되는 곳은 院이다.[1] 원은 사찰이 전국적으로 분포하고 불교계가 사회적 영향력을 크게

---

1) 院은 원래 담장이 있는 宮室, 宮掖, 庭園, 官廨, 佛寺, 道觀 등을 뜻하는 말이다(『大漢和辭典』 11冊, 832~833쪽). 고려시기에도 원은 이러한 字意에 따라 궁실을 지칭하기도 하였으며, 관서를 가리키기도 하였다. 延慶院·貞和院은 궁실을 가리키며, 『高麗史』 百官志의 內職條에 "國初未有定制 后妃而下 以某院某宮夫人爲號 … 靖宗以後 或稱院主院妃 或稱宮主 文宗定官制 貴妃淑妃德妃賢妃 並正一品"(『高麗史』 권77, 志31 百官2 內職, 中冊, 688쪽)에 보이는 원도 궁실을 지칭한다. 內侍院·中樞院·光文院·同文院·資政院 등은 관서를 가리키는 예라 하겠다. 『高麗史』 百官志 序文에서 成宗代에 "定內外之官 內有省部臺院寺司館局 外有牧府州縣"(『高麗史』 권76, 志30 百官1 序文, 中冊, 656쪽) 하였다는 데에 보이는 원은 관서를 지칭하는 것이다. 원을 佛寺를 지칭하는 경우에 한정해 보면, 불교에 관한 건물을 원으로 처음 칭한 것은 唐 貞觀 19년(645)이고, 唐末에 이르러 寺를 院으로 칭하는 일이 많아졌다고 하며, 宋에 이르러 官立의 大寺에 院이라는 이름을 사여한 예도 보인다(『望月佛敎大辭典』 1冊, 172~ 173쪽). 본고에서는 불교와 관련한 원을 주목할 것이며, 그 중 '－禪院'으로 표기된

발휘하던 고려시기에 발달하였다. 원에 대한 자세한 내용은 조선전기에 편찬된 『新增東國輿地勝覽』 驛院條를 통해 알 수 있다. 『新增東國輿地勝覽』에는 원에 관해 각 군현별로 소재읍과의 거리가 기록되어 있으며, 詩文이나 記文이 부가되어 있다. 역원조에 기재되어 있는 데서 알 수 있듯이, 조선전기의 원은 역과 더불어 국가가 파악하여 관리 운영하였다. 이 조선전기의 원에 관해서는 院主·院田, 원의 운영과 기능, 원의 위치 등이 검토되었다.[2] 그렇지만 고려시기의 원에 관해서는 조선초기의 원을 다루면서 부분적으로 언급했을 뿐, 본격적인 연구가 이루어지지 못하였다.[3]

고려의 원은 설립 운영이나 성격에서 조선전기의 원과는 상당히 달랐다. 고려시기의 원은 불교계와 깊이 연결되어 운영되었는데, 교통로상에 위치하고 있으면서 行旅들에게 숙식을 제공하고 우마에게는 꼴을 공급하였다. 원을 통해서 불교계는 행려와 자연스럽게 접할 수 있었으며, 그 만남을 통해 인적·물적 이동과 교류를 파악할 수 있었다.

본고에서는 당시 사람이 먼 거리를 이동할 때 이용하던 원이 불교계와 깊은 연관을 맺은 사실을 중심으로 검토하고자 한다. 원을 조성하는 주체, 원의 운영, 원이 위치한 곳의 지리적 특징, 원이 수행했던 기능을 종합적으로 살펴보고, 고려말 원의 운영이 동요하는 모습과 조선초 국가가

것은 생략하고자 한다.

2) 조선시기의 원에 대해서는 다음의 글이 참고된다. 崔在京, 1975, 「朝鮮時代 院에 대하여」 『嶺南史學』 4 ; 崔永俊, 1990, 『嶺南大路』, 高麗大民族文化研究所, 267~288쪽 ; 韓嬉淑, 1992, 「朝鮮初期의 院主」 『西巖趙恒來教授華甲紀念韓國史學論叢』 ; 崔孝軾, 1997, 「朝鮮初期의 院 經營에 관한 考察」 『竹堂李炫熙教授華甲紀念韓國史學論叢』.

3) 고려시기의 院에 대해서는 다음의 논문이 참조된다. 金相鉉, 1981, 「麗末鮮初 佛教界의 院 經營」 『第24回全國歷史學大會發表要旨』, 81~85쪽 ; 鄭枖根, 2008, 『高麗·朝鮮初의 驛路網과 驛制 研究』, 서울대박사학위논문, 86~90쪽 ; 拙著, 2008, 『高麗後期 寺院經濟 研究』, 景仁文化社, 92~101쪽.

불교계를 대신하여 원을 장악하는 계기와 과정을 파악하고자 한다.

2. 院의 造成과 運營

고려시기에 원은 불교계와 밀접한 관련을 맺으면서 다수 건립되었다. 사찰은 승려가 수행하는 곳이고, 신도가 찾는 장소이며, 또한 각종 불교 행사가 設行되는 곳이었다. 이에 반해 원은 승려의 수행보다는 社會접촉 창구로서 마련된 것이었다. 그러나 원은 불교시설의 하나이기 때문에, 그 조성이나 운영은 일반 사찰과 크게 다르지 않았다.

원은 다양한 주체에 의해 조성되었다. 원은 불교계와 관련한 것이므로, 조성하는 주체에서도 불교계가 중요한 비중을 차지하고 있었으나, 속인이나 국가가 앞장서서 세운 경우도 적지 않았다. 후자의 경우에도 조성의 과정이나 조성 이후의 운영에서는 불교계가 중심이 되었다. 顯宗代에 세워진 廣緣通化院은 국왕이 심혈을 기울여 지은 것이었다. 현종은 승려인 逈兢 등에게 사찰을 세울 것을 명하고, 姜民瞻 등에게 그 일의 감독을 맡도록 하였다. 사찰로서 奉先弘慶寺를 먼저 조성하고 그 서쪽에 광연통화원을 세웠다.[4] 국가적 차원의 지원에 힘입어 조성한 것이었기에, 당연히 농민의 使役, 匠人의 동원이 수반되었다.

> 庀徒勿奪於農時 程物免煩於公帑 陶人施瓦 木客供材[5]

농민을 사역하였지만 농사짓는 일에 방해가 되지 않도록 농사철을 피

---

4) 봉선홍경사 및 광연통화원에 관해서는 다음의 글이 참조된다. 朴洪培, 1984, 「弘慶寺創建의 思想的 意義」『慶州史學』 3 ; 李仁在, 2005, 「高麗前期 弘慶寺의 創建과 三敎共存論」『韓國史學報』 23 ; 강현자, 2006, 「高麗 顯宗代 奉先弘慶寺의 機能－<奉先弘慶寺碣記>를 中心으로－」『史學硏究』 84.

5) 崔冲, 「奉先弘慶寺記」『東文選』 권64(民族文化推進會 影印本 2冊, 397~398쪽).

하였고, 공적인 재정을 번거롭게 하지 않았으며, 또한 陶人·木客이 동원되었던 것이다.

이 봉선홍경사와 그 부속 광연통화원은 이후 건물이 오래되면서 수리할 필요가 있었는데, 이때에는 弘慶院이라고 지칭하였다. 이 홍경원이 仁宗年間에 수리된 것이 확인된다.

> 初李資謙用事 用山僧善謂言 修葺弘慶院 以僧正資富及知水州事奉佑 幹其事 發丁州縣 爲害甚巨[6)]

이자겸이 세력을 떨치던 때에, 산승 선서의 말을 받아들여 홍경원을 修葺하였는데, 僧正인 資富와 知水州事인 奉佑가 일을 관장하였으며, 州縣에서 丁夫를 징발하여 해가 매우 컸다는 것이다. 이처럼 홍경원(광연통화원)은 국가 주도 하에 창건하였고, 이후의 수리에서도 지방관의 지원을 받았다. 그리고 지방민인들이 대거 동원되어 필요한 노동력을 제공하였다.

국가적 차원에서 조성이나 수리를 지원한 경우는 적지 않았을 것이다. 태조대에 창건된 神衆院과 外帝釋院은 국가의 지원을 받았을 것이며,[7)] 인종대 崇福院은 '命有司修葺崇福院'하였다는[8)] 데서 알 수 있듯이, 국가의 지원으로 수리되었다. 興王寺 내의 興敎院이나[9)] 弘敎院도 광연통화원과 비슷한 방식으로 조성되었을 것이다. 홍왕사는 문종의 적극적인 지원을 받아 창건되었으므로,[10)] 그 내에 있던 홍교원과 홍교원

---

6) 『高麗史節要』 권9, 仁宗 8년 7월, 亞細亞文化社 影印本(이하 같음), 248~249쪽.

7) 『高麗史』 권1, 世家1 太祖 7년, 亞細亞文化社 影印本(이하 같음), 上册, 42쪽.

8) 『高麗史』 권15, 世家15 仁宗 2년 6월 戊申, 上册, 302쪽.

9) 李穀, 「興王寺重修興敎院落成會記」 『稼亭集』 권2(『韓國文集叢刊』 3册, 112~113쪽).

10) 『高麗史』 권8, 世家8 文宗 12년 2월, 上册, 165쪽 ; 『高麗史』 권8, 世家8 文宗 12년 7월, 上册, 166쪽 ; 『高麗史』 권8, 世家8 文宗 21년 정월, 上册, 176쪽.

도 그러하였을 것이다. 일반 민인이 조성하는 역에 동원되었을 것은 당연한 일로 보인다. 弘敎院의 경우 의종이 後嗣가 없자 妃 김씨와 서약하여 만약 아들을 낳으면 金銀字華嚴經 4部를 이루리라 맹세하였는데, 元子가 태어나자 2부를 寫成하고 홍왕사의 홍교원을 補修하여 이곳에 보관하게 하였으며, 弘眞院이라 改額하였다.[11] 이때 홍교원의 보수에도 국가의 지원이 있었을 것이다.

승려 개인의 노력이 전제되어 창건된 원도 적지 않았다. 원이 불교시설물이기 때문에 당연한 일이었다. 聖壽院은 승려 覺倪가 창건하였으며,[12] 金山寺의 廣敎院은 慧德王師가 창건하였다.[13] 兼濟院은 대각국사가 門人에게 무너진 것을 새로이 하도록 하였으며,[14] 慈惠院은 어떤 승려가 영조하려 하였다. 승려가 자혜원을 영조하려고 江陰縣에서 伐材하자 監務 朴奉時가 이를 금하고 재목을 몰수하였는데, 이에 승려가 大將軍 大集成에게 청탁하였으나 박봉시가 따르지 않은 일이 있었다.[15] 승려가 원을 영조하는 경우에도 伐材하는 과정에서 민이 사역되었기에 감무가 금지한 것으로 보인다. 兜率院은 崇敎寺住持 僧統 弘闡이 門下侍中 邵台輔와 함께 發願하여 창건하였다.[16] 甫州의 頭川院은 屋宇가 퇴락하자, 명종 9년(1179)에 祖膺이 資嚴과 함께 材瓦를 갖추어 중수하였다.[17] 陰竹縣에 있던 黑石院은 焚蕩된 것을 본 조응이 縣吏에게 은

11) 『高麗史』 권18, 世家18 毅宗 10년 4월 甲午, 上册, 366쪽.

12) 『高麗史』 권18, 世家18 毅宗 20년 4월 甲申, 上册, 377쪽.

13) 李智冠譯註, 1996, 『歷代高僧碑文(高麗篇 3)』, 「金山寺慧德王師眞應塔碑(1111년)」, 25~26쪽.

14) 李智冠譯註, 1996, 『歷代高僧碑文(高麗篇 3)』, 「靈通寺大覺國師碑文(1125년)」, 125쪽.

15) 『高麗史節要』 권15, 高宗 15년 8월, 410쪽. “有僧將營慈惠院 伐材于江陰縣 監務朴奉時 禁之 官納其材 其僧托大將軍大集成 貽書以請 奉時不從 集成請 崔瑀送敎定所牒 又不從 集成慚恚 復訴於瑀 流奉時于遠地 時人莫不憤嘆”.

16) 金富軾, 「兜率院鍾銘幷序」 『東文選』 권49(民族文化推進會 影印本 2册, 174쪽).

17) 許興植編著, 1984, 『韓國金石全文(中世下)』, 「醴泉龍門寺重修碑(1185년)」, 874쪽.

9근 8량과 租 100석, 銀甁 1口를 주고서 중수를 부탁하였다.[18]

원은 불교적 시설이었지만,[19] 당시에 불교적 수행에 관심있던 俗人이 건립하는 경우도 있었다. 이 경우 조성한 속인이 거처하였지만, 승려와 다름없는 생활을 영위하였다. 李資玄이 거처하던 文殊院은 대표적인 사례였다. 문수원은 원래 광종 24년(973)에 禪師 永賢이 白巖禪院으로서 창건하였으며, 문종 23년(1068) 前左散騎常侍 知樞密院使 李顗가 春州道監倉使로 왔다가 백암선원의 옛터에 절을 짓고 普賢院이라 하였다. 그 뒤 이자현이 벼슬을 버리고 여기에 있으면서 원래의 산이름인 慶雲山을 淸平山으로 고치고, 원의 이름도 문수로 하였다.[20] 『高麗史』에는 이자현이

忽棄官 入春州淸平山 葺文殊院 居之 蔬食布衣 以禪道自樂[21]

하였다고 표현하였다. 이자현은 蔬食布衣하면서 禪道를 스스로 즐겨 승려와 다름없는 수행생활을 하고 있었던 것이다.[22] 이자현 이후 문수원은 승려들이 거처하면서 이어갔다.[23]

---

18) 위와 같음.

19) 『高麗史節要』 권13, 明宗 26년 4월, 358쪽에 보이는 普達院에서 단적으로 확인할 수 있다. "… 至榮 時以碧瀾江之普達院 爲願刹 欲跨江作橋 携妓往安西都護府 令吏民助其費 吏民畏禍 抽斂白金七十斤 與之 民不堪其弊 …".

20) 金富轍, 「淸平山文殊院記」 『東文選』 권64(民族文化推進會 影印本 2冊, 402~403쪽).

21) 『高麗史』 권95, 列傳8 李子淵附 資玄, 下冊, 123쪽.

22) 李資玄(1061~1125)은 당시 최대의 문벌귀족 가문인 仁州李氏 출신이었으며, 淸平의 文殊院에 거주하여 淸平居士라 自號하고, 佛理의 연구와 參禪의 생활로 일생을 보냈다(崔柄憲, 1983, 「高麗中期 李資玄의 禪과 居士佛敎의 性格」 『金哲埈博士華甲紀念史學論叢』).

23) 이 文殊院은 후대에 일반 사찰로 자리잡았지 원으로 변하지는 않았다. 『新增東國輿地勝覽』 권46, 春川都護府에서 驛院條가 아니라 佛宇條에 기재된 데서 분명하다. 문수원은 애초부터 본고에서 다루는 원과 성격을 달리하는 禪院의 성격

懸鐘院은 金海府吏가 가산을 털어 龜巖寺 승려에게 일을 담당하게 하여 鳩工庀材하여 一新하였다.[24] 개인이 지원한 것이었지만, 승려가 중수하는 일을 맡았으며, 이후 그 승려가 거처하였을 것으로 사료된다. 중수할 때 이미 '頹壞寖久'한 상태에 있었다는 데서 알 수 있듯이 이 현종원은 중수기가 만들어진 神宗 1년(1198)보다 앞선 시기에 조성되었음을 알 수 있다.

그밖에 俗人 개인이 원을 조성한 예로 李資諒의 경우를 들 수 있다. 이자량이 院館을 조성하면서 문제를 야기하자 당시 西海道按察使였던 崔奇遇가 奏하여 이를 금지시켰다. 이때 이자량은 원관을 조성하면서 吏民의 田園을 침탈하였고, 또 일을 주관하던 자가 이를 기화로 謀利하여 백성들에게 해를 끼쳤다.[25]

승려 개인이 원을 조성하는 경우에도 관의 지원을 받는 경우가 없지 않았으며, 이때에 민의 강제적인 使役이 동반되는 것이 흔하였을 것이다. 그러한 조성 과정 때문에 龍寶院의 경우 "功皆出於私營 力不借於官辦"하였다고[26] 특별히 자부하고 있다.

원은 이와 같이 여러 주체에 의해 조성되었으며, 그 조성방법도 단일하지 않았다. 대개의 경우 관의 지원이 수반되었다. 승려가 직접 개입하지 않는 경우도 있었지만, 이때에도 그 원은 승려가 거처하거나, 승려와 비슷한 생활을 하는 속인이 거주하였다.

원은 고려시기에 다수 조성되었지만, 후기신라시기에도 있었음이 확인된다. 眞如院·禪林院·修道院·雲上院·大櫓院이 그것이다. 진여원은 神龍 원년(705)에 개창되었고 오대산의 中臺 남쪽에 위치하였는데, 지

을 가지고 있었던 것으로 이해된다.

24) 李奎報, 「懸鐘院重創記」『東國李相國集全集』권24(『韓國文集叢刊』1冊, 542쪽).

25) 『高麗史』 권98, 列傳11 崔奇遇, 下冊, 189쪽.

26) 李奎報, 「龍寶院新創慶讚疏」『東國李相國集全集』권41(『韓國文集叢刊』2冊, 128쪽).

금의 상원사이다. 寶川과 孝明 두 태자가 오대산에서 수행하였을 때, 文殊大聖이 매일 새벽 진여원 자리에 나타났다. 효명이 뒤에 왕위에 오르고 나서 친히 문무백관을 거느리고 산에 이르러 殿堂을 세우고 아울러 문수대성의 泥像을 만들어 堂中에 奉安하였으며, 화엄경을 轉寫하였고, 이어 경제적 지원을 하였다.27) 이 진여원은 고려시기 숙박기능을 담당하던 원과는 그 성격이 다른 것으로 보아야 할 것이다. 선림원은 그 이름에서 알 수 있듯이, 선종계통의 사찰이기 때문에 원이라 칭한 것으로 보인다.28) 수도원은 眞空大師가 咸通 15년(874)에 具足戒를 받은 사찰이다.29) 진공대사가 선종계통의 승려이므로, 수도원도 선종계통의 사찰일 가능성이 커서 원으로 칭하지 않았을까 한다. 雲上院은 지리산에 있으며 玉寶高가 가야금을 50년간 배웠다는 곳인데,30) 많은 사람이 이용하던 원과는 거리가 먼 것으로 생각된다. 大櫓院은 慶州의 驛院條에 기재되어 있는 것으로 보아,31) 본고에서 살피는 원의 성격을 갖는다고 보아야 할 것이다. 대로원이라는 글자는 金生(711~791)이 쓴 것이라고 하여, 그가 활약하던 8세기에 조성되었을 가능성이 있다. 그렇다면 이 대로원이야말로 숙박기능을 가졌던 문헌상 확인되는 최초의 원이라고 이해된다. 그렇지만 숙박기능을 담당하던 원이 보편화되는 것은 고려시기에 이르러서라고 보아야 할 것이다.32)

---

27) 『三國遺事』 권3, 塔像4 臺山五萬眞身.

28) 더구나 선림원이라는 이름은 그 범종이 禪林院址에서 발견되었기 때문에 붙여진 것이어서(黃壽永編著, 1976, 『韓國金石遺文』, 一志社, 287쪽), 후기신라시기에 선림원이라 칭했는지도 의문스럽다. 종의 銘文에 원이라는 표현은 없고 寺라는 표현이 있음도 이를 뒷받침한다.

29) 李智冠譯註, 1994, 『歷代高僧碑文(高麗篇 1)』, 「豊基毗盧庵眞空大師普法塔碑文(939년)」, 103쪽.

30) 『三國史記』 권32, 雜志1 樂 玄琴.

31) 『新增東國輿地勝覽』 권21, 慶州 驛院 大櫓院. "在府南六里 有新羅金生大櫓院三大字".

32) 원과 구분해야 할 것에 禪院이 있다. 선원은 선을 닦는 사찰을 가리킨다. 敎는

고려초에 세워진 神衆院과 外帝釋院이 고려시기의 본격적인 원으로 보이지만, 이것은 불교의 특수 신앙을 표방하였기에 원이라는 이름이 붙여졌을 가능성이 크고, 여행자의 이용을 목적으로 세워진 것은 아니라고 이해된다. 고려전기 현종대에 세운 광연통화원(홍경원)이 고려시기 숙박 기능을 전담하기 위해 세워진 대표적인 사례로 볼 수 있다. 광연통화원 이후 여러 원들이 다양한 주체에 의해 세워지고 있다. 무인집권기에 頭川院·黑石院·懸鐘院 등이 중수되는 데서 알 수 있듯이 무인집권 이전 시기에 다수의 원들이 세워진 것이 분명한 것이다.

원은 대사찰의 관내에 세워지기도 하고, 대사찰에 부속하지 않고 하나의 독립한 사찰로서 세워지기도 하였다. 원이 사찰 내에 자리하고 있는 경우는 여러 예가 찾아진다. 광연통화원의 경우 봉선홍경사의 서쪽에 위치하였으며,[33] 홍왕사 내에는 興教院·薦福院·弘(洪)教院·大施院·感德院·正覺院·無相院이 있는 것이 확인되며,[34] 歸法寺 내에는 普光院

힘쓰지 않고 오로지 禪觀을 수행하는 사원을 의미한다. 선원은 唐 百丈懷海 때에 비로소 別置되었다. 뒤에 禪風의 발흥과 함께 점차 선원이 건립되기에 이르렀다. 특히 宋代이후에는 教·禪의 구별이 판연하여, 선원의 制度가 완전히 갖추어지게 되었다(『望月佛教大辭典』 3册, 2945쪽). 우리나라에서 선원은 선종의 도입 이후 보이기 시작하여 특히 신라말 고려초에 다수가 확인된다. 예컨대 聖靈禪院(『韓國金石全文』, 123쪽), 地藏禪院(『韓國金石全文』, 303쪽), 興法禪院(『韓國金石全文』, 311·313쪽), 境淸禪院(『韓國金石全文』, 313쪽), 黑巖禪院(『韓國金石全文』, 314쪽), 龜山禪院(『韓國金石全文』, 315쪽), 興寧禪院(『韓國金石全文』, 340쪽), 銀江禪院(『韓國金石全文』, 341쪽), 南福禪院(『韓國金石全文』, 370쪽), 舍那禪院(『韓國金石全文』, 340쪽), 高達禪院(『韓國金石全文』, 391쪽), 松溪禪院(『韓國金石全文』, 392쪽), 麗興禪院(『韓國金石全文』, 424쪽), 宿水禪院(『韓國金石全文』, 425쪽), 金光禪院(『韓國金石全文』, 465쪽) 등을 들 수 있다. 고려시기에도 선종 계통의 사찰을 종종 선원이라 지칭하는 경우가 있었다. 安和寺가 安和禪院으로 지칭되는 것이나, 舍那寺가 舍那禪院으로 표현되는 것이 그것이다.

33) 崔沖, 「奉先弘慶寺記」『東文選』 권64(民族文化推進會 影印本 2册, 397~398쪽).

34) 『高麗史』 권18, 世家18 毅宗 10년 4월 甲午, 上册, 366쪽 ; 『高麗史』 권12, 世家12 睿宗 3년 9월 甲戌, 上册, 257쪽 ; 『高麗史』 권15, 世家15 仁宗 6년 3월 庚寅, 上册, 312쪽 ; 李智冠譯註, 1996, 『歷代高僧碑文(高麗篇 3)』, 「靈通寺大覺

이 있었고,[35] 玄化寺 내에는 長興院·東西兩院·上淸院·安性院이 있었다.[36] 靈通寺에는 敬先院·重閣院·善炤院·普炤院이 있고,[37] 醫王寺 내에는 寺家院이 있었으며,[38] 佛恩寺 內에 菩提院이 있었다.[39] 開國寺의 南路에 있던 南溪院도[40] 개국사 소속으로 보인다. 원을 가지고 있는 사찰은 대개의 경우 대사찰로 개경 주변에 위치하였다. 그러나 외방의 큰 사찰도 원을 거느리고 있는 예가 보인다. 예컨대 김제에 위치한 金山寺에는 廣敎院과 奉天院이 있었다.[41] 그밖에 寺內에 院이 있는 예로는 善積院(慈雲寺),[42] 德賢院(龍興寺),[43] 經院(崇敎寺),[44] 道樹院(眞觀寺)[45] 등을 찾을 수 있다.[46]

國師碑(1125년)」, 130쪽 ; 李穀, 「興王寺重修興敎院落成會記」『稼亭集』 권2(『韓國文集叢刊』 3冊, 112~113쪽) ; 李智冠譯註, 1996, 『歷代高僧碑文(高麗篇 3)』, 「洪圓寺廣濟僧統聰諝墓誌銘(1139년)」, 220쪽.

35) 『高麗史』 권18, 世家18 毅宗 20년 11월 甲午, 上冊, 378쪽.

36) 『高麗史』 권18, 世家18 毅宗 20년 6월 壬午, 上冊, 378쪽 ; 『高麗史』 권18, 世家18 毅宗 13년 3월 乙亥, 上冊, 370쪽 ; 李智冠譯註, 1996, 『歷代高僧碑文(高麗篇 3)』, 「正覺首座義光墓誌銘(1158년)」, 327쪽 ; 李智冠譯註, 1996, 『歷代高僧碑文(高麗篇 3)』, 「證智首座觀奧墓誌銘(1158년)」, 337쪽.

37) 李智冠譯註, 1996, 『歷代高僧碑文(高麗篇 3)』, 「靈通寺大覺國師碑(1125년)」, 130쪽 ; 李智冠譯註, 1996, 『歷代高僧碑文(高麗篇 3)』, 「正覺僧統靈炤墓誌銘(1188년)」, 895쪽.

38) 金龍善編著, 2001, 『高麗墓誌銘集成』, 「崔士威廟誌銘(1075년)」, 502~505쪽.

39) 金龍善編著, 2001, 『高麗墓誌銘集成』, 「崔允儀墓誌銘(1162년)」, 199쪽.

40) 高裕燮, 1977, 『松都의 古蹟』, 悅話堂, 119쪽.

41) 李智冠譯註, 1996, 『歷代高僧碑文(高麗篇 3)』, 「金山寺慧德王師眞應塔碑(1111년)」, 26·29쪽.

42) 金龍善編著, 2001, 『高麗墓誌銘集成』, 「崔思諏墓誌銘(1116년)」, 38쪽.

43) 金龍善編著, 2001, 『高麗墓誌銘集成』, 「元沆墓誌銘(1149년)」, 109쪽.

44) 金龍善編著, 2001, 『高麗墓誌銘集成』, 「朴脩墓誌銘(1156년)」, 153쪽.

45) 李穡, 「題眞觀寺道樹院記後」『牧隱藁詩藁』 권14(『韓國文集叢刊』 4冊, 154쪽).

46) 개경 주위에 있는 대사찰에 이처럼 院이 부속한 경우가 많다. 이들 院 모두가 숙박기능을 하기 위한 것으로 볼 수는 없을 것이다. 예컨대 薦福院(興王寺)은 喪禮와 관련할 것 같으며, 興敎院·弘化院(興王寺)도 敎學의 기능을 주로 수행하였을 것으로 추측된다. 그렇지만 이들 원 중에는 홍경사의 광연통화원처럼 주로 숙박

대부분의 원은 이와는 달리 독립한 시설로서 자리하고 있었다. 이미 언급한 바 있는 용보원·현종원·두천원·흑석원·도솔원 등은 다른 寺內에 있지 않고, 하나의 독립한 사찰로 있었다.

원은 불교와 관련된 시설이지만, 사로 지칭되는 일반 사찰보다는 격이 떨어지는 것이 보통이었다. 그것은 寺內에 원이 있던 데서 분명한 것이다. 또한 원이 사로 승격되는 데서도 확인된다. 원이 사로 승격되는 경우는 臨津課橋院이 慈濟寺로,[47] 吳彌院이 宣孝寺로,[48] 崇福院이 興聖寺로 승격하는 예가 있다.[49] 원이 사로 승격되는 경우는 일차적으로 격의 상승이 있고, 규모의 확대도 동반되었을 것으로 보인다. 그것은 숭복원이 홍성사로 승격되는 데서 추측할 수 있다.

行崇福院 賜號興聖寺 設齋張樂 以落之 仍宴宰樞侍從官[50]

원에서 사로 賜號되면서 낙성식을 거행하는 것인데, 아마 낙성식을 거행할 만한 사유 즉 건물의 신축·확대가 동반되었을 것으로 여겨진다. 그리고 수행하는 기능에서도 변화가 있었을 것이다. 원과 사가 격에 있어서 차이가 있는 것이었지만, 서로 混稱되는 수도 있었다. 예컨대 弘慶寺가 弘慶院으로 일컬어진 경우가 있다.[51] 그러나 원의 내에 사찰을 세우는 예도 있어 사와 원이 일정하게 구분되고 있었음을 알 수 있다. 의종대에 吏部侍郎 韓靖이 仁濟院 중에 별도로 불우를 창건한 것은[52] 원

기능을 담당했던 원도 상당수 있었을 것으로 생각된다.

47) 『高麗史』 권6, 世家6 靖宗 11년 2월 戊子, 上冊, 138쪽.

48) 『高麗史』 권20, 世家20 明宗 11년 12월 壬子, 上冊, 406쪽.

49) 『高麗史』 권15, 世家15 仁宗 3년 3월 己亥, 上冊, 303쪽.

50) 위와 같음.

51) 『高麗史節要』 권9, 仁宗 8년 7월, 248~249쪽.

52) 『高麗史節要』 권11, 毅宗 19년 3월, 297쪽. "先時 吏部侍郎韓靖別創佛宇於仁濟院中 號祝釐之所 …".

과 일반 사찰이 구분되고 있음을 말해 준다.[53)]

원이 다수 건립되면서 사찰을 가리키는 용어에도 커다란 변화를 가져왔다. 불교가 수용된 이래로 불교의 시설물을 통상 사원으로 일컬어 왔다. 고려전기에도 여전히 사원이란 말이 널리 사용되고 있었으며, 佛宇라는 칭호도 쓰였다.[54)] 그러나 특정 기능을 수행하는 원이 차지하는 비중이 커져 가면서, 일반 사찰과 원을 구분하기도 하였다. 寺社와 院의 구분이 그것이었다. 고려 중기 이래 불교계에서 각종 결사가 유행하면서 社가 널리 쓰이기 시작하자 불교계의 사찰을 일컫는 말로서 寺社가 많이 사용되었다.[55)] 특히 원을 일반 사찰과 분리해서 지칭할 때, 일반 사찰은 흔히 사사로 불렀다. 그렇지만 여전히 사원으로 지칭하는 수도 적지 않았다. 그러나 조선초 원이 불교계와 분리되면서 사사라는 말이 흔히 사용되고 사원이라는 표현은 크게 감소하여 갔다.[56)] 아무튼 불교사찰로서 원이 일반 사찰과 구별되어 지칭되기 시작한 것은 원이 차지하는 비중이 크게 높아졌음을 단적으로 나타내는 것이라 하겠다.

---

53) 院이란 본질적으로 行旅와 관련된 것이다. 李詹이 「弘仁院記」에서 "褭君乍出乍入 若行旅之寄宿 故名之曰院"라고(李詹, 「弘仁院記」『東文選』 권77(民族文化推進會 影印本 2冊, 558쪽)) 하는 데서 분명하다.

54) 崔承老의 時務28條에서는 주로 寺院이라 표현하고 있지만, 佛宇라고 일컬은 경우도 확인된다. 사원이라는 표현은 여러 곳에 나오는데, 예컨대 "凡佛寶錢穀 諸寺僧人 各於州郡 差人句當 逐年息利 勞擾百姓 請皆禁之 以其錢穀 移置寺院田莊 若其主典 有田丁者 幷取之 以屬于寺院莊所 則民弊稍減矣"(『高麗史』 권93, 列傳6 崔承老, 下冊, 84쪽)에서 보이고, 佛宇라 지칭한 예는 "世俗 以種善爲名 各隨所願 營造佛宇 其數甚多 又有中外僧徒 欲爲私住之所 競行營造 普勸州郡長吏 徵民役使 急於公役 民甚苦之 願嚴加禁斷 以除百姓勞役"(『高麗史』 권93, 列傳6 崔承老, 下冊, 86쪽)을 들 수 있다.

55) 許興植, 1986, 「禪宗의 繼承과 所屬寺院」『高麗佛教史研究』, 一潮閣, 253쪽에 따르면, 社는 寺보다 낮은 단계로 추정되며, 世俗 信徒와의 결합아래서 지방사회를 교화하는 종교의 準社會化, 또는 세속과의 밀착을 의미하는 것으로 보았다.

56) 조선시기에 편찬된 地理志에서는 佛宇(『新增東國輿地勝覽』) 혹은 寺刹(『東國輿地志』·『輿地圖書』)로 표기되지, 寺院이라 지칭되지는 않았다.

조성의 방법에 차이가 있듯이 원의 규모에서도 상당한 차이가 있었다. 원의 규모를 구체적으로 제시한 경우는 흔치 않은데, 국가가 힘을 기울인 원은 그 규모가 컸으며, 속인 개인의 노력에 의해 조성한 경우는 규모가 작았다. 현종의 적극적인 지원에 힘입어 조성된 광연통화원은 80칸으로 대규모였다.[57] 1330년대에 중수된 홍왕사의 홍교원은 기둥의 수(楹數)가 160개에 이르렀다.[58] 다른 경우에는 寺로 지칭되는 경우보다 소규모였다고 생각된다. 예컨대 안동의 藥院은 6칸에 불과하였다.[59]

원에는 종이 설치되었었으며,[60] 불교와 관련된 것이었기에 불상도 마련되어 있었을 것으로 보인다. 開國寺 南路에 있는 南溪院은 그 앞에 雙竿立石과 長明燈石이 있었다.[61] 원에는 온돌방과 시원한 방이 따로 갖추어져 있었고 尊卑에 따라 자리를 달리하였다.[62] 마구간을 갖추고 있었으며, 주방도 있었다.[63] 시원한 樓와 亭이 있어 휴식할 수 있었다.[64] 또한 蓮塘과 柳渚가 있는 경우도 있었다.[65]

院內의 구체적인 전각에 대해서는 金山寺 관내의 廣教院과 奉天院

57) 崔冲,「奉先弘慶寺記」『東文選』권64(民族文化推進會 影印本 2冊, 397~398쪽).
58) 李穀,「興王寺重修興教院落成會記」『稼亭集』권2(『韓國文集叢刊』3冊, 112~113쪽).
59) 李穡,「安東藥院記」『牧隱藁文藁』권1(『韓國文集叢刊』5冊, 10~11쪽). 이 안동약원은 통상의 원과 조성 주체에서 그리고 지리상의 위치에서 차이가 있지만, 구제를 위한 사회시설이라는 점에서 일치하여 원으로 칭하였던 것으로 판단된다.
60) 金富軾,「兜率院鍾銘幷序」『東文選』권49(民族文化推進會 影印本 2冊, 174쪽).
61) 高裕燮, 1977,『松都의 古蹟』, 悅話堂, 119쪽.
62) 崔冲,「奉先弘慶寺記」『東文選』권64(民族文化推進會 影印本 2冊, 397~398쪽) ; 權近,「犬灘院記」『陽村集』권12(『韓國文集叢刊』7冊, 140~141쪽) ; 權近,「德方院記」『陽村集』권13(『韓國文集叢刊』7冊, 144쪽).
63) 權近,「德方院記」『陽村集』권13(『韓國文集叢刊』7冊, 144쪽).
64) 李奎報,「懸鐘院重創記」『東國李相國集全集』권24(『韓國文集叢刊』1冊, 542쪽) ; 權近,「犬灘院樓記」『陽村集』권12(『韓國文集叢刊』7冊, 140~141쪽) ; 權近,「廣灘院記」『陽村集』권13(『韓國文集叢刊』7冊, 144~145쪽) ; 康好文,「寧州南院樓記」『東文選』권80(民族文化推進會 影印本 2冊, 592~593쪽).
65) 李奎報,「懸鐘院重創記」『東國李相國集全集』권24(『韓國文集叢刊』1冊, 542쪽).

이 주목된다. 광교원에는 金堂普光明殿(20間), 說法殿(7間), 祝釐樓(7間), 旃檀林(15間), 眞表影堂(3間), 海東六祖影堂(3間), 十聖影堂(3間), 三層鐘閣(3間), 雲集堂(9間), 振海堂(7間), 精進堂(15間)이 있었고, 봉천원에는 大光明殿(20間), 山呼樓(13間), 兜率殿(3間), 紫微殿(3間), 七星殿(5間), 八關堂(7間), 三層鐘閣(3間), 左梗樓(3間), 右梗樓(3間), 排雲樓(3間), 王師閣(3間), 僧寮(15間), 侍者房(3間)이 있었다.[66] 이러한 전각들은 임진왜란시 불타기 전의 것인데,[67] 고려시기에도 동일하다고는 할 수 없지만 이들 전각의 상당수는 있었다고 생각된다.

원은 건물을 유지하고, 그 기능을 지속적으로 수행하기 위해서 상당한 재력을 갖추지 않으면 안 되었다. 그 원에서 생활하고 있는 이들을 부양하는 데에, 또 木造建物을 중수·중창하는 데에, 모두 재정지출을 필요로 하였다. 국왕이 때때로 특별히 사여하는 물품이 재원의 하나를 구성하였지만, 이것은 특정 원에서나 있을 수 있으며, 항상 기대할 수 있는 것이 아니었다.

대부분의 원은 이러하기에 스스로 경제력을 마련하지 않으면 안 되었다. 큰 규모의 寺의 안에 원이 있을 경우는 별도의 재원을 갖지 않았을 것으로 보인다. 그러나 독립한 하나의 시설로서 자리한 원은 독립한 재원을 가져야 했다. 원이 가지고 있는 가장 중요하고 일반적인 재원은 토지였다. 고려초에 公廨田을 제정할 때 驛이나 館에는 大路·中路·小路의 격에 따라 토지가 지급된 것이 확인된다.[68] 그러나 원에는 제도적 차

66)『金山寺誌』, 亞細亞文化社 影印本, 141~142쪽.

67) 홍윤식, 1997,『한국의 가람』, 민족사, 173쪽.

68)『高麗史』권78, 志32 食貨1 田制 公廨田柴, 中册, 713쪽에 따르면 驛과 館의 토지는 다음과 같다.

大路驛	公須田 60結 紙田 3結 長田 2結	大路館	田 5結
中路驛	公須田 40結 紙田 2結 長田 2結	中路館	田 4結
小路驛	公須田 20結 紙田 2結	小路館	田 3結

원에서 공해전에 버금가는 토지를 지급하지는 않았다. 국초에는 아직 원이 전국적으로 설치되지 않았기에,69) 국초에 토지지급 규정을 마련할 필요가 없었던 것이다. 그렇기에 대개의 원은 조성과 동시에 스스로 토지를 마련하지 않으면 안 되었다. 兼濟院의 경우 대각국사의 문인이 중수하자 예종이 토지를 시여하였다.70) 겸제원은 대각국사가 관여한 원이기에 특별히 토지를 지급한 것으로 보인다. 龍寶院은 "申納膏田 而充其歲費"하였다고71) 하여 토지를 마련해 필요한 지출에 충당하였음을 알려준다. 그러나 그 규모는 원의 규모 차이에 따라 다르기는 하겠지만, 대단한 것은 아니었던 것으로 추측된다. 고려말 조선초 德方院(=惠利院)의 경우는 "旁有閑地 又可以種蔬果"할 수 있었다는 데서72) 알 수 있듯이 인근의 땅을 개간하여 채소를 마련하였다. 과전법 제정 시 대로에 있는 원은 2결, 중로의 원은 1결 50卜, 소로의 원은 1결로 규정되는데,73) 이 시기에는 院田에 상당한 변화가 있었지만, 그 규모에서 볼 때 고려시기 원의 토지도 상당한 것은 아니었을 것으로 추측된다.

원에는 당연히 승려가 상주하면서 원을 총괄하여 운영하였다. 白峴院에는 승려 金允侯가 있었음이 확인된다.74) 그 승려의 수는 원의 규모나 격에 따라 상당한 차이가 있었을 것이다. 홍경원에는 10여 인의 승려가 亡伊 등으로부터 해를 입었음이 보여,75) 그 원에는 그 이상의 승려가

69) 고려전기에는 館驛이 중심이었다. 최승로의 상서문에는 "臣聞 僧人往來郡縣 止宿館驛 鞭撻吏民 責其迎候供億之緩 吏民疑其銜命 畏不敢言 弊莫大焉 自今禁僧徒止宿館驛 以除其弊"(『高麗史』 권93, 列傳6 崔承老, 下册, 85쪽)이라 하여 승려들이 이동하는 데 관역에 머물면서 많은 피해를 주고 있음이 언급되어 있다.

70) 李智冠譯註, 1996, 『歷代高僧碑文(高麗篇 3)』, 「靈通寺大覺國師碑文(1125년)」, 125쪽.

71) 李奎報, 「龍寶院新創慶讚疏」 『東國李相國集全集』 권41(『韓國文集叢刊』 2册, 128쪽).

72) 河崙, 「惠利院記」 『浩亭集』 권2(『韓國文集叢刊』 6册, 465쪽).

73) 『世宗實錄』 권109, 世宗 27년 7월 乙酉, 4册, 625쪽.

74) 『高麗史』 권103, 列傳16 金允侯, 下册, 279쪽.

거처하였다고 생각된다.

원의 長은 住持로 불리었던 것 같다.76) 그것은 廉悌臣의 子인 惠珠가 通濟院의 주지로 나오기 때문이다.77) 대사찰 내에 원이 있는 경우, 그 원을 관장하던 승려는 院主로 지칭되는 예가 보인다.78) 그러나 독립한 원의 경우는 원주보다는 주지로 불리었을 것으로 보인다. 후기에 가면 院主라 칭해지는 일이 있었는데, 대개 속인으로서 원을 주관하는 경우였다. 예컨대 사평원을 주관하던 조운흘은 自稱 院主라 하였다.79) 그리고 權近은 「犬灘院樓記」에서 일반적인 사정을 "若院則只給田 以募人爲主耳"라고80) 하는데 여기의 주는 곧 원주이고, 이는 속인일 가능성을 염두에 둔 표현이었다. 물론 이 무렵에도 승려가 원주가 될 수는 있었을 것이다.

원에서 行旅에게 제공할 먹거리를 마련하고, 우마의 꼴을 준비하는 일이 필요했는데, 이 일은 승려들보다는 노비 등이 맡았을 것으로 추측되지만 원의 노비에 대한 언급이 거의 없어 그 실체를 알기 어렵다. 사찰에 예속된 원의 경우에 사찰의 노비가 노동력을 제공했을 것이며, 독자적인 원의 경우도 使令과 雜役에 필요한 노비를 소유하고 있었다고 판단된다.81) 龍寶院의 경우는 聚落을 딸리게 해 使令에 대비토록 하였다.82)

---

75) 『高麗史』 권19, 世家19 明宗 7년 3월 辛亥, 上冊, 398쪽.

76) 신라말 고려초 금석문에는 院主라는 僧職名이 많이 보인다. 典座·直歲·維那·史僧과 더불어 院主라는 승직명이 나오는데(蔡尙植, 1982, 「淨土寺址 法鏡大師碑陰記의 分析」 『韓國史研究』 36), 여기의 원주는 선종 사찰에서 주로 나타나고 있으므로 숙박기능을 주로 담당한 원의 長과는 성격을 달리하는 것이다.

77) 李穡, 「高麗國忠誠守義同德論道輔理功臣壁上三韓三重大匡曲城府院君贈諡忠敬公廉公神道碑幷序」 『牧隱藁文藁』 권15(『韓國文集叢刊』 5冊, 129~133쪽).

78) 李智冠譯註, 1996, 『歷代高僧碑文(高麗篇 3)』, 「開城靈通寺大覺國師碑文(1125년)」, 130쪽에 靈通寺 重閣院主와 興王寺 正覺院主가 보인다.

79) 『高麗史』 권112, 列傳25 趙云仡, 下冊, 465~466쪽.

80) 權近, 「犬灘院記」 『陽村集』 권12(『韓國文集叢刊』 7冊, 140~141쪽).

81) 사원의 노비에 관해서는 拙著, 2008, 『高麗後期 寺院經濟 研究』, 景仁文化社,

3. 院의 地理的 位置와 機能

원은 국가나 승려·지배층 등 다양한 부류에 의해 창건되었다. 모두 불교계와 연관을 맺으면서 운영되어, 승려들이 거처하고 있었으며 사찰로 인식되었다. 그렇지만 원은 보통의 사찰과 다른 지리적 위치와 기능을 가지고 있었다.

원은 위치한 지점이 일반 사찰과 상이하였다. 일반 사찰의 경우 深山幽谷의 山水勝處에 위치한 경우가 많았다. 그러나 원은 교통로상에 위치하였다.[83] 사람의 통행이 많아 사람의 어깨가 스치고, 말의 발굽이 서로 닿는 지점에 위치하였다. 그러면서도 人家와는 멀리 떨어진 지점에 자리하였다. 광연통화원은 "歧路之衝 而人烟隔絶"하고 蕉蒲滿野한 지점에 위치하였고,[84] 甫州의 頭川院은 東南地에 行人이 왕래하는 요충지에 자리하였다.[85] 龍寶院의 경우는 上都에서 가까우면서 南壤의 要會였고, '其距民居也最隔'하였으며,[86] 懸鐘院은 南路之要會에 위치하였다.[87] 견탄원이 위치한 곳은 最一國之要衝이었고,[88] 광탄원은 서울과 개경의 중간지점에 위치하였으며,[89] 덕방원은 鷄林과 蔚州 사이에

63~71쪽 참조.

82) 李奎報, 「龍寶院新創慶讚疏」『東國李相國集全集』 권41(『韓國文集叢刊』 2冊, 128쪽).

83) 일반 사찰도 원과 같이 교통로상에 위치하고 있는 예가 적지 않았다. 일예로서 惠陰寺를 들 수 있다(金富軾, 「惠陰寺新創記」『東文選』 권64(民族文化推進會影印本 2冊, 398~400쪽)).

84) 『新增東國輿地勝覽』 권16, 稷山縣 驛院 弘慶院.

85) 許興植編著, 1984, 『韓國金石全文(中世上)』, 「醴泉龍門寺重修碑(1185년)」, 874쪽.

86) 李奎報, 「龍寶院新創慶讚疏」『東國李相國集全集』 권41(『韓國文集叢刊』 2冊, 128쪽).

87) 李奎報, 「懸鐘院重創記」『東國李相國集全集』 권24(『韓國文集叢刊』 1冊, 542쪽).

88) 權近, 「犬灘院樓記」『陽村集』 권12(『韓國文集叢刊』 7冊, 140~141쪽).

89) 權近, 「廣灘院記」『陽村集』 권13(『韓國文集叢刊』 7冊, 144~145쪽).

세워졌다.[90] 덕방원은 뒷날 河崙에 의해 惠利院으로 命名되었는데, 위치한 지점은 "前後皆山 草木叢茂 澗水中流"하다고 표현되었다.[91] 懷德縣의 동쪽지경에 위치한 屈坡院(=彌勒院)은 "山川縈紆 草木薈蔚"한 가운데 좁고 험한 길이 있는데 그 길가에 위치하였다.[92]

이러한 지점에는 호랑이 등의 맹수가 무리를 지어 있다가 나타나 사람을 해쳤으며, 도적이 숨어 있으면서 사람을 상해하고 재물을 약탈하였다. 龍寶院은 '賊種之常栖'하는 지점으로 이들에게 물건을 탈취당할 뿐 아니라, 사람까지도 죽임을 당하는 곳에 세워졌다.[93] 인가와 격리된 山谷間인 경우 호랑이와 맹수의 두려움이 있고, 도적의 근심이 있어, 행려의 걱정이 크게 마련이었다.[94] 당시에는 촌락이 분포하지 않은 지점이 많아, 교통로이면서도 지형이 험하고 짐승과 도적이 피해가 속출하는 곳이 많았다. 이러한 중요한 지점에 원이 위치하고 있었던 것이다.

하천연안에 원이 위치하고 있는 예도 있었다. 渡江하는 나루터 인근에 원이 설치된 예로는 臨津課橋院과 臨津普通院이 있으며,[95] 또한 滅浦院도 그러하였다.[96] 광탄원과 견탄원도 그 이름에서 하천 인근에 위치하였다고 추측할 수 있다. 沙平院도 강가에 위치한 것으로 보인다.[97]

---

90) 權近, 「德方院記」 『陽村集』 권13(『韓國文集叢刊』 7册, 144쪽).

91) 河崙, 「惠利院記」 『浩亭集』 권2(『韓國文集叢刊』 6册, 465쪽).

92) 河崙, 「彌勒院記」 『浩亭集』 권2(『韓國文集叢刊』 6册, 468~469쪽)에 따르면, 李穡의 「彌勒院南樓記」가 있다고 하므로 미륵원은 고려말에 존재하였음이 명백하다.

93) 李奎報, 「龍寶院新創慶讚疏」 『東國李相國集全集』 권41(『韓國文集叢刊』 2册, 128쪽). "… 有南壤之要會 其距民居也最隔 故爲賊種之常栖 凡馬駄人負之所輸 皆國用家資之攸仰 備經山水 邈自遠來 垂蹈京師 反爲他有 非惟物之見掠 甚則人亦被戕 …".

94) 權近, 「犬灘院樓記」 『陽村集』 권12(『韓國文集叢刊』 7册, 140~141쪽). "… 山谷阻絶之處 日暮途遠 人罷馬倦 虎彪之可畏 盜賊之可虞 行旅之患 無甚於此 …".

95) 『高麗史』 권6, 世家6 靖宗 11년 2월 戊子, 上册, 138쪽 ; 『高麗史』 권8, 世家8 文宗 18년 4월, 上册, 172쪽.

96) 李詹, 「宿滅浦院樓」 『雙梅堂篋藏集』 권1(『韓國文集叢刊』 6册, 316쪽).

97) 李奎報, 「題沙平院樓」 『東國李相國集全集』 권10(『韓國文集叢刊』 1册, 396쪽).

원이 위치한 하천가 역시 교통로 상에서 중요한 곳으로서 渡江하는 지점이었다.

원의 위치가 분명한 몇 곳의 지리적인 특징을 살펴보면, 교통로 상에 위치해 있음이 명백히 드러난다. 홍경원은[98] 天安에서 稷山을 거쳐 振威에 이르는 중요한 교통로 상에 있으며, 산지가 아닌 平地에 위치하였다(본서 492쪽 <지도 1>). 고려말 조선초 광탄원은 서울에서 高陽을 거쳐 坡州에 가는 길목에 위치하였다(본서 493쪽 <지도 2>). 파주를 지나서는 임진을 거쳐 개성에 도달할 수 있었다.

원은 이처럼 교통로 상에 위치하고 있었기 때문에 民亂이 발발했을 때 또 外侵이 있을 때 저들이 경유하였다. 무인집권 초 公州 鳴鶴所의 亡伊 등이 봉기했을 때, 그들은 홍경원을 불사르고 승려 10餘人을 살해하였으며, 住持僧을 핍박해 자신들의 글을 가지고 서울에 가게 했다.[99] 고려말 왜구가 침범했을 때에도 여러 원이 피해를 입었다.

원의 위치가 이러하였기에, 그 수행하는 기능에서도 일반 사찰과는 달랐다. 사찰은 승려가 수행하고 공부하는 곳이었으며, 민인들이 신앙행위를 위해 찾는 곳이었다. 말하자면 일반 사찰은 대개의 경우 불교와 관련된 복합적인 기능을 담당하고 있었던 것이다. 그러나 원은 이와는 달리 사회와의 접촉 창구로서의 성격을 주로 띠고 있었다. 원은 많은 여행자들이 찾는 시설로서 그들에게 다양한 편의를 제공하였다.

원이 담당한 가장 중요한 기능은 여행자에게 宿食을 제공하는 일이었다. 당시 여행은 매우 어려운 것으로 인식되었다.[100] 이러한 여행길에

98) 몇 해 전에 弘慶院址의 유적현황과 출토유물에 대한 조사가 있었다(白種伍外, 1997, 「天安 弘慶寺址에 關한 考察－文獻資料와 出土遺物 檢討를 中心으로－」 『金顯吉教授停年紀念鄉土史學論叢』, 修書院).

99) 『高麗史』 권19, 世家19 明宗 7년 3월 辛亥, 上册, 398쪽.

100) 李奎報가 「懸鐘院重創記」에서 "甚矣 行路者之難也" 라고 한 것은 단적인 표현이다(李奎報, 「懸鐘院重創記」 『東國李相國集全集』 권24(『韓國文集叢刊』 1册, 542쪽)).

이 원을 찾으면, 원에서는 잠자리와 먹거리를 제공하였다. 피로한 자에게는 쉴 곳이 되었다. 특히 亭이나 樓가 있는 원은 휴식하기에 더욱 적합하였다. 비가 올 때에는 이곳에서 비를 피하였으며, 심히 더울 때는 이곳에서 그늘을 얻을 수 있었다. 그리고 우마에게는 꼴을 제공하였다. 고려말 權近이

> 院館之設 所以待行旅 勞者有所憩 宿者有所寓 雨而得其庇 暘而得其蔭[101]

이라고 표현한 데에 원이 담당한 기능이 집약되어 있다.

광연통화원의 경우, "積糇糧 貯蒭秣 以供行旅"하였다고 하는데[102] 이것은 행려에게 식량과 꼴을 제공하였음을 표현한 것이다. 이규보가 활약하던 시기에 현종원은 행려가 잠을 자고 휴식하는 기능을 맡았음을[103] 확인할 수 있다.

많은 원이 왜구의 침입으로 파괴되어, 그 기능을 제대로 수행하지 못하던 공민왕 20년(1371)에는 국가가 원을 수리하게 하였는데, 이때 원에서 儲峙薪蒭해서 행려를 편리하게 하라고 하였다.[104] 고려말 조선초 덕방원은 "夏蒔蔬菜 冬積薪蒭 以施人畜"하였는데,[105] 역시 여행자에게 먹거리를 제공하고 그가 이용하던 가축에게 꼴을 제공하였던 것이다. 한강 연안에 있던 사평원에서는 낮이 저물어 강을 건널 수 없는 사람들이 잠을 자고 함께 건넜다.[106]

원은 이처럼 여행자에게 숙식을 제공하고 우마에게 꼴을 공급하는 것

---

101) 權近,「德方院記」『陽村集』권13(『韓國文集叢刊』7冊, 144쪽).
102)『新增東國輿地勝覽』권16, 稷山縣 驛院 弘慶院.
103) 李奎報,「懸鐘院重創記」『東國李相國集全集』권24(『韓國文集叢刊』1冊, 542쪽).
104)『高麗史』권80, 志34 食貨3 賑恤 恭愍王 20년 12월, 中冊, 773쪽.
105) 權近,「德方院記」『陽村集』권13(『韓國文集叢刊』7冊, 144쪽).
106) 成俔,『慵齋叢話』권9. "行人之因暮 不能渡江者 止宿".

이 주된 기능이었다. 원에 이르는 교통로는 원이 만들어짐으로써 더욱 활기를 띠게 되어 사람이 빈번하게 다니므로 자연히 도적과 호랑이의 접근을 줄일 수 있었다. 또 원에서 하룻밤을 자고 난 뒤에 통상 여럿이 함께 출발하므로 그 이후의 여정에서 도적이나 짐승의 피해를 줄일 수 있었다. 도적의 소굴에 인접하거나 호랑이가 자주 출몰하는 곳에 원이 세워져 다수의 승려가 거처하고 많은 여행자가 모이게 되므로, 자연히 도적이 떠나고 호랑이가 접근하기 어려워졌다.[107)]

당시 촌락이 분포하지 않는 공간이 많았고,[108)] 도둑이나 호랑이의 피해가 컸기에, 여행한다는 것은 상당한 위험이 도사리는 일이었다. 때문에 여행자들은 이 원에서 前途의 안녕을 기원하였던 것으로 보인다. 원으로 표기되지는 않았지만, 비슷한 기능을 수행한 慈悲嶺의 羅漢堂에서 "事羅漢 以求其福"하였다고 표현한 것이[109)] 그것을 말해준다. 龍寶院도 "鎭作福場 亦得依於佛蔭"이라고[110)] 표현하여, 복을 비는 곳이 되며 불음에 의지한다는 것인데, 결국 여행 중 앞길의 안녕을 불음에 의지한다는 것으로 보인다.

원은 이처럼 여행자에게 편의를 제공하는 것이 주된 임무였고, 또 그

---

107) 예컨대 文殊院이 들어서자 호랑이가 종적을 감추고 도적이 사라졌다 함은(金富轍, 「淸平山文殊院記」『東文選』 권64(民族文化推進會 影印本 2冊, 402~403쪽)), 문수원이 위치한 곳이 호랑이가 출몰하는 곳이었는데, 원이 세워져 다수의 사람이 거처하면서 그 피해를 줄일 수 있었다는 것이다. 權近의 쓴 「德方院記」에는 "院館之設 所以待行旅 … 盜賊之無其患 虎豹之無其害 商旅之利 無大於此者矣"라(權近, 「德方院記」『陽村集』 권13(『韓國文集叢刊』 7冊, 144쪽)) 표현하고 있다.

108) 당시 울주에서 경주에 이르는 90리의 길에 거의 민가가 없던 것으로 묘사되어 있는 것은 당시 촌락이 띄엄띄엄 분포하였음을 알려준다.

109) 李穡, 「慈悲嶺羅漢堂記」『牧隱藁文藁』 권3(『韓國文集叢刊』 5冊, 25쪽). "予少也 馳馹赴燕都 再過堂下 嘗一入門而致禮焉 幢幡甚盛 類皆行役者之願詞也 … 事羅漢 以求其福 便行旅 以施吾惠 積其功德 歸於祝聖安民而已 … ".

110) 李奎報, 「龍寶院新創慶讚疏」『東國李相國集全集』 권41(『韓國文集叢刊』 2冊, 128쪽).

러한 임무를 수행하기 위해 설립한 것이다. 그런데 원은 교통로 상의 요지였기에 流離하는 자들도 많이 통과하는 지점이었다. 흉년이 들 때 다수의 민인이 유리하는 것은 당시 흔히 있는 현상인데, 그러한 유리민이 이 원을 경유하는 것은 당연한 일이었다.

원은 유리하는 민들을 위해서 식사를 제공하는 일도 하였다. 굶주린 자에게 식사를 제공하였으며, 질병으로 고통스러워하는 患者를 치료하는 일도 맡았다. 臨津普通院에서 문종 18년(1064) 5월 15일에서 7월 15일까지 두 달 동안 "設粥水蔬菜 以施行旅"하였으며,111) 숙종 6년(1101)에는 민이 크게 궁핍하자 3개월간 행려에게 施食하였다.112) 西普通院에서는 문종 25년에 玄德宮米 500碩으로 음식을 만들어 궁민에게 베풀었다.113) 臨津普通院·西普通院은 모두 개경 인근에 위치한 원으로 국가의 지원 하에 窮民에게 시식하여 특기된 것인데, 각 지에 산재한 여러 원에서도 궁민에게 식사를 제공하는 일은 흔하였을 것이다. 鼇山院에서 배고픈 자에게는 먹을 것을 주고, 갈증을 느끼는 자에게는 마실 것을 제공하였다.114) 의종 21년(1167) 겨울 黑石院에 大豆羹粥을 준비해 行人에게 베푼 일이 보이고, 頭川院에서 중수 후 매 겨울, 여름에 設施作하였다는 것이 보이는데,115) 유민이나 궁민이 그 대상이 되었을 것으로 보인다.116) 원이 아닌 일반 사찰에서 궁민을 구제한 예도 여럿 보인다. 문

---

111) 『高麗史節要』 권5, 文宗 18년 4월, 142쪽 ; 『高麗史』 권80, 志34 食貨3 賑恤 水旱疫癘賑貸之制, 中册, 770쪽.

112) 『高麗史』 권80, 志34 食貨3 賑恤 水旱疫癘賑貸之制, 中册, 770쪽.

113) 『高麗史節要』 권5, 文宗 25년 12월, 147쪽.

114) 李智冠譯註, 1996, 『歷代高僧碑文(高麗篇 3)』, 「證智首座觀奧墓誌銘(1158년)」, 337쪽.

115) 許興植編著, 1984, 『韓國金石全文(中世下)』, 「醴泉龍門寺重修碑(1185년)」, 874쪽.

116) 조선초기 院主는 정착지를 떠나 떠돌아 다니는 유이민을 잡아 관에 신고해야 했다. 신고하지 않은 경우에는 법에 따라 처벌하였다. 그리고 賊亂의 기미가 있으면 즉시 관에 고발하여야 했다(韓嬉淑, 1992, 「朝鮮初期의 院主」 『西巖趙恒

종 3년 開國寺南에서 '設食以施窮民'하였고,117) 공민왕 3년(1354) 演福寺에 賑濟色을 설치해 飢民에 식사를 제공하였으며,118) 공민왕 10년에 普濟寺에 賑濟場을 설치하였다.119)

고려말 裵德表는 집의 남쪽에 원을 세워 약을 조제하여 병든 자를 치료하였다.120) 그리고 安東副使 洪栢亭과 判官 鄭衮가 설치한 藥院은 그 이름에서 알 수 있듯이 약을 지어 환자에게 제공하는 곳이었다.121)

궁민과 질병자를 위해 국가가 특별히 지원해 세운 시설이 東西大悲院이었다.122) 이것은 설치 장소가 개경이고 그 성격이 일반 원과는 차이가 있었지만, 원으로 칭해지고 승려들이 주로 활동하는 데서 원에 포함해 이해해도 무방할 듯하다.123) 동서대비원에서 疾病飢餓者를 구휼하

來教授華甲紀念韓國史學論叢』, 178~180쪽). 조선초기에 원이 이러한 기능을 담당하였던 것은, 조선이 원을 재편하고 새로이 조성하려는 시책과 관련이 있었다. 고려시기에도 이러한 기능을 부분적으로 담당하였을 테지만, 주로 施惠的인 기능을 담당하였다고 이해하는 것이 타당할 듯하다.

117) 『高麗史節要』 권5, 文宗 18년 3월, 142쪽.

118) 『高麗史』 권80, 志34 食貨3 賑恤 水旱疫癘賑貸之制 恭愍王 3년 6월, 中册, 772쪽.

119) 『高麗史』 권80, 志34 食貨3 賑恤 水旱疫癘賑貸之制 恭愍王 10년 2월, 中册, 772쪽.

120) 李詹, 「弘仁院記」 『東文選』 권77(民族文化推進會 影印本 2册, 558쪽). "至若採掘鄕藥 專心劑和 鄕里有患病者 輒命理之".

121) 李穡, 「安東藥院記」 『牧隱藁文藁』 권1(『韓國文集叢刊』 5册, 10~11쪽).

122) 동서대비원에 관해서는 다음의 글이 참조된다. 孫弘烈, 1988, 『韓國中世의 醫療制度研究』, 修書院, 107~118쪽 ; 이현숙, 2007, 「고려시대 官僚制下의 의료와 민간의료」 『東方學志』 139 ; 이경록, 2007, 「고려전기의 대민의료체계」 『韓國史研究』 139.

123) 『高麗史』 百官志에 따르면 東西大悲院에는 문종대에 使가 각 1인(權務官), 副使가 각 1인(權務官), 錄事가 각 1인(丙科權務), 記事 2인(醫吏로 차정), 書者 2인이 배속되어 있었다(『高麗史』 권77, 志31 百官2, 中册, 692쪽). 이것을 보면 동서대비원은 국가가 세속 관원을 배치하여 운영하고 있음을 알 수 있다. 승려가 배속하고 있음은 보이지 않지만, 아마 실제로 병자를 만나 치료하는 일은 승려들이 주로 담당하였을 것으로 보인다.

는 예는 자주 보인다. 靖宗 2년(1036)에 東大悲院을 수리하여 '飢寒疾病無所歸者'를 거처하게 하고 衣食을 제공하였다.[124] 문종 3년에 有司에게 명해 疾病飢餓者를 東西大悲院에 모아 救恤하도록 하였다.[125] 말기에 가서는 건물도 퇴락하고 기능도 제대로 수행하지 못하자 수리하여 기능을 회복하도록 조치하고 있다.[126]

동서대비원은 보통의 원보다 특수한 기능을 맡았던 것으로 보이며, 특별히 국가에서 재정을 지원하는 것으로 보인다. 보유한 토지가 있어 평상시의 지출에 충당하였으며, 특별히 기민이나 질병자가 많아질 경우 국가에서 재정을 지원하였다. 건물이 퇴락했을 때에는 국가가 보수를 하였다. 이런 데서 알 수 있듯이 동서대비원은 국가가 관장하는 특수 院이었다고 이해할 수 있다.

원에서는 이처럼 다양한 기능을 수행하였지만, 불교시설이었기에 불교와 관련된 행사가 자주 設行되었다. 臨海院에서는 숙종 6년(1101)에 祈雨를 위한 龍王道場이 열렸으며,[127] 홍왕사 내의 弘教院에서는 인종 6년(1128)에 국왕이 친히 華嚴道場을 베풀었고[128] 의종대에 寫成한 金銀字華嚴經 2부를 藏하였다.[129] 龍寶院에서는 新創 후 승려 100명을

---

124) 『高麗史』 권80, 志34 食貨3 賑恤 水旱疫癘賑貸之制 靖宗 2년 11월, 中册, 769쪽.

125) 『高麗史』 권80, 志34 食貨3 賑恤 水旱疫癘賑貸之制 文宗 3년 6월, 中册, 769쪽.

126) 충렬왕 34년에 "若無親疎護養 宜令東西大悲院 聚會安集 公給口粮 差官提調"하라는(『高麗史』 권80, 志34 食貨3 賑恤 鰥寡孤獨賑貸之制, 中册, 768쪽) 조치가 취해졌으며, 충숙왕 12년에 "惠民局 濟危寶 東西大悲院 本爲濟人 今皆廢圮 宜復修營 醫治疾病"하라는(『高麗史』 권80, 志34 食貨3 賑恤 水旱疫癘賑貸之制 忠肅王 12년 10월, 中册, 772쪽) 조치도 보인다. 그리고 공민왕 20년에 도평의사사와 사헌부가 體察을 가해 元屬田民을 取勘하여 醫藥粥飯之資를 넉넉하게 하라는 조치가 있었다(『高麗史』 권80, 志34 食貨3 賑恤 水旱疫癘賑貸之制 恭愍王 20년 12월, 中册, 773쪽).

127) 『高麗史』 권11, 世家11 肅宗 6년 4월, 上册, 233쪽.

128) 『高麗史』 권15, 世家15 仁宗 6년 3월 壬辰, 上册, 312쪽.

맞이해 慶讚(회)을 열었으며,130) 金字院에서는 충렬왕 15년(1285)에 大藏經을 慶讚하였다.131) 中原(충주)의 廣修院(=彌勒院)에서 法會가 열려 志謙上人이 가는 것이 확인된다.132) 그리고 黃池院에서 法華會와 龍王祭가 열렸고,133) 北弘景院에서는 鎭兵金經藥師道場이 행해졌으며,134) 弘慶院에서 阿吒波拘威大將軍道場이 행해졌다.135)

불교계에서 원을 세워 행려에게 숙박을 제공하는 것은, 불교의 이념과 깊은 관련이 있었다. 고려말 조선초 權近도 그 점을 인정하여 불교는 "凡有利益於物者 靡所不爲"하다고 하였으며, '修道梁作院館'도 그 가운데 하나라고 지적하였다.136) 권근은 또한 원관을 세워 행려를 대우하는 것은 王政에서 중히 하는 일이며 동시에 '佛教之所善'이라 하였다.137) 불교에서는 공덕을 쌓는 일을 중시하였고, 자비의 실천을 강조하였다.138) 원을 세워 행려에게 편의를 제공하는 것은 공덕을 쌓는 일임과 동시에 자비의 실천이라는 의미를 갖는 것이었다.139) 승려들 스스로가

---

129) 『高麗史』 권18, 世家18 毅宗 10년 4월 甲午, 上册, 366쪽.

130) 李奎報, 「龍寶院新創慶讚疏」 『東國李相國集全集』 권41(『韓國文集叢刊』 2册, 128쪽).

131) 『高麗史』 권30, 世家30 忠烈王 15년 윤10월 乙酉, 上册, 622쪽.

132) 林椿, 「送志謙上人赴中原廣修院法會序」 『西河集』 권5(『韓國文集叢刊』 1册, 252쪽).

133) 李奎報, 「黃池院法華會文」 『東國李相國集全集』 권38(『韓國文集叢刊』 2册, 93쪽) ; 李奎報, 「黃池院龍王祭文」 『東國李相國集全集』 권38(『韓國文集叢刊』 2册, 93쪽).

134) 李奎報, 「北弘景院行鎭兵金經藥師道場文」 『東國李相國集全集』 권39(『韓國文集叢刊』 2册, 104쪽).

135) 李奎報, 「弘慶院行阿吒波拘威大將軍道場文」 『東國李相國集全集』 권39(『韓國文集叢刊』 2册, 107쪽).

136) 權近, 「犬灘院樓記」 『陽村集』 권12(『韓國文集叢刊』 7册, 140~141쪽).

137) 權近, 「德方院記」 『陽村集』 권13(『韓國文集叢刊』 7册, 144쪽).

138) 불교계의 사회복지활동 이념에 관해서는 다음의 글이 참조된다. 林松山, 1995, 『佛教社會福祉』, 弘益齋, 134~150쪽 ; 권경임, 2004, 『불교사회복지실천론』, 학지사, 71~86쪽.

그러한 자세를 가지고 있었다. 고려말 조선초 덕방원을 세운 神印宗의 都大師 然公은 "性度慈仁 德量宏大 濟人利物 孜孜無已"하였다.[140)]

원을 이용하는 층은 흔히 行旅로 표현되었다. 행려란 행인을 말할 텐데, 구체적으로 자주 이동하는 층은 商人이기 때문에 행려의 중심은 상인이었을 것으로 추측된다. 도적의 피해를 자주 언급하는 것은, 결국 상인이 도적의 침탈대상이 되었기 때문일 것이다. 원에서 상인이 숙박하고 있음은 고려말 조선초이지만, 원은 상려에게 惠澤을 준다고[141)] 함에서 분명하다. 덕방원에서는

> 魚益之貿易 防戍之更代 騎徒負載 前後絡繹[142)]

하였다고 하는 데서 알 수 있듯이 상인이 이용하고 방수하러 교대하는 이도 이용하였다. 아마 원을 가장 집중적으로 활용한 행려는 상인이었을 것이다.

또한 원은 불교와 관련한 시설이고 당시에 승려들의 이동이 활발했으므로, 당연히 승려들도 빈번하게 이용했을 것이다. 그리고 이동이 많은 관인층·문인층도 이 원을 이용하는 층이었다.[143)] 李奎報의 경우 德淵院·彌勒院에서 잠을 자고 있는 기록이 보여,[144)] 이규보와 비슷한 위치에 있던 관인이나 문인이 여행 시나 이동 시에 이 원을 많이 활용하였던

---

139) 朴洪培, 1994, 「弘慶寺 創建의 思想的 背景」『慶州史學』 3 참조.

140) 權近, 「德方院記」『陽村集』 권13(『韓國文集叢刊』 7册, 144쪽).

141) 權近, 「犬灘院樓記」『陽村集』 권12(『韓國文集叢刊』 7册, 140~141쪽).

142) 權近, 「德方院記」『陽村集』 권13(『韓國文集叢刊』 7册, 144쪽). 河崙의 「惠利院記」에는 "魚鹽之貿易者 亦時至"라고 표현되었다(河崙, 「惠利院記」『浩亭集』 권2(『韓國文集叢刊』 6册, 465쪽)).

143) 鄭枖根, 2008, 앞의 논문, 89쪽 참조.

144) 李奎報, 「和宿德淵院二首」『東國李相國集全集』 권7(『韓國文集叢刊』 1册, 370쪽) ; 李奎報, 「十九日宿彌勒院有僧素所未識置酒饌慰訊以詩謝之」『東國李相國集全集』 권6(『韓國文集叢刊』 1册, 357~358쪽).

것으로 볼 수 있다. 고려말 조선초 이첨이 멸포원[145]·茵橋新院에서 숙박하고 있는 것도 확인된다.[146]

원을 이용하는 이들은 숙박에 따른 비용을 부담하지는 않은 것으로 보인다. 佛前에 시주하는 경우가 없지 않았겠지만, 공식적·관례적으로 지불해야 하는 비용이 책정되어 있지는 않았을 것으로 생각된다.

4. 高麗末 朝鮮初 院의 變質과 整備

불교계는 고려시기에 교통상의 요충지에 원을 설치하고, 행려에게 숙식을 제공하였다. 고려후기에 가면서 원의 운영에 변화가 있었고, 원을 세우는 주체에서도 이전과 다른 양상이 나타났다.

고려후기에 원의 수가 증대하고, 원이 수행하는 기능이 사회적으로 중시되어 갔으며, 또한 일반 사찰이 원으로 변질하는 수도 있었다. 그러나 한편으로 원이 퇴락하여 가는 수도 빈번하였다. 원이 행려에게 식사를 제공하고 우마에게 꼴을 제공하며 난방을 하기 위해서는 상당한 재정 지출이 필요하였다. 재정을 감당하지 못하면, 원은 제 기능을 수행하지 못하고 문을 닫을 수밖에 없었다.

그리고 원의 건물도 무한정 오래 가는 것이 아니었다. 원의 건물은 시간이 지남에 따라 퇴락을 면치 못하며, 중수 내지 중창을 하지 않으면 원으로서의 기능은 중단될 수밖에 없는 것이다. 무인집권 초기에 頭川院과 懸鐘院은 이미 퇴락하였고 黑石院은 불에 타버린 상태에 있었다.[147] 고려말 조선초에 견탄원은 무너진 지 오래였고,[148] 광탄원은 頹

145) 李詹, 「宿滅浦院樓」 『雙梅堂篋藏集』 권1(『韓國文集叢刊』 6册, 316쪽).

146) 李詹, 「將赴密陽歇馬茵橋新院宿」 『東文選』 권10(民族文化推進會 影印本 1册, 238쪽).

147) 許興植編著, 1984, 『韓國金石全文(中世下)』, 「醴泉龍門寺重修碑(1185년)」,

垣破礎한 지경에 이르렀다.149)

원은 건물의 중수·중창이 없으면 오래 가지 못하였지만, 때로는 다른 요인에 의해서 파괴되기도 하였다. 원은 교통로 상에 위치하고 있기 때문에, 民亂이나 외침이 있을 때 통과하는 지점으로 그들의 습격을 받는 수가 있었다. 명종대 홍경원이 亡伊 등에 의해 소실된 것은150) 이를 말해준다고 하겠다. 홍왕사 내의 홍교원은 "寺火遷都之際 屢修屢毁 不能完護"하였다는151) 데서 알 수 있듯이, 몽고의 침입 시 강화도로 천도할 때에 불탔으며 이후 여러 차례 중수와 훼손이 반복되어 완전히 복구하지 못하였다는 것이다. 그리고 요충지인 寧州의 경우 院이 州의 南쪽에 있었는데, 왜구로 인해 불탔다고 한다.152) 왜구의 침입이 있었을 때 많은 원들이 불에 타버리는 피해를 입었을 것은 능히 예상되는 바이다. 이에 앞서 몽고의 침입이 있었을 때, 또 홍건적이 침입하였을 때에도 교통로 상에 위치했던 원들이 다수 피해를 입었을 것으로 여겨진다.153)

퇴락 내지 소실된 원들은 중수 내지 중창하였다. 현종원은 金海府 아

874쪽 ; 李奎報, 「懸鐘院重創記」『東國李相國集全集』 권24(『韓國文集叢刊』 1冊, 542쪽).

148) 權近, 「犬灘院樓記」『陽村集』 권12(『韓國文集叢刊』 7冊, 140~141쪽).

149) 權近, 「廣灘院記」『陽村集』 권13(『韓國文集叢刊』 7冊, 144~145쪽).

150) 『高麗史』 권19, 世家19 明宗 7년 3월 辛亥, 上冊, 398쪽.

151) 李穀, 「興王寺重修興敎院落成會記」『稼亭集』 권2(『韓國文集叢刊』 3冊, 112~113쪽).

152) 康好文, 「寧州南院樓記」『東文選』 권80(民族文化推進會 影印本 2冊, 592~593쪽). "… 舊有院在州南 以待行旅 厥旣火于倭寇 無有肯構者 行旅以爲病 予方謀鳩材瓦 會國有耽羅役未果 今守任君繼至 政和惠孚 人樂用命 而巍然院宇出於旬月之間 行旅如歸 無風雨寒暑之窘 可謂能矣 …".

153) 권근이 국가에서 院을 세워 給田하고 募人하여 主로 삼았기 때문에 원이 "雖在平原沃壤之中 院有舊址而無人爲主者 往往皆是 況於深山嶢薄之地乎"라고 하였는데(權近, 「犬灘院記」『陽村集』 권12(『韓國文集叢刊』 7冊, 140~141쪽)), 원인의 지적은 문제가 있지만 원이 舊址만이 남은 곳이 많다는 지적은 타당하다고 생각한다. 그리고 원은 평지에 있는 경우보다 심산요박한 곳에 있는 것이 더욱 유지가 안 되었다 함도 수긍할 수 있을 것 같다.

전이 가산을 털어 龜巖寺의 승려를 시켜 鳩工庀材하여 완성하였다.[154] 頭川院과 黑石院은 祖膺이란 승려의 지원으로 중수·중창되었다.[155] 홍왕사 내의 홍교원은 華嚴諸師들이 각각 囊鉢之儲를 내어서 市材庀工하여 새로이 하였으며, 晶照·達幻 두 승려가 落成之會를 주관하였다.[156] 무너져 제 기능을 하지 못하던 견탄원은 화엄대사 眞公이 중수하였으며,[157] 광탄원은 判華嚴 悟公이 저축했던 돈을 희사하여 다시 세웠다.[158]

원을 중수·중창하는 데 그치지 않고 新創하는 경우도 있었다. 덕방원의 경우 神印宗 都大師 然公이 태조 3년(1394) 겨울에서 태조 6년 가을에 걸쳐 새로이 창건하였다.[159]

이 시기의 중요한 특징은 원의 중수·중창 내지 신창에 俗人이 대거 참여한다는 사실이다. 이전시기에도 속인이 원을 중수·중창·신창하는 수가 없지 않았으나, 그 수가 적었고, 또한 완성 후에는 승려에게 운영을 일임하는 것이 보통이었다. 그러나 이 시기에는 속인이 중수·중창·신창을 담당하였고, 완성 후 운영도 그들이 관장하는 수가 많았다.

蔡洪哲은 집의 북쪽에 別院을 지어 '養僧施藥'하였다.[160] 조운흘의 경우 우왕 6년(1380)에 벼슬에서 물러나 廣州 古垣江村에 거처하면서 板橋院과 沙平院을 중수하고서 스스로 원주를 칭하였다.[161] 조운흘이

154) 李奎報, 「懸鐘院重創記」『東國李相國集全集』 권24(『韓國文集叢刊』 1册, 542쪽).
155) 許興植編著, 1984, 『韓國金石全文(中世下)』, 「醴泉龍門寺重修碑(1185년)」, 874쪽.
156) 李穀, 「興王寺重修興教院落成會記」『稼亭集』권2(『韓國文集叢刊』3册, 112~113쪽).
157) 權近, 「犬灘院樓記」『陽村集』 권12(『韓國文集叢刊』 7册, 140~141쪽).
158) 權近, 「廣灘院記」『陽村集』 권13(『韓國文集叢刊』 7册, 144~145쪽).
159) 權近, 「德方院記」『陽村集』 권13(『韓國文集叢刊』 7册, 144쪽).
160) 權近, 「蔡贊成諱洪哲」『陽村集』 권35(『韓國文集叢刊』 7册, 308쪽).
161) 『高麗史』 권112, 列傳25 趙云仡, 下册, 465~466쪽.

나 채홍철은 본래 불교에 탐닉하던 이들이었는데,[162] 원을 중수·창건하여 숙박을 제공하고 구제사업을 수행한 것이다. 安東副使 洪栢亭과 判官 鄭袤 두 사람도 安東藥院을 설치하여 동쪽 집 3칸은 목욕하는 곳으로, 서쪽 집 3칸은 약을 짓는 곳으로 하여 치료를 베풀었다.[163] 三敬居士 裵德表도 小舍 남쪽에 洪仁院을 지어,

> 至若採掘鄕藥 專心劑和 鄕里有患病者 輒命理之 務於生財 積而能散 年分或饑歉 卽發賑之[164]

하였다. 질병치료와 빈민구제를 함께 수행하고 있는 것이다. 속인이 직접 원을 중수·중창하거나 신창하고서 직접 그 운영을 관장하는 것이다.

국가적인 차원에서도 원의 문제에 관심을 가지고 대처하였다. 왜구의 침입으로 조운이 막히게 되어 육로로 운반하지 않을 수 없는 상황에 처하게 되자, 교통로 상에 위치한 원에 대해 각별한 대책을 수립하지 않을 수 없었다. 공민왕 5년(1356)에 조운이 통하지 못해, 운송을 모두 육로로 하게 되었다면서

> 宜有司 量地遠近 營立院館 復土田[165]

하도록 하였다. 담당관으로 원근을 헤아려 원관을 세우고 전토를 회복하도록 한 것이다. 복토전에서 알 수 있듯이 새로이 원을 세우는 것보다는 중창하는 경우가 많았던 것으로 보인다.

---

162) 蔡洪哲은 '深於釋敎'하여 집의 북쪽에 別院을 세워 '養僧施藥'하였으며(權近, 「蔡贊成諱洪哲」『陽村集』 권35(『韓國文集叢刊』 7冊, 308쪽)), 趙云仡은 일찍이 西海道觀察使가 되었을 때 매양 '念阿彌陀佛'하였다(成俔, 『慵齋叢話』 권3).

163) 李穡, 「安東藥院記」『牧隱藁文藁』 권1(『韓國文集叢刊』 5冊, 10~11쪽).

164) 李詹, 「弘仁院記」『東文選』 권77(民族文化推進會 影印本 2冊, 558쪽).

165) 『高麗史』 권39, 世家39 恭愍王 5년 6월 乙亥, 上冊, 771쪽.

그리고 공민왕 20년에 역시 왜구로 인해 조운이 막히자 육로로 운송하게 되었는데, 이때 州郡으로 하여금 "修葺院館 儲峙薪蒭 以便行旅" 하도록 하였다.166) 이 조치로 원의 보수가 상당히 이루어졌을 것으로 추측된다. 이것은 어디까지나 국가가 긴박하게 필요했던 데서 취한 대응이었다. 이러한 조치로 국가가 원을 일정하게 관장할 수 있었을 것이지만, 소기의 성과를 충분히 거두었는지는 의문스럽다.

불교계는 원을 통해 행려에게 숙박을 제공하였지만, 한편 원을 통해 행려와 연결되고 있었다. 행려는 상인이 주류였을 것으로 보여, 불교계와 상인의 깊숙한 연계를 유추할 수 있다. 또한 원은 많은 사람이 거쳐 가므로 그들을 통해 세상사의 이야기를 들을 수 있었다. 당시 정보의 수집과 전달은 사람이 할 수밖에 없었는데, 수집·전달에서 이 원이 중요한 몫을 담당하였을 것이다. 결국 불교계가 상당한 정보력을 갖는 데에는 院이 커다란 기여를 하였다고 볼 수 있다.

상인과 연결되고, 정보를 장악하고 있는 불교계, 그것을 약화시키기 위해서는 원에 대한 정비가 긴급한 일이었다. 조선의 개창 과정에서 또 개창 직후의 정책추진에서, 건국의 주도세력들은 이러한 중요성을 갖는 원에 대해 각별한 관심을 갖고 대책을 마련, 추진해 갔다.

원에 대한 정부의 대책은 院田의 처리문제를 살펴보면 어느 정도 가늠해 볼 수 있다. 고려최말기 私田改革이 논의되는 가운데 院田에 대해서도 부분적으로 언급하고 있다. 탈점·겸병이 성행하는 분위기 속에서 院田도 탈점의 대상이 된다는 언급이 보인다.167) 사전개혁을 이끌었던

166) 『高麗史』 권80, 志34 食貨3 賑恤 恭愍王 20년 12월, 中册, 773쪽. "(恭愍王) 二十年十二月 下敎 … 一 近因倭寇 漕運不通 遠近輸轉 皆由陸路 其令州郡 修葺院館 儲峙薪蒭 以便行旅".

167) 『高麗史』 권78, 志32 食貨1 田制 祿科田, 中册, 716쪽. "(辛禑十四年) 七月 大司憲趙浚等上書曰 … 至於近年 兼幷尤甚 奸兇之黨 跨州包郡 山川爲標 … 上自御分至于宗室功臣侍朝文武之田 以及外役津驛院館之田 凡人累世所

趙浚은 창왕 즉위년(1388) 7월 상소에서 院田과 寺社田을 명백히 분리시켜 원전은 外役田 처리의 일환으로서

> 留守州府郡縣吏 津鄕所部曲庄處吏 院館直口分田 前例折給 皆終其身[168]

할 것을 주장하였다. 아마 원주에 대한 구분전을 전례대로 지급하라는 주장인 것이다. 별도로 원전이 운위되지 않고, 원의 관리인에 대한 구분전 지급만을 언급한 것이다. 사사전은 별도의 기준으로 지급하자고 하였다.[169] 恭讓王 2년(1390) 11월에는 給田都監에서 院主田의 數를 정하자는 啓가 있었다.[170] 아마 이때에 院(主)田에 대한 전면적인 조치는 없었던 것 같다.

공양왕 3년(1391) 과전법의 제정으로 私田問題는 일단락되었는데, 원전을 별도로 구분하지 않고 사원전의 범주에 넣어 진위를 조사하여 因舊損益하여 정하도록 하였다.[171] 원을 사찰과 구분하지 않고 하나의 범주로 통일시켜 처리한 것이다. 이때 사찰의 토지에 대한 상당한 정비가 있었는데,[172] 원전도 조정된 것으로 확인된다. 세종 27년(1445) 院位田을 새로이 규정하면서, 종전의 제도를 언급하였는데, 곧 洪武 24년

植之桑 所築之室 皆奪而有之 …".

168) 『高麗史』 권78, 志32 食貨1 田制 祿科田, 中册, 717쪽.

169) 『高麗史』 권78, 志32 食貨1 田制, 中册, 717~718쪽. "一 寺社田 祖聖以來 十大寺 五大寺等 國家裨補所 其在京城者 廩給 其在外方者 給柴地 道詵密記外 其新羅百濟高句麗 所創寺社及新造寺社 不給".

170) 『高麗史』 권45, 世家45 恭讓王 2년 11월, 上册, 885쪽. "給田都監啓 定外官員鄕驛吏 津尺院主田數 及豊儲廣興倉 納稅之數".

171) 『高麗史』 권78, 志32 食貨1 田制 祿科田, 中册, 723쪽. "拘收公私往年田籍盡行檢覆 覈其眞僞 因舊損益 以定陵寢倉庫宮司軍資寺 及寺院外官職田 廩給田鄕津驛吏軍匠雜色之田".

172) 拙稿, 1993, 「朝鮮初期 寺社田의 整理와 運營」 『全南史學』 7.

(1391)에 院位田은 大路에는 2결, 中路에는 1결 50卜, 小路에는 1결을 지급하도록 하였다는 것이다.[173] 이것은 과전법 제정 시 규정을 뜻한다고 보아야 할 것이다. 원을 3등급으로 분명히 구분하였다면 그에 따른 원에 대한 파악 및 정비도 함께 이루어졌을 것으로 사료된다.

조선은 개창하자마자 원에 깊은 관심을 가졌다. 사찰에 대한 전면적인 정비에 앞서서 원을 우선적으로 정비하고자 하였다. 원은 行旅와 연결되었고, 민의 이동을 관장하였기에, 국가는 불교계를 대신해 상인세력과 유통망을 장악하려고 하였으며, 나아가 정보를 통제하려고 하였다. 이에 건국 직후 都評議使司 裵克廉과 趙浚 등이 올린 22개 조항 가운데 원에 대해서는

> 各道各州 量其程途 修營院館 以便行旅[174]

하자는 주장이 있었고, 국왕은 이를 따랐다. 건국 직후 불안한 상황 하에서 원이 갖는 중요성에 주목한 것이다. 이후 원에 대해서는 국가 주도하에 적극적인 정비가 이루어졌다.

조선은 건국 직후부터 기존의 퇴락한 원들을 새로이 중수·중창하였으며, 지방관으로 하여금 필요한 지점에 새로이 원을 조성하도록 하였다.[175] 이러한 정부의 적극적인 시책으로 인해, 조선초기에 많은 수의 원이 새로이 만들어졌다. 원의 운영에는 승려를 다수 院主로 임명하여

---

173) 『世宗實錄』 권109, 世宗 27년 7월 乙酉, 4册, 625쪽.

174) 『太祖實錄』 권2, 太祖 원년 9월 壬寅, 1册, 31쪽.

175) 조선초기의 원에 관해서는 다음의 논저가 참조된다. 崔在京, 1975, 「朝鮮時代 院에 대하여」 『嶺南史學』 4 ; 崔永俊, 1990, 『嶺南大路-韓國古道路의 歷史地理的 硏究-』, 高麗大民族文化硏究所 ; 韓嬉淑, 1992, 「朝鮮初期의 院主」 『西巖趙恒來敎授華甲紀念韓國史學論叢』 ; 崔孝軾, 1997, 「朝鮮初期의 院 經營에 관한 考察」 『竹堂李炫熙敎授華甲紀念韓國史學論叢』 ; 鄭枖根, 2008, 앞의 논문, 258~265쪽.

참여시켰으며, 아울러 俗人 院主도 임명하였다. 그러나 점차로 속인 원주를 임명하는 방향으로 갔으며, 이에 따라 원과 불교계의 깊은 연관·유대는 약화 내지 소멸하여 갔다.[176)]

『新增東國輿地勝覽』에는 1,300여 개의 원이 기재되어 있다. 『新增東國輿地勝覽』에서는 院이 驛과 함께 기재되어 있는 데서 알 수 있듯이, 원을 국가가 관장하였다. 그리고 사찰은 佛宇라 하여 院宇와 완전히 구분하고 있다. 그 원의 이름을 보면 불교에서 온 것으로 이해되는 大悲·金剛·觀音·兜率·無量·彌勒·文殊 등이 보이는데, 이 원들은 고려시기 불교계에서 조성하고 운영하던 遺制라고 판단된다.

일반 사찰이 원으로 바뀌는 수도 있었다. 이미 고려시기에도 확인되는데, 광연통화원의 경우 홍경사 내에 세워졌지만, 중기 이후 원의 기능이 중시되면서 홍경원으로 불리었다.[177)] 원의 기능 즉 숙박기능이 강조되면서 사가 원으로 바뀐 것을 뜻한다. 그러한 예는 고려말 조선초에 더 많이 발생하였다고 생각된다. 天壽寺의 경우 조선초에 天壽院으로 이름이 바뀌었다. 천수사는 "自江南 赴皇都者 必憩於其下 輪蹄闐咽 漁歌樵笛之聲不絶"하던,[178)] 즉 사람의 통행이 많은 사찰이었다. 사로 지칭되고 있지만, 원이 갖는 기능 즉 숙박과 휴식의 기능을 겸하던 사찰이었다. 그런데 조선초에는 원주는 속인으로 바뀌었고,

> 千宇萬間 今遺址如掃 皆爲田壟 所存者 只行旅投宿之小院耳[179)]

라고 지적되었다. 즉 사찰의 대부분이 없어져 전농이 되어 버렸고, 다만

176) 東西大悲院이 東西活人院으로 개칭되는 것(『太宗實錄』 권28, 太宗 14년 9월 丙子, 2冊, 34~35쪽) 또한 동서대비원이 갖는 불교적인 색채를 탈각시키려는 것으로 이해된다.

177) 『高麗史節要』 권9, 仁宗 8년 7월, 248~249쪽.

178) 李仁老, 『破閑集』 권中(『高麗名賢集』 2冊, 94쪽).

179) 『新增東國輿地勝覽』 권4, 開城府上 驛院 天壽院.

행려가 투숙하는 원만이 남아 있을 뿐이라는 것이다. 천수사처럼 휴식과 숙박 기능만을 유지한 채 원으로 축소된 경우는 적지 않을 것이다.

1,300여 개의 원 가운데는 이처럼 고려시기 불교계에서 조성하여 운영하던 것이 많은 수에 이른다고 생각한다. 그러나 한편 고려시기에 보이는 원 가운데 상당수가 『신증동국여지승람』에 기재되지 않은 것을 볼 때 고려시기 원의 다수가 사라졌음을 알 수 있다. 그리고 1,300여 개의 원 가운데는 조선초에 새로이 조성된 것도 상당수 있을 것이다.

『經國大典』에서 院과 院主·院田을 법제화하였는데, 院戶는 대로에 5호, 중로에 3호, 소로에 2호씩을 정해주고 雜役을 면제하였으며, 漢城府 성밑의 원은 5部에서, 외방의 원은 수령이 부근에 거주하는 민을 정해 원주로 삼고 修葺하도록 하였다.[180] 원전은 대로 1결 35부, 중로 90부, 소로 45부로[181] 과전법 제정시보다, 또 세종 27년 규정보다[182] 축소되었다.

5. 結 語

고려시기의 원은 조선초기의 원과는 달리 불교계와 깊이 연결되어 설립, 운영되었다. 원은 일반 사찰과 지리적 위치와 담당하던 기능에서 상당한 차이가 있었다. 불교계는 원을 통해 세속사회와 깊이 연결되었고, 人的·物的 교류를 일정하게 관장하는 지위를 점할 수 있었다.

고려시기에 원은 불교계·국가가 주도하여 설립하였는데, 俗人이 세우는 경우도 있었다. 어느 경우이든 이후의 운영과 관리는 불교계에서

---

180) 『經國大典』 권6, 工典 院宇.

181) 『經國大典』 권2, 戶典 院田.

182) 세종 27년에 새로이 규정된 내용에 따르면, 대로의 원은 1결 50부, 중로의 원은 1결, 소로의 원은 50부였다(『世宗實錄』 권100, 世宗 27년 7월 乙酉, 4册, 625쪽).

주관하였다. 원은 대사찰에 부속하는 수도 있었지만, 대개는 독립한 사찰로서 세워졌다. 원의 단초는 후기신라시기에 찾아지지만, 고려시기에 들어와 크게 증가하고 불교계와 밀접한 관계를 맺게 되었다. 원의 수가 증가하고 그 차지하는 기능이 구별되면서, 일반사찰과는 달리 인식되었다. 원의 규모는 큰 차이가 있어, 대사찰에 부속한 경우 80間에 이르는 대규모도 있지만, 독립한 경우 그 규모가 상당히 작았던 것으로 보인다. 원도 사찰의 하나이기 때문에 범종이나 불상 등을 갖추고 있었다고 여겨진다. 원이 건물을 유지하고 소기의 기능을 지속하기 위해서는 경제기반으로서 토지를 가지고 있었던 것 같은데 그 규모는 작았다. 원에는 승려들이 거처하고 있었으며, 그 장은 住持로 칭해진 것 같다.

원은 사람이 많이 내왕하는 중요한 交通路 상에 자리하였으며, 人家와는 멀리 떨어져 있었다. 호랑이와 도둑의 피해가 속출하는 후미진 곳에 위치하였다. 渡江하여야 하는 하천 연안에 위치한 경우도 많았다. 이러한 위치로 인해 민란이 발발했을 때, 또 외침이 있었을 때, 원을 경유하게 되었다. 원에서는 行旅에게 숙식을 제공하고 우마에게는 꼴을 제공하였다. 굶주린 이를 구휼하는 기능도 맡았고, 병든 자를 치료하는 수도 있었다. 飢民·病者를 위해 국가가 특별히 지원해 설립 운영한 것은 東西大悲院이었다. 원도 사찰이었기에, 이곳에서 각종 齋와 道場이 設해졌다. 불교계에서 원을 통해 사회사업에 참여하는 것은 불교의 慈悲思想, 功德思想, 布施思想 등의 이념과 관련된 것이라 할 수 있다. 원의 이용자는 行旅로 표현되고 있지만, 그 중심층은 상인으로 이해되어, 불교계와 상인의 연결을 읽을 수 있다. 나아가 불교계는 원을 통해 유통망을 관장하는 기능을 담당했다고 볼 수 있다.

원은 고려후기에 가면서 건물의 수명으로 인해, 또 민란이나 외침으로 말미암아 퇴락·소실되는 수가 속출하였다. 이 원의 중수에는 국가·불교계가 참여하였지만, 俗人의 참여가 두드러진 점에 특징이 있었다.

이것은 원과 불교계의 긴밀한 유대가 느슨해지는 것을 의미하는 것으로 사료된다. 원에 대해서는 정부도 그 수습에 적극적인 조치를 취하고 있었다. 院田은 科田法에서 大路·中路·小路로 나누어 각각 2結, 1結 50卜, 1結씩 지급되는데, 여기에서 전국의 원을 국가가 3등급으로 나누어 파악, 정비함을 알 수 있다. 조선건국 직후에 국가는 원의 정비에 나섰다. 원이 物貨의 유통 상에서, 또 情報의 흐름에서 갖는 중요성 때문으로 보인다. 국가는 퇴락한 원을 중수·중창하였으며, 새로이 창건하기도 하였다. 이러한 일을 각 지방의 수령이 담당토록 하였다. 그리고 院主도 초기에는 승려를 참여시켰지만, 점차 俗人으로 바꾸어 갔다. 그리하여 불교계와 원은 단절되어 가서, 『新增東國輿地勝覽』에서 사찰은 佛宇條에 기재되고 원은 驛과 함께 驛院條에 기재되게 되었다. 『신증동국여지승람』에 실린 1,300여 개의 원에는 그 이름이 불교에서 온 것이 많은데, 이는 고려시기 불교와 연결된 원의 遺制라고 하겠다. 그러나 조선건국 이후 새로이 창건된 것도 상당수라고 생각한다. 한편 고려시기에 보이던 원 가운데 『신증동국여지승람』에 나오지 않는 것도 많아, 고려의 원이 상당한 정비를 보았다고 사료된다.

고려시기 불교계는 물화의 유통이나 정보의 흐름과 깊은 관련을 맺는 위치에 있었고, 그 기능을 특별히 관장하던 것은 바로 이 院이었다.[183] 고려시기 불교계에서 원을 세워 운영하면서 그러한 기능을 담당했던 것은 당시 불교계의 사회적 영향력이 큰 데서 나오는 당연한 결과라 하겠다.

---

183) 원 이외의 일반 사찰에서도 이러한 기능을 부분적으로 담당하였다.

〈지도 1〉 弘慶院 부근(대동여지도)

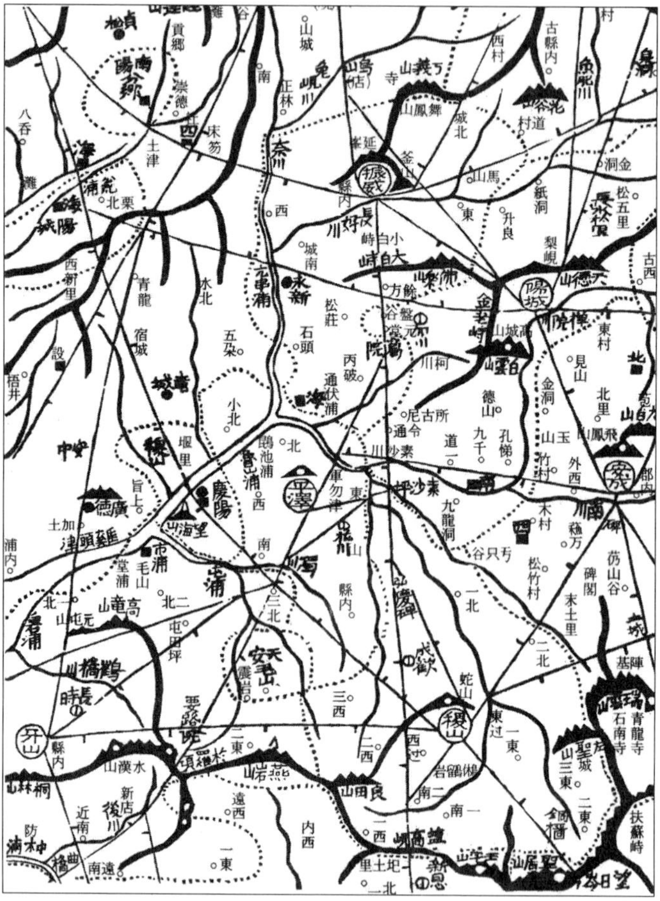

〈지도 2〉 廣灘院 부근(대동여지도)

제2장 高麗時期 寺院의 新設과 可用空間의 擴大

1. 序 言

고려시기에 들어와 다수의 사원이 새로이 조성되었다. 國都인 개경에는 불교계를 재편하는 의미에서 큰 사원이 많이 만들어졌으며, 지방에도 적지 않은 사원이 신설되었다. 국가가 주도해 조성한 예도 있고, 왕실이나 중앙의 귀족이 지원해 신설한 경우도 있었고, 지방의 토호와 民人들이 협력해 새로 만드는 예도 있었다. 그리하여 신라와는 달리 전국 곳곳에 사원이 자리할 수 있게 되었다.

그런데 사원이 세워진 지리적 위치는 불교의 성격과 깊은 관련을 가지고 있다. 다른 종교의 경우도 그 시설이 위치한 장소는 종교의 특성, 사회적 성격과 깊은 관련이 있다. 특히 세속사회와 근접한 경우는 종교기관과 세속사회가 밀착되어, 종교의 세속화 경향이 크며, 속인들이 자주 또 정기적으로 찾을 수 있다. 그에 비해 세속사회와 공간적으로 일정하게 격리된 지점에 세워지면 세속사회와 거리가 있게 되는 것은 당연한 이치이다. 불교사원의 경우 대체로 세속사회와 격리된 지점에 자리하는 수가 많았다. 불교에서 늘 문제가 되는 것은 出家者 修行과 衆生 구제·교화의 조화이다. 수행을 위해서는 세속사회로부터 격리되어야 하지만,

중생의 구제를 위해서는 속인사회에 근접할 필요가 있다. 이 모순을 어떤 방식으로 해소하느냐가 불교에서는 중요한 과제라 할 수 있다. 그렇기 때문에 사원의 지리적 위치는 좀 더 천착해 이해할 필요가 있는 것이다.

사원의 지리적 위치에 대해서는 여러 측면에서 검토할 소지가 있다. 지형 상의 조건, 山川 상의 지점, 세속사회와의 거리 등을 해명할 필요가 있다. 본고에서는 사원이 신설됨으로써 인간의 이용 공간이 확대된다는 측면을 중심으로 살펴보고자 한다. 우선 사원이 세워지는 지점이 갖는 지리적인 특징을 검토하고, 이어서 사원이 조성됨으로써 편의시설을 제공하고 아울러 이동 시의 안전도를 높일 수 있으며, 또한 지금까지 활용되지 않던 공간을 이용할 수 있게 된다는 점을 제시하고자 한다.

2. 寺院新設의 地理的 條件

사원은 일차적으로 승려들의 생활공간이기에 그들의 생활과 수행에 편리한 지점에 세워진다. 불교의 경우 통상 출가자 중심의 종교라고 일컬어지기 때문에, 사원이 설치되는 지점은 우선적으로 출가자인 승려들의 종교적 일상에 적합하지 않으면 안 된다. 종교적 修道생활을 영위함과 아울러 그들이 그곳에서 의식주 문제를 해결하면서 생활하는 데 불편함이 없어야 한다.

사원이라는 종교시설은 또한 속인이 찾는 곳이기도 하다. 승려로서도 자신의 수행 못지않게 세속사회의 구제와 교화가 중요하기에, 세속인을 만나는 공간인 사원은 중요한 곳이다. 세속인은 종교적인 염원을 품고서 사원을 찾게 된다. 속인이 접근 가능한 지점에 사원이 자리해야 한다. 그것도 다수의 사람이 함께 다가갈 수 있어야 하고, 때로는 국왕이 행차할 수 있는 지점이어야 한다.

고려시기 사원은 기본적으로 세속사회와 공간적으로 격리된 지점에 세워지는 것이 보통이었다. 山谷間이든 平地이든 세속사회와 분리된 지점에 사원이 세워졌다. 다가가는 데 상당한 시간과 정성이 필요하였다. 세속인이 자주, 정기적으로 다수가 함께 찾을 수 있는 지점에 사원이 세워지지 않았다. 이렇기에 사원과 세속인의 만남은 間歇的이고, 비정기적인 수가 많았다. 사원과 세속사회의 관계는 사원의 공간적 위치와 깊은 관련을 갖는 것이다.

사원이 세워지는 지점은 일차적으로 출가자인 승려들이 수행하는 데 적합한 곳이어야 했다. 사원을 설립할 때에 아무 곳에나 세우는 것이 아니고 승려들이 득도하기 위한 수행생활을 효율적으로 지속할 수 있는 지점이어야 했다. 흔히 그러한 지점은 '勝地'라고 표현되었다. 尙州에 소재한 龍巖寺의 경우 태조 왕건이 통일할 무렵에

> 於此山東南隅 占得勝地[1)]

해서 세웠다고 함이 그것이었다. 승지는 풍광도 고려되겠지만, 수행생활에 적합한 곳임은 물론이었다. 그러한 지점은 대개 산과 물이 있는 곳이었다. 특히 계곡이 인접해 있는 지점이었다. '溪山幽勝',[2)] '山水淸幽之地',[3)] '山奇水異'라고[4)] 표현되는 곳이었다. '倚山枕水'라고[5)] 하는 지적도 있다. 산수가 갖추어진 지점이 사원이 세워지기에 좋은 장소로서 언급되는 것이다.

그러한 조건 위에 맑고 깨끗한 것이 추가되어야 했다. '淸淨無塵'[6)]

---

1) 『新增東國輿地勝覽』 권28, 尙州牧 佛宇 龍巖寺.
2) 『新增東國輿地勝覽』 권17, 林川郡 佛宇 普光寺.
3) 李奎報, 「送璨首座還本寺序」 『東國李相國集全集』 권21(『韓國文集叢刊』 1冊, 510쪽).
4) 李仁老, 「湍州北仰嵓寺」 『破閑集』 권上(『高麗名賢集』 2冊, 84쪽).
5) 成俔, 『慵齋叢話』 권5.

즉 맑고 깨끗해 티끌 한 점이 없는 지점이어야 했다. 또한

松暗雲深 夏凉冬燠[7]

한 것도 중요하였다. 소나무 그림자가 드리우고 구름이 깊어 여름에는 서늘하고 겨울에는 따뜻한 지점이어야 했다. 그러한 지점은 승려가 樂道之淸齋와 安禪之勝踐으로[8] 삼을 수 있었다.

사원은 일차적으로 승려가 수행하기에 좋은 조건을 갖춘 곳, 곧 산과 계곡이 있고 나무 특히 소나무가 우거지고 여름에는 서늘하고 겨울에는 따뜻한 지점에 자리하였다. 그리고 자연 경관이 좋은 지점에 세워지는 것이었다.

승려들이 생활해 가는 데에는 衣食住의 문제도 중요하였다. 매일 소요되는 食의 문제는 특히 중요하였다. 食料는 대개 외부로부터 조달되는 것이지만, 그러나 식수의 문제는 그곳에서 해결하지 않으면 안 되었다. 양질의 식수를 안정적으로 공급받는 것은 대단히 중요한 일이었다. 좋은 식수가 있어야 취사가 가능하고 차를 끓일 수 있으며, 佛壇에 제공할 수 있었다. 山水勝處라 해도 식수가 제대로 확보되지 않으면 문제는 심각하였다.

강릉에 소재한 艶陽禪寺는 예전에 우물이 없어서 고통을 겪었다.

寺舊無井 苦於遠汲[9]

---

6) 李奎報「洛山觀音腹藏修補文」『東國李相國集全集』권25(『韓國文集叢刊』1冊, 554쪽).

7) 李智冠譯註, 1993,『歷代高僧碑文(新羅篇)』,「谷城大安寺寂忍禪師照輪淸淨塔碑文(872년)」, 伽山文庫, 76~77쪽.

8) 李智冠譯註, 1994,『歷代高僧碑文(高麗篇 1)』,「光陽玉龍寺洞眞大師寶雲塔碑文(958년)」, 408~409쪽.

9) 李穀,「高麗國江陵府艶陽禪寺重興記」『稼亭集』권2(『韓國文集叢刊』3冊,

하다고 함이 그것이었다. 우물이 없어 식수를 가까운 곳에서 확보하지 못할 경우 먼 곳에서 운반해야 하는데, 그것이 심히 고통스럽다는 것이다. 國淸寺의 경우에도 멀리서 물을 길어 오는 데 항상 고통스러워 했다.[10] 그러한 구체적인 모습은 靈巖寺에서 확인할 수 있다.

> 維井之眢 維陽之愆 求之山下 驢背人肩 往來一舍 斗水百錢[11]

가뭄으로 우물이 마르면 산 아래에서 구해서 나귀와 사람이 지고 운반하는 데 1舍 곧 30리를 왕복해 한 말의 물값이 百錢에 달한다는 것이다.

사원의 경우 食水의 문제가 중요한 것이기에, 남원의 태수 卜章漢이 원묘국사 了世를 청해 관내 白蓮山을 도량으로 삼아 모시자, 요세가 무리를 거느리고 갔으나

> 見其地阻且無水 意欲徑還[12]

하였다. 물이 없는 것을 보고 급히 되돌아 가고자 하였다는 것이다. 물이 있다 하더라도 깨끗하지 않으면 안 되었다. 국청사의 경우 오래된 우물이 있었으나 "最深大 而臭淨無常"이라고[13] 하였다. 곧 국청사의 우물이 깊고 크지만 냄새나기도 하고 깨끗하기도 하여 일정치 않았다.

식수의 문제가 심각하기에 사원을 세울 경우, 그것의 해결이 중요한

114쪽).

10) 閔漬, 「國淸寺金堂主佛釋迦如來舍利靈異記」『東文選』권68(民族文化推進會 影印本 2冊, 441~443쪽).

11) 李穀, 「靈巖寺新井銘」『稼亭集』권7(『韓國文集叢刊』3冊, 146쪽).

12) 崔滋, 「萬德山白蓮社圓妙國師碑銘並序」『東文選』권117(民族文化推進會 影印本 3冊, 459~461쪽).

13) 閔漬, 「國淸寺金堂主佛釋迦如來舍利靈異記」『東文選』권68(民族文化推進會 影印本 2冊, 441~443쪽).

과제였다. 먼 곳에서 물을 길어 오는 수고를 더는 것이 중시되었다.

> 鑱巖石寒泉食 汲引之勞省[14)]

건동선사를 중수하면서 암석을 뚫어 차가운 샘물을 확보함으로써 물을 긷는 수고를 덜게 되었다고 명기하고 있는 것이다.

山水勝處이지만 식수에 문제가 있을 경우 이것의 해결을 위해 노력하였다. 그 노력은 간단하고 손쉬운 것이 아니었다. 靈巖寺의 경우 大檀越이 먼 곳에서 물 길어오는 수고를 해소하고자, 良匠을 불러

> 仍相東偏 其下惟石 鑿之彌堅 人初指笑 有類溜穿 其深百尺 其久二年 旣難旣獲 有冽寒泉[15)]

하였다는 것이다. 사원의 동쪽을 선정하였으나 밑이 돌이어서 뚫을수록 견고해 사람들이 처음에는 비웃으면서 처마에서 떨어지는 물방울로 돌을 뚫는 것 같다고 하였다. 100척 깊이를 파 들어가는 힘든 과정을 거쳐 차가운 샘을 찾아냈으며, 거기에 소요된 기간이 무려 2년이었다는 것이다. 식수를 확보하기 위해 기울인 노력의 정도를 엿볼 수 있다.

식수를 찾는 것이 우연한 경우도 있고, 기도의 힘에 의거하는 수도 있으며, 또 승려의 영험능력에 의거하는 수도 있었다. 남원에 부름을 받아갔던 了世가 물이 없어 되돌아 가려는데

> 偶拔一石 淸泉忽迸[16)]

---

14) 李齊賢, 「重修乾洞禪寺記」『益齋亂藁』 권6(『韓國文集叢刊』 2冊, 553~554쪽).
15) 李穀, 「靈巖寺新井銘」『稼亭集』 권7(『韓國文集叢刊』 3冊, 146쪽).
16) 崔滋, 「萬德山白蓮社圓妙國師碑銘並序」『東文選』 권117(民族文化推進會 影印本 3冊, 460쪽).

하였다는 것은 우연일 수도 있고, 요세 개인의 探水능력에 의거한 것일 수도 있다. 우연히 하나의 돌을 뽑으니 맑은 샘이 갑자기 솟아 나왔다는 것이다. 우연한 것으로 묘사되었지만 실은 요세 개인이 뛰어난 탐수능력을 소지하였기에 가능하였을 것이다.

강릉 艶陽禪寺에서는 물을 긷는 고통이 컸었는데 어느 날 우연히 부처에게 조용히 기도하고 파 내려가 한 丈에 미치지 못했지만 차가운 샘물이 솟아났다.[17] 부처의 가호에 힘입은 것으로 표현되고 있다.

국청사의 경우는 法席을 베풀고자 해 대중이 모였으나

> 所乏者水 寺人甚憂 聞及于國統 國統亦難之 至會三日前 井水忽變澄淨旣極甘涼[18]

하였다고 한다. 물이 부족해 국청사의 사람들이 심히 근심했으며 그 소식이 국통에까지 알려지니 국통도 또한 곤란하게 여겼는데, 법회 3일전에, 우물물이 갑자기 변해 맑고 깨끗해졌으며 심히 달고 상쾌했다는 것이다. 우물이 있었으나 그 물맛이 일정치 않다가 갑자기 맑아지면서 그 물맛이 달고 시원하였다는 것이다.

사원에서는 이처럼 식수가 중요하였으며, 그 식수를 안정적으로 확보할 수 있는 지점에 사원을 세우는 것이 보통이었다. 그러나 식수를 확보하지 못한 지점에 사원을 세우는 경우, 그 식수를 먼 곳에서 운반하거나 혹은 상당한 노력을 해서 근접한 지점에서 확보할 수 있었다. 사원에서 식수의 문제가 이처럼 중요한 것이기에 寺名이 식수와 관련해 지어지는 수도 있었다. 여주의 井泉寺, 보은의 福泉寺가 그러하였다. 정천사의 경

17) 李穀, 「高麗國江陵府艶陽禪寺重興記」『稼亭集』 권2(『韓國文集叢刊』 3冊, 114쪽).

18) 閔漬, 「國清寺金堂主佛釋迦如來舍利靈異記」『東文選』 권68(民族文化推進會 影印本 2冊, 441~443쪽).

우 '寺名都在井涵涵'이라고[19] 하였으며, 복천사의 경우

> 寺之東有泉 自石縫瀉出 以供齋廚之用 故名焉[20]

하였다고 한다. 식수를 확보하는 것이 지하수면까지 파내려간 우물[井]도 있고, 지하수면이 지표에 노출된 샘[泉]도 있을 수 있었으나 고려시기에는 샘의 형태가 좀 더 일반적이었을 것으로 여겨진다. 山地의 지형상 泉을 확보할 수 있는 좋은 지점이 많았기에 그렇게 판단된다.

이렇게 확보한 양질의 시원한 물은 여러 용도로 사용하였다. 흔히 齋廚之用으로 표현하였다.[21] 그러나 차를 끓여 마시는 데 사용하기도 하였다.[22]

사원은 안정적으로 양질의 식수를 확보할 수 있는 지점에 세워져야 했다. 식수와 아울러 중요한 것은 땔나무였다. 땔나무가 있어야 취사를 할 수 있고, 겨울에 난방을 할 수 있었다. 땔나무가 없거나 부족하면, 취사에 어려움이 크고 겨울철 난방이 불가능해지는 것이다. 定印大禪師 志謙이 물러나 있고자 하는 花藏寺는 "境地淸勝 薪木贍足"하다고[23] 하였다. 淸勝한 지점임과 아울러 薪木이 풍족한 곳이라는 것이다. 산곡간에 자리한 사원의 경우에는 대개 땔나무의 확보에 큰 어려움이 없으므로 특별히 언급할 필요가 없었다고 여겨진다.

사원은 또한 풍수지리를 고려해 세워졌다. 山水勝處를 찾는 것 자체가 풍수지리를 고려한 것이겠으나, 적극적으로 地德 裨補를 표방해 사

---

19) 『新增東國輿地勝覽』 권7, 驪州牧 佛宇 井泉寺.
20) 『新增東國輿地勝覽』 권16, 報恩縣 佛宇 福泉寺.
21) 閔漬, 「國淸寺金堂主佛釋迦如來舍利靈異記」 『東文選』 권68(民族文化推進會 影印本 2冊, 441~443쪽) ; 『新增東國輿地勝覽』 권16, 報恩縣 佛宇 福泉寺.
22) 李齊賢, 「妙蓮寺石池竈記」 『益齋亂藁』 권6(『韓國文集叢刊』 2冊, 555~556쪽).
23) 李奎報, 「故華藏寺住持王師定印大禪師追封靜覺國師碑銘」 『東國李相國集全集』 권35(『韓國文集叢刊』 2冊, 62~64쪽).

원이 세워지는 수가 많았다. 고려는 道詵이 山水의 順逆을 살펴 정한 곳에 사원을 창건하였다고 하였다.[24] 그러한 지덕의 비보는 사원을 세우는 경우에 크게 고려되었다. 곧,

太祖創立禪教寺社 皆以地鉗相應 置之[25]

했다고 하는 것은 일반적인 표현이다. 또한 동일한 내용이 달리 표현되기도 한다. 즉 태조가 조영하는 塔廟는

凡立塔廟 必相夫山川陰陽逆順之勢 要有以損益壓勝者 然後爲之[26]

라고 하여, 산천의 음양 역순의 형세를 살펴 損益壓勝할 만한 곳에 세웠다는 것이다. 安養寺의 탑은 태조가 개국한 초기에 裨補의 설에 따라 세운 예였다고 한다.[27] 이와 비슷한 표현은 여러 자료에서 확인할 수 있다. 고려 태조가 통일한 초기에 중앙과 지방에 많은 사원을 두었는데, 그것이 곧 '裨補'라고[28] 하였다.

비보지설을 참용한 구체적인 사례도 다수 찾을 수 있다. 天磨山에 위치한 觀音屈의 경우는

壓勝逆水之源 最爲裨補[29]

24) 『高麗史』 권2, 世家2 太祖 26년 4월, 上冊, 55쪽.
25) 『高麗史』 권84, 志38 刑法1 職制 忠烈王 24년, 中冊, 843~844쪽.
26) 李齊賢, 「重修開國律寺記」 『益齋亂藁』 권6(『韓國文集叢刊』 2冊, 552~553쪽).
27) 李崇仁, 「衿州安養寺塔重新記」 『陶隱集』 권4(『韓國文集叢刊』 6冊, 589~591쪽). "太祖開國之初 佛者有以裨補之說干之者 頗用其言 多置塔廟 若今衿州安養寺塔 其一也".
28) 權近, 「演福寺塔重創記」 『陽村集』 권12(『韓國文集叢刊』 7冊, 133~134쪽).
29) 權近, 「觀音屈落成慶讚華嚴經疏」 『陽村集』 권27(『韓國文集叢刊』 7冊, 257~258쪽).

하다고 하였으며, 金溝縣 鳳頭山 소재 開同寺는 飛動之勢를 누르기 위해 세웠다고 한다.[30] 또한 演福寺의 경우

內鑿三池九井 其南又起五層之塔 以應風水[31]

하였다고 명기되어 있다. 사원의 경우 위치를 설정하거나 탑이나 건물을 배치할 때에, 풍수지리를 크게 참작했음을 알 수 있다.[32] 당시의 지리인식 체계와 수준을 반영해서 사원의 설립 장소를 선정하였고, 가람을 배치하였음을 쉽게 알 수 있는 것이다.

사원은 다른 한편으로 民家와 混在하는 것은 기피되었다. 민가와 사원이 담장을 함께 한 경우라든지 공간적으로 붙어 있는 것은 곤란하다고 생각하였다. 그러한 지점에는 사원이 세워지지 않았다. 개경이라고 하더라도 사원의 배치에서는 신라와는 다른 모습이었다. 국가에서도 신라의 전철을 밟지 않기 위해 노력하였다. 신라말에

城中佛寺太半 國隨以亡[33]

하였다고 지적함이 그것이다. 신라의 말에는 城中 즉 경주 내에 불사가 태반이나 되어, 나라가 망하였다는 것이다. 그 사실이 다른 기록에서는

30) 『新增東國輿地勝覽』 권34, 金溝縣 山川 鳳頭山. "術家又於掘禪山 建開同寺 以壓飛動之勢".

31) 權近, 「演福寺塔重創記」 『陽村集』 권12(『韓國文集叢刊』 7冊, 133~134쪽).

32) 우리나라의 경우 불교의 발달, 사원의 건립은 국토의 지형 특징과 깊은 관련을 갖는다. 사원의 건립이 지형과 관련해서 자주 언급되고 있음은 이러한 사정에 기인한다. 고려시기 지리인식과 비보사탑의 문제는 향후 작업이 기대된다고 하겠다. 지리학의 견지에서 풍수비보를 다룬 연구로 최원석, 2004, 『한국의 풍수와 비보』, 민속원을 들 수 있다.

33) 『太宗實錄』 권10, 太宗 5년 1월 辛丑, 1冊, 343쪽.

在新羅之季 崇信佛氏 多創塔廟 比較民屋 佛寺居多[34]

하다고 하였다. 민간의 가옥보다 사원이 많았다는 것이다. 이렇게 된 것은 개인이 출가하면서, 살던 집을 절로 만들어버리는 일이 빈번한 것이 중요한 이유였다. '捨家爲寺',[35] '捨私第爲寺'로[36] 표현되는 행위가 흔하였기에 사원의 수가 많아지고 사원과 민가가 혼재하는 것이다.

그런데 태조 왕건도 자신의 집을 절로 만들어버린 예가 있다. 廣明寺의 경우 "世傳 高麗太祖舊宅 捨爲寺"하였다고[37] 하며, 報法寺는 太祖妃 柳氏가 집을 희사한 것이다.[38] 崇福寺도 왕건이 집을 희사해 만든 것이다.[39] 奉先寺도 태조가 私第를 희사해 만들었다고 한다.[40]

그러나 이후 고려국가에서는 지속적으로 捨家爲寺를 금하는 명령을 내리고 있어,[41] 개인이 살던 집을 희사해 절로 만드는 일은 흔치 않았다고 사료된다. 물론 그러한 법령이 반복해 내려진다는 것은 그런 일이 적지 않았음을 시사한다. 그렇다고 하더라도 신라의 경우와 같은 상황은 아니었다고 보인다. 개경에 소재한 사원 가운데 사명을 전하는 경우, 그 위치를 보면 대부분 성 밖에 있고 城內라 하더라도 民家와 인접한 것으로는 보이지 않는다.[42] 전체적으로 보면 사원의 배치에서 경주와는 달

---

34) 『世宗實錄』 권94, 世宗 23년 윤11월 壬申, 4冊, 371~372쪽.

35) 『三國遺事』 권3, 塔像4 敏藏寺 ; 『三國遺事』 권3, 塔像4 臺山月精寺 五類聖衆.

36) 『三國遺事』 권3, 塔像4 有德寺.

37) 『新增東國輿地勝覽』 권4, 開城府上 佛宇 廣明寺.

38) 李穡, 「報法寺記」 『牧隱藁文藁』 권6(『韓國文集叢刊』 5冊, 46~47쪽).

39) 李穡, 「五冠山興聖寺轉藏法會記」 『牧隱藁文藁』 권2(『韓國文集叢刊』 5冊, 17쪽).

40) 權近, 「德安殿記」 『陽村集』 권13(『韓國文集叢刊』 7冊, 148쪽).

41) 『高麗史』 권85, 志39 刑法2 禁令 顯宗 8년 정월 및 肅宗 6년 6월, 中册, 861쪽.

42) 『高麗圖經』 권17, 王城內外諸寺·靖國安和寺·國淸寺 ; 『新增東國輿地勝覽』 권4, 開城府上 佛宇 安和寺.

고려시기 개경 사찰에 관해서는 다음의 논문이 참조된다. 박종진, 2000, 「고려시

리 민가와 분리되는 것이 일반적이었다고 볼 수 있을 것이다. 결국 고려 시기에는 사원과 민가가 혼재하는 것은 흔치 않았다고 여겨진다. 민가와 인접한 곳은 사원의 입지로서는 적절한 곳으로 여겨지지 않았을 것이다.

사원은 자급자족을 지향하지 않았다. 승려들은 스스로 생산활동에 참여하여 필요로 하는 물품을 확보하지 않았다. 승려 스스로가 생산활동에 참여하는 데에 소극적이었기에 당연한 일이었다. 보유한 노비를 통해 생산활동을 영위하는 수도 있었지만, 그러한 산물도 사원이 필요로 하는 것을 모두 공급할 수 없었다. 사원은 승려들의 생활에 필요한 물자, 불교의 행사를 수행하는 데 쓰이는 용품, 건물의 중수·중창에 소요되는 자재 등을 외부로부터 공급받지 않으면 안 되었다. 그러한 물자가 안전하고 용이하게 전달될 수 있는 지점에 자리해야 했다.

우선 사원에는 많은 시주물이 들어왔다. 신자들이 직접 사원에 가서 시주하는 수도 있었고, 승려가 적극적인 緣化활동을 함으로써 시주물을 확보하기도 하였다.[43] 때로는 국왕이 다량의 물품을 사여하는 수도 있었다. 예컨대 공양왕 3년(1391) 弘福都監에게 명해 演福寺에 布 2,000필을 바치도록 하였다.[44] 매해 조세의 일부를 제공하는 수도 있었다. 醴泉 龍門寺에는 州縣租稅 150석이 供養資로 제공되었고,[45] 금강산의 사원에는 "江陵淮陽二道年租 直入于官 盡勒輸山 雖値凶荒 未見蠲減" 하였다.[46]

토지경영을 통해 확보한 곡식, 보 등의 식리활동을 통해 확보한 물품

기 개경 절의 위치와 기능」『역사와현실』 38 ; 강호선, 2002, 「개경의 절」『고려의 황도 개경』(한국역사연구회), 창작과비평사.

43) 拙稿, 2000, 「高麗時期 僧侶의 緣化活動」『李樹健敎授停年紀念韓國中世史學論叢』(본서 제2부 제1장 수록).

44) 『高麗史』 권46, 世家46 恭讓王 3년 3월, 上册, 888쪽.

45) 許興植編著, 1984, 『韓國金石全文(中世下)』, 「醴泉龍門寺重修碑(1185년)」, 亞細亞文化社, 872~875쪽.

46) 崔瀣, 「送僧禪智遊金剛山序」『拙藁千百』 권1(『韓國文集叢刊』 3册, 13~14쪽).

들도 사원에 보내져야 했다. 사원은 끊임없이 세속 사회로부터 소요되는 물품을 제공받지 않으면 안 되었다.

사원이 시설물을 세우거나 보수하는 데에도 외부로부터 필요한 물자가 제공되어야 했다. 靈通寺에 大覺國師碑를 세울 때 소 33마리를 통해 輸石하였으며,[47] 공민왕 15년(1366)에 王輪寺의 東南에 魯國公主의 影殿을 일으키는 데에 많은 양의 木·石이 운반되었다.[48]

이렇듯 사원은 필요로 하는 물자를 끊임없이 외부로부터 공급받아야 했기에, 공급로가 확보되지 않으면 안 되었다. 도보로 접근하는 수도 있었고, 牛·馬를 이용해 다가가는 수도 있었다. 경사가 완만해야 했고, 어느 정도의 노폭도 확보하지 않으면 안 되었을 것이다.

사원은 물품을 제공받을 뿐 아니라 사람이 찾아야 했다. 물품도 사람이 운반해야 하는 것이다. 종교적인 이유로도 세속인이 자주 또 빈번하게 정기적으로 찾지는 않았지만, 그때그때 개인적으로 혹은 집단적으로 사원을 찾았다. 세속인이 사원을 찾는 일은 다양하였다. 喪·祭 등 사사로운 일로 개인적인 차원에서 찾는 수도 있었지만, 법회가 있을 때 기타 행사가 있을 때 집단적으로 찾는 수도 있었다. 사원에 많은 이들이 함께 모이는 경우는 落成法會였다. 여타의 불교행사에도 다수의 속인이 모여들게 되겠지만, 낙성법회에 특히 많은 이들이 모였다.[49]

---

47) 李智冠譯註, 1996, 『歷代高僧碑文(高麗篇 3)』, 「開城靈通寺大覺國師碑(1125년)」, 130쪽.

48) 『高麗史節要』 권28, 恭愍王 15년 5월, 720쪽.

49) 許興植編著, 1984, 『韓國金石全文(中世上)』, 「寧邊妙香山普賢寺記(1141년)」, 626~627쪽 ; 李穡, 「眞宗寺記」 『牧隱藁文藁』 권1(『韓國文集叢刊』 5冊, 6~7쪽) ; 李穀, 「興王寺重修興敎院落成會記」 『稼亭集』 권2(『韓國文集叢刊』 3冊, 112쪽) ; 李穀, 「重興大華嚴普光寺記」 『稼亭集』 권3(『韓國文集叢刊』 3冊, 116~117쪽) ; 權適, 「智異山水精社記」 『東文選』 권64(民族文化推進會 影印本 2冊, 403~405쪽) ; 李仁老, 「太白山人戒膺」 『破閑集』 권中(『高麗名賢集』 2冊, 92쪽) ; 李智冠譯註, 1997, 『歷代高僧碑文(高麗篇 4)』, 「楊州檜巖寺禪覺王師碑文(1377년)」, 349쪽.

낙성법회만이 아니라 유명한 승려가 說法할 때에도 다수의 사람들이 몰려들었다.[50] 그리고 승려가 前人을 이어 主法이 되었을 때도 다수의 사람들이 몰려들었다.[51]

사원에는 때때로 국왕이 행차하기도 하였다. 이 경우에는 도로의 폭이 넓어야 하고 도로의 경사가 완만해야 했다. 국왕이 주로 행차하는 사원은 개경 주위의 사원이었다. 국초에 定宗이 행차하는 것에 대해,

王備儀仗 奉佛舍利 步至十里所開國寺[52]

하였다고 한다. 의장을 갖추고 불사리를 받들고 걸어서 10리 지점의 개국사에 안치했다는 것이다. 개국사는 개경 주위에 있기 때문에 접근이 용이한 사원이므로, 행차를 위해 일부러 도로를 확장하는 일은 필요치 않았을 것이다.

국왕의 행차는 이처럼 의장을 갖추는 수가 많으므로, 행차대상이 되는 사원에 이르는 도로의 사정이 좋아야 했다. 개경 인근에 소재한 사원의 경우에는 도로의 사정에 큰 문제는 없었을 것이다. 그러나 외방에 소재한 사원의 경우는 사정이 여의치 않았을 것이다. 예컨대 睿宗은 삼각산의 藏義寺·僧伽窟에 행차하고 있는데,[53] 장의사·승가굴의 경우 행차가 가능한 도로를 확보하지 않으면 안 되었다.

낙성회·法會 기타의 일로 다수의 민인들이 늘상 사원을 찾았다.[54] 또

50) 閔漬, 「國淸寺金堂主佛釋迦如來舍利靈異記」『東文選』 권68(民族文化推進會 影印本 2册, 441~443쪽). "其三日之間 城中尊卑四衆 爭相往來 聽法結緣者 如堵墻焉".

51) 李奎報, 「曹溪山第二世故斷俗寺住持修禪社主贈諡眞覺國師碑銘幷序」 『東國李相國集全集』 권35(『韓國文集叢刊』 2册, 64~66쪽). "於是四方學者及道俗高人逸老 雲奔影騖 無不臻赴 社頗隘".

52) 『高麗史』 권2, 世家2 定宗 2년, 上册, 60쪽.

53) 『高麗史』 권13, 世家13 睿宗 5년 8월, 上册, 267쪽.

국왕이 찾기도 하였다. 따라서 사원은 다수가 몰려오도록 도로를 확보할 수 있는 지점이어야 했다. 도로 사정이 나쁠 경우에는 그 도로를 확보하는 수고를 하지 않을 수 없었다. 旌善郡 소재의 觀音寺는

> 寺前沿江石路 如犬牙 人未通行 邑人築石開路 僅通人馬 雖有急 不得放轡而行[55)]

하였다. 관음사 앞은 강을 연하고 있으며, 돌길이 개 이빨과 같아 사람이 통행할 수 없었는데, 邑人들이 돌을 쌓아 길을 엶으로써 겨우 사람과 말이 통행할 수 있었다고 한다. 그러나 도로 사정이 좋지 않아 급한 일이 있어도 말고삐를 놓고 통행할 수는 없었다고 한다. 사원에는 이처럼 많은 사람들이 몰려들고 다량의 물화가 외부로부터 공급되므로 사원은 도로를 확보할 수 있는 장소여야 했다.

사원이 신설되기 위해서는 수행하기 좋은 지점이어야 했다. 산과 계곡이 있는 勝處여야 했고, 식수의 확보가 용이해야 하였다. 그리고 필요한 물자가 공급될 수 있도록, 또 불교행사에 참여할 수 있도록, 때때로 국왕이 행차하는 것이 가능하도록 도로를 확보할 수 있는 지점이어야 했다.

3. 移動의 便利性·安全性 確保와 寺院

사원은 일정한 지리적 조건을 갖는 지점에 조성되었다. 그렇게 조성된 사원은 사람의 이동에 편의를 제공하고 안전성을 높여 주었다. 당시 여행에는 많은 어려움과 위험이 뒤따랐다. 도로의 사정이 불편하였기에

---

54) 拙稿, 2004,「高麗時期 落成行事의 設行」『文化史學』21(본서 제3부 제1장 수록) ; 拙稿, 2004,「高麗時期 佛敎行事 設行時 參席者와 施納行爲」『靑藍史學』10(본서 제3부 제2장 수록).

55)『新增東國輿地勝覽』권46, 旌善郡 佛宇 觀音寺.

당연한 일이라고 할 수 있다. 이러한 조건 속에서 중요한 지점에 사원이 건립되면, 여행자들에게 편리함을 제공하고 이동의 안전성을 높여 줄 수 있게 된다.[56]

당시 사람이 이용하는 길은 중간에 民家가 없이 이어지는 수가 많았다. 촌락이 격절성을 띠고 발전하였기에 사람이 거주하지 않는 공간이 널려 있었다. 그 때문에 사람이 이동하더라도 한참동안 민가를 볼 수 없는 수가 있었다. 예컨대 慶州에서 蔚州에 이르는 90여 리의 길에는 거의 人烟이 없었다. 이것은 극단적인 경우라고 할 수 있지만, 민가가 보이지 않고 길이 이어지는 수가 꽤 많았을 것으로 보인다. 그러한 사정은 '人煙隔絶',[57] '其距民居也最隔'하다고[58] 표현하였다.

사람이 다니는 길은 평지에도 있지만 산이나 하천도 경유해 이어졌다. 평지의 경우도 도로의 사정이 좋은 것만은 아니었다. 개경 주위의 사원에 이르는 길은 도로의 사정이 비교적 괜찮았다고 여겨지나, 외방의 길은 그렇지 못하였다고 생각된다. 잡초가 우거진 늪지도 곳곳에 위치하고 있었다. 하천을 만나면 건너기에 상당한 어려움이 따르게 되었다. 작은 하천이라면 다리가 놓여 있어 건널 수 있었다. 비교적 넓고 깊은 하천이라면 건너는 것이 용이하지 않았을 것이다. 예컨대 臨津의 경우

> 先是津無船橋 行人爭渡 多致陷溺[59]

하였다는 것이다. 배다리가 없어 행인들이 다투어 건너다가 빠져버리는

---

56) 사원의 교통기능에 대해서는 다음의 글이 참고된다. 拙稿, 1998, 「高麗時期 院의 造成과 機能」『靑藍史學』 2(본서 제4부 제1장 수록) ; 김병인, 1999, 「高麗時代 寺院의 交通機能」『全南史學』 13.

57) 崔沖, 「奉先弘慶寺記」『東文選』 권64(民族文化推進會 影印本 2冊, 397~398쪽).

58) 李奎報, 「龍寶院新創慶讚疏」『東國李相國集全集』 권41(『韓國文集叢刊』 2冊, 128쪽).

59) 『高麗史節要』 권4, 靖宗 11년 4월, 118쪽.

자가 많았다는 것이다. 우리나라는 지형상 곳곳에 河川이 있었기에, 여행자들이 통과하기가 심히 어려웠을 것이다.

山間을 경유하는 도로의 사정도 불편한 것이었다. 峯城縣 남쪽 20여리 지점의 石寺洞의 경우

山丘幽遠 草木蒙翳[60)]

하였다. 산과 구릉이 그윽하고 멀며 초목이 뒤덮여 있다는 것이다. 지리산 青鶴洞에 이르는 길은 "路甚狹纔通 人行俯伏"하였다.[61)] 길이 심히 좁아 겨우 통과할 수 있었는데, 사람이 구부리고 기어갔다는 것이다. 都山寺를 세우게 되는 金剛山의 경우

山之西北有嶺 橫截峻驗 若登天然[62)]

하였다. 금강산의 서북에 고개가 있는데 가로질러 가는 것이 가파르고 위험해 마치 하늘을 오르는 것 같았다는 것이다. 慈悲嶺의 경우도 산이 크고 가파라서 여행자들이 넘어가는 것을 심히 힘들어 했다는 것이다.[63)]

경상도에 갈 경우 큰 고개를 넘는데, 고개 넘어 거의 100리를 가는 동안 모두 큰 산 사이를 경유하는데, 串岬이 가장 위험해

緣崖而開棧道 以通人馬之行 上繞峭壁 下臨深溪 欹危隘窄[64)]

60) 金富軾, 「惠陰寺新創記」 『東文選』 권64(民族文化推進會 影印本 2册, 398~400쪽).
61) 李仁老, 「智異山或名頭留」 『破閑集』 권上(『高麗名賢集』 2册, 85쪽).
62) 李穀, 「刱置金剛都山寺記」 『稼亭集』 권3(『韓國文集叢刊』 3册, 115~116쪽).
63) 李穡, 「慈悲嶺羅漢堂記」 『牧隱藁文藁』 권3(『韓國文集叢刊』 5册, 24~25쪽).
64) 權近, 「犬灘院樓記」 『陽村集』 권12(『韓國文集叢刊』 7册, 140~141쪽).

하였다고 한다. 바위를 따라서 棧道를 만들어 사람과 말이 통행할 수 있었는데, 위에는 바위벽이 둘러싸고 있고, 아래에는 깊은 계곡이 있으며, 위험하고 매우 좁았다는 것이다. 그렇기에 지나는 이들이 두려워하고 마음을 졸였다고 한다.

강원도 旌善郡 觀音寺의 경우는 앞에 강을 따라 돌길이 있는데 개이빨과 같아 사람이 통행할 수 없자, 읍인들이 돌을 쌓아 길을 열어 겨우 사람과 말이 통행할 수 있었는데, 비록 급한 일이 있다 할지라도 고삐를 놓고는 갈 수 없었다고 한다.[65] 산길은 대개 이와 같은 형편이었을 것이다.

이러한 도로의 모습은 조선초 河崙이 지은 「彌勒院記」에 잘 표현되어 있다.

過懷德縣之東境 山川縈紆 草木薈蔚 中有路狹且險[66]

회덕현의 동쪽 지경을 지나는데 산천이 휘감겨 있고 초목이 우거져 있으며 가운데에 길이 있는데 좁고 험하다는 것이다. 당시의 도로는 이처럼 중간에 민가가 없이 멀리 이어지고 있고, 길이 평지에 있더라도 숲과 늪이 주변에 있었으며, 하천이 흘러 길을 막았다. 산간 사이의 길은 좁고 매우 위험하게 이어져 있었다.

이러한 길을 경유해 여행하는 것은 상당히 고통스럽고 위험스러운 일이었다. 먼 길을 가다 보면 지치게 되고, 또 이동하기 힘든 어두운 밤이 찾아오기도 했다. 더운 여름철에는 이동하면서 많은 땀을 흘려 지치게 마련이고, 겨울에는 추위로 인해 큰 고통이 있다. 또 비가 올 때도, 눈이 올 때도 이동함에는 상당한 곤란함이 따르는 것이다. 특히 잠자리를 해

---

65) 『新增東國輿地勝覽』 권46, 旌善郡 佛宇 觀音寺.
66) 河崙, 「彌勒院記」 『浩亭集』 권2(『韓國文集叢刊』 6冊, 468~469쪽).

결하는 것이 어려운 문제였다. 때로는 민가에 기숙해 해결할 수 있었지만, 侵擾할 걱정이 있는 것이다.67) 민가가 거의 없을 경우 풍우를 만나도 노숙하는 고통을 겪어야 했다. 평지에서는 그래도 사람의 거처가 가까이 있는 수가 있어 해결할 수 있었다. 그렇지만 산곡간의 격리된 곳에서는 해가 지고 길이 멀며, 사람과 말이 피곤하고 지치면 문제가 심각하였다. 숲 속에서 해뜨기를 기다릴 수밖에 없었다.68)

먼 거리를 여행하는 것은 그 자체가 고단한 일이었다. 특히 숙박의 문제는 중요한 해결의 과제였다. 이러한 어려움 외에 상당한 위험도 도사리고 있었다. 그것은 盜賊과 虎豹 때문이었다. 우선 문제되는 것은 盜賊의 약탈이었다. 전라도의 長水縣과 경상도의 安陰縣의 경계인 六十峴은

> 自新羅時 爲要害之地 行人到此 必爲盜劫掠 須滿六十人乃過 因名焉69)

이라 하는 데서 알 수 있듯이 신라 때부터 요해처였다. 사람들이 이곳에 이르면 늘 盜賊의 劫掠을 당하기 때문에 60인을 채운 이후에 지나갔으며, 이 때문에 六十峴이라는 이름을 얻게 되었다는 것이다.

고려시기에 여행하는 이는 도적의 약탈이라는 위험에 노출되어 있었다. 그것은 여러 기록에서 확인할 수 있다. 홍경원이 세워진 稷山縣 成歡驛 북쪽도 歧路之要衝이었지만, 도적이 많아 '行者屢遭劫盜'라고 표현되었다.70) 도적들은 山地의 경우 숨어 약탈하기에 더욱 용이하였던 것으로 보인다. 峯城縣 20여 里 지점의 石寺洞 인근에는

---

67) 權近, 「德方院記」『陽村集』 권13(『韓國文集叢刊』 7冊, 144쪽).
68) 權近, 「犬灘院樓記」『陽村集』 권12(『韓國文集叢刊』 7冊, 140~141쪽).
69) 『新增東國輿地勝覽』 권39, 長水縣 山川 六十峴.
70) 『新增東國輿地勝覽』 권16, 稷山縣 驛院 弘慶院.

間或有寇賊欲攘之徒 便其地荒而易隱 人畏而易劫[71]

하였다고 한다. 도적의 무리가 그곳의 황량함을 편히 여기고 쉽게 은신하므로 사람들이 두려워해 쉽게 겁탈을 당하였다는 것이다.

龍寶院이 세워지게 되는 지점에서도 그러한 일이 발생하였다. 그곳은 개경에 가까우며 南壤의 要會였으나 民家로부터 떨어져 있었다.

故爲賊種之常栖 凡馬馱人負之所輸 皆國用家資之攸仰 備經山水 邈自遠來 垂蹈京師 反爲他有 非惟物之見掠 甚則人亦被戕[72]

즉 도적들이 항상 숨어 있는 장소가 되었다는 것이다. 말에 싣고 사람이 지고 운반하는 것은 모두 국가나 가정에서 중시하는 것이었는데 산수를 경유해 멀리로부터 와서 거의 개경에 이르렀지만, 도리어 타인의 소유가 되어 버렸다는 것이다. 물건을 빼앗길 뿐만 아니라 심한 경우에는 사람도 죽게 된다는 것이다. 도적이 으슥한 산지에 숨어 있어 물건을 약탈하고 심지어 인명을 손상시키기에 이르는 것이다.

도적과 함께 여행인이 위험을 느끼는 것은 호랑이였다. 앞에서도 언급한 바 있는 峯城縣의 石寺洞에는

虎狼類聚 自以爲安室利處 潛伏而傍睨 時出而爲害[73]

하였다. 호랑이가 무리지어 모여 있으면서 편안한 곳으로 삼고서 몰래

71) 金富軾, 「惠陰寺新創記」『東文選』 권64(民族文化推進會 影印本 2册, 398~400쪽).

72) 李奎報, 「龍寶院新創慶讚疏」『東國李相國集全集』 권41(『韓國文集叢刊』 2册, 128쪽).

73) 金富軾, 「惠陰寺新創記」『東文選』 권64(民族文化推進會 影印本 2册, 398~400쪽).

숨어 있다가 나와 사람을 해친다는 것이다. 산간을 여행할 때, 특히 밤에는 호랑이를 조우하게 되는 수가 많았다. 구체적인 기록이 보이지 않지만 호랑이에게 危害를 당한 승려가 적지 않았을 것이다. 그렇기에 호랑이의 해를 당하지 않고, 또 호랑이의 도움으로 길을 간 승려의 행적을 영험한 것으로 주목하여 기록에 남기는 것이다.[74]

그리하여 여행자의 위험을 말할 때 도적과 호랑이를 동시에 언급하는 것이다. 봉성현의 석사동에서는 호랑이와 도적의 피해를 막고자 무리를 지어 무기를 들고 지나가지만 그럼에도 오히려 죽음을 면치 못하는 자가 해마다 수백 인에 이르렀다.[75]

당시의 도로사정이 열악한 상황에서 먼 거리를 여행하는 것은 심히 고단하고 위험한 일이었다. 여행자들에게 편의를 제공하고 위험을 제거하기 위해 사원이 설치되는 수가 적지 않았다. 사원은 여행자에게 각종 편의를 제공하였으며, 닥칠 수 있는 위험을 줄여 주는 구실을 하였다. 사원은 기본적으로 종교시설이었지만, 고려사회에서는 이러한 기능을 위해 사원이 설치 운영되는 수가 허다하였다.

惠陰寺와 都山寺는 여행자를 위한다는 취지 하에 설립된 사원이었다. 도적과 호랑이의 피해가 컸던 지역에 세운 혜음사는 분명히 그러하였다.

> 但募浮圖人 新其廢寺 以集淸衆 又爲之屋廬於其側 以著閒民 則禽獸盜賊之害 自遠 行路之難平矣 … 又倂以米穀 擧之取利 設粥以施行人[76]

---

74) 李智冠譯註, 1993,『歷代高僧碑文(新羅篇)』,「河東雙谿寺眞鑑禪師大空靈塔碑文(887년)」, 130~131쪽 ; 李智冠譯註, 1994,『歷代高僧碑文(高麗篇 1)』,「聞慶鳳巖寺靜眞大師圓悟塔碑文(965년)」, 445~446쪽.

75) 金富軾,「惠陰寺新創記」『東文選』권64(民族文化推進會 影印本 2冊, 398~400쪽).

76) 金富軾,「惠陰寺新創記」『東文選』권64(民族文化推進會 影印本 2冊, 398~400쪽).

승려를 모아 廢寺를 새로이 하고서 승려들을 모았으며, 또 그 옆에 가옥을 지어 한가한 민을 살게 하니, 금수와 도적의 해가 스스로 멀리 가버려 길을 가는 어려움이 없어졌다는 것이다. 또한 米穀으로 식리활동을 해 그 이식으로 먹거리를 마련해 여행자에게 제공하였다. 여행자에게 긴요한 식사를 제공했던 것이며, 금수와 도적의 피해로부터 안전을 확보해 주었던 것이다.

금강산에 오가는 요충지에 세워진 도산사도 여행자에게 식사를 제공하였다. 雙城총관 趙侯가 山僧 戒淸과 모의해

> 卽其要衝臨道縣 買地數頃 刱佛寺爲祝聖道場 春秋舟粟 以飯出入者 散其餘山中諸蘭若 資冬夏食[77]

하였다. 요충지 임도현에 數頃의 땅을 사서 사원을 창건하여 祝聖道場으로 삼고서, 춘추로 곡식을 운반해 출입하는 자들에게 식사를 제공하였다는 것이다. 나머지는 금강산의 다른 사원에 보내 겨울과 여름의 음식 마련을 돕도록 하였다. 도산사의 경우 먹거리 제공만이 직접 언급되고 있지만, 당연히 잠자리도 제공하였을 것이다.

개경을 출입하는 지점에 세워진 開國寺와 天壽寺도 여행자에게 편의를 제공하였을 것으로 보인다. 개국사 앞의 도로는 楊廣·全羅·慶尙·江陵 4도에서 개경에 오는 자와 개경에서 위의 4곳으로 가는 자들이 주야를 가리지 않고 빈번히 이용하였다.[78] 천수사의 경우도, 그 앞의 도로는 “野桂數百株 夾道成陰”하였는데, 강남에서 개경에 이르는 자들이 쉬어갔으며, 수레와 말굽소리, 漁歌·樵笛之聲이 끊이지 않았다. 그리고 王孫·公子가 천수사 문에서 迎餞을 하였다.[79] 개경에 출입하는 중요한 지

---

77) 李穀, 「刱置金剛都山寺記」 『稼亭集』 권3(『韓國文集叢刊』 3冊, 115~116쪽).
78) 李齊賢, 「重修開國律寺記」 『益齋亂藁』 권6(『韓國文集叢刊』 2冊, 552~553쪽).
79) 李仁老, 「京城東天壽寺」 『破閑集』 권中(『高麗名賢集』 2冊, 94쪽).

점에 세워진 이 개국사와 천수사에서 여행자들에게 쉴 공간을 제공하고 음식을 제공하며 잠자리를 마련해 주었을 것으로 보인다.

교통로 상의 중요한 지점에 세워진 사원의 경우 이처럼 여행자에게 편리를 제공하며, 위험을 막아줄 수 있는 기능을 수행하였다. 예컨대 논산의 灌燭寺, 화순의 雲住寺, 예천의 開心寺, 안성의 奉業寺 등은 그러한 기능을 수행하는 사원으로 여겨진다. 사원이 제공하는 이러한 편리함 때문에 문인들이 이동할 때 사원에 숙박하는 사례가 자주 찾아진다.[80]

慈悲嶺에 세워진 羅漢堂도 여행자에게 편의를 제공하였다. 험한 자비령을 넘는 여행자는 쉬거나 잘 곳이 필요하였고, 또 말이 먹을 꼴을 제공해 줄 곳이 필요하였다.

見其廚房槽櫪之設 又知其待行旅者 甚備[81]

주방과 마구간 시설을 보니, 여행자를 접대하도록 심히 잘 갖추어졌음을 알 수 있다는 것이다. 식사와 꼴을 제공하고 있음을 잘 보여주는 것이다.

사원의 경우, 대개는 다양한 기능을 수행하였다. 여행자에게 편의를 제공하는 것을 주요 목적으로 세워진 특정 시설이 있었는데, 그것이 院이었다.[82] 이 원은 불교적 기능도 수행하였지만 일차적으로 여행자에게 편의를 제공하였다. 그것은 아래의 기록이 집약해 보여준다.

院館之設 所以待行旅 勞者有所憩 宿者有所寓 雨而得其庇 暍而得其廕 盜賊之無其患 虎豹之無其害 商旅之利 無大於此者矣[83]

---

80) 『東國李相國集』 등의 문집에 수록되어 있는 詩 가운데, 사원에 숙박하면서 지은 것이 다수 보인다.

81) 李穡, 「慈悲嶺羅漢堂記」 『牧隱藁文藁』 권3(『韓國文集叢刊』 5册, 24~25쪽).

82) 拙稿, 1998, 「高麗時期 院의 造成과 機能」 『靑藍史學』 2(본서 제4부 제1장 수록).

83) 權近, 「德方院記」 『陽村集』 권13(『韓國文集叢刊』 7册, 144쪽).

여행자에게 쉴 곳과 잠자리를 제공하며, 비가 오면 피하고 햇볕이 내리쬐면 그늘을 제공하고, 도적의 해와 호표의 해를 제거해 주는 것이 원이었다.

원이 위치한 지점은 일반 사원과 상이하였다. 교통로이면서도 지형이 험하고 짐승과 도적이 피해가 속출하는 지점에 주로 세워졌다. 이러한 지점에는 호랑이 등의 맹수가 무리를 지어 있다가 나타나 사람을 해쳤으며, 도적이 숨어 있으면서 사람을 상해하고 재물을 약탈하였다. 하천연안에 원이 위치하고 있는 예도 있었다. 渡江하는 나루터 인근에 원이 설치된 예로는 臨津課橋院과 臨津普通院이 있으며,[84] 또한 滅浦院도 그러하였다.[85] 원이 위치한 하천가 역시 교통로상에서 중요한 곳으로서 渡江하는 지점이었다.

원은 많은 여행자들이 찾는 시설로서 그들에게 다양한 편의를 제공하였다. 원이 담당한 가장 중요한 기능은 여행자에게 宿食을 제공하는 일이었다. 또한 우마에게 꼴을 공급하는 것이 주된 기능이었다. 교통로는 원이 만들어짐으로써 더욱 활기를 띠게 되어 사람이 빈번하게 다니므로 자연히 도적과 호랑이의 피해를 줄일 수 있었다. 또 원에서 하룻밤을 자고 난 뒤에 통상 여럿이 함께 여정에 오르게 되므로 도적이나 짐승의 피해를 줄일 수 있었다.

승려나 불교계 자체는 이러한 편의 제공을 중요한 일로 여기고 있었다. 권근이 「犬灘院樓記」에서 불교의 법은

> 凡有利益於物者 靡所不爲 故修道梁作院館 皆其中之一事 其功德報應之說 吾所不學[86]

84) 『高麗史』 권6, 世家6 靖宗 11년 2월 戊子, 上册, 138쪽 ; 『高麗史』 권8, 世家8 文宗 18년 4월, 上册, 172쪽.

85) 李詹, 「宿滅浦院樓」 『雙梅堂篋藏集』 권1(『韓國文集叢刊』 6册, 316쪽).

86) 權近, 「犬灘院樓記」 『陽村集』 권12(『韓國文集叢刊』 7册, 140~141쪽).

하였다고 했다. 사물에 이익이 된다면 무슨 일이든지 하는데 길과 다리를 보수하고 원관을 세우는 것도 그 중의 하나라는 것이다.

조선초의 慈悲僧이라는 인물도 修道가 뜻대로 되지 않자

> 但欲修橋梁道井 以施功德於人87)

하였다고 한다. 다리·도로·우물을 보수해 사람에게 공덕을 베풀었던 것이다. 불교의 교설에는 이처럼 자비를 베푸는 것이 강조되고 있었기에, 사원을 세움으로써 그러한 공덕을 여행자에게 베풀었던 것이다.

4. 定住空間의 擴大와 寺院

고려시기 인간의 定住空間은 확대되어 갔다. 영토 밖으로 확대되기도 했고, 국내에서도 새로운 지점이 개척되었다. 정주공간은 山間으로 또 저지대로 확대되었다. 산간으로 확대됨으로써 인간이 이용하는 지점의 고도가 높아졌고, 저습지나 늪을 개간함으로써 고도가 낮아지기도 하였다. 그리고 조건이 좀 더 열악한 지점으로도 정주공간은 확대되었다. 사람이 살지 않는 무주공간으로 주거지가 확대되는 것은 인구의 증가, 기술의 발달로 인한 당연한 일이라고 할 수 있다.

무주공간인 자연을 개발하고 이용하는 주체에는 여러 부류가 있다. 우선 民人을 들 수 있다. 그들은 인구의 증가로 떠 밀려서 혹은 더 유리한 조건을 찾아서, 무주공간을 활용하지 않을 수 없었다. 주거지를 마련하고 농지를 확보해 살아 가는 것이다. 왕실이나 국가도 개간이라는 이름으로 무주지역으로 침투해 들어갔다. 자연을 침식함으로써 활용할 수

---

87) 成俔, 『慵齋叢話』 권7.

있는 공간이 크게 팽창하는 것이다. 고려시기 사원도 무주지역에 설치됨으로써 인간이 활용할 수 있는 공간의 확대에 크게 기여하였다.

사원 자체가 정주의 주체로서 무주지역으로 확대해 가는 데 큰 역할을 하였다. 또한 확대된 지역의 안정성을 고양시켜 갔다. 세속인의 취락 형성에도 기여하였고, 또 농지로 활용할 수 있는 지역을 확보하는 데에도 이바지하였다. 한편 무주지역으로 정주지역이 확대된다는 것은 자연과의 전쟁이고, 자연의 정복이며, 동시에 자연의 파괴라는 의미도 갖는 것이었다.

사원이 항상 무주공간에 세워지는 것은 아니었다. '捨家爲寺', '捨私第爲寺'의 경우는 이미 세속인의 가옥이 사원으로 변하는 것이므로, 새로운 지역에 사원이 세워지는 것이 아니었다. 그리고 廢寺나 퇴락한 사원을 중창·중수하는 경우도 무주지역으로 팽창해 나갔다고 하기는 어려울 것이다. 사람이 미치지 않던 새로운 지점에 사원이 세워질 때, 정주공간의 확대라는 의미를 부여할 수 있을 것이다. 고려시기에는 사원이 증대해 가면서 "川傍山曲 無處非寺"하다는[88] 지적이 나오고 있다. 천방이나 산곡에 많은 사원이 세워졌음을 의미하는 것이고, 이는 곧 그러한 지점으로 정주공간을 확대시키는 데 사원이 기여하였음을 뜻하는 것이기도 하다.

고려시기 산곡간에 사원이 세워지는 수가 많았다. 그것은 그곳이 수도처로서 좀 더 적절했기 때문이겠지만, 다른 한편으로 인간이 이용하는 공간이 확대된다는 의미도 갖는 것이었다. 尙州 萬嶽山에 위치한 龍巖寺의 경우 동남쪽에 승지를 얻어 개창하였는데, 용암사의 위에는 가파른 바위가 있고, 아래에는 넓은 숲이 있다는 것이다.[89] 지금까지 활용하지 않던 만악산 동남쪽에 용암사가 세워진 것이다. 이것은 곧 정주공간의

---

88) 『高麗史』 권115, 列傳28 李穡, 下册, 525쪽.
89) 『新增東國輿地勝覽』 권28, 尙州牧 佛宇 龍巖寺.

확대라고 할 수 있는 것이다.

고려시기에는 이처럼 산곡간, 사람이 거처하지 않던 지점에 사원이 건립됨으로써, 인간이 이용하는 공간이 확대되는 것이다. 산곡간에 많은 사원이 세워졌기에, 『新增東國輿地勝覽』에서 사원의 소재지를 표시할 때 '在○○山'이라고 하는 경우가 대부분인 것이다. 산곡간에 세워질 경우, 이용하는 공간의 고도가 높아져 갔을 것은 당연한 일이다. 결국 사원이 건립됨으로써 정주 공간의 고도가 높아 갔다고 할 수 있을 것이다. 이 과정에서 획득한 기술은, 세속인의 거주지 확대에도 도움을 주었을 것이다. 위치를 선정하는 것, 그곳의 초목을 제거하고 건물을 짓는 것 등은 중요한 능력일 것이고, 그 능력은 세속인에게 시사를 주었을 것이다.

사원은 고도가 높은 곳에만 세워지는 것은 아니었다. 고도가 낮은 저지대에도 사원이 건립되었다. 불교가 우리나라에 수용되는 초기에는 저지대인 늪이나 못에 사원을 세우는 수가 있었다. 경주의 靈妙寺, 익산의 彌勒寺가 그 예였다. 경주에 소재한 영묘사는 본래 大澤이었는데, 메워서 지었다고 傳하고 있다.[90] 익산의 미륵사는 백제 武王이 善花夫人과 더불어 가다가 龍華山 아래 大池 가에 이르렀는데, 세 미륵이 池中에서 출현하는 것을 보고, 그 못을 메워 佛殿을 세웠다고 전하고 있다.[91] 경주의 皇龍寺나 부여의 定林寺도 못을 메워 지은 절로 여겨진다. 이용되지 않던 저지대인 池·澤을 개간해 활용하고 있는 것이다. 그 만큼 활용공간의 확대에 기여했다고 볼 수 있다. 澤·池를 메워 건물을 짓는 기술은 그 수준이 높은 것으로서 세속인이 정주 공간을 확대해 가는 데 도움을 줄 수 있었을 것이다.

고려시기에 낮은 지대에 사원이 세워진 사례로는 홍경원을 들 수 있다. 홍경원은 "人烟隔絶 蕉蒲滿野",[92] "人煙隔絶 有蕉蒲之澤"인[93] 지

90) 『新增東國輿地勝覽』 권21, 慶州府 佛宇 靈妙寺.
91) 『新增東國輿地勝覽』 권33, 益山郡 佛宇 彌勒寺.

점에 세워졌다. 인가로부터 격리되어 있으며, 초포가 가득한 평지 혹은 못 인근에 세워진 것이다. 못을 메워 세웠다고 단정할 수는 없지만, 낮은 저지대에 세운 것은 분명하다.

사원은 이처럼 무주지역에 세워짐으로써 정주공간의 확대라는 의미를 갖는 것이었다. 나아가 확보된 정주공간의 안전도를 높이기도 하였다. 산곡간에 자리한 경우 虎患이 큰 문제였는데, 그 호환을 줄이거나 없앰으로써 확보된 공간의 안전까지 확보할 수 있었다. 고려사회에서 호환은 심각한 문제였다.

호환은 당시인에게 늘 따라 다니는 위험이었다. 세속인의 경우도 호랑이의 피해를 입는 수가 많았다. 왕건의 선조인 虎景의 경우 동료 9명과 더불어 사냥하다가 날이 어두워 바위 굴 속에 들어갔는데 호랑이가 그 입구에 왔으며,[94] 수원의 崔尙翥는 사냥하다가 호랑이의 해를 입었다.[95] 심지어 민가에까지 쳐들어와 사람을 해치는 수도 있었다. 淮陽 權金 妻의 사례에서 볼 수 있다.[96] 여묘살이하는 이에게 호랑이가 다가오는 수도 있었다.[97]

이 때문에 호랑이를 잡거나 퇴치하는 것은 중요한 과제였다. 우선 함정을 만들어 잡는 방법이 있었다. 寶城郡의 수령으로 나간 王冲은 함정을 만들어 사람을 해치는 호랑이를 잡았다.[98] 함정을 만들어 호랑이를 잡는 것은 高敞縣에서도 전하고 있다.[99] 이 함정은 호랑이가 자주 다니

92) 『新增東國輿地勝覽』 권16, 稷山縣 驛院 弘慶院.
93) 崔冲, 「奉先弘慶寺記」 『東文選』 권64(民族文化推進會 影印本 2冊, 397~398쪽).
94) 李穡, 「聖居山文殊寺記」 『牧隱藁文藁』 권4(『韓國文集叢刊』 5冊, 29~30쪽).
95) 『新增東國輿地勝覽』 권9, 水原都護府 人物 孝子.
96) 『新增東國輿地勝覽』 권47, 淮陽都護府 烈女.
97) 『新增東國輿地勝覽』 권26, 大丘都護府 孝子 金閑.
98) 金龍善編著, 2001, 『高麗墓誌銘集成』, 「王冲墓誌銘(1159년)」, 翰林大出版部, 176쪽. "前是 有群虎入境 害人物 民並苦之 公至郡 設檻穽 盡獲之".
99) 崔滋, 「邊山有一老宿」 『補閑集』 권下(『高麗名賢集』 2冊, 145~146쪽).

는 통로에 설치했을 것이다. 이 방법 외에 직접 활로 쏘아서 잡는 수도 있었다. 全州의 司錄兼 掌書記였던 朴元桂는 이 방법을 택하였다.[100] 호랑이의 해는 이처럼 매우 컸고 퇴치하는 것이 용이하지 않았다. 그러나 다수의 사람이 모여 있거나 무리지어 왕래하면 호환을 어느 정도 막을 수 있었다.

깊은 산속에 자리한 사원의 경우는 호랑이가 가까이에 있는 수가 많았다. 승려들이 이동 시에 호랑이를 만나는 수도 있었고 그들이 수도하는 건물에 호랑이가 다가오는 수도 있었다. 守禪이라는 승려는 同志 惠明과 더불어 鷄林 南山의 內養庵에 우거하였는데,

> 每(惠)明出乞米 (守)禪或獨處 夜則猛虎闖門而吼 其聲訇然 撼頓四壁 禪能不畏怖 堅坐自若[101]

하였다. 매양 혜명이 쌀을 구하러 가서 수선이 홀로 있으면 밤에 사나운 호랑이가 문을 엿보고 크게 소리치며 네 벽을 두드리고 있었던 것이다. 산곡간에 자리한 사원에 야밤에 호랑이가 접근해 오는 수가 적지 않았을 것이다.

法印國師의 경우에도 九龍山寺에서 화엄을 강했을 때 호랑이가 다가온 일이 있다.

> 講花嚴 有群鳥 遶房前 於兎伏階下者 門人等圓視戰慄 大師怡顏自若[102]

---

100) 金龍善編著, 1993『高麗墓誌銘集成』,「朴元桂墓誌銘(1355년)」, 556쪽. "境內有虎暴 牧使判官捕之 不能得 旣而委之公 公則部分騎射 要於隘 一箭中之 遂斃".

101) 李詹,「守禪傳」『雙梅堂篋藏集』권23(『韓國文集叢刊』6冊, 362~363쪽).

102) 李智冠譯註, 1995,『歷代高僧碑文(高麗篇 2)』,「海美普願寺法印國師寶乘塔碑文(978년)」, 77쪽.

화엄을 강했을 때 많은 새들이 방 앞을 둘러싸고 있고 호랑이가 계단 아래에 엎드려 있었다는 것이다. 이에 문인들이 둘러보고 전율했지만, 법인국사는 얼굴이 편하고 자약했다는 것이다. 호랑이가 나타나 해하지 않음을 드러내기 위한 기록이지만, 통상은 그것의 출현에 전율하는 것이 보통이었을 것이다. 慧炤國師가 개창한 삼각산 沙峴寺에도 호랑이가 출몰하였다.[103]

妙應大禪師의 경우는 호랑이가 자주 출몰하는 사원으로 폄출된 예였다. 義天이 열반하자 그 제자들이 다투어 떠났으나, 묘응은 떠나지 않았는데, 선종 승려의 모략으로 쫓겨났다.

> 貶住洪州白嵓寺 寺在山谷間 虎豹之害 往往有之 師恬然自若 住七年許 行益修 德益進[104]

즉 홍주의 백암사로 폄출되었는데, 그 절은 산곡간에 자리하고 있어 호표의 해가 종종 있었다고 한다. 그러나 묘응은 자약해 7년 동안 거처하면서 "行益修 德益進"하였다는 것이다. 산곡간에 위치한 사원의 경우, 호환은 상존하는 걱정거리였다.

이에 호환을 막기 위한 상징적인 시설을 두기도 하였다. 尙州 四佛山 白蓮社의 경우 문밖 50보 정도 지점에 3尺 크기의 돌이 있었는데 禁虎石이라 하였다고 한다.[105] 호랑이가 사원의 경내에 들어오지 말 것을 염원하는 돌이었다고 여겨진다. 또한 衿川縣의 경우, 동쪽에 山峙가 있는데 그 형세가 북으로 달려감이 마치 호랑이가 가는 것과 같으며, 虎巖이

---

103) 李智冠譯註, 1995, 『歷代高僧碑文(高麗篇 2)』, 「竹山七長寺慧炤國師塔碑文(1060년)」, 303쪽.

104) 李智冠譯註, 1996, 『歷代高僧碑文(高麗篇 3)』, 「國淸寺妙應大禪師敎雄墓誌銘(1142년)」, 242~243쪽.

105) 『新增東國輿地勝覽』 권28, 尙州牧 山川 四佛山.

라 부르는 바위가 있는데, 그 바위 북쪽에 虎岬(押)寺를 세웠고, 북쪽으로 7리 되는 지점에 弓橋라는 다리가 있고, 또 북 10리 지점에 獅子菴이 있는데, 모두 호랑이가 달려가는 형세를 누르기 위함이라고 하였다.[106] 호랑이의 위험에 대응하는 방법이라 할 것이다.

사원이 세워지면, 많은 이가 왕래하고, 또 머무르기 때문에 호환이 줄어들거나 사라지게 되었다. 청평산에 문수원이 자리하면서 호랑이가 사라졌다고 함이 그것이었다. 광종 24년(973)에 白巖禪院이 개창되었다가 중간에 廢해지고 문종 22년(1068) 다시 李顗가 그 자리에 普賢院을 세웠다. 그 후

> 希夷子棄官 隱居于玆 而盜賊寢息 虎狼絶迹 乃易山名 曰清平 易院曰文殊[107]

하였다. 希夷子 李資玄이 이곳에 은거하면서 도적이 사라지고 호랑이가 자취를 감추게 되어 산명을 청평산으로 고치고, 원명을 문수원이라 하였다는 것이다. 이자현이 거처하면서 여러 사람이 이곳을 찾게 되고, 또 문수원에 다수가 거처하게 됨으로써 호랑이가 자취를 감추게 되었다고 보아야 할 것이다.

惠陰寺의 경우도 건립됨으로써 승려가 거처하고 민인이 주변에 살면 곧 사람이 많아져서 금수와 도적의 해가 자연히 사라질 것이라고 하였다.[108] 그렇기 때문에 원을 세울 때 호환이 사라짐을 언급하는 것이다. 많은 이가 오고 가고, 많은 이가 모여 있기 때문이다. 犬灘院·德方院이

106)『新增東國輿地勝覽』권10, 衿川縣 山川 虎巖山.
107) 金富轍, 「清平山文殊院記」『東文選』권64(民族文化推進會 影印本 2冊, 402~403쪽).
108) 金富軾, 「惠陰寺新創記」『東文選』권64(民族文化推進會 影印本 2冊, 398~400쪽).

세워짐으로써 虎豹之害가 사라지게 될 것이라고 보았다.[109] 邊山의 경우, 호랑이가 사람을 보면 피한다고 하는 것도[110] 그곳에서 宮室舟船之材를 모두 취해 사람이 많이 오고 가기 때문으로 보인다. 인적이 드물고 한두 명이 밤에 다닌다면 이런 일은 있을 수 없기 때문이다.

사람이 다수 오고 가고 집단으로 모여 있기에 다른 맹수나 뱀들도 사원에서 자취를 감추게 되는 일이 있었다. 谷城의 大安寺가 자리함으로써 그곳에서 '蟲蛇遁其毒形'하였다고[111] 하는데, 이는 곧 해충과 뱀의 독이 사라지게 되었음을 표현한 것이다. 다수의 사람이 있었기에 그러한 일이 있었을 것이다.

단속사의 大鑑國師의 경우 인종 6년(1128)에 奏請해서 菩提淵寺에서 법회를 開張하였는데

> 此山素多蛇虺 頗爲行旅所患 自法會後 莫知去處[112]

하였다고 한다. 사훼의 해가 많다가 법회 후에 사라지게 되었다는 것이다. 법회에 다수의 사람들이 모이자 뱀과 살모사에게 위협을 주었으므로, 그것들이 떠나 갔다고 보아야 할 것이다. 사원이 자리하고 다수의 사람이 함께 거주함으로써, 뱀이나 독사의 위험을 줄이거나 없앨 수 있었을 것이다.

이처럼 사원이 설립되면 정주공간을 확대함과 동시에 그 정주공간의 안전도를 높여 가는 것이다. 정주공간의 확대에 사원이 크게 기여하고

---

109) 權近, 「犬灘院樓記」『陽村集』 권12(『韓國文集叢刊』 7冊, 140~141쪽) ; 權近, 「德方院記」『陽村集』 권13(『韓國文集叢刊』 7冊, 144쪽).

110) 『新增東國輿地勝覽』 권34, 扶安縣 山川 邊山.

111) 李智冠譯註, 1993, 『歷代高僧碑文(新羅篇)』, 「谷城大安寺寂忍禪師照輪淸淨塔碑文(872년)」, 76~77쪽.

112) 李智冠譯註, 1996, 『歷代高僧碑文(高麗篇 3)』, 「山淸斷俗寺大鑑國師塔碑文(1172년)」, 400쪽.

있음을 볼 수 있는 것이다.

또한 사원이 조성됨으로써, 그 주변 지역이 농지로 개간되기도 하였다. 山谷間에 위치한 경우, 넓은 농경지, 자급자족이 가능한 농경지를 확보하는 것은 용이하지 않았다. 사원이 자급자족을 지향하지 않았기에, 또 승려 스스로 경작활동에 참여하는 데에 소극적인 태도를 보였기에, 사원 주변에 대규모 농지를 마련하고, 그것의 경작을 통해 자급자족을 추구해 가는 일은 흔치 않았다고 여겨진다. 그럼에도 불구하고 사원이 세워진 주변 지역이 농지로 이용되는 수가 없지 않았다.

乾洞禪寺의 경우 노비도 마련하고 식수도 확보하였으며,

> 墾斥鹵良田收 供養之需給113)

하였다. 斥鹵한 땅을 개간한 것으로 보아 사원 인근에 있는 농지일 가능성이 있지만 단정할 수 없다. 그러나 "講唄之場 割爲蔥蒜之疇"하였다는114) 것은 사원 인근 지역을 농지로 이용하였음을 분명히 전하고 있다. 즉 강패하는 장소를 떼어내서 파와 마늘을 심는 농지로 삼았다는 것이다.

이규보의 「江村路中」이라는 시에 보이는 승려도 사원 인근의 농지를 경작하는 것으로 볼 소지가 있다.

> 唯有巖僧嫌地曠 一肩高耒勉耕山115)

巖僧이라는 표현에서 또 '耕山'이라는 표현에서, 그 승려는 사원 주변의 농지를 경작하고 있었다고 보인다.

조선초 덕방동에 세워지는 惠利院의 경우

---

113) 李齊賢, 「重修乾洞禪寺記」『益齋亂藁』 권6(『韓國文集叢刊』 2冊, 553~554쪽).
114) 『高麗史』 권7, 世家7 文宗 10년 9월, 上冊, 160쪽.
115) 李奎報, 「江村路中」『東國李相國集全集』 권17(『韓國文集叢刊』 1冊, 466쪽).

旁有閑地 又可以種蔬果[116]

할 수 있다고 하였다. 곁에 있는 閑地에 채소와 과일을 심을 수 있다는 것이다.

이처럼 사원이 건립된 주변지역을 농지로 개간해서 경작활동을 하는 예가 있는 것이다. 그 경우에도 심는 작물은 파·마늘·채소·과일 등이고 주식인 쌀·보리 등은 흔치 않았던 것이다. 사원이 대규모의 농지를 주변에 확보해 적극적으로 경작활동에 참여했다고는 볼 수 없다. 대부분의 농지는 사원과 먼 거리에 위치하였다.[117]

사원이 건립되는 경우, 사원 내에 승려들이 살게 되는데, 주변에 인가가 전혀 없는 것은 아니다. 이른바 寺院村·寺下村이라고[118] 하는 것이 있을 수 있다. 고려시기에는 이러한 촌락이 부분적으로 확인되지만, 크게 발달했다고는 여겨지지 않는다. 사원 내에서 식사와 숙박이 해결되었기에 굳이 사원촌이 발달할 이유가 없는 것이다.

그럼에도 사원촌으로 보이는 취락의 사례가 찾아진다. 龍寶院의 경우

麗之聚落 備厥使令[119]

---

116) 河崙, 「惠利院記」『浩亭集』 권2(『韓國文集叢刊』 6冊, 465쪽).

117) 拙稿, 1988, 「高麗前期 寺院田의 分給과 經營」『韓國史論』 18, 서울대(본서 제1부 제1장 수록).

118) 고려시기 사하촌·사원촌에 대해서는 아래의 글이 참조된다. 李相瑄, 1992, 「高麗 寺院의 村落支配에 대한 試考」『인문과학연구』 11, 성신여대 ; 裵象鉉, 1996, 「高麗時代의 寺院 屬村」『한국중세사연구』 3(同, 1998, 『高麗後期寺院田研究』, 國學資料院 재수록) ; 裵象鉉, 1999, 「高麗時代 寺院村落 研究」『國史館論叢』 87 ; 裵象鉉, 2001, 「高麗時期 寺院田과 國家, 村落, 그리고 農民」『韓國中世社會의 諸問題－金潤坤教授定年紀念論叢－』 ; 구산우, 2002, 「고려시기의 촌락과 사원－재가화상·수원승도의 실체와 관련하여－」『한국중세사연구』 13(同, 2003, 『高麗前期 鄕村支配體制研究』, 혜안 재수록).

119) 李奎報, 「龍寶院新創慶讚疏」『東國李相國集全集』 권41(『韓國文集叢刊』 2冊, 128쪽).

하였다고 한다. 취락을 만들어 使令시키고자 하였다는 것이다. 용보원의 기능 수행이 승려만의 힘으로 곤란하기에 속인을 모아 마을을 만들어 그들을 필요한 사령에 부리도록 하는 것이다. 이 취락은 사원의 필요에서 만든 것이고, 그 취락민은 주로 사원의 일을 돕는 것이 임무였을 것이다. 취락은 용보원과 지근한 거리에 자리하고 있었을 것은 분명하다.

惠陰寺의 경우도, 이소천이

> 新其廢寺 以集淸衆 又爲之屋廬於其側 以著閒民[120)]

하라고 아뢰었다. 혜음사에 屋麗를 지어 한민을 안착시키자는 것이다. 이 민인들도 혜음사가 필요로 하는 노동력을 제공하는 것이 주임무였을 것이다.

용보원이나 혜음사의 예처럼 지근한 거리에 민인들로 이루어진 취락이 있을 수 있었다. 민인들은 주로 사원에 노동력을 제공하는 부류로서, 사원에 긴박되어 있는 존재들이었다고 판단된다. 사원과 밀착되어 살아가는 취락이고, 사원과 분리되어서는 자체 유지가 어려운 촌락이었다고 생각된다. 그렇지만 고려시기에 사원 인근에 세속인으로 구성되는 촌락이 크게 발달했다고 보기는 힘들 것이다.

사원은 대개 세속사회로부터 공간적으로 분리된 지점에 자리하였다. 사원에 많은 이들이 왕래하기 마련이었다. 그러한 과정을 통해 사원에 이르는 중간 지점에 대한 지리 정보를 획득할 수 있었다. 그리하여 사원에 이르는 도로 주변이 경지로 이용되고, 또 그 주변에 촌락이 형성될 수 있었을 것이다.

---

120) 金富軾, 「惠陰寺新創記」『東文選』권64(民族文化推進會 影印本 2冊, 398~400쪽).

5. 結 語

고려시기에 많은 사원이 신설되었다. 사원의 신설은 불교 교세의 확장, 사원경제의 확대, 대민교화의 강화라는 측면 등에서 그 의미를 검토할 수 있다. 여기서는 사원이 신설되는 장소의 특징, 또 사원이 건립됨으로써 갖는 지리적 의미 등에 한정해 살펴보았다. 따라서 사원신설이 갖는 의미의 일부만이 다루어졌다고 할 수 있다.

사원이 설립되는 지점과 장소는 일차적으로 출가자인 승려들의 수행과 생활이 고려되어야 했다. 수행과 생활에 편리하고 유익한 지점은 흔히 山水勝處라고 표현되었으며, 소나무가 우거지고 겨울철에 따뜻하고 여름철에 서늘한 곳이어야 했다. 승려들이 생활하기 위해서는 衣食住의 문제가 중요하였는데, 그 대부분은 외부세계로부터 공급받았다. 그러나 食水는 그곳에서 해결하지 않으면 안 되었다. 식수가 가까이 없을 경우 먼 곳에서 운반해야 했는데 그것은 심히 고통스러운 일이었다. 때문에 식수의 확보에 많은 노력을 경주하였다. 대개는 깨끗하고 시원한 식수를 안정적으로 확보할 수 있는 지점을 택해 사원이 설립되었다. 땔나무의 확보도 중요하였으나 대개 사원이 산곡간에 소재하였기에 이 문제는 심각하지 않았다. 또한 사원은 풍수지리를 배려하여 건립되기도 하였는데, 흔히 '裨補地德'이라고 표현되었다. 사원은 외부의 세계로부터 물자를 공급받아야 했기 때문에 접근할 수 있는 도로를 확보해야 했다. 시주물, 연화물, 경제활동의 결과물, 사원 소요물품이 도착할 수 있어야 했다. 그리고 사원에서 열리는 각종 법회에 속인이 참가할 수 있어야 했다. 한편 고려시기에는 사원과 민가가 혼재하는 것은 막으려고 하였던 것으로 보인다.

사원의 신설은 사람의 이동에 편리함을 제공하고 안전도를 높여 주었다. 당시의 도로는 중간에 민가가 없이 멀리 이어지는 경우가 많았다. 평지의 도로에는 늪이 있고 하천이 있었으며, 산간의 도로는 더욱 위험하였다. 산을 오르는 것은 힘들고 위험한 일이었다. 사원의 조성은 이러한 어려움을 해소해 주는 의미를 갖고 있었다. 피곤한 이가 쉬고, 눈과 비를 피하며, 잠자리를 제공받을 수 있었다. 또한 이동시에 있을 수 있는 위험을 줄여 주었다. 당시 이동에는 도적의 약탈과 虎豹의 해가 컸다. 사원이 신설됨으로써 도적과 호표의 위험을 크게 감소시켜 주었다. 사원의 신설은 이동에 따르는 어려움과 위험을 줄이고 편리함을 제공하며 안전성을 확보하는 의미를 띠는 것이다. 불교에서 특별히 그러한 기능을 수행하기 위해 설치한 것이 院이었다. 원은 교통로상에 세워져 여행자에게 다양한 편의를 제공하였다. 행인에게 먹거리와 잠자리를, 우마에게는 꼴을 제공하였다. 불교의 이러한 행위에는 이념적인 뒷받침이 있었다.

인간의 정주공간은 늘 확대되는 것이다. 사원도 정주공간을 확대해 가는 하나의 주체였다. 산곡간에 창건될 경우, 이용되지 않던 지점이 활용되는 것이었다. 사원의 위치가 통상 '在○○山'이라고 하는 것은 상당수가 산곡간에 신설된 것을 의미하며, 곧 무주지역으로 확대된 것을 뜻한다. 고도가 낮은 저지대인 池·澤을 메우거나 그 부근에 사원이 세워지기도 하였다. 이 경우는 인간이 활용하는 지역의 고도가 낮아지는 것을 의미한다. 새로이 확보된 정주공간의 안전도를 높이기도 하였다. 특히 산곡간에는 虎患이 상존하였는데, 다수가 거처하고, 많은 이가 오고감에 따라 호환을 줄이거나 막을 수 있었다. 때로는 독충의 피해도 줄일 수 있었다. 사원이 신설된 주변 지역이 개간되어 농지로 활용되는 수도 있었다. 그러나 사원이 자급자족을 지향하지 않고, 산곡간에 소재하므로 넓은 경지를 확보하는 데에는 불리하였다. 따라서 사원 주변 지역을 대규모로 개간하는 것은 흔한 일은 아니었다고 생각된다. 때로는 사원 인근에 촌락이 세워져 사원의 기능을 보조하는 임무를 띠기도 하였다. 그러나 사원 인근에 촌락이 크게 발달했다고는 생각되지 않는다.

고려사회에서 사원의 신설이 갖는 의미에 대해서는 지리적 측면 이외에도 여러 측면에서 조명할 필요가 있다. 그리고 고려시기의 전기에서 후기에 이르는 동안 사원이 세워지는 장소의 변화, 또 사원이 갖는 기능의 변화에 대해서도 천착이 있어야 할 것이다.

제3장 高麗時期 僧侶와 말[馬]

1. 序 言

고려시기 여러 사회 계층 가운데 이동이 활발한 부류는 僧侶였다. 승려는 한 지역에 머물러 수행하는 수도 없지 않았지만, 여러 가지 이유로 빈번하게 이동하였다. 개경의 정부에 가기 위해, 住持로 임명되어 부임하기 위해, 세속인과의 접촉을 위해, 타 사원의 법회에 참석하기 위해 활발하게 이동하였다. 가까운 곳에 가는 수도 있었지만, 거처하는 郡縣을 벗어나 타 군현에, 나아가 他道로 이동하였다.

승려들이 활발하게 옮겨 다니기 위해 자주 이용하는 수단이 말[馬]이었다. 도보로 이동하는 수도 없지 않았지만, 대개는 말을 이용하여 이동하였다. 말은 승려의 신체적 수고를 덜어 줄 뿐만 아니라, 좀 더 짧은 시간 안에 목적지에 도달하게 해 주었다. 승려는 말을 이용하여 편리하고 신속하게 이동할 수 있었던 것이다.

승려가 자주 이용하는 말은 고려사회에서 대단히 중시되는 대상이었다. 말은 문무관인들이 이용하고 있었으며, 말을 타고 전쟁하는 騎兵이 중시되었다.[1] 軍種에 馬軍이 있어 田柴科에 따라 토지를 지급받았다.[2]

---

1) 『高麗史節要』 권7, 肅宗 9년 12월, 亞細亞文化社 影印本(이하 같음), 183쪽 참조.
2) 馬軍은 穆宗代의 전시과에서는 제17과로서 田 23結을 지급받도록 규정되었으며, 文宗代의 전시과에서는 제15과로서 田 25結을 지급받도록 규정되었다(『高麗史』

神騎軍은 女眞族에 대비해 편성한 別武班의 하나였으며, 馬別抄는 삼별초와 더불어 최씨정권의 무력기반이었다. 이렇듯 고려시기 말은 사회·군사적인 측면에서 큰 의미를 갖고 있었다. 말이 차지하는 이러한 중요성을 체계적으로 검토한 작업은 지금까지 거의 이루어지지 않았다. 다만 국가가 필요로 하는 말을 공급받기 위한 정책, 즉 馬政이 주목되었을 뿐이다.[3] 그리고 말이 많이 활용되는 驛制에 대한 연구가 있을 뿐이다.[4]

이 글에서는 말의 용도와 이용 실태를 살펴봄으로써 승려들이 말에 대해 상당한 需要가 있었음을 우선 정리하고, 이어서 승려들이 말을 마련하고 이용하는 사실을 밝히고자 한다. 그리고 고려후기 승려의 말 이용에 대해 제한 조치가 취해지는 양상과, 그 의미에 대해 살펴보기로 한다. 아직까지 말이 차지하는 중요성과 그 의미에 대해 충분히 검토되지 않은 수준에서, 승려와 말의 관계를 살펴 일정한 한계를 가질 수밖에 없다고 하겠다.

2. 말의 用度와 僧侶의 말 需要

고려사회에서 말은 소와 더불어 대단히 중요한 존재였다. 말은 인력을 능가하는 힘을 소지하였으며, 빠른 이동능력을 가지고 있어, 당시 사

권78, 志32 食貨1 田柴科, 亞細亞文化社 影印本(이하 같음), 中册, 708~710쪽).

3) 南都泳, 1976, 『韓國馬政史硏究』, 亞細亞文化社 ; 南都泳, 1996, 『韓國馬政史』, 한국마사회.

4) 呂恩暎, 1982, 「麗初 驛制形成에 대한 小考」 『慶北史學』 5 ; 姜永哲, 1984, 「高麗驛制의 成立과 變遷」 『史學硏究』 38 ; 김은택, 1986, 「고려시기 역참의 분포」 『력사과학』 1986-3 ; 姜永哲, 1987, 「高麗驛制의 構造와 運營」 『崔永禧先生華甲紀念韓國史學論叢』 ; 劉善浩, 1992, 『高麗 郵驛制 硏究』, 檀國大博士學位論文 ; 한정훈, 2002, 「고려전기 驛道의 형성과 기능」 『한국중세사연구』 12 ; 趙炳魯, 2002, 『韓國驛制史』, 한국마사회마사박물관 ; 鄭枖根, 2008, 『高麗·朝鮮初의 驛路網과 驛制 硏究』, 서울대박사학위논문.

람들의 삶에 긴요한 동물이었다. 승려들 또한 말이 갖는 이러한 능력을 잘 알고서, 말을 적극 이용하였다.

말은 무엇보다도 무거운 짐을 운반할 수 있는 능력을 소지하고 있었다. 말이 짐을 운반하는 것에 대해서는 馬馱人負라[5] 하여, 사람이 지고 가는 것과 대비해 언급하기도 하였으며, 牛載馬馱라[6] 하여 소의 운반능력과 함께 언급되기도 하였다. 그러나 "牛以耕田 馬以乘載"라는[7] 데서 알 수 있듯이, 소는 耕田이 주된 일이고, 짐을 운반하는 데에는 말이 중시되었다.

말이 운송능력을 가지고 있음은

> 馬之於人 其用重矣 負重致遠 人力有所不及[8]

이라는 지적에서 명백히 확인할 수 있다. 말은 사람에게 있어서 그 쓰임이 중요한데, 무거운 것을 지고 먼 곳에 가는 것은 사람의 힘이 미칠 수 없다는 것이다. 사람이 지고 나르는 것은 가벼운 것에 한정되었다. 무거운 짐을 먼 곳에 운반하는 것은 말의 힘에 의지하지 않을 수 없는 것이다. "馬司代勞 載駈載馳"라는[9] 표현도 말이 갖는 그러한 능력을 가리키는 것이라 할 수 있다.

말이 짐을 운반하는 데에는 수레[車]를 이용하는 수도 없지 않았지만, 우리나라는 산이 많은 관계로 수레가 다니기에 용이하지 않은 지점

---

5) 李奎報, 「龍寶院新創慶讚疏」『東國李相國集全集』 권41(『韓國文集叢刊』 2冊, 128쪽).
6) 李穀, 「刱置金剛都山寺記」『稼亭集』 권3(『韓國文集叢刊』 3冊, 115~116쪽) ; 權近, 「龍安城漕轉記」『陽村集』 권11(『韓國文集叢刊』 7冊, 128~129쪽).
7) 『高麗史』 권84, 志38 刑法1 職制 忠烈王 22년 5월, 中冊, 843쪽.
8) 鄭道傳, 「馬政」『三峯集』 권8(『韓國文集叢刊』 5冊, 435쪽).
9) 李奎報, 「呪鼠文幷序」『東國李相國集全集』 권20(『韓國文集叢刊』 1冊, 497~498쪽).

이 많았다.[10] 따라서 고려에 왔던 송나라 사신인 徐兢도 '車運不利'하다고[11] 언급하였다. 말을 이용해 운송할 경우, 수레보다는 말의 등에 짐을 지우는 방법을 주로 택하였다.

> 雜載多用馬 其制以二器夾裝 橫跨於背 應用之物 悉置其中 絡首鞅胸 如乘騎之度 前引後驅 其行頗駃云[12]

두 개의 용기를 말의 등 양쪽에 두고, 그 용기 안에 물건을 넣어 운반한다는 것이다. 그리고 말의 머리를 얽고 가슴을 두르고 있는 것은 마치 사람이 말을 타는 것과 흡사하다고 하였다. 앞에서 끌고 뒤에서 모는데 이동이 자못 빠르다는 것이다. 이처럼 말의 등 양쪽에 용기를 걸쳐 두고 그 안에 물건을 넣어 운반하였으며, 그 속도는 꽤 빠르다고 하였다.

또한 草苫을 말의 등에 올려놓고 운반하기도 하였다.

> 草苫之用 猶中國之有布囊也 其形如絡 結草爲之 凡米麵薪炭之屬 悉用以盛 山行不利車 多以騾馬裝載而行[13]

서긍이 볼 때 고려의 초점은 풀을 엮어 만들었는데 중국의 布囊과 유사하다는 것이다. 쌀·밀가루·땔나무·숯 등은 초점을 사용해 운반하며, 산행에는 수레가 불리해 노새와 말에 싣고 간다는 것이다.

말은 수레가 다닐 수 없는 도로나 산을 경유해 갈 때, 짐을 운반하는데 탁월한 능력을 소지하고 있는 것이다. 이처럼 등에 짐을 실어 운반하는 데에 말이 사용되고 있었지만, 더욱 보편적으로 말이 사용되는 것은

---

10) 뒤 시기이지만 우리나라의 수레에 관해서는 정연식, 1999, 「조선시대의 수레에 대하여」『인문논총』 6, 서울여대가 참조된다.

11) 『高麗圖經』 권15, 車馬 雜載.

12) 『高麗圖經』 권15, 車馬 雜載.

13) 『高麗圖經』 권32, 器皿3 草苫.

사람이 타고 다니는 것이었다. 당시에 먼 길을 가야 하는 사람들에게 말은 수고를 덜어줄 수 있었다. 타는 사람을 피곤하지 않게 하고서 먼 곳까지 태워 나를 수 있는 능력을 소지하였다. 말은 사람을 싣고서 이동시키는 데에, 나아가 신속하게 목적지에 도달하게 하는 데 중요한 기능을 하였다. 말이 갖는 그러한 기능은 驛制에서 크게 발휘된다. 국가의 명령을 신속하게 전달하는 데, 사신을 목적지에 안전하고 빠르게 도착하게 하는 데에, 각 역에 소속되어 있는 말이 중요한 역할을 하였다.

이밖에도 말은 드물기는 하지만 農耕에 쓰이기도 하였으며, 食用으로 이용되기도 하였다.[14] 그러나 역시 농경에는 소가 더 중요하므로 말은 짐을 운반하거나, 사람이 타는 데에서 가장 중요한 몫을 담당하였다.

말에는 여러 종류가 있었다. 원래 분류 방식에 따르면, 馬屬에는 말·나귀·얼룩말 3종이 있고, 이들의 間生인 노새·버새·제브로이드 등이 있다.[15] 고려시기 蓄馬料式表에 따르면, 戰馬·雜馬·駱駝·件馬·驢騾·牝馬·常立馬·把父馬·役騾·三歲駒父馬·別立馬 등 10여 종이 보이며,[16] 이들 각 종류에 따라 제공하는 馬料에 차이가 있었다. 통상 고려의 말은 胡馬와 鄕馬의 2종류로 구분하고 있다.[17] 호마는 북방에서 온 말로 키가 컸으며,[18] 그에 비해 향마는 옛날부터 있던 말로 타고서 과일나무 아래로 달릴 수 있어 果下馬라 불리었다. 문자상으로 보면 말에는 일반 말 이외에, 駱·騅·駓 등이 보인다.[19] 마속에 속한 나귀도 자주 보여, 나

14) 李基萬, 1984, 『馬와 乘馬』, 鄕文社, 15쪽 ; 南都泳, 1976, 앞의 책, 68쪽.

15) 李基萬, 1984, 앞의 책, 15쪽.

16) 『高麗史』 권82, 志36 兵2 馬政 毅宗 13년, 中册, 805~806쪽.

17) 『高麗史』 권134, 列傳47 辛禑 5년 10월, 下册, 891쪽. "馬有二種 曰胡馬者 從北方來者也 曰鄕馬者 國中之所出也".

18) 서긍은 『高麗圖經』에서 금나라와 멀지 않아 금나라에서 들어온 駿馬가 고려에 많다고 지적하였다(『高麗圖經』 권15, 車馬 使節馬).

19) 李奎報, 「賣駱以傷瘦馬代之」 『東國李相國集後集』 권2(『韓國文集叢刊』 2册, 148쪽) ; 李奎報, 「諸島捉馬祭祝」 『東國李相國集全集』 권40(『韓國文集叢刊』 2册, 116쪽). 駱은 몸은 희고 갈기는 검은 말(가리온)을, 騅는 검푸른 털에 흰 털

귀도 당시에 꽤 많이 사용되었던 것으로 보인다. 나귀는 보통 驢로 표기되었다.[20] 암말과 수나귀 사이에 태어난 노새는 騾로 표기되었으며, 노새가 사용되는 예도 보인다.[21] 駮馬라는 얼룩말도 찾아진다.[22]

말은 대개 만 5세에 발육이 완성되며, 체력이 왕성한 기간은 5세에서 15, 16세 경까지이며, 수명은 대개 25~30세 정도가 된다.[23] 따라서 새끼말을 입수해 키울 경우, 말을 제대로 이용할 수 있는 기간은 10년 정도가 됨을 알 수 있다. 말이 필요한 사람은 보통 10년 정도마다 말을 바꿔야 한다는 이치가 된다.

말의 가격이 고려말기 노비 2, 3구에 해당한다는 예를 볼 때,[24] 말이 노비보다 훨씬 중시되었음을 알 수 있다. 그리고 말은 소보다 값이 높게 산정된 것으로 보인다. 인종대 기근이 들어 穀貴物賤하였는데, 이때 小馬 1필이 米 1碩이었으며, 牸牛 1頭가 미 4斗였다.[25] 정상적인 때가 아니기는 해도 작은 말과 암소가 값에서 현저한 차이가 나는 것이다. 보통 때에도 말은 소보다 값이 훨씬 비싸지 않았나 사료된다. 기근이 들어 미가가 등귀한 때이므로, 소마 1필은 평상시에는 미 1석을 크게 상회하였을 것이다.

고려시기 말은 짐을 운반하거나, 사람을 태워 나르는 데에 중요한 몫을 담당하였기에, 널리 사용되었다. 官人의 경우 말을 타고 다니는 것은 일반적인 일이었다. 避馬式이 규정된 것은 그 때문이다. 上下 官僚가

이 섞인 말(오추마)을, 駓는 누른 빛과 흰 빛이 섞인 말(황부루)을 가리킨다.

20) 李奎報, 「次韻天壽寺鍾義禪師以詩見招」『東國李相國集全集』 권9(『韓國文集叢刊』 1冊, 384쪽) ; 『高麗史節要』 권32, 辛禑 12년 8월, 813쪽 ; 『高麗史』 권85, 志39 刑法2 禁令 恭讓王 3년 3월, 中冊, 868쪽.

21) 『高麗史』 권85, 志39 刑法2 禁令 恭讓王 3년 3월, 中冊, 868쪽.

22) 『高麗史』 권99, 列傳12 林民庇, 下冊, 204쪽.

23) 李基萬, 1984, 앞의 책, 32쪽.

24) 『高麗史』 권85, 志39 刑法 奴婢 恭讓王 3년, 中冊, 879쪽.

25) 『高麗史』 권55, 志9 五行3 仁宗 10년 7월, 中冊, 238쪽.

말을 타고 오고가다가 서로 길에서 맞닥뜨리게 되므로, 서로간의 예의를 지키기 위해 마련된 것이 피마식인 것이다.[26] 당시 관인이 奉命하여 사신으로 갈 때는 驛馬를 이용하는 것이 일반적이었지만,[27] 사사로운 일로 이동할 때에는 개인 소유의 말을 타고 다녔다. 이규보나 이제현의 경우 馬上에서 詩를 짓는 예가 보여,[28] 당시 지배신분의 사람들은 이동시에 늘상 말을 타고 다녔음을 알 수 있다. 昇平의 太守였던 崔碩도[29] 개경에 오는 데 말을 이용하였다.

이처럼 관인을 비롯한 지배신분은 말을 소지하고 있었다. 그들이 개인적으로 말을 소유하고 있었기에, 국가가 긴급히 다량의 말이 필요할 때 그들로부터 징발할 수 있었다. 원종 14년(1273)에는 諸王·宰樞와 4品 이상에게 각각 말 1필을 내게 하였고, 5·6品은 2인이 함께 1匹을 내게 하였다.[30] 우왕 11년(1385) 11월에는 官品에 따라 말을 내어서 歲貢에 충당하였으며,[31] 우왕 13년 2월에는 兩府로부터 밑으로 巫覡術士까지 각각 차등있게 말을 내게 하여 進獻에 충당케 하였는데, 1품의 경우 大馬 2필을 내야 했다.[32] 공양왕 4년(1392)에는 百官에게 차등있게 말을 내게 해 진헌에 충당하였다.[33] 이렇게 유사 시에 말을 징발할 수 있었던 것은 그들이 말을 소지하고 있었기 때문이다. 그 징발되는 말은 그들이 평소에 타고 다니던 말이 주 대상이었을 것이다.

말을 소지해 타고 다니는 사람은 대체로 지배신분에 속하였기에 말의

26) 『高麗史』 권84, 志38 刑法1 避馬式, 中册, 836쪽.
27) 呂恩暎, 1982, 앞의 논문 ; 姜永哲, 1984, 앞의 논문 ; 姜永哲, 1987, 앞의 논문 ; 劉善浩, 1992, 앞의 논문 ; 鄭枖根, 2008, 앞의 논문.
28) 李奎報, 「馬上有作」 『東國李相國集全集』 권6(『韓國文集叢刊』 2册, 163쪽) ; 李齊賢, 「馬上」 『益齋亂藁』 권2(『韓國文集叢刊』 2册, 517쪽).
29) 『高麗史』 권121, 列傳34 良吏 崔碩, 下册, 644쪽.
30) 『高麗史』 권82, 志36 兵2, 中册, 806쪽.
31) 『高麗史』 권79, 志33 食貨2 科斂, 中册, 746쪽.
32) 『高麗史節要』 권32, 辛禑 13년 2월, 813쪽.
33) 『高麗史』 권79, 志33 食貨2 科斂 恭讓王 4년 2월, 中册, 746~747쪽.

배후에 위세있는 이가 있었다. 이러한 위세를 배경으로 말을 풀어놓아 타인의 농작물에 해를 끼치는 일이 적지 않았다. 말을 풀어 놓아 禾稼를 손상시키지 못하도록 금지한 조치가 취해지는 것은[34] 그 때문이었다.

지배신분층은 이동할 때나 외출할 때에, 늘상 말을 타고 다녔다. 그러나 때때로 말이 없는 경우에는 타인의 말을 빌려 탔다. 李奎報의 시에서 그것을 엿볼 수 있다.

自我懸車後　이 몸 벼슬길에 물러난 후로
于今鬻馬遲　지금토록 말 사기 더디었는데
出門猶有日　드나들 일 아직도 많아
方愧借人騎　남의 것 빌어 타자니 부끄럽구나[35]

벼슬을 그만둬 말이 없는데 문밖에 나설 날은 많아 타인의 말을 빌리게 되어 부끄럽다는 것이다. 밖에 나갈 경우 빌려서라도 말을 타야 하는 것을 알 수 있다.

타인의 말을 빌려 타는 예는 李穀에게서도 확인된다.

余家貧無馬 或借而乘之 得駑且瘠者 不敢加策[36]

가난해 말이 없을 때 혹 빌려 탔는데, 노둔하고 파리한 말을 빌린 경우 채찍을 가할 수 없다는 것이다. 李穡의 경우도 빌린 말이 發病한 예가 보이며,[37] 趙浚의 경우도 말을 빌려 탄 일이 보인다.[38]

---

34) 『高麗史』 권79, 志33 食貨2 農桑, 中冊, 736쪽. "忠烈王三十四年 八月 忠宣復位十一月 下敎 農桑衣食之本 宜有司勸課 不至曠損 無賴之徒 不得縱牛馬 食踐禾稼".

35) 李奎報, 「借馬」 『東國李相國集後集』 권3(『韓國文集叢刊』 2冊, 163쪽).

36) 李穀, 「借馬說」 『稼亭集』 권7(『韓國文集叢刊』 3冊, 141쪽).

37) 李穡, 「借馬發病」 『牧隱藁詩藁』 권16(『韓國文集叢刊』 4冊, 181쪽).

38) 趙浚, 「借馬於金開城」 『松堂集』 권2(『韓國文集叢刊』 6冊, 418쪽).

지배신분층의 경우 외출할 때나 이동할 때 늘상 말을 탔으며, 사정상 말이 없을 경우에는 타인의 말을 빌려서라도 타고 다녔다. 말이 교통수단으로서 매우 중요하였음을 알려 주는 것이다. 이들은 단순히 타고 다니는 것에 그치지 않고, 빠른 속도로 달릴 수 있는 능력을 소지하고 있었던 것으로 보인다. 말하자면 지배신분층은 상당한 騎馬능력을 갖추고 있었던 것 같다. 국왕의 경우에도 상당한 기마능력을 소지한 것이 보이기 때문에 더욱 그렇다. 의종의 경우, 말을 달려 홀로 獺嶺에 이르렀는데 從臣이 모두 미치지 못한 일이 보인다.39) 의종 본인이 상당한 기마능력을 가지고 달릴 수 있었던 것이다. 일반 관인의 경우도 꽤 기마능력을 갖추고 있었다고 보아야 할 것이다.

이규보가 南行하다가 郡舍에 들어갔을 때 令尉가 不在하였는데, 令尉는 소식을 듣고 말을 달려 夜二更에 도착하였다.40) 여기서도 지방관인 令尉의 騎馬능력을 엿볼 수 있는 것이다.

收租하러 다니는 무리도 말을 타고 횡행하였다. 고려말 收租地의 겸병이 치열해지고 수조를 둘러싼 갈등이 심각한 상황에서 收租人들의 횡포는 매우 컸다. 그들은 兵馬使·副使·判官·別坐를 칭하면서 從者 수십인과 騎馬 수십 필을 거느리고 다니면서 수령을 농락하고 안렴사를 위압하였다. 그들이 무리지어 다니면서 횡포하고 약탈함이 도적의 배가 된다고 하였다.41) 여기의 말은 타고 다니기도 하겠지만, 수탈한 물건을 실어 나르기도 하였을 것이다.

조선건국 직후에도 收租奴가 말을 거느리고 다니는 것이 보인다.

---

39) 『新增東國輿地勝覽』 권12, 長湍都護府 山川 獺嶺.
40) 李奎報, 「南行月日記」 『東國李相國集全集』 권23(『韓國文集叢刊』 1册, 529~532쪽).
41) 『高麗史』 권78, 志32 食貨1 田制 祿科田 辛禑 14년 7월, 中册, 716쪽 ; 『高麗史節要』 권33, 辛昌 즉위년 7월, 830쪽.

宮司倉庫之奴 因收田租 分往諸州 多率人馬 橫斂多端[42)]

국가기관의 수조하는 노비가 人馬를 다수 거느리고 다니면서 횡행해 많은 문제를 일으키고 있는 것이다. 여기의 말도 사람이 타고 다니는 데에도 쓰였지만, 물건을 운반하는 일도 부분적으로 담당하였다고 생각된다.

말이 짐을 운반하는 능력을 가지고 있기에 먼 곳에서 짐을 운반할 때 관인들이 자신의 지위를 이용해 驛馬를 사용하기도 하였다. 全羅按察이었던 盧景倫은 驛을 이용해 많은 양의 內膳을 개경으로 운반했는데, 半이 私膳이었다고 한다.[43)] 명종때에 曹元正은 東北面兵馬使가 되어 재화를 이루 헤아릴 수 없을 만큼 탈취했으며,

至有見長髮者 必剪以爲髢 多至二馱 又斂馬衣 驛送家[44)]

라고 해서 머리카락을 잘라 모으고 馬衣를 횡렴해 역을 통해 자신의 집에 보냈다는 것이다. 역마를 이용하여 개인의 물건을 운반하는 예는 자주 보인다.[45)]

이러한 예들은 말이 수송능력을 가지고 있기에 가능한 것이었다. 개인이 가지고 있는 말로는 부족하고 불편하기에 국가의 공적기구인 驛에 속한 말을 이용해 개인의 물건을 운반하는 것이다. 불법적이지만 말이 필요해 역마를 사용하고 있는 것이다. 관인이라는 신분적 지위가 전제되

42)『太祖實錄』권4, 太祖 2년 11월 己巳, 1冊, 52쪽.
43)『高麗史』권106, 列傳19 朴暄, 下冊, 340쪽.
44)『高麗史節要』권13, 明宗 15년 2월, 342쪽.
45) 명종대 鄭世裕가 西北面兵馬使였을 때 "斂民繭絲及珍琓之物 詐稱貢獻 驛輸其家"하였다(『高麗史節要』권13, 明宗 15년 6월, 343쪽). 공민왕 때에 宣使 嚴淑은 永川·河陽에 이르러 公廨田稅를 거두고 또 綜布 60필을 橫斂하여 개경으로 역을 통해 보냈다(『高麗史』권131, 列傳44 叛逆5 金鏞, 下冊, 841쪽).

어서 가능한 일이었다.

말이 이처럼 생활에서 대단히 요긴한 것이었기에 타인의 말을 탈취하는 경우도 있었다. 이자겸은 타인의 田土를 빼앗을 뿐만 아니라 노비를 풀어 車馬를 빼앗기도 하였으며,46) 洪永通이 金景儒의 집에 가서 말을 빼앗은 일도 있다.47) 말이 갖는 중요한 기능 때문에 이러한 일이 발생하는 것이다.

사람의 이동에는 늘 이처럼 말이 함께 하였다. 사람을 태우기도 하고 짐을 싣기도 하면서 말은 사람과 함께 이동하였다. 그렇기에 사람이 많이 오고 가는 곳에서는 人馬의 來往이 많다고 표현하고 있다. 사람의 이동과 아울러 말의 내왕이 많다고 함께 언급한 것이다. 慈濟寺의 경우 다리를 놓자 人馬가 평지처럼 다닌다고 하는데,48) 사람과 말이 함께 이동함을 말하는 것이다. 또 동남의 여러 군현에서 개경으로 갈 때 惠陰寺를 경유하였는데, "人磨肩 馬接跡"하다고 언급하였다.49) 사람의 어깨가 부딪침과 아울러 말이 서로 연이었다는 것이다. 南壤의 要會處인 龍寶院은 짐을 실은 말과 짐을 진 사람들이 오고 가는 지점에 소재하였다고 한다.50)

사람이 이동함에는 말이 함께 하고 있음을 확인할 수 있다. 이러한 人馬가 자주 다니나 인가가 드물고 도적과 맹수의 피해가 잦은 곳에는 院이 설립되어, 사람에게는 휴식과 잠자리를 제공하고, 말에게는 꼴을 제공하였다.51)

---

46) 『高麗史節要』 권9, 仁宗 4년 2월, 228쪽 ; 『高麗史』 권127, 列傳40 叛逆1 李資謙, 下册, 763쪽.
47) 『高麗史』 권105, 列傳18 洪永通, 下册, 319쪽.
48) 『高麗史』 권6, 世家6 靖宗 11년 2월, 上册, 138쪽.
49) 金富軾, 「惠陰寺新創記」 『東文選』 권64(民族文化推進會 影印本 2册, 398~400쪽).
50) 李奎報, 「龍寶院新創慶讚疏」 『東國李相國集全集』 권41(『韓國文集叢刊』 2册, 128쪽).

말은 짐을 운반하거나 사람을 태울 수 있는 탁월한 능력을 소지하고 있었다. 고려시기에 빈번하게 먼 길을 이동해 가는 승려들과, 다량의 물품을 운송할 필요가 있는 사원의 경우 말에 대한 수요가 매우 컸다고 할 수 있다.

승려들은 여러 가지 계기로 이동이 많을 수밖에 없었다. "食不求飽 居無常處 修心僧堂者"도[52] 없지 않았지만, 대개의 승려는 자주 먼 거리를 이동하지 않으면 안 되었다. "勤勤講說 孜孜化誘"하거나,[53] 講說法文 시에 옮겨 다니며 법을 설하고 俗家에서 齋를 지내 주거나 喪事를 주관하기 위해 불가피하게 이동하였다.[54] 주지로 타 사찰에 부임해 갈 때도 먼 거리를 이동하지 않으면 안 되었다. 국왕의 부름으로 개경에 갈 때나 다시 還山할 때에도 역시 먼 거리의 이동은 불가피하였다.

각종 법회에 참석하기 위해서도 돌아다니지 않을 수 없었다. 국가나 國王을 위한 법회가 개경에서 행해질 때, 또 대규모의 飯僧이 있을 때 참석해야 했다. 다른 사원에서 행사가 있어 초대받아 가는 수도 있었다. 같은 종문 사원에서 행사가 있을 경우 참여하게 되었다.

속인과의 접촉을 위해 군현에 왕래하는 예도 많았다. 민을 교화하거나 喪齋를 주관하기 위해, 또 불사를 위한 시주를 권하기 위해 승려들은 세속사회에 자주 드나들지 않을 수 없는 것이다.

경제적인 목적에서 이동하는 수도 적지 않았다. 사원은 대규모의 농지를 보유하고 있고, 息利穀을 운영하며, 상업에 참여하고 있었기에 승려들이 그러한 소임을 맡아 여러 곳을 이동하는 경우가 많았다.

道門僧人 諸處農舍 冒認貢戶良人 以使之 又以麤惡紙布 强與貧民

51) 拙稿, 1998, 「高麗時期 院의 造成과 機能」 『青藍史學』 2(본서 제4부 제1장 수록).
52) 『太祖實錄』 권7, 太祖 4년 2월 癸未, 1冊, 75쪽.
53) 李穀, 「刱置金剛都山寺記」 『稼亭集』 권3(『韓國文集叢刊』 3冊, 115~116쪽).
54) 『太祖實錄』 권7, 太祖 4년 2월 癸未, 1冊, 75쪽.

以取其利[55)]

道門 僧人들이 여러 곳의 農舍에서 貢戶良人을 冒認하여 사역하고 있으며, 또한 麤惡한 紙布를 강제로 貧民에게 대여하여 그 이익을 취한다는 것이다. 공호양인을 사역시키거나 추악한 종이와 포를 빈민에게 강제로 대여하기 위해서는 승려 스스로가 일정한 거리를 이동해 그들에 다가 가지 않으면 안 될 것이다.

최이의 아들 萬宗과 萬全이 승려가 되어 50여만 석으로 민에게서 取息할 때 "分遣門徒 催徵甚酷"하였다는데[56)] 이 문도들은 고리대의 운영을 위해 돌아다니고 있는 것이다.

승려들은 이처럼 불교 본연의 일을 수행하고, 민을 위한 여러 가지 일을 하며, 또 경제적인 목적을 위해 이동이 매우 빈번할 수밖에 없었다. 신속하고 편리하게 이동하고 또 물자를 수송하기 위해 말을 매우 필요로 하였다.

3. 僧侶의 말 마련과 使用

고려시기 승려들은 다른 지배층과 마찬가지로 말을 갖추지 않으면 안 되었다. 승려들은 여러 가지 방법으로 말을 마련하였으며, 다양한 용도로 사용하였다. 승려들은 기동성과 운송능력을 갖춘 말을 이용함으로써, 고려사회에서 중요한 위치를 차지할 수 있었다.

승려나 사원에서 말을 마련하는 데에 국왕의 賜與가 중요한 계기로 작용하였다. 국왕은 특정한 일이 있는 사원에 말을 내렸으며, 국가나 국왕에게 중요한 의미를 갖는 승려가 있을 경우 그 승려에게 말을 사여하

---

55) 『高麗史』 권85, 志39 刑法2 禁令 明宗 18년 3월, 中册, 862쪽.
56) 『高麗史』 권121, 列傳34 良吏 王諧, 下册, 643쪽.

였다. 고려초 성종때 국왕 스스로는 불교와 일정한 거리를 유지하였지만, 사원에 말을 사여하는 경우가 있었다. 崔知夢이 병이 나자 성종은 醫員에게 명을 내려 약을 내려 줌과 아울러 친히 가서 문안하였으며, 말 2필을 歸法寺와 海安寺에 시납하였다.[57] 또 徐熙가 병으로 開國寺에 있었을 때 직접 가서 問病하고 말 3필을 寺院에 시여하였다.[58] 靖宗 8년(1042)에는 徐訥이 병이 들어 地藏寺에 있자 右承宣 金廷俊을 보내 問疾하고 말 2필을 地藏寺에 시납하여 祈福하였다.[59] 肅宗은 慧德王師를 위해 尙乘局의 말을 金山寺에 시납하여 그가 전용토록 하였다.[60] 국왕의 이러한 사여로 인해 사원은 말을 소유할 수 있었다.

현종 때 法相宗 사원으로서 玄化寺를 창건하였는데, 토지·노비와 아울러 牛馬供具 등을 시납하였다.[61] 국가 주도하에 사원을 세우는 경우 말이 국가의 지원 하에 마련되는 일은 흔하였을 것이다.

무인집권 시기에도 당시의 권력자가 승려에게 말을 사여하는 예가 보인다. 靜覺國師가 개경에 있다가 花藏寺를 下山所로 삼아 내려갈 때 晉康公 최충헌은 그에게 寶馬를 증여하였다.[62] 국왕이나 당시의 실력자가 사원이나 승려에게 말을 사여하는 일은 고려시기 꽤 자주 있었던 일이라고 하겠다. 그러나 말은 그 값이 상당하고 귀한 것이었기에 많은 수가 아니라 1~3필을 시여하는 데 그쳤다. 그리고 말을 사여받는 사원이나 승려는 특별한 의미가 있어야 했다. 사원은 국가를 위해 특별한 법회

---

57) 『高麗史』 권92, 列傳5 崔知夢, 下册, 72~73쪽.

58) 『高麗史』 권94, 列傳7 徐熙, 下册, 98쪽.

59) 『高麗史節要』 권4, 靖宗 8년 6월, 115~116쪽 ; 『高麗史』 권94, 列傳7 徐訥, 下册, 99쪽.

60) 李智冠譯註, 1996, 『歷代高僧碑文(高麗篇 3)』, 「金山寺慧德王師眞應塔碑(1111년)」, 29쪽.

61) 許興植編著, 1984, 『韓國金石全文(中世上)』, 「開城玄化寺碑(1021년)」, 441~453쪽.

62) 李奎報, 「故華藏寺住持王師定印大禪師追封靜覺國師碑銘奉宣述」 『東國李相國集全集』 권35(『韓國文集叢刊』 2册, 62~64쪽).

를 주관하거나 특정한 의미를 가지고 있어야 했으며, 승려는 국가·국왕이나 최고 실력자에게 기여하는 바가 많아야 했다. 조선시기에 들어와서도 승려에게 말을 사여하고 있는 예가 보인다.[63] 보통의 승려가 아닌 특별한 승려일 경우에 한해 말을 지급하였다.

말은 승려들이 매우 필요로 하는 것이었기에, 사원에서 직접 사들이는 경우도 적지 않았다. 말은 고가이므로 그 구입비가 상당하였는데, 마련의 비용은 사원의 共有財産을 가지고 충당하였다. 사원의 말은 주로 주지가 이용하였다.

승려들이 말을 구입하는 구체적인 예들은 조선초에 많이 찾아진다. 태종 5년(1405) 11월 각 사원의 주지가 "以土田之出 奴婢之貢 恣爲鞍馬衣服之用 至爲酒色之費"하였다고[64] 지적하였다. 주지가 토지의 소출과 노비의 신공을 거두어 안마와 의복의 비용, 심지어 酒色의 비용으로 삼기까지 하였다는 것이다. 비슷한 내용은 여러 기록에서 확인된다.[65] 각 사원에서 土地의 소출과 노비의 신공을 거두어서 안마를 마련하는 비용으로 쓰며, 그 일을 주도한 자가 주지라는 것이다. 조선초기의 사정을 전하고 있지만 고려시기에도 사원의 共有財産으로 주지가 타고 다니는 말을 마련하는 경우가 적지 않았을 것으로 사료된다.

사원에서 말을 확보하면, 번식을 통해 말을 유지하고 늘려 갔을 것이다. 사원에서 보유한 말은 개별 사원에서는 다수에 이르지 않았겠지만, 전체적으로 보면, 사원이 보유한 말은 상당한 수에 이르렀을 것으로 판단된다. 고려말 공민왕대 普愚를 보면, 그가 키우고 있는 말은 그 수가

---

63) 『太祖實錄』 권6, 太祖 3년 10월 丁亥, 1冊, 71쪽 ; 『世宗實錄』 권4, 世宗 원년 6월 甲戌, 2冊, 319쪽 ; 『成宗實錄』 권29, 成宗 4년 4월 乙亥, 9冊, 17쪽.

64) 『太宗實錄』 권10, 太宗 5년 11월 癸丑, 1冊, 343쪽.

65) 『太宗實錄』 권3, 太宗 2년 4월 甲戌, 1冊, 231쪽 ; 『世宗實錄』 권6, 世宗 원년 11월 戊辰, 2冊, 346~347쪽 ; 『世宗實錄』 권87, 世宗 21년 10월 乙酉, 4冊, 246쪽.

매우 많았다. "廣占田園 牧馬滿野 皆以內乘稱 雖害禾穀 人不敢逐"[66] 하였다고 한다. 전원을 크게 차지하고 말을 키우는데 들에 가득하였다는 것이다. 몇 마리의 말에 그친 것이 아니라 그 수는 적어도 수십 필은 상회하였을 것이다.

사원에서 말을 확보해 키우고 있었기에, 사원 건물에는 말과 관련한 시설이 있었다. 452년에 王后寺가 건립되고 500년이 지난 뒤 부근에 長遊寺를 세우고 田柴가 300결을 시납하였다. 장유사의 三剛이 王后寺가 장유사의 柴地 東南標 內에 있다고 해서

罷寺(=王后寺)爲莊 作秋收冬藏之場 秣馬養牛之廐[67]

고 한다. 왕후사를 혁파해 莊으로 만들어, 추수하고 겨울에 저장하는 장소로 만들었으며, 말을 먹이고 소를 키우는 마구간으로 하였다는 것이다. 장유사에서 말을 소유해 키우고 있었기에 마구간이 필요했다고 보아야 할 것이다.

慈悲嶺의 羅漢堂은 여행자들이 많이 이용하는 곳이었는데, 이곳에도 마구간 시설이 있었다.[68] 나한당의 마구간은 여행자의 말이 주로 이용하였을 테지만, 나한당 자체가 소유한 말을 키우는 시설로 사용되었을 가능성도 없지 않았다. 나한당과 마찬가지로 여행자들이 많이 이용하는 院의 경우에도 대개 말에게 먹이를 제공하는 시설을 두고 있었다. 奉先弘慶寺에 부속해 있는 廣緣通化院의 경우

積以糇粮 貯以蒭秣 施賙窮急[69]

66) 『高麗史』 권38, 世家38 恭愍王 원년 5월 己丑, 上冊, 757~758쪽 ; 『高麗史節要』 권26, 恭愍王 5년 2월, 678~679쪽.

67) 『三國遺事』 권2, 紀異2 駕洛國記.

68) 李穡, 「慈悲嶺羅漢堂記」 『牧隱藁文藁』 권3(『韓國文集叢刊』 5冊, 24~25쪽).

하였다고 한다. 말먹이를 저장해 제공했다는 것은 말에게 꼴을 제공했다는 것이고, 따라서 마구간의 시설이 있었을 것은 당연하다. 곡성 태안사 형지안에 '馬廐梗五間'이라는[70] 기록이 보이는데, 이 마구경은 마구간임이 분명하다.

李穡이 지은 「天寶山檜巖寺修造記」에 따르면, 회암사에는 4칸의 馬廐가 있었다.[71] 이처럼 사원에는 자신이 보유한 말을 사육하는 장소로서 마구간이 확보되어 있었다. 물론 그 마구간의 일부는 사원을 찾는 타인의 말에게 편의시설로 제공되기도 하였을 것이다.

사원이나 승려가 말을 소유하고 있었으므로, 국가는 긴급한 사태가 발생했을 때 말을 징발할 수 있었다. 공민왕·우왕 대에 외침에 대비하기 위해, 또 명에서 요구하는 말을 보내기 위해 말을 징발하였는데 사원·승려가 대상이 되는 예가 있었다.[72]

사원과 승려가 보유하고 있는 말은, 승려들이 이동하는 일이 있을 때 늘상 사용하였다. 우선 승려들이 설법하러 다닐 때 말을 이용하였다. 승려들은 통상 상중하 3부류로 나누고 있는데, 그때 중간 부류의 승려는 "講說法文 乘馬奔馳"하였다고[73] 한다. 법문을 부지런히 강설하러 돌아다니는 승려는 말을 타고 다니고 있음을 알 수 있다.

무신난 전후한 시기에 日嚴이라는 승려도 말을 이용하였다. 그는 전주에 있으면서 소경을 눈 뜨게 할 수 있고 죽은 자를 다시 살릴 수 있다고 스스로 말하였는데, 왕이 內侍 琴克儀를 보내 맞아오게 하였다. 그는 오는 도중에

---

69) 崔冲, 「奉先弘慶寺記」 『東文選』 권64(民族文化推進會 影印本 2冊, 397~398쪽).
70) 노명호외, 2000, 『韓國古代中世古文書研究』上, 「大安寺形止案」, 422쪽. 자료에 대한 소개에서 작성 시점을 1230년 무렵으로 보았다.
71) 李穡, 「天寶山檜巖寺修造記」 『牧隱藁文藁』 권2(『韓國文集叢刊』 5冊, 15~17쪽).
72) 『高麗史』 권82, 志36 兵2 馬政 恭愍王 3·8·10년, 辛禑 원년, 中冊, 897쪽.
73) 『太祖實錄』 권7, 太祖 4년 2월 癸未, 1冊, 75쪽.

冒綵氈巾 乘駿馬 以綾扇障其面 徒衆遮擁 人不得正視[74)]

하였다고 한다. 그가 머리에 면사로 짠 두건을 쓰고 얼룩말을 탔으며 비단 부채로 얼굴을 가리고 무리들이 막고 둘러싸서 사람들은 그를 바로 볼 수가 없었다는 것이다. 그가 탄 얼룩말은 국왕이 맞이하기 위해 보낸 것일지도 모르지만, 말을 이용하고 있음은 분명한 것이다.

승려 가운데 말을 많이 이용하고 있는 부류는 住持였다. 중요 사원의 주지는 국가에서 임명하였는데, 새로이 지정된 사원에 부임해 가기 위해서는 말을 이용하였다. 주지는 그가 속한 종파의 사원에 부임하였으며, 僧階가 낮을 때에는 외방의 작은 사원을 담당하였고, 승계가 오르면 개경 가까이의 큰 사원으로 옮겨 왔다.[75)] 그렇게 주지로 임명을 받으면 먼 길을 이동해야만 했다.

주지는 이러한 공적인 일로만 말을 이용한 것이 아니었다. 그는 자신이 임명된 사원의 대표로서 타 사원에 이동하는 일도 많았다. 그렇기 때문에 누구보다도 말이 필요하였으며, 사원의 공유재산을 써서라도 말을 구입할 필요가 있었다. 말을 필요로 했다는 것은 자신의 사회적 지위를 높이려는 의도가 없지 않았겠지만, 일차적으로 말을 가장 많이 이용했기 때문으로 보아야 할 것이다.

한편 승려들이 민으로부터 收取할 때에도 말을 이용하였다. 이때에 타고 다니는 용도로도 사용하였고, 또한 수취물을 운송하는 데에도 사용하였다. 성종 11년(992) 시주하는 물건을 말과 소에 실어 米 6碩과 鹽 4碩을 운반하는 것이 보이는데,[76)] 이것은 승려의 말이 아니라 속인의 말

---

74) 『高麗史』 권99, 列傳12 林民庇, 下册, 204쪽.
75) 許興植, 1986, 「佛教界의 組織과 行政制度」 『高麗佛教史研究』, 一潮閣 ; 韓基汶, 1996, 「高麗時代 寺院 住持制度」 『佛教史研究』창간호(同, 1998, 『高麗寺院의 構造와 機能』, 민족사 재수록).
76) 『三國遺事』 권3, 塔像4 三所觀音 衆生寺.

이었다. 속인의 말이 아니라 승려나 사원이 소유한 말을 활용하여 시주 물품을 실어 나르는 경우도 적지 않았을 것이다.

말을 타고 횡행하면서 수탈을 자행하고 있던 구체적인 예로는 萬宗과 萬全을 들 수 있다. 그들은 50여만 석으로 고리대를 하여 민이 그것을 갚고 나면 餘粟이 없어 租稅가 누차 闕해지는 사태에 이르렀다.

門徒分據名寺 倚勢橫行 鞍馬服飾 皆効韃靼[77]

만종과 만전의 문도가 유명한 사원에 나누어 근거하고서 세력을 의지해 횡행하는데, 안마와 복식은 모두 달단 즉 몽고를 본받았다는 것이다. 만종·만전의 문도들이 말을 타고 다님을 알 수 있다. 또한

其他僧徒 乘肥衣輕者 詐稱弟子 所至侵擾 州縣畏縮 莫敢誰何[78]

하였다고 지적하였다. 다른 승려들도 제자를 사칭하면서 살찐 말을 타고 가벼운 좋은 옷을 입고서 이르는 곳마다 침요하였으나 주현이 두려워 위축되어 감히 저지하지 못하였다는 것이다.

만종과 만전, 그 문도, 그리고 제자를 사칭한 승려 모두 말 타고 다니면서 민을 핍박하였는데, 이들은 수탈한 것을 운송할 때에도 말을 이용하였다고 보아도 좋을 것이다. 물론 모든 수취물을 말을 통해 운송한 것이 아니라, 民力을 이용해 운송하는 수도 없지 않았을 것이다.

조선초기 태조 원년(1392) 7월에도 승려 가운데

甚者 乘肥衣輕 殖貨冒色 無所不至[79]

---

77) 『高麗史』 권129, 列傳42 叛逆3 崔怡, 下冊, 809쪽.
78) 『高麗史』 권129, 列傳42 叛逆3 崔怡, 下冊, 809쪽.
79) 『太祖實錄』 권1, 太祖 원년 7월 己亥, 1冊, 21쪽.

라는 지적이 보인다. 곧 심한 자는 살찐 말을 타고 가벼운 옷을 입었으며, 식화행위를 하고 여색을 함부로 하여 못하는 짓이 없었다는 것이다. 수취를 위해 돌아다니면서 말을 타고 다니는 것인데, 역시 수취물의 운송에도 말을 이용하였을 가능성이 크다고 볼 수 있다. 조선 건국 직후이기 때문에 이것은 고려말의 사정이라고 볼 수 있을 것이다.

승려들이 이상에서처럼 뚜렷한 목적을 위해 말을 타고 다니는 것이 확인되는 수도 있지만, 어떤 목적으로 타고 다니는지 분명치 않으면서 말을 타고 다니는 것은 흔히 볼 수 있다. 鄭通이란 인물이 羅州書記로서 官妓를 사랑해 아기까지 낳았는데, 교체해 서울로 가다가 승려가 타고 다니던 좋은 말을 훔쳐 타고서 나주로 달려갔다는 이야기가 전한다.[80] 승려가 좋은 말을 타고 다님을 알 수 있는 것이다.

특히 주지승들은 이동시에는 늘상 말을 이용하였다. 태종 5년(1405) 11월

> 今各寺住持 出則乘肥馬 橫行閭里[81]

라고 지적하였다. 지금 각 사원의 주지가 밖에 나갈 때는 살찐 말을 타고 閭里를 횡행한다는 것이다. 승려의 이동 시에는 말을 이용하고 있음을 확인할 수 있는 것이다.

승려들이 말 타고 다니는 것은 흔한 일이었다.

> 噫 世之名浮屠者 居則邃宇 出則肥馬 賣佛祖 以漁利而不營一豪之善者 多矣[82]

80) 李齊賢, 『櫟翁稗說前集』 2(『高麗名賢集』 2册, 359~360쪽).
81) 『太宗實錄』 권10, 太宗 5년 11월 癸丑, 1册, 343쪽.
82) 林椿, 「妙光寺十六聖衆繪象記」 『西河集』 권5(『韓國文集叢刊』 1册, 252~253쪽).

부도라고 하는 자가 나갈 적에는 살찐 말을 타고 다닌다는 것이다. 곧 사원의 밖에 나갈 때는 으레 말, 그것도 살찐 말을 이용한다는 것이다.

승려들이 밖을 나갈 때는 늘상 말을 이용하였다. 나가는 목적이 說法이든 거리를 橫行하는 것이든, 수탈을 하는 것이든, 무엇이든 간에 말을 타고 다닌 것이다. 특히 주지승려가 말을 많이 이용하였다.

승려들은 이렇게 말을 소지하고 이용하였지만, 말이 부족하거나 제때에 확보되지 않을 때에는 국가의 말, 즉 驛馬를 이용하기도 하였다. 역마의 이용은 승려가 공무를 수행할 경우 허용되었다. 그러나 公的인 일을 빙자해 불법적으로 역마를 이용하는 수가 적지 않았다.

고려초부터 승려가 역을 이용하는 것이 보인다. 崔承老가 그의 상소문에서

> 僧人往來郡縣 止宿館驛 鞭撻吏民 責其迎候供億之緩 吏民疑其銜命畏不敢言 弊莫大焉[83]

이라고 하였다. 곧 僧人이 郡縣에 往來하면서 館驛에 머물러 숙박하면서 吏民을 편달하며 맞이하고 제공하는 것의 완만함을 책하나, 吏民은 명령을 받은 것으로 의심하여 감히 말을 하지 못해 폐가 막대하다는 것이다. 승려들이 군현에 왕래하면서 관역에 숙박하였다는 것인데, 직접 역마를 이용했는지는 알 수 없지만, 역을 사용하는 데서 알 수 있듯이 역마를 이용했을 가능성이 없지 않은 것이다. 관인의 신분에 준하기에 또 공무로 이동한다는 명분으로 이용하였을 것이다.

현종대에 가면 驛馬 이용이 구체적으로 확인된다.

> 僧尼誑誘愚民 鳩聚財物 輸以驛馬 害莫大焉[84]

83)『高麗史』권85, 志39 刑法2 禁令 成宗 원년 6월, 中册, 860쪽.
84)『高麗史』권85, 志39 刑法2 禁令 顯宗 19년 2월, 中册, 861쪽.

승려가 어리석은 민을 유혹해 재물을 모아 역마로 수송해 해가 막대하다는 것이다. 승려들이 돌아다니면서 연화를 하고, 그 모은 재물을 역마를 사용해 수송하고 있다는 것이다. 공물의 성격을 빙자해 역마를 이용했을 가능성이 크다고 하겠다. 無依子 慧諶도 유구역에서 잠을 자고 있는 것이 확인된다.[85]

萬宗과 萬全이 수탈을 일삼던 시기에도, 그 문도들이 말을 타고 다녔는데, 심지어

相稱爲官人 或强淫人妻 或擅乘驛騎 陵轢州縣官吏[86]

하였다고 하였다. 그 문도들이 관인이라 칭하면서 역마를 마음대로 타고 다니고 주현의 관리를 능멸하였다는 것이다. 역마를 이용할 수 있던 근거는 官人을 칭했기 때문이었다. 관인이 아닌 私人의 자격으로서 역마를 타는 것은 명백한 불법이었기에 관인을 사칭한 것으로 보인다.

圓應國師가 열반하자 門人이 遺言狀과 국사의 직인인 印寶 및 遷化事狀을 가지고 국왕께 奏達하기 위해 驛馬를 이용하는 것이 보인다.[87] 大鑑國師가 열반하였을 때도, 또 普覺國尊이 입멸하였을 때도 역시 문인이 역마를 이용하여 국왕에게 알리고 있었다.[88] 고려말 王輪寺의 仁照라는 승려도 역마를 타고 北上하고 있는 예가 찾아진다.[89]

---

85) 『新增東國輿地勝覽』 권17, 公州牧 驛院 維鳩驛 ; 崔滋, 『補閑集』下(『高麗名賢集』 2冊, 141~142쪽).

86) 『高麗史』 권129, 列傳42 叛逆3 崔怡, 下冊, 809쪽.

87) 李智冠譯註, 1996, 『歷代高僧碑文(高麗篇 3)』, 「淸道雲門寺圓應國師碑文(1147년)」, 265쪽.

88) 李智冠譯註, 1996, 『歷代高僧碑文(高麗篇 3)』, 「斷俗寺大鑑國師塔碑文(1172년)」, 402쪽 ; 李智冠譯註, 1997, 『歷代高僧碑文(高麗篇 4)』, 「軍威麟角寺普覺國尊靜照塔碑文(1295년)」, 194쪽.

89) 李齊賢, 『櫟翁稗說前集』 2(『高麗名賢集』 3冊, 359쪽).

조선초기 세종 24년(1442) 4월에 승려 一雲이 하직하자 명을 내려 驛馬를 태워 돌려보내게 한 일이 있다. 처음에 일운이 경상도에 있었는데, 興天寺 경찬회 法主로서 부름을 받아 왔다가 지금 산으로 돌아가게 되자 이런 명령이 있었다.[90] 국가의 공적인 일로 왕래함에는 역마의 이용이 허용되었던 것이다.

승려들은 이동이 활발하였기에 역마까지 이용하고 있거나, 역을 활용하고 있었다. 역마는 공무를 띤 관인이어야 이용할 수 있었지만, 승려는 각종 공적인 명목을 빙자해 역마를 타고 다니고 있었다. 승려가 합법적으로 역마를 이용하는 것도 있을 수 있는 일이었다.

또 승려가 개인의 말을 타고 다니면서 역에게 피해를 주는 수도 있었다. 승려가 개인 말을 타고 다니면서 사적인 일을 도모하고 公券을 받아 村驛을 횡행하는 예가 보인다.[91] 역을 횡행할 수 있던 것은 公券을 받았기에 가능한 것이었다.

승려들은 말을 많이 이용하고 있었으며, 때때로 역마까지도 타고 다녔다. 그리하여 승려들이 '出則乘肥馬'한다고 흔히 지적되고 있다. 승려들이 타고 다니는 말은 肥馬·善馬인 경우가 많았다. 사치를 비난하기 위해 쓴 표현이므로 그대로 받아들일 수는 없지만, 주지의 위치에 있던 승려들은 좋은 말을 타고 다니는 수가 많았다고 판단된다.

승려들은 말을 이용함으로써 신속하고 편리하게 먼 거리를 이동할 수 있었다. 또 재화를 먼 거리에 운반할 수 있는 능력을 가졌다. 승려들은 늘 말을 이용해 생활하고 있었기에, 능숙한 騎馬능력을 가지고 있었으며, 나아가 전투능력까지 소지할 수 있었다고 볼 수 있다. 말과 관련해 승려들은 尙武的인 분위기를 가지고 있었던 것이 아닌가 한다.

---

90) 『世宗實錄』 권96, 世宗 24년 4월 甲寅, 4册, 408쪽.

91) 『高麗史』 권82, 志36 兵2 站驛 忠穆王 원년, 中册, 803~804쪽. "品官及僧俗雜類等 多騎私馬 以私事受公券 村驛橫行者 參上囚從人 參外囚當身 收所持私馬 各驛定屬".

우왕 2년(1376) 7월 4방의 도적이 그치지 않기 때문에 비상조치가 있었다.

> 上京大小品官幷及子弟 閑散兩班百姓 諸宮司倉庫私奴漢才人禾尺 僧人鄕吏中 擇便弓馬者 各備兵器 及冬衣戎衣 二朔料麤末乾飯以待[92)]

上京의 大小 品官 및 그 자제, 閑散, 兩班, 百姓, 宮司倉庫의 私奴, 才人, 禾尺, 僧人, 鄕吏 중에서 '便弓馬'한 사람을 골라서 그들에게 각각 무기, 겨울 옷, 군복 그리고 2개월 먹을 마른 밥 부스러기를 준비하여 대기하도록 하였다. 유사 시 동원을 위해 대기시키는 조치이다. 문제는 승려 가운데도 활 쏘고 말 달릴 줄 아는 자가 있는 것이다. 승려가 기마능력, 전투능력을 가지고 있기에 이러한 조치가 가능한 것이다.

사원의 상호 연결이 용이하고, 승려 상호간의 연락이 신속할 수 있었던 것은 이러한 말의 이용과 깊은 관계가 있을 것으로 보인다. 불교계가 네트워크를 형성해, 세상사에 민활하게 대처할 수 있던 것도 말의 사용과 무관하지 않을 것이다.

그리고 말을 탄다는 것은 지배신분을 상징하는 것이었다. 避馬式에서 지위가 낮은 자가 말에서 내린다는 것은,[93)] 馬上에 있다는 것이 상위신분을 의미함을 알 수 있게 한다. 成俔의 『慵齋叢話』에서 雞城君 李陽生이 이시애 난의 평정에 공이 있어 공신호를 받았는데, 옛 저자를 가다가 미천할 때 사귄 자를 보면 "必下馬 論懷而後去"하였다고[94)] 한다. 馬上에 있음은 사회적 지위가 위에 있음을 의미하는 것이다.

승려들이 말을 보유하고 타고 다닌다는 것, 활용한다는 것은 이러한 의미를 갖는 것이었다. 승려의 위치, 불교계의 사회적 위치가 변하면, 말

---

92) 『高麗史』 권81, 志35 兵1 五軍 辛禑 2년 7월, 中册, 786쪽.
93) 『高麗史』 권84, 志38 刑法1 避馬式, 中册, 836쪽.
94) 成俔, 『慵齋叢話』 권4.

과 승려의 밀접한 관련도 흔들릴 수밖에 없었다.

4. 僧侶의 말 使用 制限과 그 意味

고려후기에 들어서면서 종전부터 있어 오던 승려의 驛馬사용이 더욱 제한받기에 이르렀다. 그리고 대내·외 관계상 국가가 필요로 하는 말이 급증하여 사원이 보유하던 말이 징발당하기도 하였다. 승려들의 사회적 지위가 하락하면서 승마행위가 문제되었다.

승려들은 빈번한 이동으로 역마를 이용하는 수가 많았다. 수취한 물품을 수송하기 위해서도 역마를 이용하였다. 역마의 이용은 公務를 빙자해 이루어지기도 하였고, 승려의 사회적 위세를 이용하여 이루어지기도 하였다. 그러나 역마는 역의 운영에서 필수적인 것이기에 국가에서도 대단히 중시하였다.

驛制는 중앙에서 지방으로 또는 지방에서 중앙으로 전달되는 군사·행정에 관한 명령이나 문서 등을 중계하여 전하며, 관리의 使行에 따른 迎送支待를 담당하였고, 貢物 등 관수물자의 운수를 담당하는 제도였다.[95] 역에서는 역마를 준비해야 했으며, 사신 일행의 糧料, 馬料 등을 비축하고 있어야 했다. 역제는 국가 운영의 신경과 같은 것으로서, 역제 운영이 어려워진다는 것은 국가 운영 체계가 동요한다는 것을 의미하였다.

개인이 역을 이용해 이동할 때에는 규정된 역마의 수만을 이용할 수 있었다. 원종 15년(1274)에는 각도에 사신으로 파견되는 大小員의 역마에 대한 규정이 명문화되었으며,[96] 충렬왕 2년(1276)에는 鋪馬箚字色을 설치해 우역 사용에 대한 眞僞를 판별하게 하였다.[97] 포마차자색에서는

95) 呂恩暎, 1982, 앞의 논문 ; 姜永哲, 1984, 앞의 논문 ; 姜永哲, 1987, 앞의 논문 ; 劉善浩, 1992, 앞의 논문 ; 한정훈, 2002, 앞의 논문 ; 鄭枖根, 2008, 앞의 논문.

96) 『高麗史』 권82, 志36 兵2 站驛, 中册, 802쪽.

역을 이용하는 대소원들에게 이를 증명하는 箚字를 발급하였으며, 지방에 산재한 역에서는 포마차자에 의해 사신이나 관원들에게 역마와 숙식을 제공하였다.

고려후기 역은 빈번한 사신의 왕래, 권문세가와 부원배의 침탈 등으로 피폐해 갔다. 그리고 규정된 수 이상의 驛馬를 이용하는 것, 규정 이상의 從人을 거느리고 다님으로써 역마의 부담은 물론 음식물과 草料의 부담을 역에 지우는 것, 역마를 사용할 수 없는 일임에도 역마를 사용하는 것 등으로 역은 피폐하였다.[98]

이러한 사정에서 승려들이 역을 이용하는 것은 심각하게 문제되었다. 승려들이 역을 사용하는 것이 문제되는 것은 고려초기부터였다. 최승로는 그의 상서문에서 승려들이 군현에 왕래하면서 館驛을 이용하고 吏民을 鞭撻하고 迎候供億之緩을 책하였으나 吏民은 銜命했을 것으로 의심해 감히 말하지 못하고 있어 弊가 莫大하니, 지금부터

> 禁僧徒止宿館驛 以除其弊[99]

하라고 주장하였다. 僧徒가 館驛에 머물러 잠자는 것을 금지하여 그 폐단을 제거하라는 것이다. 승려들은 공적인 일을 띠었다 하더라고 일체 역을 이용치 못하도록 하라는 것으로 보인다. 현종대에도 승려들이 모은 財物을 역마로 수송해 문제가 되어 教를 내려 官司로 하여금 엄히 禁斷토록 하였다.[100]

고려후기에도 승려가 역을 이용해 문제되고 있었다. 개인 말을 타고

---

97) 劉善浩, 1992, 앞의 논문, 51~52쪽, 102~103쪽.

98) 姜永哲, 1984, 앞의 논문 ; 姜永哲, 1987, 앞의 논문 ; 劉善浩, 1992, 앞의 논문; 鄭枖根, 2008, 앞의 논문.

99) 『高麗史』 권93, 列傳6 崔承老, 下册, 85쪽.

100) 『高麗史』 권85, 志39 刑法2 禁令 顯宗 19년 2월, 中册, 861쪽.

다니면서 私的인 일임에도 공문서를 받아 역에 횡행하고 있어 조치가 있었다.

> 品官及僧俗雜類等 多騎私馬 以私事受公券 村驛橫行者 參上囚從人 參外囚當身 收所持私馬 各驛定屬101)

승려가 개인 말을 타고 다니면서 사적인 일임에도 공문서를 받아 거리를 횡행하는 경우 자신은 가두고 타고 다닌 말은 각 역에 소속시키라는 것이다. 승려들의 역 이용에 대한 제한 조치인 것이다. 이후에도 역을 사적으로 이용해 문제되는 예가 많이 보였으나, 승려들이 역을 이용해 문제되는 직접적인 사례는 찾아지지 않아, 승려들의 역 이용은 공적인 일을 띤 경우 즉 합법적인 경우 이외에는 크게 줄어들었다고 판단된다. 물론 조선초기에도 승려들이 역마를 이용하는 예가 보이나,102) 국가로부터 특정한 임무를 부여받은 최상층 승려에 한정될 뿐, 일반승려들이 역마를 이용하는 경우는 거의 없었다.

승려의 역마 이용 제한으로 승려가 말을 이용하는 것은 감소하였다. 그러나 이것보다 더욱 승려의 말 사용을 어렵게 한 것은 사원이나 승려가 보유한 말을 국가가 징발하는 조치였다. 고려후기 국가는 왜구·홍건적 등 외족의 침입에 대비해서 많은 말을 필요로 하였다. 그러한 말은 국가가 보유한 말로는 부족해서, 개인이나 기관에게서 징발하지 않을 수 없었다. 이때에 官人도 징발의 대상이 되었지만 사원과 승려도 그 대상이 되었다. 그 징발은 공민왕대에 집중되었다.

---

101) 『高麗史』 권82, 志36 兵2 站驛 忠穆王 원년, 中册, 803~804쪽.

102) 『世宗實錄』 권96, 世宗 24년 4월 甲寅, 4册, 408쪽 ; 『文宗實錄』 권1, 文宗 즉위년 3월 癸丑, 6册, 225쪽 ; 『文宗實錄』 권6, 文宗 원년 3월 癸卯, 6册, 364쪽 ; 『睿宗實錄』 권4, 睿宗 원년 윤2월 庚辰, 8册, 344~345쪽 ; 『成宗實錄』 권35, 成宗 4년 10월 庚申, 9册, 64~66쪽.

공민왕 3년(1354) 6월에

令百官及各宗僧徒 出馬有差[103)]

하는 조치가 보인다. 百官과 各宗의 僧徒로 하여금 말을 차등있게 내도록 한다는 것이다. 다른 기록에는 "僧徒亦隨所住寺高下出馬"라고[104)] 해서 승려가 말을 내는 기준은 그가 주지로 있는 사원의 高下였다. 사원의 격이 높고 큰 경우는 많은 말을 내었고, 그렇지 못한 사원은 적은 수의 말을 내었다고 이해된다.

공민왕 8년 12월에는 "括禪敎各寺僧徒馬 以充軍用"하였다.[105)] 선종과 교종 각 사원의 승려가 가지고 있는 말을 총괄해서 軍用에 충당하게 하였다. 사원의 말이 아닌 승려의 말이 일괄해서 군용으로 징발당하고 있음을 알 수 있는 것이다. 승려 개인의 말이 크게 감소해, 승려들이 말 타고 다니는 것에 상당한 지장을 초래하였을 것으로 보인다.

공민왕 10년 10월에는 "遣使點諸道兵 令境內僧寺出戰馬 有差"하였다.[106)] 각도로 하여금 僧寺에게서 전마를 차등있게 징발하라는 것이다. 도에서 경내의 승사가 보유하고 있는 말을 전마로 징발하고 있는 것이다. 징발의 대상이 된 승사는 승려와 사원을 함께 가리키는 것으로 보여, 불교계 전부에서 말을 징발하고 있음을 알려 준다. 승려 개인뿐만 아니라

---

103) 『高麗史』 권38, 世家38 恭愍王 3년 6월, 上冊, 765쪽 ; 『高麗史節要』 권26, 恭愍王 3년 6월, 676쪽.

104) 『高麗史』 권82, 志36 兵2 馬政 恭愍王 3년 6월, 中冊, 807쪽.

105) 『高麗史』 권82, 志36 兵2 馬政 恭愍王 8년 12월, 中冊, 807쪽.
『高麗史節要』 권27, 恭愍王 8년 12월, 690쪽에는 "括禪敎各寺僧人馬 以充軍用"이라 하여 표현상 약간의 차이가 있다.

106) 『高麗史節要』 권27, 恭愍王 10년 10월, 694쪽.
『高麗史』 권82, 志36 兵2 馬政 恭愍王 10년 10월, 中冊, 807쪽에는 위의 기록과 차이가 있어 "令各道 括僧寺出戰馬有差"라고 표현하고 있다.

사원이 보유한 말도 전마로 다수 차출되었을 가능성이 크다고 하겠다.

그리고 우왕 원년(1375) 9월에는

> 徵諸寺住持僧戰馬 各一匹[107]

하라는 조치를 취하였다. 즉 여러 사원의 주지승에게서 전마 각 1필을 징발하였던 것이다. 사원도 아니고 일반 승려도 아닌 주지에게서 전마 각 1필을 징발하고 있는 것이다. 말을 징발한다고 할 때 주지가 그 중심 대상이 되었음을 알려 준다.

이처럼 공민왕 3년부터 4차례에 걸쳐 승려와 사원이 보유한 말을 대대적으로 징발하였다. 대개 군사용으로 징발하고 있어 당시의 위급한 사정을 읽을 수 있다. 또 전마는 비교적 우수한 말이어야 했으므로 사원과 승려가 보유한 말에는 양질의 것이 많았음을 알 수 있다. 이러한 조치로 인해 승려와 사원이 보유하는 말이 크게 축소되어 불교계가 말을 이용하는 것이 어려워져 갔을 것으로 보인다.

그런데 이 시기는 명나라로부터 말에 대한 요구가 컸던 때이다. 명나라는 北元정벌 등의 필요로 인해 고려에 많은 말을 요구하였다. 공민왕 21년부터 명나라에 말을 보내기 시작했는데, 공양왕 4년 5월까지 기록상 확인되는 것은 총 35회 25,605필이었다. 1년에 약 1,280필 이상을 명나라에 보내야 했던 것이다.[108] 이 때문에 고려에서는 상당한 말을 확보하지 않으면 안 되었다.

---

107) 『高麗史節要』 권30, 辛禑 원년 9월, 753쪽 ; 『高麗史』 권133, 列傳46 辛禑1 辛禑 원년 9월, 下册, 862쪽 ; 『高麗史』 권82, 志36 兵2 馬政 辛禑 원년 9월, 中册, 807쪽.

108) 南都泳, 1976, 『韓國馬政史研究』, 亞細亞文化社, 108쪽 ; 南都泳, 1996 『韓國馬政史』, 161~162쪽.
김순자씨는, 우왕 12년에서 공양왕 4년까지 고려와 명 사이의 마필 교역량을 16,040필로 보았다(김순자, 2007, 『韓國 中世 韓中關係史』, 혜안, 227~229쪽).

우왕 이후 명나라에 보낼 말은 주로 官人에게서 징발하였을 뿐, 사원·승려에게서 징발하지는 않았다. 조선초기 태조 원년(1392)에서 문종 즉위년(1350)까지 59년간 약 7만 필을 명에 수출하였다.109) 이때에도 승려나 사원에게서 말을 징발하는 예는 거의 찾아지지 않는다. 우왕 이후 말을 징발하고 있으나, 승려와 사원이 대상이 되지 않은 것은 이 무렵 사원이나 승려가 보유한 말이 별로 없었기 때문으로 이해된다. 이 시기 말 징발이 무차별적인데, 불교계가 대상에서 제외된 것은 징발할 말이 별로 없었다는 것을 의미한다고 보인다.

공민왕부터 사원·승려로부터 말을 징발하고 나서 이들의 말 이용이 현실적으로 어려워졌다. 이런 뒤 승려가 말 타는 것이 금지되기에 이르렀다. 우왕 12년(1386) 8월

禁僧乘馬 王國師 乃許乘驢110)

라는 조치가 내려졌다. 승려가 말 타고 다니는 것이 공식적으로 금지된 것이다. 다만 왕사·국사만이 말이 아닌 나귀를 타는 것이 허용된 것이다. 이러한 조치로 승려들이 말을 타는 것은 어려운 일이 되었다. 역으로 사원·승려에게서 말을 징발한 결과 현실적으로 그들이 이용할 말이 없었다는 것을 의미한다고도 볼 수 있다. 왕사·국사가 되어야 겨우 나귀를 탈 수 있을 뿐, 말은 탈 수 없었다.

이 조치가 현실 사회에서 그대로 지켜졌다고는 단언할 수 없지만, 승려들이 말을 타고 다니는 일은 크게 줄었다고 볼 수 있다. 조선 건국 직후에도 승려들이 말 타고 다니는 것이 보이나, 일반 승려가 아닌 住持들이었다. 승과에 합격하고 국가에서 임명되어 각 사원을 대표하는 승려인

---

109) 南都泳, 1993, 「朝鮮時代 '말'需給問題」『鄕土서울』53, 136쪽.
110) 『高麗史節要』권32, 辛禑 12년 8월, 813쪽.

주지가 주로 말을 타고 다녔다. 그러면서도 그러한 행위가 문제되고 비난받았다.

태종 5년(1405) 11월에

> 今各寺住持 出則乘肥馬 橫行閭里 入則役婢僕 安坐而食 以土田之出 奴婢之貢 恣爲鞍馬衣服之用 至爲酒色之費[111]

라는 지적이 있다. 각 사원의 住持가 토지로부터의 수입과 노비의 신공을 안마의 비용으로 써서, 승려가 말을 타고 다닌다는 것이다. 당시에 주로 말을 타고 다닌 승려는 주지였던 것이다. 주지는 그 사원의 전체 운영에 대해 책임을 지고 있었기에, 그 사원의 공유재산으로 자신이 타고 다니는 말을 마련할 수 있었던 것이다. 주지가 승마하는 행위와, 사원의 공유재산으로 그 말을 마련한 것이 비난의 표적이 되고 있다. 이와 비슷한 내용은 이후에도 많이 볼 수 있다.[112]

조선초에는 승려의 기마행위 가운데 주지의 행위가 문제될 뿐이었다. 특히 사원의 공유재산을 써서 주지 개인이 타고 다니는 말을 마련해서 더욱 문제가 되었다. 주지가 아닌 일반 승려가 말을 타고 다니는 것은 드문 일이 되어 갔다.

불교에 대한 비판, 승려에 대한 제한 주장이 이어지면서 승려의 승마행위 자체도 명백히 금지하기에 이르렀다. 성종 6년(1475) 6월이었다.

> 傳旨禮曹司憲府曰 都城街路 僧徒乘馬橫行 甚不可 自今兩宗判事老

111) 『太宗實錄』 권10, 太宗 5년 11월 癸丑, 1冊, 343쪽.

112) 세종 원년 11월에는 "爲住持者 以田民所收 恣爲鞍馬衣服酒食之費"(『世宗實錄』 권6, 世宗 원년 11월 戊辰, 2冊, 346~347쪽)라는 내용이 보이고, 세종 21년 10월에는 "各寺住持等 收其田租 以爲衣服鞍馬之用 甚者 退在私第 遣人收納 至爲酒食之備"(『世宗實錄』 권87, 世宗 21년 10월 乙酉, 4冊, 246쪽)하다고 지적하였다.

病者外 僧人騎馬 一禁[113)]

예조와 사헌부에 전지하여, 도성안의 길에 승도들이 말을 타고 다니는 것은 매우 옳지 못하니, 이제부터 선종과 교종의 判事, 늙고 병든 자 외에는 승려가 말 타는 것을 일체 금지하도록 하였다. 이 조치는 뒤의 기록에서도 확인되고 있다.[114)] 이제 승려들이 말 타고 다니는 것이 금지되기에 이른 것이다. 다만 선종·교종의 판사, 늙고 병든 승려에게만 승마가 허용되었을 뿐이다.[115)] 이것은 都城 內에서 승려가 말 타고 다니는 것을 금지한 것이다. 도성 밖에서의 승마행위를 금지한 것은 물론 아니다. 이 조치는 승려의 사회적 위치의 하락을 상징하는 것이지만, 승려들이 말 타고 다니는 행위 자체가 사회 전반에서 크게 축소된 것을 의미하는 것으로 이해된다.

그리고 말을 탄다는 것은 위에 있다는 것, 즉 남을 내려볼 수 있다는 것을 의미해, 곧 지배신분을 상징하는 것이었다. 그런데 승려들이 말을 타고 다니지 못하도록 한 것은 그들의 사회적 지위가 하락하는 것을 의미하는 것이다. 이제 승려가 지배신분의 위치에서 탈락했다는 것을 뜻한다.

승려의 승마 행위의 축소, 나아가 도성내 승마 금지로, 승려의 기동성은 현저히 떨어질 수밖에 없었다. 승려의 이동성 약화로 사원 상호간의 네트워크도 그 기능을 이전처럼 발휘하기 어려웠을 것이다. 그리고 사원과 승려가 말을 이용해 재화를 수송하는 것도 상대적으로 위축되었다고 볼 수 있을 것이다.

---

113) 『成宗實錄』 권56, 成宗 6년 6월 己亥, 9册, 236쪽.

114) 『成宗實錄』 권75, 成宗 8년 정월 壬子, 9册, 408~410쪽.

115) 『經國大典』에도 이것이 법제화되어 있다. "喪人庶人僧人 都城內騎馬者(老病者及兩宗判事勿禁) … 杖六十"(『經國大典』 권5, 刑典 禁制).

5. 結 語

고려시기 승려와 말은 밀접한 관련을 맺고 있었다. 승려의 이동과 재화의 수송에 말이 긴요하였으며, 승려의 신분이 높았기 때문에 말을 많이 활용하였다. 승려와 말의 그러한 관계는 고려말 이후 크게 약화되어 갔다.

말은 무거운 짐을 등에 지고 운반하는 능력을 소지하였으며, 사람을 태워 수고를 덜고 신속하게 목적지에 이동할 수 있게 하였다. 말은 부분적으로 농경에도 활용되었고 식용으로도 쓰였다. 말의 종류는 다양하였으며, 나귀와 노새도 자료상 확인이 가능하였다. 말은 통상 10년 정도 사용할 수 있으므로 10년마다 교체가 불가피하였을 것으로 사료된다. 말의 가격은 소의 가격보다 훨씬 비싼 것으로 사료된다. 말이 중요한 역할을 하므로 고려 사회에서 말은 널리 사용되고 있었다. 지배신분층은 이동이나 외출 시 말을 이용하는 것이 통상적이었으며, 말이 없는 경우 타인의 말을 빌려 타기도 하였다. 말을 운송의 수단으로 사용하는 경우도 빈번하였다. 이동이 많은 것을 언급할 때 사람과 말이 함께 거론되는 것은 당시에 말이 갖는 비중을 나타내는 것이다. 이동이 많고, 다량의 물화를 운송해야 하는 승려의 경우 말에 대한 수요는 매우 클 수밖에 없었다.

승려와 사원에서 말은 다양한 계기를 통해 마련할 수 있었다. 국왕이 사여하거나 세력가가 지급하여 마련할 수도 있었고, 사원의 재산으로 매입하는 일도 있었다. 더 보편적인 것은 기존의 말에서 말을 재생산해 가는 것이라 생각한다. 사원은 말이 머무는 마구간 시설을 갖추고 있었다. 승려들은 설법하려 다닐 때나 고리대나 田租를 수취할 때 말을 많이 이용하고 다녔으며, 이동이 많은 住持의 경우 말을 많이 사용하였다. 승려들은 말이 크게 필요했기에 불법적으로 驛馬를 사용하기도 하였다. 승려들은 말을 이용함으로써 신속하고 편리하게 먼 거리를 이동할 수 있었으며, 무거운 재화를 수송할 수 있었다. 말을 적극적으로 활용하였기에 승려 가운데는 상당한 기마능력을 갖추고 있는 부류도 많았을 것이다. 승려는 말을 적극 이용함으로써 상호 연결이 용이하여 승려 상호간, 사원 상호간에는 신속한 네트워크가 형성·작동될 수 있었다. 승려의 말 이용은 다른 한편으로 지배신분임을 상징하는 것이기도 하였다.

고려후기에 가면 승려·사원과 말의 밀접한 유대는 점차 약화되어 갔다. 말의 수요가 급증하고 驛制가 동요하였으며, 승려의 사회적 신분이 변화한 것이 전제되었다. 특히 승려들의 역마 이용이 자주 거론되었다. 승려의 역마 이용에 대해서는 국초부터 그에 대한 지적이 있었으며, 후기에는 역제의 동요를 배경으로 역에 대한 통제가 강화되었기에, 승려의 역마 이용은 그만큼 어려워 갔다. 그리고 국가가 대내·외 관계에서 많은 수의 말이 필요하자 승려·사원에게서 말을 징발하였다. 공민왕 3년·8년·10년 그리고 우왕 원년에 걸쳐 징발되고 있는데, 이 조치의 결과 상당한 수의 말을 상실하여, 승려가 이용할 수 있는 말은 격감하였다. 정작 명나라에 다량의 말을 보내던 우왕 이후에는 속인에게서만 말을 징발할 뿐 승려·사원에서 말을 징발하는 예가 찾아지지 않아, 징발할 말이 별로 없었음을 알 수 있다. 우왕 12년 승려의 乘馬가 금지되고 다만 王師·國師만이 나귀를 탈 수 있도록 규정되는데, 현실적으로 승려의 말 이용이 어려웠기에 취해질 수 있는 조치였다. 조선초에도 승려가 말 타고 다니는 것이 거론되고 있으나 주로 주지승려에게 한정되고 있어 일반 승려의 승마는 드물어 갔다. 결국 성종 6년에 가면 승려가 도성 내에서 말 타는 행위를 금지하였다. 이 조치는 승려의 사회적 신분의 하락을 의미하는 조치이지만, 승려와 말의 깊은 연계가 소원해지는 것을 상징하는 것으로도 이해된다.

승려와 말의 밀접한 유대는 이처럼 고려후기 이래 약화되어 가는 모습을 보였다고 할 수 있다. 이것은 승려의 사회적 지위의 하락을 의미하는 것이며, 다른 한편으로 승려와 말의 관계가 상대적으로 소원해지는 것을 뜻한다고도 볼 수 있다. 이 글은 고려사회에서 말이 차지하는 비중을 충분히 검토하지 못한 상태에서 이루어진 것이므로, 향후 이 분야의 연구가 진전되면 보완의 여지가 클 것으로 생각한다.

참고문헌*

1. 저 서

姜晋哲, 1980, 『高麗土地制度史硏究』, 고려대출판부.

경기도박물관, 2001, 『檜巖寺－묻혀 있던 조선 최대의 왕실사찰－』.

高裕燮, 1946, 『松都古蹟』(同, 1993, 『高裕燮全集』 4, 通文館 재수록).

구산우, 2003, 『高麗前期 鄕村支配體制硏究』, 혜안.

권경임, 2004, 『불교사회복지실천론』, 학지사.

金甲周, 2007, 『조선시대 사원경제사 연구』, 景仁文化社.

金光植, 1995, 『高麗 武人政權과 佛敎界』, 民族社.

김동욱, 1997, 『한국건축의 역사』, 技文堂.

김두진, 2007, 『신라하대 선종사상사 연구』, 일조각.

金庠基, 1974, 『東方史論叢』, 서울대출판부.

金相鉉, 1991, 『新羅華嚴思想史硏究』, 民族社.

김순자, 2007, 『韓國 中世 韓中關係史』, 혜안.

金玉根, 1996, 『高麗財政史硏究』, 一潮閣.

金容燮, 2000, 『韓國中世農業史硏究』, 지식산업사.

金元龍監修, 1994, 『한국 미술 문화의 이해』, 예경.

金潤坤, 2001, 『한국 중세 영남불교의 이해』, 영남대출판부.

김종명, 2001, 『한국중세의 불교의례 : 사상적 배경과 역사적 의미』, 문학과지성사.

南都泳, 1976, 『韓國馬政史硏究』, 亞細亞文化社.

南都泳, 1996, 『韓國馬政史』, 한국마사회.

---

* 拙著, 2008, 『高麗後期 寺院經濟 硏究』, 景仁文化社의 참고문헌에서 자세한 정보를 제공하였으므로 여기서는 본서에서 직접 인용한 연구논저만을 제시하겠다.

대한건축학회편, 1996, 『한국건축사』, 기문당.
박종진, 2000, 『고려시기 재정운영과 조세제도』, 서울대출판부.
裵象鉉, 1998, 『高麗後期寺院田研究』, 國學資料院.
白南雲, 1937, 『朝鮮封建社會經濟史』 上, 改造社.
邊太燮, 1971, 『高麗政治制度史研究』, 一潮閣.
孫弘烈, 1988, 『韓國中世의 醫療制度研究』, 修書院.
安秉佑, 2002, 『高麗前期의 財政構造』, 서울대출판부.
안지원, 2005, 『고려의 국가불교의례와 문화－연등·팔관회와 제석도량을 중심으로－』, 서울대출판부.
오일순, 2000, 『高麗時代 役制와 身分制 變動』, 혜안.
李景植, 1986, 『朝鮮前期 土地制度 研究』, 一潮閣.
李景植, 2007, 『高麗前期의 田柴科』, 서울대출판부.
李基東, 1984, 『新羅骨品制社會와 花郎徒』, 一潮閣.
李基萬, 1984, 『馬와 乘馬』, 鄕文社.
李炳熙, 2008, 『高麗後期 寺院經濟 研究』, 景仁文化社.
李相瑄, 1998, 『高麗時代 寺院의 社會經濟研究』, 성신여대출판부.
李載昌, 1993, 『韓國佛教寺院經濟研究』, 불교시대사.
이정호, 2009, 『고려시대의 농업생산과 권농정책』, 景仁文化社.
이정희, 2000, 『고려시대 세제의 연구』, 國學資料院.
李泰鎭, 1986, 『韓國社會史研究』, 知識產業社.
林松山, 1995, 『佛教社會福祉－思想과 事例－』, 弘益齋.
정각, 2001, 『한국의 불교의례』, 운주사.
鄭性本, 1995, 『新羅禪宗의 研究』, 民族社.
曺凡煥, 2001, 『新羅禪宗研究』, 一潮閣.
趙炳魯, 2002, 『韓國驛制史』, 한국마사회마사박물관.
秦弘燮, 1998, 『韓國佛教美術』, 文藝出版社.
崔永俊, 1990, 『嶺南大路』, 高麗大民族文化研究所.
최원석, 2004, 『한국의 풍수와 비보』, 민속원.
추만호, 1992, 『나말려초 선종사상사 연구』, 이론과실천.
韓基汶, 1998, 『高麗寺院의 構造와 機能』, 民族社.
許興植, 1986, 『高麗佛教史研究』, 일조각.

許興植, 2004,『고려의 문화전통과 사회사상』, 집문당.
홍윤식, 1986,『한국의 불교미술』, 대원정사.
홍윤식, 1997『한국의 가람』, 민족사.
황인규, 2003,『고려후기·조선초 불교사 연구』, 혜안.

旗田巍, 1972,『朝鮮中世社會史의 硏究』, 法政大出版局.
디트리히 젝켈(白承吉譯), 1985,『佛敎美術』, 悅話堂.

2. 논 문

姜永哲, 1984,「高麗驛制의 成立과 變遷」『史學硏究』38.
姜永哲, 1987,「高麗驛制의 構造와 運營」『崔永禧先生華甲紀念韓國史學論叢』.
姜晋哲, 1965,「高麗前期의 公田·私田과 그의 差率收租에 대하여」『歷史學報』29.
강현자, 2006,「高麗 顯宗代 奉先弘慶寺의 機能－<奉先弘慶寺碣記>를 中心으로－」『史學硏究』84.
강호선, 2002,「개경의 절」『고려의 황도 개경』(한국역사연구회), 창작과비평사.
高翊晋, 1997,「新羅下代의 禪傳來」『韓國禪思想』, 동국대 불교문화연구원.
구산우, 2001,「高麗前期 香徒의 佛事조성과 구성원 규모」『한국중세사연구』10.
구산우, 2002,「고려시기의 촌락과 사원－재가화상·수원승도의 실체와 관련하여－」『한국중세사연구』13.
金甲周, 1981,「朝鮮後期 僧侶의 私有田畓」『東國史學』15·16합집.
金琪燮, 1992,「新羅 統一期 田莊의 經營과 農業技術」『新羅文化祭學術發表會論文集』13.
김남주, 1988,「고려시대에 유행된 전염병의 史的 연구」, 서울대 보건학과 박사학위논문.
金杜珍, 1982,「王建의 僧侶結合과 그 意圖」『韓國學論叢』4.
金杜珍, 1998,「신라하대 선사들의 중앙왕실 및 지방호족과의 관계」『韓國學

論叢』 20.
金杜珍, 1999,「新羅下代 禪宗山門의 社會經濟的 背景」『韓國學論叢』 21.
김병인, 1999,「高麗時代 寺院의 交通機能」『全南史學』 13.
金奉烈·朴鍾進, 1989,「高麗 伽藍의 構成形式에 관한 基礎的 硏究」『大韓建築學會論文集』 26.
金庠基, 1959,「大覺國師 義天에 대하여」『국사상의 제문제』 3.
金相鉉, 1981,「麗末鮮初 佛敎界의 院 經營」『第24回全國歷史學大會發表要旨』.
金相鉉, 1994,「신라 하대의 사회변동과 불교계」『韓國佛敎史의 再照明』, 불교신문사.
김선경, 1994,「朝鮮前期의 山林制度」『國史館論叢』 56.
김수연, 2009,「고려전기 금석문 소재 불교의례와 그 특징」『역사와 현실』71.
김순자, 2007,「고려시대의 전쟁, 전염병과 인구」『梨花史學硏究』 34.
金英美, 2007,「고려시대 불교와 전염병 치유문화」『梨花史學硏究』 34.
金映遂, 1944,「寺刹住持의 職務와 任免의 變遷」『新佛敎』 67.
金容燮, 1975,「高麗時期의 量田制」『東方學志』 16.
金容燮, 1981,「高麗前期의 田品制」『韓沽劤博士停年紀念史學論叢』.
金潤坤, 1982,「麗代의 寺院田과 그 耕作農民」『民族文化論叢』 2·3합집.
김은택, 1986,「고려시기 역참의 분포」『력사과학』 1986-3.
金載名, 1985,「高麗時代 什一租에 관한 一考察」『淸溪史學』 2.
金在應, 1994,「新羅末 高麗初 禪宗寺院의 三綱典」『震檀學報』 77.
金昌錫, 1991,「통일신라기 田莊에 관한 연구」『韓國史論』 25, 서울대.
김필동, 1986,「삼국~고려시대의 香徒와 契의 기원」『한국 전통사회의 구조와 변동』, 문학과 지성사.
金炯秀, 1995,「高麗前期 寺院田經營과 隨院僧徒」『한국중세사연구』 2.
金炯秀, 2001,「고려전기 裨補寺院과 地方支配」『慶尙史學』 17.
金炯佑, 1992,「高麗時代 國家的 佛敎行事에 대한 硏究」, 東國大博士學位論文.
金炯佑, 2000,「高麗後期 國家設行 佛敎行事의 展開樣相」『한국문화의 전통과 불교－蓮史洪潤植敎授停年退任紀念論叢－』.
김혜숙, 1999,「高麗 八關會의 내용과 機能」『역사민속학』 9.
南都泳, 1993,「朝鮮時代 '말'需給問題」『鄕土서울』 53.

睦楨培, 1997, 「彌勒思想」『韓國佛教思想概觀』, 동국대 불교문화연구원.
閔賢九, 1976, 1977, 「趙仁規와 그의 家門」(上, 下)『震檀學報』42, 43.
朴鎔辰, 1999, 「高麗後期 仁王道場의 設行과 그 意義」『北岳史論』6.
朴胤珍, 2008, 「高麗時代 승려의 血族間 師承과 그 意味」『韓國史研究』142.
朴鍾進, 1986, 「高麗前期 義倉制度의 構造와 性格」『高麗史의 諸問題』, 三英社.
박종진, 2000, 「고려시기 개경 절의 위치와 기능」『역사와현실』38.
朴洪培, 1984, 「弘慶寺創建의 思想的 意義」『慶州史學』3.
裵象鉉, 1995, 「高麗時代 僧徒와 그 類型」『昌原史學』2.
裵象鉉, 1996, 「高麗時代의 寺院 屬村」『한국중세사연구』3.
裵象鉉, 1999, 「高麗時代 寺院村落 研究」『國史館論叢』87.
裵象鉉, 2001, 「高麗時期 寺院田과 國家, 村落, 그리고 農民」『韓國中世社會의 諸問題－金潤坤教授定年紀念論叢－』.
白種伍外, 1997, 「天安 弘慶寺址에 關한 考察－文獻資料와 出土遺物 檢討를 中心으로－」『金顯吉教授停年紀念鄉土史學論叢』, 修書院.
변양근, 2008, 「朝鮮 初期 僧侶의 緣化 活動」『青藍史學』16.
邊太燮, 1968, 「高麗前期의 外官制」『韓國史研究』2.
變太燮, 1971, 「高麗兩界의 支配組織」『高麗政治制度史研究』, 一潮閣.
徐閏吉, 1977, 「高麗의 護國法會와 道場」『佛教學報』22.
서윤길, 1993, 「密教的 諸種儀禮의 開設」『高麗密教思想研究』, 불광출판부.
徐閏吉, 1997, 「密教思想」『韓國佛教思想概觀』, 동국대 불교문화연구원.
徐珍教, 1996, 「高麗 太祖의 禪僧包攝과 住持派遣」『高麗 太祖의 國家經營』(洪承基編), 서울대출판부.
宋滓禎, 2000, 「高麗時代 疫疾에 대한 研究－12·13세기를 중심으로－」『明知史論』11·12합집.
安啓賢, 1959, 「燃燈會攷」『白性郁博士頌壽記念佛教學論文集』.
安啓賢, 1970, 「韓國佛教史(上)」『韓國文化史大系』6.
安啓賢, 1975, 「佛教行事의 盛行」『한국사』6, 국사편찬위원회.
安秉佑, 1984, 「高麗의 屯田에 관한 一考察」『韓國史論』10, 서울대.
安日煥, 1974, 「高麗時代 通度寺의 寺領支配에 대한 一考」『釜山大教養課程部論文集』4.

安智源, 1997, 「고려시대 帝釋信仰의 양상과 그 변화」『國史館論叢』 78.
梁銀容, 1992, 「高麗太祖 親製 '開泰寺華嚴法會疏'의 硏究」『伽山李智冠스님華甲紀念論叢 韓國佛敎文化思想史』 上.
呂恩暎, 1982, 「麗初 驛制形成에 대한 小考」『慶北史學』 5.
吳德永, 1962, 「寺院經濟의 問題」『韓國思想』 5.
劉敎聖, 1959, 「高麗寺院經濟의 性格」『白性郁博士頌壽記念佛敎學論文集』.
劉善浩, 1992, 「高麗 郵驛制 硏究」, 檀國大博士學位論文.
尹龍爀, 1990, 「고려 대몽항쟁기의 불교의례」『역사교육논집』 13·14합집.
이경록, 2007, 「고려전기의 지방의료제도」『醫史學』 16-2.
이경록, 2007, 「고려전기의 대민의료체계」『韓國史硏究』 139.
이경복, 2003, 「新羅末·高麗初 大安寺의 田莊과 그 經營」『梨花史學硏究』 30.
李景植, 1988, 「高麗時期 兩班口分田과 柴地」『歷史敎育』 44.
李啓杓, 1993, 「新羅 下代의 迦智山門」『全南史學』 7.
李萬, 1997, 「高麗時代의 觀音信仰」『韓國觀音信仰』, 동국대 불교문화연구원.
李炳熙, 1991, 「高麗中期 寺院의 助成과 經濟運營」『李元淳敎授停年紀念歷史學論叢』.
李炳熙, 1992, 「三國 및 統一新羅期 寺院의 田土와 그 經營」『國史館論叢』 35.
李炳熙, 1993, 「朝鮮初期 寺社田의 整理와 運營」『全南史學』 7.
李炳熙, 1995, 「高麗 武人執權期 修禪社의 農莊經營」『典農史論』 1.
李炳熙, 1997, 「高麗末 朝鮮初 白羊寺의 重創과 經濟問題」『韓國史硏究』 99·100합집.
李炳熙, 2003, 「大覺國師 義天의 鑄錢論」『天台學硏究』 4.
李相瑄, 1983, 「高麗寺院經濟에 대한 考察」『崇實史學』 1.
李相瑄, 1984, 「高麗時代의 隨院僧徒에 대한 考察」『崇實史學』 2.
李相瑄, 1988, 「高麗時代의 飯僧에 대한 考察」『誠信史學』 6.
李相瑄, 1992, 「高麗 寺院의 村落支配에 대한 試考」『인문과학연구』 11, 성신여대.
李成茂, 1978, 「高麗·朝鮮初期의 土地所有權에 대한 諸說의 檢討」『省谷論叢』 9.
이인재, 1992, 「<통도사지> '사지사방산천비보편'의 분석」『역사와현실』 8.
李仁在, 1995, 「新羅統一期 土地制度 硏究」, 연세대박사학위논문.

李仁在, 1997, 「新羅統一期 田莊의 形成과 經營」『韓國 古代·中世의 支配體制와 農民』, 지식산업사.

李仁在, 2005, 「高麗前期 弘慶寺의 創建과 三敎共存論」『韓國史學報』 23.

李載昌, 1963, 「麗代 飯僧考」『佛敎學報』 1.

李載昌, 1975, 「佛敎의 社會經濟觀」『佛敎學報』 10.

이정숙, 2007, 「고려시대 전염병과 치병의례」『梨花史學硏究』 34.

李泰鎭, 1972, 「醴泉 開心寺 石塔記의 分析」『歷史學報』 53·54합집.

李海濬, 1983, 「埋香信仰과 그 主導集團의 性格」『金哲埈博士華甲紀念史學論叢』.

이현숙, 2007, 「전염병, 치료, 권력－고려 전염병의 유행과 치료－」『梨花史學硏究』 34.

이현숙, 2007, 「고려시대 官僚制下의 의료와 민간의료」『東方學志』 139.

李弘稙, 1968, 「羅末의 戰亂과 緇軍」『史叢』 12·13합집.

李熙寬, 2001, 「聖住寺와 金陽」『성주사와 낭혜』, 서경문화사.

林英正, 1990, 「高麗時代 隨院僧徒에 관한 金石文 資料의 檢討」『鷹陵史學』 16, 日本佛敎大學歷史硏究所.

林英正, 2002, 「高麗隨院僧徒再考」『東國史學』 37.

張東翼, 1981, 「慧諶의 大禪師 告身에 대한 檢討－高麗僧政體系의 理解를 중심으로－」『韓國史硏究』 34.

全暎俊, 2004, 「高麗 睿宗代의 사찰창건과 승도동원－惠陰寺 新創記를 중심으로－」『震檀學報』 97.

鄭性本, 1999, 「禪佛敎의 勞動 問題」『大覺思想』 2.

정연식, 1999 「조선시대의 수레에 대하여」『인문논총』 6, 서울여대.

鄭枖根, 2008, 「高麗·朝鮮初의 驛路網과 驛制 硏究」, 서울대박사학위논문.

鄭泰爀, 1997, 「高麗朝 各種道場의 密敎的 性格」『韓國密敎思想』, 동국대 불교문화연구원.

蔡尙植, 1982, 「淨土寺址 法鏡大師碑陰記의 分析」『韓國史硏究』 36.

蔡尙植, 1996, 「羅末麗初 忠州 지역의 豪族과 禪宗－淨土寺址 法鏡大師碑 陰記의 分析－」『藥城文化』 16·17합집, 忠州 藥城文化硏究會.

蔡守煥, 1998, 「羅末麗初 禪宗과 豪族의 結合」『東西史學』 4.

蔡雄錫, 1989, 「高麗時代 香徒의 사회경제적 성격과 변화」『國史館論叢』 2.

蔡雄錫, 2002,「여말선초 향촌사회의 변화와 埋香활동」『歷史學報』173.
崔吉成, 1961,「1328년 通度寺의 농장경영형태」『력사과학』.
崔柄憲, 1972,「新羅下代 禪宗九山派의 成立」『韓國史硏究』7.
崔柄憲, 1975,「羅末麗初 禪宗의 社會經濟的 性格」『史學硏究』25.
崔柄憲, 1975,「道詵의 生涯와 羅末麗初의 風水地理說」『韓國史硏究』11.
崔柄憲, 1981,「高麗中期 玄化寺의 創建과 法相宗의 隆盛」『韓沽劤博士停年紀念史學論叢』.
崔柄憲, 1983,「高麗中期 李資玄의 禪과 居士佛敎의 性格」『金哲埈博士華甲紀念史學論叢』.
崔柄憲, 1984,「新羅佛敎思想의 展開」『歷史都市 慶州』.
崔森燮, 1977,「高麗時代 寺院財政의 硏究」『白山學報』23.
崔完基, 1981,「高麗朝의 稅穀運送」『韓國史硏究』34.
崔仁杓, 1994,「新羅末 禪宗政策에 대한 一考察」『韓國傳統文化硏究』9.
崔在京, 1975,「朝鮮時代 院에 대하여」『嶺南史學』4.
崔孝軾, 1997,「朝鮮初期의 院 經營에 관한 考察」『竹堂李炫熙敎授華甲紀念韓國史學論叢』.
秋萬鎬, 1984,「高麗僧軍考」『藍史鄭在覺博士古稀紀念東洋史論叢』.
하일식, 1997,「海印寺 田券과 妙吉祥塔記」『역사와현실』24.
韓基汶, 1983,「高麗太祖의 佛敎政策」『大丘史學』22.
韓基汶, 1996,「高麗時代 寺院 住持制度」『佛敎史硏究』1.
韓基汶, 1997,「高麗太祖와 禪僧 結合의 性格」『연구논총』4, 상주대.
韓基汶, 2003,「高麗時期 定期 佛敎 儀禮의 成立과 性格」『民族文化論叢』27, 영남대.
韓基汶, 2006,「高麗時代 裨補寺社의 成立과 運營」『한국중세사연구』21.
한정훈, 2002,「고려전기 驛道의 형성과 기능」『한국중세사연구』12.
韓嬉淑, 1992,「朝鮮初期의 院主」『西巖趙恒來敎授華甲紀念韓國史學論叢』.
許興植, 1986,「佛敎와 融合된 王室의 祖上崇拜」『高麗佛敎史硏究』, 一潮閣.
許興植, 1986,「佛敎界의 組織과 行政制度」『高麗佛敎史硏究』, 一潮閣.
許興植, 1986,「禪宗의 繼承과 所屬寺院」『高麗佛敎史硏究』, 一潮閣.
洪淳權, 1987,「高麗時代의 柴地에 관한 考察」『震檀學報』64.
홍윤식, 1994,「불교행사의 성행」『한국사 16－고려 전기의 종교와 사상－』, 국사편찬위원회.
黃秉晟, 1993, 「高麗 武臣政權期 寺院勢力의 動向」 『韓國思想史學』 4·5합집.
黃壽永, 1959, 「高麗興王寺址의 調査」 『白性郁博士頌壽記念佛教學論文集』.
黃仁奎, 1998, 「高麗 裨補寺社의 設定과 寺莊經營」 『東國歷史教育』 6.

旗田巍, 1932, 「高麗朝에 있어서의 寺院經濟」 『史學雜誌』 43-5.
旗田巍, 1970, 「新羅·高麗의 田券」 『史學雜誌』 79-3.
金鍾國, 1961, 「高麗武臣執權과 僧徒의 對立抗爭에 關한 一考察」 『朝鮮學報』 21·22합집.
木村清孝, 1973, 「中國佛教에 있어서 '不耕而食'의 問題」 『佛教經濟研究』 5.
武田幸男, 1966, 「高麗時代에 있어서 通度寺의 寺領支配」 『東洋史研究』 25-1.
二宮啓任, 1956, 「高麗의 八關會에 관하여」 『朝鮮學報』 9.
二宮啓任, 1958, 「高麗의 上元燃燈에 관하여」 『朝鮮學報』 12.
二宮啓任, 1960, 「高麗朝의 恒例法會」 『朝鮮學報』 15.
二宮啓任, 1961, 「高麗朝의 齋會에 관하여」 『朝鮮學報』 21·22합집.

찾아보기

ㄱ

ㄴ

ㄷ

ㅂ

ㅇ

ㅈ

ㅌ

이 병 희 李炳熙

1958년 서울 신정동 출생
서울대학교 사범대학 역사과 졸업
서울대학교 대학원 국사학과 석사박사과정 졸업(문학박사)
목포대학교 사학과 교수역임
현재 한국교원대학교 역사교육과 교수

저서 및 논문

『뿌리깊은 한국사 샘이 깊은 이야기3(고려)』
『高麗後期 寺院經濟 硏究』
『배움과 가르침의 끝없는 열정(한국문화사2)』(공저)
「三國 및 新羅統一期 寺院의 田土와 그 經營」
「朝鮮初期 寺社田의 整理와 運營」
「朝鮮時期 寺刹의 數的 推移」
「中世封建社會論」
「高麗時期 全南地方의 鄕·部曲」
「고려시대 지역사의 서술체계와 활용 자료」
「高麗後期 農地開墾과 新生村」
「大覺國師 義天의 鑄錢論」
「高麗時期 佛敎界의 法的 地位」 외 다수

高麗時期 寺院經濟 硏究 값 45,000원

2009년 8월 20일 초판 인쇄
2009년 8월 30일 초판 발행

저 자 : 李 炳 熙
발 행 인 : 한 정 희
발 행 처 : 경인문화사
편 집 : 신 학 태
서울특별시 마포구 마포동 324 - 3
전화 : 718 - 4831~2, 팩스 : 703 - 9711
이메일 : kyunginp@chol.com
홈페이지 : 한국학서적.kr / www.kyunginp.co.kr
등록번호 : 제10 - 18호(1973. 11. 8)

ISBN : 978-89-499-0658-4 94910